U0922610

天津财政年鉴

（2011）

天津市财政局　编

中国财政经济出版社

图书在版编目（CIP）数据

天津财政年鉴. 2011 / 天津市财政局编. —北京：中国财政经济出版社，2011.12
ISBN 978-7-5095-3205-8

Ⅰ.①天… Ⅱ.①天… Ⅲ.①地方财政-天津市-2011-年鉴 Ⅳ.①F812.721-54

中国版本图书馆 CIP 数据核字（2011）第 213214 号

责任编辑：袁中良　　　　责任校对：黄亚青
封面设计：颜　黎　　　　版式设计：兰　波

中国财政经济出版社出版

URL：http：//www.cfeph.cn

E-mail：cfeph@cfeph.cn

社址：北京市海淀区阜成路甲 28 号　邮政编码：100142

营销中心电话：88190406　北京财经书店电话：64033436　84041336

北京富生印刷厂印刷　各地新华书店经销

787×1092 毫米　16 开　42.5 印张　1 039 000 字

2011 年 12 月第 1 版　2011 年 12 月北京第 1 次印刷

定价：130.00 元

ISBN 978-7-5095-3205-8/F·2714

（图书出现印装问题，本社负责调换）

质量投诉电话：88190744

《天津财政年鉴》

编辑委员会名单

编辑说明

《天津财政年鉴》（2011）卷记述了2010年度全市财政地税工作的主要情况和财税改革发展进程，总结全市各级财税部门在年度内的工作成效，展现财税工作创新思路，为进一步推进财税工作上水平提供信息并积累史料，供有关领导、综合部门、经济单位、教学与研究等部门查考备用。

为进一步规范本年鉴的编辑出版质量，增强其资政、存史、宣传、交流的作用，同时又保持年鉴框架结构的稳定，《天津财政年鉴》（2011）卷整体框架略有调整，对年鉴的篇目题目进行了规范，更体现各财政地税部门的中心业务工作。此外，为全面记述财政地税工作，增加了市局一个直属单位的工作情况介绍。本年度年鉴共分七部分，分别是：第一部分“重要财经文献”，刊登了天津市人民代表大会2010年通过的政府工作报告，天津市国民经济和社会发展情况报告，天津市财政预、决算报告及市局领导有关经济、财税方面的重要讲话；第二部分“财税工作概况”，记述天津市财税各项工作的开展情况和各项财税改革进展情况；第三部分“区县财政”，反映各区县地区经济发展、预算执行、财政管理工作情况，以及富有创新性、具有史料价值和可供其他单位借鉴的工作开展情况；第四部分“财税机构人员”，主要介绍天津市财政局、地税局机构设置情况，局领导、局机关各处室、直属单位和各区县局负责人情况，刊载了财政局、地税局先进集体、优秀党员、党务工作者名单；第五部分“财税大事记”，记述了2010年度天津市财政税务方面的重要会议、重大活动、重大决策和措施；第六部分“重要财税文件”，汇集了2010年度有关财税方面的重要文件；第七部分“财经统计资料”，汇集了2010年度天津市财政收支统计资料、天津市综合经济指标和全国各省、自治区、直辖市的相关经济指标。

在年鉴编辑过程中，得到了各级领导和有关部门的指导和支持，中国财政经济出版社为《天津财政年鉴》的编辑、出版作了大量的工作，在此一并表示衷心的感谢，也真诚欢迎各界读者提出宝贵意见和建议。

《天津财政年鉴》编辑部

二〇一一年九月十日

目　　录

第一部分　重要财经文献

第二部分　财税工作概况

第三部分　区 县 财 政

第四部分　财税机构人员

第五部分　财税大事记

第六部分　重要财税文件

第七部分　财经统计资料

第一部分

重要财经文献

天津市人民政府2010年政府工作报告

——2010年1月16日在天津市第十五届人民代表大会第三次会议上

天津市市长　黄兴国

各位代表：

现在，我代表天津市人民政府，向大会作政府工作报告，请予审议，并请市政协委员和其他列席人员提出意见。

一、过去一年工作回顾

2009年，是天津发展进程中非同寻常的一年，是积极应对国际金融危机严峻挑战，攻坚克难，奋力拼搏，取得显著成绩的一年。在党中央、国务院和中共天津市委的领导下，我们全面贯彻党的十七大和十七届三中、四中全会精神，高举中国特色社会主义伟大旗帜，以邓小平理论和“三个代表”重要思想为指导，深入贯彻落实科学发展观，按照胡锦涛总书记对天津工作“当好一个排头兵”、“两个走在全国前列”和“五个下功夫、见成效”的重要要求，加快实施市委“一二三四五六”的奋斗目标和工作思路，在危机中抢抓机遇，在困境中寻求突破，在竞争中赢得主动，圆满完成了市十五届人大二次会议确定的目标任务。

过去的一年，面对异常复杂和困难的发展环境，我们坚定危中有机、事在人为的信念，敢于逆势而上，奋力拼搏闯关，坚决贯彻国家宏观调控政策措施，努力转变经济发展方式，不断加大经济结构调整力度，做出了一系列决策部署，赢得了时间，争取了主动，全市经济社会发展在克服困难中又向前迈进一大步，全面实现了主要经济指标增幅相当于或好于上年的奋斗目标。预计全市生产总值7500.8亿元，增长16.5%；财政收入1805亿元，增长21.1%；全社会固定资产投资5006亿元，增长47.1%；社会消费品零售总额2431亿元，增长21.5%；实际直接利用外资增长21.6%；实际利用内资增长35%；城镇登记失业率控制在3.6%；城市居民人均可支配收入实际增长11.4%；农村居民人均纯收入增长10.4%。万元生产总值能耗下降6%，化学需氧量、二氧化硫排放量分别下降1%，节能降耗保持全国领先水平。生产总值、财政收入、固定资产投资、综合能耗等主要经济指标，提前一年实现“十一五”规划目标。

2009年，我们主要做了以下工作。

（一）积极应对国际金融危机，全市经济持续快速增长

我们坚决贯彻中央应对国际金融危机的一揽子计划，积极扩大内需保增长，调整优化经济结构，提高发展水平，经济增长一季好于一季，全年主要经济指标增幅继续位居全国前列。

我市应对国际金融危机有三个突出特点。第一，在全市广泛深入开展“保增长、渡难关、上水平”活动，为经济发展营造了良好环境。在突如其来的困难面前，政府与企业心连心，同舟共济，共渡难关，组织4000多名干部，深入企业开展服务，帮助解决实际困难。制定了促进经济发展的30条措施，实施政府服务大提速，行政审批效率明显提高，受到企业普遍欢迎，提振了发展信心。第二，始终坚持抓大项目好项目不放手，为经济增长提供了有力支撑。在前几年不断推出重大项目的基础上，又推出368项，累计达到770项，总投资超过1.6万亿元。全市固定资产投资突破5000亿元，相当于“九五”时期的两倍、“十五”时期的总和。大项目好项目建设，带动了投资总量的快速增长，优化了产业结构，增强了抵御风险能力，积蓄了发展后劲。第三，积极推进重点领域、关键环节改革，激发了经济社会发展活力。投融资体制改革迈出较大步伐，组建了一批投融资平台，融资总额超过3000亿元，为基础设施和重大项目建设提供了资金支持。坚持金融改革创新与金融风险防范并重，全市投融资平台由155家整合为86家，“借用管还”良性机制逐步建立。国有企业改革取得新突破，力神电池公司、铁路集团公司重组整合顺利完成。完善了区县中小企业贷款担保体系。民营经济占全市经济比重达到40%。土地、科技、行政等管理体制改革取得新进展。

大力调整工业结构，发展高端高质高新产业，工业增加值增长22%，拉动全市经济增长10个百分点。航空航天、石油化工、装备制造、电子信息、生物医药、新能源新材料、国防科技、轻工纺织等八大优势支柱产业初步形成，占工业比重超过90%。空客A320系列飞机交付11架，百万吨乙烯、新皇冠轿车、北疆电厂一期等项目竣工投产。重大项目建设，促进了产业结构的优化升级。

自主创新能力进一步提高，55项重大产业化项目全面启动，开发出一批具有自主知识产权、国际国内领先水平的新产品，促进了生物医药、新能源等新兴产业集群发展。国际生物医药联合研究院等12个国家级科技创新平台基本建成，国家级企业技术中心达到24个。人才引进和人才队伍建设取得新成绩。专利申请量和授权量分别达到1.9万件、7200件。全社会研发经费支出占生产总值的比重达到2.4%。综合科技进步水平继续位居全国前列。

服务业加快发展，增加值增长15%，为近年来最好水平。金融业增势强劲，新增贷款相当于前三年的总和。农村金融为支持“三农”发展发挥重要作用。消费市场活跃，家电下乡、以旧换新等措施受到群众欢迎。旅游业快速发展，津湾广场、意式风情街等特色街区投入运营，海河风光游等特色精品旅游线路持续火爆。成功举办了PECC博览会、“津洽会”、首届中国旅游产业节。现代物流、服务外包、中介咨询等发展迅速。中心城区的总部经济、楼宇经济、创意产业等现代服务业取得新进展。

（二）加快实施国家发展战略，滨海新区进入全面开发建设新阶段

我们全力推进滨海新区开发开放，加快实施综合配套改革，新区各项工作取得重要进展。生产总值增长23%以上，占全市的比重超过50%，龙头带动作用更加突出。

综合配套改革取得实质性进展。经国务院批准，撤销塘沽、汉沽、大港三个行政区，组建了滨海新区行政区。管理体制改革的重大突破，为新区发展注入了新的活力。金融改革创新20项重点工作全面完成。第三届“融洽会”成功举办。船舶产业投资基金、飞机租赁基金设立，各类股权投资基金和创业风险投资基金达到355家，天津成为私募股权基金相对集中的城市。外汇改革试点逐步展开。融资租赁业务规模占全国20%以上。金融创新专项方案获国家批复。天津股权交易所、渤海商品交易所揭牌运营。船舶特别登记等创新政策开始试行。天津港口岸扩大对外开放范围获得国家批复。电子口岸建设取得新进展，新建内陆“无水港”6个。其他专项改革扎实推进。

功能区建设全面推进。中新天津生态城起步区建设进展顺利，国家动漫产业综合示范园、科技园、生态居住区等项目开工。东疆保税港区一期4平方公里基础设施全部建成。于家堡金融商务区加快建设，响螺湾商务区在建商务楼宇达到39座。滨海高新区渤龙湖总部园区启动。南港工业区建港造陆10平方公里，中石化原油储备库等一批重大项目落地建设。开发区连续12年在国家综合投资环境评价中名列第一。滨海旅游区、临港工业区、临空产业区加快开发。

基础设施建设取得重大进展。93个重点工程加快建设，载体功能进一步增强。天津港货物吞吐量达到3.8亿吨，集装箱吞吐量870万标准箱。天津航空公司挂牌运营，滨海国际机场第二跑道投入使用，旅客吞吐量达到578万人次，跨入国内大型机场行列。津滨高速公路拓宽改造、中央大道、天津大道、于家堡铁路中心站等项目加快实施。生态环境和市容面貌明显改观。

对外交流合作广泛开展。成功举办了首届全球绿色经济峰会、国际生物经济大会、中国国际矿业大会、第八届中欧工商论坛、第二届津台投资合作洽谈会等重要展会。与兄弟省市的经济合作进一步扩大，与东北亚地区的交流合作更加密切。我市承担建设的埃及苏伊士经贸合作区获得国家授牌。国际交流与区域合作达到新水平。

（三）大力推进城乡统筹发展，区县经济迈上新台阶

我们积极实施城乡一体化发展战略，落实各项强农惠农政策，不断完善以工促农、以城带乡的长效机制，各区县经济发展势头强劲，综合实力进一步增强。

农业现代化水平不断提升。建成设施农业10万亩，新建一批现代养殖示范园区，经济效益成倍增加。粮食生产为近十年最好水平，肉蛋菜奶等主要农副产品产量稳定增长。农业标准化体系逐步完善，新增无公害种植面积60万亩。推广了一批科技成果，农业科技进步贡献率达到60%。进入产业化体系的农户比重达到82%。农村工业、服务业加速发展。优化资源配置，推进集约发展，整合设立了31个区县示范工业园区，基础设施建设全面启动，一批大项目签约落地。区县重大项目全部开工，成为支撑区县经济发展新的增长点。

农村城市化进程进一步加快。以宅基地换房建设示范小城镇试点范围扩大，已开工建设农民还迁住宅1400万平方米，累计完成投资300亿元，14万农民迁入新居。全市农村城市化率达到58%。基础设施不断完善，新建改造了一批农村公路、污水和垃圾处理设施，农村环境得到改善。

（四）不断加强规划建设管理，城乡面貌发生显著变化

我们确定了“双城双港、相向拓展、一轴两带、南北生态”的总体发展战略，进一步

明确了天津发展的空间布局，并将规划成果向社会公示，大大激发了全市人民热爱家乡、发展天津的热情。编制了区县总体规划、一批专项规划和重点地区城市设计。市规划馆成为展示天津形象和广大群众参与决策的重要平台。

城市基础设施建设全面推进。津汕高速公路天津段建成通车，京沪高速铁路天津段、京津城际铁路延长线、津秦客运专线加快建设，112 国道等 4 条高速公路、天津站地下交通枢纽、地铁 2、3、9 号线等工程进展顺利，西站综合交通枢纽工程启动实施。永定新河治理一期工程竣工，顺利实施引黄济津，南水北调干线和配套工程抓紧建设。在全国率先建立了工程质量安全监督管理总队，施工监管全面加强，一批工程荣获国家级奖项。

生态城市建设取得重大进展。三年行动计划确定的重点工程全面开工。实施了水环境专项治理工程，完成大沽排污河等 21 条河道治理，新建改造一批污水处理厂。新增绿化面积 2800 万平方米，植树造林 26 万亩，农村林木覆盖率达到 20%。一批垃圾处理设施投入使用，城市生活垃圾无害化处理率达到 90%。完成中心城区 112 座小锅炉拆除并网，环境空气质量继续改善。

新一轮市容环境综合整治成效显著。奋战 150 天，综合整修市区建筑、道路和铁路沿线，改造提升公园和重点地区，开展违法广告、城乡结合部等专项治理，中心城区基本实现管理全覆盖。建成了城市数字化管理平台，加大了考评力度，市民生活环境明显改善。

（五）着力改善民计民生，各项社会事业取得新进步

我们始终把保障和改善民生作为构建和谐社会的重要任务，作为政府工作的重中之重，不断加大工作力度。20 项民心工程全面完成。制定出台了保企业稳就业、创业带动就业、促进高校毕业生就业等一系列政策，妥善安置困难群体，全年新增就业 40 万人。继续实施 18 项增加居民收入的政策措施，连续 5 年提高企业退休人员养老金。建立了覆盖城乡的老年人生活补助制度，65 万老年人按月领取生活补贴。

社会保障范围不断扩大。建立了统筹城乡居民的基本养老和基本医疗保险制度，在全国率先做到城乡居民社会保险一体化，实现了社会保险制度从城镇到农村、从职工到居民的全覆盖。城镇职工参保人数明显增加。全市 900 万人享有医疗保障，覆盖率居全国前列。实施了困难家庭帮扶和重症患者救助制度。提高了优抚对象抚恤、城乡低保、特困救助标准，29 万人受益。

群众生活质量明显改善。扩大了廉租房、限价商品房保障范围，建设保障性住房 770 万平方米，向 5 万户低收入家庭发放租房补贴。加快对旧楼区的综合整修，12.3 万居民受益。完成 10 万平方米老住宅供热补建，为 11 万户居民更换户内自来水和燃气旧管道。继续实施农村居民饮水安全工程，100 万农民受益。建成一批菜市场、社区服务中心、停车场、人行天桥，更新公交客车 1000 辆。注重源头治理，开展了安全生产隐患、车辆超载、商品房质量、装修材料安全、夏季食品卫生等专项整治行动。深入推进平安天津建设，社会治安保持全国最好地区之一。重点整治后的 8 个公园免费向市民开放，群众休闲健身的场所更多了，条件更好了，环境更美了。

教育水平不断提高。集中力量为教育办了四件实事。一是完成了 118 所农村中小学校舍安全加固工程；二是义务教育学校教师绩效工资落实到位；三是海河教育园区开工建设，成功举办了全国职业院校技能大赛；四是采取多项措施，减轻市属高等院校债务负担，使高校

集中精力抓教学、抓人才、抓发展，高等教育综合实力和社会服务能力进一步增强。

卫生改革不断深入。实行全市药品集中采购，在9个城区推行社区卫生服务机构药品零差率改革，药品价格平均下降25%。实施了大医院和社区卫生机构医疗服务双向互动。为全市妇女儿童免费提供12项疾病筛查服务，110万人受益。建立了医患矛盾调处机制，医疗纠纷大幅度下降。中心妇产科医院、总医院、南开医院等工程进展顺利。突发公共卫生事件应急处置能力进一步提高，甲型H1N1流感防控工作扎实开展。人口与计划生育工作取得新成绩。

文化体育事业蓬勃发展。全市人民瞩目的天津文化中心开始建设。组织了一系列庆祝新中国成立60周年群众文化活动，创作出电视剧《解放》等一批影视精品。成功举办了中国（天津）演艺交易博览会、天津国际少儿艺术节。文化惠民工程顺利推进，建成32个乡镇文体中心、1000个农家书屋。文化体制改革迈出新步伐，文化产业加快发展，成立了出版传媒集团和北方电影集团。新闻出版、广播影视、社会科学、图书、档案、文物等事业长足发展。竞技体育实现新跨越，天津体育代表团在第十一届全国运动会上，创造历史最好成绩。成功举办了第25届亚洲男子篮球锦标赛等国际体育赛事。全民健身蓬勃开展。社区建设得到加强，提高了居委会工作经费和工作人员生活补助标准，一批社区获得全国示范荣誉称号。精神文明创建活动深入开展，市民文明素质进一步提高。

（六）努力提高行政效能，民主法制建设不断加强

我们认真执行市人大及其常委会决议，自觉接受法律监督、民主监督和工作监督，及时听取人大代表、政协委员的意见和建议，各类建议和提案全部办复。提请市人大常委会审议的地方性法规草案6项，制定政府规章10项。全面完成市级政府机构改革，优化了组织结构，理顺了职责关系。行政审批制度改革取得新突破，通过下放权限、减少事项、联合审批，效率提高30%。顺利完成第二次经济普查工作。强化了应急管理体制，应对突发公共安全事件的能力进一步提高。积极推行政务公开，坚持重大事项公示和听证制度，健全了政府新闻发言人制度。加强了政府督查工作，有力推动了重大决策和重点工作的落实。发挥信访接待和行政复议中心的作用，妥善解决了一批信访突出问题和行政争议案件。廉政建设、行政监察工作扎实有效。法律服务、法律援助工作得到加强，“五五”普法顺利推进。支持工会、共青团和妇联等群众组织更好地开展工作。民族、宗教、侨务和对台工作取得新成效。对口支援陕西省震后重建重点项目全部建成，服务参与西部开发工作进展顺利。双拥共建活动深入开展，国防教育、国防后备力量建设不断加强，天津军政军民团结的局面更加巩固。

各位代表，在报告工作成绩的同时，我们也清醒地看到存在的矛盾和问题。主要是：发展方式、综合实力与天津的地位作用还不适应，服务业比重偏低，区县经济实力不强，民营经济发展不快；自主创新能力不强不大，创新创业环境不够完善，高素质人才聚集能力弱，自主品牌不够多；企业经济效益下滑，外贸出口下降幅度较大；经济和社会发展活力不够，重点领域和关键环节的改革需要进一步加快；群众生活水平还不够高，部分群众生活比较困难，就业形势依然严峻，改善民生和发展社会事业的任务仍然繁重；有些社会矛盾还比较突出，各项管理工作存在薄弱环节；政府自身建设仍有差距，形式主义、官僚主义、一些领域的腐败现象依然存在。对于这些问题，我们一定高度重视，采取有力措施，在今后工作中切

实加以解决。

各位代表，过去的一年，我们面对国际金融危机的严重冲击，实现了经济社会又好又快发展，是非常不容易的。这是在市委领导下，万众一心，拼搏奋斗的结果，凝结了全市人民的智慧、汗水和力量，体现了天津精神、天津速度、天津效益。在这里，我代表天津市人民政府，向全市各族人民，向人大代表、政协委员，向各民主党派、工商联、人民团体和社会各界人士，向中央各部门、兄弟省市以及人民解放军和武警驻津部队，向所有关心支持天津发展的港澳同胞、台湾同胞、海外侨胞和国际友人，表示衷心感谢和崇高敬意！

二、2010 年工作目标和主要任务

2010 年，是实施“十一五”规划的最后一年，是推动天津在高起点上实现新发展、再上新水平的关键一年。总体上看，今年的经济发展环境将好于去年，但面临的形势仍然十分严峻复杂。世界经济出现了复苏迹象，但还存在许多不稳定不确定因素。国内经济呈现向好趋势，但回升的基础还不牢固，发展的内在动力明显不足，外需不振状况短期内难以改变，结构性矛盾突出，就业形势严峻。当前，天津发展正处在一个非常关键的时期，今年的发展至关重要。我们必须居安思危，进一步增强忧患意识、机遇意识和责任意识，始终保持进取精神和拼搏勇气，一刻也不懈怠，一天也不耽误，牢牢把握滨海新区开发开放的难得机遇，全力推进三个层面联动协调发展，坚持把调结构、促转变、增实力、上水平作为着力点，坚定不移地加快经济发展方式转变，大力调整优化经济结构，站在高起点，抢占制高点，达到高水平，努力使天津的综合实力再上一个新台阶，城乡面貌发生新的更大变化，各项社会事业更加繁荣进步，广大群众共享改革发展成果，决不辜负全市人民对我们的重托和期望！

2010 年政府工作总的要求是：全面贯彻党的十七大和十七届三中、四中全会精神，高举中国特色社会主义伟大旗帜，以邓小平理论和“三个代表”重要思想为指导，深入贯彻落实科学发展观，认真落实中央经济工作会议部署和宏观调控政策措施，按照胡锦涛总书记对天津工作“当好一个排头兵”、“两个走在全国前列”和“五个下功夫、见成效”的重要要求，加快实施市委“一二三四五六”的奋斗目标、工作思路和市委九届七次全会提出的各项任务，着力构筑“三个高地”，全力打好“五个攻坚战”，全面推进社会主义经济建设、政治建设、文化建设、社会建设以及生态文明建设，进一步增强经济实力、创新能力和综合竞争力，努力开创各项工作的新局面。

2010 年全市经济和社会发展的主要预期目标是：生产总值增长 13%，财政收入增长 12%，全社会固定资产投资增长 20%，社会消费品零售总额增长 16%，实际直接利用外资增长 15%，利用内资增长 25%，外贸出口增长 8%，城镇登记失业率控制在 3.8% 以内，农村居民人均纯收入增长 10%，城市居民人均可支配收入实际增长 10% 以上，居民消费价格总水平涨幅控制在 3% 左右。万元生产总值能耗下降 4%，二氧化硫和化学需氧量消化当年新增排放量，节能降耗继续保持全国领先水平。

2010 年，重点抓好十个方面工作。

（一）进一步加快滨海新区开发开放

围绕实现国家战略定位，实施“一核双港、九区支撑、龙头带动”发展布局，全力打

好滨海新区开发开放攻坚战，集中力量推进开发建设，显著增强综合实力、创新能力、服务能力、国际竞争力，发挥引领作用，当好科学发展的排头兵。

着力推进管理体制创新。按照统一、协调、精简、高效、廉洁的原则，健全政府职能，创新管理方式，提高行政效率。充分发挥新体制新机制的优势，做到新区的事新区办，进一步统筹规划布局，整合区域资源，增强发展活力。

着力推进功能区开发建设。加快中新天津生态城起步区建设进度，完成东疆保税港区二期基础设施工程，滨海高新区渤龙湖总部园区首期具备入驻条件，响螺湾商务区、于家堡金融商务区 17 栋商务楼宇完成主体工程。加快南港工业区建港造陆和基础设施建设，积极推动项目落地开工，尽快形成开发建设热潮。继续推进临港工业区、空港物流加工区、开发区西区、滨海旅游区开发建设。

着力推进重大项目建设。组织实施 320 个重大产业项目，完成投资 1500 亿元。建成新一代运载火箭、直升机总成基地、西飞机翼组装等项目，推进造修船基地、太原重工等项目建设。加快千万亿次高性能计算机、高端通用芯片、新型动力电池等自主创新重大项目进度，推动官港生态游乐园、117 大厦等现代服务业项目建设。促进中俄大炼油、机车维修制造等项目开工。

着力推进基础设施建设。完成天津港主航道拓宽工程，港口货物吞吐量突破 4 亿吨。建设滨海国际机场二期工程，旅客吞吐量达到 700 万人次，货邮吞吐量达到 20 万吨。推进京津城际铁路延长线、津秦客运专线、于家堡铁路中心站、海滨大道等工程建设，建成天津大道、港城大道、津港高速公路等项目。搞好生态城区建设，提高宜居水平。

着力推进服务功能提升。加快服务业与制造业的融合发展，优化产业结构。推进国际贸易与航运服务区建设，完善大通关体系，提高“无水港”运营效益，推动亚欧大陆桥口岸功能建设，加强跨区域口岸直通与合作。落实与兄弟省市、中央大企业的合作协议，扩大与东北亚国家的经济交往，以更加积极的姿态融入区域发展、服务区域发展。

（二）进一步加快壮大区县经济实力

全面实施区县经济三年发展计划，促进农业和农村经济结构战略性调整，以示范小城镇建设为龙头，大力推进农民居住社区、示范工业园区、农业产业园区联动发展，培育更多的强区强县强镇，实现跨越发展。

加快现代农业发展。建成设施农业 10 万亩，建设 15 个现代农业示范园区，培育一批现代畜牧业和水产品养殖示范园区，大力发展林下经济，促进农业增效、农民增收。积极吸引国内外大企业参与设施农业开发，延长产业链。完善农业科技服务体系，组织实施一批科技成果转化项目。继续实施农民素质提高工程。加强农田水利基础设施建设，新增节水灌溉面积 15 万亩。强化农产品质量管理，完善农产品质量检测、安全追溯和预警体系。大力发展农民专业合作组织，壮大龙头企业，进入产业化体系的农户比重达到 86% 以上。

加快农村工业发展。积极引导各区县发挥各自优势，培育主导产业，实现错位发展。大力推进区县示范工业园区开发建设，上半年完成起步区基础设施工程，加大招商引资力度，提高投资强度和产业聚集度。加快区县大项目建设进度，继续推出新项目。

加快农村城市化进程。扎实推进以宅基地换房建设示范小城镇试点工作，扩大建设规模，丰富发展内涵。新建农民还迁住宅 700 万平方米，竣工 500 万平方米。已建成的示范小城镇，积极推进管理制度创新，实现可持续发展。年内向城镇转移农村人口25万人，农村城市化率达到60%。做好文明生态村提升、创建工作。继续实施农村电气化改造工程，推进基础设施和公共服务设施向农村延伸。

（三）进一步加快发展高端制造业

积极转变经济发展方式，走新型工业化道路，推进信息化与工业化融合发展，调整结构，优化布局，加快构筑高端产业高地，努力形成以高新技术产业为先导，战略性新兴产业为引领，装备制造业为核心，优势支柱产业为支撑的现代产业体系，继续发挥工业对经济的支撑作用。

以产业结构调整为重点，实现高端发展。全面落实国家重点产业调整振兴规划，加快壮大航空航天、石油化工、装备制造、电子信息等八大优势支柱产业，逐个编制发展规划，依靠自主创新，拉长产业链条，形成产业集群。加快用新技术改造提升传统产业，提高科技含量和附加值。坚持有所为有所不为，积极培育战略性新兴产业。高新技术产业占全市工业的比重达到30%以上。按照“三个一批”的要求，加快推进重大工业项目建设。

以产业集聚为重点，实现集约发展。重点打造临港“重装”、南港“重化”等产业聚集区，形成高端产业发展的重要载体。推动冶金、医药等行业强强联合。实施大企业、大集团带动战略，以骨干企业和重大项目为龙头，培育壮大一批具有国际竞争力的大型企业集团，销售收入超百亿元的集团达到27家。提高产品质量，整合品牌资源，打造驰名商标，形成一批在国内外有影响的自主品牌和拳头产品。落实促进中小企业发展的政策措施，加强和改善服务，创造宽松环境，扶持中小企业加快发展。

以节能降耗减排为重点，实现生态发展。继续实施绿色照明、电机改造等10项重点节能工程。严格目标考核，加强监督检查，在冶金、石化、电力等行业开展能源管理和清洁生产审核，突出抓好20户重点企业的节能降耗。制定出台落后产能退出机制和补偿政策，加速淘汰落后产能，改造高耗能设备。发展风能、太阳能、地热能等新型清洁能源。广泛开展资源综合利用，推进循环经济国际合作，搞好子牙循环经济产业园、北疆电厂等国家循环经济试点建设，加快发展再生资源利用、海水淡化等新型产业。大力发展绿色经济、低碳经济，增强可持续发展能力。

（四）进一步加快实现服务业发展新突破

加快发展服务业，是转变经济发展方式、调整经济结构的重要着力点，也是提升城市竞争力的重大战略举措。要拓宽发展思路，加大推进力度，使服务业占全市经济的比重有新的提高。

全面提升服务业能级。加快金融业发展，集聚金融机构，壮大投融资平台，扩大融资规模，建设与北方经济中心相适应的现代金融服务体系。大力发展物流业，加快建设国际物流中心。完善商贸流通体系，提升商务服务水平，积极培育消费热点，扩大农村消费，继续实施家电下乡、汽车下乡等政策，完善补贴办法，进一步繁荣市场。努力把旅游业培育成战略性支柱产业。做大做强“近代中国看天津”核心旅游品牌，整合旅游资源，搞好历史风貌建筑和风景名胜区的保护开发，促进文商旅融合互动发展，打造一批旅游精品。加快国有旅游企业改组改制，培育壮大旅游重点企业。规范房地产市场秩序，推进房地产业健康发展。

积极发展信息咨询、研发设计、服务外包、文化创意、会展经济、总部经济、楼宇经济等新兴服务业。中心城区进一步落实功能定位，更加注重内涵式发展，整合优势资源，突出各自特色，拓宽发展领域，形成以高端服务业为主的产业结构，走服务型、创新型、都市型的发展路子。

集中力量打造服务业发展新亮点。完成和平路滨江道中心商业街、泰达时尚广场、河东万达商业广场、华北工业原料城、水游城等10个大型商业设施的建设改造工程，增强载体功能，提高业态档次，促进繁荣发展。新建改造提升万丽天津宾馆、利顺德、水晶宫等星级酒店，全市5星级或按5星级标准管理的酒店达到20家，明显提升接待能力和服务水平。建成邮轮母港、极地海洋世界、梅江会展中心、意式风情街二期、玉佛宫、马球会等10个特色旅游会展项目，进一步聚集人气，增强城市吸引力。精心办好2010夏季达沃斯论坛、中国旅游产业节、妈祖文化旅游节等大型活动，做好上海世博会参展工作，进一步扩大天津的影响力。实现一年见亮点，两年大变化，尽快使天津服务业火起来、旺起来。

（五）进一步增强自主创新能力

大力实施科教兴市战略和人才强市战略，坚持把自主创新作为转变经济发展方式、调整经济结构的中心环节，不断提高原始创新、集成创新、引进消化吸收再创新能力，加快培养和引进高素质人才，着力构筑自主创新高地，进一步增强核心竞争力。

推进自主创新产业化。加快自主创新产业化重大项目建设，推出航空材料、大功率风力发电机组等一批新的重大项目。组织太阳能电池超精密制造、治疗糖尿病新药等200项关键技术和产品的开发，力争一批科技项目进入国家重大专项和科技发展计划。积极推进基础研究、前沿技术开发，推动科技成果转化，建设国内一流的科技企业孵化与服务体系。着力培育高新技术企业群体，扶持科技型中小企业上市。

完善科技创新体系。整合科技创新资源，推进产学研结合，建设一批高水平研发机构。深化部市、院市合作，完善工业生物技术研究所等重大创新平台，加快建设国家生物医药国际创新园。加强国际科技合作，与意大利、瑞典科研机构共建中医药联合实验室、分子医学中心，推动国际生物医药孵化器尽快发挥作用。新建3个国家级重点实验室、3个国家级企业技术中心，为高端产业发展提供强大技术支撑。

营造自主创新良好环境。完善技术创新和科技成果转化的政策法规体系。发挥财政性资金引导作用，形成多渠道、多元化的科技投融资体系。全社会研发经费支出占生产总值的比重达到2.5%。加强知识产权保护、管理，培育更多自主知识产权。发挥科协组织作用。实施更加开放的人才政策，启动引进高层次紧缺人才“千人工程”，推进留学生创业园建设，千方百计引进海内外高端人才和领军人才，建设高素质职工队伍，进一步优化人才环境，使天津成为优秀人才聚集高地。

（六）进一步深化重点领域改革

改革是解决深层次矛盾和问题的根本途径，也是促进经济社会发展的内在动力。要全力以赴打好体制机制改革创新攻坚战，全面推进滨海新区综合配套改革，加快重点领域和关键环节的改革，努力扩大对外开放，不断增强发展活力。

大力推进金融改革创新。认真落实金融创新专项方案，加快推进第二批金融改革创新

20项重点工作。发起设立天津农村商业银行，争取更多金融企业在津设立法人机构。推进保险改革试验区建设。发展各类投资基金、融资租赁以及航运、科技、消费、碳金融等新金融，开展跨境贸易人民币结算和人民币境外贷款试点。推进股权类交易市场和创新型交易市场建设，延伸“融洽会”价值链。加快推进社会信用体系、商事争议仲裁体系建设。加强政府性投融资平台等重点领域的风险防范，搞好公司、资源和项目整合，完善“借用管还”方案，确保金融稳定运行和安全发展。

深化其他重点领域改革。全面完成滨海新区管理体制改革和区县政府机构改革。完善国有资产监管体制，在国有企业调整重组方面取得实质性进展，用存量吸引增量，放大总量。整合国有钢铁企业，组建渤海钢铁集团。完善两级政府三级管理体制，健全城市管理长效机制。认真落实医药卫生体制改革方案，完善覆盖城乡居民的基本医疗卫生制度。启动科技体制改革综合试验区建设。积极推进农村土地承包经营权和集体林权流转，探索农民资产资本化的新途径，推进城乡建设用地增减挂钩试点。开展“扩权强镇”改革试点，释放区县发展潜力。深化东疆保税港区涉外体制改革，加快北方国际航运中心核心功能区建设。鼓励全民创业，推进民营企业园区建设，激活民间投资，营造创业氛围，做大做强民营经济。

努力提高对外开放水平。优化外贸主体和产品结构，巩固传统市场，拓展多元化市场。扶持民营和中小企业扩大出口，加快发展服务贸易，增加自主知识产权产品和文化创意产品出口，发展代理出口，实现对外贸易恢复性增长。加大招商引资力度，建设招商载体，创新招商方式，力争实际直接利用外资超过100亿美元，引进内资超过1500亿元。继续鼓励企业“走出去”，拓展海外市场。促进埃及苏伊士经贸合作区建设，发挥示范作用。

（七）进一步提升城乡规划建设管理水平

始终坚持高起点规划、高水平建设、高效能管理，把规划、建设、管理与彰显城市文化特色结合起来，与保障和改善民生结合起来，与体制机制创新结合起来，奋战300天，继续实施综合整治，进一步提升城市载体功能，努力构筑生态宜居高地。

增强规划对城市发展的引领作用。按照城市总体发展战略，修改完善城市总体规划。深化完善滨海新区、海河中下游规划。制定生态、绿地系统、河流水系等专项规划。完善规划设计导则，做好中心城区重点区域的规划设计。全面推进土地利用总体规划修编工作，提高土地利用效率。加强规划管理，切实增强统一性、权威性、严肃性。

加快城市基础设施建设。完成天津站轨道换乘中心、团泊快速路等工程，地铁2号、3号、9号线铺轨贯通。加快西站综合交通枢纽、京沪高速铁路天津段、天津站地下直径线等项目建设，启动地铁5号、6号线工程。新建改造梅江西路、真理道等一批城市道路。推进南水北调干线及配套工程，启动独流减河治理工程。继续搞好水、电、气、热等设施建设。扎实开展建设工程质量年活动，鼓励创建优质工程，提高工程质量和安全管理水平。

下力量搞好新一轮市容环境综合整治。整治工作由市中心向各区县延伸，由重点道路向次支道路拓展，由重点地区向里巷社区推进，完善重点区域城市天际线，显著改善中心城区、滨海新区和各区县的市容环境。学习借鉴世界先进城市管理经验，出台城市管理规定，实施科学化、精细化、长效化管理，开展工程渣土运输洒漏、违规占路停车等专项治理，严格综合执法，使城乡净化绿化美化达到更高水平。

加快推进生态城市建设。高标准完成三年行动计划。强化减排目标责任考核，环境空气质量二级及以上良好天数保持在83%以上。加强饮用水源地保护，确保水质安全达标。加大海洋环境保护力度。加快绿色天津建设，实施造林21万亩。今年要全面完成60座污水处理厂、800公里配套管网、40条河道的建设改造治理任务，城镇污水集中处理率达到85%，处理后水质全部达到国家一级排放标准。通过源头治理，遏止水污染，保护水生态，美化水景观，使水变清、岸变绿、环境更美。

（八）进一步推进各项社会事业发展

加快社会事业发展，是构建社会主义和谐社会的必然要求，也是当前扩大内需的重要增长点。必须坚持以人为本，加大投入，深化改革，推动经济社会协调发展。

优先发展教育。基本完成全市中小学校舍安全加固工程。继续实施义务教育学校现代化标准建设，推进义务教育高水平均衡发展。促进高中教育多元化、有特色发展。基本建成海河教育园区一期工程，继续办好全国职业院校技能大赛。推进高等院校和谐校园建设，改善校园环境，提升办学水平，促进科研成果产业化，增强服务经济社会发展能力。建成大学软件学院。加强教师队伍建设，下力量培养名师名校长和农村骨干教师。提高学生创新和实践能力，促进全面发展。

提高医疗卫生服务水平。全面实施国家基本药物制度。基本药物全部纳入医疗保险报销范围。在全市城乡基层医疗卫生机构实行基本药物零差率销售，农村医疗机构平均药价实际降低25%，为群众提供更加安全、价廉的基本医疗卫生服务。建成总医院二期、人民医院二期等工程，加强区县医院和疾病预防控制中心等基础设施建设，推进村卫生室达标工作，为群众构建更加完善、便捷的卫生服务体系。免费为全市260万适龄妇女进行专科普查，为所有儿童筛查先天性疾病，搞好残疾人康复服务，继续做好甲型H1N1流感防控和救治工作，加强医德医风建设，创造良好医疗环境，让群众享受更高质量的公共卫生服务。稳定低生育水平，加强流动人口服务管理，提高人口素质。

打好文化大发展大繁荣攻坚战。实施文化产业振兴规划。高水平建设天津文化中心，加快建设文化产业示范区，开工建设国家海洋博物馆，建成电影艺术中心、非物质文化遗产馆等项目。继续推进乡镇文体中心、农家书屋、村文化室等工程建设。加快发展文化产业，全面完成经营性文化单位转企改制任务，组建北方演艺集团，做大做强各类文化企业和文化品牌。大力繁荣文艺创作，推出一批优秀作品。进一步做好新闻出版、广播影视、社会科学、图书、档案、文物等工作。广泛开展群众性体育活动，举办首届全民健身运动会。增强竞技体育整体实力，扎实做好第九届全国大学生运动会、第六届东亚运动会筹备工作。进一步加强思想道德和精神文明建设，继续深入开展“同在一方热土、共建美好家园”活动，建设和谐稳定、干净整洁新社区，加强互联网等新兴媒体的建设管理，不断提升城市文明水平。

（九）进一步提高群众生活水平

把加快经济社会发展与提高群众生活水平紧密结合起来，以安居乐业有保障为目标，始终把改善民生工作放在心上、抓在手里，继续高标准实施20项民心工程，把惠及民生的事情办好办实，让老百姓得到更多实惠。

全力促进就业增长。把扩大就业作为改善和保障民生的头等大事，实施更加积极的就业政策。以项目带动就业，加强技能人才培养，扩大就业总量。加快推进创业带动就业实验区建设，搭建创业服务平台。建立城乡一体的就业援助机制，保持零就业家庭动态为零。继续实施对困难企业的稳岗帮扶政策。高度重视和做好高校毕业生就业工作，统筹推进失业人员、新生劳动力和农村富余劳动力就业，全年新增就业42万人。

千方百计增加群众收入。加大企业职工工资增长调控力度，颁布企业工资指导线，调整最低工资标准，完善国有及国有控股企业经营者薪酬管理办法，促进职工收入同步增长，企业单位从业人员劳动报酬总额增长15%。继续提高企业退休人员养老金。实施低收入农户增收工程。稳妥推进公共卫生、基层医疗卫生等事业单位实施绩效工资。完成三类困难企业依法退出市场。

建立全民社会保险体系。继续完善覆盖城乡职工和从业人员的社会保险制度，健全覆盖城乡居民的养老和医疗社会保险制度。落实老年人生活补助制度。积极发展养老事业。实行困难企业退休人员医疗保险与单位缴费脱钩，所有参保人员享受门急诊大额医疗补助，提高医保最高支付限额和大额医疗费救助标准。实施城乡一体的医疗救助制度。提高城乡最低生活保障和特困救助标准，提高部分优抚对象待遇水平，做好低收入困难群体的帮扶救助工作。

不断提高群众生活质量。扩大廉租住房实物配租范围，向7.5万户低收入家庭发放租房补贴，建设保障性住房650万平方米，启动面向非拆迁家庭提供经济适用住房试点工作。拆迁危陋房屋200万平方米。完成老住宅供热补建10万平方米，对6万户城市居民户内自来水旧管道进行改造。搞好便民服务体系建设，发挥“8890”服务平台作用，推进“农超对接”，实施放心肉、放心菜工程，新建一批菜市场、城乡社区服务中心。规范和完善物业管理。加快停车设施建设，理顺停车收费机制。优先发展城市公交，加快车辆更新，优化公交线网，治理非法客运，加强交通管理，为广大群众出行提供更加方便快捷的服务。全市65岁以上老年人免费乘坐公交车。

（十）进一步加快向服务型政府转变

战胜各种困难和挑战，实现发展目标任务，政府肩负着重要责任。我们一定以改革创新的精神，全面履行职能，全面落实责任，不断提高行政能力和行政水平，尽心竭力，恪尽职守，为老百姓服务，为经济社会发展服务，努力建设人民满意的政府。

加快职能转变。综合运用规划、产业政策和财税、价格等手段，不断提高经济调节和市场监管能力。强化社会管理和公共服务职能。继续推进政企、政资、政事分开，政府与市场中介组织分开，坚决放开应由企业自主决定、市场机制有效调节、行业协会和中介机构自我管理的事务。完善公共应急管理体制，增强防灾减灾救灾能力。强化安全生产责任，加强食品、药品安全管理。做好信访、仲裁、法律援助、人民调解和行政复议等工作，妥善化解社会矛盾，加强社会治安综合治理，依法严厉打击各种犯罪活动，维护社会和谐稳定。

提高服务水平。巩固政府服务大提速成果，建立长效机制。今年，继续组织机关干部深入基层，为重点项目建设搞好服务。发挥行政许可服务中心作用，推动审批服务再提速。完善公共财政体系，调整财政收支结构，扩大公共服务覆盖范围，把更多财政资金投向公共服务领域。

坚持依法行政。积极配合市人大及其常委会做好地方立法工作，切实提高政府立法质量和实施效果。深入开展相对集中行政处罚权工作，严格行政执法程序，规范行政执法行为。

健全行政监督机制，特别要加强对公权力大、与群众利益密切相关部门的监督。坚持科学民主决策，完善公众参与、专家论证机制。推进政务公开，保障市民的知情权、参与权、表达权和监督权。完善决策目标、执行责任、考核监督三个体系，强化政府督查工作，落实行政问责制。认真做好“十二五”规划编制工作。

大力加强作风建设和廉政建设。政府工作人员要始终保持良好精神状态，对群众有感情，对工作有热情，对事业有激情，把实现好、发展好、维护好最广大人民群众的根本利益，作为一切工作的出发点和落脚点。大兴密切联系群众之风，认真调查研究，推动工作落实。大兴求真务实之风，反对虚假浮夸，力戒形式主义、官僚主义，切实提高工作效率。大兴艰苦奋斗之风，厉行勤俭节约，反对铺张浪费，严格控制一般性费用支出。切实抓好廉政建设，严格执行中央和市委反腐倡廉的各项规定，落实廉政建设责任制，坚决查处违纪违法案件，严惩腐败分子。加大行政监察工作力度，加强对重点领域、重点部门、重点项目的审计，使权力规范运行和公开透明，防止“工程上马，干部下马”，做到既要干事，又要干净。

自觉接受市人大及其常委会的监督，主动加强与人民政协的联系，虚心听取各民主党派、工商联、无党派人士和人民团体的意见。坚持与人大代表、政协委员的联系制度，及时办理各类建议和提案。加强基层民主政治建设。把支持工会、共青团、妇联等群众组织开展工作放在重要位置。继续做好对口支援和服务西部开发工作。认真贯彻落实党的民族、宗教和侨务政策，加强海外联谊工作。做好新时期对台工作。开展双拥共建活动，积极支持军队建设，进一步增强全民国防意识。

各位代表，今年全市经济社会发展面临的形势依然严峻，发展的任务十分繁重，责任重大，使命光荣。让我们更加紧密地团结在以胡锦涛同志为总书记的党中央周围，在中共天津市委的领导下，以奋发有为的精神状态，开拓创新，扎实工作，努力完成今年经济社会发展和“十一五”规划的各项目标，为实现天津科学发展和谐发展率先发展而努力奋斗！

关于天津市2009年国民经济和社会发展计划执行情况与2010年国民经济和社会发展计划草案的报告

——2010年1月16日在天津市第十五届人民代表大会第三次会议上

天津市发展和改革委员会主任　张志强

各位代表：

受市人民政府委托，现将我市2009年国民经济和社会发展计划执行情况与2010年国民经济和社会发展计划草案的报告提请大会审议，并请市政协委员和其他列席人员提出意见。

一、2009年国民经济和社会发展计划执行情况

2009年，面对异常严峻复杂的国内外环境，全市各方面认真落实胡锦涛总书记对天津工作的重要要求，坚决贯彻中央应对国际金融危机的一揽子计划，坚信危中有机、事在人为，坚持不懈抓大项目好项目，深入开展保增长、渡难关、上水平活动，经济运行一季好于一季，经济社会保持又好又快发展势头，圆满完成十五届人大二次会议确定的目标任务。主要特点是：

（一）经济平稳较快增长，主要指标增幅相当于或好于上年

预计全年，全市生产总值按可比价格计算，比上年增长16.5%。全市财政收入1805亿元，增长21.1%。万元生产总值能耗下降6%，二氧化硫和化学需氧量排放量分别下降1%。全社会固定资产投资5006亿元，增长47.1%。社会消费品零售总额2420亿元，增长21%。实际直接利用外资90.2亿美元，增长21.6%。实际利用内资1242亿元，增长35%。新增就业40万人，城镇登记失业率3.6%；城市居民人均可支配收入21430元，增长10.3%；农村居民人均纯收入10675元，增长10.4%。城市居民消费价格下降1%。主要指标大多提前一年实现“十一五”规划目标。

（二）滨海新区开发开放全面加快，龙头带动作用更加突出

预计全年，滨海新区生产总值3700亿元，增长23%以上，占全市比重超过50%。综合

配套改革取得新突破。滨海新区行政管理体制改革启动。金融改革创新专项方案获国家批复，船舶产业基金设立，渤海商品交易所揭牌运营，排放权交易所成为央行碳金融试点平台，国际融资洽谈会永久落户天津。中小股权投资基金和创业风险投资基金累计注册 355 家，融资租赁公司承载业务总量占全国 20% 以上。功能区开发全面提速。中新生态城起步区建设加快推进，国家动漫产业综合示范园启动。东疆保税港区一期基础设施全部建成。中心商务商业区建设进展顺利，响螺湾商务区在建楼宇达到 39 座。造修船基地加紧建设，南港工业区吹填工程和项目招商步伐加快，渤龙湖总部经济区启动。空客 A320 系列飞机交付 11 架，百万吨乙烯项目正式投产，北疆电厂一、二号机组并网发电，新一代运载火箭产业化基地一期基本成型。基础设施建设进展顺利。中央大道、天津大道、于家堡铁路中心站等项目加快实施，津汕高速公路（天津段）建成通车。蓟港铁路全线开通，天津港主航道拓宽二期、北港池集装箱码头 B 段等工程竣工，集疏港功能进一步完善。

（三）二三产业支撑加强，结构调整取得新成效

工业保持较快增长。预计全年，规模以上工业增加值增长 22% 以上，新投产项目对工业增长贡献超过 60%。产业集聚区逐步形成，航空航天、石油化工、装备制造等八大优势支柱产业占工业比重超过 90%；其中，航空航天产值增长 14.1 倍，新能源新材料产值增长 32.1%。节能降耗保持先进水平，工业万元增加值能耗下降 15%，工业万元增加值用水量仅相当于全国的十分之一。新关停小发电机组 15 万千瓦。

服务业发展提速。预计全年，增加值增长 15% 以上，增幅创 1997 年以来新高。商贸旅游持续活跃，津湾广场一期、小白楼欧陆风情等一批不夜城、特色商业街相继建成。成功举办了津洽会、PECC 博览会、首届中国旅游产业节等重大活动。“十一”黄金周旅游观光总收入增长 19.5%。金融业增势强劲，存贷款余额增速位居全国前列，新增贷款超过前三年总和。港口货物吞吐量 3.8 亿吨，集装箱吞吐量 870 万标准箱，机场旅客吞吐量 578 万人次，增长 24.6%。

自主创新能力增强。滨海高新区成为国家产学研合作创新示范基地，国际生物医药联合研究院等 12 个国家级科技创新平台基本建成。全年新增国家级企业技术中心 5 家。55 项自主创新产业化重大项目累计开发出具有完全自主知识产权、居国际领先或国内领先水平的新产品 232 项，比上年增加 84 项。全市专利申请量达到 1.9 万件，全社会研发经费支出占生产总值比重达到 2.4%。电子政务建设取得新突破，在全国率先实现了与国家电子政务网络中央级传输骨干网对接。

（四）投资消费持续扩大，内需拉动显著增强

大项目建设全面加快。市第九次党代会以来，全市共推出重大项目 770 项，总规模 1.6 万亿元，累计完成投资 5600 亿元，其中当年完成 2860 亿元，整体开工面达到 95% 以上，已竣工 239 项。其中，工业 100 项重大项目，开工面达到 95%，竣工 40 项；服务业 40 项重大项目中 62 个子项竣工；区县 495 项重大项目全部开工，竣工 164 项。全市新开工项目达到 3364 个，增长 50.2%；竣工项目 2729 个，增长 47.4%。争取中央投资取得明显成效，落实中央预算内资金创历史新高；严格项目质量、安全和进度管理，得到中央督察组充分肯定。城乡消费持续旺盛。社会消费品零售总额扣除价格因素实际增幅创 1993 年以来新高。在国

家鼓励政策带动下，消费结构加快升级。家电下乡产品销售11.8万台（件），汽车下乡销售1.8万辆，以旧换新回收家电17万台（件）、销售家电14.2万台（件）；城市家庭每百户拥有汽车11.7辆，比上年末增加4辆；商品房销售面积增长27%。

（五）城乡一体化扎实推进，区县发展进入快车道

积极落实国家强农惠农政策，全市财政支农支出增长20.3%。全年粮食总产量156.3万吨，增长4.9%，为近10年最好水平。发展现代农业取得新成效，新增设施农业10万亩，进入产业化体系农户占82%，比上年末提高2个百分点。31个区县示范工业园区启动实施，配套设施加快建设，474个项目签约落地。示范小城镇建设有序推进，第一批试点全部建成，第二批试点陆续展开，第三批试点工作全面启动，累计开工面积达到1400万平方米，完成投资额超过300亿元。中心城区功能定位与发展目标进一步明确，创意产业、楼宇经济、总部经济等新兴业态成为发展亮点。预计全年，区县增加值增长25%，财政收入增长32.4%，好于全市水平。

（六）规划建设管理水平提高，城市面貌发生新变化

编制了天津市空间发展战略规划和土地利用总体规划，提出了“双港双城、相向拓展、一轴两带、南北生态”的总体发展战略。新一轮市容环境综合整治全面完成，累计整修道路762公里，改造提升8个公园、49个街心公园和25个重点地区，开展了里巷道路改造等8项专项整治。城市载体功能有新提高。天津站地下交通枢纽、地铁二、三、九号线工程进度加快，西站综合交通枢纽工程启动实施，南水北调天津干线项目进展顺利。生态城市建设取得新进展，三年行动计划149项重点工程全面实施。完成大沽排污河等21条河道治理，新建改造一批污水处理厂。新增绿化面积2800万平方米。完成中心城区112座小锅炉拆除并网。全年环境空气质量二级及以上良好天数达到84%。

（七）改革开放不断深化，发展活力明显增强

行政管理体制改革稳步推进。市、区两级行政机构改革全面实施，大部门体制得到完善。投融资体制改革有新进展，全市投融资平台由155家整合为86家，企业债券发行规模创历史最好水平。国有资产监管体制改革扎实推进，国有企业改革取得新突破，钢铁企业重组工作启动，中海油与力神股份公司股权重组、天津铁路集团与铁道部北京铁路局重组等工作顺利完成。全年完成8家企业集团做实工作，国有企业改制面达到93.6%。出版、电影体制改革全面完成。民营经济实力继续提高，全年税收超过200亿元，增长20%以上。对外开放势头良好。与国家部委、大院大所、中央大企业及兄弟省市的合作更加紧密。实际直接利用外资增幅始终保持全国前列，外企增资活跃、服务业利用外资加速增长。全年组织各类大型展会130场，比上年增加49%。内陆无水港累计达到16家，外地经由天津口岸进出口的货物总额占60%左右。国际交流与合作取得新进展，埃及苏伊士经贸合作区正式挂牌。

（八）社会事业全面进步，经济社会协调发展

城乡教育加快发展。首批300所达标学校顺利验收，完成了118所农村中小学校舍安全加固及功能提升。职业教育改革试验区加快建设。海河教育园区一期基础设施建设完成，部

分院校主体建筑施工，成功举办了2009年全国职业院校技能大赛。高中阶段教育普及率达到94%，高等教育毛入学率55%。公共卫生服务均等化取得新成效。医药卫生体制改革深入推进，城乡公共卫生服务经费标准提高1倍，社区卫生服务机构基本用药价格平均下降25%，免费为全体市民提供18项公共卫生服务项目。医大总医院二期工程进展顺利，中心妇产科医院基本建成。公共卫生安全继续加强，甲型H1N1流感得到有效防控。人口出生率8.3‰，圆满完成国家下达的人口计划。文化体育事业蓬勃发展。天津文化中心等项目开工建设，文庙博物馆、小白楼音乐厅建成使用。围绕国庆60周年，创作推出《解放》等一批优秀电视剧、话剧作品，第十一届精神文明建设"五个一工程"获奖数量位居全国前列。天津代表团在第十一届全国运动会上创历史最好成绩，成功举办了第25届亚洲男篮锦标赛等一批国内外重大赛事。妇女、未成年人、老年人、残疾人、社会福利和慈善事业取得新成绩。民族、宗教、侨务和对台工作有新进展，新闻出版、广播电视、社会科学、文物保护、档案等事业都有较大发展。

（九）民计民生继续改善，群众生活水平稳步提高

高标准完成20项民心工程。实施了更加积极的就业政策，零就业家庭动态为零，其他困难群体就业安置率在80%以上；高校毕业生就业率90%，相当于上年水平。制定实施了18项增收措施，出台了增加群众收入解决困难群众生活的10条政策，城市居民人均可支配收入扣除价格因素实际增长11.4%。统筹城乡居民养老和医疗保险取得实质进展，城镇五险参保人数都有不同程度增加。保障性住房全面覆盖低收入家庭，全年建设保障性住房770万平方米，为5万户低收入家庭发放租房补贴。对口援建陕西地震灾区项目进展顺利，略阳天津高级中学、宁强天津医院、光彩大桥等重点工程如期完工。

经过全市各方面的奋力拼搏，"保增长、渡难关、上水平"活动取得明显成效。市、区县、乡镇三级党政机关选派4657名干部、组成611个服务工作组、深入7143家企业和项目单位开展帮扶，共协调解决帮扶对象反映的各类问题5885个。实施政府服务大提速，8项行政审批制度改革措施全部落实到位，市级行政审批事项缩减至666项，现场审批率达到96.5%，审批效率总体提高30%，企业设立的审批时限缩短到5个工作日以内；政府部门24小时开门服务受理企业诉求，解决问题12776个。出台了促进经济发展的30条措施，有关部门配套制定了85个政策文件和23个实施细则，受到企业普遍欢迎，增强了发展信心。

在世界经济深度衰退的局面下，我市经济保持强劲发展态势，确实来之不易。得益于全市上下坚持科学发展，创造性地贯彻执行中央宏观调控政策措施，取得了积极成效；得益于坚定不移地实施市委确定的大项目好项目战略，坚持不懈狠抓高水平大项目好项目，增强了发展后劲；得益于各地区、各部门优化发展环境，切实推动职能转变提高服务效能，提振了企业信心；得益于各级人大全面监督支持、政协和各民主党派积极建言献策，充分发挥了围绕中心、服务大局的作用。同时，我们也清醒地看到存在的矛盾和问题。主要是：发展方式、综合实力与天津的地位作用还不适应，服务业比重偏低；区县经济实力不强，民营经济发展不快；自主创新能力不强不大，自主品牌不够多；企业经济效益下滑，外贸出口下降幅度较大；经济和社会发展活力不够，重点领域和关键环节的改革需要进一步加快；群众生活水平还不够高，就业形势依然严峻。对于这些问题，我们一定高度重视，切实加以解决。

二、2010 年国民经济和社会发展的主要目标任务

2010 年是实施“十一五”规划的最后一年，是推动天津在高起点上实现新发展、再上新水平的关键一年。总体上看，经济发展环境将好于去年，但形势仍然十分严峻复杂。2010 年国民经济和社会发展计划，要全面贯彻党的十七大和十七届三中、四中全会精神，高举中国特色社会主义伟大旗帜，以邓小平理论和“三个代表”重要思想为指导，深入贯彻落实科学发展观，认真落实中央经济工作会议部署和宏观调控政策措施，按照胡锦涛总书记对天津工作“当好一个排头兵”、“两个走在全国前列”和“五个下功夫、见成效”的重要要求，加快实施市委“一二三四五六”的奋斗目标、工作思路和市委九届七次全会提出的各项任务，着力构筑“三个高地”，全力打好“五个攻坚战”，全面推进社会主义经济建设、政治建设、文化建设、社会建设以及生态文明建设，进一步增强经济实力、创新能力和综合竞争力，努力开创各项工作的新局面。2010 年经济和社会发展的主要预期目标是：生产总值增长 13%；财政收入增长 12%；全社会固定资产投资增长 20%；社会消费品零售总额增长 16%；外贸出口增长 8%；实际直接利用外资增长 15%；利用内资增长 25%；新增就业 42 万人，城镇登记失业率控制在 3.8% 以内；城市居民人均可支配收入实际增长 10% 以上，农村居民人均纯收入增长 10%；居民消费价格总水平涨幅控制在 3% 左右；万元生产总值能耗下降 4%，二氧化硫和化学需氧量分别消化当年新增排放量。力争全面超额完成“十一五”规划各项目标任务。落实上述总体要求和预期目标，实际工作中，必须紧紧围绕转变发展方式、调整优化结构这个主线，把调结构、促转变、增实力、上水平作为着力点。坚持好中求快、又好又快。以构筑高端化高质化高新化产业体系为发展方向，更加注重发展的质量、效益和可持续性，推动经济增长向依靠第一、第二、第三产业协同带动转变。坚持项目支撑、协调拉动。以建设高水平大项目好项目为重要抓手，把扩大内需和稳定外需结合起来，推动经济增长向依靠消费、投资、出口协调拉动转变。坚持深化改革、创新驱动。以滨海新区综合配套改革为突破口，不断消除体制机制障碍、提升发展内在动力，推动经济增长向依靠科技进步、劳动者素质提高、管理创新转变。坚持多元发展、统筹联动。以优化空间布局结构为引领，加快资源聚集整合、培育更多经济增长点，推动三个层面联动协调发展呈现新局面。坚持以人为本、和谐互动。把改善民生作为调整与发展的根本落脚点，最大限度地增加和谐因素，让群众从多方面得到更多实惠。

2010 年国民经济和社会发展的主要任务是：

（一）全面加快滨海新区开发建设，进一步发挥龙头带动作用

落实“一核双港、九区支撑、龙头带动”发展策略，推动综合配套改革实现新突破，全力打好开发开放攻坚战，更好地发挥综合优势和示范引领作用，努力当好科学发展排头兵。滨海新区生产总值增长 24.5%。

加速推进综合配套改革三年实施计划。扎实搞好滨海新区行政管理体制改革，建立起统一、协调、精简、高效、廉洁的管理体制。抓紧落实第二批金融改革创新 20 项重点工作，加快推进保险改革实验区建设，积极发展融资租赁、离岸金融、航运金融等业务，开展跨境贸易人民币结算和人民币境外投资试点。全面实施 24 项自由贸易港区改革创新，先行先试

国际船舶和航运税收政策。探索土地承包经营权流转和农民资产资本化新途径。

集中力量抓好功能区开发。全面完成中新生态城起步区基础设施，确保国家动漫产业综合示范园竣工投入使用。基本完成东疆保税港区二期基础设施，年内争取全面封关。南港工业区一期公用设施和轻纺工业园配套设施全面建成。于家堡金融区 7 个楼宇主体封顶，响螺湾商务区 10 栋以上楼宇主体完工。中心渔港完成围海 8 平方公里。北塘片区年内完成 48 条道路和配套设施建设。进一步完善开发区西区、空港加工区、临港工业区、滨海旅游区基础设施。

全力加快重大项目建设。组织实施好滨海新区 410 项重大项目，确保新一代运载火箭、直升机总成基地、中海油海上油气开采等项目建成投产。加快推进太原重工、中核设备制造、渤龙湖总部经济区、117 大厦、软件与服务外包基地二期等高端产业项目。力争中俄东方石化炼油一体化、北疆电厂二期开工建设。

搞好综合交通体系建设。加快天津港第二个 30 万吨级原油码头、南疆神华煤炭码头二期等重点工程建设，确保天津港主航道拓宽工程年内完工，建设滨海国际机场二期工程。全年港口货物和集装箱吞吐量力争达到 4 亿吨和 1000 万标准箱，机场旅客吞吐量达到 700 万人次。加快实施海滨大道、于家堡铁路中心站等项目，建成津港高速、天津大道、中央大道，尽快形成畅达便捷的集疏港输运体系。

（二）大力发展高端产业，进一步推动结构优化升级

坚持不懈地抓好高水平大项目好项目，发展壮大优势支柱产业，积极培育战略性新兴产业，着力构建高端化高质化高新化产业体系，全力打好结构调整攻坚战，在经济发展方式转变上取得扎实进展。

狠抓大项目好项目建设。逐个梳理 770 项重大项目，明确进度，落实建设条件和责任，集中力量加快实施，力争年内三分之二以上项目建成投产、交付使用；全市 5000 万元以上投达产项目达到 700 个，其中工业项目 300 个。加强组织和服务，尽快推进新投产项目形成满负荷生产能力。下大力量做好重大项目储备和前期工作。围绕发展规划、功能定位和优势产业，筹划一批有质量、有深度的项目。按照可实施、可操作的硬标准，做深做实项目前期工作，适时推出新一批工业、自主创新、区县、服务业等大项目。全年 5000 万元以上新开工项目总规模超过 5000 亿元，新增储备项目总规模 1 万亿元左右。多渠道筹措建设资金。落实好已签贷款协议和授信资金，积极争取国债和中央预算内资金，扩大直接融资规模。整合政府投融资平台，统筹“借用管还”，发挥财政基本建设资金放大效应。

做大做强优势支柱产业。全面落实重点产业调整和振兴规划，重点通过加快产业、产品、布局和组织结构调整，初步建成一批关系国家命脉、体现先进水平的产业基地，八大优势支柱产业占全市比重继续提高。航空航天产业，依托重大项目，加快配套项目引进，重点发展“三机一箭一星”，打造国家级航空航天产业基地。新能源产业，着力实施 100 兆瓦聚光太阳能电池、风电设备制造等重大项目，强化我市在太阳能和风能领域产业优势。新材料产业，以复合材料、膜材料为主，建设全国最大的新材料研发生产基地。装备制造业，突出发展造修船、轨道交通等十大成套装备，打造国家级重型装备制造基地。电子信息产业，加速产品升级换代，大力发展集成电路、高性能计算机服务器等九大领域，增强国际竞争力。石油化工产业，加快建设南港石化产业聚集区，实施好 31 个重点项目，尽快形成国家级石

化产业基地。生物医药产业，巩固化学制药优势，推进中药现代化和国际化进程，加速生物医药产业化。下力量改造提升轻纺、建材等传统产业。

着力提高服务业比重和水平。大力发展现代金融业。支持扩大创业风险投资和股权投资基金业务。加快解放北路金融城和于家堡金融区等金融集聚区建设，争取更多的中外资银行在津设立机构。大力发展商贸会展业。确保第一批“短平快”项目开业运营，适时推出第二批“短平快”项目。加快嘉里商务中心、仁恒海河广场等项目建设，改造提升滨江道和平路中心商业街、泰达时尚广场等大型商业设施。提升商务服务水平。高水平办好夏季达沃斯论坛、中国旅游产业节、津洽会等重大活动。大力发展文化旅游。强力推进“近代中国看天津”文化旅游板块建设，搞好妈祖文化旅游节等节庆活动。加紧建设盘龙谷文化城，建成极地海洋世界、邮轮母港码头等项目。大力发展现代物流。积极发展第三方物流等多种物流形式，加快推进大宗商品大型物流基础设施建设，尽快开工建设南港石化物流等一批园区，确保华北城物资交易中心等项目建成。大力发展创意产业、服务外包、中介服务等新兴服务业。出台专项支持政策，尽快做大河西陈塘科技园、华苑动漫等6家创意产业园；吸引跨国公司共享运营中心和配套服务企业来津落户，拓展金融、电信服务等国际接包业务。组织实施《天津市文化产业振兴规划》，做大做强各类文化企业和文化品牌，加快文化产业发展。

狠抓节能降耗和循环经济。严格目标考核，加强监督检查，继续实施十大重点节能工程，突出抓好20户“千家企业”的节能降耗。制定出台落后产能退出机制和补偿政策，关停小火电机组12.5万千瓦、淘汰炼铁能力89万吨。推进循环经济国际合作，搞好子牙循环经济产业园建设。全面实现北疆电厂国家级循环经济试点一期工程淡化海水向用户供水、浓海水制盐等建设目标。抓好工业固体废弃物资源综合利用，综合利用率保持在98%以上。积极发展低碳经济和清洁能源，搞好碳金融试点，倡导绿色生产和消费模式。

（三）加快实施科教兴市战略，进一步推进创新型城市建设

加强政府引导，创新体制机制，推动自主创新产业化和新兴产业集群化，充分发挥科技对经济发展的支撑引领作用，努力构筑自主创新高地。

实施科技原创地工程。抓紧实施55项自主创新产业化重大项目，重点开发混合动力汽车控制、治疗糖尿病新药等200项重大关键技术和新产品，力争一批项目进入“十二五”国家重大专项和各类科技计划。全年开发应用技术成果2000项以上，其中国内领先水平以上达到1400项。

实施产业化领航区工程。加大高新技术企业和科技型中小企业扶植力度，加快培育高端电子、生物医药等10个新兴战略性产业集群。新增10项重大高新技术产业化项目，组织实施好100项科技支撑计划重点项目。深化部市合作，加强国际生物医药联合研究院、中科院天津工业生物技术研究所等重大创新平台和国家生物医药国际创新园等产业化基地建设。

实施创新平台聚集区工程。整合优化科技资源，进一步加强与国内外科研机构的合作，力争新增3家国家级企业技术中心，建成3~5个具有国际影响的国际联合研究中心或研发转化基地。

实施高端人才聚集地工程。加快落实人才强市战略，尽快研究制定高端人才发展规划，进一步完善政策措施，加大两院院士候选人、国家首席科学家、学科带头人的培养力度，重

点扶持200个中青年研发团队，吸引50～100名海内外高端人才和领军人才。

实施体制机制创新示范区工程。启动科技与金融结合试点，推行专利权和股权质押贷款等多种科技融资方式。引导大学、科研院所与企业建立产学研创新联盟，建立合理高效的技术转移和成果转化激励机制与分配制度。研究制定科技资源共享、科技投入的地方法规和政策。

（四）促进三个层面联动协调发展，进一步壮大区县实力

加大统筹力度，全面实施区县经济三年发展计划，推进农村居住社区、示范工业园区、农业产业园区联动发展，加快落实中心城区功能定位，形成优势互补、多点支撑、竞相发展格局。

加快发展现代农业。进一步加大支农惠农政策力度，新建种植业设施10万亩，建设15个现代农业示范园区，继续建设一批养殖示范园区。提高农业产业化水平，全市龙头企业稳定在420个，一村一品特色专业村（镇）发展到400个，进入农业产业化体系农户比重达到86%以上。

切实抓好示范工业园区建设。集中精力加快建设31个示范工业园区，上半年基本完成起步区基础设施。坚持规划引领，整合产业资源，优化配套条件，加大招商力度，力争一批大项目好项目落户。

扎实推进示范小城镇建设。基本建成第二批试点村镇；推进第三批试点全部开工，新建农民还迁住宅700万平方米，竣工500万平方米；启动第四批试点。年内向城镇转移农村人口25万人，农村城市化率达到60%。

加快中心城区全面提升。大力发展楼宇经济、总部经济等新兴业态，新建成商务楼宇10座以上，新增年纳税额超亿元楼宇4座。盯住世界500强、国内500强和行业领先的大企业总部，力争引进各类总部型企业20家。

（五）全面推进生态宜居城市建设，进一步改善城乡面貌

坚持高起点规划、高水平建设、高效能管理，着力构筑生态宜居高地，深入挖掘人文自然资源，突出天津特色，加大设施投入，深化细化管理，尽快建成国内外公认的有风格、有品位、有特色的生态宜居城市。

增强规划引领作用。按照总体发展战略，修改完善城市总体规划。启动海河中下游规划研究工作。围绕中心城区特色提升，做好泰安道、中心公园、五大道等特色地区和文化中心周边地区整体规划设计。编制地下空间总体规划和空间管制区规划、生态环境保护等专项规划。加强土地市场建设，提高土地利用效率，完成土地利用总体规划修编工作。

加快城市基础设施建设。基本完成天津站轨道换乘中心、团泊快速路等工程，地铁二、三、九号线铺轨贯通。加快西站综合交通枢纽、京沪高速铁路天津段、津秦客运专线天津段、津保铁路、天津站地下直径线、津宁高速公路等工程建设，启动地铁五、六号线工程和海河上游后5公里基础设施建设，新建改造梅江西路、真理道等一批城市道路。积极推进南水北调干线及配套工程建设。建设60个城市社区服务站，150个农村社区综合服务中心。扎实开展建设工程质量年活动，创建优质工程，提高工程质量和安全管理水平。

高标准实施新一轮市容环境综合整治。奋战300天，实现中心城区市容环境根本变化，

滨海新区整治水平高于中心城区，其他区县面貌发生巨大变化。新建绿地 2100 万平方米，改造提升绿地 1700 万平方米。综合整治 238 条城市道路、452 万平方米里巷道路，改善 640 个社区环境，打造 10 个大型夜景灯光组团。开展工程渣土撒漏、车辆乱停、违章占路经营等专项治理。学习借鉴先进城市管理经验，创新城市管理机制，努力提高科学化、精细化、长效化管理水平。

加快推进生态市建设。全面完成三年行动计划。强化污染减排目标责任考核，环境空气质量二级及以上良好天数保持在 83% 以上。高水平完成水环境专项治理工程，城市污水集中处理率达到 85%，再生水利用率达到 20% 以上。开展农村生活垃圾处理试点，新建改造一批垃圾转运站。实施造林 21 万亩，加快建设绿色天津。实施“提升市民素质行动计划”，继续深入开展“同在一方热土、共建美好家园”活动。

（六）深化改革扩大开放，进一步增强发展活力和动力

全力打好体制机制改革创新攻坚战，推动重点领域和关键环节改革取得突破性进展，加快转变外贸发展方式，提高利用外资的质量和水平。

切实加大改革创新力度。落实好区县政府机构改革方案，进一步完善两级政府三级管理体制，积极开展扩权强镇改革试点。建立健全优化政府服务长效机制。巩固保增长活动成果，深入开展项目帮扶工作；继续深化行政审批制度改革，进一步减少、规范和整合行政审批，下放权限、缩短时限、简化环节，强化现场审批和联合审批，推动审批服务再提速；推行政府部分部门 24 小时开门服务制度化、常态化。推进国有经济战略性调整，加快冶金、医药等行业企业的重组步伐。完成 6～8 户集团做实工作。推进艺术院团企业化改革和国有旅游企业改组改制。完善国资监管体制，探索建立统一的监管企业负责人业绩考核和薪酬管理体系。全面落实加快民营经济发展 20 条意见，积极推动天津滨海民营经济成长示范基地、中华民营经济基地建设，引进和培育民营经济龙头企业。扩大专项资金和融资担保规模，放宽市场准入，形成一批“专精特新强”的中小企业群。

拓展对外开放的深度和广度。大力实施市场多元化战略，巩固传统出口市场，培育扩大新兴市场，促进出口稳定增长。搭建市场对接平台，组织多种形式的洽谈对接，发挥行业协会作用，推动企业互通信息、强化营销，积极“走出去”争取订单。继续加大对出口企业帮扶，大力吸引大型国际贸易企业来津发展。发挥特殊监管区域政策优势，打造进出口商品集散中心、高新技术产业出口基地，继续做大做强国家级汽车出口基地。扩大出口信保规模和承保企业覆盖面，及时兑现扶持政策，完善贸易摩擦应对方案，优化出口环境。深化与中央各部门、兄弟省区市的交流合作。围绕世界 500 强、中央大企业、国内有实力的民营企业、国家大院大所、在津投资企业增资扩能等五个方面，主动沟通对接，引进一批规模大、带动性强、技术水平高、影响长远的关键项目。力争全年引进内资超过 1500 亿元、外资到位额超过 100 亿美元。

（七）大力发展社会事业，进一步促进社会和谐稳定

坚决维护群众切身利益，最大限度地减少不和谐因素，加大投入力度，不断提升市民素质，增强文化软实力，促进经济社会均衡协调发展。

积极发展教育事业。扎实推进义务教育学校现代化标准建设，加快实施中小学校舍安全

工程。深入推进国家职业教育改革试验区建设，基本建成海河教育园区一期工程，办好2010年全国职业院校技能大赛。全面推进高等学校和谐校园建设。继续深化高等学校管理体制改革。提高高等教育质量，加强优秀教学团队、实验教学示范中心和三级精品课程体系建设。着力增强大学生创新实践能力和就业创业能力，建成大学软件学院。

深入推进医药卫生体制改革。全面实施城乡居民医疗保险制度，在全市推行基层医疗卫生服务机构基本药物零差率销售，调整完善大病统筹医疗保险、失业人员医疗保障等八项制度，切实减轻群众就医负担。医大总医院二期建成投入使用，启动天津医院、胸科医院、环湖医院等新改扩建工程。扎实做好甲型H1N1流感防控救治工作。继续做好稳定低生育水平、统筹解决人口问题的各项工作。深入开展爱国卫生运动。

促进文化大发展大繁荣。进一步完善公共文化服务体系，开工建设国家海洋博物馆，加快推进天津文化中心，建成数字电视大厦、电影艺术中心、非物质文化遗产馆；继续建设乡镇文化体育活动中心、100个文化艺术村、1200个农家书屋及村文化室。大力繁荣文艺创作，推出一批优秀舞台剧目、影视作品和津版图书。提高竞技体育水平，开展群众体育活动。办好全民健身运动会、海河龙舟节，促进体育产业发展，积极做好第六届东亚运动会、第九届全国大学生运动会的筹办工作。继续做好文物、档案等工作。

精心维护社会和谐稳定。着力解决源头性、根本性、基础性问题，打好保持社会和谐稳定攻坚战。加强和改进信访工作，积极预防和妥善处理群体性事件和突发公共事件。搞好国防动员工作。深化平安创建活动。强化安全监管责任，严防发生重特大安全事故。加强食品、药品安全管理和整治。做好民族、宗教、侨务、对台工作，密切与港澳同胞的联系。

（八）着力改善民计民生，进一步提高群众生活水平

坚持以人为本，更加注重围绕保障和改善民计民生来谋划发展，高标准实施好20项民心工程，使广大群众安居乐业有保障。

千方百计增加就业岗位。继续实施更加积极的就业政策，重点做好就业困难群体、高校毕业生就业工作。延长对困难企业的帮扶期限，稳定就业岗位。推动创业带动就业试验区建设，发展1000家创业实训基地。开展项目招标培训，大力开展职业技能竞赛，提高就业质量。建立城乡一体化的就业援助机制。

努力提高群众收入。积极落实新18项增收措施，调整最低工资标准，推动国有企业职工收入与企业效益及经营者业绩考核双挂钩，力争城镇单位企业劳动报酬总额增长15%以上；企业退休人员养老金增长12%以上；落实低收入困难群体解困措施，提高低保、失业保险标准和优抚待遇；实施公共卫生、基层医疗卫生事业单位及其他事业单位绩效工资。

完善城乡社会保障体系。继续扩大社会保险覆盖面，积极推进农民工参加医疗工伤综合保险和商贸、餐饮等服务行业“定员定额”的工伤保险。不断提高保障水平，逐步做实养老保险个人账户。加快发展社会福利和慈善事业。保护妇女和未成年人权益。支持残疾人事业发展。继续做好老龄工作，新增养老机构床位3100张。

营造良好的市场价格环境。积极稳妥地深化环境、资源价格改革，适当疏导突出的价格矛盾。完善联动机制，切实保障低收入群众生活。进一步改善价格和收费监管，加强市场价格引导规范，维护公平竞争的价格秩序，稳定市场物价。

继续改善中低收入群众住房条件。全面落实住房保障五年规划，新建限价商品住房150

万平方米、2 万套，经济适用住房500 万平方米，6.5 万套。适当扩大廉租住房实物配租范围，为7.5 万户困难群体发放租房补贴3.3 亿元。启动面向非拆迁家庭购买经济适用住房试点工作。确保地震灾区援建任务提前一年基本完成，继续做好对口支援和服务西部开发工作。

2010 年是编制“十二五”规划的关键一年。主要任务是提出全市“十二五”规划纲要(草案)，组织各区县和有关部门编制完成本地区规划和专项规划。按照科学发展观的要求，创新规划编制理念，深化重大问题调研，加强衔接协调，提高社会参与度，切实增强规划的科学性、指导性和可操作性。

各位代表，2010 年国民经济和社会发展的任务十分繁重。我们要全面贯彻党的十七大和十七届三中、四中全会精神，深入贯彻落实科学发展观，在中共天津市委的坚强领导下，认真落实市第九次党代会和市委九届六次、七次全会部署，解放思想，锐意进取，顽强拼搏，干事创业，确保今年经济社会发展和“十一五”规划的各项目标圆满完成，全面开创天津科学发展和谐发展率先发展新局面。

关于天津市2009年预算执行情况及2010年预算草案的报告

——2010年1月16日在天津市第十五届人民代表大会第三次会议上

天津市财政局局长　杨福刚

各位代表：

受市人民政府委托，现将我市2009年预算执行情况及2010年预算草案的报告提请大会审议，并请市政协委员和其他列席人员提出意见。

一、2009年预算执行情况

2009年，全市各区县、各部门认真贯彻落实市委九届五次、六次全会精神，积极应对国际金融危机的严重冲击，坚决贯彻国家宏观调控政策措施，认真落实积极的财政政策和适度宽松的货币政策，深入开展“保增长、渡难关、上水平”和“增收节支”活动，大力推进滨海新区开发开放，全面实施大项目好项目建设，积极促进各项社会事业发展，着力提高城乡居民收入水平，全市经济社会实现了又好又快发展，财政收支圆满完成了市十五届人大二次会议确定的预算任务，提前一年实现“十一五”规划目标。

全市财政收入1805亿元，比上年增长21.1%，完成预算108.2%。扣除上划中央收入595亿元，地方留用收入1210亿元，其中地方一般预算收入821.4亿元，政府性基金388.6亿元。加上中央税收返还和转移支付补助等资金234.7亿元，当年全市财政可支配收入1444.7亿元。加上上年结余170.9亿元，全市财政总财力1615.6亿元。

全市财政支出1438.3亿元，比上年增长27.2%，完成预算110%。其中一般支出1098.3亿元，增长21.3%；政府性基金支出340亿元，增长50.9%。财力与支出相抵后，预算结余177.3亿元，其中结转项目资金168.6亿元，主要是地方建设类项目资金和中央专项补助资金；预算纯结余8.7亿元，待市和区县人大常委会批准决算后，结转到今年使用。

市级财政收入756.5亿元，比上年增长10.1%，完成预算100.1%。扣除上划中央收入260.5亿元，地方留用收入496亿元，其中地方一般预算收入325.6亿元，政府性基金170.4亿元。加上中央税收返还和转移支付补助等资金197.8亿元，减除对区县财政转移支付47.7亿元，当年市级财政可支配收入646.1亿元。加上上年结余99.8亿元，市级财政总财力745.9亿元。

市级财政支出671.3亿元，比上年增长10.2%，完成预算104.9%。其中一般支出522.3亿元，增长13.5%；政府性基金支出149亿元，增长0.1%。财力与支出相抵后，预算结余74.6亿元，其中结转项目资金74.5亿元，主要是地方建设类项目资金和中央专项补助资金；预算纯结余0.1亿元，待市人大常委会批准决算后，结转到今年使用。

市级地方留用收入比年初预算超收29.7亿元，全部为国有土地使用权出让金、海域使用金、新增建设用地土地有偿使用费等专项资金，按照有关规定安排用于城乡基础设施建设维护、市容环境综合整治、农业基础设施建设等项目。

天津经济技术开发区、天津港保税区和天津滨海高新技术产业开发区（以下简称三区）财政收入348亿元，比上年增长27%。财政支出205.8亿元，比上年增长72.2%。三区财政预算结余4.3亿元，其中结转项目资金2.8亿元，预算纯结余1.5亿元。

根据《国务院关于发行2009年地方政府债券有关问题的通知》，财政部代理发行了2009年地方政府债券，主要用于中央投资地方配套和其他难以吸引社会投资的公益性建设项目，债券期限3年，由省级人民政府偿还，并全部纳入政府预算管理。国务院批准我市发行地方政府债券规模26亿元。根据《天津市人民代表大会常务委员会预算审查监督条例》规定，2009年3月26日，经市十五届人大常委会第九次会议审查批准，市级财政收入预算由755.5亿元调整为781.5亿元，增加债务收入26亿元；市级支出预算由640亿元调整为666亿元，增加债务支出26亿元，已按计划用于新增中央投资京沪高铁项目地方配套10亿元、南水北调市内配套工程7.24亿元、新增中央投资水利项目地方配套4.76亿元和西站综合开发改造4亿元。据此，加上地方政府债券收入和支出，市级财政收入782.5亿元，完成调整预算100.1%；市级财政支出697.3亿元，完成调整预算104.7%。

过去的一年，受国际金融危机影响，财政工作面临前所未有的严峻挑战。我市财税部门全面贯彻市委、市政府各项部署，充分发挥职能作用，积极研究制定促进经济增长的财税措施，大力开展增收节支，全面推进财政科学化精细化管理，各项工作取得新的进展。

（一）积极应对国际金融危机，财政收入实现较快增长

全面实施积极的财政政策。认真贯彻落实中央出台的结构性减税政策，大力实施增值税转型、企业所得税汇算清缴税率下调、暂免征收储蓄存款利息所得税、降低房地产交易税费以及取消养路费、公路客货运附加等政策措施，全年减税减费120亿元，大幅度减轻了企业和居民负担。积极筹措新增中央投资地方配套资金，顺利发行地方政府债券，重点支持水利、交通、医疗卫生、农村基础设施等民生工程和自主创新项目，确保发挥投资带动效应。积极组织实施家电、汽车摩托车下乡和以旧换新活动，销售11.8万台家电和1.8万辆汽车，财政给予减税和资金补贴，努力繁荣消费市场，拉动内需增长。

积极帮扶企业渡难关。建立健全融资担保体系，市和区县两级财政新增中小企业担保资金10亿元，使财政担保资金总规模达到24亿元，为中小企业提供贷款担保38.9亿元，同时降低担保收费标准30%至50%，切实缓解企业融资困难。支持企业直接融资，对上市企业给予财政奖励，实事求是处理拟上市企业的历史遗留问题，努力拓宽企业融资渠道。扩大外贸外经发展资金规模，积极帮助企业调整出口产品结构，大力支持企业开拓国际市场，努

力扩大外贸出口。深入基层解决企业财务、资金难点问题，对346户困难企业给予解困补助1.6亿元，实行社会保险“四降一缓”政策为困难企业减负17亿元。完善政府采购政策，鼓励优先采购自主品牌和节能环保产品，帮助企业拓展市场空间。

努力健全财政增收机制。全面制定落实财税优惠政策，不断完善财税综合服务手段，积极支持大项目好项目加快建设，吸引了一批大型企业、集团总部和金融机构到我市注册登记、就地纳税，初步形成了多点支撑的财政增收格局。各级财税部门强化目标责任管理，严格依法治税，加强税收征管，完善现代化征管手段，健全源泉控缴机制，深入开展税收稽查，努力做到应收尽收，各级财政收入实现较快增长。

（二）促进经济又好又快发展，财政职能作用明显增强

支持滨海新区开发开放。积极争取中央财政支持，将新区开发建设补助政策延期5年，并给予空客A320总装线项目为期6年的专项补助。进一步加大财税政策和资金支持力度，创新投融资模式，加快推进东疆保税港、中新天津生态城、于家堡金融商务区等功能区建设。全面实施以港养港、以路养路、航线培养、机场建设补助等财政扶持政策，大力支持港口机场、铁路公路等交通基础设施建设，新区综合交通体系不断完善。

支持金融改革创新。安排财政专项资金，完善优惠政策体系，积极支持金融改革创新20项重点工作，天津股权交易所、渤海商品交易所、滨海国际股权交易所开业运营，船舶产业投资基金、飞机租赁基金、金融租赁公司、IBM保理公司、韩国企业银行等一批总部机构落户我市，金融集聚效应逐步显现。加强政府投融资平台管理，整合项目、整合资源、整合公司，将155家公司整合重组为86家公司，基础设施建设、投资融资和风险防范能力显著提高。积极支持设立一批村镇银行、农业贷款公司和小额贷款公司，面向“三农”和中小企业的金融服务进一步加强。

支持科技创新和优势产业发展。科技和企业发展支出119.8亿元，增长20.2%。优化财政科技投入结构，积极支持科技基础条件平台建设，国际生物医药联合研究院等12个国家级科技创新平台基本建成。完善贷款贴息、财政补助、专利奖励等财税政策，支持自主创新项目建设，促进节能减排，太阳能电池、锂离子动力电池等关键核心技术实现突破，专利申请量和授权量分别达到1.9万件和0.7万件，232项具有完全自主知识产权的新产品实现规模化生产。支持重大工业项目加快建设，百万吨乙烯、北疆电厂一期等项目竣工投产。加快认定高新技术企业，及时兑现税收优惠政策，支持科技创新服务体系建设，为企业提供打包贷款担保，帮扶624家科技型企业创新发展。

支持服务业加快发展。完善财税优惠政策，发挥财政资金的引导作用，积极推进商贸旅游等传统服务业发展，海河开发商贸区建设进展顺利，一批特色街区和大型零售、批发市场投入运营，商贸集聚效应不断增强。完善政府资助、财政贴息、税收减免等政策手段，重点支持航空、海运、大宗商品市场等现代物流业和软件开发、创意设计等服务外包业发展，吸引海航集团、软通动力等一批高端服务企业落户我市。完善促进工业企业加快剥离内部服务功能的财税政策，支持企业集团实施生产性服务业剥离工作，不断扩大服务业规模。

支持农业加快发展。支农支出51.2亿元，增长20.3%。大力支持现代农业和产业化经营，新增设施农业10万亩，改造中低产田29万亩，加快建设15个现代农业示范园区和33个养殖示范园区，全市进入产业化体系的农户比重达到82%。加大农业科技投入，全面推

进科技惠农工程，建立农业科技示范基地760个，推广新技术274项。巩固完善粮食直补等支农惠农政策，继续实施农民素质提高和低收入农户增收工程，农村居民人均纯收入增长10.4%。加大农村基础设施建设投入，继续实施饮水安全和管网入户改造工程，新建和改造农村公路1000公里，新建污水处理设施30座，创建101个文明生态村，农村生产生活条件明显改善。

（三）加大改善民生投入力度，财政保障水平不断提高

社会保障和就业支出115.6亿元，增长13%。实施更加积极的就业政策，加大财政补助力度，对困难企业给予培训、社保、稳岗和求职补贴，稳定12万个就业岗位，积极开发公益性岗位，对“4050”人员、零就业家庭等十类就业困难人员实行托底安置，加强高校毕业生就业指导工作，就业率保持上年水平。加快三类困难企业退出工作，一次性偿还拖欠职工债务2亿元，妥善分流安置职工4.2万人。制定实施增加城乡居民收入的18项政策措施，继续提高企业退休人员养老金待遇，率先出台统筹城乡居民的基本养老和基本医疗保险制度，有473万居民参加医疗保险，建立覆盖城乡的老年人生活补助制度，对65万没有养老保险的老年人按月发放生活补贴。进一步提高城乡居民最低生活保障和优抚救济补助标准，扩大特困救助范围，实施困难家庭帮扶和重症患者救助制度。向5万户低收入家庭发放租房补贴，支持770万平方米保障性住房建设，为16万户低收入家庭提供住房保障。

教育支出173亿元，增长22.1%。全面落实义务教育经费保障机制，提高公用经费保障标准，巩固完善城乡义务教育“两免一补”政策，实施义务教育学校绩效工资制度改革，增加中小学教师和退休职工收入，全面化解农村“普九”债务，完成118所农村中小学校舍安全加固及功能提升工程。大力发展职业教育，多渠道筹措资金支持海河教育园区加快建设，成功举办全国职业院校技能大赛。全面落实高校“十一五”综合投资规划，启动新一轮20个重点学科建设，进一步完善普通高校和职业院校家庭困难学生资助体系，及时拨付助学金使15万名学生受益。

文体传媒支出19.8亿元，增长20%。加大公共文化服务设施建设投入，天津文化中心工程开工建设，小白楼音乐厅建成投入使用，文庙博物馆、广东会馆整修工程完工，建成1000个农家书屋、农村文化室和一批乡镇文体中心，农村无线广播电视实现全覆盖。积极制定实施促进文化体制改革和文化产业发展的财税政策，支持出版传媒和电影行业转企改制，创作出电视剧《解放》等一批文艺精品，成功举办中国（天津）演艺交易博览会和天津国际少儿艺术节等活动。全面保障第十一届全运会参赛奖励经费，竞技体育取得新突破。实施农村体育“五个一”工程，为近千个行政村配套健身体育设施。

医疗卫生支出53.8亿元，增长28.5%。支持医药卫生体制改革，加大财政补贴投入，积极推行医疗机构药品集中采购，在9个城区的社区医疗卫生机构率先实行药品零差率销售，基本用药价格平均下降25%。支持基本公共卫生服务均等化，将城乡公共卫生服务经费标准提高1倍，为全市妇女儿童免费提供12项疾病筛查服务。加快推进医疗设施建设，安定医院建成投入使用，南开医院和中心妇产科医院建设进展顺利，涉农区县医院改扩建项目全面启动。及时拨付甲型H1N1流感防控资金，启动区县疾病预防控制体系建设，突发公共卫生事件应急处置能力进一步提高。

城市基础设施建设和维护支出601.3亿元，增长37.1%。充分发挥财政资金引导作用，

加快推进政府投融资平台建设，多元化、多渠道筹集资金，大力支持重大基础设施建设，天津站地下交通枢纽主体工程竣工，京沪高速铁路天津段、地铁2、3、9号线加快建设，西站综合交通枢纽工程启动实施，南水北调天津干线工程全面推进，引黄济津调水任务顺利完成。进一步加大财政投入力度，大力支持新一轮市容环境综合整治，累计整修道路762公里，改造提升8个公园、49个街心公园和25个重点地区，建成污水处理厂7座，植树造林26万亩，实施老住宅供热补建10万平方米，为11万户居民更换自来水和燃气旧管网，城市载体功能明显提升，市容市貌显著改观。

（四）实施科学化精细化管理，财政改革创新取得新成效

深化财政管理制度改革。着力健全预算编制、预算执行、预算监督相互协调、相互制衡的预算管理模式，基本支出定员定额标准体系进一步规范，人员支出按照编制据实核定，公用支出按照实物费用定额核算。出台财政项目支出预算管理办法，项目预算编制进一步细化，论证评审工作有所加强，项目库管理不断健全，预算编制的科学化、规范化水平明显提高。积极推进国库管理制度改革，扩大国库集中收付的实施范围，市级预算单位全面实行零余额账户管理，国库单一账户改革任务全面完成，全市国库集中支付总额达到473亿元，同比增长51.6%。加强“收支两条线”管理，将74项收费共101亿元资金纳入预算，严格执行“收支脱钩”政策，统一由财政部门根据单位职能和事业发展需要核定支出。完善政府采购制度，规范采购目录和程序，扩大政府采购范围和规模，全年实施政府采购100亿元，资金节约率14.4%。完善绩效评价体系，对12个重点支出项目进行绩效评价，建立与部门预算相结合的评价结果应用机制，实现预算安排与绩效紧密挂钩。深入开展“小金库”专项治理工作，查出“小金库”244个，涉及资金2.9亿元，进一步严肃了财经纪律，确保财政资金安全有效运行。

总的来看，2009年我市财政预算执行情况较好，收支规模进一步扩大，为经济社会实现又好又快发展提供了有力保障。同时，预算执行和财政工作中还存在一些不容忽视的问题，主要表现在：财政收入存在结构性矛盾，税收比重下降，可支配财力增长缓慢；财政支出结构不尽合理，资金分配的科学性、有效性有待进一步增强；税收征管存在薄弱环节，偷税漏税现象仍有发生；区县财政发展不均衡，部分区县财政比较困难。我们一定要高度重视这些问题，在今后工作中积极采取切实可行措施，努力加以解决。

二、2010年预算草案

2010年，是实施“十一五”规划的最后一年，是推动天津在高起点上实现新发展、再上新水平的关键一年。总体上看，今年的经济发展环境将好于去年，但面临的形势仍然十分严峻复杂。世界主要经济体经济普遍恢复增长，但全球经济复苏将是一个缓慢曲折的过程。国家继续实施积极的财政政策和适度宽松的货币政策，将有利于进一步提振市场信心、巩固经济回升向好的势头，但经济增长的内在动力不足，结构性矛盾仍很突出。我市加快实施大项目好项目建设，并陆续进入投产达产高峰期，新的经济增长点明显增多，经济增长的质量和效益不断提高，将为财政增收创造有利条件。我们要正确分析把握经济财政形势，进一步增强忧患意识、机遇意识、责任意识，坚定信心、迎难而上、扎实苦干，认真做好各项财政

工作。

（一）预算安排和财政工作的总体要求

全面贯彻党的十七大和十七届三中、四中全会及中央经济工作会议精神，以邓小平理论和“三个代表”重要思想为指导，深入贯彻落实科学发展观，按照胡锦涛总书记对天津工作“当好一个排头兵”、“两个走在全国前列”和“五个下功夫、见成效”的重要要求，加快实施市委“一二三四五六”的奋斗目标和工作思路，认真落实市委九届七次全会决策部署，把调结构、促转变、增实力、上水平作为着力点，着力构筑“三个高地”，全力打好“五个攻坚战”，贯彻实施积极的财政政策和适度宽松的货币政策，充分发挥财政职能作用，大力支持滨海新区开发开放，推进经济发展方式转变和经济结构调整，推动改革开放和自主创新，切实保障和改善民生。进一步深化财政改革，全面推进财政科学化精细化管理，加快建立健全有利于科学发展的财政体制机制，努力促进天津科学发展和谐发展率先发展。

（二）全市财政收入和财政支出预算安排

根据财政工作总体要求和经济社会发展主要预期目标，2010 年全市财政收入预算安排 2022 亿元，比上年增长 12%，其中上划中央收入 690.5 亿元，地方一般收入 919.9 亿元，政府性基金 411.6 亿元。财政支出总预算 1753.3 亿元，比上年实际支出增长 21.9%，其中一般支出预算 1281.6 亿元，政府性基金支出预算 471.7 亿元。

全市地方一般收入预算 919.9 亿元，增长 12%。加上预计中央税收返还和转移支付补助等资金 245 亿元，上年结余 116.7 亿元，一般性财力总计 1281.6 亿元。

全市财政一般支出预算 1281.6 亿元，比上年实际支出增长 16.7%。按照政府收支分类科目划分，主要包括：教育 203.1 亿元，增长 17.4%；科学技术 40.1 亿元，增长 17.8%；文化体育与传媒 22.3 亿元，增长 12.7%；社会保障和就业 129.7 亿元，增长 12.3%；医疗卫生 65 亿元，增长 20.7%；农林水利 61.8 亿元，增长 20.8%；环境保护 16.7 亿元，增长 26%；城乡社区事务 370.2 亿元，增长 29.2%；交通运输 36 亿元，增长 2%；工商金融国土气象等事务 111.4 亿元，增长 10.2%；一般公共服务 93.1 亿元，增长 5.6%。

全市政府性基金收入预算 411.6 亿元，增长 5.9%。加上上年结余 60.6 亿元，减除调入一般预算资金等 0.5 亿元，政府性基金财力总计 471.7 亿元。

全市政府性基金支出预算 471.7 亿元，比上年实际支出增长 38.7%。按照基金项目划分，主要包括：国有土地使用权出让金支出 383.7 亿元，增长 40.7%；农业土地开发资金支出 14.9 亿元，增长 152.2%；新增建设用地有偿使用费支出 28.3 亿元，增长 5%；彩票公益金支出 9.2 亿元，增长 160.1%。

（三）市级财政收入和财政支出预算安排

2010 年市级财政收入预算 832 亿元，比上年增长 10%，其中上划中央收入 302.1 亿元，地方一般收入 358 亿元，政府性基金 171.9 亿元。市级财政支出预算 766.1 亿元，比上年实际支出增长 14.1%，其中一般支出预算 574.8 亿元，政府性基金支出预算 191.3 亿元。

市级地方一般收入预算 358 亿元，增长 10%。加上预计中央税收返还和转移支付补助等资金 213.7 亿元，上年结余 53.1 亿元，减除对区县转移支付补助 50 亿元，市级一般性财力总计 574.8 亿元。

市级财政一般支出预算 574.8 亿元，比上年实际支出增长 10%。按照政府收支分类科目划分，主要包括：教育 60.8 亿元，增长 14.5%；科学技术 26.4 亿元，增长 12.1%；文化体育与传媒 14.6 亿元，增长 16.2%；社会保障和就业 98.4 亿元，增长 13.6%；医疗卫生 27.2 亿元，增长 18.5%；农林水利 41.6 亿元，增长 18.2%；环境保护 11.4 亿元，增长 11.8%；城乡社区事务 104.7 亿元，增长 18%；交通运输 34.8 亿元，增长 0.8%；工商金融国土气象等事务 36.7 亿元，增长 13.4%；一般公共服务 38.9 亿元，增长 9%。

市级政府性基金收入预算 171.9 亿元，增长 0.8%。加上上年结余 21.5 亿元，减除对区县转移支付补助 1.5 亿元、调入一般预算资金等 0.6 亿元，市级政府性基金财力总计 191.3 亿元。

市级政府性基金支出预算 191.3 亿元，比上年实际支出增长 28.4%。按照基金项目划分，主要包括：国有土地使用权出让金支出 129.7 亿元，增长 24.8%；农业土地开发资金支出 6.2 亿元，增长 52.1%；新增建设用地有偿使用费支出 28.3 亿元，增长 5%；彩票公益金支出 9.1 亿元，增长 161.3%。

滨海新区政府成立以后，三区管委会由市政府派出机构调整为滨海新区政府所属机构，根据有关法律规定，从 2010 年开始，市级财政不再编报三区财政预算和执行情况。

总的来看，今年的财政收入预算综合考虑了经济性、政策性和管理性因素变化情况，符合实事求是、积极稳妥、留有余地的原则；财政支出预算综合考虑了促进经济社会发展、改善民计民生和严格控制一般性支出的需要，体现了统筹兼顾、突出重点、有保有压的原则。在预算执行中，我们要大力组织财政收入，全面加强支出管理，确保实现全年预算平衡。

三、锐意进取，扎实苦干，努力促进经济社会又好又快发展

各级财税部门要按照市委九届七次全会要求，进一步增强紧迫感和使命感，认真分析把握经济财政形势，积极制定切实有效措施，进一步深化财政改革，创新发展思路，努力为经济社会发展提供财力保障和政策支持。

（一）大力支持滨海新区开发开放

积极推进财政体制制度改革。按照新区行政管理体制改革的要求，调整完善市与滨海新区财政分配关系，实行全市统一的分税制财政体制和税收征管体制，努力营造公平竞争、协调发展的政策体制环境。规范新区内部各城区、功能区财力分配关系，合理确定财权事权，形成既有利于促进经济发展、又有利于实现公共服务均等化的财政运行机制，充分调动新区各城区、功能区发展经济、增强财政实力的积极性，进一步激发新区发展的内在动力和活力。根据新区的功能定位和发展要求，制定实施财税优惠政策，积极支持新区综合配套改革，吸引资金、技术、人才等生产要素聚集新区，不断增强新区整体发展能力。

积极支持金融改革创新。重点支持航运金融、科技金融、农业金融、产业金融、消费金融等新金融产业发展，支持中新天津生态城外商投资企业资本金意愿结汇，支持房地产投资信托基金、跨境贸易人民币结算和人民币境外贷款试点，不断完善多层次、多元化、开放型的金融服务体系。支持改制重组设立天津农村商业银行，支持商业银行和保险公司增加资本

金、增设法人机构和分支机构。整合金融机构国有股权，提高金融法人机构控制力和竞争力。进一步整合政府投融资平台，界定特定目的公司，实现持续发展和风险防范目标，完成基础设施建设和投资体制改革任务。积极支持新区土地管理、科技体制和社会领域等改革。

加快推进功能区和重大项目建设。用足用好滨海新区开发建设专项资金，充分发挥专项资金的引领带动作用，进一步完善政府投融资体制，多元化、多渠道筹集资金，全面推进功能区开发，吸引更多的优势产业向功能区集聚。进一步完善财政扶持政策，通过政府资助、贷款贴息、税收优惠等方式，加快建设一批重大公共技术平台和创新平台，着力推进一批高水平重大产业化项目建设，尽快形成高端产业集聚区，不断提升新区产业竞争力和自主创新能力。积极支持新区基础设施建设，加快实施滨海国际机场二期、津港高速公路等重点工程，不断增强新区的服务辐射功能。

（二）着力推进发展方式转变和结构调整

积极支持大项目好项目建设。充分发挥财税职能作用，及时研究制定政策措施，重点支持重大产业化项目加快建设，大力促进优势支柱产业加快发展，推进产业集聚和产业链延伸，支持扩大外贸出口，不断培育新的经济增长点，努力促进经济结构优化升级。加强重大项目的跟踪服务和政策协调，及时解决生产经营中涉及的财税问题，促进项目早达产、早见效。

积极支持科技创新和节能减排。完善财税扶持政策，加大财政资金投入，健全科技创新条件平台和服务体系，推进国家生物医药国际创新园、信息安全工程技术研究中心建设，新建一批国家级重点实验室和企业技术中心，为高端产业发展提供强大技术支撑。充分发挥财政资金引导作用，进一步完善激励自主创新的财税政策，加快推进研发转化基地和科技产业化基地建设，重点支持55项自主创新产业化重大项目，启动新一批25项重大项目，推动混合动力汽车控制等关键技术创新和新产品开发。增加节能减排和发展循环经济资金投入，支持节能环保等领域关键技术的开发应用，继续推进绿色照明、电机改造等10项重点节能工程，推动绿色经济、低碳经济发展，努力增强可持续发展能力。

积极支持服务业加快发展。完善和落实鼓励服务业加快发展的财税政策措施，通过专项补助、财政贴息、税收减免等方式，重点扶持金融保险、高端物流、中介会展、服务外包等现代服务业加快发展，进一步提高服务业的层次和水平。加快推进重大服务业项目和商贸旅游等重点项目建设，支持打造津湾广场高端商业商务标志区，提升海河商贸带、和平路滨江道中心商业街区等商贸聚集区，支持办好2010年夏季达沃斯论坛、中国旅游产业节、妈祖文化旅游节等大型活动，积极发展信息咨询、研发设计、文化创意、总部经济、楼宇经济等新兴服务业，不断拓宽中心城区发展空间。制定实施财税优惠政策，支持为先进制造业提供服务的生产性服务业和面向民生的消费性服务业加快发展，大力推进工业企业内部服务功能和机关事业单位后勤服务功能的剥离，进一步提高服务业比重。

积极支持现代农业发展。进一步巩固完善强农惠农政策，健全农业投入保障机制，加快推进设施农业“4412”工程，支持现代养殖示范园区和现代农业示范园区建设，新建设施农业10万亩、节水灌溉面积15万亩。完善农业科技服务体系，健全农业新品种、新装备、新技术的研发转化推广机制，组织实施一批科技成果转化项目。积极制定实施财税优惠政策，大力发展种子种苗产业和农产品保鲜、深加工产业，吸引农业产业化龙头企业参与设施农业建设，提高农业产业化经营水平。推进农村工业加快发展，完善财政贴息政策，继续开展银企合作，搭建更多的项目融资平台，大力推进区县示范工业园区建设，加快实施区县495个重大建设项目，努力培育更多的强区强县。

（三）切实保障和改善民生

实施更加积极的就业政策。加快推进以创业带动就业战略，综合运用政府补助、税费减免、贷款担保和创业培训补贴等财税政策手段，积极推动创业带动就业实验区建设，加大就业培训力度，培养更多的创业主体和就业岗位，促进就业再就业、大学生就业和创业带动就业。延长对困难企业的帮扶政策期限，继续实施财政补贴、阶段性降低社会保险费率、暂缓缴纳社会保险费等政策措施，鼓励企业发展生产、扩大就业、提高职工收入，进一步稳定就业局势。建立城乡一体的就业援助机制，及时解决零就业家庭就业安置问题，确保全年新增就业42万人。

进一步完善统筹城乡的社会保障体系。全面实施覆盖城乡从业人员的养老、医疗、工伤、失业和生育保险制度，健全覆盖城乡居民的养老和医疗保险制度。实施困难企业退休人员医疗保险待遇与单位缴费脱钩政策，提高医保最高支付限额和大额医疗费救助标准，完善城乡居民医疗救助和优抚对象医疗补助制度。落实保障性住房资金、土地供应和优惠政策，加大限价商品房、经济适用房等保障性住房建设力度，开工建设保障性住房650万平方米，向7.5万户低收入家庭发放租房补贴，着力解决中低收入家庭住房困难。调整完善增加城乡居民收入的政策措施，继续提高企业退休人员养老金，落实全市65岁以上老年人免费乘坐公交车政策，提高最低工资、城乡最低生活保障、特困救助、抚恤救济和义务兵家属优待金等标准，健全企业职工工资正常增长机制，推进行政事业单位工资制度改革，千方百计增加群众收入。

坚持教育优先发展战略。进一步完善城乡免费义务教育制度，继续实施义务教育学校现代化标准建设，巩固义务教育学校教师绩效工资改革成果。加快实施中小学校舍安全加固及功能提升工程，对存在安全隐患的校舍进行抗震加固、迁移避险，提高综合防灾能力。加快职业教育改革试验区和实训基地建设，基本建成海河教育园区一期工程，落实中等职业学校涉农专业和农村家庭经济困难学生免交学费政策，支持办好全国职业院校技能大赛。积极支持高等院校重点学科、重点实验室和重点人才建设，继续实施重点高校“211”工程，进一步完善普通高校和职业院校学生资助体系，加大财政补助力度，尽快化解高校债务风险，努力促进各级各类教育均衡协调发展。

加快推进医药卫生体制改革。全面实施国家基本药物制度，将基本药物全部纳入医疗保险报销范围，在各区县推行基本药物零差率销售。支持基本医疗卫生服务体系建设，提升区县级综合医院服务能力，完善基层卫生服务机构经费补偿机制。继续推进卫生资源布局调整，加大财政投入力度，加快人民医院、总医院、天津医院和肿瘤医院改扩建工程。支持公共卫生服务体系建设，及时足额安排甲型H1N1流感等传染病防控资金，免费开展妇女儿童专科疾病检查，继续实施计划生育奖励等扶助政策，保障群众享受更高质量的公共卫生服务。

加大公益性文化建设投入。重点支持天津文化中心建设，加快博物馆、美术馆、图书馆和大剧院等大型文化设施建设进度，启动国家海洋博物馆工程，建成电影艺术中心、非物质文化遗产馆等项目，继续实施农村公共文化服务工作，建成100个文化特色村、1200个农家书屋和农村文化室。制定完善财税扶持政策，加快推进文化体制改革，重点支持出版传媒、广播电影等行业的企业化改制，扶持各类文化企业做大做强。加快改造完善重点体育场馆设施，做好第九届大运会、第六届东亚运动会筹备工作。加大公共安全投入，增加装备建设经费，充实各类物资储备，完善防灾救灾和灾害应急体系，全面推进平安天津建设。

加快基础设施建设和市容环境综合整治。充分发挥财政政策和财政资金的引导作用，完善政府投融资平台，多渠道、多形式筹集建设资金，加快推进现代综合交通体系建设，重点支持京沪高速铁路天津段、津秦客运专线、西站综合交通枢纽等工程，启动地铁5、6号线建设，基本建成地铁2、3、9号线，建成一批高速公路、快速路和城市道路。支持南水北调工程建设，启动独流减河治理项目。推进水环境专项治理工程，全面完成60座污水处理厂，城镇污水集中处理率达到85%。进一步改善公共交通条件，加快推进公交车、出租车更新，完成塘沽、双林等公路客运枢纽主体工程建设。继续支持市容环境综合整治工程，完善城区“以奖代补”制度，不断提升市容环境管理水平。加强农村基础设施和生态环境建设，加快推进示范小城镇和文明生态村建设工程，重点支持农村电网改造、饮水安全和乡村公路改扩建项目，造林21万亩，推进基础设施和公共服务设施向农村延伸，努力提高农村城市化水平。

（四）进一步提高财政科学化精细化管理水平

大力组织财政收入。完善收入目标责任制，合理确定各征管部门年度收入任务，层层分解指标，强化执行考核监督。完善税收现代化征管手段，切实强化税基管理、源头管理、户籍管理，不断健全源泉控缴机制，加强税收经济关联分析，有针对性地开展税收稽查，取消各区县擅自制定的税收优惠政策，切实堵塞税收漏洞，努力实现应收尽收。

全面加强支出管理。大力压缩公务购车、会议论坛、公务接待、出国出境等经费支出，严格控制楼堂馆所建设，切实减少一般性、消耗性支出，努力降低行政运行成本。严格审查建设项目投资预算，严格控制超支，节约建设投资。加强支出过程控制，严格新增支出项目审批管理，各有关部门在预算之外新增支出项目原则上从部门现有专项资金中统筹解决，财政一般不再追加预算。及时清理项目结余资金，对跨年度结转和年终结余较多的专项资金，原则上由财政收回统筹用于平衡预算。

深化预算管理制度改革。健全政府预算体系，科学编制公共财政预算，规范政府性基金预算，积极推进国有资本经营预算，加快建立社会保障预算，尽快形成有机衔接的政府预算体系。深化部门预算改革，进一步完善基本支出定员定额标准体系，全面实施项目预算管理办法，加强项目前期论证和可行性研究，健全项目库管理，切实增强预算安排的科学性和预算执行的约束力。全面实行国库集中收付、政府采购、投资评审等预算管理制度，完善绩效评价体系，健全绩效评价跟踪问效机制，强化财政监督，确保财政资金安全有效运行。

努力防范财政风险。进一步加强政府投融资平台管理，严格执行特定目的公司财务管理办法，不断健全“借用管还”良性循环机制。切实加强政府债务管理，认真执行政府债务管理规定，严格债务举借和担保程序，健全债务风险预警机制，合理控制债务规模，切实落实偿债责任和偿债资金，努力防范和化解财政风险。

各位代表，2010年财政工作任务十分艰巨。我们一定要在市委、市政府的领导下，在市人大的监督支持下，进一步增强责任感和紧迫感，坚定信心，锐意进取，扎实苦干，努力提高财政科学化精细化管理水平，为实现天津经济社会又好又快发展做出新的贡献。

加快财政改革创新　积极发挥职能作用
努力为天津又好又快发展做出新贡献

——在全市财政工作会议上的讲话

（2010 年 1 月 27 日）

天津市财政局局长　杨福刚

同志们：

这次会议的主要任务是，贯彻市委九届七次全会和全国财政工作会议精神，总结去年财政工作，分析当前财政经济形势，部署今年财政工作任务。市委、市政府领导高度重视财政工作，高丽书记、兴国市长多次就完善财政体制机制、抓好增收节支等作出重要批示，市委常委、副市长崔津渡同志在百忙之中出席今天的会议，一会儿还要作重要讲话，我们一定要深入学习领会，全面贯彻落实。下面，我先讲三个问题。

一、2009 年财政工作的简要回顾

2009 年是新世纪以来我国经济面临困难最大、挑战最为严峻的一年。我市各级财税部门积极应对国际金融危机的严重冲击，深入贯彻科学发展观，认真落实胡锦涛总书记“一个排头兵”、“两个走在全国前列”和“五个下功夫、见成效”的重要要求，按照市委、市政府统一部署，充分发挥财税职能作用，积极制定落实促进经济增长的财税政策，大力培养财源税源，努力增收节支，全面促进天津经济社会又好又快发展，财政各项工作取得新的进展。

（一）财政收支规模迈上了新台阶

制定实施财税优惠政策，完善财税综合服务手段，大力培养财源税源。加强跟踪分析和全程服务，认真协调解决相关财税问题，支持重点税源企业和大项目好项目建设，吸引一批大型企业、集团总部和金融机构到我市注册登记、就地纳税，确保实现经济增长和财政增收。坚持依法征税，加强税收征管，创新管理模式，建立重点税源专人负责机制和重大项目税收监控体系，进一步完善了税收征管与税务稽查协调互动机制，充分利用国地税基础信息

库，及时清查漏征漏管户和纳税疑点户，切实加强税收征管中的薄弱环节，努力实现应收尽收。加强纳税评估分析，进一步完善国地税部门与工商、房管、土地等部门信息联网和数据交换机制，通过强化对关联行业、重点企业和相关税种的税收经济信息对比，及时堵塞税收漏洞，税收征管效率得到有效提升。认真落实收入目标责任制，全面分解收入任务，细化工作责任，加强监督考核，及时协调解决组织收入中的问题，努力做到“以月保季、以季保年”。通过各区县、各单位特别是各级财税部门的积极工作，2009 年全市财政收入完成 1805 亿元，比上年增长 21.1%。其中地方财政收入 821.4 亿元，增长 21.6%，高于全国平均增幅 7.9 个百分点；市级、十八个区县和三区分别增长 10.1%、32.4% 和 27%。滨海新区收入规模进一步壮大，完成 739 亿元。全市财政支出 1438.3 亿元，比上年增长 27.2%，为经济社会又好又快发展提供了坚实的财力保障。

（二）积极财政政策促进经济增长的效能得到有效发挥

认真贯彻落实增值税转型、企业所得税两法合一、储蓄存款利息所得税和房地产交易税费减免，以及取消养路费、贷道费等结构性减税政策措施，全年减税减费 120 亿元，大幅度减轻了企业和居民负担。积极筹措新增中央投资地方配套资金，顺利发行 26 亿元地方政府债券，通过调整优化支出结构、多渠道融资等手段，落实 125 个重点投资项目配套资金，重点支持水利、交通、医疗卫生、农村基础设施等民生工程和自主创新项目，投资带动效应明显提升。采取财政补贴、政府采购和限定价格等方式，积极推动实施家电、汽车摩托车下乡和“以旧换新”活动，同时对购置小排量汽车给予减税支持，全年财政补贴资金达 1.1 亿元，有力地刺激了消费市场，对内需增长的拉动作用比较明显。

建立健全融资担保体系，市区两级财政新增中小企业贷款担保资金 10 亿元，使全市财政担保资金总规模达到 24 亿元，为中小企业提供贷款担保 38.9 亿元，同时降低担保收费标准 30% 至 50%，有效缓解了企业资金短缺、融资困难等问题。积极支持企业直接融资，对成功上市企业给予财政奖励，对备选上市企业由财政垫付有关中介费用等，帮助企业拓宽融资渠道。扩大外贸发展基金规模，积极支持企业调整产品结构、开拓国际市场、参加推介展销，努力扩大外贸出口。加大对困难企业帮扶力度，为 346 户困难企业提供财政贴息补助，实行社会保险“四降一缓”政策，给困难企业专项减负 17 亿元。完善政府采购政策，积极开展“政府采购服务企业”活动，鼓励优先采购自主品牌和节能环保产品，帮助企业拓展市场空间。

积极组织开展财税帮扶企业活动，帮助 1500 多户企业解决有关财税政策和业务问题。通过设立专线电话、网上咨询解答、举办政策讲座、实行 24 小时开门服务和开展“集中帮扶企业服务月”等方式，为企业提供了便捷、高效的财税服务。扩建“12366”纳税服务热线，开发“场景式办税服务厅”，积极搭建国地税部门与其他职能部门信息共享的业务工作平台，实现了国地税与工商、质监、公安等 5 个部门联合办证，做到“一窗申请、同时受理、同步审批”，将 3 个月办完的手续缩短到 5 日内办完，为企业生产经营创造了便利条件。

（三）财政促进结构调整的作用明显提高

大力推进滨海新区开发建设，积极争取中央财政支持，将新区开发建设补助政策延期 5 年，并给予空客 A320 项目专项补助。全面实施以港养港、以路养路、航线培养、机场建设补助等财政扶持政策，大力支持港口机场、铁路公路等基础设施建设，新区综合交通体系不断完善。充分发挥新区开发建设专项资金的引领带动作用，进一步完善政府投融资平台，多元化、多渠道筹集资金，全面推进功能区开发和大项目好项目建设，百万吨乙烯、北疆电厂一期项目竣工投产，新一代运载火箭、造修船基地、直升机总成基地等项目加快实施，一批优势产业和重大产业化项目向新区集聚，新区产业竞争力和自主创新能力得到进一步提升。在滨海新区龙头带动下，全市总投资1.6万亿元的770个大项目好项目加快建设，中心城区和各区县竞相发展，三个层面联动协调发展的格局基本形成，为经济结构战略性调整奠定了坚实的基础。

进一步完善贷款贴息、财政补助、专利奖励等财税政策，支持搭建科技基础条件平台和自主创新项目建设，为624家科技型企业提供打包贷款担保，全市232项具有完全自主知识产权的新产品实现规模化生产，累计有753家高新技术企业及时享受到了税收优惠政策。充分发挥服务业发展专项资金和税收优惠政策的引导作用，支持改造提升商贸旅游等传统服务业，鼓励创意产业、楼宇经济、总部经济等现代服务业加快发展，吸引海航集团、软通动力等一批高端服务企业落户我市，支持17家企业集团剥离生产性服务业，服务业发展规模和质量得到进一步提升。巩固完善支农惠农政策，大力支持现代农业、设施农业和示范工业园区建设，继续实施农民素质提高和低收入农户增收工程，新建改造了一批农村公路、污水和垃圾处理设施，农村城市化进程进一步加快。

积极支持金融改革创新，制定完善财政投资、贷款贴息、税收优惠、收费减免等扶持政策，大力营造企业发展的外部环境，吸引一批知名创投机构、产业投资基金、外资银行和金融租赁公司落户天津，设立了船舶产业基金和飞机租赁基金，各类股权投资基金和创业风险投资基金达到355家，融资租赁业务规模占全国20%以上，股权交易所、铁合金交易所、渤海商品交易所开业运营，逐步形成了金融机构、金融业务、金融平台多元化发展的金融服务体系，金融集聚效应逐步显现。积极支持设立一批村镇银行、农业贷款公司和小额贷款公司，面向“三农”和中小企业的金融服务进一步扩展。加强政府投融资平台管理，全市政府投融资平台由155家整合为86家，制定实施政府投资公司财务管理办法，健全“借用管还”良性循环机制，防范和控制风险的水平进一步提高。

（四）财政保障和改善民生的能力显著增强

加快完善社会保障体系，实施更加积极的就业政策，不断加大财政补助力度，对327户困难企业给予培训、社保、稳岗和求职补贴，积极开发公益性岗位，对“4050”人员、零就业家庭等十类就业困难人员实行托底安置，加强高校毕业生就业政策引导，稳定全市就业水平。加快三类困难企业退出工作，一次性偿还拖欠职工债务2亿元，妥善分流安置职工4.2万人。制定实施增加城乡居民收入的18项政策措施，继续提高企业退休人员养老金待遇，率先出台了统筹城乡居民的基本养老和基本医疗保险制度，有473万居民参加医疗保险，建立覆盖城乡的老年人生活费补助制度，对65万名没有养老保险的老年人按月发放生活费补贴。进一步提高城乡居民最低生活保障和优抚救济补助标准，扩大特困救助范围和标准，实施了困难家庭帮扶和重症患者救助制度。加大财政资金投入力度，向5万户低收入家庭发放租房补贴，支持770万平方米保障性住房建设，为16万户低收入家庭提供住房保障。

全面落实义务教育经费保障机制和“两免一补”政策，完成118所农村中小学校舍安全加固工程，全面化解农村“普九”债务，实施义务教育学校教师绩效工资制度改革，提高了13万名中小学教师和退休职工收入。大力发展高等教育和职业教育，启动了海河职教园建设工程，进一步完善高职困难学生资助体系，及时拨付助学金使15万名学生受益。加大医疗卫生投入，积极推进医药卫生体制改革，实施药品集中采购和社区卫生服务药品“零差率”销售，基本用药价格平均下降25%；将城乡公共卫生服务经费标准提高1倍，为全市妇女儿童免费提供12项疾病筛查服务，全面做好甲流防治防控工作经费保障工作。制定实施推进文化体制改革和文化产业发展的财税政策，妥善解决文化机构转制过程中的问题，全面推进文化中心工程和一批公共文体服务设施建设。

积极推进城市基础设施建设和环境综合整治，充分发挥财政资金引导作用，完善政府投融资平台功能，多渠道筹集建设资金，大力支持重大基础设施建设，城市路网、交通枢纽、高铁地铁等建设工程进展顺利，城市载体功能明显增强。进一步加大财政投入力度，全力推进新一轮市容环境综合整治，累计整修道路762公里，改造提升城市公园和25个重点地区，8大公园全部免费开放，新增老住宅供热补建面积10万平方米，为11万户居民更换自来水和燃气旧管网，市容市貌和群众生产生活环境明显改善。

（五）财政科学化精细化管理水平进一步提高

完善财政管理运行机制，着力健全预算编制、预算执行、预算监督相互协调、相互制衡的预算管理模式，不断完善部门预算、国库集中支付、收支两条线、政府采购、投资评审、绩效评价等管理办法，逐步形成了管理科学、运转高效、监督有力的财政运行体系。加强财政项目支出管理，市政府批转了由市财政局拟定的有关管理办法，并召开了全市专题会议，全面安排部署财政科学化精细化管理工作，进一步规范了财政管理和部门预算，财政管理的科学性和有效性明显增强。去年，全市国库集中支付总额达到473亿元，同比增长51.6%；实施政府采购100亿元，资金节约率14.4%；将74项收费共101亿元资金纳入预算管理；对12个重点支出项目进行绩效评价，初步建立了与部门预算相结合的评价结果应用机制，使预算安排与绩效考核紧密挂钩。同时，深入开展“小金库”专项治理工作，全市查出“小金库”244个，涉及资金2.9亿元，进一步严肃了财经纪律，确保财政资金安全有效运行。严厉打击发票违法犯罪活动，全市成功破获43起重大发票案件，处理涉票违法犯罪纳税人166户，查补收入近4000万元，有效规范了税收秩序。

财税基础性工作取得新进展。加强财税法制化规范化管理，制定完善了项目预算审核、专项资金管理、重点税源监控、政策执行情况报告，以及财税文化建设、学习型组织建设等36项制度办法，财税管理制度体系进一步健全。加快财税信息化建设，积极搭建业务应用系统支撑平台，大力推进财税信息化项目管理，不断完善“金财工程”和“津税系统”，启动全市财税数据处理中心建设工程，为财税工作顺利开展提供了有力的技术支撑。积极推进审批服务大提速，取消合并涉及财税业务的审批事项21项，减少申请要件43件，涉税审批提速45%。

会计管理工作进一步加强。大力宣传贯彻新企业会计准则和各项会计核算制度，积极开展多层次的会计继续教育和职业道德教育，加大高层次会计人才培养力度，搞好会计领军人才工程，完善优秀会计人才奖励机制，进一步提高了会计队伍整体素质和社会公信力。加强会计监督管理，强化对会计从业人员资质、中介机构执业质量和会计信息的检查，加大对企业会计基础和财务管理工作的指导服务，帮助企业建立规范高效的企业财务管理制度，切实发挥会计在防范财务风险和应对金融危机中的积极作用。加强会计行业党建工作，成立了注册会计师行业党委，推进会计师事务所内部治理机制和诚信体系建设，健全行政指导、行业自律与社会监督“三位一体”的管理体制和运行机制，不断提高会计中介机构服务质量和水平。

回顾过去的一年，我市各级财税部门做了大量卓有成效的工作，经受住了国际金融危机的严峻考验，成绩来之不易。这是市委、市政府正确领导的结果，是各区县、各部门对财政工作大力支持的结果，同时也是广大财税、财务干部辛勤工作的结果。在此，我代表市财政局党组向全市财税系统广大干部职工表示崇高的敬意！向关心支持财税工作的各级领导和同志们表示衷心的感谢！

在看到成绩的同时，我们也清醒地认识到当前财政工作还存在一些不容忽视的问题，主要表现在：财政收入存在结构性矛盾，税收比重下降，可支配财力增长缓慢；财政支出结构不尽合理，资金分配的科学性、有效性有待进一步增强；税收征管存在薄弱环节，偷税漏税现象仍有发生，纳税服务工作仍需改进。我们一定要高度重视这些问题，采取切实可行的措施，努力加以解决。

二、当前的经济财政形势和2010年财政工作的总体要求

胡锦涛总书记在2010年1月8日中央政治局第十八次集体学习时，对充分发挥好财政职能作用，进一步促进经济发展和社会和谐稳定等工作发表重要讲话。中央政治局常委、国务院副总理李克强同志在参加全国财政工作会议和全国税务工作会议时，对发挥财政政策宏观调控作用，促进经济结构调整、转变发展方式、保障和改善民生等工作提出了明确要求。前不久召开的市委九届七次全会和全国财政工作会议，深入分析了当前的经济形势，全面部署了今年各项工作任务，并对做好财政工作提出具体要求。全市各级财税部门一定要深入学习领会，认真贯彻落实。

（一）正确认识当前的经济财政形势

从国际看，随着各国稳定金融和刺激经济增长政策的效应不断显现，国际金融市场渐趋稳定，主要经济体经济出现好转迹象，一些新兴经济体和发展中国家经济增速加快，预计2010年世界经济发展形势可能总体好于2009年。但同时也应看到，世界经济复苏的基础尚不稳固，多数国家经济回升主要得益于政府强有力的刺激政策，发达国家失业率居高难下，私人消费依旧疲软，企业投资意愿不强，实体经济回升面临较多困难，经济增长的内生动力明显不足。金融领域风险并未完全消除，国际金融体系受损对实体经济的制约依然很大，国际市场大宗商品价格可能震荡走高，国际贸易短期内难以恢复到危机前的水平。加上各国刺激政策退出的时机和策略选择不同、协调难度很大，世界经济复苏将经历缓慢复杂曲折的过程。

从国内看，我国经济发展的基本面和长期向好趋势没有改变。我国顶住了国际金融危机的严重冲击，各方面信心明显增强，以内需增长弥补外需不足还有一定空间，保持较快增长具有较好的基础。体制机制改革逐步深化，自主创新积极推进，经济发展的活力继续增强。但同时也应看到，我国经济回升的基础还不牢固，经济发展面临的困难和矛盾仍然很多。由

于国际市场需求依然疲弱，贸易摩擦明显增多，短期内外需很难恢复到危机前的水平。刺激国内消费和投资增长的政策效应可能减弱，民间投资意愿还不够强，居民消费难有大幅度增长，经济增长的内在动力依然不足。在外需萎缩的情况下，产业结构不合理、部分行业产能过剩等矛盾更加凸显，淘汰落后产能和兼并重组又面临就业压力大、体制机制不够健全等因素制约；经济增长在很大程度上依赖外延扩张，企业自主创新能力亟待加强，经济发展方式转变和结构调整优化的难度加大。

从我市看，2010年滨海新区开发建设进入新的阶段，辐射带动作用明显增强，三个层面联动协调发展的良好态势进一步形成。同时，全市大项目好项目进入投产高峰期，全年预计新投产项目260个，超过前两年竣工项目总和，新的经济增长点和支撑点明显增多，将对全市经济发展和财政增收形成强有力的拉动。但同时也应看到，国际国内不利因素对我市的影响很大，特别是外贸出口低迷的局面可能还将持续，受市场价格因素影响，企业销售收入和利润增长空间还会受到挤压，经济增长、结构调整面临的困难和矛盾仍然很多。

从财政看，预计2010年财政仍将十分困难。虽然宏观经济形势和企业经营状况不断好转，将有利于增加财政收入，但继续落实国家结构性减税政策、2009年多次提高重点产品出口退税率等政策2010年翘尾，以及2009年一些一次性特殊增收因素将没有或减少，都要相应影响到财政增收。同时，增加政府公共性投资，继续加大社会保障、教育文化、医疗卫生、环境整治等民生重点领域的投入力度，实施增加群众收入的财税政策，都要增加大量的财政支出，而且多数支出基数大、刚性强，预算平衡的难度较大。

因此，对于2010年的财政经济形势，既要充分看到有利条件和积极因素，又要充分估计各种困难和挑战，不能简单地把一些国家经济回暖迹象等同于世界经济已经出现了从衰退向全面复苏的根本性转折；把我国经济回升加快等同于实体经济运行状况出现了根本性改善；把财政收入止跌回升等同于财政困难状况出现了根本性好转。要切实把思想行动统一到市委的决策部署上来，更加周全地做好应对各种困难和挑战的准备，坚定信心、扎实苦干，充分发挥财政职能作用，全面做好各项财税工作，努力促进经济社会又好又快发展。

（二）2010年财政工作的总体要求

2010年全市财政工作的总体要求是：全面贯彻党的十七大和十七届三中、四中全会及中央经济工作会议精神，以邓小平理论和“三个代表”重要思想为指导，深入贯彻落实科学发展观，按照胡锦涛总书记对天津工作“一个排头兵”、“两个走在全国前列”和“五个下功夫、见成效”的重要要求，认真落实市委九届七次全会决策部署，加快实施市委“一二三四五六”的奋斗目标和工作思路，把调结构、促转变、增实力、上水平作为着力点，着力构筑“三个高地”，全力打好“五个攻坚战”，贯彻实施积极的财政政策和适度宽松的货币政策，充分发挥财税职能作用，大力支持滨海新区开发开放，推进经济发展方式转变和经济结构调整，推动改革开放和自主创新，切实保障和改善民生。进一步深化财政改革，全面推进财政科学化精细化管理，加快建立健全有利于科学发展的财政体制机制，努力促进天津科学发展和谐发展率先发展。

按照上述指导思想，在制定实施财税政策和开展财税工作过程中，要着重把握以下几点：

一是更加注重推进结构调整，努力提高经济发展的内在质量和效益。推进经济结构调整和转变经济发展方式，是长期的战略任务，也是当前的紧迫工作，事关经济发展大局。要把保持经济平稳较快发展与加快结构调整结合起来，在继续巩固经济回升基础的同时，积极发挥财政政策“点调控”的优势，以促进节能降耗、环境保护和生态建设为重要抓手，大力推进结构调整，使经济增长建立在结构优化的基础上。要把推动自主创新与培育战略性新兴产业结合起来，加大财税支持力度，突破关键技术，提高自主创新能力，推动构建高端化、高质化、高新化的产业结构，不断增强经济发展后劲。要把滨海新区开发开放与统筹城乡区域协调发展结合起来，适时调整财税政策扶持方向，积极促进滨海新区、中心城区和各区县三个层面联动协调发展。

二是更加注重扩大内需，努力促进经济平稳较快增长。消费是拉动经济增长的持久和根本动力，在外部需求疲软、国内投资增长很难持续处于高位的情况下，扩大居民消费对保持经济平稳较快增长具有关键作用。要把扩大内需与稳定外需结合起来，在保持投资合理增长、促进外需稳定发展的同时，把鼓励居民消费放在更加突出的位置，充分发挥财税职能作用，促进调整国民收入分配格局，着力提高居民特别是低收入群体收入，完善引导消费的财税政策，努力扩大消费需求，进一步增强消费对经济增长的拉动作用，不断形成投资、出口、消费均衡发展的经济增长格局。

三是更加注重保障和改善民生，努力推动经济社会协调发展。保障和改善民生既是发展经济的最终目的，也是拉动居民消费、促进经济发展方式实现重大转变的重要举措。要把发展经济和改善民生结合起来，进一步调整优化财政支出结构，统筹财力配置，集中财力办大事，把更多的财政资源用于改善民生和发展社会事业，特别是大力支持解决涉及群众切身利益的问题。同时，积极探索有效的财政保障方式，重在制度和长效机制建设，努力促进经济社会的均衡协调发展。

四是更加注重财税改革创新，努力增强财政发展的内在动力和活力。深化改革、完善体制机制是破解发展难题、实现科学发展的强大动力和制度保障。要把深化财税改革和促进经济发展有机结合起来，围绕推进基本公共服务均等化和主体功能区建设，进一步完善公共财政体系和财税政策措施，充分调动各方面的积极性，加快形成有利于科学发展的财税体制、运行机制和管理制度。同时，把财税调控手段与市场机制结合起来，把握政府与市场的作用边界，注重运用财政资金和政策引导民间投资和居民消费，调动企业、居民等市场主体的积极性，增强财政经济发展的内在动力和活力。

五是更加注重加强财政科学化精细化管理，努力提高财政效能作用。财政管理水平直接影响到发挥财税职能作用的效果。要把加强财政政策调控、深化财税改革与强化财税管理结合起来，牢固树立现代财税管理理念，扎实落实全面推进财政科学化精细化管理的各项工作要求，从做好日常工作和加强基础管理入手，确保财税管理工作取得新进展，保障财税职能作用的发挥，促进财政事业持续健康发展。

（三）财政收入和支出预算安排

根据财政工作总体要求和经济社会发展主要预期目标，2010 年预算收支任务是：全市财政收入 2022 亿元，比上年增长 12%，其中国税部门 766.2 亿元，增长 16%；地税部门 586 亿元，增长 16%；财政部门 669.8 亿元，增长 4.8%，在预算执行中力争超收一些。全市财政支出总预算 1753.3 亿元，比上年实际支出增长 21.9%。总的来看，2010 年的财政收入预算综合考虑了经济性、政策性和管理性因素变化情况，符合实事求是、积极稳妥、留有余地的原则；财政支出预算综合考虑了促进经济社会发展、改善民计民生和严格控制一般性支出的需要，体现了统筹兼顾、突出重点、有保有压的原则。在预算执行中，我们要大力组织财政收入，全面加强支出管理，确保实现全年预算平衡。

三、2010 年财政工作的主要任务

各级财税部门要认真贯彻落实党中央、国务院领导指示和市委九届七次全会精神，进一步增强紧迫感和使命感，认真分析把握经济财政形势，继续深化财税改革，创新理财思路，充分发挥好财税职能作用，促进经济社会又好又快发展。

（一）千方百计组织财政收入

完善财政增收工作机制。加强财政经济分析，全面把握宏观经济走势，及时掌握影响财政收入的主要经济指标、宏观调控政策和企业生产经营变化情况，深入开展收入状况监控分析，形成面、线、点有机联系、逐级递进的分析机制，及时发现和解决存在的问题。坚持依法征税、应收尽收，全面清理财税优惠政策，大力清缴陈欠，严格控制新欠，坚决防止和制止以各种名义拖欠税款。认真落实收入目标责任制，完善组织收入工作的执行责任和考核监督办法，分解细化职责分工，切实做到人人有任务，层层抓落实，努力形成各区县、各部门共同促进财政增收的良好格局。

健全现代化税收征管模式。积极推进信息管税，进一步完善财税信息联网和数据交换制度，大力整合各种信息资源，继续巩固财税部门与工商、质检、公安、金融等部门和有关社会组织的信息共享，探索获取第三方信息的有效途径，着力解决征纳双方信息不对称问题，不断夯实税收源头控缴的管理基础。加强信息综合分析利用，通过开展对重点税源企业经济指标的关联分析，进一步加强税源监控；通过开展对相关行业的对比分析，及时发现和堵塞税收漏洞，不断提高收入控管水平。加强税收征管和税务稽查的互动配合，组织开展税收重点稽查、专项检查和综合整治，巩固打击发票违法犯罪专项斗争成果，建立健全长效工作机制，严厉打击涉税违法犯罪行为，进一步规范税收秩序。

加强和改进纳税服务。积极整合纳税服务资源，以“12366”纳税服务平台上线为契机，整合完善为纳税人提供咨询服务的税收法规库、知识库和问题库，推进税务网站、服务热线和短信服务为主体的综合服务平台建设，着力提高纳税服务效率。进一步规范办税流程，简化服务程序，简并涉税资料，推行办税服务标准化作业，完善纳税人电子信息“一户式”存储和查询，合并办理税收业务流程中的调查和检查事项，下放审批权限和前移审批事项，推行综合申报表和无纸化办税，切实减轻纳税人负担。

（二）大力支持滨海新区开发开放

积极推进财政体制制度改革。按照新区行政管理体制改革的要求，调整完善市与滨海新区财政分配关系，实行全市统一的分税制财政体制和税收征管体制，努力营造公平竞争、协调发展的政策体制环境。规范新区内部各城区、功能区财力分配关系，合理确定财权事权，形成既有利于促进经济发展、又有利于实现公共服务均等化的财政运行机制，充分调动新区

各城区、功能区发展经济、增强财政实力的积极性，进一步激发新区发展的内在动力和活力。根据新区的功能定位和发展要求，制定实施财税优惠政策，积极支持新区综合配套改革，吸引资金、技术、人才等生产要素聚集新区，不断增强新区整体发展能力。

积极支持金融改革创新。进一步加大财税政策和财政资金扶持力度，促进航运金融、科技金融、农业金融、产业金融、消费金融等新金融产业加快发展。大力支持中新天津生态城外商投资企业资本金意愿结汇，鼓励房地产投资信托基金、跨境贸易人民币结算和人民币境外贷款试点，不断完善多层次、多元化、开放型的金融服务体系。支持改制重组设立天津农村商业银行，支持商业银行、保险公司增加资本金，增设法人机构和分支机构。整合金融机构国有股权，提高金融法人机构控制力和竞争力。进一步整合政府投融资平台，界定特定目的公司，实现持续发展和风险防范目标，完成基础设施建设和投资体制改革任务。

加快推进功能区和重大项目建设。用足用好滨海新区开发建设专项资金，充分发挥专项资金的引领带动作用，进一步完善政府投融资平台，多元化、多渠道筹集资金，全面推进功能区开发，吸引更多的优势产业向功能区集聚。进一步完善财政扶持政策，通过政府资助、贷款贴息、税收优惠等方式，加快建设一批重大公共技术平台和创新平台，着力推进一批高水平重大产业化项目建设，尽快形成高端产业集聚区，不断提升新区产业竞争力和自主创新能力。积极支持新区基础设施建设，加快实施滨海国际机场二期、津港高速公路等重点工程，不断增强新区的服务辐射功能。

（三）着力推进发展方式转变和结构调整

全面推进大项目好项目建设。及时研究制定政策措施，重点支持重大产业化项目建设，大力促进优势支柱产业加快发展，推进产业集聚和产业链延伸，努力促进经济结构优化升级。加强重大项目的跟踪服务和政策协调，及时解决生产经营中涉及的财税问题，促进项目早达产、早见效，不断培育新的经济增长点。

积极支持科技创新和节能减排。进一步完善财税扶持政策，加大财政资金投入，健全科技创新条件平台和服务体系，新建一批国家级重点实验室和企业技术中心，为高端产业发展提供强大技术支撑。充分发挥财政资金引导作用，进一步完善激励自主创新的财税政策，加快推进研发转化基地和科技产业化基地建设，重点支持55项自主创新产业化重大项目，推动关键技术创新和新产品开发。增加节能减排和发展循环经济资金投入，支持节能环保等领域关键技术的开发应用，继续推进绿色照明、电机改造等十大重点节能工程，推动绿色经济、低碳经济发展，努力增强可持续发展能力。

大力促进服务业加快发展。完善和落实鼓励服务业加快发展的财税政策措施，通过专项补助、财政贴息、税收减免等方式，重点扶持金融保险、高端物流、中介会展、服务外包等现代服务业加快发展，进一步提高服务业的层次和水平。继续整合规范投融资平台，加快推进重大服务业项目和商贸、旅游等重点项目建设，积极发展信息咨询、研发设计、文化创意、总部经济、楼宇经济等新兴服务业，不断拓宽中心城区发展空间。

（四）积极促进城乡统筹发展

大力支持现代农业发展。健全农业投入保障机制和支农资金稳定增长机制，积极推进支农资金有效整合，切实提高资金使用效益。加大财政政策扶持力度，加快推进设施农业、示范园区和特色村镇建设，大力支持农业新品种、新装备、新技术的研发转化和应用推广，不断提高农业产业化经营水平。完善财政分配和贴息补助政策，继续开展银企合作，大力推进区县31个示范工业园区开发建设，加快495个重大项目建设进度，促进农村工业加快发展。

不断健全农民增收机制。巩固完善强农惠农政策，健全涉农补贴、农业保险和农产品价格保护等制度，规范补贴程序，突出补贴重点，完善补贴动态调整机制，促进农业增效、农民增收。完善农村基层组织运转经费保障机制，继续支持农民素质教育工程和农民专业合作组织发展，加大农民职业技能培训力度，增强农村富余劳动力就业能力，不断拓宽农民增收渠道。

积极促进新农村建设。扩大公共财政覆盖范围，新增教育、卫生、文化等支出更多向农村倾斜，不断提高城乡公共服务均等化水平。加强农村基础设施和生态环境建设，加快推进示范小城镇和文明生态村建设工程，重点支持农村电网改造、饮水安全和乡村公路改扩建项目，造林21万亩，推进基础设施和公共服务设施向农村延伸，努力提高农村城市化水平。

（五）切实保障和改善民生

实施更加积极的就业政策。加快推进以创业带动就业战略，综合运用政府补助、税费减免、贷款担保和创业培训等财税政策手段，积极推动创业带动就业实验区建设，加大就业培训力度，培养更多的创业主体和就业岗位，促进就业再就业、大学生就业和创业带动就业。延长对困难企业的帮扶政策期限，继续实施财政补贴、阶段性降低社会保险费率、暂缓缴纳社会保险费等政策措施，鼓励企业发展生产、扩大就业、提高收入，进一步稳定就业局势。建立城乡一体的就业援助机制，及时解决零就业家庭就业安置问题，确保全年新增就业42万人。

进一步完善统筹城乡的社会保障体系。全面实施覆盖城乡从业人员的养老、医疗、工伤、失业和生育保险制度，健全覆盖城乡居民的养老和医疗保险制度。实施困难企业退休人员医疗保险待遇与单位缴费脱钩政策，提高医保最高支付限额和大额医疗救助标准，完善城乡居民医疗救助和优抚对象医疗补助制度。落实保障性住房资金、土地供应和优惠政策，加大限价商品房、经济适用房等保障性住房建设力度，开工建设保障性住房650万平方米，向7.5万户低收入家庭发放租房补贴，着力解决中低收入家庭住房困难。调整完善增加城乡居民收入的政策措施，继续提高企业退休人员养老金，提高最低工资、城乡最低生活保障、特困救助、抚恤救济和义务兵家属优待金等标准，健全企业职工工资正常增长机制，推进行政事业单位工资制度改革，千方百计增加群众收入。

坚持教育优先发展战略。进一步完善城乡免费义务教育制度，继续实施义务教育学校现代化标准建设，巩固义务教育学校教师绩效工资改革成果。加快实施中小学校舍安全加固及功能提升工程，对存在安全隐患的校舍进行抗震加固、迁移避险，提高综合防灾能力。加快职业教育改革试验区和实训基地建设，基本建成海河教育园区一期工程，落实中等职业学校涉农专业和农村家庭经济困难学生免交学费政策，支持办好全国职业院校技能大赛。继续完善普通高校和职业院校学生资助体系，加大财政补助力度，帮助高校尽快化解债务风险，努力促进各级各类教育均衡协调发展。

加快推进医药卫生体制改革。支持建立基本药物制度，将基本药物全部纳入医疗保险报销范围，在各区县推行基本药物零差率销售。支持基本医疗卫生服务体系建设，完善基层卫生服务机构经费补偿机制，提升区县级综合医院服务能力。加大财政投入力度，继续推进卫生资源布局调整，支持公共卫生服务体系建设，及时足额安排甲型 H1N1 流感等传染病防控资金，免费开展妇女儿童专科疾病检查，保障群众享受更高质量的公共卫生服务。

加大公益性文化设施投入。重点支持天津文化中心建设，加快推进博物馆、美术馆、图书馆和大剧院等大型文化设施建设，启动国家海洋博物馆工程，支持文化特色村、农家书屋和农村文化室建设。制定完善财税扶持政策，加快推进文化体制改革，重点支持出版传媒、广播电影等行业的企业化改制，扶持各类文化企业做大做强。加快改造完善重点体育场馆设施，做好第六届东亚运动会、第九届大运会筹备工作。

加快基础设施建设和市容环境综合整治。充分发挥财政政策和财政资金的引导作用，完善政府投融资平台，多渠道、多形式筹集建设资金，重点支持高速铁路、高速公路、城市道路、地铁和交通枢纽等交通基础设施建设，加快推进公交车、出租车更新，进一步完善现代综合交通体系，改善公共交通条件。继续支持市容环境综合整治工程，完善城区“以奖代补”制度，不断提升市容环境管理水平。

（六）进一步提高财政科学化精细化管理水平

全面加强支出管理。大力压缩公务购车、会议论坛、公务接待、出国出境等经费支出，严格控制楼堂馆所建设，切实减少一般性、消耗性支出，努力降低行政运行成本。严格审查建设项目投资预算，严格控制超支，节约建设投资。加强支出过程控制，严格新增支出项目审批管理，各有关部门在预算之外新增支出项目原则上从部门现有专项资金中统筹解决，财政一般不再追加预算。及时清理项目结余资金，对跨年度结转和年终结余较多的专项资金，原则上由财政收回统筹用于平衡预算。

深化预算管理制度改革。健全政府预算体系，科学编制公共财政预算，规范政府性基金预算，积极推进国有资本经营预算，加快建立社会保险基金预算，尽快形成有机衔接的政府预算体系。深化部门预算改革，进一步完善基本支出定员定额标准体系，全面实施项目预算管理办法，加强项目前期论证和可行性研究，健全项目库管理，切实增强预算安排的科学性和预算执行的约束力。全面实行国库集中收付、政府采购、投资评审等预算管理制度，完善绩效评价体系，健全绩效评价跟踪问效机制，强化财政监督，确保财政资金安全有效运行。

努力防范财政风险。进一步加强政府投融资平台管理，严格执行政府投资公司财务管理办法，不断健全“借用管还”良性循环机制。切实加强政府债务管理，认真执行政府债务管理规定，严格债务举借和担保程序，健全债务风险预警机制，合理控制债务规模，切实落实偿债责任和偿债资金，努力防范和化解财政风险。

加强财税干部队伍建设。坚持依法行政、依法治税、依法理财，以改革创新的精神，全面履行职能，全面落实责任，不断破除束缚科学发展的陈旧观念、思维定式和行为习惯，努力提高行政能力和行政水平。加强学习型组织建设，有针对性地开展综合素质、专业基础和岗位能力的教育培训，不断优化知识结构，增强推进财税改革发展的能力。加强作风建设和党风廉政建设，坚持“为国理财、为民服务”的工作宗旨，求真务实、艰苦奋斗，以高度的责任心和无私奉献精神，尽心竭力、恪尽职守。严格落实党风廉政建设责任制，以规范权力、依法行政、廉洁自律为重点，强化监督制约，把反腐倡廉贯穿于财税管理的全过程，落实到财税工作的各个环节，确保权力正确行使和干净运行。

同志们，2010 年的财政工作十分艰巨而光荣。我们一定要在市委、市政府的正确领导下，坚定信心，奋力拼搏，扎实工作，圆满完成好各项财政工作任务，为实现天津科学发展和谐发展率先发展做出新的贡献。再过几天就到春节了。在此，我代表市财政局提前给大家拜年，祝大家新年愉快，阖家欢乐，万事如意！

深化财政制度改革　促进反腐倡廉建设

（2010 年 4 月 8 日）

天津市财政局局长　杨福刚

近年来，我市各级财政部门认真贯彻落实市委、市政府决策部署，积极深化预算管理制度改革，全面加强财政收支管理，不断健全预算编制、执行和监督相互制衡的财政运行机制，有力地促进了反腐倡廉建设。今年我们将重点做好以下几方面工作。

一、积极推进财政预算公开，自觉接受社会监督

目前，市财政已将人大审议通过的政府预算以及一些财政收支情况向社会予以公布，但与预算信息公开的要求相比还存在一定差距，主要是预算报表不完整、公开内容不全面、执行情况反馈不及时等。2010 年我们要全面推进财政预算公开工作。一是扩大市级预算公开范围，在目前公开预算报告的基础上，全面公开 16 张预算草案附表，包括全市和市级财政收支总预算、一般收支预算、政府性基金收支预算等报表及有关说明，并进一步公开有关预算细目。二是做好市级部门预算公开的指导监督工作，报送市人大审议预算的市级有关部门，作为部门预算编制和执行的责任主体，在市财政局批复预算后要尽快公布本部门收支预算总表和财政拨款预算表；在此基础上，逐步扩大公布部门预算的范围，增加公布内容。三是积极推进重大民生事项的公开，主动公开教育、医疗卫生、社会保障、“三农”等重大民生支出的预算安排情况、管理制度和分配办法。四是推动预算执行情况的公开，及时向社会公布月度（季度）财政收支预算执行情况，以及经人大审议通过的年度预算执行情况和决算报告。五是加强对区县预算公开的指导，逐步统一区县财政预决算草案报表格式，督促区县按照完整、真实、细化的要求向社会主动公开。同时，建立健全财政预算公开工作协调机制，畅通公开渠道，确保财政预算公开工作顺利开展。

二、强化制度约束，切实降低行政成本

近年来按照市政府关于厉行节约的要求，我市全面加强支出管理，积极调整优化财政支出结构，大力压缩公务购车、会议论坛、出国考察等一般性、消耗性开支，取得了一定成效。但目前仍存在着预算执行不严格、项目开支不合理、损失浪费较多等问题，需要采取切

实有效措施，努力加以解决。一是切实加强基本支出管理，严格界定财政供给范围和经费保障方式，进一步细化预算编制，规范定员定额管理，继续实施公用经费零增长政策，严格控制因公出国经费、公车购置及运行费、公务接待费和楼堂馆所建设支出。二是全面加强项目支出管理，强化项目论证和可行性研究，健全投资评审制度，严格预算指标控制，部门预算一经确定不得随意调整变更，对部门新增支出原则上财政不追加预算，切实增强预算的约束力和严肃性。三是健全行政经费管理制度，进一步完善出差、会议定点管理等措施，对一般性展会经费在去年基础上压缩50%，节约的资金全部用于困难群众的生活补助。四是加强行政经费专项检查，积极配合纪检监察部门对各单位、各区县行政经费开支情况进行跟踪检查，加强对党政机关以各种名义向企事业单位转嫁、摊派和报销费用的监督检查，及时发现和纠正存在的问题。

三、完善财政管理制度，促进从源头上防治腐败

我市在全国率先推行了部门预算改革，并相继出台了收支两条线、国库集中支付、政府采购、投资评审等管理制度，去年市政府批转实施了全面加强项目预算管理的指导性意见，有力地保障了财政资金的安全、有效、规范运行。今年我们还要从以下几个方面加大工作力度。一是尽快健全政府预算体系，逐步将所有政府收支纳入预算管理，建立健全公共财政预算、政府性基金预算、国有资本经营预算和社会保障预算有机衔接的政府预算体系，努力做到全面清晰准确地反映政府收支总量、结构和管理活动。二是深化部门预算和“收支两条线”管理改革，完善预算支出标准体系，切实提高预算编制的科学性和准确性；完善转移支付分配办法，广泛推行公式法、因素法，科学、合理、公平、公正地分配转移支付资金。三是加强预算执行过程控制，严格行政事业单位账户审批，全面实行国库集中支付制度改革，行政机关和义务教育职工工资全部实行财政统一发放，公用经费全面推行公务卡结算，项目资金全部实行国库统一支付和零余额账户管理，有效防止财政资金使用过程中的跑冒滴漏；扩大政府采购范围和规模，凡属于限额以上的设备采购、劳务支出和基本建设支出一律实行政府采购，确保财政资金规范有效运行。四是建立健全监督和绩效评价机制，形成覆盖所有政府性资金和财政运行全过程的监督体系，重点做好对政府公共投资、扩大消费、保障和改善民生等政策落实和资金使用情况的监督检查；切实推进预算支出绩效评价，探索建立绩效评价结果公开机制和有效的问责机制。五是强化政府债务管理，认真执行市政府债务管理办法，按照风险预警指标规定，严格控制债务规模，所有政府性债务必须按规定程序逐级申请并报市政府核定。除国际金融组织和外国政府贷款外，财政部门不得以任何形式向金融机构提供信用保证。建立健全偿债准备金制度，切实落实偿债、担保和反担保责任。加强政府投融资平台管理，严格执行特定目的公司财务管理办法，不断健全“借用管还”良性循环机制，切实防范和化解财政风险。六是加大“小金库”专项治理力度，继续加强对市级各单位的监督检查，进一步强化对执收执罚权比较集中部门尤其是关键环节和重要岗位的监督检查，严肃查处违纪违法行为；结合深化财政管理制度改革，切断“小金库”资金来源，形成防治“小金库”的长效机制。

在2010年第二次区县地税局长联席会议上的讲话

（2010年6月4日）

天津市财政局（天津市地方税务局）局长　杨福刚

同志们：

这次会议是市局党组决定召开的一次重要会议。主要任务是，总结交流今年以来的地税工作，研究分析税收经济形势，安排部署下一步工作任务。刘健同志代表市局党组所作的工作报告，内容全面，重点突出，任务明确，充分体现了市委、市政府对财税工作的指示精神，体现了税务总局总体工作部署，也完全符合我们地税部门实际情况，我完全同意。请各单位、各部门认真贯彻落实。在这次会议上，很多单位都作了交流发言，感觉亮点很多，措施很实，希望互相借鉴。下面，我再讲三个问题。

一、关于2010年以来财政预算执行问题

今年财政预算执行有五个特点。一是，财政收入保持较快增长，1至4月份全市地方一般预算收入累计完成321.2亿元，增长32.6%，连续4个月保持30%以上增速。预计5月份收入增幅仍然较高，累计收入达到32%以上的增幅。二是，收入结构有所优化，1至4月份税收收入257.3亿元，增长35.5%，高于地方收入增幅2.9个百分点。税收收入占财政收入比重80.1%，同比提高1.7个百分点，非税收入占比有所下降，收入质量得到改善。三是，主体税收增速回升明显，营业税、增值税、企业所得税和个人所得税四个主体税种实现了较快增长，增幅比去年同期均有较大提高，其中企业所得税增长62.2%，营业税增长35.7%，增值税和个人所得税分别增长15.8%和19.7%。目前，契税在地方财政收入中已成为超过个人所得税的第四大税种，1~4月份实现27亿元，增长77%。四是，市和区县两级收入均实现较快增长，1至4月份市级和区县级收入分别增长35.5%和30.8%，市级收入增幅超过区县，这在很多年来还是比较少见的，主要是今年石油石化、汽车等纳入市级固定收入的企业收入增长较快。五是，财政支出执行情况良好，1至4月份全市财政支出319.7亿元，增长21%。受财政收入快速增长的拉动，财政支出预算执行比较顺利，支出进度加快，支出增幅较高，有力地保障了民计民生等重点支出需要。以上情况表明，随着今年以来我市主要经济指标逐步回升，企业销售收入和实现利润迅猛扩大，财政收入实现了高速增

长。同时，各级财税部门认真贯彻局党组的决策部署，想实招、定措施，开拓创新，求真务实，在加强征管、堵漏增收方面的工作机制不断完善，努力争取应收尽收，为经济社会又好又快发展提供了财力保障。

二、关于当前组织收入工作面临的形势任务

今年以来，我市财政收入增幅较高，主要是全市经济实现较快增长以及产品价格攀升的拉动，同时去年年初收入基数较低、年底企业盈利增多和房地产销售较旺结转今年纳税等特殊因素，也是形成收入增幅较高的重要原因。但是，随着去年同期收入基数的不断提高，以及宏观调控政策效应的逐步显现，今年后几个月保持收入高增长的难度不断加大。概括起来，有以下五个方面。

一是，财政增收的基础还不稳固。一季度我市固定资产投资增长33.5%，同比回落了8.5个百分点，投资对经济增长的拉动作用有所减弱。外贸出口在去年同期大幅度下降的基础上，实现恢复性增长，增幅为14.9%，低于全国13.8个百分点，其中对税收贡献较大的一般贸易下降1%，外贸出口对经济增长的拉动作用仍不明显。我市原燃动力购进价格上涨8.3%，高于工业品出厂价格3个百分点，造成冶金、电子、纺织、化工等行业实现利润空间进一步受到挤压。我市实施的重大项目有的进展比较缓慢，有的项目如在建设期产生了一次性税收，但项目投产后形成稳定税源还需一定时间。这些情况表明，目前财政增收的基础并不稳固。

二是，政策性因素对收入的影响有所加深。今年国家和我市继续实施积极财政政策，在去年减少收入120亿元的基础上，今年1至4月份又减收4.5亿元。特别是近期国家相继出台了遏制房价过快上涨政策措施，市场观望气氛渐浓，成交量明显减少，价格上涨势头有所抑制，今后房地产对财政增收的拉动作用有可能减弱。据统计，我市4月份住宅销售面积182万平方米，比去年同月减少13万平方米；5月份前20天住宅销售面积92万平方米，比上月前20天减少10万平方米，比去年同期也减少10万平方米。今年1至4月份，我市建筑和房地产业税收115.4亿元（建筑31.9亿元，房地产83.5亿元），占全部税收收入的23.1%；按地方税收口径计算，建筑和房地产业税收94.3亿元（建筑25.7亿元，房地产68.6亿元），占地方税收的36.6%，占地方财政收入的29.4%。在房地产收入占税收收入较大比重的情况下，如房地产市场继续被打压，将对我市收入增长产生较大影响。

三是，调整地方财政收入口径后，增加了地税部门组织收入的压力。为了真实反映地方财力状况，便于与其他省市比较，按照市领导要求，目前我市已采用地方一般预算收入口径报告财政收入完成情况、发布统计数据、编制年度预算和落实收入任务。地方收入口径调整后，地税部门成为组织收入任务最大的部门。按照新口径计算，今年全年地方收入预算919.9亿元，其中地税部门519亿元，增长16%，占56.4%；国税和财政部门组织的收入分别占23.4%和20.2%。同时，由于地方财政收入不包括土地出让金等政府性基金收入，财政组织的地方收入只是行政性收费、罚没收入等非税收入，而这部分收入从净化经济秩序等需要出发将逐渐减少，因此，在完成地方收入任务方面，财政部门调节收入的余地越来越小，相应地增加了地税部门组织收入的压力。

四是，与其他省市比较我市组织收入的压力加大。去年，我市地方收入821.4亿元，增

长21.6%，高于全国平均增幅7.9个百分点，增幅排在全国第5位。今年1至4月份，我市地方收入增长32.6%，仅高于全国平均增幅3.1个百分点，增幅回落到第11位。从去年收入增幅看，全国仅有6个省市增幅超过20%，其中只有内蒙超过了30%；而今年前4个月，收入增幅超过30%的就有15个省市。根据国税总局公布的信息，1~4月全国各地方税务部门税收收入增长33.5%，其中我市地税部门税收收入增长33%，低于全国平均0.5个百分点，而北京增长36.7%，江苏增长39.5%，重庆增长47.8%，辽宁增长35.8%，上海增长32.1%，广东增长31.2%。这表明，今年在全国整体收入形势较好的情况下，我市作为经济增长第三极，在税收收入增幅上还要有更高的目标，以与高速增长的经济指标相匹配。

五是，组织收入方面还存在薄弱环节。这些年来，尽管地税收入征管工作得到不断加强，但薄弱环节仍然很多，管理不到位现象和人浮于事的问题都很突出。比如，对一些经营规模很大、但税收贡献率较低的大型超市、批发市场、餐饮娱乐等企业存在着管理缺失问题；对电子商务、电视直销等新兴业态，以及利用福利税收政策逃税漏税企业等还缺乏有效的征管手段等。从税种看，截止到5月26日，我市房产税下降29.7%，资源税下降61.3%，这里可能有客观因素，需要调研弄清原因。

当前，组织收入中的问题和矛盾，有些是经济发展层面的，也有些是财税管理层面的，需要我们进行深入研究，及时全面地掌握情况，积极探索寻求一些规律性、长效性的解决方法，确保高水平地完成好财税工作任务。

三、关于加强管理、增加收入的重点工作

市委、市政府高度重视财政工作，今年以来市领导多次对增收节支工作提出明确要求。高丽书记今年年初在财政快报上批示“发展要体现在财政收入增加上。同时当家理财、增收节支、把钱用在刀刃上十分重要”。前天，高丽书记在领导干部会议上强调，面对二季度的经济形势，各部门、各地区必须要攻坚克难，扎实工作，确保二季度各项经济指标好于一季度，特别是财政收入、节能减排等体现发展质量和效益的指标要完成好。兴国市长4月26日在财政报告上也作出了增收挖潜、开源节流的重要批示。市委、市政府主要领导同志的批示，要求我们地税部门要紧紧围绕着组织收入这一中心工作，从完善征管手段和加强薄弱环节入手，切实做到堵漏增收，以实现上半年时间过半任务过半，圆满完成全年收入任务。

（一）围绕着完成收入目标抓好任务落实

前两天，市局已按新的收入统计口径将今年的收入任务分别下达给国税和地税部门。各单位要充分认识当前面临的收入形势，按照更高的目标做好有关工作。

一是，各单位的“一把手”要切实担负起组织收入工作的领导责任，把完成好收入目标任务摆在重要位置，做到重要工作亲自部署、重大问题亲自过问、重点环节亲自协调，对收入任务要“以月保季、以季保年”。

二是，要落实收入目标和征管工作责任制。要细化考核指标，按月监督检查，做到人人有责任，层层抓落实。收入形势好的单位不能松懈，要力争多超收，多做贡献；收入形势不好的单位要认真分析原因，查找征管漏洞，采取有效措施确保完成任务。

三是，市局有关处室要发挥好综合协调作用，既要管好税收政策，又要跟踪分管税种的收入变化，及时掌握情况、发现问题、分析原因、制定对策。在宏观经济层面，要重点关注重要经济指标的变化情况，认真分析预测对税收收入的影响；在税收管理层面，要加强关联税种、关联行业的税收比对，对疑点问题要组织清查、认真整改。

（二）围绕着强化薄弱环节堵塞征管漏洞

当前形势变化快、新生事物多、信息数量大，单纯用传统的理念和手段进行税收征管，必然会在管理上形成一些新的薄弱环节。这就要求我们必须要不断调整工作思路、创新管理手段、健全现代化税收征管模式，努力实现应收尽收。

一是，密切关注经济发展走势，对重大项目、重点行业、新兴产业要及时跟进、全程服务，努力将经济发展成果转化为税收增长。这两年来，我们对全市 940 个大项目好项目开展了全过程跟踪，建立了重大项目专人负责机制，随时更新基本信息，按月汇总整理税收情况，全面及时地掌握了项目投资、工程进展和税费缴纳等情况，取得了较好的成效。截至今年 3 月底，这些项目累计实现税收 76.5 亿元，其中去年 38.8 亿元，占当年新增税收的 52.1%。从当前情况看，金融保险、高端物流、信息咨询、文化创意、研发设计等一大批新兴服务行业迅速发展起来，这些行业所产生的税收直接反映为地方收入，必须要采取有效的措施加强管理，不断夯实财政增收的经济基础。

二是，改进和加强现有的征管薄弱环节。今年 3 月份，兴国市长在全市开源节流工作会议上强调，财税部门要积极会同区县政府深入开展调查研究，挖掘增收潜力，切实形成持续增收机制。为此，市局制定了 11 项堵漏增收的具体措施，各单位也都制定了一些制度办法，有针对性地开展了专项工作，也取得了一定的效果。各单位要进一步健全税收分析、评估、征管、稽查互动机制，重点加强税基管理、户籍管理和源头管理，加强行业、企业、税种的关联性分析，对税收明显失常的单位要重点检查，切实减少管理漏洞。同时，要积极研究一些超前性、有效性的管理模式，不断完善税收征管的长效机制。

三是，积极整合信息资源，有效利用好信息数据，为税收增长提供强大的技术保障。近年来，地税部门推广实施了许多税收管理系统，解决了许多实际问题，发挥了重要作用。但在实施过程中也存在着系统相对独立、征纳信息不对称等问题，影响了使用效果。因此，要大力推进信息管税，积极搭建相关部门信息共享平台，进一步加强信息采集和数据共享，加强信息综合分析利用，通过对相关数据的分析比对，提炼出具有规律性、关联性、普遍性的信息数据和分析结果，为进一步优化工作流程，加强薄弱环节提供参考。

（三）围绕着加强队伍建设不断激发地税部门内在活力和动力

加强队伍建设，不断激发税务部门内在活力和动力，激发干部职工的工作热情，是完成税收任务的重要前提和根本保证。要进一步完善管理制度，规范运行程序，努力形成工作上相互配合、程序上运转高效、环节上审核把关的管理模式，努力提高干部队伍素质，努力提高各项工作水平。

一是，严格落实制度规范。这些年来，地税系统各单位逐步建立完善了征管查相互配合的税收执行制度体系，完善了轮岗交流、责任考核、奖励惩戒等内部管理制度体系，关键要抓好落实。特别在工作流程、运转环节和关键节点上要衔接好、把好关，切实做到用制度管权、管事、管人。同时，对那些缺乏干劲、情绪懈怠的干部要敢于按制度规定严格管理，积极创造良好的工作氛围。

二是，注重锻炼工作能力。要通过创造条件“搭台子”、“压担子”等方式，不断培养干部的综合业务能力，充分调动干部的积极性、主动性和创造性，努力形成部门有活力、干部有激情的良好工作局面。今年6月份，市局还要组织副处级领导干部竞争上岗工作，准备挑选25名副处级干部，这是让年轻优秀同志脱颖而出的人才选拔机制。各单位要高度重视，周密安排，鼓励那些工作有能力、作风过得硬、群众信得过的优秀干部参加选拔，不断优化干部队伍结构，增强领导班子凝聚力和战斗力。

三是，加强党风廉政建设。前不久，市政府召开了廉政工作会议，强调要以强化行政权力运行的监督制约为重点，以加强制度建设、完善体制机制为抓手，推动政府系统反腐倡廉工作。地税部门要进一步加强对执法环节的有效监督，积极开展政策执行、税收征管、税务稽查等专项执法检查，认真查找管理上的漏洞，建立健全税收“征、管、查”三个环节相互制约的监督机制，努力减少执行政策的随意性，保证执法权和管理权的规范运行。

同志们，今年的税收工作任务重、压力大。我们一定要认真贯彻落实市委、市政府的决策部署，统一思想，提高认识，扎实工作，全力组织好税收收入，全面加强管理，确保圆满完成今年的各项工作任务。

在 2010 年第三次区县地税局长联席会议上的讲话

（2010 年 10 月 9 日）

天津市财政局（天津市地方税务局）局长　杨福刚

同志们：

这次地税局长联席会议是一次重要会议。刘健同志代表市局党组所作的报告，系统总结了今年以来地税工作所取得的成效，全面部署了下一阶段的重点任务，体现了市委、市政府和总局的工作要求，也完全符合地税工作实际。会前，局党组就有关问题进行了研究，我也认真看了这个报告，我完全同意。刚才几位局领导就有关工作提出了一些意见，我都赞成，请各单位、各部门认真贯彻落实。会上，一些单位作了典型经验介绍，感觉亮点很多，措施很实，希望大家互相借鉴。下面结合下一步工作，我再讲两个方面的问题。

一、认真贯彻落实市委读书会精神，确保今年财税实际工作、效果和水平好于上年，为“十二五”发展奠定坚实的基础

从 8 月 26 日至 9 月 8 日历时 13 天半，市委组织召开读书会和现场推动会，市四套班子主要领导和分管领导，各区县、各委办局主要负责同志近百人参加。本次会议现场察看了各区县经济社会发展和项目建设情况，认真研究了中央领导同志对天津工作的一系列重要要求和市委市政府的有关文件，高丽书记和兴国市长分别作了重要讲话，16 个区县和 14 个部门的负责同志作了交流发言。市委要求，各部门、各区县要及时传达读书会精神，结合各自实际研究贯彻落实意见。9 月 15 日，局党组传达学习了市委读书会精神，对下一步工作进行了研究，要求在这次联席会上对有关地税工作做好安排部署。下面，我结合参加读书会的感受，谈点体会和意见。

（一）几点感受和体会

读书会期间，与会代表到各区县现场察看了 70 多个点位，每到一处都能看到热火朝天的建设场面，感受到全市上下争先恐后、奋力拼搏的工作劲头，确实深受教育、深受启发。

第一，三区联动、快速发展的态势令人鼓舞。滨海新区的船舶制造基地、80 万辆长城汽车项目、直升飞机研发制造总部、北疆电厂循环经济项目、1300 万吨与俄罗斯合资的大

炼油项目、于家堡金融商务区等，聚集了一大批高端化、高质化、高新化的产业项目，辐射带动作用越来越明显，发展空间非常广阔。中心城区根据区域特点，以发展现代服务业为龙头，建设改造了一批繁华街区、都市工业园区和特色街区，特别是大力发展楼宇经济，培育了一批税收“亿元楼”，服务业的比重已经达到81%。各郊区县加快示范工业园区、农业产业园区建设，为重大项目搭建了建设载体，积聚了发展后劲。这种三区联动、快速发展的强劲势头，为天津又好又快发展提供了不竭动力，也为税收收入大幅度增长打下了坚实的基础。

第二，干事创业、顽强拼搏的作风令人感动。通过这些天的互查互看、现场交流，能够深切感受到各区县、各部门忘我的工作态度和扎实苦干的工作作风。我感觉，“5+2、白加黑”已经不是一句口号，而是成为大家聚精会神搞建设、一心一意谋发展的实际行动。从财税部门看，我们的工作必须要适应形势发展要求，破除按部就班、安于现状的思想观念，大力弘扬攻坚克难、奋发有为的工作作风，扎扎实实地推动财税工作不断取得新的突破。

第三，开拓创新、敢为人先的精神催人奋进。从市委组织去上海、重庆、浙江等外地学习到现场察看各区县发展情况，一路走来边学边看边思考，感觉各地普遍形成了大干快上、竞相发展的势头。市领导多次强调，我市作为经济增长第三极，在财政收入增幅上要与高速增长的经济指标相匹配。形势逼人，责任重大。因此，我们必须进一步增强危机感和紧迫感，以只争朝夕、奋发向上的进取精神，挖掘潜力、激发动力，创造性地做好各项财税工作，确保圆满完成全年工作目标。

（二）贯彻落实市委读书会精神的几点意见

第一，千方百计增加财政收入，不断提高财政综合实力和保障能力。今年前8个月，我市地方收入累计增幅始终保持在30%以上，应该说还是比较高的。但也要看到，受去年收入由降转升、基数前低后高的影响，以及国家加强投资、房地产市场等宏观调控，财政收入高速增长的势头会有所放缓。8月份当月收入增长31.2%，增幅环比回落了3个百分点，预计后几个月收入增幅可能还会进一步回落。这些问题，有些是经济政策因素，有些是管理因素，需要我们进一步眼睛向内挖掘潜力，努力做到应收尽收。一是，大力加强税收征管。进一步提高税收管理的深度和广度，在不断完善税基管理、户籍管理和源头管理的基础上，着力加强行业、企业、税种的关联分析和纳税评估，认真研究解决一些关键问题、难点问题和新出现的前沿问题，切实改进征管手段，加强薄弱环节，努力做到堵漏增收。二是，要密切关注掌握我市经济发展态势，适时调整征管模式，特别是征税定额。目前我市大交通体系不断完善，城市基础设施建设进度加快，各种会展活动接二连三，政府作为主导力量有关投入不少，带动了餐饮、住宿和商贸等市场购销两旺，比如融洽会、夏季达沃斯论坛、世界气候大会、国际矿业大会等，但是一些纳税单位的税收没有明显增加，这不能不说我们的工作欠缺。三是，各单位要把高水平完成全年收入任务作为后几个月的重要点工作抓紧抓实，特别是“一把手”要担负起领导责任，切实做到重要工作亲自部署、重大问题亲自过问、重点环节亲自协调，在坚持依法征税的基础上，力争多超收，多做贡献。

第二，充分发挥财税职能作用，促进经济社会又好又快发展。一是，支持大项目好项目建设，形成税收增长多点支撑局面。截至目前，全市重大项目已累计实现税收168亿元，随着更多项目的投产达产，以及对相关配套项目的带动，产业链条进一步拉长，会对财政增收起到重要的支撑作用。为此，各级税务部门要进一步完善服务手段，对重大项目及相关产业进行全程跟踪，及时帮助企业解决涉税问题，不断夯实增收基础。二是，支持示范工业园区开发建设，为项目建设搭建载体。去年我市启动建设31个区县示范工业园区，将成为重大项目建设的重要载体。为此，财税部门确定了很多财税政策，包括：市区两级财政安排资金19.2亿元，专项用于园区基础设施的贷款贴息；将园区土地出让金政府净收益全部返还用于基础设施建设；从今年起5年内，对园区内新建企业缴纳税收地方分享部分全部返还，用于补偿园区基础设施建设支出。我们要紧紧抓住工业园区大规模建设的有利契机，培养壮大财源，完善应收尽收的征管机制。三是，积极推进科技型中小企业快速发展，形成创新驱动、内生增长态势。市委、市政府决定，“十二五”期间要大力发展科技型中小企业，形成铺天盖地的势头，进而培育一批科技“小巨人”，形成顶天立地之势。为此，出台了一系列政策措施。从财税政策看，比较突出的是财政部门要在五年内安排资金200亿元，其中市财政安排80亿元，专项用于支持科技型中小企业。另外，市委要求各区县处级以上干部要帮助一、二户科技型中小企业发展并纳入考核目标，定期反馈情况。各级财税部门一定要发挥好作用，履行好职责，既要搞好服务，又要盯紧收入，切实将经济发展成果及时体现为财政增收。

第三，切实改进工作作风，树立税务部门良好的工作形象。一是，进一步提高服务水平。前不久，国税总局通报了2010年纳税人满意度的调查结果，我市地税部门在“纳税人满意度”和“暗访办税服务厅”两项考评指标的综合得分仅为76.6分，在34个城市地税系统中排第24位；而我市国税部门得83分，在35个城市国税系统中排第8位。特别是在“暗访办税服务厅”指标上，地税得78.4分，国税得99.3分。这说明，我们在服务意识、服务质量、内部管理、窗口形象等方面工作还不到位，与形势任务要求不合拍，与政府部门形象不吻合，在解决纳税人诉求上还有很大差距。对此，各单位要高度重视，特别是领导班子和“一把手”要在率先垂范的基础上大胆工作、大胆管理，进一步完善内部管理制度，着力加强对干部的教育培训，严格落实好岗位责任和行为规范，切实改进工作作风，提升服务质量，树立地税部门的良好形象。二是，进一步提高办事效率。一些干部职工在工作中还存在着精神低靡、办事拖沓、不推不动、推诿扯皮等现象，工作效率和服务质量不高，与“5+2、白加黑”的气氛格格不入，形成很大的反差。对此，各单位要进一步规范运转流程、简化办事程序、提高工作效率，为纳税人提供便捷、高效的服务。同时要积极营造想干会干干好的工作氛围，进一步增强干部职工干好工作的责任感和紧迫感，确保高质高效地完成好各项工作。三是，加强队伍执行力建设。在日常工作中，有些单位和部门存在着重点工作不落实、工作进展不报告、落实结果不反馈等现象，使领导不能及时准确地掌握工作动态，影响了工作的顺利开展。因此，各级领导干部必须要强化对工作一抓到底的责任意识和执行意识，对工作进展情况要及时反馈，对重点难点问题要认真解决，确保执行效果不出偏差。要完善执行约束机制，加强对工作落实的监督检查，正确引导和严格管理广大干部职工进一步提高落实工作的积极性和主动性，不断提高工作的执行力。市局监察室、人教处等相关部门要定期开展监督检查，督促各单位进一步改进作风、干好工作。

第四，着力增强开拓创新意识，创造性地做好各项工作。当前我们面临的新形势新任务，要求我们必须转变思想观念、创新工作思路，不断增强战略思维、创新思维、辩证思维能力，努力成为视野开阔、能力突出的内行领导。一是，要着力提高与时俱进的创新能力。

作为地税部门的领导干部，要带头加强政治理论、专业知识和现代科学知识的学习，不断扩充知识储备，以进一步拓展工作思路、增强创新意识、提高领导税收工作的能力水平。同时，要有针对性开展地综合素质、专业基础和岗位能力的教育培训，不断优化队伍的知识结构，提升干部的能力素质，增强整体创新能力。二是，要着力提高解决复杂问题的掌控能力。当前形势变化快、新生事物多、信息数量大，各种新的矛盾和问题相互交织、错综复杂，传统的管理模式必然会遇到新的挑战。这就要求我们不断增强知难而进、勇于创新的勇气和能力，不断创新工作思路和管理手段，积极动脑子、出点子、趟路子，在更新观念中破解难题，努力创造一流业绩。三是，要着力提高激发内生动力的管理能力。现在公务员年人均收入7万元左右，大大超过企业职工收入水平，而且退休金很高，形成终身保险。每年招录公务员录取率很低，研究生、名牌大学毕业生未必考得进来，而我们现在有的干部不珍惜这个岗位，为所欲为、胡作非为。对此，我们个别领导干部总是哄着、捧着，常常是充分肯定，高度评价，有的甚至巧立名目擅自给予奖励，缺乏有力度的管理。对此，要进一步完善管理制度，规范运行程序，努力提高干部队伍素质，有效激发工作活力，不断提高各项工作质量水平。

二、认真学习研究市委人事制度改革实施意见，努力实现重点环节新突破，为财政事业发展提供坚实的组织保障

去年12月份，中央印发了《2010—2020年深化干部人事制度改革规划纲要》，今年6月份市委印发了贯彻落实的《实施意见》，7月份市委召开深化干部人事制度改革座谈会，高丽书记作了重要讲话，强调要深入贯彻落实中央的《规划纲要》，毫不动摇地推进人事制度改革，加快建设高素质的干部队伍。前不久，市局召开党组会，专题研究了财税系统深化干部人事制度改革的具体措施。今天利用地税局长联席会的机会，向大家通报一下市委的主要精神和我局贯彻落实的初步想法。

（一）市委《实施意见》中的主要创新内容

市委在《实施意见》中提出，到2012年，我市干部人事制度要重点实现七个方面的突破。

第一，在扩大干部工作民主上实现新突破。通过不断完善干部选拔任用提名、民主推荐、民主决策、党内选举和干部工作信息公开等五项制度，保障和落实干部群众的知情权、参与权、选择权和监督权，不断提高工作的透明度和群众参与度。

第二，在竞争性选拔干部上实现新突破。通过扩大竞争性选拔范围、完善选拔方法、推行差额选拔制度等办法，努力形成各类人才公平竞争和优秀人才不断涌现、健康成长的良好局面。前不久，市委推出了几项竞争性选拔干部的重要举措，涉及100多个正副局级和300多个处级领导职位，改革力度是空前的。

第三，在完善干部考核考察上实现新突破。通过设立考核指标、完善考核标准、建立岗位规范、强化实绩评价等手段，进一步完善干部考核评价机制。注重从履行岗位职责、完成急难险重任务、实际工作业绩、关键时刻表现、对待个人名利得失等方面深入考察干部，对优秀的予以重用，对有发展潜力的抓紧培养，对落后的教育鞭策。

第四，在加大干部交流力度上实现新突破。通过推进跨地区、跨部门、跨行业交流和关键岗位轮岗，进一步优化干部资源配置。要求各区县党政领导班子和市党政工作部门领导班子中交流任职的，要逐步达到三分之一，每年新提拔的市管干部中交流提拔的一般不少于三分之一。

第五，在从基层一线选拔干部上实现新突破。把从基层一线选拔干部与选派干部到一线任职挂职结合起来，有计划地从市级和区县机关选派一批发展潜力大、缺乏基层工作经验的优秀干部，到重点工程、重大创新项目、艰苦岗位和基层一线任职挂职，让干部在艰苦环境和实践中经受考验、锻炼成长。探索建立上级党政机关从基层一线遴选干部制度，建立来自基层一线的干部培养选拔链。

第六，在推进干部能上能下上实现新突破。建立健全干部辞职、降职、免职等制度规定，着力解决干部“能上不能下”、“不犯错误不退位”的问题，及时调整不称职、不胜任、不合格的干部。

第七，在强化干部选拔任用监督上实现新突破。制定贯彻落实“四项监督制度”的措施办法，进一步规范选人用人行为，严肃组织人事纪律，坚决遏制用人上的不正之风。

这次市委《实施意见》中确定要重点突破的七个方面，抓住了当前干部群众比较关注、反映比较强烈的问题，有些内容也是我局在今后需要重点下功夫破解的难题。

（二）我局要研究探索的有关工作

市委要求各级党组织要结合实际制定贯彻落实具体措施。市局党组认真研究讨论了我局的贯彻落实措施，并责成人教处作进一步的修订完善。局党组考虑在近两年内，力争在以下六个方面取得新进展。

第一，在竞争性选拔干部上取得新进展。一是，继续坚持每两年组织一次副处级领导干部竞争上岗工作，进一步提高基层领导班子成员通过竞争性选拔任职的比例。在考试考核内容上，突出岗位特点，注重能力实绩，真正让干得好的考得好，能力强的选得上，作风实的出得来。二是，完善科级领导干部竞争上岗工作办法，加大对基层竞争上岗工作的指导。三是，逐步推行差额选拔干部制度。

第二，在干部考核考察上取得新进展。一是，改进年度考核，加强对工作实绩的考核，实现定性考核与定量考核相结合。二是，加强平时考核，坚持在干中考察了解干部，围绕干部日常表现，通过专项调查、经济责任审计、重点工作督察等多种形式，加强经常性考核。三是，完善任职考察，健全考察预告、考察对象公示制度，扩大考察谈话范围，认真听取纪检监察部门意见，增强对考察对象综合素质和发展潜力的考察。

第三，在干部交流轮岗上取得新进展。一是，加大处级领导干部交流任职力度，主要以一把手、优秀年轻干部和关键岗位为重点，推进干部跨单位、跨部门的横向和纵向流动。二是，畅通交流渠道，加大机关和基层之间干部交流力度，进一步实现干部资源合理配置。三是，完善职务任期制度，对在同一职位任职 5 年以上或没有两个以上岗位经历的处级领导干部，要分期分批安排交流。

第四，在加强干部管理上取得新进展。一是，加强考核管理，认真执行问责制，加强对不适宜担任现职干部的组织调整力度。完善对不胜任、不称职干部调整办法，对基本素质较好但不适宜担任现职的干部，及时调整到合适岗位；对经过考核被组织认定为不胜任现职岗位的，进行组织调整。二是，加强对干部选拔任用的监督，认真贯彻“四项监督制度”，落实干部选拔任用工作责任制，强化干部选拔全程记实监督。三是，认真执行责任追究和辞职辞退制度，对违反廉洁自律规定、工作失职造成重大损失和恶劣影响的干部，加大惩戒力度，实施责任追究，进一步解决好干多干少、干好干坏一个样的问题。

第五，在从基层一线选拔干部上取得新进展。一是，研究从基层选调干部到市局机关工作办法，对基层单位工作经历不足两年人员不予办理调入市局手续。严格选调条件和程序，统筹安排，实现好中选优、优中选强，进一步优化机关干部队伍结构。二是，强化实践锻炼，把从一线选拔干部与选派干部到一线任职结合起来。对于长期在市局机关工作、缺乏基层工作经历的干部，有计划地安排到基层工作。三是，严格选拔条件，今后选拔的正处级领导干部一般应有基层领导工作经历，选拔的副处级领导干部一般应有两年以上基层工作经历。

第六，在干部教育培养上取得新进展。一是，扎实推进新一轮大规模干部教育培训工作，坚持自主培训、统一考试、成绩通报、以考促学，大力开展干部业务技能培训。二是，加强后备干部管理，坚持后备干部定期集中补充和平时动态调整相结合的制度，对后备干部严格考核。三是，加强后备干部培养，注重在干中考察、培养锻炼干部，坚持每年选派一定数量的后备干部到重点工作、艰苦地区、复杂环境和基层一线锤炼，丰富经历、增长才干。要落实干部培养责任制，坚持从严要求、从严管理，做到政治上关心，思想上沟通，工作上支持，坚持备用结合，保证后备干部健康成长。

以上六个方面，是局党组深化干部人事制度改革的初步意见，有的内容需要完善、细化，具有可操作性。这些工作既是我局今后一个时期干部人事工作的着力点，也是工作的突破点。

同志们，现在距离年底还有3个多月的时间，已经到了完成全年任务的关键阶段。各单位、各部门一定要进一步加大工作力度，盯紧收入进度，全力推进各项财税重点工作的落实，确保实际工作、效果和水平好于去年，确保圆满完成好今年的各项工作任务。

在南开区地税局创先争优活动调研座谈时的讲话

（2010 年 12 月 2 日）

天津市财政局（天津市地方税务局）局长　杨福刚

同志们：

按照市委创先争优活动领导小组的要求，今天我和市局机关的同志到南开区地税局，围绕创先争优活动情况进行调研。刚才，秋丰同志做了汇报，大家进行了座谈，讲的都很好。总的感觉，南开区地税局在开展创先争优活动中，领导高度重视、措施到位、成效明显，特别是在营造舆论氛围、提高党员素质、发挥党组织和党员作用、促进税收工作完成等方面有自己的特色，这些做法对于推动面上工作的开展具有一定的借鉴作用。下面，我就下一步开展创先争优活动，再谈几点意见，供大家参考。

一、正确把握形势，进一步增强抓好创先争优活动的责任感使命感

开展创先争优活动，是党的十七大和十七届四中全会作出的重大战略部署，是巩固和拓展学习实践科学发展观活动成果的重要举措。市局党组对开展创先争优活动高度重视，成立了活动领导小组及办公室，研究制定了开展活动的实施方案，及时对全局的创先争优活动做出部署和安排。活动开展五个多月来，各单位按照开展活动的目标和要求，努力做到“五个注重”，即：注重突出学习实践科学发展观主题，围绕促进全市经济科学发展开展活动；注重精心设计活动载体，与开展其它党建工作紧密衔接；注重突出实践特色，与促进财税工作相结合；注重弘扬先进，用典型带动活动的开展；注重党群共建，吸纳干部群众参与。总的来看，我局的创先争优活动组织有序、开局良好、进展顺利，取得了初步成效。

当前，创先争优活动正处在全面推进的重要阶段，刚刚闭幕的中央十七届五中全会和市委九届八次会议对全国及我市“十二五”时期的任务进行了全面部署，其中转变经济发展方式是主线，财政地税系统作为综合经济部门应该对目前的形势和我们肩负的任务有一个清醒的认识，进一步增强开展创先争优活动的使命感和责任感，以更加有力的措施和扎实的作风，推动创先争优活动深入开展，为财税事业改革发展服务。

二、突出实践特色，努力在五个方面有新的突破

一是围绕财税中心工作，在提高征管质量、努力实现应收尽收上有新的突破。我们党开展的任何一项活动都是要围绕中心工作展开的，都有实践特色。创先争优活动也不例外，要通过开展活动促进中心工作的完成。目前，经济社会发展对财政分配的要求越来越高，大家都能体会到这几年天津发生的巨大变化，财税部门做了大量工作，付出很大辛苦，功不可没。尽管如此，我们在征管工作中还是存在许多问题。在个别行业和企业中仍然存在较为突出的涉税问题，跑冒滴漏现象时有发生，按应收尽收的要求仍有一定差距。如定额管理的征收方式本身漏洞就很多，增收的潜力还是很大的。我们要通过创先争优活动，继续大力加强税收征管，实行科学化、精细化管理，搞好纳税评估，改进征管手段，加大稽查力度，努力增加收入，为经济社会发展提供坚实的财力保障。

二是围绕转变机关职能，在提高纳税服务水平、提高税法遵从度上有新的突破。纳税服务已经成为我们征税以外的又一项中心工作，各税口单位不能只停留在征好税、带好队的标准上，而应该将纳税服务同税收征管视为同等重要的工作任务。地税工作的特点就是小税种多、税源零散，涉及到千家万户，征收难度大，作为政府机关和职能部门，如何落实市委市政府的要求，做好纳税服务工作是非常重要的。南开区地税局在这方面还是有创新的，如推行“税企通”、“免填单”、“一机双屏”等做法，这些都是亮点。我们要通过创先争优活动，进一步完善制度，加强教育培训，落实岗位责任，规范行政行为，端正为纳税人服务的根本态度，每个税务干部都要明确对纳税人负有提供优质服务的责任，要有强烈的为纳税人服务的意识。

三是围绕加强党员队伍建设，在提高干部综合素质上有新的突破。学习是一个人获取知识、提高素质、增长本领的重要方式。当今社会的特征是变革、调整、创新。科技进步、知识更新速度加快，学习能力已成为竞争力的核心因素。实践证明，凡是有所作为、有所成就的都是注重学习的。我们要通过创先争优活动，制定一个切实可行的党员干部培训计划，有针对性的进行培训，给他们创造更好的条件。这对基层党组织来讲是非常重要的一件事，要通过搞好培训教育，使党员干部的理论水平和业务能力适应新形势新任务的要求。

四是围绕党员先进性教育，在改进干部作风上有新的突破。当前，在部分干部中存在着两个突出问题，一是攀比思想严重，总认为自己收入少、待遇低；二是缺乏奉献进取精神，工作责任心不强，态度不认真，工作效率不高。我们要通过创先争优活动，解决党员干部在作风上存在的突出问题，努力营造比先进、学先进、赶先进、做先进的浓厚氛围，激发他们的内在工作动力，增强事业心和责任感，提高工作水平，特别是在艰苦复杂的任务面前，勇挑重担，发挥先锋模范作用。

五是围绕党风廉政建设，在反腐倡廉、勤政廉政上有新的突破。财税部门确实掌握着一定的权力，使命光荣、责任重大，同时也是犯罪和违纪的高危部门，诱惑多、风险点多。最近有些单位在发票问题上接连出现问题，有的党员干部受到党纪政纪处分，还有的被追究刑事责任。有些是在不经意间出问题造成千古恨的，非常可惜。我们要通过创先争优活动，以内控机制建设和权力梳理为契机，加大对易发生问题的重点岗位和关键环节的检查力度，建立健全权力运行监督制约机制，确保权力正确行使和干净运行，使党员干部进一步增强党性

和党员意识，爱岗敬业，自觉抵制不正之风，做到依法行政，廉洁自律。

三、加强组织领导，确保创先争优活动取得实效

一是进一步加强组织领导。前一阶段我们做了许多工作，下一步仍需要坚持不懈地努力抓下去。要认真落实领导责任，一把手负总责，党员领导干部要发挥带头作用，建立联系单位和联系部门。要克服厌倦情绪和懈怠思想，结合创先争优活动各环节的具体要求，搞好阶段性推动工作。要加强督促检查，了解活动进展情况，不断赋予活动新的内涵，着力解决突出问题。

二是建立长效机制。要注意总结经验，把一些好经验、好做法以制度的形式巩固下来，传承下去。各单位党组织要在完成规定动作的基础上，着重做好凝聚人心的工作，开展一些贴近实际、喜闻乐见的主题实践活动。要采取各种手段和方式，教育管理好党员，使各级党组织更好的发挥核心领导和战斗堡垒作用。

三是把活动的立足点和着眼点放在促进税收工作上来。看一个单位创先争优活动搞得好不好，关键看对中心工作的贡献和业绩，看工作任务是否完成。其次看活动开展得怎样，看党员参加活动情况怎么样。要把活动的成效体现在完成中心工作任务上来，引导各级党组织和广大党员干部，开拓创新，干事创业，圆满结束好今年，妥善安排好明年，为“十二五”第一年的开门红、高起步打好基础。

坚持依法治税　共建和谐税收
努力服务天津又好又快发展

——在2010年第一次区县地税局长联席会议上的讲话

（2010年2月3日）

天津市财政局（天津市地方税务局）副局长　刘　健

同志们：

这次会议非常重要。会议的主要任务是，传达贯彻市委九届七次全会、全国税务工作会议和全市财政工作会议精神，总结2009年地税工作，分析当前经济税收形势，分解落实2010年收入任务，安排部署今年重点工作。市局党组对此次会议非常重视，专门召开党组会进行研究，局党组书记、局长杨福刚同志还要出席会议并讲话。我们一定要深入学习领会，全面贯彻落实。下面，我讲三个方面的问题。

一、2009年地税工作的简要回顾

过去的一年，是新世纪以来我国经济面临困难最大、挑战最为严峻的一年。全市地税系统积极应对国际金融危机的严重冲击，深入贯彻科学发展观，积极创新税收工作思路，大力加强税收征管，严格依法治税，不断优化纳税服务，全面提高税收信息化、专业化管理水平，地税收入规模不断扩大，各项工作取得了显著成效。

（一）地税收入完成情况及主要特点

2009年，全市地税系统组织各项收入532.3亿元，比上年增加83.9亿元，增长18.7%，首次突破500亿元大关。其中，税收收入508.9亿元，比上年增长18.8%，完成全年任务的104.2%，超收20.6亿元。地税收入的主要特点：

一是，超常规开展组织收入工作，税收增幅逐月提高。面对国际金融危机对税收工作的不利影响，全市地税系统牢固树立完成收入任务的信心和决心，深入落实责任体系，全面加强税收征管，坚持以积极的态度、发展的办法和超常规的措施深入挖掘增收潜力，有力地促

进了地税收入企稳回升，逐月向好。经过艰苦努力，我市地税收入自三月份起止跌回升，增幅逐月提升，累计增幅实现了两位数增长，圆满完成了全年收入任务。其中，通过采取各类增收措施，共入库税收60.6亿元，占全部收入的11.9%。

二是，三大主税两升一降，地方各税贡献突出。营业税、企业所得税和个人所得税合计收入346.9亿元，比上年增长12.2%，占整体税收收入比重为68.2%，同比下降15.1个百分点。其中，受房地产市场量价齐升、重大产业化项目加快建设、加大市容环境综合整治力度以及银行业贷款规模大幅增加的因素拉动，营业税收入214.9亿元，比上年增长24.2%。我市大力落实增加城乡居民收入政策，全年城市人均可支配收入和农民人均纯收入实现较快增长，各级税务机关积极推行年所得12万元以上个人自行纳税申报和全员全额明细申报，加强对劳务报酬、财产转让等所得的征收管理，个人所得税收入76.5亿元，增长17.3%。受外贸出口下降、企业利润下滑以及工业企业亏损面扩大等因素影响，企业所得税收入55.5亿元，下降21.7%。充分发挥其他地方各税抗经济波动能力较强的特点，通过车船税代征、房地两税核查、城建税主附税比对以及印花税核定征收等措施，着力加强源泉控管，努力缓解主体税种减收的影响，全年地税除主体税种外的其他各税收入162.1亿元，增长35.8%，收入比重占到整体税收的30.1%，比上年提高了一个百分点。

三是，滨海新区、重大项目拉动作用明显，房地产业税收仍占较大比重。去年以来，我市滨海新区开发开放进程进一步加快，综合配套改革取得重大进展，全市总投资1.6万亿元的770个大项目好项目加快建设，中心城区和各区县竞相发展，三个层面联动协调发展的格局基本形成，新的税收增长点不断涌现，有力地拉动了税收增长。2009年滨海新区地税收入189.4亿元，占全市收入比重为37.2%，对税收增长的贡献率为28.8%，拉动全市税收增幅5.4个百分点；重大项目累计实现税收38.8亿元，其中地税收入32.7亿元，对地税收入增长的贡献率达到20.8%，拉动地税增幅3.9个百分点。同时，房地产业税收154.3亿元，增长33.2%，占全部税收的比重达到30.3%，对税收增长的贡献率为47.8%，拉动收入增幅9个百分点，说明地税收入对单一行业的依赖性仍然较大。

四是，政策性减收因素集中显现，对地税收入产生较大影响。自2008年下半年以来，国家针对金融危机的不利影响，加快出台刺激经济增长的结构性减税政策，如对个人购买、出售住房，实行契税、营业税优惠，免征印花税、土地增值税等。这些政策，连同已经实施的新企业所得税法、提高个人所得税费用扣除标准等，累计造成地税减收10.8亿元，影响增幅2.8个百分点。

（二）地税主要工作进展情况

一是，税收源泉控管水平进一步提高。紧紧抓住全市大项目好项目加快建设和投达产的有利时机，以税收管理员工作平台为重要载体，加快建立重大项目税源监控体系，对项目进行实时税源监控，及时掌握项目开工建设和投产达产情况，有针对性地开展税收服务和征收管理。截至2009年底，全市地税系统共通过津税系统绑定建安合同8696笔，绑定相关纳税人1486户，上传项目现场照片1125张，切实做到了“项目说得清，户源管得住”。加强重点税源监控，完善征管信息系统重点税源认定和检索方式，实现通过信息系统进行多重统计分析功能，初步建立起包括管理员、所级、分局级和市局在内的四级重点税源分析体系，形成了重点税源企业日常分析和预测制度；完善税管员平台预警功能，研究提出8大类38小项预警指标，利用系统定期进行自动检测和比对，充分发挥平台“过滤网”功能，及时发现问题疑点，督促有关部门和税管员认真解决。全年共通过系统发布预警任务22.7万条，其中房地信息缺漏预警1366户，查补税款2670万元。完善与其它职能部门的信息联网和数据定期交换机制，建成“天津税务统一应用平台”，实现了国、地税纳税人涉税信息的完全共享、征管工作的协作互动，结合纳税评估制度，全面掌握企业生产经营和纳税情况，有效地提升了税源监控、税收评估分析、关联业务监管水平。2009年，我局通过部门信息联网和数据比对，对1471户漏管户办理了税务登记，非正常户占地税正常征管户的比例由6月份的28.3%下降到6.6%。

二是，税收征管能力进一步增强。紧紧抓住房地产市场恢复增长的有利时机，调整税收政策和征管方式，进一步完善房地产税收一体化管理系统，实施房地产业、建筑安装行业营业税项目管理办法，综合运用项目登记、发票控制、纳税评估、税收分析等手段加强管理，有力地实现了房地产和建筑安装税收快速增长。继续加强个人所得税全员全额明细申报管理，做好年收入12万元以上纳税人自行申报工作，累计受理自行申报4.5万人，申报年所得额156.5亿元，补缴税款1271.6万元；同时不断规范行政事业单位代扣代缴行为，重点加强对劳务报酬、财产转让的征收管理，有效地缓解了各种非即期因素和政策调整对个人所得税的影响。加强企业及个人增资、股权转让行为监控，组织对有疑点纳税人进行重点核查，先后核查出有问题户268户，合计补税673.7万元，移交国税处理134户。充分利用国土房管部门信息网络优势，加强契税、耕地占用税控管，契税、耕地占用税收入分别增长25%和6.1倍。部分单位创新利用GPS等多种先进测量方式，全面开展房地两税信息普查，切实摸清了总体税源及分布情况，为加强两税管理夯实了基础，在土地使用税非即期因素影响较大的情况下，房地两税收入仍达到33.3亿元，比上年增长12.9%。

三是，税收征管秩序进一步规范。严格依法治税，积极开展清理减免税工作，对到期税收优惠恢复征税，严格规范现行减免税政策。综合运用法治、经济和行政等手段，不断加大清理欠税力度，2009年共清理以前年度欠税3.7亿元，切实维护了税法的严肃性。加大税务稽查力度，对税负水平明显偏低、长期表现亏损的企业，流动性较强的企业，以及股权转让、征地补偿、跨国公司关联交易等行为开展重点稽查，依托信息化手段强化查前分析和信息互动，提高选案准确率和稽查针对性，全年共检查各类企业2.7万户，查补税收8.9亿元，入库8.2亿元。加强重点行业发票管理，按照市政府统一部署，集中开展打击发票犯罪活动，与有关部门密切合作，先后成功查处了“2.18”非法出售发票案等43起重大案件，打掉贩卖团伙9个，抓获犯罪嫌疑人72名，封堵删除涉税、涉票网络信息2388条，手机短信50余万条。同时，加大对使用非法发票纳税人的查处力度，先后处理涉票违法犯罪纳税人166户，查补收入4000万元，移送公安机关13件。

四是，纳税服务水平进一步提高。认真落实市委“保增长、渡难关、上水平”的总要求，实行24小时开门办公，主动深入企业开展帮扶工作，全系统累计深入企业1019户，帮助企业解决了一批实际问题。积极推进审批服务大提速，实施企业设立登记联合审批制度，做到“一窗申请、同时受理、同步审批”，将1个月办完的手续缩短到5日内办完，累计为1.6万户企业办理税务登记，按时办结率达100%。在市行政许可大厅设立专门窗口，为全市纳税人办理项目登记，减少纳税人往来奔波之劳。大力精简审批事项，取消、合并涉及财税业务的审批事项21项，减少申请要件43件，压缩审批时限325个工作日，涉税审批平均提速45%。丰富纳税服务手段，开发“场景式办税服务厅”，扩建“12366”纳税服务热线，提升地税网站信息公开和纳税服务功能，努力满足纳税人多方面不同需求。积极推行多元化的申报缴税方式，大力推广网上报税和POS缴税方式，全市远程申报纳税户达到9.7万户，占企业纳税人总数的66.3%，累计入库税款269.2亿元；全年实现刷卡交易33.6万笔，入库金额3.9亿元，比上年增长56%。

五是，干部队伍建设取得新进展。认真落实市委统一部署，进一步加强思想政治建设，积极巩固和扩大深入学习实践科学发展观活动成果，及时针对干部队伍在思想观念、体制机制、精神面貌、工作作风等方面存在的问题、制定整改方案，定期督导检查，保证各项措施落到实处，进一步提高了广大党员干部的思想认识，激发了开拓创新、干事创业的工作热情。加强干部队伍建设，积极研究探索人事制度改革的新办法、新途径，进一步完善轮岗交流、挂职锻炼、竞争上岗等一整套干部任用工作制度，切实提高了选人用人的质量和干部队伍的整体素质。以增强执政意识、提高执政能力为重点，研究出台加强学习型组织建设实施意见，全面开展新一轮大规模培训干部工作，先后举办了7期科级干部和优秀中青年干部培训班，全面完成轮训目标任务，干部队伍综合素质进一步提高。加强行风政风建设，按照市纪委有关部署，以改进机关作风和提高工作效率为重点，积极开展“作风建设年”活动，地税部门总体窗口形象进一步改善。全面分解落实预防和惩治腐败体系建设工作任务，不断加大源头防治腐败工作力度，坚决查处违纪违法案件，进一步规范了税务干部的执法行为，有力地推进了依法治税。加强地税文化建设，出台加强财税文化建设的实施意见，以庆祝建国60周年为契机，成功举办文艺演出、书画大赛等活动。

总的来看，去年我市地税系统各项工作取得了一定成绩，得到了市委、市政府的充分肯定，也得到了社会各界的普遍认可。但是，我们也应该清醒地看到，当前地税工作还存在一些不容忽视的问题，主要是：税源结构还不够合理，税收收入对单一行业和产业的依赖性较大，持续增收的基础还不够稳固；税收征管存在薄弱环节，应收尽收的工作机制尚未完全建立；税收数据分散，使用效率不高，缺乏完整系统的利用；纳税服务体系还不够完善，纳税人办税负担仍然较重，社会满意度还不够高；干部队伍知识化、专业化培养机制有待完善，工作的主动性、创造性有待加强。我们一定要高度重视这些问题，在今后工作中积极采取切实可行的措施，继续努力加以解决。

二、当前的经济税收形势和地税工作目标任务

市委九届七次全会，深入分析了全市改革发展面临的主要形势，全面部署了今年的各项工作任务。前不久召开的全市财政工作会议，认真贯彻落实市委、市政府的统一部署，安排部署了今年财税工作的主要任务。全市各级地税部门要认真学习贯彻会议精神，切实把思想和行动统一到市委的统一部署和市局的要求上来。

（一）深刻认识当前地税工作面临的机遇和挑战

根据市委九届七次全会判断，今年全市的经济发展环境总体上将好于去年，但形势依然复杂严峻。体现在税收方面，就是一些不确定、不可预料因素和“两难”问题增多，积极变化和不利影响同时显现。

随着世界各国稳定金融和刺激经济增长政策的效应不断显现，国际金融市场渐趋稳定，主要经济体经济出现好转迹象，一些新兴经济体和发展中国家经济增速加快，预计今年世界经济发展形势可能总体好于去年。世界经济形势的好转带动国际贸易逐步实现了恢复性增长，去年12月份，我国对外出口增长17.7%，自2008年11月份以来首次实现正增长。对于我市这样一个外贸依存度较高的城市而言，将进一步拉高经济增长速度。市第九次党代会以来，市委、市政府着眼于科学发展，增强天津综合实力和核心竞争力，采取了一系列重大举措，加快滨海新区开发开放，全力推进高水平重大项目建设，积极推进经济结构调整，加快推进技术进步和自主创新，天津经济发展水平不断提高。特别是过去的一年，全市上下坚决贯彻中央的决策部署，深入开展“保增长、渡难关、上水平”活动，加快经济结构调整和经济发展方式转变，卓有成效地应对了国际金融危机的冲击，在极其困难的情况下实现了国内生产总值16.5%的高速增长，经济增长的结构质量也进一步提高，天津具备了实现更长时间、更高水平、更好质量发展的基础。

今年，随着我市“一二三四五六”目标思路的进一步落实，构筑“三个高地”，打好“五个攻坚战”取得新进展，全市经济发展的速度将进一步加快，内在质量将进一步提高。滨海新区开发建设将进入新阶段，综合配套改革三年实施计划加快推进，产业功能区和综合交通体系加快建设，新区辐射带动作用明显增强，三个层面联动协调发展的良好态势进一步形成。全市大项目好项目进入投产高峰期，中石化百万吨乙烯项目点火投产，空客A320项目产能扩大，全市770个重大项目年内三分之二以上将建成投产，其中新投产项目260个，超过前两年竣工项目总和；同时一批工业、自主创新、区县和服务业重大项目加快酝酿，预计全年5000万元以上新开工项目总规模超过5000亿元，新增项目储备规模在1万亿元左右，新的经济增长点和支撑点明显增多，这些都将对全市经济发展形成强有力的拉动，也将带动税收实现较快速度的增长。

在看到税收工作机遇的同时，我们也要高度关注影响税收收入的问题和风险。从宏观经济形势看，世界经济虽然实现恢复性增长，但复苏的基础尚不稳固，国际贸易短期内难以恢复到危机前的水平，贸易保护主义盛行，特别是针对中国的贸易争端多发，我市外贸出口低迷的局面有可能还将持续。国内经济回升的基础还不牢固，民间投资意愿还不够强，居民消费难有大幅度增长，单纯依靠扩大投资刺激经济增长的政策效应可能减弱，保持经济较快增长速度的难度加大。从企业发展外部环境看，受2009年货币供应量高速增长滞后效应、国内资源性产品价格改革等内部因素和国际原油、铁矿石等大宗商品价格上涨等输入性因素的共同影响，企业生产成本有所上升，但工业品出厂价格（PPI）仍然保持在较低水平，企业销售收入和利润增长空间还会受到挤压，相应地影响税收的增加。特别需要关注的是，去年下半年以来，中央根据经济发展过程中的局部性问题和矛盾，对宏观调控政策进行了调整，比如提高土地出让金首付比例、停止二手房转让营业税优惠政策、提高商业银行存款准备金率等，这些政策对部分行业和领域产生了较大影响。比如，房地产市场观望情绪明显，交易量自去年3月份以来首次出现环比下跌。今年一月份，天津新房和二手房交易量均出现环比下降，其中二手房成交量环比下降70.1%，这必然对与房地产业高度相关的部分地税收入产生不利影响。此外，继续落实国家结构性减税政策、以及去年一些一次性特殊增收因素将没有或减少，都要相应影响到地税收入的增长。

总的来看，今年地税收入将会继续保持良好发展势头，但也存在一定的问题和风险。全市地税系统各部门、各单位要深刻认识当前的经济税收形势，既要充分看到有利条件和积极因素，又要充分估计各种困难和挑战，绝不能将地税收入止跌回升等同于税收形势出现了根本性好转，在思想上产生松懈情绪。要切实把思想行动统一到市委的决策部署和市局的要求上来，进一步坚定完成收入目标任务的信心和决心。

（二）2010 年地税工作的总体要求和收入目标任务

根据市委、市政府统一部署，今年地税工作的总体要求是：全面贯彻市委九届七次全会、全国税务工作会议和全市财政工作会议精神，以邓小平理论和“三个代表”重要思想为指导，深入落实科学发展观，紧紧围绕依法组织收入，做大税收总量和服务科学发展，共建和谐税收，积极落实支持结构调整和发展方式转变的税收政策，大力推进信息管税，不断优化纳税服务，全面提高税收科学化、专业化、精细化管理水平，努力促进税收收入与经济发展协调增长，切实增强服务天津经济社会发展的能力。

全面做好今年的地税工作，要紧紧把握好以下几个方面：一是管好大税源。高度关注对于地税收入持续稳定增长有重要支撑作用重点税源，重点落实好国家刺激经济增长的税收政策，积极优化对企业的涉税服务，努力创造有利于企业发展的良好外部环境，提升经济发展活力。同时，深入探索搞好重点税源监控的具体手段，提高对重点行业、重大项目、楼宇经济等重点税源的监管水平，及时将经济发展体现为税收增长。二是管住大风险。进一步完善制度体系，及时根据形势发展变化调整税收工作流程，细化征管查各个节点，建立健全税收执法权力运行的监控机制，扎实推进惩防体系建设，着力通过健全的内控机制规避征管和执法风险。三是做好大服务。坚持加强税收征管与优化纳税服务并重，按照“始于纳税人需求，基于纳税人满意，终于纳税人遵从”的目标，建立和完善窗口和后台联动，基层机关上下互动，虚拟实体服务结合，征纳双方共同设计，办事快捷便利，咨询投诉并举的纳税服务体系，努力构建和谐征纳关系，提高纳税人满意度和税法遵从度。四是抓好大协作。进一步完善与各级国税部门之间的情况通报、工作配合、联合办公、信息共享等制度，加强与工商、房管、土地、统计等部门的沟通配合和工作联动，进一步形成强大的征管合力，提高征管质量，保证税收及时足额入库。

根据市财政批复的收入预算，今年地税部门收入计划 586 亿元，增长 16%，在实际组织收入过程中要力争多超收一些。各征收单位的具体收入任务指标，这次会上市局将进行统一分配。今年收入任务的分解，综合考虑了各单位经济税源状况、各税种平均增长水平、政策性增收减收因素，以及税收征管的特点。各级地税部门要牢牢把握天津加快发展的历史性机遇，主动适应新形势新任务的要求，切实增强机遇意识、创新意识、实干意识，全面落实收入任务，确保实现一季度“开门红”、上半年“双过半”，全年任务圆满完成。

三、2010 年地税工作的主要任务

2010 年，是实施“十一五”规划的最后一年，是推动天津在高起点上实现新发展、再上新水平的关键一年。全面做好今年的地税工作，对于进一步提高财政综合实力，支持天津实现更高水平、更快发展具有非常重要的意义。全市地税系统各单位、各部门要认真落实今年地税工作的总体要求，深入开展好地税各项工作，努力开创税收事业新局面。

（一）完善地税增收工作机制，确保完成收入目标任务

一是，进一步加大税源建设力度。继续巩固和完善促进企业发展、稳定税源的政策服务体系，认真落实国家结构性减税政策，及时全面为纳税人兑现税收优惠，完善重大项目纳税服务“绿色通道”和专人负责机制，主动深入企业帮助解决实际问题，以积极的态度、发展的方法巩固和壮大税源总量，保持收入持续稳定增长。加强税收经济分析，全面掌握宏观经济形势和企业生产经营指标，深入开展收入监控分析，完善面、线、点有机联系、逐次递进的分析机制，及时发现和解决存在的问题。

二是，认真落实收入目标责任制。进一步完善组织收入工作的执行责任和考核监督办法，及时将收入目标任务分解落实到各职能部门和相关责任人，切实做到人人有目标，层层抓落实。加强与驻地政府和各相关部门沟通配合，完善企业主管部门考核制度，按期公布收入完成进度情况，形成各部门齐抓共管、共同促进增收的良好格局。坚持完善检查督导与落实责任相结合的工作机制，认真制定完成收入计划的保障措施，定期进行督促检查，切实把各项工作抓紧抓早，“以月保季，以季保年”，把握组织收入的主动权。

三是，认真落实组织收入原则。坚持依法治税、应收尽收、坚决不收过头税、坚决防止和制止越权减免税的组织收入原则不动摇，杜绝寅吃卯粮收过头税、转引税款等行为。大力清理欠税，对至今尚未补缴入库的欠税，组织专人摸清情况，逐户制定还欠计划，限期补缴入库；对拒不执行还欠计划的，按照征管法的要求采取必要的强制执行措施。严格按照法定权限和程序，加强减免税和缓税审批管理，对不符合优惠政策采取欺骗手段骗取减免税的，坚决依法从严查处。

（二）健全现代税收征管体系，不断提高征管质量和水平

一是，积极实施信息管税。充分利用地税系统信息网络优势，进一步完善财税信息联网和数据交换制度，继续巩固和推进与财政、工商、质检、公安、金融等部门及有关社会组织的信息共享，积极探索获取第三方信息的有效途径，不断充实税务基础信息数据库，建立涉税信息指标体系，保证各项数据的及时、准确、完整，增强税务机关掌握社会经济活动信息的时效性、全面性和系统性，着力解决征纳双方信息不对称问题，夯实税收源头控缴的管理基础。建立“数据回放”机制，市局近日将对本局现有数据和其他职能部门数据进行整合，按区县局切块下发，各部门、各单位要指定专门部门，加强信息综合分析应用，积极搭建综合分析应用模型，完善自动预警机制，及时开展综合分析比对，主要是重点税源企业经济指标关联分析和相关行业对比分析，以及对漏征漏管户与非正常状态纳税户的评估比对、所得税收入与增值税、营业税销售收入的评估比对、主税附税评估比对等，及时发现和堵塞税收漏洞，不断提高收入控管水平。

二是，继续加强重点税源监管。完善重大项目和重点税源跟踪服务机制，指定专人负责税源监控工作，随时更新基本信息，按月汇总整理税收情况，全面掌握重大项目的纳税主体、土地转让、开工和投达产、利税形成等情况，掌握企业生产经营、财务指标等综合信息，及时根据情况变化调整征管政策，综合运用项目登记、发票控制、纳税评估、税收分析、税务稽查等手段，加强税源监管，保证收入及时组织入库。高度关注楼宇经济发展动向，积极创新管理手段，全面开展税源调查，综合运用多种方式充分掌握各处楼宇的税源底

数，大力开展楼宇税收绑定工作，切实做到对楼宇经济底数说得清，税收管得住。继续完善房地产税收一体化管理模式，密切与规划、建设、国土房管部门的协调配合，把管理关口前移到项目立项、土地出让、开发建设和商品房销售环节，实现税收征管对房地产开发过程的全覆盖，积极推进二手房市场评税工作；同时通过与建设市场信息库联网，实现对建安企业税收链条式管理，进一步规范和加强房地产和建筑安装市场的税收征管。

三是，进一步完善税收征管手段。完善委托贷款业务征收管理方式，履行税务机关告知义务，完善信息传递机制，监督纳税人及时申报应税收入。继续做好年所得12万元以上个人自行纳税申报和个人所得税全员全额明细申报工作，充分利用工商部门企业基本信息加强股权转让行为监控，对明显低于市场价格的平价或折价股权转让，及时采取核查、约谈、稽查等方式加强管理，避免税收流失。积极推进土地增值税清算工作，对全市房地产开发企业开发项目登记、土地增值税预征及项目清算等情况进行统计，建立管理台账，做好税负测算，推动制定科学的、接近开发项目实际税负的核定征收率，为调整清算方式做准备。借助国土部门土地权属网络，完善契税、耕地占用税管理信息网络，年内实现全市契、耕两税联网。加强与公安交管部门协作，充分利用交管部门车辆信息、海事部门船舶信息，做好车船税查验把关代征工作。实行房产税、土地使用税“集中申报属地协管”新模式，自今年2月1日起，对我市除“三区”保留企业以外的全部企业实行房地两税集中申报属地管理，由税务登记地就全部房产、土地进行集中明细申报，按房产、土地坐落地打印缴款书，税款直接划转至坐落地金库。

（三）加强和改进纳税服务，构建和谐的征纳关系

一是，积极整合纳税服务资源。以“12366”纳税服务平台上线为契机，整合完善为纳税人提供咨询服务的税收法规库、知识库和问题库，推进以税务网站、服务热线和短信服务为主体的综合服务平台建设，为纳税人提供一体化服务载体，帮助他们及时享受涉税公共信息和个性化信息服务、税收征管引导服务、受理涉税投诉举报服务和实时在线咨询服务。积极创造条件，在办税服务厅设立纳税服务岗，咨询税收政策，提供办税便利，受理投诉举报事项。充分发挥国地税信息共享优势，大力建设国地税网上统一税务服务平台，实现统一接收纳税人财务报表等各种资料，统一查询国、地税税务公告、公示，统一进行发票检索和涉税举报，让纳税人真正体验到两个税务机关的无缝化服务，节省纳税人纳税成本，减轻办税负担。

二是，简化办税服务程序。进一步规范办税流程，积极推行办税服务标准化作业，完善纳税人电子信息“一户式”存储和查询，实行涉税事项统一受理和涉税文书内部统一流转，合并办理税收业务流程中的调查检查事项，继续下放审批权限，前移审批事项，在认真调研的基础上推行综合申报表。拓展办税方式，继续扩大远程电子申报纳税和刷卡缴税范围，加快推进自主办税和涉税事项同城通办，积极推广网上开据发票和缴款凭证。

三是，继续加强税收宣传。深入落实税法宣传“三同步”机制，及时对新出台的税收政策和管理措施进行宣讲和解读，大力普及税法知识，加强纳税咨询辅导，帮助纳税人全面掌握税收征管规定，用好用足税收优惠政策。充分发挥报刊图书、影视媒体以及地税网站在税收宣传中的主渠道作用，及时公开涉税信息，加大对涉税违法案件的曝光力度，积极开展纳税服务援助以及税收法律援助，切实提高纳税人税法的遵从度。

（四）严格依法治税，整顿和规范税收秩序

一是，继续加大税务稽查力度。认真落实稽查目标责任制，按照总局关于稽查查补收入要达到工商税收收入1.5%的要求，今年全市地税稽查目标任务8.85亿元，各单位要统筹兼顾，合理安排，积极采取有效措施抓好落实。继续深入开展税收重点检查和专项稽查，认真完成“大小非”及限售股减持企业专项检查收尾工作，有计划、有步骤地开展对企业股权转让、重点税源企业、关联企业、企业产二手房交易以及信息化管理企业等项目的专项稽查，对餐饮娱乐等行业纳税情况开展调研性检查，对于稽查中发现的涉税问题从严处理，税款从速入库，切实堵塞收入漏洞。

二是，大力开展税收综合整治。继续深入开展打击发票违法犯罪活动，按照“有效配合、重点查处、严肃处理、确保成效”的要求，加大与国税、公安部门的协作力度，建立健全税警信息共享、联合办案制度，完善打击发票违法犯罪活动的长效机制，努力打击发票违法犯罪活动的强大合力。严肃税收法纪，按市委、市政府统一部署，调整异地经营企业征管关系，及时清理规范企业注册经营行为，纠正挖抢税源以及引税等问题，组织对部分征管基础比较薄弱、税收秩序相对混乱、涉税案件发生比较集中的区县，开展专项整治，切实规范各地区税收征管秩序。

三是，进一步提高稽查工作水平。完善征管与稽查互动机制，建立互动平台，充分利用税收数据集中的优势，推动征管部门在开展纳税评估、约谈的基础上，及时将重大涉税问题及时移交稽查部门；稽查部门认真进行典型案件分析、总结行业涉税突出问题，归纳整理发现的征管漏洞，定期反馈稽查建议，突出稽查成果转化，实现两个环节的有效衔接、协调配合、反馈及时、相互促进。加强稽查信息化建设，依托津税系统，通过纳税评估、数据挖掘、领导决策等技术手段，有效利用各类申报数据、企业经营数据、发现涉税疑点，提高选案针对性；积极探索针对信息化管理企业的稽查方法，利用“查账软件”提高稽查干部调取、查阅企业电子账簿的效率，有效解决信息化管理企业“不敢查、不会查”的问题；加快“稽查管理系统”建设，统一稽查审批流程，加强工作监督，提高审理质量；积极探索加强与银行信息共享的途径，加大稽查收入入库力度，降低查补税款流失率。

（五）加强干部队伍能力素质建设，为税收事业发展提供坚强保证

一是，进一步加强思想政治工作。坚持把加强学习提高思想认识摆在首位，组织全体地税干部深入贯彻落实党的十七大、市第九次党代会和市委九届七次全会精神，把思想和行动高度统一中央和市委的决策部署上来，切实增强贯彻落实科学发展观的自觉性和坚定性。全面落实局系统思想政治工作会议各项工作部署，完善依法、科学、民主决策的监督机制，深入开展学习型组织建设和税务文化建设，进一步加强基层税务机关党的组织建设，不断增强干部队伍综合素质、专业基础和履责能力，提高依法治税、依法行政的水平，为税收工作顺利开展提供组织保障。

二是，着力提升领导班子和干部队伍工作能力活力。从全面提高领导干部战略思维、创新思维和辩证思维能力入手，推动各级领导班子和领导干部加强学习，努力增强科学认识发展现状、认清发展形势、找准发展规律、谋划发展方略的战略思维能力；增强求新求变的创新思维，自觉克服因循守旧、固步自封思想，敢于扬弃习以为常的工作方法，以积极求变增

强工作的内在动力，突破制约发展的体制机制障碍；培养居安思危、危中有机的辩证思维，在形势好的时候清醒看到问题，在困难时刻做到坚定信心；增强工作的策略性，注意一致性和多样性并重，实现税收事业全面发展与重点突破相协调，共同促进目标任务的完成。加强制度建设，深入落实岗位责任制，根据干部队伍不同岗位特点，细化工作标准，建立推动干部履职的监督约束机制，确保全局各项工作部署及时落实并取得预期成效。进一步深化干部人事制度改革，坚持德才兼备、以德为先的用人标准，完善民主、公开、竞争、择优的领导干部选拔任用机制，促进优秀人才不断脱颖而出；加强和改进干部考核工作，完善与工作绩效挂钩的奖惩机制，继续改善基层税务机关基础设施和工作条件，推动税务干部以更加饱满的精神状态开展工作。

三是，加强党风廉政和行风政风建设。坚持标本兼治、综合治理、惩防并举、注重预防的方针，以构建符合税务系统实际的惩治和预防腐败体系为重点，严格落实党风廉政建设责任制，不断完善制度体系和内控机制，构建税务系统反腐倡廉“大预防”工作格局。高度重视干部教育监督，坚持典型引路，切实突出榜样作用，加强警示教育，做到警钟长鸣；进一步加大监督力度，努力做到关口前移，防微杜渐，有效防范权力失控、决策失误、行为失范。认真落实《建立健全惩治和预防腐败体系 2008 ~2012 年工作规划》，不断完善从源头上治理腐败的工作机制。进一步加强行风政风建设，严格落实各项管理制度，认真解决纳税人的投诉举报，深入实施办税服务厅规范化建设，综合采取明察暗访等方式进行纳税服务情况监督检查，着力改善窗口形象；坚持不懈地强化干部教育，倡导全体地税干部恪尽职守，以“五加二”、“白加黑”的精神风貌投入税收事业。

同志们，今年地税改革发展的任务十分繁重。我们一定要在市委、市政府的正确领导下，深入贯彻落实科学发展观，扎实苦干，开拓创新，全面做好今年地税各项工作，为促进全市经济社会又好又快发展做出新的更大的贡献。

在2010年第一次区县地税局长联席会结束时的讲话

（2010年2月4日）

天津市财政局（天津市地方税务局）副局长　刘　健

同志们：

这次区县地税局长联席会议，经过一天半的学习交流讨论，今天就要结束了。按照会议议程，由我作一个会议小结，讲三点意见。

一、会议的主要收获

这次会议，是在地税工作面临新的形势和任务下召开的一次重要会议。会议传达了全国税务工作会议和全市财政工作会议精神，全面总结了去年地税工作，研究分析了当前经济税收形势，分解落实了今年收入任务，安排部署了今年地税各项重点工作。局党组书记、局长杨福刚同志专门到会并发表了重要讲话。通过会议统一了思想，达成了共识，取得了预期的效果。

（一）统一了思想，提高了认识

大家在讨论中一致认为，过去的一年，面对国际金融危机对税收工作的不利影响，广大税务干部在局党组的正确领导下，深入贯彻科学发展观，以积极的态度、发展的办法和超常规的措施开展组织收入工作，圆满完成了年初确定的预期目标，成绩来之不易，经验弥足珍贵。通过认真学习会议的主报告，特别是福刚局长的重要讲话，同志们普遍感到，今年的经济形势依然复杂严峻，地税工作既面临难得的发展机遇，也面临诸多问题和挑战，尤其是全市经济社会加快发展的形势为税务部门组织收入工作提出了更高要求，必须坚持去年“积极态度、发展办法和超常规措施”的基本经验，采取更加坚决有力的增收措施，尽可能多地增加地税收入。

（二）明确了目标，坚定了信心

这次会议紧密结合当前经济税收形势和地税组织收入实际，提出了今年的收入目标；福刚同志在讲话中，提出了做好地税工作的创新性思路举措。大家在讨论中一致认为，市局提出的目标举措切合实际、科学可行，为做好下一步税收工作指明了着力方向。大家普遍感到，当前随着我市“一二三四五六”目标思路的进一步落实，构筑“三个高地”，打好“五个攻坚战”取得新进展，全市经济发展的速度将进一步加快，内在质量将进一步提高，地税收入长期稳定增长的基础更加牢固，为我们圆满完成收入任务提供了坚实的保障。大家纷纷表示，在下一步的工作中要按照市局统一部署，切实增强干劲、创新手段，努力取得实实在在的工作成效。

（三）交流了经验，拓展了思路

这次会议安排了部分区县地税局进行了经验交流，介绍了各自做好组织收入工作、加强税收征管、搞好纳税服务等方面的经验做法。同志们普遍感到，有些做法在实践中体现出很强的实用性，对改进地税整体工作具有比较大的借鉴意义。比如，塘沽区地税局关于重大项目税收管理“四个一定”的工作方法，河西区地税局关于开展纳税评估，利用契税信息加强房地产一体化动态管理方面的做法，南开区地税局加强纳税服务和党风廉政建设的做法，都引起了大家的共鸣。同时大家也针对市局提出的工作安排提出了一些有益的建议，市局将根据大家的意见进一步加强研究，及时改进工作。

二、需要强调的几个问题

关于下一步地税重点工作，这次会议的主报告中已经做出具体部署，在这里我结合福刚同志的重要讲话，再着重强调以下四点：

（一）深入落实工作责任，认真抓好组织收入工作

组织收入工作是地税工作的重心所在。这次会上，市局有关部门已经按照16%的计划增幅给各执收单位分解下达了今年的收入目标任务。我们必须深刻认识到，这个收入增长指标仅仅是根据年度财政总体收入预算分解的计划性指标，是比较积极稳妥且留有余地的。但从地税部门面临的形势任务看，我们必须对年度收入增幅有更高的要求。无论从财政收入预算分配还是收入增幅计划上看，地税部门增收的担子都比以前更重。尽管一月份地税收入开局良好，但其中一次性的客观因素占了很大比例。同时，中央近期改进宏观调控政策的倾向越来越明显，政策的滞后效应将在以后各月逐渐显现，进而对地税收入产生较大影响。因此，我们决不能降低对地税收入增幅的要求。各部门、各单位要自觉维护全市税收工作大局，深入贯彻落实收入目标责任制，按照更高的标准分解落实收入目标任务，迅速把各项增收措施落实到位，依法治税，应收尽收，牢牢掌握组织收入工作的主动权。

（二）创新征管手段，不断提高地税工作的整体水平

在当前经济主体多元化、企业生产经营多样化的大环境下，经济信息总量庞大复杂，税收工作的难度较以往大大提高，我们必须以改革的思路创新管理理念和工作方法，以创新的精神健全和完善制度机制，实现更大的管理效能。一是，深入实施信息管税，强化系统性数据监控和分析。要进一步加强信息资源的整合，让孤立的数据联系起来，让平面的数据立体起来，让部门数据共享起来。各单位要指定专职部门，利用掌握的宏观数据强化宏观层面的

监控和分析，完善税收分析、税源监控、纳税评估、税务稽查协调配合制度，提高系统性管理水平。二是，坚持统筹安排，构建新型纳税服务体系。不断完善办税服务厅、税务网站、12366 纳税服务热线等平台载体，综合提供税法宣传、纳税咨询、办税指导、权益保护、信用管理、社会协作等涉税服务，全面开创组织健全、制度完善、平台优化、保障有力的纳税服务新格局。三是，发挥国地税合力，提高管理服务水平。进一步加强各个层面国地税协调配合，联合市国税局共同推进联合税务登记、统一报送财务报表、协调同步 12366 知识库、整合双方信息资源，努力提高工作效率和管理服务质量。四是，做好风险控制，减少税收执法和廉政问题的发生。要深入总结税务系统内部案件经验教训，加强对干部的风险教育，对税务部门相关环节进行风险评估，根据其风险系数，确定防范策略，完善税收管理员工作平台预警功能，开发执法监察管理系统，不断完善权力运行的监控机制。

（三）落实增收措施，切实加强税收征管

为推动组织收入工作有效开展，市局有关处室研究制定了重点增收措施，除在主报告中已经明确的内容外，还有以下主要内容：一是，加强企业所得税管理，继续做好 2009 年度企业所得税汇算清缴工作，加快跨地区总分机构基础信息的清理和限定，统一全市经营性公墓企业所得税政策。二是，加强建筑安装业营业税管理，整合市施管站代征软件和津税系统，实现项目登记、税款申报、税款缴纳、分包款扣除和发票开具等信息的实时交换以及发票审验和分包款扣除，建立起建筑业营业税链条式控管。三是，加强个人所得税管理，加快个人所得税基础信息管理系统（BIMS）历史数据的导入工作，加强个人工薪所得与企业工资费用支出以及住房公积金、社保基金缴存额的比对工作，提高个人所得税控管水平。四是，积极推进房地产评税工作，认真分析总结全市四个试点地区试运行的成效和问题，在适当的时机全面开展二手房住宅交易评税。

（四）完善制度机制，进一步加强干部队伍管理

一是，建立健全岗位责任制。针对实施公务员工资制度改革、规范津贴补贴后，干部激励机制有所弱化的问题，着力加强干部岗位责任制建设，针对不同岗位设定不同的履责标准，定期对干部履行岗位职责情况进行检查，结合公务员奖励和惩戒制度对干部进行综合评定，倡导税务干部按岗位职责开展好工作，努力在税务系统内形成恪尽职守、干事创业的氛围。二是，坚持从严管理干部。各单位领导班子要自觉担负起从严管理干部的责任，牢固树立抓干部管理是本职、不抓干部管理是失职、抓不好干部管理是不称职的理念，坚持对干部从严要求、严格管理、严格监督，坚决避免唯唯诺诺、放任自流的做法。要坚持抓干部思想教育不放松，定期分析干部队伍思想状况，及时跟进思想工作，做到早提醒、早教育、早纠正。三是，注重激发干部工作活力。加大干部轮岗交流力度，既要在一个部门的各个工作环节上进行轮岗，也要在不同部门之间进行干部交流，全面提高干部综合素质，减少工作惰性和岗位风险；高度重视和解决税收一线干部队伍工作、生活问题，帮助他们安心工作、专心工作。在这里还要单独强调局系统临时聘用人员管理问题。为进一步强化执法责任、优化纳税服务、规避执法风险，地税系统各单位要按照“岗位需要、严格审批、规范管理、逐步减少”的原则，加强对临时聘用人员的管理，临时聘用人员一般只能从事后勤服务性工作，严禁从事涉及税收管理、税收执法和保密工作。目前涉税岗位存在临时聘用人员的单位，要

制定计划，创造条件逐步取消协税人员。各单位聘用临时人员，要规范聘用行为，加强教育管理，对违纪人员要严肃处理。

三、关于会议的传达贯彻落实

（一）及时传达贯彻会议精神

二月份适值春节长假，有效的工作日比较少，节后很快进入三月份，因此迅速贯彻落实会议各项工作部署尤为重要。各单位、各部门会后要马上行动起来，将会议精神传达到每一名税务干部，引导大家充分认识当前税收工作面临的总体形势，准确把握做好组织收入和各项工作的具体要求，切实把思想和行动统一到市局的整体要求上来，进一步增强责任感、使命感，自觉落实会议的各项工作部署。各区县地税局要抓紧向所在地党政主要领导汇报会议有关情况，及时向有关职能部门解释地税最新征管举措，争取他们对税收工作的理解和支持，巩固和发展税收工作齐抓共管的良好局面。

（二）坚持不懈地抓好落实

会议提交了四个专业材料，各单位回去后要抓紧研究，如有建议和意见，春节前向有关处反馈。我们各项工作部署要真正取得预期效果，关键在于抓落实。目前全市各级地税部门抓工作，还在一定程度上存在重部署、轻落实，重形式、轻内容的问题，部分单位对市局的工作部署，往往停留在书面贯彻层面，没有指定专人负责抓落实，造成最后工作流于形式。因此，各单位要进一步在抓落实上做好文章，切实加强制度建设，深入开展监督检查，努力做到对于市局工作部署有具体实施方案，有具体的工作措施；对于各项工作的开展有专人负责，有专门工作台账；对于工作成效有反馈机制，及时发现和解决政策执行中存在的问题，进一步提高部门工作水平。

（三）转变作风积极开展好各项工作

当前税收工作任务非常繁重，各部门、各单位一定要切实增强紧迫感，以“排头兵”的工作干劲，以“五加二”、“白加黑”的工作热情，兢兢业业开展好各项工作。各级领导干部一定要强化大局意识，负起总责，做到潜心想工作，专心带队伍，进一步弘扬实事求是、真抓实干的工作作风，带领干部深入企业、深入征管一线开展调查研究，努力发现制约改革发展的瓶颈问题，有针对性地加以解决，推进各项工作不断取得新进展。机关有关处室要主动深入基层，多为基层和纳税人着想，帮助协调解决工作中的急难问题。

同志们，今年地税改革发展的目标任务已经确定，地税部门责任重大，使命光荣。我们一定要切实增强责任感、使命感，紧紧抓住天津加快发展的大好机遇，坚定信心，开拓进取，全面完成好地税工作任务，为促进全市经济社会又好又快发展作出新的更大的贡献！春节将至，在此我也代表市局党组，向全市地税系统广大干部职工，并通过你们向你们的家人致以节日的问候，祝你们春节愉快，阖家幸福，身体健康，万事如意！

在地税系统组织收入工作视频会议上的讲话

（2010 年 4 月 12 日）

天津市财政局（天津市地方税务局）副局长　刘　健

同志们：

这次会议的主要内容是，传达贯彻全市开源节流工作会议和市局局务会议精神，认真研究分析一季度地税组织收入情况，存在的主要问题，部署下一步加强税源建设和税收征管，确保完成收入任务的主要措施。我讲三点意见，供大家参考。

一、深刻认识当前地税收入形势，增强做好组织收入的责任感和紧迫感

为全面加强财政增收节支工作，3 月 29 日，市政府召开区县经济运行及财政开源节流座谈会。会议指出，今年以来，全市上下认真贯彻市委、市政府决策部署，深入开展“解难题、促转变、上水平”活动，狠抓大项目好项目建设，全市经济运行实现良好开局，财政预算执行情况较好。一季度，全市地方一般预算收入 222.2 亿元，完成预算 24.2%，增长 32.5%。但同时，财税管理工作还存在一些突出问题，体现在组织收入方面，主要是：一是财政增收基础还不够稳固。一季度我市固定资产投资比去年同期有所回落，受国际市场需求不足和贸易保护加剧等影响，外贸出口增幅还低于全国平均水平，都影响了对税收增长的拉动作用；我市实施的重大项目，有的进展比较缓慢，有的投产后形成稳定税源还需一定时间，在短时期内还难以形成对税收增长强有力的支撑。二是政策性减收影响依然较大。今年国家和我市继续实施积极财政政策，包括增值税转型、降低小型微利企业所得税率、暂免征收储蓄存款利息所得税等，一季度减少税款 3.2 亿元，预计全年减收 14.8 亿元。三是收入征管存在薄弱环节。部分大型超市、批发市场、餐饮娱乐等企业税收贡献率较低，对电子商务、电视直销等新兴业态还缺乏有效的征管手段，有的企业利用福利税收政策逃税漏税，演出、传媒、出版业以及垄断行业、涉外机构高收入群体的个人所得税征管还有一定潜力。四是区县擅自减免税和先征后返问题比较突出。部分区县为扩大招商引资规模，不计成本、不考虑财力需要，擅自制定减免税、收入返还和零地价等特殊政策，致使有的企业通过迁转注册多次享受优惠政策，既扰乱了统一的财政税政，使财政收入大量流失，又引发区县间相互攀比、连锁反应，形成抢挖税源、恶性竞争局面。会议要求，财税系统各部门、各单位要深刻认识、准确判断当前的收入形势，绝不能因收入实现较快增长而盲目乐观，要进一步动

员力量，全面加强财源税源建设，继续加大税收征管力度，深入挖掘增收潜力，确保完成年度工作任务。市局党组高度重视、认真落实会议精神，及时召开局长办公会议，研究做好增收节支和加强财政管理的各项工作，并于上周四召开局务会议，对进一步做好组织收入工作和加强财政管理进行了部署。

从地税系统组织收入情况看，一季度，地税系统各单位认真贯彻落实市局党组工作部署，坚持以组织收入为中心，严格依法治税，大力加强税收征管，有力地保持了税收收入继续快速增长。一季度累计组织各项收入 169.3 亿元，比上年增长 37.8%，其中税收收入 162.9 亿元，比上年增长 38.1%，完成全年税收任务的 27.6%。但我们必须看到，一季度地税收入的较快增长存在一些特殊因素，主要是去年 1～2 月由于经济增长放缓，结构性减税较多，税收收入大幅下降，基数较低，但从 3 月份开始低基数优势将逐月减弱。特别去年末房地产市场交易异常火爆，税收集中体现在一季度，一季度该行业的税收比重为 35.6%，同比提高了 11.5 个百分点，相应拉高了地税收入的增幅。而同时，随着一些影响地税收入增幅因素的逐步显现，地税收入增幅呈现出逐月回落的迹象，1 月份增长 58.2%，2 月份增长 35.5%，3 月份仅增长 14.9%，这需要引起我们的高度关注。

综合分析当前的经济税收形势，下一步全面做好组织收入工作，完成全年计划任务还存在着比较突出的不利因素。一是去年一季度收入基数较低，但收入增幅逐月提升，使得今年三月份以后地税收入低基数的优势逐月减弱，势必使今后各月组织收入工作任务压力有增大的趋势。二是经济运行重点行业、重点税源收入增长存在较大困难。全市重大项目已增至 940 项，总投资额超过 1.85 万亿元，但相关税收增速趋缓，当年累计实现税收 6.3 亿元，与去年同期基本持平，短时期内还难以对收入增长起到强有力的支撑；今年以来，国家针对经济领域的一些问题，进一步加大了宏观调控政策力度，采取了提高金融机构存款准备金率、严格土地供应政策等一系列抑制投资过快增长的政策，下一步还将根据经济形势出台更加严厉的调控政策，这势必对部分行业和产业产生较大影响，特别是会影响到公众对房地产市场的预期，进而影响房地产的交易及相关税收。

市委、市政府高度重视组织收入工作。兴国市长、栋梁常务副市长和津渡副市长等市领导同志在开源节流会议上都对收入工作提出了明确要求。兴国市长要求，财税部门要积极会同区县政府深入开展调查，挖掘增收潜力，切实形成持续增收机制；各级财税干部不能满足于坐在办公室里抓收入，要主动深入税源企业研究收入问题，落实增收措施，确保应收尽收。局党组书记、局长杨福刚同志在上周的局务会上，对地税工作给予了充分肯定，并专门就加强税收征管工作提出了 11 个方面的重点任务。地税收入是全市地方财政收入的重要组成部分，其完成情况直接影响到我市地方可用财力。据目前的收入形势测算，我们全年预计完成地税收入 592 亿元，同比增长 16.3%，仅高于计划任务 0.3 个百分点，这个增长幅度与全面完成今年的财政收入目标任务相比，与市领导对组织收入工作提出的更高要求相比，还是远远不够的。全市地税系统各部门、各单位一定要认真分析当前的税收工作形势，切实增强责任感和使命感，认真落实市领导指示精神和市局党组的工作部署，进一步采取扎实有效的措施，加大税源建设力度，加强税收征管，确保完成全年收入任务。

二、全面落实增收措施，确保地税收入持续快速增长

关于今年的地税增收措施，在年初的地税局长联席会议上已经做出了部署，在这里我主要结合市领导在全市开源节流工作会议上的指示和局党组的工作部署，对当前地税工作的重点任务进行明确，各单位要结合贯彻市领导要求和市局局务会议精神，一并抓好落实。

（一）坚持不懈抓大项目好项目税收管理，不断夯实地税增收的基础

市第九次党代会以来，我市先后推出940个重大项目，计划总投资超过1.8万亿元，截至目前累计实现税收76.5亿元，其中2009年38.8亿元，占当年新增税收的52.1%。虽然今年以来大项目好项目实现税收的增幅有所趋缓，但这只是阶段性的现象，随着更多项目开工建设和投达产，且经济效益不断提升，对税收增长的拉动作用将不断显现。地税系统各单位、各部门要从夯实税收增长长远潜力的角度深刻认识加强对重大项目管理服务重要性的认识，积极主动深入项目所在地开展综合性的纳税服务，帮助企业协调解决相关地税问题，努力为企业营造良好的发展环境，促进项目早竣工、早达产、早见效。同时，要加强与国税等部门的沟通协调，积极做好项目全程监控，加强项目的追踪、问效和信息反馈，对于建设期的项目，要及时掌握项目投资额、建设进度和建筑安装税收形成情况；对于已经投产的项目，要统计项目当年产生的税收；对于属于技术改造的项目，要单独统计项目本身产生的税收，在此基础上，为上述940个项目“立户口”，分行业、区域建立数据库，全面掌握大项目好项目经营和纳税情况，方便税收统计和预测，及时制定有针对性措施，确保经济发展成果及时反映为财政增收。商务楼宇是现代服务业的重要载体，要切实加强楼宇经济管理，认真总结河西、和平区地税局应用楼宇经济管理系统试点经验，加快完善系统商务楼宇基础信息维护，税务机关、物业公司、经营户信息绑定，税收补录以及税源监控展示等功能，大力推广应用楼宇经济监管模块，以楼宇为监管单元，以楼宇内的经营者为监管对象，对楼宇内从事生产经营活动公司缴纳的全部税收，以及房屋产权人缴纳的与楼宇有关的税收进行全面监管，提高依法组织收入的能力。

（二）加大信息管税力度，进一步提高税源控管水平

要不断加大部门协作力度，积极探索获取第三方涉税信息的渠道和手段，依托现代信息技术手段，全面开展税源分析、税收预警分析、管理风险分析和政策效应分析，及时查找税收征管存在的问题，有针对性地采取有效应对措施，提高组织收入的能力和水平。一是，进一步加强地税户籍管理，加强与工商、统计等部门的沟通联系，全面掌握工商部门的企业注册登记信息和统计部门的企业社会统计信息，在津税系统中进行比较分析，清理整顿逾期未办税务登记的企业，深入查找地税非正常户，摸清地税户源底数。尤其是要高度重视第二次经济普查所统计的个体经营户数与纳入税务管理户数的巨大差异，研究推进个体户工商登记、统计调查和税收征管的分析比对，进一步抓牢税源基础。二是，对地税征管的无税户进行清理检查，深入摸清相关户源底数，分析无税户的区域、产业结构，进而找出未能实现税收的深层次原因，为调整完善征管手段提供依据。三是，全面开展行业税负情况调查，认真统计当前地税征管行业的综合税负情况，确定合理的税负水平，利用纳税评估系统确定征管

风险点，自动对显著偏离合理税负水平的行业进行税收综合治理，从而形成常态化的管理机制。同时，要以该系统为蓝本，加快开发税务稽查查前分析系统，强化稽查手段，增强稽查的针对性。四是，充分利用地税部门掌握的管理信息数据，开展税收分析比对，主要是：利用与国税部门企业所得税征管信息分析比对，及时发现企业生产经营和纳税增减变化情况，及时采取应对措施堵漏增收；继续加强个人工薪所得与企业工资费用支出比对，对疑点企业集中组织核查；利用从住房公积金管理中心取得相关数据，对职工公积金缴存基数与收入的关联性进行分析，对税前减除的个人公积金缴存额、公积金贷款还款利息等数据进行比对，加强个人所得税征管；充分利用国地税信息共享平台进行实时监控，将主附税征缴入库情况比对核查工作制度化、常态化。五是，加强不动产税基管理，在巩固房产税、土地使用税税源普查工作成绩，完善房产土地税源数据库的基础上，抓紧启动存量房交易核定评税价格征管数据库建设工作，积极借助房产土地管理部门的地籍、产权产籍资料，获取各项房地产基础数据以及交易数据，抓紧开发不动产交易环节的计税价格核定系统，科学测算计税价格，为涉及不动产交易的各税种征收提供准确的计税依据。

（三）进一步加强税收征管，确保实现应收尽收

一是，加强建筑业项目管理，利用新的施管站代征系统，严格工作流程，正确、完整地填报项目管理的各项信息，积极与施管站协同配合，做好对总包或分包单位为外地建筑业纳税人的信息采集、税款入库、发票管理和数据分析等各项工作，为全面提高建筑业“闭环管理”水平打下坚实基础。二是，深入挖掘政策性增收因素，选定广告、代理、旅游、物流、物业等差额征税项目进行试点，结合发票减并工作，充分利用信息化手段，通过采集抵扣凭证信息，加强对差额纳税项目抵扣凭证的管理，为后续管理和纳税评估提供比对数据，探索新型管理模式和手段。三是，做好企业所得税应税所得率调整工作，对全市经营性公墓营运现状及税款缴纳情况、餐饮企业连续两年定额有奖发票开票数额及税负情况等进行深入调研分析，并据此对我市部分行业的应税所得率进行调整。四是，细化按规模、分行业相结合的企业所得税分类管理模式，对近三年企业所得税年应纳税额500万元的纳税人进行税源、税基、汇算清缴等方面的纳税评估工作，对长亏不倒或不能达到查账征收条件的纳税人，依照法规加大实行核定征收办法征收企业所得税的力度，堵塞企业所得税征管漏洞。五是，加强重点行业的个人所得税征管，充分利用全员全额扣缴申报数据，对金融、保险、高校、医院、房地产等重点行业进行同行业、同类别分析，对人均收入和人均纳税额较低的，纳入重点管理；加强个人投资收益、股票期权转让等的实时监控，及时堵塞收入漏洞。六是，切实加强对各类市场的管理，从现在起对各类市场进行一次全面清理，进一步核实目前税源底数，合理调整纳税定额，确保税收与经营规模相适应、相匹配；大力推广红桥地税大胡同地区的管理经验，积极争取各专业市场所在党委政府的支持，推动专业市场税收征管纳入有序轨道，保证税款及时足额的入库。

（四）加大税收执法力度，切实整顿和规范税收秩序

一是，严格执行税收法律法规，认真做好税收减免政策清理工作，大力取消各项非政策性减免税和先征后返，特别是要及时纠正各级政府及有关部门擅自出台的非政策性减免税和先征后返，维护统一的税收政策体系，为企业发展营造公平和谐的竞争环境。二是，大力清

理异地注册经营企业，紧密结合我市即将进行的“城中村”管理体制改革以及我局实施的房地两税属地化管理工作，进一步规范企业注册登记管理，纠正异地注册经营行为。三是，全力开展打击发票违法犯罪工作，加强与国税、公安部门的配合，对虚开、代开等发票违法犯罪行为“打早打小”，加大发票“买方市场”整治力度。在全市推广河西、南开地税稽查局“查一户必查发票”的经验做法，对企业开具和接受的大额疑点发票“双向”落实真伪，力求从根本上杜绝虚开、代开以及使用虚假发票等违法行为。

三、加强组织领导，保证各项工作取得实效

要完成好市领导和局党组交办的工作，实现年度收入目标任务，关键在于抓好落实，地税系统各部门、各单位要切实加强组织领导，落实工作责任，加强监督考核，确保完成各项增收任务。

（一）全面落实工作责任

一是进一步深入落实收入目标责任制，层层分解收入任务，完善组织收入工作决策目标、执行责任和考核监督三个体系，切实做到人人有任务，层层抓落实，努力形成各区县、各部门齐抓共管的良好局面。二是，认真落实重点增收措施。为切实落实福刚同志在局务会上提出的 11 项重点增收措施，我们将这些措施分解落实到各业务处室，其中，加强与工商、统计部门信息比对、加强大型专业市场税收征管以及加强个人所得税管理，由个人所得税负责；清理无税户、开展行业税负调查由征管处牵头负责；清理非政策性减免税和先征后返由货物和劳务税处负责，清理异地注册经营企业和加强发票管理工作，由征管处和稽查处负责；加强长亏不倒企业管理，由企业所得税处负责；加强不动产的税基管理，由财产和行为税处负责；加强关联税种比对分析由各业务处按工作分工负责。我们明确责任处室，是为了更加有效地落实工作责任，地税系统各部门、各单位要积极配合上述处室开展工作，同时按照工作职责，认真完成好分管领域的工作。

（二）切实加强调查研究

福刚同志在局务会议上指出，各级财税部门要认真落实市领导的指示精神，积极主动地深入企业开展调研研究，及时发现和解决制约企业发展和税收工作的问题，创造有利于发展的良好环境。地税系统各单位、各部门要认真落实市领导指示和市局要求，在深入落实好各项增收措施的同时，组织地税干部深入企业和征管一线开展调研。调研工作要突出主题，有的放矢，要紧密结合当前全市正在开展的“解难题、促转变、上水平”活动，主动掌握影响企业生产经营的政策环境问题，进一步完善税收扶持政策，优化服务手段，促进企业提升发展活力；要紧密结合税收工作中的难点、热点问题开展调研，比如，对大项目好项目实行动态监控、加强电子商务、楼宇经济等，突出调研的实效性，解决好当前制约税收工作的瓶颈问题。要结合开展税收宣传月活动和 12366 纳税服务热线的推出，切实加强和改进纳税服务工作，大力精简影响到办税效率的工作环节，让纳税人的一般困难在办税服务厅就能够就地解决，要通过纳税辅导使不会申报纳税和填报表单的纳税人能够顺利纳税，要确保相应投诉和意见反馈能够得到协调解决，进一步提高地税部门行风建设水平。

（三）加强信息反馈

要高度重视信息工作，及时主动向市局反馈各项增收措施的落实情况，工作经验及存在的主要问题，使全系统能够共享本部门、本单位的工作经验，共同改进税收征管工作，提高管理水平，促进整体工作任务的完成。

同志们，当前我们税收工作中面临的困难和问题很多，但同样面临着良好机遇。希望大家在实际工作中切实深入下去，认真开动脑筋，大胆创新工作，积极探索加强税收征管的新路子，敢抓敢管，敢闯敢试，敢碰难点，为提高信息管税和纳税服务水平夯实基础，为完成全年工作做贡献。

在网站安全自查整改工作会议上的讲话

（2010 年 4 月 19 日）

天津市财政局（天津市地方税务局）副局长　刘　健

同志们：

按照市政府有关开展“政府网站信息安全专项整治行动”的工作部署，3 月份市局统一对市局和直属单位的共 11 个网站进行了安全自查，目前自查工作已基本完成，从自查的结果来看，问题不少，而且有的问题还较严重。今天，我们召开专题工作会议，目的就是要研究和解决自查中发现的问题，明确分工，落实任务，限期全面完成整改工作。会上办公室和信息化处的同志将分别就网站的应用管理，及技术防范措施的工作整改进行具体的部署，下面我先讲三点意见：

一、认清形势，进一步增强网站信息安全工作的责任感和紧迫感

随着政府网站建设和应用的不断深入，政府网站在提高行政效率、建立服务型政府方面发挥着越来越重要的作用，同时政府网站的安全问题也更加凸显。根据国家互联网应急中心的监测，今年 1 月 4 日至 10 日，仅在短短的 6 天内，政府网站就被篡改了 178 个，现在看来，攻击政府网站已不再仅仅是黑客的恶作剧行为，而且也包括了国内外敌对势力、民族分裂势力、法轮功等邪教组织对我国有目的、有组织的攻击。

根据高丽书记对我市政府网站安全工作的重要批示，1 月 21 日，市政府组织召开了“政府网站信息安全专项整治行动部署动员会议”，治平副市长出席会议并做了重要讲话。会议要求：从 3 月份开始，利用三个月的时间，在全市统一开展政府网站安全专项整治行动，3 月底前各单位要完成自查和整改，4 月份由市领导小组组织检查，并要做到四个百分之百，即隐患排查 100%，隐患治理 100%，责任落实 100%，应急预案 100%。

我局网站的建设应用时间较早，目前我局网站已成为履行财税职责，依法行政的载体；展示工作、实现政务公开、自觉接受社会公众监督的窗口；开展网上办公，为公众提供方便、快捷、优质服务的平台；联系社会公众，受理工作意见，解答咨询问题的桥梁。多年来，我局在加快信息化建设和应用的同时，高度重视信息安全工作，采取了相应的防范措施，特别是近两年来，国家税务总局、市经信委和公安局分别对我局的信息安全工作进行了检查，对检查出的安全问题我局都及时进行了整改，取得了较好的效果。但面对新形势、新

任务的要求，还存在有许多不相适应的地方，还存在有一些安全隐患。从本次网站安全自查的结果来看，个别单位的安全防范意识淡薄，重应用轻管理；安全防范的技术措施还不全面，存在有安全漏洞；应用管理制度的制定不全面，修改也不够及时。通过自查所暴露的这些问题，给我们敲响了警钟，我们必须高度重视，要从维护社会稳定、保护国家安全和利益的高度，深刻认识在新形势下做好网站信息安全工作的重要性和迫切性，进一步增强责任感和紧迫感，切实整改，确保安全。

二、明确责任，全面落实整改工作任务

按照市政府确定的本次工作检查、整改的分工原则，即“谁主管谁负责、谁运营谁负责、谁使用谁负责”的原则，市局负责应用管理的财税政务网站、远程报税网站、非税系统网站和会计网站 4 个网站的工作整改，由市局办公室、信息化处和信息中心负责落实。南开地税局、直属地税局和政府采购中心自建的网站，由本单位负责落实整改，信息中心负责提供技术支持。河西、开发、保税和园区地税的依托区政府设立的网站，由市局配合向区政府通报自查情况，由其按照市政府的要求落实整改。各单位要制定整改工作方案，对于能够及时解决的问题，如设备参数设定的调整、服务器无用端口的关闭等问题，要即刻整改。对于需要增加安全设备、启用相关管理软件、修改源代码等需要一定工作时间的整改问题，要制定出时间表，限期全面整改。

三、科学管理，建立网站信息安全保障的长效工作机制

网站信息安全工作是一项长期的重要的工作，我们要在全面落实此次自查整改工作的同时，研究和建立长效的工作机制，将工作常态化，做到常抓不懈。市局办公室、信息化处要抓紧建立健全相关管理制度。制度的制定要从工作实际出发，要具有可操作性，并定期进行制度的落实检查。要研究制定网站集中建设和管理的办法，对于直属单位只是应用于信息发布的网站，考虑采用由市局统一建设和管理的模式，这样一方面可以实现信息发布的一致性，政策、法规等信息的发布统一由市局负责，直属单位只发布其个性化的工作信息，另一方面安全防范措施可以统筹规划，有利于提高安全防范能力，节约经费支出。统一制定网站建设的安全标准，对于确实需要单独设立的业务专网，要加大技术支持和管理的力度。要制定网站安全评估的工作制度，委托专业的评测机构定期进行评估，发现问题及时整改。

同志们，我们所面临的网站信息安全形势复杂而又严峻，工作任务光荣而又艰巨。我们一定要在市局党组的领导下，协调一致，共同努力，认真应对，扎实工作，确保我局网站信息安全。

在2010年第二次区县地税局长联席会议上的讲话

（2010年5月31日）

天津市财政局（天津市地方税务局）副局长　刘　健

同志们：

这次会议的主要任务是，贯彻落实国家税务总局有关工作部署和市政府财政开源节流座谈会精神，总结今年以来地税收入完成情况和重点增收措施落实情况，研究分析当前经济税收形势，安排部署下一步地税重点工作。

市局党组对此次会议高度重视，专门召开会议进行了研究部署，并决定适当延长了会期，给大家以充足的时间进行经验交流和工作研究，局党组书记、局长杨福刚同志还要亲自出席会议并讲话。我们一定要认真学习领会局领导的要求，利用本次会议时间把地税各项重点工作议深、议透、议实，更好地指导下一步工作的开展。下面，我讲三个方面的问题。

一、2010年以来地税工作的简要回顾

今年以来，全市地税系统认真贯彻市委、市政府统一部署，深入落实科学发展观，积极创新工作思路，大力加强税收征管，整顿和规范税收秩序，不断优化纳税服务，全面提高税收信息化、专业化、精细化管理水平，地税收入实现了较快增长，各项工作取得了新的进展。

（一）地税收入完成情况及主要特点

1~4月份，全市地税系统组织各项收入229.9亿元，同比增长36.7%。其中，税收收入220.1亿元，增长36.8%，完成全年税收任务的37.3%，超时间进度4个百分点；地方级税收收入178.2亿元，增长36.3%。预计1~5月份完成收入272亿元，增长34.7%，其中地方级税收收入223.6亿元，增长34.1%。前四个月地税收入的主要特点：

一是，收入保持较高增长，但增幅呈现减缓迹象。虽然当前税收增幅整体比较高，但累计增幅自2月开始逐月回落，前高后低的态势已初步形成。由于去年一季度经济增长放缓，结构性减税较多，税收收入大幅下降，今年一季度地税收入基数相对较低，但这种翘尾因素的影响在今年二季度开始将逐月减弱。同时，今年一季度房地产业依然延续了去年末交易税

收高增长的态势，但随着国家调控房价政策的陆续出台，房地产市场形势开始发生变化，对今后地税收入必然造成较大影响。

二是，主体税种全面攀升，地方各税增幅回落。营业税收入92.6亿元，增长35.7%。其中，建筑业和房地产业实现营业税45.5亿元，分别增长30.2%和1.2倍，继续发挥对营业税增长的支柱作用；降息影响出现减弱迹象，金融机构贷款规模进一步扩大，带动金融业实现营业税18.2亿元，增长22.5%。个人所得税收入38.5亿元，增长26.8%，主要是我市加快实施增加群众收入的政策，带动工资薪金所得收入实现34.5%的高增长，各级税务机关大力加强对限售股转让所得的征管，也进一步拓展了税源，增加了税收。企业所得税收入31.3亿元，增长57.8%，主要是房地产业、建筑业和商务服务业收入迅速增长，增幅分别达到1倍、39.1%和1.2倍，对企业所得税增长贡献率达到67.8%，同时各单位进一步加大了去年四季度企业所得税预缴力度，相应拉高了一季度收入增幅。三大主体税种以外的其他各税收入57.6亿元，增长36%，环比下降了9.7个百分点，主要是“房地车印”四税合计收入同比下降了5.2%，但契税、耕地占用税收入31.3亿元，同比增长了66.5%。

三是，滨海新区和重大项目贡献突出，税源大户呈现回暖迹象。1～4月份，滨海新区实现税收77亿元，占全市地税收入的比重达到35%，拉动全市税收增幅11.4个百分点。全市重大项目建设进度进一步加快，940个重大项目总投资达1.7万亿元，实现地税收入10.5亿元，增长32.8%。从全市监控的3913家市局级重点税源大户情况看，纳税情况明显好转，入库税收162.5亿元，增长36.4%。从145家核心重点企业情况看，入库税收15.3亿元，增长20.9%，增幅逐月攀升。

（二）地税主要工作进展情况

一是，重点税源监控取得明显成效。以税收管理员工作平台为重要载体，完善重大项目税源监控体系，对项目进行实时税源监控，及时掌握项目开工建设和投产达产情况，有针对性地开展税收服务和征收管理。截至4月底，全市地税系统共通过津税系统绑定建安合同1.1万笔，绑定相关纳税人1544户，上传项目图片1320张，切实做到了“项目说得清，户源管得住，税收征的实”。此外，一些单位借鉴重大项目税收管理服务经验，有效发挥项目监控辐射效应，积极拓展管理渠道，利用“自定义项目”税源监控功能，有针对性地监控市级项目以外的其他重点项目。截至目前，全市13个单位利用这一功能自定义监控了310个项目，实现税收6.3亿元。继续强化房地产税收一体化管理，建立与职能部门信息共享机制，前移税收管理环节，全面掌握房地产业税源情况，实行全方位的税源控管。1～4月份，全市房地产业实现税收76.1亿元，增长89.1%。依托现代信息技术手段，研发建立纳税评估系统，为全面了解纳税人的生产经营状况，掌握不同行业的经济发展规律、行业运作特点、税源变化趋势，有针对性地制定实施管理措施，提升源泉控管水平奠定了基础。

二是，税收征管力度进一步加大。对施管站税款代征系统、我市津税系统以及税管员平台进行有效整合，建立起全市统一的建筑工程项目税收信息化管理平台，方便各单位对全市建筑工程的项目登记、税款征收、发票开具等的操作管理，有效开展对建筑工程分包价款的发票审验和分包款扣除，在实现建筑业营业税链条式“闭环”控管的同时，也减轻了纳税人负担。加强金融机构委托贷款业务税收监管，建立委托贷款业务信息传递比对机制，累计向各地税局传递委贷信息2820条，对于在比对中发现的委贷信息未缴纳营业税的情况，及时对相关企业做出补缴处理。充分利用国、地税信息集中的优势，建立企业所得税征管数据交换机制，完成征管数据分析评估工作，对核查出的漏征漏管户，加快进行企业所得税汇算清缴。加强个人所得税管理，认真做好年所得 12 万元以上纳税人自行纳税申报工作，累计受理申报 4.9 万人，申报年所得额 153.8 亿元，补缴税款 1626 万元；强化限售股个人所得税征管，前 4 个月征收限售股个人所得税 1685.4 万元；积极采取有效措施，对无特殊原因而长期零申报个人所得税的企业组织重点核查，建立长期跟踪管理和定期核查机制。

三是，税收征管秩序进一步规范。积极创新稽查方法，科学整合稽查资源，以重点税源企业检查为突破点，不断加大稽查工作力度，着力以查促管，堵漏增收，收到良好效果。截至 4 月底，全市共检查各类企业 5776 户，查补入库收入 2 亿元。税收专项检查工作效果显著，通过同行业、同类型、同规模企业涉税信息的横向比对和对以往年度涉税信息的纵向比对，发现检查疑点，找准检查重点，对房地产、药品经销、建筑安装、教育培训、大型餐饮等重点税源企业以及股权转让、供热、电力等项目开展重点稽查，有效整顿和规范了税收秩序。对“大小非”及 IPO 限售股减持企业等开展重点检查，严厉打击投资公司隐瞒解禁股票销售收入，不办理税务注销而擅自变更工商注册逃避纳税义务等行为，同时将全市 16 亿元已解禁未销售股票和 1.1 亿元未解禁股票的企业情况转交征管环节进行实时监控。深入开展打击发票违法犯罪活动，强化与公安、国税部门的有效配合，结合对交通运输、建筑安装、房地产、服务以及餐饮业的专项检查，对虚开、代开等发票违法犯罪行为给予严厉打击，共破获 16 起倒卖假发票案件，没收各类假发票近 60 万份，打掉倒卖假发票团伙 4 个，收缴作案机器 3 台、假印章 243 枚。完善税收征管查良性互动机制，对税负偏低、经营流动性强的行业以及关联税种进行严格比对，及时汇集 500 余条案件线索作为稽查选案依据，有效提高了稽查的针对性；同时通过税收检查发现的异常情况，确定税收管理环节风险点，及时反馈相关部门强化征管，有效促进稽查成果转化。

四是，纳税服务进一步优化。全面推进 12366 纳税服务平台建设，实现平台一期建设项目正式向社会开通，运行一个月已受理社会各界和广大纳税人咨询电话 3.3 万个，咨询者普遍对平台的反应速度和服务质量反映良好。进一步精简统一纳税人财务会计报表和各税种申报表，规范办税服务厅建设，合理调整办税窗口类别，明确岗位职责和工作流程，妥善解决征期申报拥挤问题。大力推进政务公开和政府信息公开，依托财税门户网宣传税收法规政策，开展在线咨询服务，累计公开税收规范性文件 22 件，受理在线咨询 700 余条，有效地保障了纳税人的知情权，提高了依法治税的透明度。深入开展税收宣传月活动，组织主题活动 130 余场次，表彰诚信纳税企业 110 个，发放宣传教育材料 1.5 万份，60 余万市民直接或间接参与税收宣传活动。进一步扩大网上申报纳税规模，1～4 月份全市远程电子申报纳税累计入库税收 121.9 亿元，占全市地税收入的 58.5%，进一步节约了纳税申报时间和成本。

总的看，今年以来我市地税各项工作取得了一定成绩，得到了各级领导的充分肯定。但同时，我们也必须清醒看到，当前地税工作还存在一些不容忽视的问题，主要是：税收管理还存在薄弱环节，在一定程度上存在着征管漏洞；部分地税机关和地税干部履责能力和依法行政能力还不够高，税收执法不够规范，存在着税收执法风险；纳税服务体系还不够完善，社会满意度有待提高。我们一定要高度重视这些问题，在今后工作中积极采取切实可行的措施，努力加以解决。

二、准确把握当前经济税收工作形势

现在已时近年中，能不能顺利实现地税收入“双过半”，并保持较高的收入增幅，对于全面完成全年地税工作各项任务，具有十分重要的意义。高丽书记在本月17日召开的市委常委扩大会议上要求，各地区、各部门要时刻保持清醒头脑，充分估计面临的各种困难，密切关注和正确分析形势的发展变化，及时发现和解决出现的新问题、新情况，牢牢把握发展的主动权。全市各级地税部门一定要认真落实市领导的指示精神，进一步认清形势，明确目标，切实把思想和行动统一到市委的统一部署和市局的要求上来。

（一）深刻认识当前经济发展的有利形势和不利因素

当前，全市的经济运行情况总体良好，为地税持续增收创造了有利的条件，但同时也还存在一些不确定性的因素，有可能在一定程度上制约地税收入增幅。

今年以来，在国际金融危机严重冲击的大背景下，党中央、国务院审时度势，坚持以科学发展观为统领，深入实施了一系列加强和改善宏观调控的政策措施，有力地保持了国民经济持续平稳增长。市委、市政府认真落实中央统一部署，紧密结合天津实际，及时制定了一系列决策部署，开工建设投产一批又一批大项目好项目，全力构筑“三个高地”，打好“五个攻坚战”，广泛开展“解难题、促转变、上水平”的活动，国民经济运行实现了良好开局，经济增长速度进一步加快。一季度全市地区生产总值完成1842.4亿元，按可比口径计算，比去年同期增长18.1%，增幅同比提高了2.1个百分点。从经济运行质量看，全社会固定资产投资、地方财政收入、外贸出口等主要经济指标均好于去年同期水平；全市规模以上工业增加值增长30.5%，增速位居全国第三，实现利润增长2.2倍；服务业增加值实现804.8亿元，增长14.1%，增速高于全国平均水平3.9个百分点，在31个省市区中排第二位。滨海新区经济龙头带动作用明显，大项目、好项目建设不断加快。从目前的形势看，全市经济将继续保持平稳较快增长速度，这将为地税征收奠定坚实的基础。

但同时，我们也必须看到经济领域的风险和不确定因素。从宏观经济形势看，国际金融危机影响的严重性和复杂性都超过人们的预期，世界经济虽然正在缓慢复苏，但复苏的基础仍然脆弱，复苏的进程很不平衡，最近欧洲主权债务危机就已经严重地拖累到欧洲经济增长，世界经济仍然存在下行的风险。国际贸易恢复乏力，贸易保护主义盛行，对我市外贸出口还将产生持久的不利影响。受国际经济恢复性增长以及需求、投机等因素影响，国际原油价格剧烈波动，铁矿石等大宗商品价格大幅度上涨，企业生产成本上升，生产经营困难增加，利润增长空间受到挤压，影响到相关税收的增长潜力。需要特别关注的是，今年以来国民经济在部分行业和领域出现了“过热”的苗头，居民消费价格（CPI）和工业品出厂价格（PPI）连续攀升，4月份我国CPI同比上涨2.8%，PPI同比上涨6.8%，达到金融危机以来的最高点。中央针对经济运行中的突出矛盾和问题，进一步加大了宏观调控力度，在连续三次上调存款准备金率、实施限制产能过剩行业扩张政策的基础上，重点加大了对房地产市场的调控力度，先后出台了“国四条”、“国十条”等政策规定，综合运用土地、金融、税收等手段，加强房地产市场监管，稳定房地产的价格，抑制投机性需求，坚决遏制部分城市房价过快上涨，力度之大前所未有。这些政策虽然从长远看，可以规范市场秩序，促进经济健康发展，但在短时期内会对房地产业等部分行业产生较大的影响，市场存在着强烈的观望情绪，房地产成交量大幅度下跌，价格产生松动，与之相关的税收也受到较大影响，必须引起高度关注。

（二）深刻认识地税工作面临的新挑战

当前地税工作中还存在一些问题和薄弱环节，需要引起我们高度关注，及时采取有效措施认真加以应对。

一是，在组织收入方面，高丽书记等市领导明确要求，今年全市各项经济指标均要力争好于去年同期水平，其中财政收入增幅要确保高于去年。从目前的收入形势看，虽然前四个月的地税收入增幅较高，但特殊的、一次性因素较多，如去年同期收入基数较低、企业实现利润结转到今年纳税等。进入今年三月份以后，地税收入低基数的优势逐月减弱。同时，房地产业税收在宏观调控的大背景下，收入形势和去年相比发生逆转，2009 年房地产税收是前低后高，1～4 月份交易额和交易面积累计增幅为 19.1% 和 11.4%，5～12 月份分别达到了 1.3 和 1.5 倍，税收主要集中在后 8 个月；今年房地产市场开局火爆，但受宏观调控政策影响逐月萎缩，交易额和交易面积单月增幅分别从 1 月份的 266.5% 和 173.4%，下降到 4 月份的 29% 和 5.6%，5 月份房地产业的税收贡献率预计将下降到 72.5%，比最高点回落了 10 个百分点。从目前形势看，即使房地产市场能够保持住目前增幅，也仅能和去年 5～12 月份规模持平，将很难再保持较快增长。房地产业税收占地税收入无论是绝对额还是增收额的比重都相当大，其增幅回落将对地税整体收入产生非常大的负面影响。综上所述，今年地税收入很可能是高开低走，这将使今后各月组织收入目标任务压力进一步加大。同时，随着国家宏观调控措施效果的不断显现，与土地等相关的非税收入增幅可能出现大幅回落，要保持财政收入总体增幅，地税部门的工作量将进一步加大。因此，我们决不能因当前的收入形势比较好就在思想上产生松懈情绪，一定要对下一步组织收入可能出现的困难有着充分的估计和准备。

二是，在税收征管方面，当前地税管理中还存在不少薄弱环节，有些已经引起了市领导的高度重视。兴国、栋梁、津渡等市领导同志专门指出，目前我市部分大型超市、专业市场以及餐饮娱乐等企业经营规模很大，但税收贡献率较低，在代征代缴、发票使用管理上都不规范和严格；栋梁常务副市长指出，去年经济普查我市个体工商户有 57 万户，只有 8 万户左右纳税，营业税只有几个亿，直接影响了个体工商户相关经济指标和服务业增加值增幅的核定。同时，税务部门对于电子商务、电视直销等新兴业态，还缺乏有效的征管手段，漏征漏管的现象比较普遍；对于演出市场、传媒、出版业、民间办学机构以及垄断行业、涉外机构高收入群体的税收征管还有一定潜力。兴国市长要求，各级财税部门和财税干部不能简单满足于坐在办公室里抓收入，要主动深入税源企业研究收入问题，落实增收措施，确保应收尽收。市领导的指示是对地税工作的更高期许和鞭策，这要求我们一定要在完善应收尽收机制方面拿出更多的切实有效的举措，进一步提高依法组织收入的能力和水平。

三是，在地税部门服务方面，目前我们在部门服务和人员素质方面还存在一定问题，部分单位内控机制不健全，纳税服务制度规定不完善，执行不到位，监督和管理薄弱，存在着执法不规范、办理涉税事务程序繁琐、纳税人等候时间过长，以及人浮于事，对纳税人各种诉求推诿敷衍等问题，为此有的纳税人还专门提出了投诉，并被报刊媒体曝光，在社会上造成了不良的影响。这既要求我们进一步完善制度规范，加强和改进部门服务，也要继续强化对干部的教育监督，促进地税干部更好地履责，保证管理制度和工作部署落实。

各级地税部门一定要进一步提高认识，对当前经济形势和地税工作中存在的问题有一个全面、清醒的认识，切实增强责任意识、忧患意识，进一步做好组织收入和各项工作，确保实现上半年收入“双过半”，为圆满完成全年任务打下坚实基础。

三、下一步地税工作的主要任务

关于近期地税的重点任务，市局在今年第一次地税局长联席会议和局务会议上已经作出明确部署，在这里结合局领导的最新指示和我们在近期调研中发现的问题，再对重点措施进行进一步的明确。

（一）深入做好重点税源监控工作，夯实税收增收基础

一是，进一步加强重大项目税收监控管理。认真落实税收扶持政策，完善重大项目纳税服务“绿色通道”和专人负责机制，积极帮助企业解决实际问题，支持项目早日开工和投达产。建立重大项目税源监控的长效机制，明确部门和专人对重大项目进行跟踪和信息维护，特别是定期发布最新照片，形象掌握项目建设最新进展；对新增重大项目，按照业务流程在合同备案环节和纳税人登记环节，实时与重大项目绑定。认真开展已竣工项目纳税评估工作，严格监控竣工和投达产项目生产经营情况和税源形成情况，及时针对发现的问题进行跟进管理和检查。加强重大项目税收预测，积极完善相关指标体系，加强信息维护，进一步提高项目税源形成预测的准确性。

二是，大力推动建立楼宇经济税源监控体系。楼宇经济是近年来我国城市经济发展中涌现的一种新型经济形态，它以商务楼、功能性板块和区域性设施为载体，以开发、出租楼宇引进各种企业，从而引进税源，是集约型、高密度的一种经济形态，对经济发展和税收增长有明显的拉动作用。市局在认真总结重大项目税源监管成功经验的基础上，开发了楼宇经济税源监控系统，现正由河西、和平地税局进行试点，近期将在全市推广。各部门和区县地税局要依托该系统，以楼宇为监管单元，以楼宇内的经营者以及房屋产权人为监管对象，对楼宇内从事经营活动公司缴纳的全部税收实施监管，实时掌握全市楼宇经济税源数量、规模和对财政收入的贡献情况。各区县地税局对本区域内楼宇经济纳税人（商户、物业公司、房屋产权人），要不分本区注册和异地注册，实施全面、彻底的税源监管，认真开展全面调查和定期分析，有针对性地开展纳税评估，不断完善楼宇经济税源监管机制。

（二）大力实施信息管税，进一步提升税收管控水平

一是，加强税收基础数据采集共享。继续加强部门合作，充分利用地税系统信息网络，完善与财政、国税、工商、质检、公安、金融等职能部门以及有关经济组织的信息共享，积极探索获取第三方信息的有效途径。通过不断加强涉税信息采集共享，切实提升税务部门掌握国民经济活动信息的全面性和税源分析的有效性，为加强征管提供科学依据。重点是加强工商注册登记与税务登记信息比对，形成制度性的定期清理和报告制度，同时加强与国税部门信息联网，定期比对双方登记户及纳税情况信息，防止出现漏征漏管户；通过与房管土地

部门、建安行业管理部门数据交换，及时掌握房屋、地产交易情况和施工项目情况，有针对性地采取组织收入措施保证税款及时入库。

二是，加强数据管理与应用。一方面，要严格数据质量管理，根据数据的采集、管理不同来源和环节，实行全过程质量控制，确保数据真实可靠。征收、管理和稽查部门都要落实数据质量责任制，指定专人负责数据维护，切实做到数据清理常态化，数据把关责任化，从机制上保证数据质量。另一方面，要广泛开展数据应用，由地税登记局统一负责全市数据分析应用具体监控职能，各业务处要在此基础上监控税源、税收政策执行、基层执法等环节，各基层单位设立纳税评估科，负责各单位纳税评估综合管理、组织专项纳税评估，分析税收征管数据，为征管和稽查环节提供信息支撑。在此基础上市局开发纳税评估软件，开展纳税评估培训，推广纳税评估经验，推动纳税评估工作开展。

三是，完善税收预警和纳税评估互动机制。进一步完善税收信息管理平台预警功能，积极搭建综合分析应用模型，从整体上对宏观经济数据、各行业税收征管数据、纳税人基础数据以及第三方数据进行综合分析把握，发现影响收入的潜在风险并发出预警信息，为纳税评估系统提供可靠的案源。完善纳税评估系统的参数、模板和分析模型，通过对纳税人纳税申报的真实性、准确性、合理性作出定性定量判断，妥善解释和处理预警系统发现的问题，同时通过对纳税人申报资料、财务数据等涉税信息的科学分析和系统归纳，了解不同纳税人的行业运作特点和税收征管规律，为完善税收预警系统提供依据，达到预警和评估相互促进，共同促进税收监管水平提升的工作目标。

（三）落实重点增收措施，确保税收应收尽收

一是，做好对重点行业的税收征管工作。加强房地产业税收征管，完善与国土房管和建筑管理部门信息交换机制，前移税收管理环节，及时获取项目立项、房屋销售许可证和销售合同以及办理产权证等信息，建立房地产等不动产基础信息数据库，认真研究制定房地产基础信息与税款申报、发票开具等信息比对分析方案，实现对房地产业全方位的税源控管；认真做好土地增值税清算和房地产行业评税工作，对全市272个符合清算条件的项目一律进行清算，不漏一户，为调整清算方式做好准备，同时积极与市国土房管局协调，共同开发完善房地产评估核税模型，采集基础评税数据，做好我市应用评税技术核定二手房交易计税价格工作。加强建筑安装业管理，及时与房地产开发行业进行信息比对，实施全程管理，利用新的施管站代征系统，严格工作流程，全面、完整地录入项目基础信息，做好对总包或分包单位为外地人的信息采集、税款入库、发票管理和数据分析等各项工作，全面提高建筑业“闭环”管理水平；调整征管政策，对于连续3年以上亏损的建筑安装企业，采取核定征收办法征收企业所得税。加强餐饮娱乐业税收征管，全面开展餐饮业纳税情况调研，研究制定加强我市餐饮企业税收征收管理办法，区分不同经营规模和会计管理完善程度，对不同餐饮企业分别采取查账、核定和定额方式征收企业所得税；适时调整娱乐业营业税税率，进一步夯实娱乐业税基，解决娱乐业名义税负和实际税收不对称问题，预防和减少相关偷逃税问题。加强经营性公墓管理，认真梳理全市各经营性公墓纳税状况，调整完善公墓单位转让、租赁墓地取得收入的营业税、企业所得税以及房产税、城镇土地使用税政策，保证税收依法足额入库。

二是，加强重点税种管理。认真梳理营业税差额征税行业项目，研究出台营业税差额征

税管理办法，对扣除项目合法有效凭证的标准、差额征税具体项目、计税原则等进行细化，充分利用信息技术手段，在津税系统中增加差额征税功能模块，加强信息比对，严格甄别扣除凭证，及时发现并堵塞征管漏洞；完善委托贷款业务信息传递比对办法，建立健全常态化的信息反馈机制，定期核对委贷业务情况和纳税情况，及时规范有关机构应缴未缴税款问题。结合落实总局企业清算环节所得税管理暂行办法，进一步细化我市有关规定，完善对解散、撤销、破产、重组等企业的企业所得税清算管理，同时加强对政策过渡期注销企业的审核管理工作，防止出现企业为躲避清算在政策文件正式下发前违规提前注销的问题。加强个人所得税管理，做好个人工薪所得与企业工资费用支出比对，对疑点企业集中组织核查；利用从住房公积金管理中心取得的数据，对职工公积金缴存基数与收入关联性进行分析，对税前扣除的项目进行比对，深入查找征管漏洞。充分利用国地税信息共享平台，进一步加强城建税国地税信息比对核查工作，健全城建税长效控管机制。充分利用当前房地两税集中申报的有利时机，认真做好税源登记管理工作，及时更新基础信息数据库，巩固清查结果，保证房地两税“集中申报、属地管理”新模式稳步推进。

三是，加强个体税收和各类市场管理。认真落实市领导要求，结合经济普查数据开展核查比对，按照统计局提供的个体工商户经济普查数据，与目前征管的个体工商户信息进行对比，分析户数差异原因，深挖个体征管过程中的漏洞，大力清理漏征漏管户，做到随发现随清理，不留死角。主动争取地方政府支持，与市场主办方取得联系，积极开展对各类市场的调查，准确掌握市场的经营范围，摊位数量，商户的租赁情况等基础信息，切实摸清底数，逐步完善管理办法，全面推行委托代征。在这里特别要强调的是，各区县地税局要和委托代征单位明确委托代征双方的权利、义务和责任，既要监督委托代征单位认真履行代征责任，避免出现敷衍了事的不履责问题，又要掌握好政策执行的分寸和力度，防止代征单位违规、越权征税，加大纳税人负担，影响社会安定的问题。同时，还要加强对代征单位发票的管理，税收管理人员要定期对代征单位发票（特别是饮食定额发票）的领用、使用、保存等情况进行检查，坚决杜绝发票使用混乱的问题。

（四）继续强化税务稽查工作，规范税收征管秩序

一是，进一步严肃税收纪律。继续做好非政策性减免税清理工作，对执行到期的政策及时恢复征税，坚决取消和纠正有关部门和区县自行出台的税收优惠政策，大力清理异地注册经营企业，积极稳妥做好企业跨区迁转工作，维护统一公平的税收政策和征管环境。

二是，全力开展打击发票违法犯罪活动工作。继续加强与国税、公安等部门的配合，深入开展发票犯罪专项整治工作，对虚开、代开等发票违法犯罪行为“打早打小”，努力把此类问题消灭在初始产生的阶段。同时，严厉打击发票“买方市场”，按照“查一户必查发票”的要求，对企业开具和接受的大额疑点发票“双向”落实真伪，力求从根本上杜绝虚开、代开以及使用虚假发票等违法行为。对于在检查中发现的重大发票违法案件线索，及时提请公安机关介入，始终保持对发票违法犯罪行为打击的高压态势。

三是，全力做好重点行业、重点项目的税收专项检查。今年的税收专项检查工作层次多、范围大、任务重。各部门、各单位要合理安排好稽查力量，保质保量地完成好各项检查任务。在搞好房地产、药品经销、建筑安装等重点税源企业专项检查的同时，有重点地开展对长亏企业、股权转让、大型市场、专业化商城、楼宇经济、教育培训机构等行业的调研，

积极探索被查行业存在的涉税违纪违法问题新情况和新手段，及时调整相应征管措施，坚决堵塞征管漏洞。同时，要抓紧做好供热、电力、“大小非”及 IPO 限售股减持企业专项检查的各项收尾工作，确保查补税款及时入库。

四是，大力完善稽查与征管互动机制。建立健全信息传递机制，及时将税收预警和纳税评估平台发现的问题提交稽查环节，开展有针对性的税收检查。结合市局“稽查、征管互动平台”上线应用工作，及时汇集征管工作中发现的案件线索，加强稽查选案，并按照“每案必转稽查建议”的要求，将检查中发现的税收风险点，如税负偏低、流动性较强的行业以及不动产税基、关联税种、个人所得税等方面比对异常的情况及时反馈相关部门加强征管，努力形成征管查紧密联系互动的税收管理工作新格局。

（五）进一步优化纳税服务，营造和谐的税收环境

一是，全面推进 12366 纳税服务平台建设。加强平台运行期间的跟踪服务，及时掌握系统运行情况，进一步加强系统运行管理，不断完善咨询服务应答、系统维护和技术保障、知识库编写更新、咨询人员培养交流，以及咨询服务评价等工作机制，努力提升咨询服务效率和社会满意度。进一步加快以网上 12366 为主体的二期项目建设开发步伐，整合网上服务资源，拓展服务功能，为纳税人提供多渠道的咨询服务方式。二期项目要力争在 5 月底前完成并上线运行。

二是，进一步简化办税程序。精简统一纳税人表单报送，规范财务报表报送的种类、时间，积极提供纸质、电子等多种报送方式，加快推进国、地税数据共享平台建设和数据实时交换，实现纳税人报表一方报送，双方共享，进一步减轻纳税人向国地税机关重复提供涉税资料的负担。精简统一各税种申报表，全面清理并取消申报表重复数据栏目，整合附报资料，逐步实行综合申报表。认真落实“两个指引”，严格规范办税流程和服务承诺，各级地税机关不得以加强管理为由随意增加报送资料内容或拖延办理时限。规范办税服务厅建设，优化办税窗口和办税服务岗设置，积极推行全程服务、预约服务、提醒服务、延时服务、首问责任制等制度，探索推行自助办税，努力提高办事效率，节省纳税人办税时间。

三是，完善优化纳税服务的制度保障体系。建立和完善纳税人权益保护沟通制度，充分利用纳税服务窗口、定点联系制度和第三方调查等渠道收集纳税人对税收管理与服务方面的意见和建议，不断完善纳税服务措施。建立健全对纳税人意见和投诉的快速处理机制，及时向纳税人反馈。建立健全税务部门政府信息公开制度，规范公开信息的收集、审查、发布程序，及时、全面、准确地公开税收法律法规和规定，主动接受社会监督。进一步完善纳税服务质量考核评价体系，明确服务职责、标准，细化服务事项，落实工作分工，确保责任到人、措施到位。

（六）加强干部教育监督，努力提高部门履责能力

一是，健全和完善制度机制。进一步建立健全干部履行责任的标准体系、质量考核体系以及监督检查体系，完善部门内控机制，结合内部检查、外部测评、舆论反馈、部门评价等手段，积极推动地税干部依法履职、恪尽职守、搞好服务以及做好反腐倡廉工作，从体制机制上防范执法风险和廉政问题的发生。

二是，抓好“四项监督制度”落实。认真贯彻中央《党政领导干部选拔任用工作责任

追究办法（试行）》和中组部的三个配套办法，按照市委“学习培训在先、严格贯彻执行、加强督促指导、务求取得实效”的要求，通过学习培训、教育宣传、座谈交流、对照检查等多种形式，切实抓好“四项监督制度”的学习贯彻，进一步提高选人用人的公信度。市委组织部将在适当时机对我局学习贯彻“四项监督制度”情况进行检查，市局也要组织对直属单位学习贯彻情况进行检查。

同志们，下一步的地税工作任务还十分繁重。我们一定要在市委、市政府的正确领导下，迎难而上，开拓创新，扎实苦干，努力开创地税工作的新局面，为促进全市经济社会又好又快发展做出新的更大的贡献！

在 2010 年第三次区县地税局长联席会议上的讲话

（2010 年 10 月 9 日）

天津市财政局（天津市地方税务局）副局长　刘　健

同志们：

这次会议的主要任务是，深入学习贯彻市委理论学习中心组读书会精神，总结今年以来地税工作情况，研究分析当前经济税收形势，安排部署第四季度地税重点工作任务。

市局党组对此次会议高度重视，专门召开会议进行研究部署，局党组书记、局长杨福刚同志还要亲自出席会议并讲话。我们一定要认真学习、深刻领会局领导的要求，更加深入地贯彻落实好市委统一部署和市局各项重点增收措施，确保圆满完成全年各项工作任务。下面，我讲三个方面的问题。

一、2010 年以来地税工作的简要回顾

今年以来，全市地税系统认真贯彻落实市委、市政府决策部署，积极创新税收工作思路，不断完善部门协调机制，强化税收源泉控管，健全征管工作流程，优化纳税服务，地税收入完成情况较好，各项工作取得了新的进展。

（一）地税收入完成情况及主要特点

1～8 月份，全市地税系统组织各项收入 455.3 亿元，同比增长 35.3%。其中，税收收入 432.6 亿元，增长 35.4%，完成全年税收任务的 73.3%，超时间进度 6.6 个百分点。地税收入的主要特点：

一是，地税收入总体情况良好，但收入增幅有趋缓态势。在全市经济加快发展的有力拉动下，今年以来地税收入一直保持较快增长速度，月度、季度增幅均超过 30%。但同时，由于目前行业税收和税种结构仍然不尽合理，制造业、金融和服务业等传统支柱行业纳税情况尚未根本好转，收入增幅均未超过平均水平，在一定程度上制约了税收的持续高增长。此外，去年上半年税收基数相对较低，也是今年上半年税收增幅较高的重要原因，但自 7 月份以来基数因素明显减弱，也制约了地税收入增幅的提高。

二是，重大项目和重点行业贡献突出，税源大户进一步回暖。全市加快实施项目带动战

略，累计实施的大项目、好项目达到940个，总投资额增加至1.69万亿元，其中今年上半年累计完成投资7290亿元，拉动地税收入28.4亿元，增长21.9%。房地产业税收继续在地税收入中占据重要比重，1～8月份，房地产和建筑业两行业税收200.2亿元，占全部税收的比重达到46.3%，比去年同期又提高了3.9个百分点。重点税源大户纳税情况明显好转，全市重点监控的3914家市局级重点税源大户前八个月入库税收309亿元，同比增长30.9%，其中145家核心重点企业累计入库33.7亿元，同比增长38.9%。

三是，主体税种稳步增长，地方各税收入规模继续扩大。营业税收入182亿元，同比增长34.6%。在全市固定资产投资高速增长的带动下，房地产和建筑业实现营业税94.8亿元，分别增长53.4%和24.6%；金融业降息的影响逐季减弱，贷款规模扩大优势显现，带动实现营业税29.4亿元，增长24.3%。企业所得税收入55.4亿元，增长56.8%。房地产业、建筑业和商务服务业继续发挥核心带动作用，三行业收入分别增长62.9%、48.9%和2倍，对企业所得税增长贡献率达到63.2%；同时，各单位进一步加大预缴去年四季度企业所得税和汇算清缴工作力度，确保了来源于上年的利润及时足额转化为本年税收。个人所得税收入66.5亿元，增长30.2%。工资薪金所得税收入增长34.8%，重点支撑作用明显；各级税务机关着力加大股权转让环节的管理力度，使其他财产转让所得成为个人所得税增收的重要来源。三大主体税种以外的其他各税收入128.6亿元，增长31.6%。土地增值税实现收入9.7亿元，增长23%；契税、耕地占用税收入58.5亿元，实现了58.5%的较高增幅；“房地车印”四税增幅转降为升，合计收入33.6亿元，增长2.7%。

四是，滨海新区拉动作用明显，区域税收差异较大。1～8月份，滨海新区实现税收152.7亿元，占全市地税收入的比重为35.3%，贡献率为29.1%，拉动全市税收增幅10.3个百分点。从各区域收入形势看，新四区和三县二区收入同比分别增长44.1%和63.4%，受可开发面积和税收收入基数较大等因素制约，同期市内六区同比仅增长29.2%，拉动全市的税收收入增长的作用有所减弱。

（二）地税主要工作进展情况

一是，重点税源监控进一步强化。各单位坚持以税收管理员工作平台为重要载体，进一步完善重大项目税源监控体系，对项目进行实时监控，全面掌握开工建设和投产达产情况，有针对性地开展税收管理服务，确保收入及时足额入库。截至9月25日，22个征收单位累计绑定建安合同1.6万笔，绑定相关纳税人1660户，上传项目图片1563张，切实做到了“项目说得清，户源管得住，税收征得实”，得到了市领导的充分肯定。兴国、津渡同志先后对市地税局《关于重大项目税源监控工作的报告》作出重要批示，兴国同志批示：“加大重大项目税源监控的力度，并主动做好服务工作”；津渡同志批示：“市地税局加强税收征管，促进经济发展工作取得了新成果。围绕大项目好项目建设发展，搞好精细化科学化管理，组织专门机构和人员为大项目好项目服务，是征管方面的创新。请进一步加强管理，搞好服务，促进经济发展和财政增收。”在做好重大项目税源监控工作的同时，各单位还积极推广管理经验，拓展管理渠道，利用“自定义项目”税源监控功能，有针对性地监控市级项目以外的其他重点项目，项目监控辐射效应得到放大，截至目前全市共自定义项目320个，实现税收12.5亿元，比上年同期增长31.9%。适应现代服务业发展，大力推进楼宇经济税源监管工作，积极开展楼宇经济税源调查，认真进行楼宇经济纳税人绑定，楼宇经济税源监管工作取得阶段性成果。截至目前，全市118座商务楼宇被纳入楼宇经济税源监管系统，今年累计实现国地税收入53.5亿元，同比增长38.6%，其中地税收入34.4亿元，同比增长50.2%，税收规模超亿元的楼宇达到14座，最高的税收达到7.1亿元，其中地税收入4.7亿元。房地产税收一体化管理扎实推进，与房管、土地等职能部门信息共享机制逐步完善，税收管理环节不断前移，税务部门掌控房地产业税源情况的能力进一步增强；加强建筑业税收链条式"闭环"式管理，通过将代征税款直接架构于津税系统，并增加发票报验、分包款抵扣控制等功能，纳税人缴税程序不断规范，征管效能显著提高。

二是，重点增收措施成效进一步显现。依托税收基础信息数据库和税管员平台，大力加强相关数据征管监控和分析比对，及时掌握不同行业的发展规律、运营特点和税源变化，深入开展纳税评估，有针对性地制定实施管理措施，有效地防范了税收风险，提升税收控管水平。截至目前，全市各单位共评估2357户，其中有问题1549户，评估实现税款9584.7万元。充分利用国、地税信息集中的优势，完善企业所得税征管数据交换机制，积极开展企业户籍信息比对工作，深入筛查漏征漏管户，对零申报、存在虚假申报疑点企业加大专项检查力度，认真做好注销企业资产清算，切实弥补征管漏洞。大力推行房地产"一体化"管理和建筑安装业"闭环"管理，积极获取第三方信息，全方位掌握房地产业基础税源情况；积极开展土地增值税清算，根据实际情况调整税率，累计入库税款2.2亿元。全面推行房地两税"集中申报，属地管理"征管模式，夯实了税源基础，有效解决了交叉管理问题，减少了漏征漏管。加强股权转让管理，通过与工商部门信息传递，积极探索实行企业股权转让税务证明制度，及时制发制度规定，明确证券机构和限售股股东税收扣缴义务，截至目前，已累计对企业及个人股权转让征收企业所得税6.2亿元，个人所得税9680万元。认真落实国际运输劳务营业税政策，及时督促有关单位补征上年国际运输劳务的营业税，累计补缴税款2.8亿元；完善委托代征信息传递及核查机制，对委贷核查信息涉及的82户企业缴纳营业税情况进行检查，补缴营业税332万元。充分发挥大型专业市场管委会、属地公安、工商等部门工作优势，积极开展委托代征工作，全市125个大型专业市场中，有88户开展了委托代征，收到了良好效果。

三是，税收征管秩序不断优化。以打击发票违法犯罪活动和税收专项检查工作为重点，有针对性地对药品行销、房地产、建筑安装、交通运输等重点税源行业以及非居民企业开展重点检查，积极开展对企业间二手房交易、小城镇建设还迁纳税情况的专项检查，切实突出税务稽查的威慑作用，大力整顿和规范税收秩序。截至8月底，共检查各类纳税人10631户，查补收入7.1亿元，有效发挥了以查促管，堵漏增收的作用。继续开展发票违法犯罪专项整治工作，以虚假发票"买方市场"为打击重点，与国税、公安部门联合，采取主动防控、主动发现、主动打击的工作方法，坚持"查案必查票，查账必查票"的工作思路，全面加强对餐饮娱乐、服务业、广告业、代理业等发票违法犯罪高危行业的税收监控，对领票量大、申报数额较小的企业开展了重点检查，累计查处"受票企业"106户，查补收入721万元；破获发票违法犯罪案件80起，查获假发票近500万份，打掉倒卖假发票团伙39个。加强税收征管和稽查互动机制建设，开发"稽查与征管互动平台"，认真梳理在稽查中发现的税收风险点，及时反馈征管部门改进税收管理，有效地促进了稽查成果转化。

四是，纳税服务水平继续提升。12366纳税服务平台运转顺畅，截至8月底累计受理纳税人咨询问题7.6万个，纳税人的服务需求得到了及时优质的回应，收到了良好社会效果。

依托12366平台，整合完善为纳税人提供咨询服务的税收法规库、知识库和问题库，推进以税务网站、服务热线和短信服务为主体的综合服务平台建设，为纳税人提供一体化服务载体，进一步拓展了为纳税人服务的领域和手段。大力规范办税流程，积极推行服务标准化作业，完善纳税人电子信息“一户式”存储和查询，实行涉税事项统一受理和涉税文书内部统一流转，实施建筑安装项目在市行政许可中心集中备案，以及房产税、集中申报办理等便民措施，减并涉税发票，切实减轻了纳税人的办税负担。进一步扩大网上申报、电子介质申报和POS机刷卡缴税等申报缴款方式，全市远程电子申报纳税人已达10.46万户，1~8月份入库税收收入232.2亿元，占全市地税收入比重达到54.8%。

总的看，今年以来我市地税各项工作取得了一定成绩，得到了各级领导的充分肯定。但同时，我们也必须清醒看到，当前地税工作还存在一些不容忽视的问题，主要是：税收对房地产行业依赖较大，还需要进一步培养多点支撑的增收格局；对涉税数据应用不够充分，信息管税工作还存在较大空间；纳税人税负不均衡，税收征管保障措施不完善，税收管理还存在薄弱环节；纳税服务制度体系不够完善，部分办税服务厅和地税干部服务能力有待提升，纳税人满意度不够高。我们一定要高度重视这些问题，在今后工作中要采取切实可行的措施，努力加以解决。

二、正确认识当前税收工作面临的形势任务

到年底还有三个月的时间，能不能继续保持奋发有为的工作热情，毫不松懈地做好第四季度的地税工作，对于全面完成今年地税各项工作任务，具有十分重要的意义。高丽书记在7月份市委常委扩大会议和最近召开的市委理论学习中心组读书会上反复强调，各地区、各部门要正确把握国内外形势，对经济环境的复杂多变性有足够的估计，对面临的困难和挑战有充分的准备，切实增强工作的前瞻性、针对性和有效性，牢牢把握发展的主动权，不断加大工作力度，确保实际工作、效果和水平好于上一年。各级地税部门一定要深入学习领会市领导的指示精神，对当前的经济税收形势有一个全面清醒的认识。

（一）正确认识当前宏观经济发展形势

今年以来，在国内外经济形势依然严峻复杂的大背景下，全市上下认真贯彻中央加强和改善宏观调控的一系列政策措施，深入开展“解难题、促转变、上水平”活动，狠抓大项目好项目建设，全市经济实现了又好又快发展。1~8月份，全市生产总值增长18%，是1994年以来同期最好水平；全社会固定资产投资完成3964.2亿元，同比增长33.8%，连续10个季度保持在30%以上增速。总投资达1.69万亿元的940项重大项目，已建成307项，开工率达90%以上；电子信息、航空航天、装备制造等八大优势支柱产业不断壮大，前7个月全市工业增加值累计增长25.7%，在全国各省市增速排位中位居第二位。滨海新区开发开放进一步提速，重大项目和基础设施建设继续加快，辐射和带动作用显著增强；区县经济发展明显加快，31个示范工业园区基础设施建设全面展开，签约项目711个，完成投资340亿元。这些都将对全市经济持续快速增长产生强有力的拉动作用，也为地税稳定增收奠定了坚实的基础。

但同时，我们还必须看到经济领域的风险和不确定因素。世界经济总体复苏进程依然不

够均衡，自主增长乏力，随着以财政、货币为主要手段刺激经济政策效应的逐渐减弱，大多数国家的经济增长率有可能会再次回落，加上日趋抬头的贸易保护主义、人民币升值压力、大宗商品价格剧烈波动等，都会影响到我国经济的增长。从我国情况看，在成功实施刺激经济增长的"一揽子"措施后，如何进一步加强和改善宏观调控，培育新的经济增长点，继续保持国民经济持续健康稳定增长，是摆在各级政府面前的新课题。同时，今年以来，频繁发生的自然灾害、不断拉高的劳动力市场价格、连续上涨的消费者物价指数（CPI）等，都给宏观经济的健康发展增添了不稳定因素。国家针对宏观经济及部分行业发展的不稳定、不健康因素，有可能出台进一步的调控措施，势将影响部分行业和领域的发展速度，也进而影响到相关税收的增长。

（二）正确认识组织收入目标任务的新要求

按照市领导的指示精神和总体要求，今年全市地方财政收入增幅要按照不低于30%的目标安排。根据目前地税收入进度测算，后几个月我们收入月均增幅要达到20%以上。虽然当前全市地税收入形势总体较好，但我们决不能因此盲目乐观，产生懈怠思想。今年以来地税收入实现较高增幅，有去年同期基数较低的因素，但去年的税收形势是"前低后高"，去年上半年累计增幅2.8%，下半年增幅达到38%，特别是后四个月完成税收189.5亿元，同比增长49.4%，其中一次性因素收入30.1亿元，占全年一次性因素的49.6%。今年上半年，全市地税收入增长36.8%，进入7月份以后，基数优势明显减弱，1~8月份累计涨幅较上半年收窄1.4个百分点。联系到当前宏观经济发展的整体态势以及去年的一次性增收因素问题，必须高度警惕税收增长"前高后低"的问题，一定要居安思危，从现在起就毫不松懈地落实增收措施，继续狠抓收入。根据新的地方财政收入统计口径，地税收入占地方财政收入比重较大，如果不能保持一个较高的增幅，将直接影响到全市地方财政收入的增长。到时候作为北方经济中心的天津，在财政收入这一主要经济指标上就难有说服力，进而影响到天津的城市形象和吸引力。全市地税系统对此要有清楚的认识，在组织收入工作中继续保持奋发有为、知难而进的精神状态，主动提高标准，千方百计推动地税收入实现更快增长。

（三）正确认识房地产市场税收增长存在的现实问题

房地产行业税收在我市财政收入中占的比重很大，2009年房地产业与建筑安装业税收总额224亿元，占地方税收收入的44%。今年以来，受国家一系列遏制房地产行业不健康发展宏观调控政策的影响，房地产业总体发展速度有所降低，从4月份开始，我市房屋交易面积出现同比下降，从5月份开始，出现同比、环比同时下降，6、7、8三个月交易面积同比下降幅度均高达40%以上。受此影响，房地产和建筑业税收累计增幅由一季度的76.9%，降至1~8月份的48%，特别是二季度以来增幅明显回落；二手房交易量持续低迷，房屋转让个人所得税自6月份开始大幅下降，8月份降幅高达56%。目前，房地产市场月均交易额已回落至100亿元左右，而去年同期月均交易额为159.8亿元，如果后四个月房屋价格能够保持目前水平，预计交易额在400亿元左右，按近两年平均税负13%测算，预计实现税收收入52亿元，同比下降17.5%，建筑业作为和房地产业关联度最高的行业也很难实现高增长。尽管9月份以来房屋成交量和销售价格出现反弹，但国家调控的房地产市场的政策基调未变，房价在长期内仍将保持在一个相对温和的增长范围内，同时由于今年以来我市房地产业税收增长主要依托小城镇建设、大项目带动和保障房建设，随着工程进度的到位，相关税收的增幅会逐渐回落，在未来一定时期内的增长速度难以准确预料。因此，我们必须切实增强工作的主动性，不等不靠，努力淡化和摆脱对房地产业的过分依赖，积极培养和挖掘新的税源和税收增长点，努力构筑税收多点支撑、多级增长的良好局面。

（四）正确认识地税工作中存在的问题和不足

今年以来，全市地税系统认真贯彻市局工作部署，深入落实第一次局务会议提出的11项重点增收措施，探索出很多有益的做法和经验，有力地强化了地税征管工作中的薄弱环节，收到了良好的成效。但我们也必须看到，当前地税征管工作中还存在不少需要进一步强化的方面，在个别行业和企业中仍然存在较为突出的涉税问题，需要我们继续研究招法，破解难题。同时，在日前国家税务总局委托专业调查机构对全国税务系统纳税服务工作进行的明察暗访中，纳税人对我市地税部门的满意度和暗访办税服务厅综合得分76.6分，低于地税系统平均79.2分的成绩，在全国34个大城市地税局排名第24，低于我市国税局第8名的成绩。主要问题是，没有在醒目位置公布对外办公时间；工作人员不在岗时，没有放置不在岗位的标牌；已安装电子显示屏、触摸屏的，没有正常开机或使用；没有公示收费标准；没有公开监督举报电话；没有公开工作纪律和廉政规定；没有设置纳税人投诉举报意见箱；设置纳税自助报务区的，电脑没有正常开启，或不能正常运转使用。虽然我们在纳税服务方面做了大量卓有成效的工作，但这些确实影响了地税部门的整体形象，也直接影响到纳税人的满意度和税法遵从度，这些都是我们在下一步工作中要着力加以改进的地方。

各级地税部门一定要正确认识、准确把握当前税收工作面临的困难和挑战，切实增强机遇意识和忧患意识，深入落实各项增收措施，进一步做好地税组织收入和各项工作，努力完成全年工作任务。

三、下一步地税重点工作任务

市局今年第二次局务会议对当前增收节支工作做出了具体部署，在这里结合地税工作实际，再强调以下几个方面工作。

（一）培养税源，落实责任，千方百计抓好组织收入工作

一是，进一步加大税源建设力度。全面落实税收扶持政策，完善重大项目纳税服务“绿色通道”和专人负责机制，支持项目早日开工和投达产，不断形成新的税收增长点。积极开展综合涉税服务，主动深入企业协调解决有关税收问题，努力为企业发展创造良好的税收环境，切实稳定税源基础。

二是，严格落实收入目标责任制。按照市委、市政府要求，综合考虑当前的经济税收形势，全年地税收入目标确定为661.6亿元，比上年增加152.7亿元，增长30%。为此，进一步强化收入目标责任制，将新的收入目标任务重新分解落实，完善决策目标、执行责任、考核监督体系，深入开展工作督导，切实把组织收入工作抓紧抓实，牢牢把握工作主动权。要严格依法治税，坚持组织收入原则，切实推进应收尽收。

三是，切实强化税收经济分析。充分依托税收管理员工作平台以及重大项目、楼宇经济

等信息管理系统，深化数据分析，密切跟踪宏观经济和企业经营情况变化，不断完善面、线、点有机联系、逐次递进的分析机制，加强对重点税源地区、行业和企业的经济税收分析，及时发现组织收入中的苗头性、倾向性问题，特别要密切关注房地产和建筑安装、金融和服务行业、交通运输等行业的税收收入变化情况，及时发现问题，采取有效措施，坚决堵漏增收。

（二）抓住重点，攻克难点，认真落实各项重点增收措施

一是，进一步完善税收征管手段。积极开展连锁超市、大型市场、专业化商城等税收难点行业的税收调查，夯实管理信息基础，全面掌握这些行业的生产经营状况、税负情况，细化各项税收参数、系数的设定，运用纳税评估查找税收风险点，针对发现的问题及时改进和完善税收征管措施，包括：结合发票制度改革推行机打税控发票、调整纳税定额、推行查账征收办法、公开行业税负核定情况等，切实提高这些行业的税收贡献率。研究制定重点行业税收控管、协管的具体办法，加强与建筑施工管理部门合作，及时获取建筑项目以及总分包信息，提高建筑业“闭环管理”水平；积极推动工商部门协管工作，积极促成与市工商部门、产权交易部门针对企业、个人股权变动信息的共享机制，试行先办税、再办变更的管理方式，将征管环节前置，堵塞税收漏洞。

二是，利用信息比对分析堵塞征管漏洞。加强对工商注册企业与税务登记企业的信息比对，研究推进个体户工商登记、统计调查和税收征管的分析比对，形成制度性规定和经常性工作，定期清理，定期报告，进一步抓牢税源基础。全面掌握工商部门的企业注册登记信息和统计部门的企业社会统计信息，清理整顿逾期未办税务登记的企业，深入查找地税非正常户，摸清户源底数。充分利用银联、行业协会等第三方渠道获取餐饮、娱乐业消费信息，开展企业用票与纳税情况、同等级别企业纳税情况比对，并根据企业场地租金、员工薪金水平以及煤水电气用量推算企业经营收入，更加准确地对企业实施重点管控和检查。加强对核定征收和查账征收房地产企业所得税申报收入与其在各项目地申报营业税收入之和的比对，发现征管漏洞，保证重点行业税收足额稳定申报。加强对增值税、消费税、营业税等流转税与附加税费的数据比对和关联分析，深入分析差异原因，完善征管手段，确保主体税种与附加税费的增幅相一致。加强个人所得税信息分析比对，通过个人工薪所得与企业工资费用支出、职工公积金缴存基数等数据比对，及时发现疑点，堵塞漏洞。加强车船税申报环节写卡信息与地税实际入库信息比对，查补以往年度漏征税款，强化车船税代征管理。

三是，调整完善征管办法。加强餐饮（娱乐）业管理，积极完善行业税收管理规程，对发生举报案件、拒不开具发票、串票和使用假票的纳税人，适当提高税收定额，探索区分不同的经营规模和会计管理完善程度，对不同餐饮企业分别采取查账、核定和定额方式征收企业所得税，做到应收尽收。研究完善营业税征税管理办法，市局已根据各单位意见，对《天津市地方税务局营业税差额征税管理办法（讨论稿）》（下称《办法》）进行了修改完善，拟按照“明确共性问题，区别行业管理”的原则，采取明细申报减除凭证与核定行业收入率相结合的方式，加强营业税差额征税管理。本次会上将《办法》再次提交讨论，请各单位结合实际工作，对《办法》中提出的差额征税项目管理手段和推行方式提出意见建议。加强专业市场的管理，以计算机定税为基础，科学核定税款，继续推动专业市场委托代征工作，加强代征行为监督检查，切实规范税收征管行为，保证专业市场个体工商户税款及

时足额入库。

四是，切实加强房地产业税收征管。加强部门合作，不断充实和完善房地产等不动产基础信息数据库，全面掌握房地产业从土地使用权出让到房地产开发、保有、转让各环节的基础信息，以契税管理为抓手，加强数据共享和信息比对，实现对房地产业各税种协调配合、全面监控，切实加强房地产税收一体化动态管理。抓紧开发不动产交易环节的计税价格核定系统，科学测算计税价格，为涉及不动产交易的各税种征收提供准确的计税依据。认真做好土地增值税清算工作，及时完成相关数据集中和系统开发，为我市应用评税技术核定二手房交易计税价格工作做好前期准备。

（三）充实信息，丰富手段，积极推进信息管税

一是，进一步做好涉税基础信息采集工作。重点是：按照现有地税信息管理平台需求，建立健全信息数据甄别、定期维护更新机制，实行全过程的质量控制，确保涉税数据真实可靠、及时有效。积极完善部门信息横向交换制度，利用国地税信息共享平台，整合国地税信息数据，充实天津税务基础信息库，协调市国税局，推进国地税信息实时交换，进一步为国地税全面合作打开空间；依托契税代征数据库，充实房地产业基础信息，为加强房地产业的链条式管理奠定基础。大力加强信息纵向交换制度，建立健全涉税信息在市局职能处室和各基层执收单位之间及时交换的长效机制，利用信息共享推进数据整合、管理创新。

二是，大力深化信息利用。建立健全科学的税收管理相关指标体系，如税务登记率、申报率等，以此为依据，借助数据分析系统，深入分析查找税收工作风险，实现对宏观经济、行业动态和企业生产经营情况的全面有效分析。全面推广数据回放，以地税征管数据为基础，汇集国税、房管等外部共享数据，不断形成分析评估、税源监控的数据基础；充分发挥地税登记局统一负责全市数据分析应用具体监控职能，及时过滤地税系统征管信息数据，筛查管理风险点，努力利用数据回放辅助支撑税收管理，监督考察行政效能，规避工作风险；进一步强化数据回放在各征收单位的应用，大力支持各单位利用数据回放自主研发税收数据分析利用系统，加快数据回放成果共享平台建设，强化各单位比学先进的工作氛围，促进信息管税成果加快转化。健全工作推动机制，明确信息管税职责部门，统筹联系和协调税收业务和信息管理部门工作配合，促进技术与业务的有机融合，避免工作“两张皮”的问题。

三是，深入开展纳税评估工作。7 月份市局编制了《评估工作规程（试行）》（津地税征［2010］5 号），在各基层地税局组建纳税评估科。截至目前，全市地税系统共有 18 个单位成立了纳税评估科，工作人员达到 84 人。做好纳税评估工作，关键在于实现税收征管、计会、稽查与纳税评估工作的联动，通过建立数据分析模型，实现对税源的有效分析和实施监管。当前要切实做好以下工作：第一，推进专题化评估工作，结合当前工作的重点和难点，配合重点增收措施，确定评估专题，有的放矢进行纳税评估；第二，推进常态化评估工作，各纳税评估科和管理所都要充分利用各种手段，将评估工作作为监控税源、监督征管、评估遵从的第二层面工作常抓不懈；第三，推进前置化评估工作，将有效的成熟分析模型前至于税收管理、纳税申报之前，防控风险，提高遵从。

（四）严格法纪，强化稽查，切实整顿和规范税收秩序

一是，进一步加强减免税审批管理。针对部分单位存在减免税管理不规范，未经审批擅

自减免，减免项目与征税项目未分别核算，混淆兼营项目以及减免台账、卷宗管理混乱等问题，进一步加强减免税审批管理，严格审查减免税项目，建立健全减免税台账和案卷管理制度，强化减免项目后续监督机制，坚决制止违规、越级、超时限审批减免税等问题的发生。

二是，深入开展打击发票违法犯罪活动。认真总结前一阶段打击虚假发票“买方市场”工作经验，继续改进工作方法，强化国地税和公安部门联手，开展对房地产、建筑安装、药品经营、交通运输、金融保险、商品销售以及教育培训机构等重点行业发票使用情况的重点检查，严肃查处注册劳服企业骗购发票对外虚开、代开甚至非法销售的违法行为。坚持“查案必查票”、“查账必查票”，认真做好发票交叉比对，对大额疑点发票逐笔检验，对资金、货物流向和发票信息逐项分析，确保及时发现和惩治发票违法问题。

三是，认真开展重点检查。继续抓好对航空业、医药生产及经销行业、房地产业、金融业、建筑业、餐饮业等重点税源企业以及企业二手房交易行为纳税情况的专项检查工作。深入落实征管稽查工作互动机制，严格“稽查建议每案必转”的要求，努力形成征管查紧密联系互动的税收管理工作新格局。

（五）真诚服务，提高遵从，继续改进和优化纳税服务

一是，继续完善纳税服务手段。十月份推出以12366为品牌的纳税服务综合平台，加强平台运行期间的跟踪服务，进一步加强系统运行管理，完善咨询服务应答、系统维护和技术保障、知识库编写更新、咨询人员培养交流，以及咨询服务评价等工作机制，努力提升咨询服务效率和社会满意度。进一步简化办税程序，简并涉税事项流程和表单，统一纳税人表单报送，逐步实行综合申报表，加快推进国、地税数据共享平台建设和数据实时交换，实现纳税人报表一方报送，双方共享。创新服务方式，积极推行办税首问责任制、全程服务、预约服务、提醒服务、延时服务等制度，推广电子报税、自助办税等新型办税方式，努力提高办事效率，节省办税时间。

二是，大力规范窗口服务。针对办税服务暗访中发现的问题，认真研究制定地税系统办税服务厅规范化建设的具体措施，重点对办税环境设置、政务公开的内容和方式、便民措施以及税容风纪方面提出统一要求。加大监督检查力度，采取明察暗访、互查互评、定期考核、问卷调查等形式，对办税服务厅等窗口单位落实制度规定情况进行检查，督促整改存在的突出问题，努力建立健全抓落实的长效工作机制。完善纳税人权益保护制度，充分发挥12366远端坐席作用，完善对纳税人意见和投诉的快速处理机制；认真落实税收属地征管制度规定，维护纳税人自由选择登记注册地的权力；认真开展涉税政策制度宣传解读，保护和促进纳税人的知情权。健全纳税服务质量考核评价体系，为优化纳税服务提供完备制度保障。

（六）强管理，防风险，促和谐，不断加强税务干部队伍建设

一是，进一步加强领导班子建设。前段时间，市局党组通过竞争上岗和领导干部交流轮岗方式对部分基层领导班子进行了调整，调整充实后的基层领导班子结构得到进一步优化，整体效能进一步增强。各单位要更加注重班子自身建设，特别要认真落实民主集中制“集体领导、民主集中、个别酝酿、会议决定”的十六字原则，办事按程序，遇事多通气，用权不越位，互相配合不推诿，不断提高班子的凝聚力和战斗力。对通过竞争上岗进入班子的

同志，单位“一把手”要主要搞好传帮带，不但要交任务、压担子，还要教方法、多督促，促使新上岗的同志快速成长起来。要切实加强领导班子学习制度建设，督促及时更新知识，开阔视野，激发各级领导班子干事创业的工作激情，增强履责能力，努力做到对业务工作和干部队伍能管、敢管、善管。

二是，继续抓好干部队伍建设。要从培养和爱护干部的角度出发，深入细致地做好在各级公开选拔中未能上岗同志的思想工作，帮助他们找准自己的不足和努力方向，有针对性地加强教育和培养，不断提高其思想素质和综合能力。进一步完善干部队伍管理手段，建立健全干部使用、组织培养和业务技能培训并重的工作机制，给想干事的人以机会，给能干事的人以舞台，推动更多的优秀人才脱颖而出。继续建立健全岗位责任制，严格落实相关制度规定，不断完善工作布置、监督考核相结合的管理机制，推动税务干部认真履职，保障全局工作部署有效落实。积极开展创先争优、学习型组织创建和税务文化建设活动，切实增强科学发展、依法行政、改革创新的意识和能力，着力激发干部队伍活力动力。

三是，加强党风廉政建设。以内控机制建设和权力梳理作为完善惩防体系的着力点，以查找廉政风险为突破，以搞好税收执法监察为载体，加大对易发生问题的重点岗位和关键节点的检查力度，建立健全权力运行监督制约机制，确保各环节权力正确行使和干净运行。

同志们，当前地税工作任务繁重，时间紧迫，我们一定要保持清醒头脑，进一步增强紧迫感和责任感，按照市委、市政府和市局党组的部署要求，进一步做好税收各项工作，打好第四季度攻坚战，确保圆满完成全年工作任务，努力为全市经济社会加快发展做出新的更大的贡献！

在2010年第三次区县地税局长联席会议结束时的讲话

（2010年10月10日）

天津市财政局（天津市地方税务局）副局长　刘　健

同志们：

这次区县地税局长联席会议，经过一天半的学习交流讨论，今天就要结束了。按照会议议程，现在由我作一会议小结，主要讲三点意见。

一、会议的主要收获

这次会议，是在地税工作面临新的任务和挑战下召开的一次重要会议。会议传达了市委理论学习中心组读书会精神，全面总结了今年以来地税收入完成情况和重点增收措施落实情况，研究分析了当前经济税收形势，安排部署了第四季度地税重点工作任务。局党组书记、局长杨福刚同志专门到会并发表了重要讲话。通过会议，统一了思想，达成了共识，取得了预期的效果。

一是，加深了对当前地税工作面临形势的认识。大家在讨论中一致认为，今年以来，面对复杂严峻的国内外经济形势，全市地税系统认真落实市委、市政府统一部署，深入实施市局提出的各项增收措施，积极创新工作思路，大力强化税收征管，保证了地税收入的较高增幅，为完成全年各项工作任务奠定了坚实的基础。但同时，通过认真分析当前的经济形势，特别是学习领会福刚同志的讲话，大家清醒地认识到，尽管目前地税组织收入工作进展较好，但距离天津经济社会发展对财政保障能力的需要、距离各级领导对于财政税收工作提出的更高要求、距离全国各地竞相赶超的形势，还有不少的差距，同时地税工作中还存在不少亟待改进的环节，下一步的地税工作依然任重道远。因此我们必须始终保持清醒的头脑和强烈的责任心、使命感，毫不松懈地继续做好各项工作，确保今年地税的实际工作、效果和水平好于上年。

二是，明确了下一步工作的目标任务。这次会议结合当前经济税收形势和地税组织收入实际，提出了后三个月地税收入目标任务，安排部署了第四季度重点工作；福刚同志在讲话中，针对贯彻落实市委理论学习中心组读书会精神以及抓好财税部门干部人事制度改革，提出了明确的要求。同志们一致认为，市局提出的工作目标和思路举措，体现了当前税收工作实际，符合地税工作长远发展的客观需要，为做好当前和今后一个时期的税收工作指明了方向。大家纷纷表示，一定要在下一步的工作中，认真贯彻、全面落实市局党组提出的工作部署，不断加大工作力度，确保各项增收节支和财税改革措施落到实处并取得实实在在的效果，不断提高组织收入和地税管理服务水平。

三是，进一步拓展了工作思路。这次会上，围绕考查市局 11 项重点增收措施落实情况，安排了 14 个区县地税局进行了经验交流，介绍了各单位落实增收措施的主要成绩和经验。同时，还结合第四季度工作重心，安排有关处室进行专题发言，各位局领导还结合分管工作对各单位的经验交流进行了点评，并对下一步重点工作提出了明确要求。同志们普遍感到，会议的形式比较新颖，更加有利于大家交流经验，取长补短，拓展工作思路，纷纷表示要在今后的工作中认真加以吸收借鉴。同时各单位也结合自身工作实际，就地税改革与发展提出了许多很好的思路建议，有些思路和措施市局有关处室应该认真加以整理，列入下一步的工作安排。

二、需要强调的几个问题

关于下一步重点工作，在会议主报告中已作出部署，在此我结合福刚同志的讲话，重点强调四个方面的问题。

（一）全面抓好收入组织工作，努力完成目标任务

这次会上，市局按照市委、市政府要求，提出了年度地税收入 30% 的必保增幅。应该说，这个目标任务是充分考虑了当前的经济税收形势和地税部门的组织收入能力的，但受宏观经济和部分行业波动的影响，也存在着一定的难度和风险。截至 9 月 25 日，地税收入累计完成 495.5 亿元，如按 30% 的目标任务测算，预计 1 ~ 9 月份累计完成收入计划的 72.3%，亏时间进度 2.7 个百分点，形势不容乐观。各单位、各部门一定要拧紧发条，进一步加大工作力度，毫不松懈地开展税收分析，深入落实增收措施，不断夯实组织收入基础。当前，要重点盯住土地增值税、房产税和土地使用税的入库工作。要坚持依法征税、应收尽收的组织收入原则，收入进度好的单位要继续强化税收征管，把该征的税征进来，杜绝人为调节收入进度的问题，为完成全市任务多做贡献；收入进度不理想的单位要深入分析原因，采取对策，跟上进度，对影响收入的重大问题要及时向市局报告。市局机关有关处室要认真履行职责，主动担负起税收宏观分析工作，及时从全市层面提出税源动向及加强征管的政策措施，帮助各基层执收单位调整工作重心。

（二）选准工作切入点，努力营造经济与税收相互促进、共同发展的良好局面

当前全市经济大干快上、竞相发展的良好局面，既为地税增收提供了良好的机遇，也为税务部门发挥职能、服务发展提供了广阔的施展空间。因此，要摒弃税收工作单纯依赖房地产等单一行业、产业的错误观念，学会算长远账，努力做到不等不靠，积极主动地发挥税收职能作用，服务经济发展，为实现税收的持续稳定增长培养坚实可靠的税源基础。主要是：积极介入大项目好项目、楼宇经济、区县示范工业园、科技型中小企业等经济建设重点领域，认真落实好财税扶植政策，及时协调解决涉税问题，主动跟进纳税服务，进一步为经济

快速发展提供良好的税收环境，加快形成新的税收增长点，巩固地税多点增收的良好格局。要切实转变工作思路，发挥税务部门对宏观经济运行和企业生产经营状况了解及时、反应迅速的工作优势，及时为各级领导和政府职能部门提供综合直观的情况反映和对策建议，协助他们完善决策，更加有效地推进经济发展。要继续做好税收经济分析，紧盯经济税源收入，完善对新生税源的管理办法，及时将经济发展的成果切实体现于税收增收。

（三）落实工作要求，努力提升实际工作效果

本次会议提交的14份经验交流材料，都是市局精选的成功案例，是我们共同找出的工作领域和着力点，体现了市局的工作要求，也是市局部署工作的基础。今年以来，市局针对当前税收工作实际，先后提出了多项重点增收措施和工作部署，同时对开展好信息管税和纳税服务工作也提出了明确要求。从这些措施和要求的执行情况看，局系统大多数单位和部门能够正确认识和落实市局的统一要求，有关工作取得了良好的效果。但也有个别单位认识不深，落实不到位，对部分政策措施的执行存在“走板”现象，影响了实际工作效果。比如：对部分行业或企业实行查账征收还是定率的问题界定不清，管理方式偏松；在房地两税“集中申报、属地管理”中，不按规定，擅自变动税收归属地等。各单位、各部门要牢固树立全市工作“一盘棋”的思想，严格按照市局提出的工作部署，特别是福刚局长和各位分管局领导对有关工作和政策措施提出的执行标准和目标要求，认真落实各项重点工作措施，保证取得预期效果。要坚持令行禁止，对有关征收政策，如定额定率、税务清算、委托代征、发票查验等，要严格执行市局的统一政策，不得擅自更改和变通。对于信息管税工作，要进一步转变传统的思维和工作方式，狠抓信息应用和税收业务的有机融合，加强制度建设，明确信息管税牵头部门，杜绝多层管理、职能交叉的无序问题；积极依托市局统一的数据库和应用平台，主动开发应用程序，进行形式多样的信息应用，用信息管税改造工作模式，提升管理和服务水平。对于市局部署的各项工作，市局各处室对相关工作要做好统筹协调，防止时间上冲突，内容上重合，并加强检查和督办。各基层单位要逐项研究落实，对执行中出现的问题，及时协调解决并向市局报告。

（四）毫不懈怠地加强干部队伍建设，提升工作能力，改善部门形象

在国家税务总局等上级部门对我局明察暗访中发现的问题，虽然从表面上看大多数是一些比较细节的问题，但是，其背后反映出了我们地税系统干部队伍在思想观念、精神面貌、工作作风、执行能力等方面还存在一些突出问题，必须引起高度重视，采取切实有力的措施，认真加以解决。要主动适应形势发展要求，对照全市各区县艰苦努力、大干快上的工作热情，审视地税部门的思想和工作现状，坚决破除按部就班、因循守旧、不思进取的思想观念，努力营造奋发有为、积极向上的氛围，以“排头兵”的工作干劲和“五加二”、“白加黑”的工作激情，全力以赴抓好工作。要加强干部队伍建设，完善制度规定，规范运行程序，强化内控机制，督促税务干部认真履行职责；各级领导班子，特别是“一把手”要率先垂范，带头执行制度规定，敢于要求，敢于“得罪人”，真正把队伍建设抓紧抓实。要狠抓执行力建设，完善工作落实、效果检验、情况建议反馈环环相扣的工作落实监督机制，做到重点工作一抓到底，保证上级领导和职能部门工作意图顺利实现。要着力改进纳税服务，统一服务标准，从细节入手，落实服务制度，延伸服务领域，做好监督检查，保证办税服务

厅等窗口单位服务质量，不断改善部门形象。

三、关于会议的传达贯彻落实

（一）及时传达会议精神

各单位、各部门会后要迅速组织广大干部认真学习会议精神，引导大家充分认识加强税收征管、提高纳税服务，确保圆满完成今年目标任务的重要意义，把思想和行动统一到会议的安排和部署上来，进一步增强做好税收工作、服务经济发展大局的责任感和使命感。要结合自身工作实际，制定贯彻会议精神的具体措施，把会议确定的工作任务落实到具体部门和岗位，做到责任到岗，任务到人。各区县地税局会后要及时向所在区县党政主要领导汇报会议情况，争取他们对税收工作的大力支持，为完成各项工作创造环境条件。

（二）坚持抓好工作落实

各单位要切实增强一抓到底的责任意识和执行意识，完善监督检查机制，大力加强对各项工作部署落实情况和执行效果的督促检查，保证措施执行到位，保证执行结果不出偏差。机关各有关处室要继续落实工作督导制度，主动深入基层，加强对基层工作的指导、服务和督促检查，协调解决难点问题，推动各单位改进工作，完善征管手段。要结合落实增收措施，继续深入开展调查研究，认真总结做好税收工作的有益经验，梳理存在的突出问题，提出意见建议，协助各级领导和部门调整完善决策部署。

（三）进一步加强信息反馈

今年以来，各单位按照市局提出的重点增收措施安排，做了大量扎实有效的工作，并向市局报送了很多有价值的信息。但也有部分单位对信息报送工作不够重视，工作进展不报告，落实结果不反馈，存在重要信息漏报、迟报等问题，在一定程度上影响了市局及时掌握情况、完善决策。为加强重点增收节支信息报送工作，市局于上月制发了《关于进一步加强重点增收节支措施落实情况信息报送工作的通知》，提出了信息报送的内容和时限要求，各单位和有关部门要认真落实，市局将对信息报送和采用情况予以通报。

同志们，当前我市经济社会加快发展的新形势对地税工作提出了新的更高的要求，地税部门任务艰巨，使命光荣。我们一定要切实增强使命感和紧迫感，进一步加快税收改革与发展，全面完成好今年的收入目标任务，为促进全市经济社会又好又快发展作出新的更大的贡献！

在财政地税系统党风廉政建设工作会议上的讲话

（2010 年 3 月 10 日）

市纪委驻市财政局（市地方税务局）纪检组组长　张庆江

同志们：

我们这次会议的主要任务是，传达贯彻十七届中央纪委第五次全会、市纪委九届八次全会、全国财政反腐倡廉建设工作会议和全国税务系统党风廉政建设工作会议精神，总结我局系统 2009 年党风廉政建设和反腐败工作，部署 2010 年任务。局党组对这次会议高度重视，专门召开会议进行研究，对财税系统的党风廉政建设工作提出要求。下面，就我局系统党风廉政工作讲三点意见。

一、2009 年工作回顾

2009 年，我局系统纪检监察工作在局党组的正确领导下，按照市纪委的统一部署，紧紧围绕财税中心工作，坚持标本兼治、综合治理、惩防并举、注重预防的方针，着力加强党风廉政建设和行业作风建设，严格党风廉政建设责任制，把反腐倡廉工作落实到财税工作的各个环节，为完成财税工作目标任务发挥了重要的保障作用，各项工作取得了明显成效。

（一）党风廉政建设责任制得到全面落实

局党组坚持把落实党风廉政建设责任制摆在突出位置，不断强化各级领导干部特别是“一把手”的政治责任。年初，所属单位“一把手”与局党组主要领导、各所属单位科所的负责人与本单位的领导逐级签订党风廉政建设责任书，将工作责任落实到人，将具体任务落实到部门，将督促检查落实到事，形成“一级抓一级、一级带一级”的工作局面。局和所属单位“一把手”以身作则，带头履行第一责任人的职责，严格执行廉洁自律各项规定，并按照党风廉政建设责任制的要求，做到重要工作亲自部署、重大问题亲自过问、重点环节亲自协调、重要案件亲自督办。班子其他成员认真履行“一岗两责”，抓好分管部门的党风廉政建设工作；严格要求自己，管好身边的人，带好队伍。在年度责任制考核中，通过述职述廉、民主测评、听取意见、工作汇报和检查相关资料等形式，对领导干部履行岗位职责、廉洁从政和反腐倡廉建设各项任务的落实情况重点进行了考核，并提出反馈评价意见，有效推动了责任制的贯彻落实。

（二）领导干部作风建设不断加强

认真学习贯彻中纪委三次全会和市纪委六次全会精神，充分认识新时期加强党性修养、树立和弘扬良好作风的重要意义，自觉做到政治坚定、作风优良、纪律严明、勤政为民、恪尽职守和清正廉洁，发挥模范带头作用。年中，42 个所属单位处级领导班子和 138 名处级领导干部参加了以党性修养和作风建设为主要内容的专题民主生活会，对照胡锦涛总书记提出的“六个着力、六个切实”要求以及廉洁自律有关规定，逐条逐项进行检查，认真整改落实，领导班子的凝聚力和战斗力进一步增强。把作风建设融入“保增长、渡难关、上水平”活动中，按照市纪委部署，积极开展“作风建设年”活动，以改进机关作风和提高工作效率为重点，着力转变不适应、不符合科学发展观要求的思想观念，着力加强领导干部党性修养、树立和弘扬良好作风，着力解决党风政风方面群众反映强烈的突出问题，努力营造“团结和谐稳定、风清气正心齐、想干会干干好”的良好作风环境。

（三）反腐倡廉教育进一步深化

深入开展“讲党性、重品行、作表率”活动，认真学习《新时期领导干部反腐倡廉教程》、《中国共产党党员行为规范学习读本》两本书，组织干部参观“党风楷模——周恩来”展览、新中国第一大案展览两个教育基地，通过主题教育、示范教育、警示教育和风险教育等形式，进一步增强了干部的拒腐防变意识。坚持把中国特色社会主义理论体系教育、党性党风党纪教育和岗位廉政教育，纳入干部教育培训计划，同领导干部的管理、培养、选拔、使用结合起来。全年共举办了五期培训班，542 名处、科级干部和新录用公务员参加了培训。着力加强财税廉政文化建设，开展了面向全系统组织征集以“勤政廉政”为主题的书画作品活动，南开区、塘沽区等地税局结合自身实际，不断创新廉政文化的形式和内容，进一步营造了“以廉为荣、以贪为耻”的氛围。

（四）监督检查工作深入开展

按照市纪委要求，对局系统落实厉行节约八项要求情况进行了全面检查，严格控制公款出国、车辆购置及运行费用支出等一般性、消耗性支出。去年，我局因公出国（境）两个团组共 37 人，比上年减少 26%。组织对全系统处以上领导干部配偶和子女从业、投资入股、经商办企业以及到国（境）外定居等情况逐项进行检查登记，领导干部配偶和子女没有投资入股、经商办企业情况，有 2 名处级干部子女在国外定居。组织对局系统现有公务用车情况进行了登记摸底调查，切实加强公务用车管理，严格执行公务用车有关规定，没有出现超标准配备公务用车的现象。同时加强了对领导班子执行民主集中制、民主生活会、民主评议、领导干部述职述廉、个人有关事项报告、诫勉谈话等制度的监督检查，对 22 名处级领导干部实施了任期经济责任审计。

（五）政风行风建设取得成效

积极推行首问负责制、服务承诺制、限时办结制和建立“绿色快捷通道”、“一窗式”管理等便民措施，充分发挥天津财政地税政务网、《行风坐标》走进直播间等载体的社会服务功能，不断加大财税政策宣传力度。积极完善纳税服务措施，推行税务登记一站式集中办理，将办理时限由原来的30天缩减至5天以内，与国税局实现了“一家办理双方互认”，搭建了集电话咨询、网上咨询、网上办税厅、远端座席于一体的纳税服务平台，进一步提高了工作效率，切实减轻了纳税人的办税负担。按照市纠风办的安排和部署，组织开展民主评议行风活动，通过召开座谈会、走访企业和纳税人、征求纠风部门和特邀监察员的意见、发放意见函等方式广泛征求意见，全系统在行风评议活动中共走访企业和纳税人5234人次，发放征求意见函14787封，收集和梳理意见建议174条。根据群众的意见和建议，局制定了《关于进一步改进纳税服务 提高工作效率的具体措施》，进行了有针对性的整改，确保了评议活动取得明显成效。我局系统在全市24个政府部门行风评议中保持了前列名次，西青区、南开区、塘沽区、河东区、河西区、红桥区、东丽区等地税局进入当地行风建设先进行列。

（六）惩防腐败体系建设工作取得了阶段性成果

根据中央和市委的部署，局党组研究制定了《财政地税部门承担的我市惩治和预防腐败体系2008～2012年工作任务的具体落实措施》，承担此项任务的预算处、国库处、综合规划处、行政政法处、政府采购办公室、金融处、财政监督处、税收征管处等部门，领导高度重视，按照规划的任务时间要求，紧密结合财税体制改革和推进财政科学化精细化管理的实际，建立完善了部门预算、国库集中收付、收支两条线、政府采购等一整套源头治理腐败的制度体系，保证了财政职能作用的有效发挥和财政资金的安全规范运行。在工作中，承担牵头任务的处室和参与配合的职能部门，相互协调、密切配合，形成整体联动的工作格局。基建处参与的工程建设领域专项治理工作，行政政法处参与的党政机关厉行节约八项措施落实工作，会计处参与的会计中介机构监管工作，教科文处、农业处、社保处参与的保障和改善民生资金监管工作，都及时完成了任务，取得了较好成效。

在我局自身的惩防体系建设中，各处室及所属各单位结合自身实际，积极创新工作制度机制。人事教育处不断完善干部选拔任用和考核评价机制，加大竞争选拔工作力度，综合运用述职公开、网上测评、实绩分析等方法，提高了选人用人的公信度；行政财务处研究制定了《财税直属单位项目支出预算暂行办法》、《财税系统政府采购暂行办法》，进一步强化了内部管理。大港区地税局建立的《行政效能监察工作实施办法》，促进了依法行政、依法治税。塘沽区地税局的《科级干部“八小时以外”参加活动报告制度》、《工作人员外出（会议、涉税）工作报告制度》和《关于对有关违纪违规问题给予经济处罚的试行办法》，西青区地税局的《进一步加强处科级领导干部勤政廉政建设的意见》，加强了对干部的监督；河东区地税局的《税收征、管、查互动管理办法》，进一步规范执法行为，降低了执法风险；红桥区地税局的《廉政预警机制》，为及时发现苗头性、倾向性问题发挥了很好的作用。东丽区、静海县、蓟县等地税局结合自己的实际，也都建立了加强内部管理的制度。

（七）信访案件工作查办力度不断加大

深入贯彻执行《中国共产党纪律处分条例》和《行政机关公务员处分条例》，以查办领导干部和重要岗位工作人员滥用职权、贪污受贿、腐化堕落、失职渎职的案件为重点，认真查办了财税工作人员执法犯法、执法不严、失职渎职等违法违纪行为。2009年，我局共收到信访举报61件，立案3件，结案3件，对5名干部进行了相应的党纪、政纪处理。

（八）纪检监察部门建设进一步加强

各级纪检监察部门深入开展“做党的忠诚卫士，当群众的贴心人”主题实践活动，紧紧围绕主题实践活动的内容要求，深入开展调查研究，完成调研报告25篇。各级纪检监察干部联系自身思想和工作实际，认真查找在理念信念、宗旨意识、工作作风、工作能力和廉洁自律五个方面存在的问题，共计梳理汇总20条意见和建议，并针对存在的问题，研究制定具体的整改措施，提高了纪检监察干部的综合素质和工作能力。重视纪检监察信息工作，全年共编发《纪检监察工作信息》35期。

一年来，各级纪检监察部门坚持围绕中心、服务大局，把反腐倡廉工作放到财税工作目标任务整体中去谋划和部署，对局党组的工作要求及时跟进，强化监督检查，保证政令畅通。坚持党组统一领导，党政齐抓共管，纪检监察组织协调，全员广泛参与的反腐倡廉领导体制和工作机制，形成党风廉政建设工作的整体合力。积极探索纪检监察工作的特点和规律，及时了解和掌握干部的思想动态，研究分析廉政建设方面的苗头性和倾向性问题，不断增强反腐倡廉工作的针对性和实效性。

在肯定成绩的同时，我们还要清醒地认识到存在的不足和问题，主要是：惩防腐败体系建设工作联系机制还不够健全；预防腐败的内控机制还不够完善；有的领导干部对贯彻落实党风廉政建设责任制还有“一手硬、一手软”的现象；各级纪检监察部门发挥作用不够平衡，一些工作还存在着薄弱环节；系统内干部违法违纪案件还时有发生。这些问题需要引起各级领导班子高度重视，采取切实可行的措施，努力加以解决。

二、2010年主要工作任务

2010年，是全面贯彻党的十七届四中全会精神、加强和改进新形势下党的建设的重要一年，也是财税任务十分繁重困难的一年。我们要深入贯彻落实中纪委五次全会、市纪委八次全会以及财政部、国家税务总局有关会议精神，坚持标本兼治、综合治理、惩防并举、注重预防的方针，以完善财税惩防体系建设为载体，全面推进内控机制建设；以落实责任制和强化监督检查为抓手，提高制度执行力；以践行宗旨为主题，加强作风建设；围绕中心、服务大局，开拓创新，狠抓落实，全面提升财税系统反腐倡廉建设的科学化、制度化、规范化水平。

全面落实今年反腐倡廉工作任务，我们必须坚持以科学理论为指导，正确把握新形势下反腐倡廉建设特点和规律，充分认识加强反腐倡廉建设的极端重要性，不断增强做好工作的责任感和紧迫感。第一，加强反腐倡廉建设是适应新形势新任务的迫切要求。在今年召开的中纪委五次全会上，胡锦涛总书记从党和国家事业发展全局和战略的高度，深入分析了当前的反腐倡廉形势，明确提出了今后一段时期党风廉政建设和反腐败工作的总体要求和主要任务，突出强调要加强反腐倡廉制度建设，提高制度执行力。市委书记张高丽同志在市纪委九届八次全会上强调，要继续深化对反腐倡廉建设的思想认识，加强制度建设，全面提高反腐倡廉建设科学化水平，抓好廉洁自律，筑牢拒腐防变的思想道德防线。近年来，党中央不断推进反腐倡廉制度创新，先后推出了《惩防体系建设实施纲要》、《惩防体系建设工作规划》、《关于实行党政领导干部问责的暂行规定》等一批重要制度，今年又制定出台了《中国共产党党员领导干部廉洁从政若干准则》，把反腐倡廉制度建设提到了新的高度。面对新任务新要求，各级领导干部要正确认识当前反腐倡廉建设的形势，清醒地看到党风廉政建设和反腐败斗争还面临着一些新情况、新问题，突出表现在腐败活动向关键领域和社会领域渗透扩散，高中级干部违纪违法现象严重，涉案金额巨大，违法违纪行为日趋复杂化、隐蔽化、智能化，窝案、串案、案中案增多，腐败问题引发的群体性事件和重大责任事故上升，一些领导干部奢靡享乐之风滋长，腐败案件易发多发势头没有根本改变。总之，世情、国情、党情的深刻变化对党风廉政建设和反腐败斗争提出了新课题、新要求。第二，加强反腐倡廉建设是落实我局承担的构建市委惩防腐败体系建设分工任务的客观要求。我们财政地税部门担负着财政预算编制执行、财政资金监管和地方税收征管等方面的重要职能，它决定了我们在党风廉政建设上的特殊地位。这就要求我们不仅要做好自身的反腐倡廉工作，还要在优化资源配置、调节收入分配、调控经济结构及保障和改善民生、促进城乡统筹发展等社会职能上，担负起市委确定的惩防体系建设和源头治理腐败工作任务。当前，经济形势面临着很多不确定因素，情况错综复杂，矛盾相互交织，调结构、促转变、增实力、上水平的任务更加繁重，我们要按照市委《实施办法》责任分工要求，着力从深化财政改革、完善体制机制、健全管理制度等方面入手，积极推进部门预算、国库集中收付、收支两条线、政府采购等方面工作，抓好各项分工任务的落实，为促进天津又好又快发展提供坚强保证。第三，加强反腐倡廉建设是促进我们领导班子和干部队伍建设的客观需要。我们系统干部队伍规模大，在现代市场经济中，财税职能作用的领域涉及政治、经济、社会、文化建设的方方面面。我们履行职能任务目标的政治性、服务的特殊性、权力风险的普遍性、带队伍的艰巨性的特点突出而鲜明。因此，加强我们的领导班子和干部队伍建设，是一项长期而艰巨的任务。如何管住自己、带好队伍、完成任务应该是我们领导干部常讲常新永远的课题。从学习实践科学发展观活动整改情况看，我们在看到取得明显成效的同时，也应该看到我们查找并认账的那些问题以及福刚局长去年在系统政治思想工作会议上指出的在思想观念、工作作风、体制机制、发挥职能作用以及党风廉政建设等方面存在的突出问题，整改的任务还十分艰巨。从年度考核情况分析看，总体上说，我们的领导班子和干部队伍是好的，但通过今年的考核看到，一方面我们的个别领导干部民主作风不够好，工作不扎实，思想政治工作不够深入、方法简单；另一方面也存在着对干部管理力度不够、招法不多、有失于严的问题。从纪检监察部门受理信访情况分析看，群众信访呈上升趋势，相对集中反映的是处科级领导干部工作和生活作风以及发票管理环节的问题，也有反映个别干部执法不严、“吃、拿、卡、要、报”等问题。从党办组织的思想状况调研情况分析看，我们大多数干部具有较高的思想政治觉悟和正确的人生观、价值观，但也存在一些不容忽视的问题，干部职工在理想信念、道德观念、对待财税工作、对待个人利益等方面思想呈现多元化发展趋势，给干部教育管理监督提出了新课题。对此我们必须保持清醒的头脑，进一步增强忧患意识、责任意识，以更加坚定的信心、更加坚决的态度、更加有力的措施、更加扎实的工作，全面推进财税部门反腐倡廉建设的深入开展。

在今年工作重点的把握上，一要紧紧围绕财税目标任务，积极推进反腐倡廉制度创新，最大限度减少体制障碍和制度漏洞，优化财税事业的发展环境；二要紧紧围绕防治腐败的关键环节和反腐倡廉建设中的薄弱环节，注意研究新情况、解决新问题、总结新经验，加强反腐倡廉教育制度、监督制度、预防制度、惩治制度建设，形成及时发现问题、有效纠正问题、科学防控风险的机制，推动反腐倡廉工作向深度和广度发展；三要紧紧围绕提高纪检监察工作能力和水平，加强纪检监察制度建设，形成有效维护党的章程和其他党内法规、检查党的路线方针政策和决议执行情况、协助党组加强党风建设和组织协调反腐败工作的体制机制；四要紧紧围绕制度执行的关键，进一步强化制度意识，建立健全保障制度执行的工作机制，充分发挥制度的效用，通过执行制度深入推进反腐倡廉建设。

今年的主要任务是：

（一）加强监督检查，确保中央、市委重大决策部署和局党组决议的贯彻落实

要全面贯彻落实党的十七大和十七届四中全会、中央纪委五次全会、市纪委八次全会精神，深入开展反腐倡廉建设，进一步加强和改进新形势下党的建设。坚决贯彻落实中央、市委关于推动科学发展、和谐发展、率先发展的重大决策部署和加快经济发展方式转变、保持经济平稳较快发展的各项财政税收政策措施，确保完成全年财政地税工作任务目标。按照全市“解难题、促转变、上水平”活动部署要求，纪检监察部门要紧紧围绕财税中心工作，加强组织协调，保证“三农”、卫生、文化、社会保障、节能减排和环境保护等财税政策落到实处。各级领导干部要严格遵守党的纪律特别是政治纪律，坚定中国特色社会主义信念，自觉做到坚持党的基本理论、基本路线、基本纲领、基本经验不动摇，在思想上、政治上、行动上同党中央保持高度一致，严肃查处违反政治纪律的行为，坚决维护党的集中统一，确保政令畅通。

（二）强化教育和监督，促进领导干部廉洁从政

认真落实廉洁自律的各项规定。《中国共产党党员领导干部廉洁从政若干准则》已在今年2月下旬颁布实施，它是规范党员领导干部从政行为的重要的基础性党内法规，对于保证党员领导干部廉洁从政，形成用制度规范从政行为、按制度办事、靠制度管人的有效机制具有重要的促进作用。我们要按照中央的要求，认真组织学习和实施。要把学习贯彻《廉政准则》作为加强党性修养的必修课、作为加强党性锻炼的重要任务，严格遵照执行，作出表率。着力解决领导干部利用职权和职务上的影响谋取不正当利益、私自从事营利性活动、违反规定干预和插手市场经济活动、利用职权和职务上的影响为亲属及身边工作人员谋取利益、违反规定选拔任用干部和作风方面的突出问题。严肃查处领导干部利用职务便利为本人或特定关系人谋取不正当利益问题。要建立领导干部廉洁自律承诺制度，加强监督考核和分析评议，把考核评议结果作为提拔、任用干部的重要依据。

加强对各级领导干部的监督。要坚持民主集中制，严格执行“三重一大”等集体决策制度。积极建立健全干部选拔任用监督机制、违规用人督促检查制度和用人失察失误责任追究制度，防止和纠正“带病上岗”、“带病提拔”等问题。要加强领导干部任期经济责任审计工作，严格执行领导干部述职述廉、诫勉谈话等制度规定，认真落实领导干部个人有关事项报告、党务公开和民主生活会制度，保证各级领导干部正确使用权力。

加强反腐倡廉教育和廉政文化建设。坚持和完善党组中心组廉政专题学习、主要负责同志定期讲廉政党课制度，建立健全党性定期分析以及专题民主生活会制度，坚持在各级各类干部培训班开设廉政教育课程，逐步健全长效教育机制。扎实开展面向全体干部的理想信念、优良传统、职业道德、预防职务犯罪教育，切实增强财税干部拒腐防变意识和抵御风险

能力。深入开展示范教育、警示教育和岗位廉政教育，提升教育的系统性和针对性。认真落实市局《关于加强财税文化建设的实施意见》，继续推进廉政文化进基层、进机关、进家庭活动，结合财税工作实际，突出财税工作特点，注重廉政文化建设。今年，局将组织开展以加强政风行风建设，提升纳税服务水平为主题的征文活动，收集整理精品服务案例和典型教训案例，努力营造财税系统廉政文化环境。

（三）认真履行财税职能，积极推进惩治和预防腐败体系建设

抓好市委《实施办法》分工任务的落实。在巩固已取得阶段性成果的基础上，继续抓好《财政地税部门承担的惩防体系建设任务具体措施》的落实，进一步明确任务目标和工作时限，局各承担这一任务的处室，要认真落实中央、市委下达给财税部门的源头防治腐败工作任务，深化财税管理体制改革，加强对财政预算、国库集中支付、“收支两条线”、政府采购等项工作的管理，确保按时完成任务。

不断完善财税部门内控机制建设。今年，我们要把内控机制建设作为我局自身惩防体系建设的着力点，进一步完善权力运行、岗位责任、风险管理的内控机制，下力气抓出成效。一是深入搞好调查研究。学习借鉴兄弟省市内控机制建设的主要做法和经验，采取组织领导和专业骨干分析、问卷调查等方法，查找风险点，弄清风险源并进行风险影响评估。二是研究制定实施方案。按照国家财政部和国家税务总局的要求，从我们财税工作的实际情况出发，本着继承创新、把握重点、简便易行、可控管用的原则，将财税业务、纪检监察与信息化建设高度融合，明确内控机制建设的指导思想、方法步骤和工作要求等。在广泛征求意见的基础上，提交局党组讨论决定。三是抓好组织实施。在实施中，注意把握好点与面结合、个别与一般、总体要求与局部创新、财与税的区别以及信息系统支持等问题。加强对财税权力运行各个环节的监督考核，特别是对税收执法、优惠政策落实和征管查重点环节的监督。

（四）加大案件查办力度，严肃惩处违法违纪行为

严肃查办违纪违法案件。要严肃查办财税部门领导干部和重要岗位工作人员滥用职权、贪污受贿、腐化堕落、失职渎职案件，严厉惩处利用资金管理分配权、行政审批权、行政执法权、干部任免权谋取非法利益的行为，严肃查办严重侵害群众利益案件。

完善信访案件工作制度。要严格遵守局《信访工作规则》和信访案件工作规程。完善查办案件协调机制，注重在执法检查、执法监察、税务稽查、内部审计和信访举报中发现和掌握的案件线索，拓宽办案渠道，形成办案合力。加强信访举报的动态管理，对于信访举报集中度较高的苗头性、倾向性问题，注意调查研究，及时分析原因，采取预防措施。健全重大案件剖析和通报制度，对于查办案件中发现的问题，不仅局限于核实问题，处理有关人员，更加注意查找制度、管理上的漏洞和薄弱环节，提出从源头上预防和治理的措施，切实发挥查办案件惩戒和治本功能。

（五）加强作风建设，以优良党风促进政风行风

切实加强领导干部作风建设。把作风建设融入全市今年开展的“解难题、促转变、上水平”活动中，重点在四个方面下功夫：一是要弘扬新风正气，打击各种歪风邪气。党员干部特别是各级领导干部，要自觉讲政治、顾大局，立党为公、执政为民，求真务实、真抓

实干，严于律己、率先垂范。要敢抓敢管，打击那些拉拉扯扯、团团伙伙、搬弄是非、造谣生事的歪风邪气。把经常性教育与集中整顿结合起来，治懒治庸，解决少数干部事业心、责任心不强、作风漂浮、工作不实、不讲原则、不守纪律、推诿扯皮、形式主义等问题。二是深入推进领导干部廉政勤政建设。廉政勤政是领导干部作风建设的核心。讲勤政，对领导干部特别要强调三句话：挺腰做人，躬身做官，老实做事。挺腰做人，就是要坦坦荡荡、堂堂正正，心底无私天地宽；躬身做官，就是要谦虚谨慎，为民清廉，工作中对老同志敬三分，对同级让三分，对下级帮三分，对自己严三分；老实做事，就是扎扎实实干好本职工作，尽心尽力，任劳任怨。三是要切实保护干部干事创业的积极性。高丽书记在市纪委九届八次全会上强调，既要坚决反对和严厉查处以权谋私的腐败分子，也要关心德才兼备、干事创业的干部，保护那些忠于党和人民，敢抓敢管，善抓善管，敢于碰硬，为民办事的干部。要爱护爱护再爱护，关心关心再关心，保护保护再保护。我们一定要认真落实高丽书记的要求，正确把握政策，旗帜鲜明地鼓励创业者、支持改革者、保护干事者、教育帮助失误者、惩处违纪者，给肯干事的人以机会，给能干事的人以舞台，给干成事的人以激励。要关注老实人，不要让老实人吃亏。同时，对那些群众有反映、存在一些苗头性问题的干部，要早打招呼、早提醒，促其改正，避免小错酿成大错。四是要着力构建作风建设长效机制。抓好《2010年～2012年天津市加强作风建设工作规划》的贯彻落实，认真总结作风建设的有效做法和经验，建立制度坚持下去，巩固和扩大作风建设成果。

切实解决损害群众利益的不正之风。要继续以端正政风行风为重点，着力解决“冷、硬、横”的衙门作风和不作为、乱作为、效率低下等问题，坚决杜绝“吃、拿、卡、要、报”和乱摊派、乱收费等侵占服务对象、纳税人利益的错误行为。认真落实局《关于进一步改进机关作风提高工作效率的通知》、《进一步改进纳税服务 提高办税效率的具体措施》，切实转变工作作风、规范执法行为、提高工作效率。继续加大纠风专项治理力度，对严重损害纳税人利益造成恶劣影响的当事人和有关责任人员要严肃处理。

完善政风行风建设监督机制。要健全以外部测评、内部检查、社会监督、部门协调为主要方式的行风建设服务考核监督体系。所属单位要积极参加当地政府组织的民主评议政风行风活动，充分利用“行风热线”、举报电话、征求意见函、召开座谈会等形式，广泛听取社会各界意见。落实首问负责制、服务承诺制、限时办结制和建立绿色通道、实行“一窗式”管理等便民措施。充分发挥执法监察、效能监察等检查手段，加大对财税审批环节、税收执法环节、工作效能和服务质量的监督检查。

三、采取有效措施，切实抓好反腐倡廉各项任务的落实

今年财税系统反腐倡廉任务十分繁重，各部门、各单位要以高度的政治责任感，求真务实，开拓创新，确保各项任务的顺利完成。

（一）严格执行党风廉政建设责任制

各级领导班子要认真抓好党风廉政建设责任制的“签订、检查、报告、考核、追究”各环节工作，进一步加大检查考核力度，强化责任问责和责任追究。各单位主要领导要认真履行第一责任人的职责，自觉承担推进反腐倡廉建设的政治责任和领导责任，建立健全反腐

败协调机制和相关制度，定期召开专题工作会议，及时掌握党风廉政建设落实情况。各部门要认真履行反腐倡廉建设中承担的职责，切实保证工作任务的落实。纪检监察部门要充分发挥组织协调作用，加强对工作部署特别是重点工作落实情况的监督检查。

（二）不断提高制度的执行力

反腐倡廉工作的成效，既取决于制度的制定，更取决于制度的执行。制度设计要符合实际，管用有效，覆盖权力运行全过程，减少可能发生问题的空间。要加强制度的学习宣传，使广大干部深入了解制度、自觉运用制度、有效监督制度执行，不断提高制度的执行力。法律面前人人平等，制度面前没有特权，制度约束没有例外，各级领导干部要带头遵守制度，做遵守制度的模范。要把制度执行情况纳入党风廉政建设责任制检查考核和领导干部述职述廉的主要内容，纪检监察部门要加强制度执行的监督检查，严肃查处违反制度的行为，以提高制度的执行力，推动反腐倡廉各项任务落到实处。

（三）加强纪检监察部门自身建设

要认真总结“做党的忠诚卫士，当群众的贴心人”主题实践活动的成效和经验，巩固和拓展学习实践科学发展观活动成果，按照纪检监察干部队伍建设关于“全面落实‘四个对’，强化三个意识、打造三过硬队伍”的要求，努力建设一支政治坚强、公正清廉、纪律严明、业务精通、作风优良的纪检监察干部队伍。要加强学习型机关建设，建立健全学习制度，拓宽学习领域，强化实践锻炼，提高干部队伍的思想政治素质和业务工作水平。进一步加强纪检监察部门队伍建设，优化结构，配置合理；建立纪检组长定期务虚制度，加强对纪检监察重大问题调查研究。加强作风建设，强化政治纪律、工作纪律和保密纪律，加强内部管理和制度建设，完善监督制约机制，树立纪检监察干部可亲可信可敬的良好形象。

同志们，扎实做好今年我局系统反腐倡廉工作，责任重大。我们一定要在局党组的正确领导下，恪尽职守，勤奋工作，积极进取，不断取得反腐倡廉建设新成效，为保障完成今年财税目标任务做出新的贡献！

在天津市注册会计师（资产评估）行业 2010 年党建工作会议结束时的讲话

（2010 年 7 月 15 日）

天津市财政局（天津市地方税务局）副局长　陆丽珍

同志们：

首先，我代表行业党委向在这次会上受到表彰的全体同志表示热烈的祝贺！也十分感谢同志们对行业党建工作的大力支持！

为期一天半的我市注册会计师（资产评估）行业党建工作会议今天就要结束了。在这次会议上表彰了2010 年度党员模范岗，交流了党建工作经验，举行了新党员入党宣誓仪式，总结了上半年党建工作，并对下一步党建工作进行了部署。同时，还采取以会代训的形式对党支部书记、党建工作指导员和联络员进行了培训。培训期间，我们聘请了南开大学的教授和市财政局党办的同志分别就当前经济热点问题和党建工作实务进行了讲解。连日来，大家以认真负责的态度和孜孜以求的精神参加会议和研讨，特别是在如何发挥好事务所党组织和党员作用、如何结合行业特点开展党建活动等方面都提出了许多好的意见和建议。应该说，这次会议达到了预期目的，取得了良好的效果，会议开的非常成功。下面，我代表行业党委讲三点意见。

一、会议的主要收获

这次会议是行业党委成立以来召开的第一次以加强行业党的建设为主题的综合性会议。会议的召开充分体现了行业党委对行业党建工作的高度重视，也必将对推动行业党的建设和加快行业发展起到促进作用。会议的收获主要体现在以下三个方面。

一是深化了对加强行业党建工作重要性的认识。大家普遍感到，这次会议虽然时间短，但内容丰富，主题突出，针对性强，收效明显。特别是在事务所实现了党的组织和党的工作全覆盖不久，召开这样的会议，很有必要、非常及时。大家普遍认为，加强注册会计师行业党建工作，是党的建设新的伟大工程的重要组成部分，是探索加强新社会组织党建工作的重要途径，也是加快行业科学发展的内在要求。当前，注册会计师行业发展已经站在了一个新的起点上，加强行业党的建设比以往任何时候都更加迫切和必要。

二是增强了做好行业党建工作的责任感和使命感。在学习讨论中许多支部书记表示，加强事务所党的建设，既是时代赋予我们的历史使命，也是我们肩负的重大责任。行业党委对党建工作的重视和支持，进一步增强了我们做好事务所党建工作的信心，我们一定要尽职尽责，努力工作，以开展党建工作的实际行动和丰硕成果，来回报行业党委和事务所党员对我们的厚望。

三是明确了下一步行业党建工作的目标任务。在讨论中大家谈到，这次会议全面总结了行业党委近一个时期以来所做的主要工作，明确了下一步党建工作的目标任务，为今后开展党建工作明确了方向。大家表示，在今后的工作中，一定要不断强化责任意识，按照行业党委的部署要求，开拓进取，真抓实干，特别是要抓好这次会议精神的传达和贯彻落实，以开展行业党建的实际成果推动注册会计师行业加快发展。

二、对基层党支部书记的几点期望

一是要切实履行好职责。开展好行业党建工作，重点在基层，关键在书记。事务所党组织书记作为党的路线、方针和政策在事务所中的具体执行者，肩负着加快行业发展、加强行业党建的重要责任，任务艰巨，使命光荣。党支部书记要切实增强责任感和使命感，充分履行事务所党组织建设第一责任人的职责，更好地发挥模范带头作用，在工作实践中大胆探索创新，不断增强事务所党组织的工作生机与活力。

二是要做带头学习的模范。学习是马克思主义政党的一项重大任务。最近中央和市委相继下发文件，对创建学习型党组织提出了具体要求。事务所党组织书记要按照这一要求，重视学习、善于学习、带头学习、刻苦学习、广学博览，不断提高自己的政治、理论和业务素质，努力成为建设学习型党组织和学习型领导班子的精心组织者、积极促进者和自觉实践者。要扎实开展学习型党组织创建活动，带动广大党员和从业人员搞好学习，使事务所党组织成为行业党员增强党性修养、提高思想觉悟的熔炉和学习新知识、增长新本领的学校。

三是要坚持“两手抓、两手硬”。当前，会计师事务所改革和发展的任务很重。事务所党组织书记要真正做到“围绕业务抓党建，抓好党建促业务”，充分发挥事务所党组织在推动发展、服务企业、凝聚人心、促进和谐的重要作用，通过开展行业党建工作，为事务所实现科学发展提供坚强的政治保障。要充分发挥事务所党组织的政治优势、组织优势、思想优势和群众优势，发挥党员从业人员的先锋模范带头作用，积极主动地开展协调沟通、配合支持、引导监督等方面的工作，真正把开展党建工作的成效体现在事务所经济社会效益的提高上，落实在行业科学发展和不断进步上。

三、关于下一步工作

（一）深入开展创先争优活动

在全党开展创先争优活动，是巩固和拓展深入学习实践科学发展观活动成果的重要举措。根据中央和市委有关创先争优活动的部署，行业党委已在近期印发了《关于在党的基层组织和党员中深入开展创先争优活动的实施方案》。各单位党组织要加强对活动的组织领导，按照《实施方案》的要求建立活动的领导机构和工作机构，并认真落实领导责任制。开展创先争优活动，既要把握中央、市委的统一要求，又要很好地结合行业的特点，结合事务所的需求来开展，切实做到立足行业实际，关键是要做到“三个准确把握”。一是要准确把握“创先争优”活动的日常性、实践性、持续性，以及形式的多样性、参与的广泛性等特点，立足这些特点来谋划推进行业“创先争优”活动。二是要准确把握“推动科学发展、促进社会和谐、服务人民群众、加强基层组织”的总体目标，结合行业实际，将其具体化为“推动科学发展、促进诚信和谐、服务客户社会、加强基层组织”的行业争创目标。三是要准确把握“五个好”、“五带头”的争创标准，着力把这一普遍要求具体化，明确先进事务所党组织和行业优秀党员的具体条件，确保活动贴近实际、简洁明了、简便易行。

（二）积极开展主题实践活动

要继续巩固和发展深入学习实践科学发展观活动成果，探索建立学习研究和贯彻落实科学发展观的长效机制。认真贯彻落实国务院《关于转发财政部关于加快发展我国注册会计师行业的若干意见》和我市《关于加快发展我市注册会计师行业的实施意见》，努力把学习实践活动的成果转化为促进天津、滨海新区和行业加快发展的强大动力。根据行业党委安排，今年下半年，将在全行业党员中开展“我与滨海新区共发展”主题实践活动。由事务所党支部组织党员围绕“如何支持滨海新区加快发展”，查找自身的差距，制定相应的措施，明确努力方向。通过开展主题实践活动，引导行业党员“强素质、长本领、作贡献”，在支持滨海新区加快发展中发挥先锋模范作用。并以此为契机，通过党员模范岗、党员承诺、结对帮扶和志愿者服务等多种形式，深入开展“解难题、促转变、上水平”活动，各事务所要引导广大党员和员工牢固树立服务第一的思想，切实提高整体效能和服务水平，为推进我市经济社会发展作贡献。

（三）继续做好党员组织关系接转工作

今年上半年，市委市级机关工委以公文的形式明确了市级机关工委和行业党委的隶属关系，至此我们如期完成了行业党的组织关系的理顺工作。与此同时，行业党员的组织关系接转工作也取得了突破性进展。在行业党委和各事务所的共同努力下，截止到目前，行业党委已完成 270 名党员的组织关系接转工作，根据我们掌握的情况，近期还将有 155 名党员的组织关系能够接转。下一步，党员组织关系接转的任务仍很艰巨，希望各会计师事务所要认真落实《行业党委 2010 年工作要点》和《关于加强党员教育管理的意见》的要求，统筹安排，积极协调，积极做好事务所党员党组织关系的结转工作，力争在最短的时间内实现党员组织关系应转尽转。

（四）进一步加强党员教育和管理

要深入开展社会主义核心价值体系教育，把全体党员和员工的思想认识统一到中央、市委和中注协行业党委的要求上来，明确价值取向，提高精神境界，不断巩固注册会计师行业员工的思想政治基础，把个人的价值实现和行业的发展目标紧密结合起来。要通过党员轮训、开展红色之旅以及文体比赛等活动，提高党员素质，增强凝聚力，营造“终身学习、快乐工作、自我超越”的文化氛围。要积极发现、挖掘、培养和宣传先进典型，坚持把推动行业科学发展作为选树先进典型的出发点和落脚点。要充分利用互联网、宣传栏等形式宣传先进典型事迹，充分发挥先进典型的引领和带动作用，不断激发广大员工为行业发展做贡献的工作热情。

同志们，今年是实施“十一五”规划的最后一年，也是推动我市行业党建工作健康发展的关键一年。让我们以科学发展观为统领，与时俱进，开拓创新，振奋精神，应对挑战，以扎实的作风和务实的精神，推动我市注册会计师行业党建工作再上新水平，以优异的成绩向建党 89 周年献礼！

构建创先争优活动科学机制
促进注册会计师行业加快发展

——在天津市注册会计师行业创先争优机制建设工作推动会上的讲话

（2010 年 10 月 22 日）

天津市财政局（天津市地方税务局）副局长　陆丽珍

同志们：

在我市注册会计师行业创先争优活动深入开展和行业党建工作扎实推进的重要时段，我们召开这样的会议，很有必要，非常及时。这次会议的主要任务是：全面贯彻落实全国注册会计师行业创先争优机制建设工作会议精神，交流党建工作经验，研究部署行业创先争优工作机制建设，推动创先争优活动深入开展。连日来，我们先后组织大家认真学习了“全国注册会计师行业创先争优综合评价指标体系”，对创先争优活动机制建设工作进行了部署；到五洲松德等 3 家会计师事务所进行了现场观摩；请 3 个单位交流了开展创先争优活动的经验做法；会议还对近一个时期行业党建工作进行了总结，明确了下一步党建工作的任务和要求。总的感觉，这次会议时间紧凑、内容丰富，收获很大，成效明显。这次会议后我们面临的任务将更加繁重。下面，我代表行业党委讲几点意见。

一、行业开展创先争优活动的简要回顾

按照中央的统一部署和中国注册会计师行业党委关于开展创先争优活动的有关要求，我市注册会计师行业党委认真组织开展了创先争优活动。今年 5 月份，行业党委印发了《关于在党的基层组织和党员中深入开展创先争优活动的实施方案》，并成立了活动领导小组及办公室。按照行业党委《实施方案》的要求，全市各会计师事务所和资产评估机构党组织迅速行动起来，结合本单位实际，认真研究制定活动方案，并成立了相应的领导机构和工作机构。截止到 10 月中旬，行业党委所属 62 个事务所和评估机构的党组织和全体党员参加了创先争优活动。目前已经完成了活动的启动、学习动员和公开承诺等环节的工作，创先争优活动在行业内正常、有序地开展。活动主要有以下几个特点：

一是将创先争优活动与党员模范岗评选活动相结合。今年“七一”前夕，行业党委在事务所党员中开展了“党员模范岗”评选活动，各事务所党支部按照党员“五带头”的要求和评选标准，精心组织本单位“党员模范岗”的推选工作。经行业党委批准，有46名党员被授予“党员模范岗”称号。前段时间，我行业有6家会计师事务所被市级机关工委命名为“党员示范窗口”。通过开展评选活动，进一步弘扬了党员中的先进典型，调动了党员参与党的活动的积极性，彰显了事务所党组织的凝聚力和战斗力，同时也有效地促进了事务所创先争优活动的开展。

二是将创先争优活动与提高事务所党员素质相结合。为把创先争优活动真正落到实处，行业党委有意识地将“五个好”和“五带头”的要求融入到日常的党员的教育之中。在开展活动过程中，我们先后组织了由各事务所党支部书记参加的党建工作专题会议，以会代训的形式对支部书记进行了培训；举办了一期党员培训班，先后特别聘请了市委党校、南开大学的教授和熟悉党务工作的同志进行了专题讲座和辅导；举办了慰问行业从业人员专场音乐会；开展了向甘肃舟曲灾区捐款活动等。通过这些活动的开展，使广大党员进一步增强了党性意识、宗旨意识和先进性意识，党支部书记和党员的素质得到进一步提高。

三是将创先争优活动与主题实践活动相结合。在开展创先争优活动中融入主题实践活动，是行业党委的创新之举。今年8月，行业党委印发了《关于开展创先争优，我与滨海新区共发展”主题实践活动的方案》，要求行业党组织和党员围绕如何促进天津滨海新区加快发展，找差距、定措施并进行整改，努力做到在完成重点工作、破解本所发展难题上创先争优；在落实和拓展学习实践活动的整改任务中创先争优；在加强事务所文化建设、加强内部治理，充分发挥党员模范带头作用中创先争优。11月初，市注协将与中注协、滨海新区共同召开新业务论坛。届时，我市所有的会计师事务所将与中注协、滨海新区共同研讨业务，并在新区建立新业务会计服务示范基地，为会计师事务所拓展业务领域搭建平台。这些活动的开展，必将对行业创先争优活动起到积极的促进作用。

四是将创先争优活动与建立宣传阵地相结合。行业党委坚持把宣传阵地建设，作为开展创先争优活动的一个重要抓手，积极营造创先争优活动的良好氛围。在开展活动中，行业党委带头建立了创先争优活动专栏，并指导一些较大的事务所党支部建立了党建活动园地。为各会计师事务所印制了创先争优活动宣传画和宣传口号，并通过行业网站、刊物及时报道行业开展创先争优活动的情况。活动期间共印发专题简报和信息11篇，其中被上级有关部门采用2篇。

刚才，有3个会计师事务所做了经验介绍，体现了他们各自开展活动的特色。五洲松德会计师事务所将党的活动经费纳入业务开支范围，在活动资金上予以保障；中联会计师事务所召开党员和员工参加的讨论会，采取民主决策的方式决定事务所的发展；国信倚天会计师事务所在开展“创先争优，我与滨海新区共发展”主题实践活动中，采取自评、互评等形式，找差距、定措施、明确努力方向，突出了活动的实践特色。以上这些经验做法和取得的初步成效是开展创先争优活动和加强行业党建的可喜成果，这必将为事务所的发展注入强大的动力。在肯定成绩的同时，我们也应清醒地认识到，我行业的创先争优活动，与中央和上级的要求、与兄弟行业取得的成效、与行业广大从业人员的期盼还有不小的差距，活动的开展在各事务所和从业人员之间还存在工作不平衡问题。下一步，我们将全力抓好机制建设，继续落实好领导责任，重点抓好创先争优活动的集中评议、整改提高和评比表彰等环节的工作，并注重搞好舆论宣传，加强督促检查，确保活动取得实实在在的效果。

二、充分认识行业创先争优机制建设的重大意义

构建行业创先争优科学机制，既是推进创先争优活动的一项重要举措，也是行业建设的一件大事，对于推动会计师事务所科学发展，以更高的水平和能力服务于经济社会发展，有着重大而深远的意义。

一是机制建设能够促进创先争优活动与行业发展紧密结合。创先争优活动要与中心工作紧密结合，使活动成为推动科学发展的动力与保证。创先争优活动本身不是离开业务工作另搞一套，而是要求每个支部、每名党员在履职尽责中、在本职岗位上把承担的任务、从事的工作做得更好，切实把创先争优与行业科学发展有机融合。推进行业创先争优机制建设，能够把行业业务与党建工作有机融为一体、综合推进，把创先争优的追求和行动融入从业人员的成长、事务所的进步、行业的发展，从机制上解决“两张皮”的问题，实现党建与业务“两不误、两促进”。

二是机制建设能够促进创先争优活动自觉持久高效地开展。创先争优活动，作为党的建设一项重要的经常性工作，重在普遍参与，贵在常抓不懈。推进行业创先争优机制建设，将使创先争优活动的开展，由依靠外在的推动力转化为依靠内在的原动力，通过指标体系的填列，通过客观的自我评价，通过广泛的纵横比较，激发创先争优、不进则退的内在紧迫感，增强力争上游、不甘落后的内在主动性，引导全行业党组织、党员和从业人员自觉、自愿、自动地参与创先争优活动。

三是机制建设能够促进行业更好地服务经济社会发展大局。坚持围绕党和政府中心工作，服务经济社会发展大局，是注册会计师行业最大的政治，也是行业安身立命之本。当前，中央加快经济发展方式转变，促进经济结构调整的举措，为行业发展提供了重大机遇。推进行业创先争优机制建设，就是要使全行业能够在党的建设和业务工作中，在创先争优、比学赶超中，时时处处心怀经济社会发展大局，自觉地按照经济社会发展对行业的需求，确立发展目标，完善发展思路，改进发展措施，以更高的执业水平、科学的发展机制，更好地为经济社会发展大局服务。

四是机制建设能够更好地夯实行业跨越式发展的基础。创先争优活动是学习实践活动的延展和深化。其根本目的在于通过发挥事务所党组织和行业党员的先进模范作用，更好地服务于科学发展。推进行业创先争优机制建设，能够充分调动行业各级党组织、党员及从业人员的积极性、主动性、创造性，以强大的导向力量，打造一支结构优化、专业技术精湛、职业道德优良、符合国际化发展需求的执业队伍，培育一批能够以高质量和综合性专业服务、赢得市场认可和公众信任的高水平会计师事务所，促进行业在更高水平上加快实现跨越式发展。

五是机制建设能够丰富行业分级分类管理的手段。在新形势下，构建“依托信息技术、以信息共享为基础、分级分类管理”的事务所管理新机制，将是行业改革发展的目标。这种体制将使行业管理更加科学化、精细化。通过实施评价指标体系以及分级分类综合评价、核实公开，充分反映不同规模事务所、不同层次从业人员的发展层级，集中体现行业内不同层次、不同类别的管理特点和要求，综合各项基本信息，便于行业党组织和注协根据事务所

不同规模特点和从业人员不同身份特性，分别实行有针对性的监督、管理和服务，从而为建立分级分类的行业管理新体制打下坚实的基础。

三、以创先争优科学机制建设推进行业加快发展

行业创先争优机制建设，是一项创新性、根本性措施，也是一项相当复杂和艰巨的工作任务。财政部、中注协对行业党建特别是加强行业创先争优机制建设非常重视，先后在云南和山西召开现场会和全国电视电话会议，部署工作，提出要求。行业党委、注协以及各事务所党组织、广大党员和从业人员，一定要认真学习掌握创先争优科学机制的内容和要求，把推进机制建设作为当前的中心工作和首要任务，努力使机制建设与行业科学发展、与事务所的自身建设、与从业人员的发展进步紧密联系起来，使之在业务工作与党建工作中发挥出应有作用。

一是高度重视，加强领导。行业各级党组织要高度重视创先争优机制建设，按照一级抓一级的要求，切实抓好工作落实。行业党委和注册会计师协会要抓好综合评价指标体系填列的技术指导，尽可能把填列要求细化，易于理解和操作，并统一填列标准，统一时间要求。要及时掌握机制建设中遇到的问题，及时解决，不断改进、完善指标体系。各事务所党组织和党员要在行业党委和注协的指导下，在准确学习把握的基础上，抓好工作落实，按照中国注册会计师行业党委的工作要求和规定的时限，如期完成综合评价指标体系的填列工作。

二是分级核实，公开到位。行业党委、注协要对创先争优机制建设涉及的数据、指标、信息等，分级进行核实。核实结果要记入相关事务所和从业人员的诚信档案，也作为对地方行业党组织、注协工作考核的重要依据。各事务所管理层、党组织要把创先争优机制建设检查核实工作作为事务所内部控制、内部质量管理的重要内容；党组织书记、主任会计师要切实承担起核实的工作责任。要采取适当的方式、选取适当的比例，将创先争优机制建设情况特别是事务所及从业人员的综合评价结果通过协会网站以及其他方式，依次在行业内和社会公开，畅通监督渠道。

三是督促检查，落实责任。行业党委、注协要认真履行解读、指导、督促、核实、公开的职责，建立对行业党组织、注协、事务所及从业人员的问责制度，确保机制建设的规范性、有效性。各事务所管理层、党组织也要认真履行落实、推进、核实、公开的职责，建立本所内部的问责制度，组织从业人员认真参与、严肃对待机制建设，做到实事求是、客观准确。对工作失误而造成评价失真、结果失误、有意制造虚假信息、提供虚假情况的，都要公开通报，追究责任。要加强督促检查，把创先争优机制建设情况、综合评价结果，与各种政策激励、物质奖励挂钩，切实起到鼓励先进鞭策后进的作用。

同志们：创先争优活动为加快行业发展提供了良好的契机，创先争优机制建设为我们打造了一个展示和竞争的平台。我们一定要进一步增强工作的使命感和荣誉感，以科学发展观为指导，以推进行业创先争优机制建设为契机，深入学习贯彻党的十七届五中全会精神，抓机遇、谋发展，为加快行业科学发展，促进经济社会又好又快发展做出新的更大的贡献！

在天津市贯彻实施《企业内部控制配套指引》动员暨培训大会上的讲话

（2010 年 12 月 16 日）

天津市财政局（天津市地方税务局）副局长　陆丽珍

各位领导、同志们：

为做好《企业内部控制配套指引》在我市的宣传、培训、实施工作，市财政局、市审计局、市国资委、天津证监局、天津银监局、天津保监局等六部门联合召开了这次贯彻实施《企业内部控制配套指引》动员暨培训大会，同时，我们还荣幸地邀请到财政部会计司胡兴国处长作精彩的报告。

2010 年 4 月 26 日，财政部会同证监会、审计署、银监会、保监会等部门隆重发布了《企业内部控制配套指引》，连同 2008 年发布的《企业内部控制基本规范》共同构建了我国企业内部控制规范体系。《企业内部控制配套指引》的制定和发布，标志着“以防范风险和控制舞弊为中心、以控制标准和评价标准为主体，结构合理、层次分明、衔接有序、方法科学、体系完备”的企业内部控制规范体系建设目标基本实现。这是继我国企业会计准则、审计准则体系建成并有效实施之后的又一项重大系统工程，也是财政、审计、证券监管、银行监管、保险监管和国有资产监管部门贯彻落实科学发展观、服务经济发展方式转变的重大举措。企业内部控制规范体系的实施，也必将在促进经济平稳发展、完善现代企业制度、促进企业科学管理、维护各方利益等方面发挥重要作用。下面，我代表市财政局讲几点贯彻实施内控规范体系的意见。

一、充分认识《企业内部控制配套指引》的重要意义

当前，我们正处在继续应对国际金融危机、保持经济平稳较快发展的关键点上，发布和实施《企业内部控制配套指引》，在控制企业经营管理风险、服务经济社会发展大局方面，具有特别重要的意义。

第一，有利于进一步完善公司治理，防范和化解各类风险。今年以来，我市在市委、市政府的正确领导下，深入贯彻中央的决策部署和政策措施，围绕全年经济社会发展目标，积极应对国内外较为复杂的发展环境，加快推进经济发展方式转变和产业结构升级，全市经济增长较快，运行质量提升，结构优化调整，需求动力强劲，民生保障增强。前三季度，全市

生产总值完成6448.59亿元，地方财政收入完成761.80亿元，分别比上年同期增长17.9%和33.1%，为2005年以来同期最好水平。要巩固和发展我市经济持续向好的态势，就要练好企业的内功，夯实企业的发展基础。在经历金融危机冲击后，无论是前期遭受挫折需要尽快脱困的企业，还是蓄势待发准备化危为机、大展宏图的企业，都必须清醒而敏锐地认识到经济形势、产业政策、融资环境、市场竞争、资源供给、法律法规、文化传统、社会信用、技术进步、环境状况等各方面因素对企业发展提出的机遇和挑战，全面分析预判风险并采取科学有效的应对之策。贯彻执行企业内部控制配套指引、健全企业内部控制体系，将有助于进一步完善公司治理，防范和化解企业因国内外经营环境急剧变化形成的各类风险，积极促进企业更好、更快、更稳地实现其发展战略。

第二，有利于促进我国企业转变发展方式。本次国际金融危机带给我们的重要启示之一，就是要建立健全以全面风险管理为导向的内部控制体系，不断提供企业全面、协调、可持续发展的内生动力，这也是为企业转变经济发展方式探寻到的又一路径。在后金融危机时期，企业将获得更多更好的发展机会，但要让机会变为现实，就必须时刻注重防范风险，注重稳中求进。《企业内部控制配套指引》的发布和实施，将有助于企业进一步健全在战略风险、财务风险、合规风险、安全生产风险、环境风险等方面的管控措施，提升管理水平，实现企业健康、可持续发展。

第三，有利于促进企业全方位参与国际经济竞争。并购是企业实现规模扩张、整合市场资源、获得协同效应的有效途径，其中，境外并购已成为一国企业深度参与国际经济竞争、做大做强的重要选择。同时，随着后金融危机时期我国经济的进一步对外开放，越来越多的企业将赴境外资本市场融资，这就要求我们的企业进一步强化风险管控、健全内部控制机制。当此之时，发布企业内部控制配套指引，针对企业可能遇到的风险，从多个角度、以多种方式明确提出应对之策，将为我国企业成功开展境外并购、广泛深入参与国际经济竞争提供有力保障。

第四，有利于维护经济金融稳定和社会公众合法权益。企业是金融市场的重要参与者，肩负着维护市场经济秩序和公众利益的重要责任。历史一再表明，企业守信并稳健经营，投资者就充满信心，金融市场就风和日丽；反之，投资者就心有余悸，金融市场就人气凋敝。为了切实维护广大投资者和社会公众的合法权益，确保金融市场乃至整个市场经济的健康发展，需要采取更加切实有效的措施，强化市场监管。内部控制配套指引的发布实施，不仅为后金融危机时期的金融监管提供了一个新的视角，同时也使监管内容和手段更为丰富，必将进一步提升监管效能，更好地保护社会公众的合法权益。

二、抓紧抓好《企业内部控制配套指引》的贯彻实施

财政部王军副部长讲“天下大事，必作于细”。我们既要充分认识到贯彻落实企业内部控制规范体系的必要性和迫切性，也应清醒地意识到推进企业内部控制规范实施的艰巨性和复杂性，要抓紧抓好《企业内部控制配套指引》的贯彻实施，使之真正成为企业经营管理再上新台阶的助推器，真正成为促进我市经济发展方式转变的好帮手。当前的主要任务是抓紧做好企业执行内部控制规范的准备工作，这是确保内部控制规范体系顺利实施的重要前提。各部门、各单位要积极行动起来，认真、扎实做好企业内部控制规范实施前的各项

工作：

第一，各级财政部门要把宣传培训、学习贯彻内部控制规范作为当前及今后一段时期会计管理和注册会计师行业管理的一项中心工作，精心组织，周密安排，切实抓紧抓好，抓出成效。一是要加强内部控制专业团队建设，指定专人负责，落实责任制，重视和培养业务骨干，全面熟悉和掌握内部控制规范的内容，做好对企业、会计师事务所等有关单位的政策业务指导；二是要不断深化内部控制规范体系的宣传培训工作，先培训上市公司和大中型会计师事务所；随后将培训范围逐步扩大到所有大中型企业。同时要将内部控制规范纳入会计等专业技术人员的继续教育范围。三是要抓好试点工作，市财政局要会同有关部门确定试点企业名单，鼓励先行先试，为推动内部控制规范的全面实施积累经验，做到循序渐进，稳步推动。

第二，各上市公司和国有大中型企业，要切实抓紧本单位的内部控制体系建设，并按规定要求稳步有效实施。一是，各单位董事会或类似机构要高度重视，真正担当起建立健全和有效实施内部控制规范体系的责任，组建专门的领导班子，加强对单位内部控制体系建设工作的指导。二是，各单位要统筹规划、缜密安排，根据《企业内部控制基本规范》及《企业内部控制配套指引》的规定，结合本单位经营特点和管理要求，对现行内部控制制度和内部管理规定进行梳理、优化，健全适合本单位实际的内部控制制度。三是、要开展全员培训，掀起“人人学内控、人人讲内控、个个受约束”的良好氛围。四是，要加大对企业信息系统的改造或新建投入，充分运用信息技术加强内部控制管理，建立与经营管理相适应的信息系统，促进内部控制流程与信息系统的有机结合，实现对各类业务和事项的自动控制，减少或消除人为操纵因素。五是，要选择管理基础较好的子公司或业务单位开展内部控制制度试点，发现并及时解决运行过程中存在的问题，及时总结经验，并逐步推广到整个单位范围实施。

第三，会计师事务所要把握好《企业内部控制规范配套指引》发布实施的好机会，积极拓展业务领域。一是要积极组织本单位人员内部培训或参加政府部门组织的正规培训，进一步提升自身执业能力。二是要合理调配资源，优化业务结构，组建专业团队。三是要深入研究内部控制审计方法，建立健全内部控制审计质量控制标准。

三、构建企业内部控制规范监督评价体系

构建企业、注册会计师和有关监管部门三位一体的内、外部监督评价体系是确保企业内部控制规范顺利实施的重要保证。

第一，各企业要加强内部审计与监督，特别是上市公司要建立并充分发挥内审部门对内部控制规范体系实施的监督作用，要赋予内审部门监督内部控制规范实施、内部控制自我评价、协调内部控制审计等方面的职能。同时，要建立内部控制执行情况与员工绩效考核挂钩的制度，并严格执行。

第二，注册会计师行业要严格遵循企业内部控制规范体系提出的各项要求，开展内部控制审计业务。要强化内部控制审计的独立性，保持应有的职业谨慎态度，遵守职业道德规范，在内部控制审计业务与内部控制咨询业务之间建立牢固的“防火墙”，禁止针对同一客户既承担内部控制审计业务，同时又承担内部控制咨询和代行内部控制自我评价业务。

第三，财政部门等监管部门要将与实施内部控制规范体系有关的政策指导和监督检查结合起来，在为企业、会计师事务所提供良好服务的同时，密切关注和追踪企业和会计师事务所执行内部控制规范体系的情况，建立迅速高效的预警、反应和处理机制，妥善处理好实施过程中产生的各种问题。同时，要加强对企业和会计师事务所执行内部控制规范体系的监督检查力度，对违反内部控制规范要求的单位和个人要依法严肃处理；要加强部门沟通，协调监管政策，规范监管口径，形成监管合力，提高监管效能。

同志们，行百里者半九十。我们应当清醒地认识到，推进企业内部控制规范的贯彻实施是一项艰巨的系统工程，下一步的任务会更加繁重。同时，我们也应当满怀豪情：只要我们继续保持实事求是、脚踏实地的工作作风，精心组织，就一定能够将企业内部控制规范体系学习好、宣传好、实施好，进一步促进企业提升管理水平和风险能力，进一步促进我市经济健康、快速、持续发展！

发挥稽查职能作用　服务科学发展大局　为税收事业做出贡献

——在2010年税务稽查工作会议上的讲话

（2010年2月24日）

天津市财政局（天津市地方税务局）副局长　张家林

同志们：

今天，我们在这里召开2010年税务稽查工作会议。会议的主要任务是：认真贯彻落实全国税务稽查工作会议、市财政工作会议和市局第一次区县地税局长联席会议精神，总结2009年税务稽查工作，部署2010年各项稽查任务。下面，我讲三个方面的问题，供大家参考。

一、2009年税收稽查工作的回顾

过去的一年，在市局党组的正确领导下，全市各级稽查部门按照全国税务稽查工作会议精神和全市税收工作总体部署，紧密围绕2009年税务稽查工作要点，深入贯彻落实科学发展观，以稽查工作“四性”，即稽查工作的针对性、法制性、时效性、威慑性为指导，以整顿和规范税收秩序为目标，以组织税收专项检查和区域税收专项整治为重点，认真开展了打击发票违法犯罪活动等各项工作。着力“以查促收、以查促管、以查促查”，在重点工作上抓突破，在难点工作上抓创新，在热点工作上抓落实，在基础工作上抓夯实，实现了稽查工作质量和效率的全面提升。总结2009年工作，主要取得了十个方面的成绩：

（一）稽查收入任务目标超额完成

2009年，全市各稽查局共检查各类企业26675户，查补收入8.9亿元，入库8.2亿元，完成全年稽查收入目标7.3亿元的111.9%，占全市税收收入的1.6%，稽查贡献率实现新高。全局稽查选案率、入库率分别达到80.4%和92.3%，超额完成总局下达的全年稽查工作目标。宁河、河西、高新区、保税、静海等5个单位，完成收入目标比例高，其中宁河地税稽查任务完成率达到213.2%。

（二）稽查工作“四性”要求落实到位

积极落实福刚局长提出的稽查工作针对性、法制性、时效性和威慑性的“四性”要求，在稽查选案、实施、审理、执行的薄弱环节上下功夫，努力在工作方式、方法及工作效果上加以体现。如在突出针对性上，不断强化查前分析与评估，针对涉税疑点开展重点检查。在突出法制性上，坚持依法稽查，把案件能否经得起时间检验、经得起上级复查、经得起社会质询作为评判稽查案件质量的标准，不断强化稽查计划的统筹管理和案件的政策执行，确保在执法依据和执法程序方面经得起推敲。在突出时效性上，加大了对总局、市政府以及有关部门督办案件或重大案件的督导，采取跟踪问效、实时监控等方式，在保证案件查办质量的前提下，进一步提高了案件查办的效率，切实做到了快查、快审、快结。在突出威慑性上，加大了对重大涉税违法行为的惩治力度，对部分情节严重的大要案件，严格按照标准及时移交相关部门，对重大典型案件予以曝光，全年共曝光典型案例近 20 余起，切实发挥了税务稽查的威慑作用。

（三）税收专项检查工作扎实开展

按照总局工作部署，结合我市经济形势和行业纳税特点，2009 年我们重点开展了对房地产开发企业、建筑安装业、餐饮业、服务业、交通运输业、两年以上未实施稽查的重点税源企业、“大小非”及 IPO 限售股减持企业和个人所得税等重点行业、重点项目和重点税种的专项检查。各稽查局普遍采取了切实有效措施，保证了专项检查工作的深入开展。全年共检查企业 26279 户，查补入库 7.8 亿元。其中，专项检查 1495 户，查补入库 2.1 亿元，自查 24784 户，查补入库 5.7 亿元。

为确保专项检查效果，市局及各单位都专门成立了税收专项检查领导小组，按照税务调查与税务稽查紧密结合、案发地与协查地紧密结合、稽查与征管紧密结合、专项检查与打击发票紧密结合的检查思路，合理调配稽查力量，实行分级分类检查，切实提高了专项检查的工作质量。通过采取调研督导、召开案例分析会、现场会等多种形式，沟通情况，交流经验，推动了专项检查工作的深入开展。其中，河西、开发、保税、高新区等单位自查工作效果较好。第一、第二稽查局，东丽、河西、保税等单位对“大小非”企业的检查成效明显。河北、武清、河东、南开等单位对建筑安装业的检查效果突出。第一、第二稽查局，南开、北辰稽查局等单位注重在查深查透上下功夫，强调了对案件规律性问题的总结归纳，以“稽查建议”的形式将征管薄弱环节及时报告市局或反馈到征管部门，有效发挥了“以查促管”的职能作用。

（四）打击发票违法犯罪活动成效明显

按照天津市打击发票违法犯罪活动工作的方案，我局作为全市打击发票犯罪活动工作协调小组办公室，在工作安排、协调推动、总结成效、报送情况等方面作了大量工作。编发了 9 期《工作简讯》，全面反映了我市工作开展情况，其中武清地税开展打击发票违法犯罪工作的做法被全国打击发票违法犯罪活动工作协调小组通报全国。组织召开的全市税警联合打击发票违法犯罪活动工作现场会，推动了全市此项工作的纵深开展。结合专项检查，对发票违法的“买卖双方”给予严厉打击，处理涉票违法犯罪纳税人 97 户，协助公安机关破获了多起案件，其中“2·18”案件被公安部评为2009年度十大精品案件。联合公安、国税部门开展多次税警联合行动，对车站、码头、市中心繁华地带的散发发票违法信息卡片和兜售假发票的不法行为进行了全面治理。特别是武清、东丽、南开等单位，与当地公安机关积极配合，加大了对发票违法犯罪活动的打击力度，在税警联合办案方面积累了宝贵的经验。《中国税务报》、《天津日报》、《今晚报》、《天津经济》等报刊及电台、电视台等媒体，多次对这项工作情况进行了报道，收得了较好的舆论宣传效果。

（五）重大案件查办工作效果凸显

2009年，我们抽调精干人员，合理安排力量，与国税部门一道较好地完成了总局统一安排的国家开发投资公司下属企业、中国对外贸易运输（集团）总公司、中信银行天津分行等大型企业的检查以及“王维祥涉黑案”、“大港石化管件公司偷税案”等总局督办案件及“中金集资案”、“国盛建筑安装公司案”等市领导交办案件的查办。承办这些案件查办的第一、第二稽查局，大港、河西、塘沽稽查局做了大量艰苦细致的工作，确保了涉税大要案件的查处质量和效率。全年共有49起大要案件查补税款超百万元，共计查补税款1.5亿元，取得了新突破。

（六）案件协查和举报案件受理查处积极稳妥

坚持协查地就是案发地的工作思路，对外地协查案件认真分析受托协查案源，找准案件突破口。全年共处理外埠协查案件39件，本市协查案件136件。坚持了举报案件的分类管理，进一步划分明确了交办、督办案件标准，认真落实催办、督办及定期报告制度。强化了服务意识，不断提高举报受理技巧。不少单位针对实名举报、缠访案件逐年增多的现状，积极做好举报人疏导工作，及时化解了矛盾纠纷，切实维护了举报人的合法权益，较好地树立了税务机关文明办税，服务群众的良好形象。全年共受理查处举报案件159起，查补税款1170万元，加收滞纳金268万元，罚款322万元。

（七）相关部门协作配合日趋加强

一年来，各级稽查部门不断加强与国税、公安部门的协调配合，在数据共享、案情交换、共同稽查等方面取得了显著成效。在与国税稽查部门的配合上，通过不断摸索与实践，联合制定印发了《税务稽查工作协作办法》，通过采取随时沟通情况，召开国、地税稽查协作会等方式，就共同选案、同步稽查、共同审理、联合执行以及进一步做好打击发票违法犯罪工作等方面普遍形成了共识，促进了国、地税稽查部门工作的不断深化。在与公安部门的配合上，巩固了税警协作办案机制和情报交换制度，充分借助公安部门的执法手段，加大对发票违法犯罪活动等涉税违法行为的打击力度。全年共向公安机关移送案件9起，提请公安机关提前介入案件6起，切实加大了稽查工作的威慑力。

（八）稽查信息化建设有效推进

从稽查查前的案头分析、查中的数据监督审核、查后的汇总总结各个环节入手，利用信息化技术深挖企业涉税数据信息，有效提高了案件查处针对性。许多单位相继成立了电子查账科、信息化检查组，深入推广应用《奇星查账软件》，进一步加大了电子稽查力度，有效提高了稽查工作时效性。通过稽查信息统计系统、检查证管理系统、稽查举报管理系统的有效应用，数据统计质量和分析水平明显提高。与相关部门配合，认真开展了“稽查、征管信息互动平台”、“税收管理工作平台”纳税评估模块以及“税务数据挖掘智能决策支持系统”开发建设的相关调研准备工作，稽查信息化建设步伐不断加快。

（九）稽查日常基础管理工作逐步规范

一是推行了基础工作的精细化管理。严格了举报受理、案件查处等工作处理流程，明确了各类统计报表、文字材料的上报时限，采取多种形式加强了日常督查、督办工作力度。二是认真做好信息搜集报送和工作调研。一年来，各稽查局通过信息、调研等形式，及时反映日常工作中遇到的问题、典型案例和经验做法，经过编辑加工，共向局领导报告《税务稽查工作动态》17 期，向总局稽查局报送《稽查工作信息》8 期，其中河西、红桥稽查局的典型做法还分别被总局《税收工作简讯》和《厉风》杂志刊发。市局稽查处编发的《地税信息》第 48 期《市地税部门多措并举 抓稽查促征管见成效》被市委办公厅采用，印发全市。组织开展了稽查队伍建设情况、提高选案针对性情况以及稽查信息化建设等方面的专题调研，掌握了一手材料，为领导科学决策提供了依据。

（十）稽查干部队伍整体素质得到提升

2009 年，我们按照国家税务总局关于全国税务系统稽查人员业务考试的要求，结合实际，制订了业务学习考试具体实施方案，认真组织稽查干部参加业务培训和考试，保证在学习时间、内容、人员和效果上的落实。全市共有 489 人参加考试，取得了平均 108.5 分的好成绩，达到了提高素质和工作能力的目的。此外，我们还先后组织开展了稽查调查取证、涉税举报工作技巧、职务犯罪防范、案例分析以及如何搞好税收专项检查等 8 期培训，培训受益面越来越大，更新了稽查干部的业务知识，为培养高素质的复合型人才奠定了一定基础。充实调整了稽查人才库，为查办重大案件做好了人才储备。突出了教育在先，防范超前，把稽查部门的廉政建设摆在突出位置。针对稽查工作岗位的特殊性，认真组织学习了《国家税务总局稽查局关于加强稽查执法监督制约工作的意见》，结合我局情况，明确了在规范执法意识、强化监督制约、严肃稽查纪律、进行责任追究等方面的具体要求。组织开展了自查自纠，切实解决工作上存在的薄弱环节和隐患，铲除了助长个别干部违纪违法的土壤。

总之，过去的一年，是稽查工作克服困难，积极进取，在各个方面取得明显成效的一年。这些成绩的取得，归功于市局党组的正确领导，归功于各单位对稽查工作的高度重视和大力支持，归功于各级稽查干部，特别是工作在第一线的稽查干部的默默奉献。在此，我代表市局党组向辛勤工作在稽查岗位上的全体干部表示衷心的感谢！

在肯定成绩的同时，我们也应清醒地看到，工作中还存在不少亟待解决的问题：一是有关稽查管理的制度还不够健全，精细化管理尚有差距，迫切需要在今后的工作中进一步加强。二是个别单位对专项检查工作重视程度不够，工作招法不多，缺乏力度，没有处理好自查和检查的关系，过分依赖自查，专项检查成效不明显，工作开展不够平衡。三是科学选案、依法稽查、依法定性的工作理念和依法处理的意识还不强，部分单位选案率明显低于全市 80.25% 的平均水平，全市偷税案件处罚率仅为 30.92%，明显低于法定标准。四是部分单位稽查力量薄弱，稽查干部综合素质有待进一步提高。虽然市局相继组织了一系列稽查业务培训，但多层次、大范围的培训氛围还没有真正形成，年龄结构、知识结构不合理，缺乏电子查账能力等问题仍然制约了稽查整体水平的提高。上述问题我们必须加以高度重视，在今后的工作中，以更科学的方法、更务实的作风和更有效的措施加以解决。

二、当前稽查工作面临的形势和需要注意的问题

在去年底国家税务总局召开的全国税务工作会议上，肖捷局长在报告中，深刻分析了经济发展面临的形势。认为2010年将是我国进入新世纪以来，经济形势十分复杂的一年，不确定、不可预料因素和“两难”问题增多，积极变化和不利影响同时显现，短期问题和长期问题相互交织，国内因素和国际因素相互影响，将对今年税收形势产生多重影响。2010年企业经营状况会进一步好转，价格水平有所回升，有利于税收收入增长；但一些一次性特殊增收的措施难以持续，一些结构性减税政策已经制度化，税收收入增长预计不会太快，收入形势依然严峻。要求各级税务机关要正确分析判断形势，既要充分看到有利条件和积极因素，牢固坚定信心，增强做好工作的责任意识，又要足够估计困难，充分认识组织收入工作的艰巨性，继续毫不松懈地抓好组织收入工作，努力实现全年税收收入预期目标。

在不久前召开的全国税务稽查工作会议上，总局副局长解学智在讲话中要求，全国税务稽查部门要围绕中心，服务大局，切实发挥职能作用，适应经济全球化和社会信息化发展趋势，必须在提高稽查工作整体水平上下功夫，继续整顿规范税收秩序，落实目标责任制。即：全年稽查查补收入不低于税收收入总额的1.5%，选案准确率达到80%以上，查补入库率达到90%以上，查处案件结案率达到95%以上。这是总局审时度势做出的正确决策，对提高税收征管水平，完成全年税收任务将起到至关重要的作用。

在全市财政工作会议和2010年第一次区县地税局长联席会议上，福刚同志和刘健同志对我市地税工作面临的机遇和挑战也做了客观分析。随着我市“一二三四五六”目标思路的进一步落实，构筑“三个高地”，打好“五个攻坚战”取得新进展，全市经济发展的速度将进一步加快，内在质量将进一步提高。全市重大项目的开发建设，形成了许多新的经济增长点和支撑点，将对全市的经济发展形成强有力的拉动，从而带动税收收入实现较快增长。与此同时，也要看到一些不确定、不可预料的问题还将对税收工作产生不利影响。企业生产成本上升、工业产出品价格仍然较低将在一定程度上影响到税收的增加。一些宏观调控政策的调整，也对以房地产行业为重点的部分行业税收收入产生不利影响，导致税收收入的增长滞缓。

面对这种形势，我们将面临严峻的挑战。为此，各级稽查部门必须紧紧围绕税收中心工作，采取有效措施，在更新稽查理念、创新稽查方法、完善工作制度、强化队伍建设等方面下功夫，努力提高稽查工作的整体水平。具体讲，要正确把握好“两个关系”，注重“三个加强”。

（一）正确处理好稽查执法与组织收入的关系

稽查执法是税收强制力的体现，税务稽查部门必须以整顿和规范税收秩序维护税收法律法规的尊严，以严格、规范、公平、公正和文明执法服务于最广大的纳税人，以提高整体工作水平确保税收收入任务的完成。稽查工作作为税收征管的重要环节，最后一道防线，担负

着堵塞漏洞，防止税款流失，实现应收尽收的艰巨任务。总局制定1.5%的工作目标任务，就是为稽查部门明确的努力方向，促进稽查部门继续加大执法力度，推动整顿和规范税收秩序工作不断走向深入。越是在收入任务艰巨的情况下，做好各项稽查工作，发挥好以查促收的作用，意义更重大。因此，在今年的工作中，各级稽查部门必须要自觉服从服务于税收工作大局，不断增强大局意识、责任意识、奉献意识，正确处理好稽查查补收入与组织收入的关系，将组织收入的工作压力转化为做好稽查工作的动力，更好地担负起“以查促收、以查促管、以查促查”的工作职责。

（二）妥善处理好稽查执法与服务的关系

去年国家税务总局专门召开了纳税服务工作会议，提出要积极推进纳税服务体制、机制和制度创新，大力推进纳税服务全局性、系统性和基础性建设，着力发挥整体功能和影响力，减轻纳税人负担，提高纳税人满意度和税法遵从度。这是今年税收工作的核心任务，也是稽查工作的重心所在。妥善处理好执法与服务的关系，就是要把和谐执法的理念贯穿在稽查执法活动的全过程，树立和培养征纳双方法律地位平等的意识，坚持公平、规范、文明稽查，合理使用自由裁量权，统一执法尺度，避免畸重畸轻。认真听取并及时向有关部门反映纳税人正当的税收诉求，化解征纳双方的矛盾冲突，切实维护纳税人合法权益。在保证稽查工作质量的前提下，尽量缩短检查处理时间，减少对纳税人正常生产经营活动的不利影响。

（三）加强联合稽查，不断凝聚稽查执法合力

凝聚内外部执法合力，有利于提高稽查执法效能，有利于重创各类涉税违法行为，有利于规范秩序、规范依法行政行为。因此，各稽查部门要在今年的工作中，注意将税收专项检查与区域专项整治，专项检查与打击发票违法犯罪，专项检查与企业自查有机结合。对内加强与法制、税政、征管部门的相互配合，对外加强与国税稽查部门的密切配合、协同作战，特别是对总局统一部署的税收专项检查、大型企业集团的审计检查、重大督办案件，要与辖区国税部门联合组织，共同开展，协调一致。查办重大涉税违法案件时，主动争取公安机关的提前介入，同时要积极配合公安机关，严厉打击日益猖獗的各类税收违法犯罪活动，共同营造和谐、净化的税收环境。

（四）加强调查研究，探索新的工作方式方法，着力打造稽查精品案件

善于研究，善于积累，把在案件查办中发现的问题归纳整理形成典型案例和办案经验，是稽查干部能力水平的真实体现。2010年，各级稽查部门必须在打造精品案件上下功夫，年内各单位必须上报2件以上能代表本局查案高水平的精品案例。出精品，必须不断创新工作方式方法，提高捕捉案件疑点的敏感性，采取多种稽查手段协调配合，找准案件突破口，严格依法定性处理，办成铁案。出精品，必须加强调查研究，紧密结合审计式检查、案件查处和税收专项检查，开展行业性税收调研式检查。要善于发现和研究当前稽查工作中出现的新问题，注重总结作案新手段、违法新情况，及时归集行业共性问题，归纳有效检查方法，研究检查对象可能采取的反检查手段和应对措施，为重点、全面、深入检查做足准备，将调研成果转化为税收检查成果，指导日后稽查工作的有效开展。

（五）加强学习，强化稽查核心业务能力

税务稽查的核心业务能力就是发现并依法处理纳税人存在的各类税收违法违规问题的能力。当前，纳税人的经营方式不断变化，业务范围不断拓展，征纳双方信息不对称的现象日益突出，不少稽查人员感到压力很大，自身现有的知识水平难以适应查办案件的需要。因此，每位稽查干部必须把加强对政治理论、经济知识和税收业务知识的学习摆在突出位置，一方面做到缺什么补什么，一方面要积极拓展知识领域，把自己培养成能够从事急难险重工作的业务精英和行家里手。各单位要积极创造条件，多层次、多渠道搞好培训，积极鼓励大家走专业化稽查的发展道路，有计划、有重点地逐步培养出一批专家型稽查人才，以适应不断发展变化的形势需要。

三、2010 年总体工作目标和主要任务

2010 年，是实施“十一五”规划的最后一年。认真做好今年的税务稽查工作，对全面完成好税收中心工作，支持全市经济实现新发展、再上新水平有着重要意义。根据总局工作要求和市局党组工作部署，今年税务稽查工作的总体要求是：坚持服务科学发展、共建和谐税收主题。认真贯彻全国税务稽查工作会议和市财政工作会议精神，以大力组织税收收入和整顿规范税收秩序为目标，以重点税源企业审计式检查和税收违法案件查处为重点，科学组织税收专项检查和区域税收专项整治，严厉打击发票违法犯罪活动，切实增强稽查的针对性、法制性、时效性和威慑性。加强稽查干部队伍建设，建立建全税务稽查工作良性长效机制，为税收中心工作完成做出更大贡献。

2010 年，继续落实稽查目标责任制，全体税务干部要通过不懈努力和扎实的工作，实现全年稽查查补收入不低于各项税收收入总额的 1.5%。各单位的稽查收入任务指标，按照市局分配给本单位具体收入任务指标核定后，分解落实。同时，各单位要确保稽查选案准确率达到 80% 以上，稽查查补收入入库率达到 90% 以上，稽查案件结案率达到 95% 以上。为圆满完成好全年稽查工作任务，下面我再强调几项重点工作。

（一）大力组织好税收收入和整顿规范税收秩序

一是要认真组织好重点税源企业的税收自查和检查工作，积极探索推动重点税源企业开展自查的方式方法，提高自查效果，以检查推动自查，进而达到引导重点税源企业规范纳税行为，控制并减少重大税收流失的目的。

二是要继续做好重大税收违法案件的查处工作，要以虚开和接受虚开发票，利用虚假账簿记账、隐匿或销毁账簿，账外经营等手段逃避纳税，关联企业转移应税收入等违法行为为重点，加强对长亏不倒、税负明显偏低、长期零申报以及跨地域经营企业的检查力度，严厉打击和威慑各类涉税违法行为，切实堵塞收入漏洞。

三是要有针对性地开展好税收专项检查。今年，总局继续安排了指令性和指导性两大类税收专项检查项目。市局初步制定了具体的检查安排，明确了专项检查的重点。各单位要在市局的统一部署下，认真开展对药品经销业、房地产业与建筑安装业、交通运输业的专项检查，完成好供热、电力、“大小非”及限售股减持企业的检查收尾工作。同时，还要有计

划、有步骤地开展对股权转让、关联企业、企业产二手房交易以及信息化管理企业等项目的专项检查，并对餐饮娱乐、旅店等行业纳税情况开展调研性检查，及时总结出行业性共性问题，深入剖析被查行业的征管现状，归纳出有效的检查方法，形成检查指南，搞好稽查建议。此外，还要针对纳税评估、行业及区域税收调研、专项检查发现的倾向性问题，对征管基础比较薄弱、税收秩序相对混乱以及涉税违法案件发生比较集中的区县或行业开展市、区两级专项整治，切实达到治理一个行业、规范一个区域税收秩序的目的。

四是要巩固打击发票违法犯罪活动工作成果，继续保持打击发票违法犯罪活动的高压态势。各单位要按照“有效配合、重点查处、严肃处理、确保成效”的工作要求，在市打击发票违法犯罪活动工作协调小组的统一部署下，进一步加大与国税、公安等部门的协作力度，建立信息共享、联合办案制度，完善打击发票违法犯罪活动的长效机制。同时，还要特别加强在打击发票违法犯罪活动工作中所取得的工作成果、典型事迹的宣传报道，以此为打击发票违法犯罪活动营造出强大的社会舆论氛围。

（二）进一步健全完善稽查管理机制

一要加强稽查基础制度建设。今年，总局下发了新的《税务稽查工作规程》，要求严格落实稽查四环节的分工制约、协调配合机制，建立健全起制度完备、流程规范、责任明确、监督到位的内控机制。市局将根据我市稽查工作实际，抓紧制定出台全市统一的《案件协查管理办法》、《稽查档案管理办法》和《稽查考核办法》，全面修订税务稽查各项制度规定，逐步建立健全税务稽查制度体系。各单位也要抓紧学习《税务稽查工作规程》，把握新规定、新要求，在日常稽查工作中作为指导，确保贯彻执行到位。

二要牢固树立起全市稽查“一盘棋”的理念，建设“上下一体、信息畅通、反应灵敏、指挥有力”的稽查指挥体系。市局要按照新的《税务稽查工作规程》规定的标准，全面实施分级分类稽查办法，紧密结合税收违法案件查处、税收专项检查、税收专项整治等工作细化分级分类标准。同时，要加大对重大案件的督办、指导力度，各单位要严格落实大要案件报告制度以及稽查系统信息、报表等报告制度，按照统一的案件执法尺度和处理处罚原则，做到令行禁止。

（三）坚持依法稽查文明执法

一是要提高案件查办质量和效率。过去的一年，全市稽查部门以稽查工作“四性”要求为指导，取得了一个又一个的工作成绩，出色地完成了各项工作任务。今年，我们还要进一步强化稽查工作的针对性、法制性、时效性和威慑性，下大力气，努力提高选案准确率、按期结案率和税款入库率。各单位要继续坚持重大税收案件集体审议制度，对证据和法律适用情况严格审核。要加强对重大案件的督导、跟踪问效和实时监控，保证查处效果。对重大涉税违法案件，要通过多种形式渠道加大曝光力度，充分发挥威慑作用。

二是要进一步做好涉税举报工作。各单位要在市局统一安排下，继续实行税收违法案件的分类管理，积极探索举报线索与稽查案源管理结合的有效方式。要进一步提高《税收违法检举案件管理系统》的应用水平，提高受理、查处、回复等环节的工作效率。要特别注重对举报人，尤其是“缠访缠诉”举报人的疏导工作，严格保密制度，提高接待服务质量，尊重并保护好举报人和被举报人的合法权益。

三是要依法规范稽查执法行为，有效防范稽查执法风险。要牢固树立征纳双方法律地位平等的理念，严格依照法定职责、法定权限和法定程序开展稽查，着力避免因检查、执行等执法行为失误、不当、粗暴引起纳税人不满和抱怨的问题，确保每一起案件权限合法、程序无误、事实清楚、证据确凿、定性准确、处理得当。市局要抓紧完善稽查内部监督制约机制，落实执法责任制，严格过错责任追究，围绕稽查执法的重点环节，进一步强化事前警示、过程监控和事后监督，有效避免自由裁量权使用不当、执法随意性和办人情案等不良现象的发生。

（四）积极创新稽查工作方式方法

一是要积极优化稽查服务。关于搞好纳税服务问题，我已经在前面做了强调。由于这项工作的重要性所在，要求全体稽查干部，必须要坚持公平、公正、公开的原则，依法尊重并维护纳税人合法权益，牢固树立稽查服务意识和公平公正执法是稽查最佳服务理念。要结合总局提出的审计式检查模式，积极推行查前告知、约谈，实施检查过程中要注重宣传税收政策，充分听取纳税人的陈述申辩意见，检查结束后要及时跟踪回访，提出建议，巩固稽查成果，不断扩大我们稽查工作的影响力和作用力。

二是要继续建立健全稽查与征管部门的良性互动机制。市局稽查处要抓紧与相关部门研究，加快互动平台建设，并出台相关规定。充分利用税收数据集中的优势，将征管部门移交的涉及重大涉税问题的企业作为检查重点，有的放矢地开展检查。各稽查局要在认真开展检查的同时，注重对典型案件的分析，总结行业涉税突出问题，归纳整理发现的征管漏洞，定期反馈给征管部门，突出稽查工作的成果转换，实现稽查与征管的有效衔接。

三是要继续深化与国税、公安等部门的协作配合。认真落实好国、地税稽查工作协作办法，巩固以往工作协作的做法和经验，与同级国税稽查部门开展多层次、多领域工作协作，加强日常的信息交换和情况沟通。要进一步巩固完善税警协作办案机制和情报交换制度，切实加强与海关、银行、工商、法院等部门的协调配合，不断增强工作合力。

四是要按照“信息管税”的要求，加快稽查信息化建设步伐。要发挥数据集中优势，充分依托纳税评估数据挖掘等技术手段，提高选案针对性。同时，要通过“稽查管理系统”的开发建设，统一稽查审批流程，加强工作监督，提高审理质量。各单位的稽查业务骨干，还要注意知识更新，积极探索信息化管理企业的稽查方法，利用“查账软件”提高调取、查阅企业电子账簿的效率。

（五）全面加强税务稽查队伍勤政廉政建设

一是要努力提高稽查干部素质和技能。进一步加大稽查干部培训力度，倡导建设学习型稽查干部队伍。市局稽查处要会同人教部门有针对性地开展《稽查入门培训》、《稽查业务骨干提高班》及相关岗位知识等业务培训。结合稽查工作开展，分期组织房地产业、建筑安装业、交通运输业、信息化管理企业稽查实务和稽查技巧等方面的培训。全体稽查干部要培养学习的自觉性，积极参加在职学历教育、注册税务师等资格考试，努力拓宽自身工作视野和能力水平。

二是要改进工作作风，加强稽查队伍廉政建设。全体稽查干部都要牢固树立聚财为国、执法为民的工作宗旨，切实强化责任意识和奉献意识。各单位要认真落实好《国家税务总局关于加强稽查执法监督制约工作的意见》，市局要按照“抓廉政促发展、抓作风促服务”的理念，加大对稽查执法过程的全程廉政监督制约，以完善惩治和预防腐败体系为重点，抓好稽查干部队伍的廉政建设、作风建设、法制教育和风险教育，切实牢固筑起反腐倡廉思想防线。

同志们，稽查工作责任重大，使命光荣。新的一年，全体稽查干部要以这次会议为新的起点，在市局党组的正确领导下，集中精力，鼓足干劲，增强信心，全力以赴，采取更加有力、更加有效的措施，努力完成全年各项稽查工作任务，推动全市稽查工作又好又快发展，为促进全市经济平稳较快发展，作出新的更大贡献！

创新务实　勇于超越
开创个人所得税和国际税务工作新局面

——在2010年个人所得税暨国际税务工作会议上的讲话

（2010年3月19日）

天津市财政局（天津市地方税务局）副局长　张家林

同志们：

今天我们在这里召开2010年个人所得税暨国际税务工作会议。这次会议的主要任务：一是总结2009年国际税务和个人所得税工作；二是分析当前经济税收形势，贯彻落实总局国际司和所得税司工作要点，研究部署2010年的重点工作。按照会议安排，国个税处的各位同志还将对个人所得税和国际税收有关政策进行辅导，对下一步工作提出要求，有关单位进行经验交流。下面，我讲两点意见，供大家参考。

一、2009年工作回顾

2009年，税收收入受国际金融危机和结构性减税等因素的影响，面临多年未有的困难和压力，对个人所得税收入影响尤为突出。但是各区县局广大干部不畏困难，齐心协力，按照全市财政工作会议、区县地税局长联席会议的具体部署，以科学发展观为指导思想，深入贯彻落实党的十七大、十七届四中全会和市委九届六次全会精神，通过加强征管和完善征管制度，确保了个人所得税收入的超额完成。2009年全市个人所得税共完成收入765453万元，比去年同期652424万元增加113029万元，增长17.32%。

（一）以全员全额管理为基础，全面提高个人所得税征管工作水平

我市自2007年推行个人所得税全员全额扣缴申报以来，各方面工作都取得了一定成效，为个人所得税征管工作奠定了基础。2009年为了更好地服务纳税人，确保代扣代缴系统的高效性和稳定性，按照总局的要求，进一步完善了个人所得税代扣代缴系统。在代扣代缴系统升级工作中，及时发现和解决系统运行中存在的问题，做好纳税辅导服务和系统升级、维

护。通过加强全员全额管理，在以下几方面工作取得成效：

一是，圆满完成了年所得 12 万元以上纳税人自行纳税申报工作。各地税局在总结以前年度工作经验的基础上，充分做好前期准备，优化各项工作流程，圆满完成了我市 2008 年度自行纳税申报工作。截至 2009 年 3 月 31 日，全市共受理申报人数为 44957 人，申报年所得额 156.54 亿元，已缴税款 25.88 亿元，补缴税款 1271.61 万元。自行申报期结束后，各地税局认真总结自行纳税申报工作出现的情况和问题，做好纳税申报资料的归集、整理并将纳税申报信息与日常纳税申报信息进行比对、分析。同时与稽查部门积极配合，组织个人所得税专项稽查，对应申报而未申报的，依法进行了处罚。

二是，圆满完成了个人所得税完税证明开具工作。个人所得税全员全额工作的全面实施，奠定了为每个纳税人开具完税证明的基础。此项工作满足了纳税人实际需要，促进了税法知识普及，培养了公民依法纳税的责任感和自豪感，有效维护了纳税人权益。本次工作共发放证明 221 万份，采取了由各地税局送达扣缴单位，再由扣缴单位发到纳税人手中的方式，收到了良好的效果，不仅提高了纳税人的纳税遵从度，而且为年所得 12 万元以上纳税人申报工作奠定了基础。

三是，做好与其他部门信息共享工作。在充分利用本部门数据进行分析的同时，加强外部门协作，利用外部数据强化管理和监督。2009 年，市局通过与市工商局的密切合作，掌握了个人股东股权增资及转让情况。通过对历史数据的清查以及地税登记局的定时信息交换，对个人股东股权增资及转让情况实现了源头控管；与国税局密切合作，通过国地税信息共享平台取得企业所得税汇算清缴数据，进行个人工资薪金所得与企业的工资费用支出比对工作，积极研究并制定具体办法，以个人所得税全员全额扣缴申报数据为基础，对全市企业数据进行关联性分析比对，各地税局对有疑点企业进行重点核查，确定核查企业 16123 户，核查出有问题户 268 户，合计补税 673.7 万元，其中：查补个人所得税 544.1 万元。

四是，充分运用个人所得税信息管理系统中的数据，做好重点税源大户与重点纳税人的纳税情况监测和数据分析工作。市局由专人按月统计我市年度纳税额 100 万元以上扣缴单位的纳税情况。对增幅、降幅波动较大的单位逐户分析原因，重点追踪，及时掌握各地税局收入进度，掌握企业动态信息，及时测算政策因素对个人所得税收入的影响，每月按时写出收入分析报告并上报总局，得到总局历次通报表扬。

（二）以税收协定培训为契机，加强国际税收征管工作

税收协定的执行工作是做好国际税收的基础。2008 年新企业所得税法的实施，使外国投资者寻求享受税收协定待遇的情况增多，各类协定执行案例不断出现，加强税收协定的培训成为必然。做好税收协定执行工作体现在既要落实协定赋予纳税人的各项税收待遇，也要注意防止对协定的滥用，防止纳税人不恰当利用协定规定逃避我国税收。

为了提高基层税务机关执行税收协定的水平，加强对非居民享受税收协定待遇的管理工作，市局邀请了国家税务总局税收协定专家，对全市从事国际税收的人员进行了培训。通过专家认真详实的讲解，使参加培训的人员系统、全面掌握税收协定，对实际工作有较强的指导作用，为进一步提高国际税收工作水平奠定基础。

——加强了非居民纳税评估工作。在以前年度试点的基础上，2009 年在全市全面展开对非居民的纳税评估工作。为了便于各地税局更好地开展此项工作，市局下发了《非居民

个人所得税纳税评估规程》，以 2007、2008 年在我市任职、受雇的有关国籍人员，按照不同行业、不同职务区分最高工资、最低工资、平均工资水平，以及同期有关国政府劳动管理部门公布的最低工资标准，供各地税局参考。各地税局根据本区县的具体情况，开展了非居民的纳税评估工作。据不完全统计，经过纳税评估后补税 38 万元，由于纳税评估带动企业自查补税 178 万元。

——做好税收情报的提供和核查工作。在认真搜集和整理的基础上，市局按照税收协定的要求向缔约国提供了 81 份自动情报，其中向韩国提供自动情报 40 份，向美国提供自动情报 14 份，向加拿大提供自动情报 4 份，向日本提供自动情报 21 份，向澳大利亚提供自动情报 2 份，出色的完成了总局交办的任务。接到总局转来需核查的自发情报 3 份，市局及时转到有关区县局进行核查，将核查结果及时上报总局。

——做好反避税调查工作。根据《国家税务总局国际税务司关于对部分境外酒店管理集团在华投资经营情况实施全国联查的函》的要求，市局部署相关地税局对七家属于我市管理的外国酒店管理集团在华投资经营情况开展了调查。通过此次调查，初步掌握了这七家酒店管理集团的基本经营情况、投资方情况，了解了各酒店股权构成，包括投资规模、参股比例、收益分配方案等，确定各酒店管理集团的酒店管理模式，掌握了各酒店与酒店管理集团签署的管理服务协议、品牌使用协议、咨询培训协议等内容以及各酒店对外支付管理费、特许权使用费，或酒店管理集团参与利润划分的计算方法及依据。

——加强了售付汇的政策执行情况的管理。售付汇的管理一直是非居民管理中的一个难点，尤其今年总局改变了以前先审批再支付的管理模式，改为全部备案管理，这在一定程度上给税务机关带来的相当大的征管难度。针对出现的问题，市局下发了《关于天津市服务贸易等项目对外支付出具税务证明具体操作办法的通知》，对出具《税务证明》、涉及多次支付、工作流程、后期跟踪、支付金额范围、档案管理等方面做了较为详细的规定，规范了整体工作。

（三）以计算机定税为根本，提升个体税收征管水平

为规范和加强个体工商业户管理，实现定额核定和调整的公平、公开、公正，市局将个体计算机定税工作作为 2009 年个体工作的重点，先后下发了《关于开展个体工商户计算机定税工作的通知》和《关于开展国、地税个体“共管户”计算机定税工作的通知》两个文件，对个体“自管户”和“共管户”计算机定税开展工作进度和工作方法、要求等方面做了较为详尽的规定。为使从事个体工作的税务干部更好地使用地税软件，组织了全市各地税局在财校进行为期一天专门操作培训，培训后进行实际操作，取得了很好的培训效果。为使个体计算机定税工作按时按期完成，市局多次到各区县地税局进行督导，对发现的问题及时给予解决。

通过各地税局近一年的努力，个体工商业户计算机定税工作已全面完成。个体工商业户计算机定税的实施使同一行业、同一区域、同等经济水平的纳税人税负基本趋于合理，有效避免定额核定过程中的“关系税”和“人情税”。

2009 年国际税收和个人所得税工作取得了显著成绩，这是市局党组正确领导和各地税局广大干部团结拼搏、辛勤劳动的结果。在此，我向从事国际税收和个人所得税管理工作的广大干部表示衷心的感谢！

二、2010 年主要工作

2010 年我们要在深入学习实践科学发展观的基础上，按照市委、市政府“解难题、促转变、上水平”活动的要求，结合高丽书记、兴国市长对财税工作的重要批示和财政部、国家税务总局领导来我市调研时的指示精神，紧密联系工作实际，创新理财治税新思路，下力量研究解决工作中存在的突出问题。

（一）充分利用个人所得税管理系统，全面提升个人所得税管理水平

进一步整合优化系统数据，加强个人所得税征管，加快个人所得税基础信息管理系统（BIMS）历史数据的导入工作，充分利用管理系统做好以下五方面工作：

一是继续做好 2009 年度个人所得税完税证明开具、发放工作；充分利用全员全额申报做好数据评析，筛选出重点人员名单，并依托完税证明、媒体广泛报导、网上专栏宣传、重点户全方位辅导等多种方式，创新地开展 2009 年度个人自行纳税申报工作。

二是适时开发个人所得税查询系统，做好开具完税凭证的自助功能和全市同城通办工作。

三是通过国地税共享平台统一与市国税局交换相关数据，进行分析比对，加强个人工薪所得与企业工资费用支出比对工作。通过与住房公积金管理中心、社保中心联系，取得职工个人缴存的相关数据，加强个人工资薪金所得与住房公积金、社保基金缴存额的比对工作。

四是通过工商部门取得个人股东 2007、2008 年度在工商部门股权登记变更信息，对历史数据进行清查。完善管理机制，实现与工商部门及时的信息交换与相互配合，商讨采取通过工商部门事前审验完税情况再进行股权变更的办法，实现源头控管，对平价、低价、赠予等可能逃避税收的股权转让行为提出具体征管办法。

五是在认真研究总局对于个人转让上市公司限售股所得征收个人所得税政策的基础上，做好我市对个人转让上市公司限售股所得征收个人所得税纳税申报、税款征收、纳税服务等各项具体征管工作。

（二）积极做好非居民税收管理工作，努力提高税收协定执行水平

1. 进一步加强外籍人员的个人所得税管理。在去年开展外籍个人纳税评估取得经验和成果的基础上，充分发挥情报交换的作用，逐步掌握不同国家外派人员的薪酬标准，适时有序地开展纳税评估工作。同时将外籍个人纳税申报信息导入 BIMS 系统，以便全面开展个人所得税的纳税分析。

2. 进一步加强非居民企业（个人）和售付汇的管理。以售付汇管理作为切入点，将非居企业（个人）售付汇纳入信息化管理，随时监控非居民企业（个人）的经营情况，通过信息化手段将非居民企业（个人）相关信息进行整合比对，摸索出非居民企业（个人）管理的新方法。

3. 进一步做好税收协定的执行工作。随着经济的发展和对外交往的增加，越来越多的企业走出去，同时“两法”合并后，原有的一些税收优惠被取消，税收协定的作用日益重要。结合《非居民享受税收协定待遇管理办法（试行）》的贯彻执行，做好非居民享受税收

协定的审批和备案工作，制定相关的管理操作流程，并将其纳入信息化管理。

（三）积极推行个体委托代征，完善计算机定税系统，全面加强个体征管工作

1. 为进一步加强个体征管工作、堵塞漏洞，有效解决个体征管难题。各区县地税局要按照《关于推行对个体工商户实行委托代征工作的通知》文件的要求，积极主动地推行个体委托代征工作，以便从根本上减轻个体征收的工作压力，保证个体工商户税款及时足额入库。

2. 在全面完成个体计算机定税工作的基础上，市局将对全市计算机定税的主参数、系数的设定进行整合，并选取部分行业深入进行调查，在调查的基础上进一步细化主参数、系数的设定，制定出相关的管理手册，使计算机定税工作更加科学、合理、公平。

同志们，2010 年国际税收和个人所得税工作任务繁重、责任重大，希望全体从事国际税收和个人所得税工作的干部在市局党组的正确领导下，继续巩固学习实践科学发展观的成果，按照市委“解难题、促转变、上水平”的总体要求，认清形势，开拓进取，扎实工作，为国际税收和个人所得税工作再上新台阶做出贡献。

在2010年第二次区县地税局长联席会议结束时的讲话

（2010年5月31日）

天津市财政局（天津市地方税务局）副局长　张家林

同志们：

这次区县地税局长联席会议，经过两天半的学习交流讨论，今天就要结束了。按照会议议程，现在由我作一个会议小结，主要讲三点意见。

一、会议的主要收获

这次会议，是在地税工作面临新的形势和任务下召开的一次重要会议。会议传达贯彻了国家税务总局有关工作部署和市政府财政开源节流座谈会精神，全面总结了今年以来地税收入完成情况和重点增收措施落实情况，研究分析了当前经济税收形势，安排部署了下一步地税重点工作任务。局党组书记、局长杨福刚同志专门到会并发表了重要讲话。通过会议统一了思想，达成了共识，取得了预期的效果。

一是，统一了思想，提高了认识。大家在讨论中一致认为，今年以来，在国际金融危机严重冲击的大背景下，全市地税系统认真贯彻落实市委、市政府统一部署和市领导指示精神，积极创新工作思路，落实增收措施，有力地保持了地税收入持续快速增长，实现了首季“开门红”、“高起步”，各项工作取得了实实在在的成效，获得了许多宝贵经验。通过认真学习会议的主报告，特别是福刚局长的重要讲话，同志们普遍感到，当前国内外经济形势依然复杂严峻，地税工作还面临着诸多困难，如果应对不当，措施不力，很有可能出现收入“高开低走”的情况，但同时，全市经济社会加快发展的现状、各级领导同志对地税工作的关注，都对地税部门的工作能力、工作成效提出了新的更高的要求，我们必须对此保持清醒的认识，在今后的工作中采取更加积极有力的增收措施，进一步提高收入增幅，努力服务经济社会发展的大局。

二是，明确了目标，坚定了信心。这次会议紧密结合当前经济税收形势和地税组织收入实际，进一步明确了地税收入目标任务，安排部署了下一步重点工作；福刚同志在讲话中，提出了做好地税工作的创新性思路举措。同志们一致感到，市局提出的工作目标和要求切合实际，科学可行，为各单位做好税收工作指明了方向。大家一致认为，当前我市经济持续保持平稳较快发展势头，发展的速度、质量和效益进一步提高，为地税持续增收提供了坚实的保障。各级地税部门认真落实市委、市政府统一部署和市领导的要求，积极创新工作思路，研究和落实了大量有效的增收措施，有力地提升了地税征管水平，增强了地税部门依法组织收入的能力。这些都是我们进一步做好工作、提升地税工作总体水平的有力依托。大家纷纷表示，在下一步的工作中要认真按照市局统一部署，继续以积极的态度、发展的办法和超常规的思路开展工作，确保完成各项任务。

三是，交流了经验，拓展了思路。这次会议安排了26个基层单位进行了经验交流，介绍了各单位抓工作的突出经验。同志们普遍感到，这些经验做法具有很强的实用性和突出的代表性，对改进地税整体工作具有比较大的借鉴意义。同时，市局在这次会议经验交流安排上进行了创新，采用了经验交流和领导点评穿插进行的形式，使各单位在对典型经验产生共鸣的同时，又及时得到局领导的方向性、规律性指导，大大增强了经验交流的效果，同志们对这种形式非常欢迎。同时大家也针对市局提出的工作安排提出了一些有益的建议，对于市局及时改进加强税收工作有很大帮助。

二、需要强调的几个问题

（一）全面落实工作责任，确保完成目标任务

当前，在我市总体良好的经济运行态势的拉动下，全市财政收入继续保持快速增长的势头。但同时，受宏观调控等因素影响，地税收入增幅有所回落。根据高丽书记等市领导要求，我市采用地方一般预算收入口径报告财政收入完成情况，按此口径计算，地税部门今年组织收入要占全市地方收入预算的53.6%，肩负着地方财政收入的主要增收任务。特别是本月各区县即将采用新口径公布各自的财政收入完成情况，如果不能持续保持地税收入的较高增幅，我们将面临来自目标任务和各级党政部门的多方压力。因此各部门、各单位一定要牢固树立为完成财政收入指标多做贡献的理念，继续坚持依法征税、应收尽收、坚决不收过头税的组织收入原则，毫不懈怠地做好组织收入工作。收入好的单位要继续加强征管，自觉为完成总体收入多做贡献。收入进度不够理想的单位要深入分析原因，有针对性地采取措施，跟上进度，牢牢掌握工作的主动权。

（二）积极研究落实新的增收措施，努力提高依法组织收入水平

各部门、各单位要牢固树立职责意识，自觉着眼于做好税收工作的全局，深入细致地开展税收经济分析，准确把握全市经济发展走势和分管领域税源发展形势，绝不忽视任何一个行业和税种，不断发现新的薄弱环节和征管漏洞，及时采取有针对性的措施，努力把经济发展成果反映到税收增长上。要认真落实市局提出的重点增收措施，继续围绕这些措施，细化管理手段，不断增强实施效果，同时，切实提高工作的主观能动性，结合部门和管区实际，有意识、有目的地研究落实新的增收措施，做到对不同行业和领域的涉税问题有情况、有分析、有对策，经得起上级领导的关注和检查，体现部门工作水平。在此还要强调，福刚局长在前天的讲话中专门就加强楼宇经济管理、土地增值税清算以及做好代征工作提出了明确要求，有关单位和部门要认真落实，扎实做好楼宇中异地注册经营企业清理，积极稳妥开展土

地增值税清算和预征率调整工作，严格规范委托代征工作。

（三）高度重视数据集中和应用，不断提高信息管税水平

税收管理信息化是我们提高工作水平的重要手段和努力方向，各部门、各单位要进一步提高对信息管税的认识，努力在信息应用的广度和深度上做好文章。一是，加强信息质量管理，积极搞好部门沟通配合，拓展信息来源，切实提升信息归集的能力。落实管理制度，及时清理和更新涉税信息，保证信息真实可靠；明确职责，优化信息传递机制，使各项涉税信息（既包括初始信息，也包括加工后的信息）的传递及时高效、真实有效。二是，加强信息应用，发挥市局和基层两个积极性，充分利用所掌握的各项数据，积极开发应用程序，更好地反映经济、税收的趋势、特点和问题，及时发现管理的漏洞和风险点，达到让数据“张嘴说话”的目的。建立标准化的征管效能指标体系，及时与税收指标完成情况进行比对，监督税收管理是否到位，让管理效果经得起科学检验。三是，要主动适应新形势的要求，借助信息化手段，调整和完善部门管理运行机制，积极探索实行“扁平化”管理等工作模式，进一步提高税务部门工作反应能力和运行效率。四是，要加强信息管税工作人员配置，在新设的纳税评估科配备工作经验丰富、工作主动性强、熟悉税政和稽查业务以及计算机技能的干部，保证相关工作得到有效开展。

（四）牢固树立责任意识，认真履行好部门工作职责

随着经济加快发展和社会进步，社会公众对政府部门管理和服务的要求不断提高，认真听取群众诉求，妥善处理问题争端，是缓和社会矛盾，维护和谐稳定发展环境的必然要求和重要手段。特别是税务机关作为经济综合管理部门，其管理行为涉及到方方面面的利益，触及到社会各经济部门和广大人民群众，这对税务部门的履责水平提出了更高的要求。各级地税机关要认真履行部门职责，以积极的态度、良好的技巧处理各方面的涉税诉求，进一步提高管理和服务水平，构建和谐的征纳关系，为税收工作创造良好外部环境。各级地税干部要依法认真履行工作职责，以高度的责任心周到细致地为纳税人办理各类涉税事项，受理涉税举报，切实做到不敷衍、不扯皮、不推诿，在职责范围内的可以解决的问题，就不能矛盾上交，努力把问题化解于良好的服务中，解决在基层层面上。

（五）完善相关制度机制，加强干部队伍建设和内部管理

一是，进一步加强干部素质教育，紧密结合税收科学化、专业化、精细化管理的需要，及时调整干部培养教育思路和内容，有针对性地加强现代企业财务制度、计算机信息技术等知识的培训，使税务干部更好地适应新形势下做好税务工作的要求。二是，认真落实制度规范，针对不同工作环节，设定不同的工作标准，结合绩效考核、奖励惩戒等手段，督促税务干部认真履行岗位职责，把该做的事做好；同时，完善优秀人才脱颖而出的机制，更好地激发干部干事创业的激情。三是，加强单位内部财务管理，严格执行有关财经纪律，巩固“小金库”专项治理成果，按照规定的程序、渠道和方式，处理有关代征手续费支付、政府奖励入账等事项，坚决避免财务管理混乱等问题。四是，继续抓好党风廉政建设和反腐倡廉工作，构建和完善反腐倡廉“大预防”工作格局，严肃查处领导干部利用职务便利，为本人或特定关系人谋取不正当利益的行为，坚决纠正税务人员利用权力损害纳税人合法权益的问题。

三、关于会议的贯彻落实

（一）及时传达会议精神

各单位、各部门会后要迅速组织干部职工，认真传达学习会议精神，引导大家充分认识当前的经济税收形势，明确下一步的目标任务，进一步增强做好工作、服务大局的责任感和使命感。要结合本单位工作实际，制定具体措施，把会议各项部署落实到部门，责任到人，做到人人有目标，层层抓落实。各区县地税局要抓紧向所在地党政主要领导汇报情况，向有关职能部门通报地税最新征管政策，争取他们的理解和支持，为开展好工作创造良好外部环境。

（二）深入抓好工作落实

各部门、各单位要切实增强紧迫感，以一天也不耽误的精神和“五加二”、“白加黑”的工作热情，全力以赴开展好各项工作。要继续完善“决策目标、执行责任、考核监督”体系建设，建立工作部署落实和执行效果检查的工作机制，确保市局各项决策措施真正落到实处。要完善工作进展督查机制，分解和细化目标任务，指定专门部门定期开展督促检查，及时汇总和反馈工作成效和存在问题，帮助各级领导和部门掌握全盘情况，调整决策部署。机关各有关处室要转变作风，提高效率，加强对基层工作的指导、服务和督促检查，协调解决好工作中的问题。

（三）认真做好调研和信息反馈

大力巩固近期税收重点增收措施调研工作成果，进一步调整完善调研思路和调研手段，建立健全调研工作开展的长效机制，不断获取有较强实用价值的调研成果。市局各处室要切实负起责任，坚持定点联系制度，组织和指导各基层地税机关开展税收调研，上下联动形成合力，不断拓展税收调研的广度和深度。要加强信息反馈工作，本次会议的各项工作部署落实情况，要定期向市局报送信息；同时，及时总结和提炼各单位、各部门工作中突出的成绩、有价值的经验以及税收管理苗头性、倾向性问题，主动向各级领导和主管部门报送信息，达到反映成绩、指导工作、发现和解决问题的目的。

（四）继续深化对会议专题材料的研究讨论

本次会议各有关部门进行了精心准备，提交会议讨论的专题材料内容丰富，创新点比较多，很多措施将形成政策性文件下发执行。为确保这些政策科学严谨、具备可操作性，会后各单位要组织相关部门和工作人员进行认真研究，提出修改完善意见。各单位的修改意见在会后一周内要反馈到拟稿业务处，各业务处要认真吸收这些意见，进一步完善相关政策措施。

同志们，当前的地税工作目标更高，任务更重，我们一定要切实增强责任感和使命感，紧紧抓住全市加快发展的良好机遇，进一步坚定信心，迎难而上，扎实苦干，开拓创新，毫不松懈地做好各项工作，努力开创地税工作新局面，为促进天津经济社会又好又快发展做出新的更大的贡献！

在税务稽查工作视频会议上的讲话

（2010 年 6 月 4 日）

天津市财政局（天津市地方税务局）副局长　张家林

同志们：

今天我们召开税务稽查工作视频会议，主要有两项内容，一是对前一个时期全市打击发票违法犯罪活动和税收专项检查工作进行简要回顾，同时对下一阶段工作进行部署。二是收看国家税务总局关于推动打击发票违法犯罪活动工作视频会议。下面，我先对打击发票违法犯罪活动和专项检查工作等重点工作讲几点意见。

一、打击发票违法犯罪活动工作

自 2008 年以来，在国务院的统一部署下，在市政府的领导下，经国地税、公安等部门的通力合作，打击发票违法犯罪活动工作取得明显进展，较好地完成全国打击发票违法犯罪活动工作协调小组确定的阶段性预期工作目标。各部门从发票"买卖"双方市场入手，协调配合，成功了破获假发票贩卖团伙、捣毁了地下印制窝点，有效防止贩卖、虚开发票非法信息的传播先后处理涉票违法犯罪纳税人 97 户，查补收入近 1500 万元，破获重大案件 50 余起，抓获犯罪嫌疑人 72 名，没收各类假发票 99 万余份，打掉倒卖假发票团伙 13 个，捣毁犯罪窝点 15 处，收缴作案机器 3 台、假印章 243 枚、贩卖假发票违法信息广告 5 万张，票面可开具最大金额 380 亿元。税务、公安部门多次联合开展税警联合行动，对车站、码头、市中心繁华地带进行清理，基本杜绝了街头发放涉税、涉票名片和兜售假发票的行为。

2010 年以来，为深入贯彻落实全国打击发票违法犯罪活动工作协调小组印发的《关于做好元旦、春节期间打击发票违法犯罪活动工作的通知》精神，市国税局、地税局、公安局联合开展了全市打击发票违法犯罪集中整治行动，抓获不法人员多名，端掉非法印刷制造发票违法小广告的地下窝点一个，缴获印有贩卖发票违法信息的小广告近 5 万张。同时，加大侦查、检查力度，连续破获两起发票违法犯罪案件，抓获犯罪嫌疑人 32 名，查获假发票近 60 万份，缴获制假设备一批，为今年我市深入开展打击发票犯罪专项行动取得了开门红。全国打击发票违法犯罪活动工作协调小组以简报形式进行了通报和肯定。今年地税系统打击发票违法犯罪活动工作开展较为突出的是东丽、河东、河西、塘沽、武清、宁河等 6 个地税稽查局，其他地税局稽查局也积极开展了打击工作，总体效果良好。

取得以上成绩的同时，我们应该清醒地认识到虚假发票泛滥，不仅滋生了偷税、骗税、洗钱等违法犯罪行为，严重扰乱税收经济秩序，也为贪污腐败、职务犯罪等提供了便利，败坏社会风气，损害国家形象。目前，受虚假发票“买方市场”需求与“卖方市场”利益的相互刺激，发票违法犯罪活动仍较猖獗，引发发票违法犯罪的根源性问题仍然存在，发票违法犯罪活动尚未得到根本遏制，打击发票违法犯罪活动工作依然任重道远。

日前，国务院召开了全国打击发票违法犯罪活动工作协调小组第三次联席会议，部署了今年的工作任务。市委常委、副市长崔津渡同志对做好全市打击发票违法犯罪活动工作作出重要批示。国家税务总局为了进一步贯彻落实第三次联席会议精神，专门下发了《国家税务总局关于深入开展打击发票违法犯罪活动工作的通知》（国税发〔2010〕46号），并及时召开今天的视频会议，对这项工作进行专门部署。各单位一定要按照国务院、市政府、国家税务总局的要求，进一步巩固成绩、扩大战果，继续从以下几方面深入推动打击发票违法犯罪活动工作。

一是要进一步提高对深入开展打击发票违法犯罪活动工作重要意义的认识。随着打击发票违法犯罪活动工作的不断深入，斗争的艰苦性和尖锐性会日益凸显，各级税务机关特别是领导干部，必须切实提高对打击发票违法犯罪活动工作严峻形势以及深入开展这项工作的重要性、艰巨性、迫切性的认识，不能抱有盲目乐观的工作态度和“毕其功于一役”的错误观点，把打击发票违法犯罪活动工作作为一项日常工作，坚持“打防并举、突出重点、标本兼治、综合治理”的方针，以更加有力的措施，更加积极的行动，扎实深入地推进打击发票违法犯罪活动工作，为维护税收经济秩序作出新的贡献。

二是采取多种手段开展对“买方市场”打击。各级税务机关在打击工作中要主动出击，多动脑，勤动手，不能坐等案件线索。密切关注发票违法犯罪新动向，对购买、使用新类型假发票案件进行解剖式检查，查办一批典型案件。例如，河西地税局根据一张街头发放的非法传播代开发票信息的小名片为线索，深入开展检查，最终深挖出一个冒用他人资质，使用假发票进行偷税的犯罪团伙，此案的查处为我们查办发票违法案件提供了新的工作思路。同时，要把专项检查、案件协查、突击检查、区域专项整治等多种方式有机结合起来，针对不同的作案手段和犯罪纳税人群，采取不同的检查和处理方法，适时开展一次全市性的餐饮业纳税和发票使用情况的专项检查。坚决贯彻总局提出的“查账必查票”、“查案必查票”的工作方针，重点对地税行业专用发票进行交叉比对，对纳税人接受的大额疑点发票做到每票必查，不放过每一个案件线索，要达到和超过总局下达的我市处理700家使用虚假发票纳税人的工作目标。对纳税人购买、使用虚假发票的，一律不得用以税前扣除、抵扣税款、和财务报销。通过对“买方市场”的严厉打击，挽回国家税款损失的同时，铲除虚假发票赖以生存的土壤。

三是积极配合公安机关开展专项行动。公安部近日在杭州召开了打击发票犯罪“深入行动”现场会，公安部副部长刘金国同志、公安部经济犯罪侦察局局长孟庆丰同志和国家税务总局稽查局局长马毅民同志出席，并做出工作部署。我市公安机关也对打击工作高度重视，市公安局副局长李秀林同志要求市公安刑侦局、经侦总队、技侦总队和各分局相关部门、治安派出所全面动员，多警种协作，各司其职，责任落实到人，务求打击工作取得成效。从打击发票违法犯罪活动工作的经验来看，对“卖方市场”的制假、售假犯罪分子的打击工作，主要由公安机关完成。税务机关应主动加强和公安机关的联系和信息沟通，联合制订整治工作的具体方案，协助公安机关做好线索梳理、案源排查、发票真伪鉴定等方面的工作。积极配合公安机关开展“端窝点、打团伙、打跨省作案”专项行动，联合查办发票犯罪大要案件，严厉打击职业犯罪团伙，摧毁发票犯罪网络；要协同公安机关对车站、商场、集贸市场、商业步行街等兜售虚假发票问题严重的重点地区、重点部位进行重点清查，净化社会环境。

四是全力打造精品案件，充分发挥税务稽查打击涉税违法行为、规范税收秩序的威慑作用。进一步强化对大案、要案查办情况的分析总结，注重对普遍性、规律性涉税问题的梳理归纳，认真积累办案经验。加强互动交流，对具有借鉴性、指导性的典型精品案例，通过多种形式宣传推广，切实发挥“典型引路”的作用。

五是着力做好舆论宣传工作。各区、县地税局要突出重点，强化导向，广泛宣传发票相关政策法规，教育纳税人和社会公众依法取得和正确使用发票。辅导纳税人正确使用普通发票和发票查询系统，提高对真假发票的辨识能力。要在兜售虚假发票问题严重的地区加大宣传力度，集中曝光一批购买使用虚假发票的典型案件。要积极协调当地各类媒体，大力宣传打击发票违法犯罪活动工作开展情况及成效，扩大社会影响。

二、专项检查工作

今年的任务相当艰巨。市局布置了对药品经销行业、房地产行业与建筑安装业、交通运输业、重点税源企业、非居民企业等行业和重点纳税项目的检查。截至四月底，专项检查工作已在全市范围基本铺开，并取得一定成效，共自查、检查纳税人 5698 户，查补税款 1.5 亿元，占全部自查、检查户数的 98.64%，占全部稽查查补税款的 75%。列入总局考核项目的选案正确率为 97.14%，入库率为 100%，检查有问题纳税人结案率为 100%，全部超过总局考核指标。一季度专项检查工作效果比较突出的单位有第二稽查局、武清地税稽查局、大港地税稽查局。

从总体上看，专项检查也存在着工作起步慢，效果不够明显，定性处理不够严肃，处罚率明显偏低等不容忽视的问题。具体表现在：一是目前全市有 3 个稽查局只安排了纳税人自查，没有安排直接检查（河东、津南、宁河）；3 个稽查局既没有安排纳税人自查，也没有安排直接检查（北辰、宝坻、开发）。二是全市各稽查局直接检查纳税人 342 户，7 个稽查局直接检查纳税人不足 10 户（直属、园区、保税、大港、汉沽、西青、河西），户数较往年明显偏低。三是全市总体处罚率仅为 13.06%，部分稽查局处罚率长期在低位徘徊，共有 5 个分局处罚率低于 5%（河北、二局、宝坻、汉沽、红桥），个别分局处罚率仅为 0.14%（河北），拖了全市稽查工作的后腿。四是，偷税处罚率较低，全市偷税处罚率 13.41%，一季度共有 10 个稽查局偷税处罚率为零（直属、园区、保税、开发、宁河、蓟县、宝坻、津南、西青、一局），部分稽查局依然在案件处理中做不到依法定性，依法处理。五是，纳税人自查问题率依然偏低，全市自查问题率仅为 11%，个别局自查问题率低于 5%（和平），自查辅导、监督工作应进一步加强。

下一阶段，各单位一定要高度重视专项检查工作，把下面几项工作抓实抓牢，切实提高专项检查工作效率。

一是继续推动纳税人自查工作的深入开展。规范开展纳税人自查工作，提高纳税人自查质量，是国家税务总局对自查工作提出的总体要求。纳税人自查本身也是提高纳税人税法遵从度，构建和谐税收的重要组成部分。各稽查局一定要高度重视自查工作，不能水过地皮湿，敷衍潦草，把自查作为一种调节稽查收入的手段。自查工作已经结束的稽查局要认真分析企业自查结果，查找疑点，认真组织抽查和复查工作。市局稽查处要根据分局上报的自查台账，对全市自查工作进行调研，确定重点检查企业，交市稽查局进行检查。凡是复查发现问题的，要对纳税人进行严肃处理，加大处罚力度。市稽查局复查发现问题的，不但要严肃处理纳税人，同时要对其所属稽查局提出通报批评。

二是做好对重点行业和重点纳税项目的检查工作。主要是包括做好国家税务总局统一部署的航空业、医药行业、房地产业等全国500强企业的自查、抽查、复查和检查；开展对大小非及IPO减持企业的重点复查等工作。

三是要提高稽查工作质量。提高稽查工作质量突出表现在选案正确率，检查深度和税款入库率等几个方面。首先，选案正确率的提高关键在于对现有纳税人经济数据的分析，要开动脑筋，集思广益。例如，河西地税局稽查局通过对房地产企业契税、营业税、企业所得税缴纳情况和企业售房情况的多层次、多角度数据挖掘，发现疑点，开展检查，仅一户房地产企业即补税800余万元。又如，东丽地税局稽查局对全区22户企业转让二手房情况开展调查，发现有部分企业未按规定缴纳营业税和企业所得税，其中某实业公司转让自建厂房取得收入6000余万元，补缴营业税300余万元。其次，各稽查局要在大要案件检查中，集中优势力量，多投入检查人力，对案件查处要有深度，对工商业企业要对库存进行实地盘存，服务业企业要落实业务真实性。例如，北辰地税局稽查局对某钢材加工企业进行检查时，派出多名检查人员，集中力量对企业进行账实核对，发现企业存在虚增成本问题，查补税款2000余万元。同时，各局要做好自查、查补税款入库工作。各稽查局应及时督促纳税人自查补缴税款的入库。市局稽查处要做好历年稽查欠税统计工作，并适时下发全市，督促各稽查局清理以往年度的税款陈欠。

四是提高税务稽查工作的法制性。案件的依法查处、依法定性，是税务稽查工作的基本要求。近年来，各稽查局对案件查办的法律程序都做出了较为明确的规定，并严格执行，但在依法定性问题上依然存在较大的缺陷，不敢定性，不依法定性的情况普遍存在。以一季度为例，全市共入库罚款1194万元，定性为偷税案件的罚款仅为123万元，编造虚假计税依据、发票、申报等罚款33万元，有1038万元罚款被定性为其他类罚款，这是非常不严肃的，因为法律根本没有赋予稽查局有其他类罚款的权力。市局拟在今年开展一次稽查执法检查，通过检查，要坚决杜绝违规使用稽查信息系统、稽查查补税款征收入库、混淆检查、自查成果、不依法定性处理、不按规定进行案件移送等行为。

五是做好专项检查经验总结、信息上报工作。各局要按照市局的要求，严格实行大要案报告制度。要结合专项检查的开展总结行业性偷税规律，深入剖析纳税人偷税犯罪手段及成因，提出对策和解决方法。按时保质完成专项检查数据统计和调研式检查报告。

三、积极做好稽查与征管互动工作

按照“信息管税”，建立健全稽查、征管良性互动机制的工作要求，市局正在加快稽查、征管互动平台建设工作，近期将正式上线运行。稽查工作中，稽查人员要主动、充分听取征管、税政部门在日常工作中发现的征管漏洞，汇集案件线索，为选案提供依据。通过检查发现的税收风险点，如税负偏低、流动性较强的行业及不动产税基、关联税种、个人所得税等方面比对异常的情况及时反馈相关部门，配合有关部门加强征管。

四、涉税举报工作

全力做好涉税举报受理和稽查服务。“涉税举报无小事”，各单位要高度重视举报的受理、检查、处理和答复，要严格执行各项规章并按程序处理。要从维护社会和谐稳定、树立税务机关良好社会形象的高度做好这项工作。“12366”纳税服务系统运行后，举报投诉工作将越来越多，市局相关处室和各基层单位要抓紧制定相关制度规定，完善工作机制，明确职责分工，准确把握受理范围，认真负责、积极稳妥地做好相关工作。

同志们，2010 年的税收稽查工作依然面临着严峻的形势，上半年即将过去，有的局工作还处在起步阶段，有的局效果不尽如人意，希望各局一定要查找自身不足，全力以赴，迎头赶上，保质保量地做好稽查各项工作，为税收中心任务完成作出稽查部门的贡献！

在整治虚假发票“买方市场”工作视频会议上的讲话

（2010年10月8日）

天津市财政局（天津市地方税务局）副局长　张家林

同志们：

今天我们召开税务稽查工作视频会议，主要任务是贯彻落实第三次地税局长联席会议精神，传达全国打击发票违法犯罪活动工作协调小组就整治虚假发票“买方市场”工作的要求，进一步部署第四季度稽查重点工作任务。下面，我讲四点意见，供同志们结合工作，研究落实。

一、充分认识整治虚假发票“买方市场”工作的重要性和紧迫性

对发票违法犯罪的综合治理，是国务院高度重视的一项工作。这一举措不仅是打击发票违法犯罪、维护正常税收秩序的有效手段，而且对反腐倡廉、净化社会风气等有着积极的影响。近年来，虽然不断提高了税收征管水平，持续对制售假发票和非法代开发票给予严厉打击，但受虚假发票“买方市场”需求与“卖方市场”利益的相互刺激，发票违法犯罪活动在某些行业、领域依然相当猖獗。通过发票进行财务造假、贪污受贿、洗钱诈骗、侵吞国家资产等经济犯罪已经成为败坏社会诚信、影响社会稳定的毒瘤。

打击发票违法犯罪活动工作已连续开展了几年，虽然收到了一定的成效，但任务艰巨，任重而道远。日前，国务院、国家税务总局再次下发文件，要求各级税务机关必须进一步提高对全面开展打击发票违法犯罪活动工作重要性、艰巨性、迫切性的认识，切实采取强有力措施，在积极会同公安等部门继续开展虚假发票“卖方市场”整治工作的同时，必须进一步加大对虚假发票“买方市场”的整治力度，并全面部署了在全国开展对虚假发票“买方市场”集中打击行动的具体要求。

深入开展打击发票违法犯罪活动工作，进一步加大对购买、使用虚假发票的纳税人的查处力度，是今年市局确定的11项重点工作之一。在刚刚结束的第三次地税局长联席会上特别强调，各级稽查部门要认真总结前一阶段打击虚假发票“买方市场”的工作经验，继续深入开展对重点行业发票使用情况的检查。必须坚持“查案必查票”、“查账必查票”的工作原则，认真做好发票交叉比对，对大额疑点发票要逐笔检验，对资金、货物流向和发票信

息逐项分析，确保及时发现、及时处理发票违法问题。因此，各单位必须严格按照市局的统一部署和要求，下更大力气，投更大精力，全力以赴，务求打击违法发票“买方市场”工作取得更大成效。

二、当前打击虚假发票“买方市场”工作开展情况及存在问题

2010年以来，在打击虚假发票“买方市场”工作中，采取主动防控、主动发现、主动打击的工作方法，在各部门的通力配合下，重点加大了对餐饮业、服务业、广告业、代理业、房地产业等发票违法犯罪高危行业的监控，对这些行业中领票量大、申报数额较小的部分企业开展了重点检查，共查处“受票企业”150户，查补入库1051万元。

开展这项工作比较好的有南开地税局。该局对这项工作高度重视，全力配合，务求实效。认真落实市局提出的“查账必查票”、“查案必查票”的工作要求，切实加大了对重点行业的发票检查，共计查处31户发票有问题企业，查补税款227万元。他们在工作中对企业接受单张发票金额超过10万元以上的业务，逐笔登记造表，与津税系统相关数据再进行比对，从中找准切入点。如检查人员在天津联益燃气配套工程有限公司检查时，发现其涉及的分包单位为其提供的有问题发票45张，对受票企业给予了严肃处理。

在这项工作中，取得初步成效的单位还有津南、河东、河西、武清、大港、高新区等稽查局。这些单位在开展稽查工作的同时，能够把打击虚假发票“买方市场”工作摆上重要位置，加强组织领导，采取许多行之有效措施开展检查。查处企业和补税数额占全局相当大的份额。

但从目前情况看，这项工作开展得很不平衡。截至9月底，还有3个单位查处的受票企业数为“零”。问题突出表现在：

一是有的单位对此项工作的重视程度不够，仍有畏难情绪，存在走过场、应付现象。查账不看票、查案不查票，对企业开具和接受的大额发票没有较好地进行核查比对，对涉嫌存在发票违法的企业检查深度不够。

二是一些单位仅就发票来源进行网上核查，没有将核实业务真实性摆在第一位，对资金流向检查不到位，使得虚开发票行为得不到有力查处。有的单位的发票检查仅停留在对报销餐饮发票的检查层面，不触及一些疑点发票，有怕麻烦的思想。

三是处理处罚力度不够。对于涉及金额相对较大的发票违法案件在处理处罚时瞻前顾后，畏手畏脚，甚至对违法单位有同情心等。

存在这些问题的单位必须引起高度重视，及时纠正，加快工作进度步伐。

三、多措并举，切实抓好整治虚假发票“买方市场”重点工作

打击虚假发票“买方市场”是当前稽查工作的重中之重，总局下达的查处700户违法发票企业的工作目标必须完成，查处必须到位。各单位必须高度重视，加强领导，理清思路，改进方法，严格按照市局提出的工作要求，坚决完成好整治发票“买方市场”工作，不折不扣地落实好总局下达的查处700户违法发票企业的工作目标。基于这种要求，各单位必须抓好以下工作：

一是必须严格按照市局统一要求，继续开展好对房地产、建筑安装、药品经营、交通运输、金融保险、商业销售、餐饮娱乐、营利性医疗机构与教育、培训机构等重点行业的发票使用情况进行重点检查。对重点行业的检查要借鉴南开地税、河西地税等稽查局的好做法和经验，采取国、地税联手、征管查全力配合的方法，大力开展对受票企业接受发票的交叉比对工作，对大额疑点发票必须逐笔查验，对资金、货物等流向和发票信息逐项分析，充分利用好协查等手段，落实业务的真实性。

二是根据近一时期发现的劳服企业骗购发票，虚开倒卖发票案件，市局将集中统一安排在全市范围内开展对劳服企业的专项整治行动。征管和稽查部门一道全面清理各单位注册的劳服企业经营和纳税情况，规范劳服企业使用发票的合法性。

三是将整治虚假发票“买方市场”工作与查处“小金库”专项治理工作有机结合，在严肃处理虚假发票报销、私设“小金库”、牟取非法利益等违法行为的同时，对发票提供方追根溯源，扩大战果，主动与公安、国税等部门的协作机制，加大配合力度，对检查中发现的重大线索，及时移送相关部门处理。

四是密切税务系统内部相关部门的分工合作，加大打击力度，完成好发票违法案件的查处及后续相关工作。对纳税人购买、取得的虚假发票，不允许用以税前扣除、抵扣税款和财务核算；对检查发现的问题，稽查部门要及时反馈征管部门；要让使用虚假发票的企业付出更大代价。

五是加大宣传力度，提高全社会防假、拒假的意识和能力。要切实落实好举报发票违法行为的奖励工作，对举报纳税人购买、使用虚假发票的，一经查实，按照规定给予奖励。对重大发票违法案件及时曝光，震慑不法分子，扩大社会效果。

六是切实加强对此项工作的督导。市局稽查处要及时掌握工作进度，定期通报各单位工作开展情况，分析工作中存在的问题，通过信息简报、召开专题会议、实地督查等形式，收集掌握并整理工作情况，真正将整治发票“买方市场”工作组织好，推动好。

四、抓住重点，全力以赴，认真做好第四季度稽查工作

9月26日市局召开了2010年第三次区县地税局长联席会议，全面总结了1~8月份地税各项工作，认真分析了当前税收工作面临的形势，要求各级地税部门正确认识当前宏观经济发展形势，正确认识组织收入目标任务，正确认识房地产市场税收增长存在的现实问题，正确认识地税工作中存在的问题和不足。同时，提出下一步地税部门的六项重点工作：一是培养税源，落实责任，千方百计抓好组织收入工作。二是抓住重点，攻克难点，认真落实各项重点增收措施。三是充实信息，丰富手段，积极推进信息管税。四是严格法纪，强化稽查，切实整顿和规范税收秩序。五是真诚服务，提高遵从，继续改进和优化纳税服务。六是强管理，防风险，促和谐，不断加强税务干部队伍建设。特别强调各单位要切实落实好市局工作要求，特别是对市局确定的11项重点增收措施和工作部署，要努力提升实际工作效果。

从税务稽查工作来看，今年以来，绝大多数稽查局能够认真落实市局的统一部署，在税收专项检查、打击发票违法犯罪、大要案件查处以及举报协查管理等工作上，都取得了良好的效果。截至9月底，全市共检查各类纳税人10997户，查补收入7.7亿元，比去年同期增加2.3亿元，增幅42.6%，已完成全市稽查任务控制数8.9亿元的87.58%。选案率、结案

率、入库率基本达到了总局的考核标准。但个别单位稽查工作开展得不理想，重视不够，措施不力，成效不大，对全局工作产生了负面影响。特别是有的单位执法不严肃，个别单位偷税处罚率严重偏低，导致全市偷税处罚率仅为0.14倍，明显低于《税收征管法》关于偷税案件0.5倍~5倍的处罚标准，存在较大的执法风险。

各级稽查部门必须针对存在的不足，采取有力措施，按照标准要求，保证取得预期效果。一会儿，邢汝霖处长要向大家传达国家税务总局关于贯彻落实国务院打击发票违法犯罪活动工作协调小组关于《整治虚假发票“买方市场”工作方案》的精神，并就第四季度的稽查重点工作进行部署。借此机会，我再强调一下几项重点工作。

一是切实做好对重点行业、重点项目的专项检查工作。各单位要紧紧抓住后几个月的有效时间，按照市局的统一部署，开展好以房地产、建筑安装、餐饮以及重点税源企业为重点的专项检查，两个稽查局要统筹安排好总局统一安排的航空业、医药生产经销业的检查工作，及时掌握情况，随时做好情况汇总上报。各稽查局在对不同行业开展检查过程中，要注意检查的针对性，将前期检查发现的问题和积累的经验，复制和辐射到新的检查工作中来。同时，要加强与国税、公安部门的协调配合，将专项检查与打击发票违法犯罪活动结合好，不要单打一。对重点行业的检查，要积极尝试调研式、审计式检查方式，突出重点，强调深度，把握力度，找出涉税违法的共性问题。年内，各单位要结合各自开展调研式检查或审计式检查的具体情况，撰写1篇情况报告上报市局，以便研究确定下一步的工作方向。

二是切实做好大案要案的查办工作。今年以来，各稽查局对大要案件的查办工作都提高了重视程度，做了大量的工作。年中召开的稽查案例交流会，反映了各单位典型案例的查办水平，推出了一些精品案例。会后，我专门听取了部分单位对几起未结重大涉税案件查办情况的汇报，重大案件的查办，确实存在这样那样的困难，但要从主观上找差距，查办能力问题、查得松紧问题、政策把握问题以及督办力度和指挥是否得当等，都需要进一步研究改进的措施。对总局、市政府等部门的督办案件，一定要高度重视，强化督导，查办单位要抽调骨干力量，在查深查透上下功夫。严格程序，把握政策，准确定性，及时向市局汇报情况。进一步强调一下，今年重大案件未结的单位，要想方设法，确保案件在年底全部结案。

三是切实加强涉税举报管理工作。各单位必须坚持涉税举报无小事的理念。这次区县地税局长联席会专门讨论了市局新制定的《关于进一步做好12366受理涉税举报事项查办工作的通知》，明确了12366受理涉税举报事项的分类标准、相关部门职责以及工作流程，从涉税举报受理、分类、转办、查处、回复等环节做了具体规定。各单位必须按照《通知》要求去落实，并做到登记快、转办快、查处快、反馈快，不断提高举报人的满意度。

四是切实做好稽查与征管互动工作。今年，“征管与稽查工作互动信息系统”已正式运行，最近市局又专门制定了《征管与稽查互动工作规程》。各单位要以此为载体，发挥好“以查促管”的作用，并按照“一案一析”的要求，总结出涉税违法案件的一般性特点和规律，提高稽查管理水平。

最后，再强调一下稽查部门的廉政问题。近年来，各级稽查部门注重加强自身的廉政建设，在依法行政、防范执法风险等方面逐步提高了自我约束意识。但个别同志违反廉政规定的问题仍然存在。当前，市局正在开展风险防范、权利梳理及内控机制建设工作。希望全体稽查干部要认真对照稽查工作的风险点，进一步强化自身的廉政意识和风险意识。在十分复杂的经济社会环境面前，在十分繁重的稽查任务面前，要认清形势，强化自律，经得起检验。

同志们，第四季度的稽查工作任务十分繁重，希望大家要进一步树立大局意识、责任意识、奉献意识，以此次会议为契机，认真贯彻落实市局工作要求，全力以赴，为全面完成好今年的稽查工作做出新的贡献。

在稽查业务骨干培训班上的讲话

（2010 年 12 月 2 日）

天津市财政局（天津市地方税务局）副局长　张家林

同志们：

经过一段时间的紧张筹备，今天稽查业务骨干培训班正式开班了。此次培训，是按照市局 2010 年教育培训工作计划，结合各基层单位实际工作需要，组织安排的一次多层次、全方位、综合性且针对性较强的培训。虽然时间不长，只有三天的时间，但从培训内容安排看，非常充实，师资力量雄厚，结合了当前各项新政策的出台及稽查人员的实际工作需求。通过大家的共同努力，一定能够达到提升稽查干部业务技能，完善知识储备，实现知识更新，提高稽查整体素质的目的。下面，围绕稽查培训及后两个月的稽查工作，我讲四点意见。

一、充分认识加强稽查业务培训的重要意义

近年来，各级稽查部门紧紧围绕市局税收中心工作，不断开拓工作思路、创新管理机制和工作方法，加大案件查处力度，稽查工作水平有了较大提高，稽查工作成效较为显著。但我们必须看到，随着经济社会发展的不断加快，新政策、新方法、新问题也不断增多，应对这种变化，要求我们稽查人员的业务水平、工作能力和综合素质也越来越高。

近年来，市局稽查处为了提高税务稽查干部队伍的整体素质，先后举办了多期有针对性的业务培训，切实提升了稽查队伍的整体业务能力和办案水平。在当前各项工作十分繁重的情况下，又专门组织此次稽查业务骨干培训班，其意义和目的可见一斑。就是想通过类似的培训，让大家汲取新鲜知识，填补知识空白，增加理性思考，更新工作理念，从而进一步提高查办案件的能力、分析问题的能力、开展工作的能力。在后两个月乃至今后的工作中，真正发挥业务骨干作用，促进全市稽查工作任务的圆满完成。希望大家要进一步提高认识，统一思想，珍惜这次学习机会，把时间和精力集中到此次培训中来，切实达到在培训中提高素质和能力，在实践中增强本领和才干的目的。

二、切实提高稽查业务培训的效果

为了保证本次培训达到预期效果，稽查处总结以往培训经验，针对存在不足，吸收并采

纳了许多同志的意见和建议，在培训师资、培训内容和培训对象等方面都做了精心安排。从培训师资来看，专门聘请了总局有关领导、外地税务培训机构的资深教师及市局相关处室人员进行授课和讲座，并安排了全市部分优秀案例进行交流，针对性和实用性很强。安排的参训人员，都是各单位的业务骨干，稽查系统的中坚力量，充分体现了重点培训、培训重点、以点带面的培训原则。通过这次培训，务求达到以下预期效果：

一是完善业务知识，拓宽工作视野。通过培训，要进一步认清当前稽查工作所面临的形势，认清稽查工作的艰巨性和挑战性，认清作为一名稽查业务骨干肩负的责任。不断更新知识，弥补自身的不足。既要重视对稽查理论知识的学习，更要注重实践经验的积累，拓展思路，拓宽视野，用发展、创新的理念指导自己的学习和工作。

二是促进相互交流，提升稽查合力。这次培训，也给大家提供了一个相互交流、学习借鉴的平台。按照培训安排，也安排了交流讨论。大家一定要充分利用时间，积极交流，加强沟通，取长补短，共同促进。结合培训，既要提出各自在工作中发现的问题，一起研究解决办法，又要通过交流，互相借鉴学习有益的稽查经验，共同提高全市稽查部门的整体合力。

三是培养业务骨干，加强队伍建设。这次稽查业务骨干培训班是继去年举办此类培训的延续和再培训，带有一定的示范性和师资性，参加培训的同志都是各个单位的骨干力量，担负着税务稽查工作的重任。市局安排让这些同志参加培训既是一种肯定，又是一种鼓励。培训中，不仅自己要掌握新的知识，回局后，还要起到骨干的示范、传导作用。通过一对一的传帮带，或是一定范围的再次培训，让更多的同志熟悉新的政策规定，增强防范稽查执法风险的意识，加强稽查知识储备。通过反复的培训，把更多的同志都培养成业务骨干，使稽查干部队伍素质越来越高，为天津地税事业的发展提供更有力的人才保证。

三、对搞好稽查业务骨干培训的几点要求

一是必须增强学习的主动性。参加培训的同志要端正学习态度，踏下心来，全身心投入到此次学习中来，培训期间要切实发挥主观能动性，带着问题去学，加强对问题的思考，更加主动地充实自己、提高自己、丰富自己。

二是必须增强学习的自觉性。各单位后两个月的工作任务都非常重，许多案件还没有收尾。在这种情况下，把大家集中起来进行封闭培训，从某种意义上讲，是否真正带着压力、自觉地去学非常重要。因此，希望大家不要受各方干扰，既然来到这学习，就要一门心思踏实下来学习，共同营造学习的良好氛围。

三是必须做到学有所用。要坚持理论联系实际，做到学有所获、学有提高、学有所用，把学到的知识真正运用到各自工作实践中去。此次培训后，所有参训人员要对照所学知识，查找一下自身工作中，在政策把握、执行程序等方面存在的不足，拾遗补缺，堵塞漏洞，引以为戒，举一反三。在今后的工作中不重复再犯过去的错误。

四是必须遵守培训纪律。培训期间，所有参训人员都要自觉遵守培训班的有关规定，认真学习培训内容，认真参加讨论，认真进行交流，配合会务组完成好此次培训任务。

四、关于后两个月的稽查重点工作

截至目前，全市各稽查局组织入库共计 8.85 亿元，其中稽查入库 2.89 亿元，自查入库 5.96 亿元，完成全年稽查工作目标的 99.5%。整个地税部门，按照全年财政收入增长 30% 的比率测算，收入压力仍然很大。为体现稽查对我市税收任务的贡献，今年全市稽查收入要必保突破 10 个亿，按此计算，目前仍有 1 个多亿的缺口。因此，各单位要充分利用后两个月时间，在依法稽查的前提下，靠稽查要收入。提前完成任务目标的单位要继续发挥工作优势，力争超额完成收入任务，弥补全市任务缺口。未达到收入任务进度的单位要及时调整工作思路，赶超进度。后两个月要着力做好以下几方面工作。

一是全力做好整治虚假发票“买方市场”工作。福刚局长多次对开展好打击发票违法犯罪活动工作做出重要批示，要求把做好打击发票违法犯罪活动工作作为当前地税部门 11 项重点工作来抓。稽查处以此为重点，近期以组织片会、单独汇报会、下基层督导等多种方式听取了各单位工作进展情况。但到目前为止，完成市局下达的查处 700 户发票违法企业的任务进度不够理想。后两个月，各单位一定要加大查处力度，年底前必须完成预期任务，市局将全力进行此项工作的督导，深入各单位调查了解工作进度，实地解决问题，对工作不力，效果不佳的单位将进行通报。

二是要继续做好重点行业、重点项目的专项检查工作。各单位要紧紧抓住后两个月的有效时间，按照市局的统一部署，不折不扣地做好对房地产、建筑安装、餐饮以及重点税源企业为重点的专项检查收尾工作，对各类涉税违法行为要依法、严肃处理。在对不同行业检查中，要注意总结前期检查发现的问题和积累的经验。同时，继续加强与国税、公安部门的协调配合，将专项检查与打击发票违法犯罪活动相结合，通过联合办案，不断提高检查效率。要积极尝试调研式、审计式检查的工作方式，突出检查重点，强化查处深度，掌握重点行业涉税违法共性问题。年底前，各单位要结合各自开展调研式检查的具体情况，将行业性调研式检查报告按时上报市局，我们将结合全市情况，在重点行业检查中逐步推广。

三是搞好劳服企业的专项整治。在今年开展的打击发票违法犯罪活动工作中，许多稽查局发现，企业在十万元版服务行业专用发票的使用上仍存在违法行为。为加强征管，规范税收秩序，经市局研究决定，结合近期开展的发票换版和简并票种工作，今年 11 月至年底，在全市范围对 2008 年至 2010 年服务发票使用情况开展一次专项整治。相关文件近日下发，各单位要高度重视此次专项整治工作，合理利用信息资源，统筹兼顾，周密安排，通过集中开展专项整治工作，全力打击发票使用中存在的涉税违法行为，遏制发票犯罪的猖獗势头，堵塞管理漏洞，加强和完善税收征管。

四是以“征管与稽查工作互动信息系统”为依托，认真做好稽查与征管互动工作。“征管与稽查工作互动信息系统”已运行了一段时间，但从整体运用上看，不够理想。个别单位利用率不高，效果不明显。因此，各单位一定要加强此项工作的重视程度，真正将系统运用起来。稽查科要充分发挥职能作用，做好互动工作的指导、协调和监督工作，各稽查所要按照市局统一制定的办法执行，案件查结后将及时向征管部门提出完善制度、加强征管、堵塞漏洞的具体建议，真正达到“以查促管”的目的。市局稽查处将随时统计各单位的应用情况予以公布。

五是坚持依法办案，严查大案，出精品。在今年稽查工作要点、年初稽查工作会议，以及全市稽查视频工作会议上，多次强调查办大要案件、多出精品，是衡量一个稽查局工作效能高低的标志。最近，稽查处又专门就今年报送精品案例问题下发了通知。各单位必须高度重视，动实招，年内向市局报送代表本局办案水平的典型案例。

总之，当前税务稽查工作面临的压力很大，任务十分艰巨。希望各单位以此次培训为契机，进一步开拓思路，创新方法，提高素质，有效利用好后两个月的时间，进一步做好各项稽查工作，为税收中心工作的圆满完成做出应有的贡献。

以人为本　服务民生
实现财政社会保障工作新跨越

——在2010年天津市财政社会保障工作会议上的讲话

（2010年10月14日）

天津市财政局（天津市地方税务局）副局长　陈庆和

同志们：

这次会议的主要任务是，传达贯彻全国财政系统社会保障工作会议精神，总结“十一五”全市财政社会保障工作取得的成绩，研究“十二五”财政社会保障工作总体思路，部署今明两年重点工作。

一、全面贯彻全国财政系统社会保障工作会议精神

2010年9月1日，全国财政系统社会保障工作会议在西安召开，财政部党组成员、副部长王军同志到会并作了重要讲话。财政部社会保障司司长孙志筠同志在会上作了总结发言。

王军副部长在总结回顾“十一五”财政社会保障工作成绩和经验的基础上，深入分析了“十二五”面临的新形势和新任务，明确提出了“十二五”财政社会保障事业发展的基本思路和主要任务。王军副部长的讲话内容丰富、全面深入，对于做好当前及今后一段时间财政社会保障工作具有重要的指导作用。

王军副部长在总结“十一五”财政社会保障工作时指出：“十一五”时期是我国经济社会发展进程中非常重要的阶段，在经济和财政实力壮大的同时，按照党中央、国务院构建社会主义和谐社会的要求，以基本公共服务均等化为价值取向，努力推进体制机制创新，逐年大幅增加财政投入，民生政策频频出台，惠民力度不断加大，各项民生事业取得了历史性突破，财政社会保障工作成就斐然，主要体现在以下几个方面：一是社会保障制度体系基本健全，无论养老、医疗、就业、住房、救助，还是城镇人口、农村人口、低收入者，各类人群、各类需求都有了更加系统的制度化保障机制，关闭破产国有企业职工和退休人员各种问

题得到制度上的根本性解决；二是社会保障扩面工作成效显著，社会保险覆盖人群大幅增长，社会救助对象应保尽保，城镇新增就业稳步上升；三是待遇水平大幅提高，连续六年提高基本养老金标准，月均标准由2005年的711元提高到2010年的1350元，将近翻了一番，年均增长13.41%；大幅提高医疗保障水平，2010年，城镇职工医保、城镇居民医保和新农合政策范围内住院费用补偿比例分别达到72%、60%和60%以上，最高支付限额分别提高到当地职工年平均工资、城镇居民可支配收入和全国农民人均纯收入的6倍以上；低收入者生活保障标准也多次提高；四是应急工作迅速有力，有效应对汶川地震等各类特大自然灾害，妥善处理毒奶粉、甲流感等突发公共卫生事件，积极调整就业和社会保障政策，参与应对国际金融危机的冲击，出台一系列困难企业税费减免政策；五是财政投入和社会保险基金等社会保障资金规模成倍增加，2006至2010年，全国财政社会保障支出累计3.4万亿元，年均增长20.4%，高于同期财政支出18.6%的年均增长速度；社保基金收支规模也快速增长；六是各项管理水平明显提高，开始试编社会保险基金预算，大力推动政府购买服务工作，相关财务管理制度进一步健全，政策研究不断取得新成绩。

王军副部长强调，“十一五”期间，在党中央、国务院的正确领导下，在各地区和有关部门的共同努力下，我国走出了一条具有鲜明中国特色并具越来越大国际影响的社会保障发展改革之路。我国人口最多、未富先老、老龄社会提前到来，在财政收支压力很大的情况下，财政部门大力支持社会保障体系建设，加快民生事业发展，为增进人民福祉打下了坚实基础，取得了巨大成就，具有重大的现实意义、历史意义、比较意义、战略意义和理论意义。

王军副部长在分析“十二五”形势时指出，“十二五”期间经济社会发展和改革的基本态势，决定了我国社会保障制度建设步伐会进一步加快，社会保障发展改革的力度会进一步加大，党的十七大提出的2020年社会保障体系建设目标，有可能在“十二五”期间（或2017年前）提前实现，要充分认识社会保障制度建设的必要性和面临的困难及挑战。首先，财政收入高增长持续较难；其次，我国财政收入体系尚需进一步完善；第三，收入分配格局的调整会对财政增收带来较大的压力；第四，财政支出的刚性也越来越大。面对困难，我们要认识到，我国社会保障体系框架已经初步搭建成型，并且多年来的改革探索实践积累了丰富和宝贵的经验，所以机遇大于挑战。我们要坚定信心，迎难而上，既要尽力而为又要量力而行。“十二五”财政支持我国社会保障制度建设的总体思路，可以概括为“保基本、广覆盖、重统筹、多层次、建机制、顺体制、严管理、可持续”，对财政社会保障队伍自身而言，还有一个“强素质”的问题。

“保基本”是对“低水平”的扬弃，也是对“福利”的警惕，“十二五”期间，既要继续做好“保基本生活”，更要加大“保基本医疗”的力度。

“广覆盖”体现社会保障公平性，但也不意味着完全由政府为社会成员提供基本保障，而是要充分发挥各种保障渠道的作用。

“重统筹”，要做到制度统筹、城乡统筹、地区统筹、群体统筹、资金统筹。

“多层次”意味着在政府主导的基本保障体系内部，社会救助、社会保险和社会福利等不同的保障层次之间也要协调发展。

“建机制”，就是改革完善社会保障运行机制和管理机制，包括完善社会保障待遇标准调整机制及部分社会保障项目缴费标准调整机制，继续大力推广政府购买服务机制，健全社会保障筹资机制，完善社会保险基金保值增值机制。

“顺体制”，要尽快理顺医疗保障的管理体制；加快统一社会保险费征管体制；完善就业管理体制；按照大部门制的思路推进社会保障行政管理体制改革；按照小政府、大社会的要求大力推进社会保障具体经办服务的社会化。

“严管理”，要切实把强化资金管理与增加资金投入放在同等重要的位置，全面提高社会保障基础管理水平，努力推进社会保障的科学化精细化管理。大力推进社会保障信息化建设，严格社会保障待遇的资格审核和领报手续，探索实行“以奖代补”政策，完善相关财务和管理制度。

“可持续”，一方面要不断提高社会保障制度本身的运行效率，另一方面也要使社会保障制度建设有利于增进宏观经济运行和劳动力市场运行的效率。

孙志筠司长在会上对做好今明两年重点工作提出了具体要求。指出，今明两年正处于“十一五”收官和“十二五”开局的关键时期，财政社会保障工作要按照“巩固、提高、健全、完善、发展”的方针，以“法制化、系统化、信息化”为手段，围绕养老保障、医疗卫生体制改革和社会保险基金管理三项重点工作，用依法理财、民主理财和科学理财的方法，实现社会保障体系的法制化、公平化、程序化和规范化。

一是切实抓紧社保预算执行工作。从全国财政社会保障和就业、医疗卫生支出预算执行情况来看，虽然支出快于去年同期，但低于序时进度，总体上看下半年预算执行任务十分艰巨。

二是努力抓实社保基金预算工作。充分认识和发挥社保基金预算的重要作用，做好社保基金预算执行工作，规范社保基金预算编制方法，适时开展社保基金预算信息公开工作。

三是及时有效做好自然灾害生活救助工作。各级财政社保部门要积极主动配合有关部门抓好自然灾害生活救助工作，及时做好受灾群众冬春临时生活困难救助工作；进一步完善救灾资金申请审核机制、监控机制和快速拨付机制，加强救灾资金监管体系建设，强化政策追踪问效，提高救灾资金使用效益，努力实现减灾救灾政策目标。

四是积极稳妥推进新农保试点工作。抓紧做好新农保试点的总结评估，做好扩大试点工作，会同有关部门加强新农保试点的基础管理工作，研究逐步将新农保与农村五保供养、农村计划生育家庭奖励扶助等制度进行整合衔接，并研究完善与农村低保制度的衔接办法。

五是不断深化医药卫生体制改革。要坚持投入与改革并重的原则，以投入促改革，切实抓好医改资金绩效管理，加强医院财务管理，大力鼓励和支持社会力量办医。

六是更加注重提高财政社保资金的使用效益。进一步完善就业资金使用管理办法，建立健全就业支出绩效评估指标体系，研究制定城乡最低生活保障资金管理办法，建立城乡最低生活保障标准动态调整机制。

七是加紧做好社会保障财务制度建设。不断完善社会保险基金财务制度和分配办法，保证专项资金公平安全有效运行，强化监督检查。

八是大力推进财政社保信息化建设。要着眼于利用现代信息技术，不断提升财政社会保障科学化、精细化管理水平，不断深化信息技术与财政社会保障业务的有机融合，进一步推进信息资源的有效利用，提高工作的科学性、准确性。

九是不断加强财政社保干部队伍建设。加强党风廉政建设和工作作风建设，加强队伍能力建设，不断提高财政社保队伍的理论素质和业务能力，加强社会保障政策前瞻性研究，特别是深入研究“十二五”财政支持社会保障事业发展的政策，为下一步深化改革做好政策和实践方面的准备。

另外，孙司长在讲话中，对我市医疗卫生体制改革、社会保障资金管理、社会保险基金预算编制等方面工作取得的成绩，给予了充分肯定和表扬。

二、“十一五”我市财政社会保障工作回顾

“十一五”期间，我市各级财政部门按照市委、市政府的决策部署，积极发挥财政职能，大力推进社会保障制度建设。

（一）社会保障制度不断完善

一是养老保险制度建设取得突破性进展。加大财政补贴力度，逐步做实企业养老保险个人账户，做实比例达到4%；解决自收自支事业单位养老保险缴费与待遇水平脱钩问题，缴费比例由25%提高至33%，提高了基金支撑能力；建立了城乡居民基本养老保障制度，实现城乡居民养老保障制度全覆盖。

二是加快推进医疗保障制度建设。实现新农合与城镇居民基本医疗保险并轨运行，在全国率先建立省级统一政策、统一经办的城乡居民基本医疗保险制度，实现城乡居民医疗保障全覆盖；提前五年将关闭破产企业退休人员纳入城镇职工基本医疗保险；实行公务员医疗补助全市统筹，提高事业单位医疗财政补助比例；将企业离休干部医疗费全部纳入财政保障范围；将各项医疗保险基金由封闭运行改为统筹互济，提高基金使用效率。

三是完善工伤、失业保险制度。出台工伤保险浮动费率管理办法；调整劳务派遣企业工伤保险费率；实施了建筑施工企业工伤预防费办法；制定《天津市事业单位工伤保险费财政补助暂行办法》，明确事业单位缴纳工伤保险费的资金来源和补助标准。实现开发区失业保险制度与全市并轨；建立失业保险金与最低工资、城镇居民最低生活保障金随调机制；建立了面向参保单位和失业人员促进就业的长效机制。

四是建立促进就业长效机制。制定并实施就业再就业资金管理办法、再就业社会保险补贴办法、灵活就业社会保险补贴办法、自谋职业补贴办法；积极实施创业带动就业；制定了《天津市下岗失业人员小额担保贷款风险控制及经费补助管理办法》，将小额担保贷款管理工作下放区县管理；制定了《关于三类企业整体分流安置职工和依法退出市场意见的实施细则》，妥善解决困难企业整体分流安置职工过程中的政策衔接、资金筹集和具体操作问题。

五是完善社会救助体系。建立了城乡低保、农村五保标准调整机制；完善城乡低保分类救助、特困救助制度，建立了基本生活必需品价格上涨与困难群体生活补助联动机制；建立了统筹城乡、与基本医疗保险制度相衔接的优抚对象医疗保障制度和困难人群医疗救助制度。

六是大力发展社会福利事业。通过政府购买服务方式，积极促进养老服务业发展，推动以居家养老为基础、社区日间照料为依托、机构养老为补充的养老服务体系建设；制定了对用人单位新招用残疾人就业给予补贴办法，对残疾人自主创业给予补贴；实施了农村残疾人安居计划；建立了对低保家庭中残疾人生活救助制度；规范残疾人就业保障金使用范围，建

立了残疾人就业保障金调剂金制度。

（二）社会保障覆盖范围进一步扩大

“十一五”期间，随着社会保障制度体系不断健全，制度覆盖面从就业人员扩大到非就业人员，从城市居民扩展到农村居民，越来越多城乡居民被纳入社会保障制度覆盖范围。一是社会保险覆盖人群大幅增长。我市企业职工基本养老保险、城镇职工基本医疗保险、失业保险、工伤保险、生育保险参保人数预计 2010 年底将分别达到 409.2 万人、450 万人、245 万人、302.2 万人和 205 万人，比 2005 年分别增长 37.36%、50.46%、24.05%、85.51%和 30.25%。城乡居民基本养老保险从 2009 年 10 月开始实施，当年参保人数达 19.74 万人，今年参保人数预计将达到 30 万人。城乡居民基本医疗保险自 2010 年开始实施，当年参保人数达 485 万人，基本实现了全民医保。二是社会救助对象逐年增加。2009 年底我市城乡低保、农村五保供养人数达到 26.9 万人，比“十五”末增加 7.9 万人，预计“十一五”末，城乡低保、农村五保供养人数将达到 33 万人，比“十五”末增加 14 万人。三是城镇新增就业稳中有升。2006～2010 年，全市累计实现城镇新增就业 182.75 万人，其中帮助就业困难人员再就业 21.1 万人，城镇登记失业率均控制在 3.6%以内。

（三）社会保障待遇水平不断提高

一是连年提高基本养老金和失业保险金待遇标准。企业退休人员基本养老金月均标准由 2005 年的 765 元提高到 2010 年的 1520 元，将近翻了一番，年均增长 14.72%。扩大养老保险基金支付范围，将集中供热采暖补助费纳入养老保险社会统筹。2006 年至 2008 年，连续三年提高失业保险待遇标准，待遇水平由每人每月 338 元提高至 535 元，年均增长 25.81%。

二是大幅提高医疗保障水平。新农合人均筹资标准由 2005 年的人均 30 元，提高到 2009 年的人均 130 元；政府对 444 万职工和退休人员参保缴费人均补助 135 元，对 485 万城乡居民参保缴费人均补助 127 元；社区十八项公共卫生服务人均补助标准由 2006 年的 5 元提高至 2010 年的 20 元；“十一五”末，我市人均公共卫生支出已达到 30 元，职工医保基金最高支付限额已经提高到 35 万元，城乡居民医保基金最高支付限额也分别达到 7 万元、9 万元、11 万元，城乡医疗救助最高补助报销额 10 万元，一级医院报销比例由 55%提高到 75%。

三是多次提高低收入者生活保障标准。城市低保标准由 2005 年月人均 265 元提高到 2010 年 450 元，年均增长 11.17%，全市平均补助水平从月人均 96.4 元提高到 278 元，年均增长 23.69%；农村低保标准由 2007 年的月人均 125 元提高到 2010 年的 250 元，年均增长 14.87%，全市平均补助水平从月人均 75 元提高到 132 元，年均增长 20.74%。农村五保供养标准由最初的家庭供养每人每年 2500 元、集中供养每人每年 4000 元，统一为每人每年 4000 元。为改善城乡困难群众基本生活，拉动低收入群体消费需求，自 2005 年起，市政府还向城市低保和特困救助对象发放春节一次性生活补助，2010 年进一步扩大补助范围，提高补助标准，城市补助标准提高到每人 800 元，农村补助标准为每人 500 元。

（四）推动医药卫生体制改革

一是面向城乡全体居民提供全市统一筹资标准、统一项目管理、政府购买服务、三方绩效考核的社区十八项公共卫生服务；二是初步建立并实施基本药物制度，全市范围基层医疗机构实行基本药物零差率销售，由政府给予合理补偿，降低群众医疗负担；三是加快公共卫生体系建设，促进公共卫生服务均等化，实施区县疾病预防控制中心、妇儿保健中心、卫生监督机构标准化建设；四是启动卫生人才培养计划，支持开展全科医生、住院医师规范化培训和乡村医生中专学历教育项目；五是出台十二项妇女儿童健康免费服务措施；完善乡镇、村医疗卫生机构一体化建设；六是加快卫生资源调整步伐，支持医大总医院、肿瘤医院、南开医院、人民医院、中心妇产医院等11家三级医院完成改扩建，改善了群众就医环境，稳步推进公立医院改革，对市属二级以上公立医院在职人员给予四项社会保险全额补贴，制定医院成本管理办法，规范医院财务管理；七是建立全市统一的非营利性药品集中采购平台，在全市范围内实现药品采购统一药品目录、统一价格、统一网上采购、统一配送；八是建立医疗纠纷第三方处置机制，使医调委机构顺利运行，为和谐医患关系化解矛盾，市财政全额安排工作经费。

（五）积极应对突发事件

一是全力以赴做好抗震救灾专项资金的筹集和监管工作，拟定了《天津市抗震救灾捐赠款物管理办法》，强化监督、管理、分配，合理配置使用抗震救灾捐赠款物。二是积极支持全面落实奥运天津赛区医疗保障工作，提供合理、充足财政支持，用于各项检测设备、救护车辆、药品储备等方面的支出，确保奥运会天津赛区医疗卫生保障工作顺利进行。三是认真应对做好重大公共卫生事项保障工作，及时安排资金，做好婴幼儿奶粉事件和甲型H1N1流感疫情监测和防控工作。

（六）社会保障资金规模成倍增长

一是财政投入大幅增加。“十一五”期间，全市社会保障和就业支出从2006年的66.4亿元，增加到2009年的115.9亿元，预计2010年末将达到129.7亿元，年均增长18.22%，累计支出495.4亿元，相当于“十五”时期的2.85倍；医疗卫生支出从2006年的23.8亿元，增加到2009年的54.2亿元，预计2010年末将达到65亿元，年均增长28.55%，累计支出218亿元，相当于“十五”时期的2.93倍。

二是各项社会保险基金收支规模快速增长。“十一五”期间，我市企业职工基本养老保险、城镇职工基本医疗保险、失业保险、工伤保险、生育保险五项基金收入年均递增分别为13.04%、20.6%、14.15%、13.64%、9.83%，其中财政对社会保险基金的补贴从2006年的40.8亿元，增加至2010年的72.4亿元。五项基金支出年均递增分别为20.73%、26.58%、46.47%、31.25%、30.23%。2010年底五项基金累计结余316.8亿元，基金支撑能力进一步增强。

（七）社会保障资金管理水平不断提高

一是自2010年开始试编五项社会保险基金预算。这是社会保险基金自实行收支两条线、财政专户管理以来又一具有标志性意义的重大制度进步和管理升级。二是完善政府投入机制改革，政府投入重点从供方向需方转变，通过政府购买服务，变“养人办事”为“办事养人”。三是相关财务管理制度进一步健全。我市陆续出台各类社会保障资金管理办法29个，积极推进政府采购、国库集中支付、收支两条线管理及重大财政社保支出项目绩效考评，提高财政资金使用效益。

（八）干部队伍不断壮大

过去的五年，财政社会保障事业不断发展，财政社保队伍不断壮大，工作作风不断改进，业务素质不断提升。各级财政社保干部坚持“权为民所用、情为民所系、利为民所谋”，扎实做好各项社会保障工作，按照各级党委政府统一部署积极开展争先创优活动，队伍凝聚力进一步增强。过去五年中，社保处多次被评为先进集体，荣获国家西部大开发突出贡献集体、天津市创建全国残疾人工作示范城市先进集体、天津市再就业工作先进单位、全国社会保险基金决算工作三等奖等。各区县财政社保队伍建设也日趋专业化，陆续成立独立的社会保障科，区县社保干部中先后有三人走上处级领导岗位，一批新生力量充实到财政社保战线，干部队伍的政治素养和业务水平、工作能力等明显增强。以上成绩的取得，是市局党组正确领导的结果，是广大财政社保干部艰苦奋斗、辛勤工作、无私奉献的结果。在此，我谨代表杨福刚局长和市财政局党组，向在座各位并通过你们向全市财政社保战线的同仁表示最衷心的感谢和最崇高的敬意！

在看到“十一五”期间全市财政社会保障工作成绩的同时，我们也要清醒地认识到，仍有许多问题和矛盾有待研究解决：社会保障制度模式、管理体制的可持续性还不够强，制度之间衔接配套有待加强；社会保障基础管理还较为薄弱，与财政部科学化、精细化工作要求还有很大差距。对此，我们要高度重视，积极采取针对性措施加以解决。

三、“十二五”时期我市财政社会保障工作总体思路和今明两年主要任务

“十二五”时期是健全社会保障体系、深化医药卫生体制改革的关键时期，也是攻坚时期，面临着前所未有的挑战。表现在：第一，人口老龄化趋势加重，截至2009年底，我市60岁及以上老年人口占比已达到17.47%，在全国省市中排名第三；第二，城乡之间、区县之间社会保障事业发展还不够均衡，保障水平存在差距；第三，就业形势将依然严峻，劳动力供过于求，同时结构性矛盾更加突出；第四，尽管近年来我市财政收入保持较快增长，但总量有限，人均财力水平较低，城市发展特别是滨海新区建设需要大量资金投入，财政支出压力大。在这样的形势下，“十二五”期间我市社会保障工作的总体思路是：在社会保障制度建设上，坚持“保基本、广覆盖、重统筹、多层次、建机制、顺体制、严管理、可持续”的工作思路；在社会保障资金投入上，坚持投入与改革并重的基本指导思想，以投入促改革，继续大力推广政府购买服务机制，创新社会保障筹资机制；在社保战线队伍建设上，努力打造成一支政治合格、作风扎实、业务娴熟、团结进取的队伍。

今明两年正处于“十一五”收官和“十二五”开局的关键时期，我们要认真贯彻落实市委市政府指示精神，坚持保就业、重民生、促改革、强管理，以落实20项民心工程为重点，认真落实积极财政政策，加大促进就业工作力度，加强社会保障体系建设，加快医疗卫生体制改革，服务大局，维护稳定，促进经济社会协调发展。具体来说，应重点做好以下几项工作：

（一）抓好今年预算执行和明年预算编制工作

据统计，1～9月份我市社会保障和就业支出预算执行进度为78.5%，较去年同期提高了31.8%。其中，市级达到87%，区县43.7%。医疗卫生预算执行进度为66.8%，较去年同期提高了23.3%。其中，市级达到78%，区县59.3%。可见，区县预算执行进度明显低于序时进度，各区县要认真查找分析原因，采取切实有效措施，加快预算执行，确保各项社会保障政策的落实。为抓好今年预算执行和明年预算编制工作，提出以下几点要求：一是尽快分配转移支付资金。目前，市财政对区县社会保障专项转移支付资金预算已下拨90%，各区县要尽快分配下达。同时为做好明年预算编制及执行工作，市财政将按照中央要求，于今年11月30日前提前通知下达2011年市财政转移支付指标，拟提前告知数额不低于今年预算安排的50%，各区县可按照提前告知数尽早安排2011年预算，做好明年预算执行的准备工作。各区县在向区县人大汇报2011年预算安排的同时，应向市财政局社会保障处报送社会保障和就业及医疗卫生经费支出预算。二是建立项目预算提前申请报告制度。今后，各区县应于每年年底前，将下一年度专项资金申请报市财政局社会保障处，不按时申报的，下一年度不予安排。三是建立内部权力制衡机制，确保资金安全。按照预算管理精细化、科学化、规范化的要求，社会保障处制订了《天津市财政局社会保障处工作运行规程》，各区县要根据该流程，按照社会保障资金管理要求，结合自身管理模式，于年底前制定相应的工作运行规程并报市局社会保障处备案。四是落实天津市财政局《关于建立天津市社会保障支出统计指标体系的通知》（津财社［2009］23号）要求，建立区县社会保障支出统计指标体系。就此，社会保障处已对原有的《天津市财政局社会保障综合统计分析工作考核评比办法》进行了修订，将区县社会保障支出统计报表纳入年终考评体系，会上将对新的评比办法征求各区县意见。

（二）进一步完善各项社会保险制度

进一步完善医疗保险制度，提高医疗保障水平。近期，我局会同市人力社保局拟定了关于完善基本医疗保险制度的意见，主要内容包括：一是提高城乡居民基本医疗保险筹资标准，同时调整住院报销比例和门（急）诊大额医疗补助起付标准。2011年，人均筹资标准在2010年度基础上增加20元，个人缴费标准不变，增加的筹资部分由市和区县财政分担；中小学学生和儿童参保所需政府补贴资金不再由生育保险基金承担，改由市和区县财政分担。二是规范公务员医疗补助缴费基数，提高筹资比例，拟由5%提高到6%，资金仍由原渠道解决。

扎实推进城乡居民基本养老保障工作。一是拟出台对残疾人参加城乡居民基本养老保险的补贴政策，对享受低保的重度残疾人，给予个人缴费全额补贴；对不享受低保的重度残疾人和享受低保的非重度残疾人，给予个人缴费50%补贴，所需补贴资金由区县残疾人就业保障金负担，其负担金额由市财政统一扣缴，区县残保金不足的由市级调剂资金解决。二是2011年拟继续提高城乡居民基本养老保险基础养老金补贴及老年人生活补助费标准，各区县财政在安排预算时要预留部分资金，做好调标准备。

（三）继续深化医药卫生体制改革

实施公共卫生与基层医疗卫生事业单位绩效工资制度。《天津市公共卫生与基层医疗卫生事业单位绩效工资实施意见》（以下简称《意见》）已经市政府常务会议审议通过。下一步进入实施阶段，区县财政要把握以下几个关键点：一是绩效工资制度于2009年10月1日起实施，区县财政部门应按照15个月进行经费测算。二是公共卫生事业单位实行“收支两条线”管理，其取得的服务性收入及其他收入必须全部上缴同级财政；所需经费按现行财政体制和单位隶属关系，纳入同级财政预算全额安排。三是基层医疗单位在职人员基本工资经费由区县财政按照不低于基层医疗单位正式在职人员基本工资总量的110%编制预算并核拨经费，2009年10月1日至2010年12月31日期间区县财政预算安排的零差率补助和原按全额或差额对在职人员经费的补助纳入基本工资经费基数。测算后，区县财政补助水平已高于基本工资总量110%的，维持原有补助水平不变；低于基本工资总量110%的，不足部分由区县财政予以补齐。我市基层医疗单位在职人员10539人，区县财政保障基本工资需要经费16216万元。四是公共卫生与基层医疗卫生事业单位退休人员，按全市统一标准发放生活补贴，所需经费按照单位隶属关系，纳入同级财政部门预算。生活补贴所需经费按每人每月240元标准测算，全市退休人员8766人，共需经费3156万元。五是公共卫生与基层医疗卫生事业单位离休人员不纳入绩效工资实施范围，其生活补助制度仍按我市现行规定执行。六是2009年10月1日至2010年9年30日，基层医疗单位实行基本药物零差率销售，市级补助通过医保基金予以补偿。自2010年10月1日起，医保基金不再支付零差率补助，转为市财政对基层医疗单位正式在职人员给予按人头的定额补助。七是建立调节资金制度，努力实现各公共卫生与基层医疗卫生事业单位正式工作人员的人均收入水平基本均衡。各区县财政部门要根据《意见》精神，结合实际情况，自行制定调节金管理办法。内容应包括绩效工资水平基准线的确定，调节资金的征收、分配管理办法等。八是进行银行账户清理。每个单位只能保留一个基本账户。社会保障资金、党团工会经费资金等专用存款账户要经有关部门审核备案后才可继续使用。具体账户清理办法在《意见》正式出台后，也将出台。实行绩效工资后，各级财政部门要进一步强化公共卫生与基层医疗卫生事业单位经费管理。为此，社会保障处拟定了《公共卫生机构经费管理暂行办法》和《基层医疗卫生机构经费管理暂行办法》，也将征求各区县意见。

提高基本公共卫生服务筹资水平。国家医改方案规定，2009年人均基本公共卫生服务经费标准不低于15元，2011年不低于20元。我市自2009年起人均筹资水平便达到20元。因此，考虑在增加服务内容、提高服务质量基础上，2011年适当提高筹资水平，拟由人均20元提高至25元，新增资金按照现行市、区两级财政基本公共卫生筹资比例分别承担。

加快信息化建设步伐。加快信息化建设已被摆在卫生“十二五”规划中很重要的位置，各级财政部门应全力支持推进医疗卫生、医保、药品等医药卫生信息化建设，努力消除地区间差异，着力搭建信息互通、资源共享的公共信息平台。

（四）继续推进就业工作向纵深发展

切实做好小额担保贷款下放区县管理工作。2010年初，市财政下发了《关于实施下岗失业人员小额担保贷款区县管理的通知》，各区县财政部门积极会同相关部门，有序推进我市小额担保贷款下放区县管理工作，预计年内将有6个区县完成下放移交工作。日前，市财政局草拟了《天津市下岗失业人员小额贷款担保基金管理办法》，将于年内正式印发，会上将就该办法征求各区县意见。现就移交工作明确几点：一是区县担保基金规模问题。各区县担保基金总规模要在三年内达到1000万元，市区两级分别承担50%。对困难区县，区县筹集40%，市担保基金承担60%。二是债权债务移交问题。对未解除担保责任的小额贷款，实行属地化管理，管理权以借款人户籍所在地划分，统一纳入区县小额担保贷款考核体系，每年市财政按照下划债权实际还款额的20%，相应补充区县担保基金。对于已经代偿的小额贷款，将通过与各项财政补贴政策、退休政策、银行征信系统等挂钩和发布公告等方式，敦促借款人还款，代偿三年后仍不能收回的，按照有关规定予以核销。三是风险控制和经费补助问题。移交区县管理后，将继续执行《天津市下岗失业人员小额担保贷款风险控制及经费补助管理办法》（津劳社局发［2007］195号）的相关政策，对未解除担保责任的小额贷款和实施区县管理后新发生的小额担保贷款，按照当年实际收回额度继续给以区县经费补助。四是贴息资金拨付问题。区县财政部门对本区县贴息资金审核无误后，报市财政局审核并由市财政直接将贴息资金拨付区县经办银行。五是为帮助各区县顺利完成前期的准备工作和相关材料的报送，社会保障处专门制作了区县所需报送材料的模版，各区县可以此为参考，根据自身实际情况制定小额担保贷款实施方案和管理办法。

规范公益性岗位管理。为规范我市公益性岗位管理，市财政局会同市人力社保局草拟了《天津市公益性岗位补贴办法》，将于年底前正式印发，会上也将征求各区县意见。与现行政策相比，该办法进一步明确了“分级认定、分级出资、分级管理”的原则，将公益性岗位划分为“协管员岗位”、“公益性公司岗位”和“非全日制岗位”三类，根据不同类别制定有针对性的认定方法和补贴标准，明确划分了市区两级管理责任，市财政补贴资金通过转移支付方式下达区县。公益性岗位工资实行社会化发放，对公益性公司实行年检制度，年检不合格的企业，收回公益性公司资质。新办法实施后，各区县要在年底前摸清公益性岗位相关基础数据，根据新标准做好明年就业经费预算安排。

（五）完善社会救助体系，增加困难群众收入

继续提高城乡居民最低生活保障标准。2011年，拟参照最低工资增幅、物价变动以及经济发展等因素，适当提高城乡低保标准。根据历年调整情况，城市低保标准拟由每人每月450元提高至470元，农村低保标准拟由每人每月250元提高至270元。同时，继续执行基本生活必需品价格上涨补助联动办法。

建立城乡特困救助政策动态调整机制。拟从2011年起，特困救助范围和补助标准与城乡低保标准联动，城乡居民家庭月人均收入高于城乡低保标准且低于城乡低保标准130%，并符合相应条件的特困家庭可享受特困救助，救助标准分别按照城乡低保标准的30%确定。

进一步完善分类救助政策。为有效减少低保“悬崖效应”，将城乡居民家庭中因身体状况、劳动能力和自救能力等原因造成家庭生活出现特殊困难的，在核定家庭收入时给予特殊照顾。

建立临时救助制度。日常生活中因特殊原因造成基本生活出现暂时困难的，可申请享受临时救助。救助范围包括月人均收入低于城乡低保标准200%的低收入困难家庭和各区县民政部门认定的其他特殊困难家庭。临时救助资金以财政投入为主、社会捐赠为辅。市、区两级财政要分别按照上年度本级城乡低保资金支出总额的3%，安排临时救助资金并纳入财政预算。区县以前年度临时救助预算安排高于3%的，不得减少。市级临时救助资金按照城市低保资金负担比例匹配。

继续提高优抚对象保障水平。一是2011年拟继续提高优抚对象抚恤补助标准。国家补助部分，按照国家规定的额度和增幅发放；地方补助部分，按我市优抚对象抚恤金自然增长机制规定执行。按照增幅12%计算，优抚对象人均补助额将由693元提高至776元，义务兵家属优待金将由每年每户7500元提高至8400元。全年预计支出3.8亿元，其中中央补助0.8亿元，市、区两级财政分别负担1.5亿元。二是从今年开始，用三年时间实施重点优抚对象二期安居工程。2010年，对12个有农业人口区县的优抚对象居住危漏房屋929户、1992人修建住房2860间；2011年将为优抚对象修建住房892间，其中新建住房635间，修缮住房257间。建房资金由市财政承担40%，区县财政匹配40%，街乡镇筹集10%，个人负担10%。按此标准计算，市、区两级财政各需安排资金0.23亿元。区县财政部门设立财政专户，筹集三级政府补助资金，个人自筹资金由所在街乡镇负责管理。

建立丧葬费补助制度。根据市政府关于增加群众收入的部署安排，借鉴北京（补助标准5000元/人）和重庆（低保人群1500元/人）做法，我市拟从2011年1月起，对具有本市户籍、无丧葬费补助居民给予基本丧葬费补助，补助标准1800元。补助资金由市财政承担60%，区县财政承担40%，按照死亡率6‰计算，2011年市财政需安排预算0.36亿元，区县财政需安排预算0.24亿元。

继续支持养老服务业发展。按照市领导批示精神，2011年我市将进一步加大对养老服务业的资金投入力度，市民政局起草了《关于进一步发展我市居家养老服务的意见》，目前正在征求各有关部门意见，经市政府批准后实施。主要包括：加大老年日间照料服务中心建设力度；对老年日间照料中心给予运营补贴；对困难老人在社区食堂就餐给予就餐补贴；借助8890咨询服务台和移动通讯公司平台，建立全市老年人呼叫服务系统；扩大居家养老政府补贴范围、提高补贴标准。经测算，落实上述措施，市财政将增加支出0.7亿元，区县财政增加支出0.6亿元。

（六）多措并举发展各项残疾人事业

2011年按照高丽书记关于“要对残疾人给予特别的关爱”和“努力开创我市残疾人事业新局面”的批示要求，进一步完善残疾人社会保障和服务体系。一是通过建设农村残疾人扶贫基地、使用残疾人扶贫贴息贷款、实施农村贫困残疾人扶贫安居工程等多种形式，帮助残疾人就业、脱贫、改善居住条件；二是开展为重度残疾儿童少年送教上门服务；三是在巩固提高城乡残疾人托养服务和日间照料机构的基础上，市和区县再建10个残疾人托养服务和日间照料机构；四是对约计5万名享受低保和特困救助的残疾人，按城镇重度每人每月200元，非重度100元；农村重度每人每月100元，非重度50元发放生活补助；五是继续实施农村残疾人低保户和特困残疾人翻建或修缮住房的扶贫安居工程。

（七）加强财政社保干部队伍建设

财政社保队伍要完成“十二五”时期的各项艰巨任务，必须加强自身能力建设。要提高政策理论研究能力，既要会算好账，更要会出主意、出好主意，站在经济社会发展全局的高度，超前谋划提出分析深刻、切实可行、针对性强的真知灼见；要提高开拓创新能力，面对新的形势、新的任务，要勇于开拓、敢于创新，不断推动理论创新、制度创新和管理创新；要提高危机处置能力，善于在非常条件下妥善应对各类突发性公共事件，沉着冷静，从容应对，预案要完善，行动要坚决，措施要果断，落实要有力；要提高沟通协调能力，加强与业务主管部门的协调沟通，讲大局、讲合作、讲协调，建立良好工作关系，形成和谐工作氛围，争取广泛支持；要坚持不懈地抓好党风廉政建设，警钟长鸣，防微杜渐。

同志们：让我们齐心协力，埋头苦干，扎实工作，服务大局，打好“十一五”收官战役，吹响“十二五”前进号角，实现全市财政社会保障工作的新跨越。

求真务实　开拓创新
全面提升货物和劳务税工作水平

——在2010年税收业务工作会议上的讲话

（2010年3月25日）

天津市财政局（天津市地方税务局）总会计师　梁宣健

同志们：

今天我们在这里召开2010年税收业务工作会议。这次会议的主要任务：一是总结2009年货物和劳务税工作；二是分析当前经济税收形势，贯彻落实总局货物和劳务税司2010年工作要点，研究部署今年重点工作，对下一步工作提出要求。下面，我讲两个方面的问题。

一、2009年度工作简要回顾

2009年，是新世纪以来我国经济面临困难最大、挑战最为严峻的一年，税收收入受国际金融危机和结构性减税等因素的影响较大。但是广大税务干部不畏困难，齐心协力，在局党组的正确领导下，深入贯彻科学发展观，贯彻党的十七届三中全会和市委九届五次全会精神，落实市财政工作会议和区县地税局长联席会议精神，继续巩固扩大学习实践科学发展观的活动成果，积极开展“保增长、渡难关、上水平”活动，以组织收入为中心，主动适应新形势，创新工作思路，积极应对国际经济危机的不利影响，通过加强税源管理和完善征管制度，实现了货物和劳务税的平稳增长。2009年度完成营业税收入214.8亿元，比上年度同比增长24.2%，完成年度计划的108%。

（一）以调查研究为基础，培育税收新的增长点

调查研究一直是税政工作的重中之重，去年，针对社会经济发展特点和营业税征收管理要求，重点对建筑业和金融业开展了调研活动。针对建筑业项目管理环节缺失，税收控管链条不完整的问题，对全市建筑行业税收征管情况进行了调查，通过政策研究深挖税收增长潜力，为进一步加强管理，提高税收信息化管理水平奠定基础；针对新条例取消委托贷款业务

代扣代缴营业税后的税收管理情况进行调查，制定了委贷信息比对办法，以便于加强税源监控和后续管理。

（二）积极落实国家税收优惠政策，提高纳税服务水平

1. 积极落实中小企业信用担保机构免征营业税政策，改善我市中小企业投融资环境，为企业创造更大的发展空间，审查认定我市符合条件的信用担保机构5户，已报经国家税务总局核准享受税收优惠政策。

2. 积极落实技术先进型服务企业服务外包业务营业税优惠政策，支持我市服务外包工作发展，与科委、商务委企业资格审核认定部门建立联合工作机制，确保符合条件的企业充分享受税收扶持政策。

3. 积极参与现代物流业试点工作，对具备一定条件的物流企业进行实地调查，将审查符合条件的6户物流企业上报国家税务总局参与物流企业试点工作，上报企业已全部被纳入试点范围，享受税收扶持政策。

4. 为帮扶弱势群体，营造社会和谐，与市妇联、市劳动局和残联密切配合，积极开展对下岗失业人员、毕业大学生和残疾人等弱势社会群体的政策咨询和帮扶活动，将税收优惠政策送到各类弱势人群的身边，零距离搞好就业优惠政策宣传工作。

（三）探索行业税源监管新途径，加强税收源泉控管

研究制定各行业营业税税收管理办法，提高征管水平，从源头抓税基，也是税政部门的一项重点工作。过去几年里，逐步扩大了与市建委、市房管局、银监局等行业主管部门的信息交互范围，通过前移税收管理环节，探索行业税源监控的新途径。今年，在与市建委施工队伍管理站实现信息共享的基础上，进一步整合现有的项目管理和信息化手段，建立了与津税系统协同的外地进津施工纳税人项目管理信息系统，通过统一本市和外地纳税人的税收监管模式，实现对建筑工程总分包各环节营业税的无缝隙“闭环”控管。该系统已于今年1月1日在施管站上线使用，并在做进一步的优化和升级，全部功能计划于6月底在各地税局全线开通。此外，还与市房管局进一步交换了建立常态信息交换机制的意见，为房地产一体化工作的下一步实施奠定基础。

（四）做好新营业税条例及细则政策调整和过渡工作

新修订的营业税暂行条例及实施细则于2009年1月1日起施行，保证税收政策依法调整和平稳过渡，是税政部门的重要工作，为此，主要做了以下工作：

一是，制定过渡期执行办法。营业税条例及实施细则修订后，在立法原则和政策规定方面变化很大。新法颁布初期，国家相关政策解释没有出台，文件清理工作也未实施，为保证政策调整期间的平稳过渡，市局结合我市政策执行中发现的问题，就重点修订条款内容多次请示国家税务总局，并针对过渡期存在的主要问题，制订了我市营业税税法调整期的过渡办法。

二是，进行全员政策培训和辅导。总局全国培训会议后，市局组织召开了全市范围的培训及研讨会议，财政部税政司有关领导参会，听取了对营业税政策修订的意见和建议。通过培训，解决了此前政策不清、操作困难的问题，为做好新法在我市的贯彻执行提供了保障。

三是，清理政策性法规文件。为确保政策法规适用的正确性，明确政策修订前我市制发文件的有效性，市局按照文件清理工作要求，认真研究了财政部和国家税务总局废止失效文件，对此前制发的文件进行了认真清理，明确了法律法规适用问题。

（五）全面清理非政策性减免税

1994 年以来，考虑我市经济发展的实际需要，为确保一些具有特殊性质或处于特殊发展时期的行业或单位的顺利发展，市政府及我局先后出台了一些具有针对性的营业税优惠政策。去年，市局对 1994 年税制改革以来的营业税政策性和非政策性减免税项目进行了全面清理，经研究，对部分效果不明显、与现实情况发生较大变化的优惠政策进行了清理。

（六）高质量地完成税收调查工作

全国税收调查工作是财政部、国家税务总局开展多年的一项工作，已经成为一项例行工作。在各级税务人员的共同努力下，我市该项工作一直完成得比较出色，从 2001 年起，已连续八年获得先进单位的荣誉。去年，全市共调查企业 3953 户，经审核上报 3921 户，占我市所辖营业税纳税人（不含个体工商户）的 5.17%，其中财政部、国家税务总局下发的抽样调查企业共 941 户全部列入被调查范围。调查企业营业税入库 91.09 亿元，占我市 2008 年度营业税入库总额的 52.65%。在各单位的认真配合下，2009 年税收调查工作已顺利完成，力争再次获得先进单位的荣誉。

当然，在肯定成绩的同时，也要清醒地看到，当前我市营业税工作还存在一些问题和不足：一是管理信息化水平滞后于税收工作发展要求，税种管理上存在的薄弱环节亟需加强；二是工作中对相关的经济社会发展状况关注度不够，调查研究不够深入细致，工作前瞻性有待提高；三是营业税政策执行情况跟踪反馈机制尚未健全，政策效果分析不到位；四是对税收宏观分析和纳税评估工作的重视程度不够，分析思路和方法有待拓宽和改进；五是营业税政策理论研究不足，研究深度和水平有待提高。对上述问题，在今后的工作中，要高度重视，认真研究，采取切实可行的措施，加以解决。

二、2010 年主要工作

今年，是经济发展充满变数的一年，虽然年初的经济运行较去年出现了积极的变化，但也要清醒地看到，当前国际经济危机对我国的影响还在加深，经济复苏还需要时间，经济回升的基础还不稳固。面对当前国际、国内的经济形势，2010 年营业税工作形势不容乐观，我们要在深入学习实践科学发展观的基础上，按照市委、市政府“解难题、促转变、上水平”活动要求，结合高丽书记、兴国市长对财税工作的重要批示，紧密联系工作实际，创新理财治税新思路，下力量研究解决工作中存在的突出问题，齐心合力，众志成城，确保工作能够更上一个新水平。

按照全国税务工作会议精神和市局党组的工作部署，结合国家税务总局货劳税工作要点，以及我市营业税工作的实际情况，当前和今后一段时期营业税工作的总体思路是：深入贯彻落实科学发展观，积极推进税制改革，落实宏观调控要求，充分发挥货物劳务税职能作用，加强科学管理，堵塞税收漏洞，优化纳税服务，进一步提升营业税工作质量和效率。按照总体工作思路，研究确定2010年营业税主要工作如下：

（一）积极探索营业税条例及细则修订后的税法适用问题

修订后的营业税法在很大程度上扩大了征税范围，执行中出现的税法修订前后同类经济行为的法律适用问题较多，特别是在境内外劳务划分和税目注释方面的问题比较集中。

1. 关注境内境外劳务划分问题

针对营业税境内外劳务划分原则调整，征税范围扩大，市局将对界定困难的问题开展调查研究，将典型问题上报请示国家税务总局。目前正在开展的工作有：电信企业支付境外的漫游费；航空公司的国际航班业务支付境外的过境费；以及境内单位从境外租赁飞机、船舶、设备、不动产等支付境外的租金是否按规定扣缴营业税。各单位在新法执行过程中，要注意发现和了解政策执行中此类由境内支付的收入，是否代扣代缴了营业税，及时与市局沟通，对情况清楚、政策明确的项目，应立即建立税款代扣代缴关系，确保税款及时足额入库；政策界定有待明确的项目，待市局研究或请示总局答复后制定相关执行方案。

2. 关注新生经济行为适用税目问题

条例及细则修订后，原税目注释尚未废止，目前，财政部、国税总局正研究税目注释的修订工作，由于涉及范围比较广，预计短期内难以下发，但对部分税目拟先行调整。如：对无形资产税目进行扩围，拟增加“转让其他经济权益”子目；以及明确土地使用权转移行为营业税政策等。目前，上述项目总局和财政部已经征求了各省市的意见，待政策下发后，市局将结合我市实际情况，按照政策规定对现行的征税范围进行调整。各单位应注意搜集实际工作中应视为转让无形资产的经济行为，结合税收政策以及其他相关法律法规的规定，提出对新生经济行为如何适用政策以及加强征管方面的建议。

（二）充分利用信息化手段，全面提升营业税管理水平

按照“信息管税”的整体工作要求，进一步提高对“信息管税”的认识，在充分利用好现有数据的基础上，拓展信息源，利用好第三方信息，解决征纳双方信息不对称问题。今年，将下大力量完善建筑业、房地产，以及代理、旅游、广告、物流等差额纳税项目的信息化管理。

1. 进一步完善建筑业税收管理信息系统

2009年度，市施管站代征外地建筑业纳税人税款23.73亿元，其中营业税20.26亿元，占我市建筑业营业税入库总额的40%。因此，加强对外地建筑业纳税人的项目管理，是实现建筑业营业税链条式“闭环”管理的关键。今年1月1日起，施管站新代征系统正式上线，该系统从根本上改变了过去外地纳税人基础信息不清，本市和外地纳税人建筑工程项目信息分离、管理模式不统一，税务机关难于进行税务监管的现状，奠定建筑业营业税链条式“闭环”管理基础，进一步提高建筑业税收管理水平。

2010年，在开发完善市施管站外地施工纳税人税款代征系统的同时，将继续完善建筑业“津税系统”项目管理和税款征收功能。按照营业税税收征管工作需要，增加对自产货物纳税人建筑业劳务、建设方供应材料和设备、付款时间、发票真伪校验和分包价款等一系列新的管理功能，上述系统功能将于今年6月份全部开发完毕，届时，市局将组织有关培训，请大家在新系统实际使用中，结合征管工作需要，及时提出进一步提高系统性能和加强

税收征管的建议。

2. 利用信息化手段，加强营业税差额纳税项目管理

随着社会分工细化，劳务分包现象越来越多，2003 年，财税 16 号文件下发以来，营业税差额纳税项目越来越多，已不仅限于原条例规定的运输、建筑、旅游等个别行业，经统计，目前营业税差额纳税项目多达 43 项。由于营业税名义税率远低于增值税税率，差额纳税对营业税税基规模影响很大，实行差额纳税行业的实际税负水平很低，如运输行业测算的实际税负最低仅 0.01%。而且，营业税差额减除项目名目多样、扣除凭证种类不一，部分扣除项目很难取得合法凭证，如劳务公司代发的工资、受托拆迁支付拆迁人的拆迁款等，因此征管难度很大。此外，据调查案例反映，个别企业还存在差额项目扣除凭证造假和擅自按照一定比例确认营业额的情况。

今年，财政部、国税总局将进一步完善对营业税差额纳税项目的政策规定和征管工作，市局也将结合发票减并工作，研究对此类项目加强征管的办法，拟通过采集抵扣凭证信息，加强对差额纳税项目抵扣凭证的管理，为后续管理和纳税评估提供比对数据。初步确定先对部分重点行业，如：广告、代理、旅游、试点物流企业、物业管理等差额征税项目进行管理。请各单位认真研究差额纳税项目的政策规定，严格掌握政策规定的扣除项目，对纳税人超范围扣除的应及时纠正，补征税款；对允许扣除的项目，应加强对抵扣凭证的管理，确保真实性、合法性；结合实际工作，对差额纳税项目管理提出好的征管办法和建议。

3. 继续研究做好房地产一体化管理，力争今年有所突破

房地产行业一直是营业税税收征管的重点行业，2009 年度房地产业营业税收入 51.3 亿元，约占全市营业税收入总额的 24%。按照市建委投资计划安排，2010 年，全市计划安排房地产投资 830 亿元，施工面积 6900 万平方米，新开工面积 2800 万平方米，竣工面积 1900 万平方米；计划投资经济适用房、危改项目 342 亿元，建筑面积 2516 万平方米。

为进一步加强房地产行业的税收征管，一方面，市局将按项目坐落地下发市建委投资计划信息，请各单位充分利用投资计划信息，掌握项目开工、建设、完工、销售等各环节资料，全面了解本区县房地产项目投资和建设情况，并结合项目登记和纳税申报等税务信息，进一步做好房地产项目税源监控工作；另一方面，市局还将继续落实房地产税收一体化管理要求，争取在与市建委和国土房管部门建立信息共享机制方面有所突破，通过获取项目立项、房屋销售许可证、房屋销售合同备案和办理产权证等信息，全面掌握房地产业税源信息，前移税收管理环节，研究上述信息与税款申报、发票开具等信息比对分析方案，实现全方位的税源控管。对此，各单位也应积极与本区县的建设部门和房屋管理部门建立合作关系，结合房地产项目管理工作需要，获取本区县房地产立项、房屋销售和产权过户信息，为税收征管服务，进一步加强房地产业税收管理。

（三）积极开展调查研究和数据分析，以政策研究抓税收征管

加强征管应以明确政策为前提，因此，税政部门应在调查研究和税收分析方面下大力量，积极拓宽调查和分析思路，完善税收分析方法，加强行业税源的特性分析。今年，计划重点安排对餐饮、电玩、教育、科技、殡葬和土地交易等进行专项调研，探索加强行业税收征管的新途径。

1. 近年来大众对庆典、宴请和在外就餐需求增加，餐饮业发展较快，但由于企业拒开

或使用假发票，不据实申报等问题，餐饮业收入核实征税难度很大，造成行业管理部门发布的实现收入额与税款申报额差距较大。为进一步加强我市餐饮业税收征管，市局正在开展全市餐饮企业纳税情况调研，探索通过网络开发、税收核定，利用第三方信息等手段加强对餐饮业的管理，通过信息比对，建立评估模型，加强监控，减少税款流失。

2. 综合娱乐休闲场所增多，场所内电动游艺项目的税收征管问题引起关注。由于消费者普遍不索取发票，收入核实困难，而且无照经营情况严重，税收监管无的放矢，据了解，纳入全市税务机关征管的电玩企业且有税款入库的仅8户，而调查反映，实际经营电玩业的纳税人远远大于这个数字。目前，市局正对电玩业进行调查，拟与有关行业管理部门接洽，通过获取第三方信息，制定措施办法，加大征管力度。

3. 教育行业免税项目多，且具民生行业的敏感性，税收征管难度大。有些教育机构兼营培训或服务性项目，存在征免税项目划分不清、擅自减免税现象；有些教育机构使用的收费票据不规范。为进一步规范教育业税收政策，加强减免税管理，市局拟对教育业税收管理情况进行调研，通过与教委等行业主管部门加强信息沟通，取得办学许可证、幼儿园许可证、招生计划等信息，研究教育行业税源监管办法，加强教育行业的税源控管，堵塞税收征管漏洞。

4. 内外资企业的技术转让和开发项目分别由科技部门和商务委认定，而商务委对技术项目的认定范围，相对市科委比税法规定减免营业税的范围宽，因此，对外资企业技术性收入的认定成为征纳双方争议的焦点。为堵塞税收漏洞，加强减免税管理，市局拟对外国企业和外籍个人转让技术免征营业税进行调研，并与市商务委、市科委联合，研究制定加强该免税项目管理的具体措施。

5. 《财政部　国家税务总局关于经营性公墓营业税问题的通知》（财税〔2001〕117号）已废止，但条例规定免征营业税的殡葬服务范围尚未明确。目前，财政部、国税总局为下一步明确墓地租售行为的适用税目和营业税征免问题征求我市意见。据调查，我市现有经市民政部门批准的经营性公墓14处，市局正对此类企业进行专题调研，拟通过了解墓地地权的获取方式、资本构成、设立条件、经营范围、劳务种类、定价标准等情况，在摸清行业情况，掌握税源底数的基础上，向财政部提出加强殡葬行业营业税征管的建议。

6. 针对土地交易市场变化和有关政策法规调整情况，继续开展土地收购、整理和开发过程中营业税问题的调研工作。以我市现有13个小城镇建设项目中的宅基地换房、市区控规范围外集体土地征收、政府收回土地使用权证核销手续等为重点调查内容，研究制定有关税收政策，进一步规范我市土地收储和小城镇建设中的拆迁补偿、实物还迁等房地产交易行为的税收征管办法。

各单位应结合工作实践，积极开展调查研究和收入分析，拓宽调查思路和内容。在分析办法上，由简单的营业税收入进度、增减情况分析，拓宽到税收收入与宏观税负、增减弹性等情况分析相结合；由单一的企业情况分析，拓宽到一般性的宏观原因与深层次微观原因分析相结合。在分析内容上，一方面，着重对营业税税收收入增减变化趋势进行分析，重点监控收入下降或增幅与经济发展形势不符的行业，如交通运输业、邮政电信业、餐饮业、娱乐业等，通过对行业常规经营水平和平均收入规模分析，对比行业内重点企业数据变化情况，结合实际经营状况，深入分析税收下降或增幅不高的原因，及时准确地做好税源监控工作；另一方面，对营业税税收收入的整体组成结构进行分析，重点监控对营业税税收收入贡献率较高的行业，如房地产业、建筑安装业、金融业等，及时掌握和分析行业发展态势，对比各重点税源大户和大项目的纳税情况、经营状况，预测行业税收收入走势。

（四）前移税收管理环节，提高重点行业税收管理水平

1. 加强建筑行业营业税税收征管

——加强外地建筑业纳税人按照营业税纳税义务发生时间申报纳税的管理。避免由于工期长，工程款支付方式多、拖欠时间长，建设方不及时索取发票等原因，造成纳税人不按法定纳税义务发生时间申报缴纳营业税，纳税人机构所在地税务机关争抢我市税源的情况发生。

——进一步加强对本市建筑业纳税人按规定申报纳税的管理。施管站新代征系统上线后，各地税局可以通过津税系统获取完整的项目信息，项目登记中已增加对工程合同约定付款时间的信息采集功能，可以利用该信息与纳税申报信息进行比对，加强对本市建筑业纳税人按规定纳税申报的管理。

——加强对本市建筑业纳税人异地建安项目的申报管理，特别应关注具备一级和特级建筑资质的大型企业异地建设项目情况，对未按规定在工程所在地完税的，应及时催缴入库。

2. 加强金融业“委托贷款”业务营业税税收征管

营业税条例及细则修订，取消了对委托贷款业务扣缴义务的规定，去年，市局针对政策调整后可能出现的征管漏洞，制定了委贷业务信息传递工作办法。近日，已将2009年度委贷客户信息共2820条，下发所属地税局，其中已由金融机构代扣信息2197条，缴纳营业税3878万元；未代扣信息623条，应缴纳营业税435万元，其中我市企业信息537条，应缴纳营业税271万元；外地企业信息52条、个人信息34条，应缴纳营业税164万元。请各单位按照信息内容，认真核查税款入库情况，加强后续监督管理。

（五）落实税收优惠政策，提高纳税服务水平，构建和谐征纳关系

1. 进一步推动我市技术先进型服务业发展。2009年，第一批审核通过认定的技术先进型服务企业12户，请主管税务局严格按照文件规定，对上述企业的离岸外包业务进行减免税审批，促进我市科技企业技术创新和技术服务能力的提升。

2. 继续做好我市中小企业信用担保机构免征营业税的报审工作，加快企业发展速度。2009年，我市符合条件的5户担保机构已全部被国税总局纳入免征营业税范围，请主管税务局对纳入免税范围的担保机构加强后续监督管理。

3. 落实国家试点物流税收政策，进一步促进我市物流行业的发展。2009年，我市符合条件的6户物流企业已全部纳入国家试点范围，享受税收优惠政策，请各主管税务局注意甄选符合条件的物流企业，及时上报市局参与国家试点工作，促进我市现代物流业发展。

4. 继续做好我市2009年度劳服企业、服务型企业和商贸型企业年检工作。请各主管税务局严格审查减免税企业的生产经营范围、经营状况、减免税情况，既要确保符合条件的企业切实享受照顾，又要杜绝弄虚作假、骗取税收优惠。今年，再就业优惠政策再次延期一年，有关文件将于近期下发。

请各单位在执行中小企业信用担保机构、技术先进型服务企业、试点物流企业、扶持就业再就业等税收优惠政策时，既要积极落实国家优惠政策，扶持重点行业和人群，提高为纳

税人服务的意识和水平，让税收优惠政策落到实处；又要加强对享受优惠政策单位的管理，杜绝钻减免税空子的现象发生，采取定期或不定期抽查方式，对不符合减免条件的企业，要立即停止减免税，追缴税款，并及时上报市局。

（六）继续做好我市2010年税收调查工作

财政部、国税总局2010年税收调查工作布置会议后，市局将结合会议要求，详细布置我市今年调查工作，为确保我市调查工作在保证以往工作成绩的基础上完成得更好，请各单位做好以下工作：

一是，全面推广使用税收调查网上直报系统，做好2010年全国税收调查工作，以提高调查工作效率和数据质量，减轻税务调查人员和纳税人负担。

二是，4月中下旬，按照全市税收调查工作要求，请各单位做好宣传和培训工作，遇到问题要及时与市局调查工作负责同志沟通，确保调查工作顺利完成。

三是，积极利用调查获取的税收数据、经济指标及财务信息，结合税源管理情况和工作需要，加大税收课题研究力度，运用数据资料，分析解决问题，充分挖掘调查数据价值潜力，提高数据应用效率。

这次会议，是在面临新的经济形势和税收任务下召开的一次重要会议。希望同志们在市局党组的正确领导下，深入贯彻落实科学发展观，按照市委“解难题、促转变、上水平”的总体工作要求，认清形势，开拓进取，扎实苦干，全面做好今年各项工作，为促进全市经济又好又快发展做出更大的贡献。

围绕中心工作 发挥积极作用 实现政府采购工作新的跨越

——在全市财政系统政府采购工作会议上的讲话

（2010 年 3 月 25 日）

天津市财政局（天津市地方税务局）副巡视员 王世弟

同志们：

这次会议的主要任务是，贯彻市委九届七次全会和全市财政工作会议精神，总结去年政府采购工作，落实今年的工作任务和要求。下面，我讲三个问题：

一、2009 年政府采购工作简要回顾

2009 年是深入学习贯彻落实科学发展观，积极落实市委、市政府提出的“保增长、渡难关、上水平”工作要求，应对世界金融危机挑战，实现我市政府采购工作新突破的关键一年。在市局党组的正确领导下，在纪检监察、审计等部门的支持配合下，经过各级财政部门、采购代理机构的共同努力，我们较好地完成了全年确定的各项工作任务，在完善制度建设，扩大采购规模，发挥政策作用，提高采购效率，强化采购监督，规范采购行为等方面迈上了新的台阶。2009 年全市实施政府采购预算 130.3 亿元，完成实际采购支出 116.5 亿元，节约资金 13.8 亿元，节约率 11%。与上年相比，采购预算和实际采购额分别增长 40% 和 48%。

回顾 2009 年的政府采购工作，呈现以下主要特点：

（一）进一步完善了制度建设

一是积极贯彻落实国务院办公厅《关于进一步加强政府采购管理工作的意见》。我们在广泛征求各方面意见的基础上，联合市监察局、审计局研究制定了《关于进一步加强我市政府采购管理工作意见的通知》，并上报市政府批转执行。二是努力推进政府采购诚信体系建设。印发了《关于加强天津市政府采购供应商诚信管理工作有关事项的通知》和《关于加强天津市政府采购采购人行为规范管理工作有关事项的通知》，明确了供应商和采购人在

采购活动中不诚信、不规范行为的认定标准，对不诚信供应商实行了等级评标扣分制度，以及采购人行为规范通报制度。去年，对3家违规供应商进行了书面告诫，对4家违规供应商给予了网上公告，对1家预算单位给予了通报批评，有效地遏制了不诚信、不规范行为的发生。三是进一步强化政府采购运行环节的监督管理。先后印发了《关于规范政府采购供应商资格审查管理事项的通知》、《关于加强我市政府采购当事人在评审现场监督管理工作的通知》等文件，对供应商资格审查内容和要求、对评审现场各方职责、以及监督内容等做出详细规定，从而保障了采购环节的规范和有序。目前我市政府采购事前、事中、事后全过程监督的制度体系已经建立。

（二）进一步拓展了政府采购范围

一是积极探索将工程类采购项目纳入政府采购管理新模式。在全国率先对财政性资金投资工程采购项目实施“双资质”管理，即同时具备工程建设招标资质和政府采购代理资质的机构，才能够负责组织实施政府集中采购目录以外的政府采购工程项目招投标活动，由此将工程采购项目纳入政府采购监督管理范围中来，以实现《政府采购法》与《招标投标法》的有效衔接。2009年，全市完成工程类项目采购61.1亿元，比上年增长70%，成为拉动我市政府采购规模增长的重要因素。同时，新的监管模式促进了我市社会代理机构的迅速发展，取得“双资质”的代理机构由原来的5家增加到目前的20家，有效地发挥了社会代理机构的优势。二是优化集中采购品目结构，发挥集中采购作用。2009年政府集中采购目录新增了中小学免费教科书、防雷设备、装修和修缮工程设计监理等5大类9个品目，使集中采购目录范围进一步扩大。全年完成集中采购67.7亿元，占全市实际采购总额的58%，集中采购主导作用得到进一步发挥。三是将涉及国家政策性产品、民生项目纳入政府采购范围。除了从一般意义上不断增加采购品目种类、拓宽采购范围外，我们还将促进科学发展和关系群众利益的农用物资、自主创新及节能环保产品等纳入了政府采购范围，体现了政府采购服务经济社会发展、实现经济效益与社会效益并重的原则。

（三）进一步发挥了政策功能作用

一是将节能环保产品的采购政策落在实处。在全国率先对节水、照明产品和部分环保建材产品以资格审查方式进行招标采购，确定了定点供应商，明确了入围产品的品牌、型号及最高限价。要求采购人采购相关产品必须在入围供应商之内进行采购。去年，全市共采购节能、节水产品2.1亿元，占同类产品采购总额的83%；采购环保产品2.5亿元，占同类产品采购总额的77%。二是认真做好进口产品审核工作。在贯彻落实财政部政府采购进口产品管理办法的同时，根据我市情况，加强了进口产品采购审核管理，全年完成进口产品审核155项，涉及金额7.2亿元。三是积极支持企业自主创新。我们配合市科委等部门认定了我市首批自主创新产品，并依据相关规定对自主创新产品在政府采购活动中给予不同程度的鼓励和加分。同时，对取得国家专利认证或获得国家、地区科技奖项的企业产品，试行了给予不同等级的价外加分。

（四）进一步强化了政府采购合同监管

一是引入第三方监督机制进行事前监督，把好政府采购合同签订关。为了防止采购人与供应商擅自变更采购内容，在合同签订环节，我们要求采购代理机构组织采购人和供应商，按照采购文件确定的采购事项签订政府采购合同并实施监督。一些有条件的区县还引入了第三方监督机制，委托公证部门对双方当事人的主体资格、合同内容和招投标文件的一致性等进行公证。二是下力量做好合同验收工作，对合同履行进行事中监督。针对个别供应商在付货时存在降低标准、以次充好等现象，我们在要求采购人做好验收工作的基础上，还做出规定，要求对300万元以上的采购项目，必须由采购代理机构组织验收。同时，市采购中心还创新验收机制，邀请落标供应商参与到验收工作中来，严格合同执行。据统计，2009年市采购中心共组织合同验收248项，发现并纠正问题项目42项，占16.9%，充分说明了加强合同验收工作的重要性。三是开展合同执行情况专项检查，加强事后监督管理。去年，市财政部门联合市监察局、审计局开展了政府采购合同执行情况专项检查。在对市教委、市卫生局等25家市级预算单位及其所属30家单位的重点检查中，共查出存在问题项目金额2131万元。

（五）进一步规范了评审专家行为

一是完善制约机制，强化监督管理。我们印发了《关于加强我市政府采购当事人在评审现场监督管理工作的通知》，赋予监督员12项权利，建立了《政府采购评审现场监督报告》制度，要求监督员填写《政府采购评审现场监督报告》，书面记录并报告评审现场的不规范行为。去年，我们依据相关规定取消了3名评审专家的资格。二是细化评分要求，规范评标行为。我们通过采取细化评分因素、评分标准、以及量化评审内容等一系列措施，努力减少评审专家的自由裁量权。三是积极开展政府采购评审专家、监督员考核评比工作，建立激励机制。通过推荐、选拔和网上公示，对政策水平和专业能力较高、表现突出的20名评审专家和10名监督员予以了表彰。

（六）进一步加大了对代理机构的考核、检查力度

一是在对市级集采机构开展考核的同时，我们首次开展了区县集中采购机构考核工作。要求设立集中采购机构的区县财政部门，联合区纪检、审计部门，采取自查和重点检查相结合的形式，对区级集采机构进行考核，并召开了专题汇报会，听取区级集采机构考核情况。二是认真开展社会代理机构检查工作。我们联合市监察局、审计局对3家社会代理机构开展了政府采购代理工作情况的检查。对经检查存在问题的社会代理机构提出了书面整改意见。

（七）进一步提高了服务质量

一是建立应急采购机制，保障紧急采购项目高效完成。去年，为保证我市甲流防控工作顺利实施，我们本着特事特办的原则，积极与采购人协调配合，优先保障防控专用物资的采购，将至少需要10多天的采购周期缩短到3～5天内完成。并由市采中心全程参与防控专用物资的合同验收，保证防控物资及时到位和产品质量，去年全市甲流防控采购实现2.1亿元。二是实行协议供货和定点采购供应商动态管理，最大限度满足采购人的采购需求。去年通过协议供货和定点采购金额达到3.85亿元。三是开展服务企业培训活动，扩大供应商参与度。为落实市委、市政府“保增长、渡难关、上水平”工作要求，我们联合市国资委、市经济和信息化委等单位举办了“政府采购服务企业”免费培训活动，对210家企业的240

余人宣传政府采购法相关政策，讲解投标程序和投标技巧，帮助企业提高投标竞争力。截至去年底，在我市采购中心注册的供应商数量与上年相比增长6.2%。此外，据统计，去年全市各级财政部门还组织采购人、代理机构等相关培训25余次，参加培训人数近1500人。

（八）进一步发展了区县政府采购工作

过去的一年，区县政府采购工作也取得长足发展。一是采购规模继续保持较快增长。去年，区县实施政府采购预算62.2亿元，完成实际采购支出55.4亿元，均占全市总规模的48%，节约资金6.8亿元，节约率11%。与上年相比，采购预算和实际采购支出分别增长11%和18%。特别是实际采购支出超亿元的区县达到7个，与上一年相比增加了1个。其中，塘沽区达到20.8亿元，武清区达到12.4亿元，保税区达到11.27亿元，开发区达到2.48亿元，和平区达到2.3亿元，东丽区达到2亿元，高新区达到1.4亿元。二是“管采分离”体制建设取得新进展。截至去年底，已有和平、河东、河西、河北、红桥、塘沽、西青、武清、宝坻、开发和保税区以及静海、宁河、蓟县等14个区县设立了政府采购管理机构和集采中心。三是加强了制度建设。和平、河东、河北、西青、武清、宝坻、塘沽、静海、开发、高新区等区县结合自身情况，围绕采购资金管理、采购操作规程、采购计划管理等方面制定了相关制度规定，促进了工作的开展。四是政策功能作用得到发挥。塘沽、河北、东丽、武清、开发区等区县通过在招标文件中细化评分因素等措施积极落实政府采购支持自主创新、节能环保和进口产品管理的相关政策。五是工程采购管理工作得到加强和拓展。武清区对工程项目实行了由区采购中心和区建委工程招标代理公司联合组织招标。塘沽区将工程采购纳入财政统一管理，不仅实现了对工程预算和计划的管理，还实现了工程资金的国库集中支付。他们的做法促进了《政府采购法》和《招投标法》的有效结合，实现了对工程项目的规范化管理，值得各区县借鉴。六是基础工作得到进一步加强。河西、河北、东丽、西青、塘沽、开发等区县在规范采购操作程序、加强采购项目评审监管、做好采购业务培训、加强自身队伍建设等方面做了大量卓有成效的工作，区县政府采购工作整体水平有了较大提高。

回顾过去的一年，全市各级财政部门、采购代理机构付出了辛勤的努力，取得了可喜的成绩，成绩来之不易，这是各级财政局党组正确领导的结果，是各部门、各单位对政府采购工作支持的结果。在此，我代表市财政局向全市政府采购系统的同志们表示敬意！向关心和支持政府采购工作的各级领导和同志们表示感谢！

在看到成绩的同时，我们也要清醒地看到当前政府采购工作还存在一些亟待解决的问题，主要表现在：政府采购服务于经济社会发展的力度还不大，政策功能作用还有待于进一步发挥；区县政府采购工作发展还不均衡，有的区县“管采分离”工作还不够彻底；现行制度的执行力不够，相关政策落实不到位；政府采购标准化建设相对滞后，采购效率和效益有待进一步提高等等。我们一定要高度重视这些问题，采取切实可行的措施，努力加以解决。

二、2010年我市政府采购工作的把握重点

前不久召开的全市财政工作会议，深入分析了当前的财政经济形势和财政工作所面临的

困难和有利条件，提出了财政工作要认真贯彻落实市委、市政府的工作部署，把调结构、促转变、增实力、上水平作为着力点，贯彻实施积极的财政政策，充分发挥财税职能作用，全面推进财政科学化精细化管理，大力支持滨海新区开发开放，推进经济发展方式转变和经济结构调整，推动改革开放和自主创新，努力促进天津科学发展、和谐发展、率先发展。政府采购工作是财政工作的重要组成部分，发挥职能作用，服务天津经济社会发展，是我们的重要职责。我们要充分认识推进政府采购制度改革发展的重要性和迫切性，紧密围绕财政中心工作，实现我市政府采购工作新的跨越。2010 年全市政府采购工作的总体要求是：以邓小平理论和“三个代表”重要思想为指导，以科学发展观为统领，深入贯彻市委九届七次全会和全市财政工作会议精神，坚持四个围绕（即围绕服务经济社会发展、围绕服务财政改革与发展、围绕促进廉政建设、围绕强基建制），不断深化和加强政府采购工作。深入贯彻落实国务院办公厅《关于进一步加强政府采购管理工作的意见》精神，着力发挥政府采购政策功能作用，着力提高区县政府采购工作整体水平，着力提高法规制度执行力，着力提高服务质量和工作能力，着力提高政府采购效率和效益。

按照上述指导思想，市局已印发了今年的政府采购工作要点，切实做好今年的工作，要重点把握好以下方面：

（一）要把发挥好政策功能作用，促进经济社会发展，作为实现政府采购新跨越的落脚点

发挥政府采购政策功能作用，支持自主创新、促进节能环保和中小企业发展是政府采购落实国家宏观经济政策、服务经济社会发展的重要举措。党中央、国务院明确提出将“自主创新”作为国家发展战略，并出台了政府采购支持自主创新的相关政策。国务院于去年 9 月发布了《进一步促进中小企业发展的若干意见》，提出要制定政府采购扶持中小企业发展的具体办法，提高采购中小企业货物、工程和服务的比例。按照国家发展战略和政策目标要求，我们要充分发挥政府采购政策功能作用，紧密围绕财政中心工作，采取强制、优先、鼓励、限制等采购措施手段，支持自主创新、节能环保和中小企业的发展，努力为经济社会发展服务。

一是要落实《自主创新政府采购预算管理办法》，推行自主创新产品政府采购预算制度，从预算安排、预算追加和预算执行方面对自主创新产品给与支持。二是研究制定政府采购首购订购的具体措施，提出我市政府采购自主创新产品目录。对纳入自主创新和节能环保清单产品，推行首购订购制度，积极促进自主创新、节能环保产品的市场推广应用。三是加大政策实施执行的监督力度，针对在采购文件制定环节落实相关政策的情况，开展必要的专项监督检查，确保相关政策落实到位。四是要研究制定政府采购支持中小企业的具体措施。今年，我们确定了政府采购支持中小企业发展方面的调研课题，希望各单位积极参与、认真研究、搞出成果，为制定政策打好基础。五是加强宣传培训工作，提高各方当事人对政府采购政策功能重要性的认识，营造有利于政策落实的良好环境，促进产业结构调整，推进企业技术进步。

（二）要把完善“管采分离”体制建设，整体推进区县政府采购工作，作为实现全市政府采购新发展的着力点

建立“管采分离、职能分设、政事分开”的政府采购监督管理体制，是实现政府采购规范管理、强化监督的前提和保证。但是，目前还有3个区县没有实现“管采分离”，有5个区县还没有建立政府采购管理机构。这种状况不解决，将制约区县政府采购的进一步发展和影响全市政府采购工作的整体水平，不能适应经济社会发展对政府采购工作的需求。为此，我们要加快“管采分离”的步伐，实现“管采分离”的目标。

一是要根据《关于进一步加强我市政府采购管理工作的意见》要求，积极推进政府采购管理机构的建立。去年我讲过，一个区县没有代理机构可以，但没有管理部门不行，因为管理职能是不能替代的。我们大家都已经看到，政府采购工作开展比较好的区县，与他们拥有健全的机构分不开。政府采购的专业化，需要我们的管理部门专职化。二是要下力量解决区县集采机构人员少、委托代理行为不规范等问题。有条件的区县可以设立集采机构，但其内部机构设置、人员素质和数量、工作程序和监督等要统一规范。同时，各级财政部门要加大监管力度，对采购人或集采机构违反规定将集中采购项目委托给社会代理机构或与社会代理机构联名组织实施采购的行为要予以纠正。三是积极落实“预算单位要固定政府采购专门人员”的要求，并保证各级预算单位从事政府采购工作人员的相对稳定。在预算单位中要积极推行政府采购联络员制度，建立起“专人专管、职责固定”的管理机制。

（三）要把提高政府采购法规制度及相关政策的执行力，作为实现全市政府采购工作上水平的新要求

几年来，全市各级财政部门不断加强政府采购法规制度建设，陆续出台了一系列政府采购制度规章，对促进我市政府采购工作规范发展起到了积极的作用。今年，市财政部门还将根据我市政府采购工作发展需要，认真贯彻落实《关于进一步加强我市政府采购管理工作的意见》要求，进一步加强制度建设。研究制定政府采购支持中小企业的办法、以及财政性资金建设项目政府采购管理程序等制度规定。可以说我市政府采购制度体系建设日趋完善。因此把已有的制度规定学习好、贯彻好、执行好是摆在我们面前的迫切任务。当前特别是在落实“管采分离”机构和体制建设方面，在节水、照明和部分环保建材定点采购、促进自主创新产品市场推广、履行进口产品审批，以及扶持中小企业发展等涉及政府采购政策功能作用的制度、规定的执行方面，狠抓落实，取得实效。

一是各级财政部门要从实施有效监管入手，认真查找制度建设和贯彻落实中存在的缺失，按照依法行政的要求，切实把政府采购制度建设和执行工作落实好。二是采购代理机构要从实现规范化操作入手，查找在采购代理过程中，贯彻落实制度规定存在的薄弱环节，切实把现有的制度规定贯彻好。三是要加强宣传和监督检查，提高采购人执行政府采购制度的自觉性和强制性，特别是要通过加强监督检查，保证各项规章制度的贯彻和执行。

（四）要把加强政府采购标准化建设，不断提高政府采购效率和效益，作为实现政府采购工作又好又快发展的新举措

随着政府采购制度改革的不断深化，标准化建设和提高采购效率显得尤为重要。标准化建设搞上去了，才能更好地体现政府采购的规范性和效率，我们的工作才能再上新水平。

搞好标准化建设需要解决的主要问题：一是采购程序的规范化。要按照政府采购法规制度和精细化管理要求，科学、合理制定政府采购操作程序，增强采购程序的可操作性，实现程序间的有效衔接，在合规前提下，尽量缩短采购周期。二是采购文档的统一化。要在全市

范围内对采购活动涉及的招标文件、采购公告、评标报告、采购合同、验收报告等内容和格式进行统一要求，实现政府采购文档管理的统一化。三是评审方法和相关指标的标准化。要根据政府采购法规制度规定，统一不同采购方式的评审方法，研究制定评分标准设置的指导性意见，细化评分内容和标准，规范评审细则和要求，保证评审过程的规范性和评审结果的公平与公正。

在加强标准化建设的同时，要坚持效率与效益相结合的原则。一是适当扩大政府采购协议供货和定点采购范围。今年我们对部分医疗器械产品和小规模室内装修项目试行了协议供货或定点采购，建立了政府采购家具、印刷等定点采购供应商等级制度，目的就是不断提高采购效率，满足采购人紧急性和多样性的采购需求。二是推进政府采购信息化建设。要本着先易后难、以点带面、逐步推进的原则进行规划建设，逐步完成系统初期的开发调试工作，先期完成采购计划、采购方式审批、进口产品审批、评审专家和监督员管理、代理机构资格认定和信息公告等管理功能。

三、做好 2010 年政府采购工作的几点要求

今年我市政府采购工作任务十分繁重，完成好全年的工作，要做到以下几个方面：

（一）要统一思想认识，切实加强领导

全市各级财政部门要充分认识推进政府采购制度改革的重要性，切实加强政府采购工作的组织领导，要将政府采购工作纳入财政整体工作统筹考虑，将工作任务落实到年度工作计划中去。协调好各方面的关系，做到工作安排有序，工作责任明确，工作落实有结果，在改革的深度和广度上抓出实效。

（二）要密切联系实际，加强调查研究，掌握新情况，解决新问题

随着政府采购制度改革的深入，以及社会各方面的关注，一些新情况会出现，一些新问题会提出。如何适应新情况，解决新问题，是对我们创新意识的检验和解决问题能力的考验。因此我们只有深入开展调查研究，才能掌握第一手资料，才能根据这些资料进行深入的分析，得出结论，提出解决的办法和措施。各级财政部门要密切联系自身的实际，查找制约本地区政府采购发展的主要问题，提出解决问题的措施。这次会议，我们与以往有个很大的变化，就是要求各单位在会上交流各自查找的问题，提出改进的措施。

（三）要增强服务理念，不断改进工作作风

我们要增强政府采购工作的责任感和使命感，强化服务理念和手段，不断改进工作作风和工作方法，促进全市政府采购工作科学发展、和谐发展。一是要进一步改进工作作风，加强和政府采购当事人的沟通与协调，多听取意见和建议，出实招，解难题，努力做好服务。二是要进一步改进工作方法，完善工作交流机制，畅通信息反馈渠道，营造和谐的政府采购工作氛围。三是要进一步提高工作效率。建立和完善应急采购机制。研究制定应急采购绿色通道的范围、方式和办法，提升服务的质量和效果。四是要进一步做好宣传和指导工作。多渠道、多角度、多形式宣传政府采购法律法规及工作动态，让政府采购深入人心，提高管理

工作水平。

（四）要加强学习培训，提高队伍素质

面对新的形势和任务，我们要切实加强队伍建设，不断提高专业技能和工作水平。各级财政部门和采购代理机构要认真学习和精通相关法规和制度规定，熟练掌握操作程序和方法，钻研采购项目的专业知识，了解相关要求。要有计划、有针对性地开展政府采购从业人员的培训工作，用新思想、新理论、新知识武装自己，全面提高队伍自身素质，不断提高我市政府采购队伍整体水平，以适应改革和发展的需要。今年我们要研究制定政府采购代理机构优秀项目人评选办法，建立项目人激励机制。

同志们，我市政府采购工作已经发展到一个新阶段，机遇和挑战并存，使命光荣，任务艰巨。希望大家保持清醒的头脑，坚定信心，知难而进，创新思路和方法，真抓实干，团结拼搏，积极落实和完成全年的工作任务和要求，努力实现我市政府采购工作新的跨越。

在财政地税系统办公室工作会议上的讲话

（2010 年 11 月 4 日）

天津市财政局（天津市地方税务局）副巡视员　王世弟

同志们：

这次办公室工作会议是一次重要会议，对做好新形势下的办公室工作，很有意义，也十分必要。会上，金强同志代表市局办公室作了工作报告，部分基层单位办公室进行了典型经验介绍，对相关专项工作的先进单位进行了表彰，我感觉会议内容非常充实。下面，我再讲三点意见。

一、充分肯定办公室工作取得的成绩

近年来，各级办公室紧紧围绕财税中心工作，不断创新工作思路，完善服务手段，充分发挥好“中心枢纽、参谋助手、桥梁窗口”的职能作用，各项工作取得了新的进展。概括起来，有四个特点。

一是，日常工作运转规范有序。办公室作为机关的枢纽部门，在保证运转、协调沟通、提供服务等方面发挥着重要作用。这两年来，各级办公室从加强制度建设入手，进一步完善了机关工作规则、运转程序、内部管理、窗口服务、后勤保障等一系列工作制度，为机关各项工作正常运行提供了制度保障。在此基础上，进一步加强流程控制，注重工作环节的紧密衔接，在办文、办会、办事等工作中努力做到程序严谨、运转有序、督办有力，机关工作效率得到不断提高。比如，在公文运转环节，依托现代化的“公文处理系统”，加强了公文的分办、督办、审核等环节的管理，文件办理的效率和质量都有了显著提高。市局平均每年收发党政文件 1.6 万余份，基本实现了无差错运转。

二是，参谋助手作用得到有效发挥。各级办公室紧紧围绕财税中心工作，积极组织开展财税重点工作的调查研究，并在不断总结提炼规律性、针对性素材的基础上，撰写了很多高质量综合文稿、调研报告和财税信息，为解决一些实际工作中的具体问题、难点问题提供了帮助。同时，注重培养锻炼干部的业务素质和写作能力，能够较好地把握重点调研课题和领导关注的财经信息，为各级领导及时了解情况、科学决策部署提供了参考。近两年来，财税系统共撰写调研报告 142 篇，采编上报财税信息 450 篇，有 331 篇被市委、市政府、财政部、国税总局等上级部门采用，采用率达 73.6%。

三是，协调督查能力不断增强。财税工作涉及面广、政策性强，新事大事急事比较多，各级办公室积极发挥综合协调作用，主动承上启下、沟通左右、联系内外，当好机关工作运转的“润滑剂”，保证了机关工作畅通有序运行。同时，加强督查督办工作，建立了重大紧急事项随时报告和办理公文、督办事项定期通报等制度办法，积极做好决策督查、专项督查、立项督查和其他督查事项，努力做到事事有回音、件件有结果。比如，市局每年在办理人大代表、政协委员的建议提案工作中，通过加强与承办处室的事前沟通、加强办理过程中的督促检查、加强文字审核和时效督办，保证了建议提案及时高效办结。近年来，我局建议提案办理工作的代表满意率始终保持在100%。

四是，综合保障服务水平进一步提高。机关办公室事务性工作多、联系面比较广，需要有比较强的应对能力。这两年来，办公室在所承担的安全保卫、信访接待、承办会议、网络维护以及基层单位的财务管理等综合性服务工作中，做了大量的工作，也取得了比较明显的成效。比如，在信访接待工作中，办公室的工作人员针对不同的信访对象，坚持原则性与灵活性相结合，有效了化解了一些矛盾，维护了和谐稳定。

总的来看，各级办公室的工作是值得肯定的，也是很有成效的。这与大家多年来的默默奉献和辛勤工作密不可分，希望大家再接再厉，力争使办公室工作再上一个新台阶。

二、充分认识新形势下做好办公室工作的重要性

办公室作为机关综合职能部门，承担着为领导服务、为机关服务、为基层服务的重要职责，是领导决策的“外脑”和“触角”，也是机关运转的枢纽和各项政策落实的“监督员”、应急管理的“消防员”。同时，区县局办公室还承担着单位后勤保障职能，是确保机关正常运转的“大管家”，任务艰巨，责任重大。因此，要切实发挥好办公室的职能作用，就必须充分认识和准确把握财税形势任务和工作重心，着力在发挥参谋助手作用、增强机关保障能力、提高办事效率上下功夫，努力为全面完成财税中心工作提供坚强保障。

（一）充分认识当前财政经济的新形势

从全市经济发展情况看，今年前三季度，我市国民经济快速增长，运行质量效益明显提升，几个重要的经济指标增幅位居全国前列，特别是三区联动、快速发展的势头非常强劲，已经成为带动经济增长的有力推手。比如，滨海新区的船舶制造基地、80万辆长城汽车项目、直升飞机研发制造总部、北疆电厂循环经济项目、1300万吨与俄罗斯合资的大炼油项目、于家堡金融商务区等，聚集了一大批高端化、高质化、高新化的产业项目，辐射带动作用越来越明显，发展空间非常广阔。中心城区大力发展现代服务业和楼宇经济，建设改造了一批繁华街区、都市工业园区和特色街区，培育了一批税收“亿元楼”，服务业的比重已经达到81%。各郊区县加快示范工业园区、农业产业园区建设，为重大项目搭建了建设载体，积聚了发展后劲。这种三区联动、快速发展的强劲势头，为天津又好又快发展提供了不竭动力，也为财政增收奠定了坚实的基础。但同时，当前经济发展的一些矛盾问题。比如，国际贸易保护主义和人民币升值，将对外贸出口企业产生很大影响；国家连续出台的房地产市场调控政策，使房产、土地的交易量和交易额明显下降，特别是10月20日央行提高了存贷款利率，将会使房地产行业雪上加霜，相应地对财政收入增长产生较大影响。这些情况，都与

财税工作密切相关，需要及时予以关注。

（二）充分认识财税工作面临的新任务

今年前三季度，我市地方财政收入完成 761.8 亿元，增长 33.1%。预计全年地方收入要超过 1000 亿元，增收数额要超过 200 亿元，原口径的财政收入要超过 400 亿元。应该说今年的财政形势还是比较好的。但与市领导的要求相比，与外省市的发展势头相比，我们还面临着比较大的压力和挑战。一是，受去年收入由降转升、基数前低后高的影响，以及国家加强投资、房地产市场等宏观调控，财政收入高速增长的势头会有所放缓，需要进一步挖掘潜力增加收入。二是，高丽书记在读书会上多次强调，天津和滨海新区发展势头很好，因而受各方面的瞩目，现在是前有标兵、后有追兵，当前特别要注意研究观察重庆、深圳、广州、苏州等城市的经济总量和财政收入发展状况，缩小与先进城市的距离，扩大与后进城市的距离。从上述地区地方财政收入情况看，今年 1 至 9 月份，深圳市地方收入 808.7 亿元，增长 18.4%，比我市多 47 亿元；苏州 668 亿元，增长 21.8%，比我市少 94 亿元；重庆 654 亿元，增长 48.5%，比我市少 107.7 亿元。但是重庆市今年以来收入增幅始终保持在 50% 左右，大有赶超天津的态势。因此，我们必须进一步增强危机感和紧迫感，在财政收入增幅上要与高速增长的经济指标相匹配。三是，在财税管理上还有很多文章要做。比如，在税收管理上，对一些大型超市、批发市场、餐饮娱乐等服务行业，以及电子商务、电视直销等新兴业态还缺乏有效的征管手段，对高收入群体的个人所得税征管还有很大潜力等。在财政管理上，主要是支出管理还比较粗放，财政资金分配比较分散，资金使用效率不高，科学化、精细化管理手段还需要进一步完善等。这些矛盾和问题，有些是经济发展层面的，也有些是财税管理层面的，都需要我们深入开展调查研究，及时全面地掌握各种情况，积极探索寻求一些规律性、长效性的解决方法，确保高水平地完成好财税任务。

（三）充分认识新形势下做好办公室工作的着力点

财税工作面临的新形势、新任务，对进一步做好办公室工作提出了更高的要求。各级办公室要主动适应形势的发展变化，用心把握工作的着力点，为领导决策和机关运转多出新招法、多做新贡献。一是，突出三个重点。以财税中心工作为重点，围绕着开展政策调研、收集信息资料、反映工作动态、撰写综合文稿等工作，积极为领导出谋划策、谏言献论，变事务性服务为参谋性服务，努力发挥好参谋助手作用。以保障机关正常运转为重点，围绕着办文办会、安全保卫、信访接待、后勤保障等工作，积极培养严谨细致的作风，切实做到规范精细、不出纰漏，努力发挥好中心枢纽作用。以优化服务提高效率为重点，围绕着新闻宣传、信息公开、提案建议等工作，积极为社会公众提供优质高效的服务，努力发挥好桥梁窗口作用。二是，把握四个环节。要把握好政策调研环节，积极组织相关部门就财税运行情况、重大财税政策、管理工作机制等领导关注的问题开展调查研究，做到贴近实际、注重实效。要把握好公文运转环节，从完善公文制度、规范运转程序、提高办文质量入手，进一步加强公文管理，努力做到拟办准确、传递迅速、审核严谨、催办到位、反馈及时。要把握好督查督办环节，完善落实情况督查、公文处理督办的工作机制，保证各项工作落实到位。要把握好协调服务环节，加强对内、对外的沟通协调，准确把握和正确处理好各方面的关系，在优化服务中促进机关和谐稳定。三是，增强五个能力。要增强创新服务的能力，在做好一般性、事务性服务的基础上，积极更新服务理念，完善服务手段，锻炼服务本领，努力提供高标准的服务。要增强把握大局的能力，密切关注财政经济的热点问题，财税工作的重点问题，群众反映的难点问题，着力增强大局意识、全局观念和统筹规划的能力，找准工作着力点和平衡点，主动站在全局的角度出主意、办事情。要增强沟通协调的能力，按照全局工作的轻重缓急，统筹协调，加强合作，同时还要讲求沟通协调艺术，不断提高协调的能力。要增强快速反应的能力，主动适应当前我市经济社会快速发展形势和工作节奏不断加快的客观环境，积极培养快速敏捷的效率意识和雷厉风行的工作作风，努力做到又好又快。要增强善于学习的能力，针对办公室工作的特点，多层次、多角度地摄取新知识，努力将“有什么用什么”变为“用什么有什么”，不断提高综合素质和服务本领。

三、围绕中心，突出重点，不断提高办公室工作水平

关于办公室下一步的重点工作，市局办公室已经做了全面部署，关键在于抓好落实。下面，我再强调四个问题。

（一）积极做好调查研究和信息宣传工作

组织开展调查研究，广泛收集整理信息，是领导了解情况、科学决策、解决问题的重要参考，也是办公室发挥好参谋助手作用的重要工作。当前，市委、市政府领导同志对财税工作十分关注，财税改革发展的任务也非常艰巨，特别是一些体制机制矛盾和管理上的薄弱环节，需要结合实际深入开展调研，及时掌握第一手情况，积极探索行之有效的方法途径，力求在一些突出问题、难点问题上有所突破。这些年来，市局领导和相关处室每年都要安排调研课题，就一些重点、热点、难点问题开展调研，并且提出了很多解决问题的思路办法，取得了很好的效果。比如今年市局组织了105项调研课题，包括市局领导牵头的课题26项，内容涉及到财源建设、增收节支、财税政策、管理服务等方方面面，有些还是市委、市政府的重要调研课题，市局相关处室和基层单位都参与了调研。作为办公室要注重做好组织协调工作，选准调研题目，制定调研计划，落实责任单位，对一些重点调研课题要协调好相关部门共同完成，办公室也要派人参与。要注重督办落实，及时关注调研的进展情况，督促责任部门在规定时限内提交调研成果。要注重取得实效，加强对调研成果的分析应用，将一些实际工作中行之有效的做法上升为制度办法，转化为长效机制，使调研工作取得实实在在的效果。

同时，要做好财税信息宣传工作，不断提高信息报送的质量效果。对于财税重点工作，既要报动态，也要报分析；既要报成绩，也要报问题；既要报经验，也要报建议，让领导全面掌握各项重点工作进展情况。要加强对信息的分析、研究、预测和判断，分专题对信息进行归纳、整理，拓展报送信息的深度，特别是要注意反映趋势性、苗头性的信息，努力做到全面、及时、准确、规范。要加大财税宣传工作，充分利用报纸、电视、网络等重要载体，及时宣传财税政策和工作动态，特别是“12366”纳税服务系统上线运行后，要发挥好税收宣传、政策解答、纳税服务等窗口作用，不断提升财税管理服务水平。

（二）切实做好督查督办工作

加强督查督办工作，是推动工作落实的重要手段，也是提高工作效率、保证政令畅通的

有效途径。各级办公室要围绕决策抓督查，围绕时限抓督办，积极协助领导抓好各项工作的落实。一是要会督查。有些部门对领导的工作部署理解不深、领会不透，落实起来就不得要领，做的工作往往事倍功半，甚至南辕北辙。这就要求办公室对领导的决策部署要摸清吃透，只有准确掌握了决策精神和工作重点，督查起来才比较得心应手。同时，也可以对出现偏差的问题及时协调纠正，把工作落到实处。二是要多沟通。在实际工作中，有个别部门对处理一些难点问题、复杂问题往往缺少招法，容易出现推诿扯皮现象，工作落实起来比较被动。这就需要办公室加强与相关部门的沟通，及时掌握督查事项的进展情况，对一些复杂问题可以由办公室牵头开个协调会，多渠道出主意、想办法，保证各项工作及时有效落实。三是要讲效率。办文办事都要明确限办时限，快办文、办好文。要充分依托财税公文处理系统具有的自动提醒功能，督促各部门提高办文效率。在此基础上，还要建立督查督办定期通报制度，增强效率意识，保证各类文件及时高效办结。四是要勤反馈。建立定期反馈制度，对领导交办工作的落实情况要加强跟踪，定期向领导报告；对在督查中发现的新情况、新问题，要随时向领导反馈，使领导及时掌握工作进展情况。

（三）认真做好综合性服务工作

服务窗口是“社情民意的晴雨表”，也是财税工作质量的综合体现。办公室作为一个单位的“窗口”部门，担负着对内对外综合服务的职能，需要以高度的责任意识和严谨的工作态度做好各项工作。一是做好建议提案的办理工作，努力为代表委员提供好服务。市局每年接到人大代表、政协委员的建议提案平均都在160件左右，在市政府组成部门中办理数量排在前几位，而且涉及财税的建议提案一般都事关地区、部门和群众的利益，工作量大、时效性强、社会关注程度比较高，代表委员非常重视。办公室要积极会同承办处室为代表委员提供高质量的服务。比如，在阐述财税政策上要说清说透、针对性强，不能含糊其辞、所答非所问；在答复文字上要简练准确、条理清楚，既要避免三言两语、敷衍了事，又要避免文字冗长、逻辑混乱；在与代表委员沟通上，要坚持“三走访”制度，切实让代表委员满意。同时，还要坚持“举一反三”，通过建议提案办理工作充分了解现行财税政策执行的效果，针对有关问题及时调整完善政策规定，不断提高财税工作水平。二是加强财税服务窗口建设，努力为社会公众和纳税人提供优质服务。要加强12366纳税服务系统、办税服务厅、财税门户网站等相关载体建设，特别是要不断提升“软件”的服务质量。比如，12366系统作为提供纳税服务的载体和平台，就要从纳税人的需求出发，既要为纳税人提供涉税事项办理、政策咨询、税收执法等程序性、权益性的需求服务，也应当根据纳税人不同的需求层次，积极创造条件满足纳税人的个性化需求，努力为纳税人创造良好的税收环境。另外，还要做好信访接待工作，要深入研究新形势下信访工作的特点和规律，切实加大矛盾纠纷排查化解工作力度，把各种矛盾解决在基层，化解在萌芽状态，努力创造和谐的社会环境。三是做好后勤保障工作，努力为机关部门提供好服务。办公室所承担的安全保卫、会务接待、机关财务等后勤保障工作，工作繁杂、事务性强、责任重大，不仅要具有责任心、主动性和奉献精神，还要具有创新意识，才能把工作干好干巧干出亮点。要坚持管理与服务并举，将管理寓于服务之中，不断健全机关管理的各项规章制度，规范机关运行程序，着力加强管理中的薄弱环节，确保机关安全规范高效运行。

（四）全面做好队伍建设和干部培养工作

办公室工作非常重要，但做好办公室工作也很不容易，需要具备虚实结合、举重若轻的综合素质能力。因此，要切实加强办公室队伍建设和干部培养，不断提升整体能力素质。一是注重开展教育培训，提高干部队伍的综合素质。坚持干什么学什么、缺什么补什么，有针对性地组织财税业务知识、公文写作、办公自动化应用等方面的培训，增强培训的针对性和实效性，着力提高基本素质。比如，定期邀请相关部门的同志讲解宏观经济形势、财税运行情况和财税政策变化，使大家及时了解财政经济动态；定期开展内部业务交流，使大家全面熟悉掌握办公室各项工作流程等。要积极鼓励工作人员参加继续教育、素质教育、专题讲座等方面的培训，使大家不断开阔眼界、开拓思路，着力提高综合素质。二是注重锻炼工作能力，提升办公室综合实力。要通过创造条件“搭台子”、领导干部“压担子”、业务骨干“带路子”等方式，不断培养干部的沟通协调能力、文字写作能力和语言表达能力。比如，把一些综合性的工作交由干部独立完成，让干部站在更高的层次出思路、想办法，充分发挥大家的工作主动性，培养干部的全局意识和独立工作能力。同时，加大内部交流轮岗力度，完善岗位备岗制度，培养大家一专多能的素质能力，确保工作有序开展。三是注重关心支持，积极创造良好的工作氛围。办公室工作辛苦、清苦、艰苦，各级领导要高度重视、充分理解和大力支持办公室工作，既要在工作上严格要求，又要在生活上关心帮助，努力为干部创造良好的工作和成长环境，不断提高办公室队伍的凝聚力和战斗力。

同志们，财政地税系统办公室工作任务艰巨，使命光荣，我们要紧紧围绕市局党组的决策部署和财税中心工作，坚持与时俱进，开拓创新，求真务实，进一步增强责任感和使命感，为财税改革发展做出新的贡献！

第二部分

财税工作概况

全市经济综述

2010年，天津市深入贯彻落实科学发展观，认真落实胡锦涛总书记对天津工作的一系列重要要求，积极应对国内外较为复杂的发展环境，加快转变经济发展方式，调整优化经济结构，深入开展“解难题、促转变、上水平”活动，国民经济继续平稳协调较快发展。全市生产总值突破9000亿元，完成9108.8亿元，增长17.4%，人均生产总值突破1万美元。全市地方一般预算收入完成1068.8亿元，增长30.1%。固定资产投资完成6511.4亿元，增长30.1%。城市居民人均可支配收入和农村居民人均纯收入分别增长13.5%和10.5%。城市居民消费价格上涨3.5%，城镇登记失业率控制在3.6%。

一、滨海新区开发开放全面提速

滨海新区生产总值完成5030.1亿元，增长25.1%，占全市比重达到55.2%，龙头带动作用进一步增强。综合配套改革取得重大进展，行政管理体制改革迈出实质步伐，东疆保税港区口岸开放验收获国家批复。渤海商品交易所成为全国最大的现货商品交易所，中航产业基金落户，累计注册私募股权投资基金及管理机构达到917家，融资租赁合同余额占全国近四分之一。功能区和重大项目建设加快，天津经济技术开发区连续13年在国家级开发区投资环境综合评价中名列第一。中新生态城国家动漫产业综合示范园一期投入使用，南港工业区中俄千万吨级大炼油项目奠基，中心商务区部分楼宇竣工，渤龙湖总部园区首期具备入驻条件。大乙烯项目投产，首架天津总装直升机试飞，首座风电场并网发电。现代综合交通体系基本形成，新区对腹地服务辐射能力继续增强，港口货物吞吐量突破4亿吨，集装箱吞吐量超过1000万标准箱，滨海国际机场旅客吞吐量727.7万人次，增长25.9%。

二、发展方式转变进一步加快

经济结构调整扎实推进，运行质量继续改善。第一产业实现增加值149.5亿元，增长3.3%；第二产业增加值4837.5亿元，增长20.2%；第三产业增加值4121.8亿元，增长14.2%。三次产业结构为1.6∶53.1∶45.3。规模以上工业总产值16660.6亿元，增长31.7%。航空航天、石油化工、装备制造、电子信息、生物医药、新能源新材料、轻纺和国防等八大优势产业工业总产值15268.6亿元。高新技术产业产值5100.8亿元。金融业增加值560.7亿元，增长18.1%。社会消费品零售总额2902.6亿元，增长19.4%。全市外贸进出口总额822亿美元，增长28.8%，扭转了上年的下降局面。全市科技型中小企业达到1.3万家，全社会研发经费支出占生产总值的比重提高到2.5%，综合科技进步水平保持全国前列。万元生产总值能耗下降1%，化学需氧量排放量下降0.8%，二氧化硫排放量与上年持平。

三、三大需求拉动趋向均衡

全社会固定资产投资增幅连续12个季度超过30%，投资增量连续3年超千亿元。投资结构继续优化，先进制造业、新兴服务业、市政基础设施等重点领域和薄弱环节投入持续加强。新推出工业、自主创新产业化、区县和服务业大项目好项目170项，累计达到940项，其中450项建成或基本建成。扩大内需中央投资项目进展顺利，项目管理、工程质量和生产安全得到中央检查组肯定。居民消费活跃，社区便民设施和农村流通体系进一步完善，30个大型商贸载体全部建成。家电下乡、以旧换新销售家电111万台，汽车下乡销售3.5万辆，分别是上年销量的4.4倍和1.9倍。高新技术产品和内资企业出口快速增长，外贸出口增速加快，与投资、消费增速离差明显缩小。

四、区县经济实力显著增强

进一步加大强农惠农力度，粮食总产量159.7万吨，连续七年增产丰收。现代农业示范园建设加快，建成种植业设施10万亩，进入产业化体系农户达到86.9%。31个区县示范工业园区起步区基础设施基本完成，累计签约项目906项。示范小城镇四批试点有序推进，累计竣工农民还迁住宅1150万平方米，农村城镇化率达到60%。中心城区优势特色产业加快提升，一批繁华街区、特色街区和都市工业园相继建成，泰安道地区综合开发进展顺利，梅江会展中心一期投入使用。231座楼宇入驻企业超过1万家，创意产业园区达到9家。

五、环境面貌发生新变化

颁布实施了《天津市城市管理规定》，在社会引起良好反响。快速路西北半环建成通车，市区77条配套道路投入使用；天津站地下交通枢纽设备安装，地铁2、3、9号线进展顺利；京沪高铁天津段铺轨，西站主站房主体结构完成；津港高速公路一期通车，112国道等3条高速公路加快建设。奋战300天市容环境综合整治取得重大成果，整修城镇道路2378公里、楼房1.1万栋，450多万市民直接受益。生态城市建设三年计划任务基本完成，全年治理河道29条，新建改造污水处理厂29座，绿化造林26万亩。城镇污水处理率达到85%，生活垃圾无害化处理率达到91%，空气质量二级以上天数达到308天。

六、改革开放步伐加快

全面推行现场审批和联合审批，市级审批事项减少至495项，审批效率提高45%。国有企业改革取得新进展，组建了渤海钢铁集团，津联集团、天津发展以及轻工、旅游等行业企业重组有序推进，市属国有企业改制面达到95.3%，劣势企业退出任务基本完成。6家企业成功上市，全市54家上市企业融资规模近2000亿元。民营经济迅速发展，注册户数达到38.2万户，比上年增加4.3万户，税收收入增长30%以上。经贸合作交流日益密切，内陆无水港增至18个，全年引进内资规模达到“十五”时期的两倍。高水平举办了夏季达沃斯论坛、联合国气候变化国际谈判会议等一系列重大活动，全年举办各类展会150余场，比上年增加15%。埃及苏伊士经贸合作区起步区提前建成，入驻企业26家。对口支援震后重建率先实现“三年任务两年完成”，新一轮支援新疆、西藏、青海、甘肃等工作顺利推进。

七、社会事业全面进步

教育事业优先发展，新建改扩建公办幼儿园25所，加固和重建中小学校舍102万平方米，启动职业教育改革创新示范区建设，海河教育园区一期工程基本建成，大学软件学院投入使用。高中阶段教育普及率达到95%，高等教育毛入学率55%以上。医疗卫生服务水平有新提高，市中心妇产科医院、医大总医院二期等建成使用。医药卫生体制改革有序推进，基层医疗机构药品零差率销售率先实现区域全覆盖，基本药品中标价格比上年平均再降10%。第六次人口普查登记与复查工作圆满完成，人口出生率8.7‰。文化事业繁荣发展，出台了文化产业振兴规划，实施了40项文化重点项目，国家海洋博物馆落户，文化中心工程全面加快，新建1668个农家书屋和村文化室。举办了首届全民健身大会，天津运动员在广州亚运会上夺得20枚金牌。

八、民计民生有效改善

20项民心工程高标准完成。继续实施积极的就业政策，零就业家庭保持动态为零，其他困难群体安置率达到86%以上，三类困难企业职工整体安置全部完成。全面落实18项增加居民收入措施，城镇企业单位劳动报酬总额增长15%以上，提高了最低工资、城乡低保和特困救助标准，企业退休人员养老金增长12.8%，实施了公共卫生与基层医疗卫生事业单位绩效工资，出台扩生产、保供应、疏流通、强监管等八项稳定物价措施。全面实施城乡居民养老和基本医疗保障制度，城镇五险覆盖面继续扩大，65岁以上老年人享受免费乘坐公交车的福利。“城中村”改造全面启动，开工建设保障性住房680万平方米，占全市住宅建设量的30%以上，为7.8万户低收入家庭发放租房补贴。

经济和社会发展中存在的矛盾和问题：经济总量不够大，经济结构不尽合理，服务业比重较低，区县经济实力不够强；自主创新能力亟待提高，节能减排压力加大；民营经济和中小企业发展活力不够；城市管理还不到位，重点领域和关键环节改革需进一步加快；群众生活水平不够高，改善民生和发展社会事业的任务仍然繁重。

（撰稿人：张少超）

财政预算管理

2010年，我市各级财税部门深入贯彻科学发展观，认真落实胡锦涛总书记对天津工作一系列重要指示精神，按照市委、市政府统一部署，充分发挥财税职能作用，认真落实积极财政政策，及时制定促进经济增长的财税举措，大力推进体制改革和机制创新，不断强化科学化精细化管理，财政收支规模迅速扩大，财政资金有力保障了民计民生和重点支出需要，圆满完成了全年预算任务。

一、财政预算执行情况

（一）一般预算收支情况

全市地方一般预算收入1068.8亿元，完成预算116.2%，比上年增长30.1%。加上中央税收返还、转移支付补助等资金300.9亿元和上年结余136.8亿元，全市一般预算总财力1506.5亿元。全市一般预算支出1351.3亿元，完成预算105.4%，增长23%。一般预算结余155.2亿元，其中结转项目资金144.6亿元，主要是建设类项目资金和中央专项补助资金；预算纯结余10.6亿元。

市级地方一般预算收入421.5亿元，完成预算117.7%，比上年增长29.5%。加上中央税收返还、转移支付补助等资金256亿元和上年结余73.3亿元，减除对区县财政转移支付67.6亿元，市级一般预算总财力683.2亿元。市级一般预算支出605.9亿元，完成预算105.4%，增长16%。一般预算结余77.3亿元，其中结转项目资金76.7亿元，主要是建设类项目资金和中央专项补助资金；预算纯结余0.6亿元。

另外，2010年财政部批准并代理我市发行地方政府债券25亿元，市十五届人大常委会第十八次会议审查批准了有关预算调整方案，相应增加债务收入和支出预算25亿元，用于海河教育园区建设10亿元，中央公益性投资地方配套3.8亿元，引黄济津工程3亿元，大运会及东亚运动会场馆建设2.5亿元，潮白新河蓄水工程2.1亿元，张贵庄污水处理厂及再生水厂一期工程2亿元，蓟县库区保护1.6亿元。

（二）政府性基金预算收支情况

全市政府性基金收入909.6亿元，完成预算131.5%，比上年增长61.5%。加上中央转移支付补助3.3亿元和上年结余79.9亿元，减除调入一般预算资金等14.9亿元，基金总财力 977.9 亿元。政府性基金支出 793.1 亿元，完成预算 105.5%，增长 60.8%。基金结余 184.8 亿元，全部为建设类项目结转资金。

市级政府性基金收入 328.6 亿元，完成预算 130.4%，比上年增长 75.5%。加上中央转移支付补助等资金 3.3 亿元和上年结余 21.7 亿元，减除对区县财政转移支付 4.1 亿元，基金总财力 349.5 亿元。政府性基金支出 323.1 亿元，完成预算 119.1%，增长 116.9%。基金结余 26.4 亿元，全部为建设类项目结转资金。

（三）财政运行特点

一是财政收入跃上千亿元台阶。2010 年在国民经济又好又快发展的强力带动下，财政收入保持快速增长势头。全市地方一般预算收入突破 1000 亿元，达到 1069 亿元，比上年增加 248 亿元，增长 30.1%。全市辖区内财政总收入 4354 亿元，增长 46.2%，其中上交中央收入 2376 亿元，增长 49%，我市对中央财政的贡献创历史新高。

二是财政支出保障和改善民生的能力进一步增强。各级财政部门积极调整优化支出结构，不断加大民生领域财政投入，教育、文化、卫生等各项社会事业迅速发展，养老、医疗、低保等社会保障体系不断健全，城市载体功能和城乡面貌明显改善。全年用于民生领域的支出达到 1604 亿元，同比增长 38.4%，占财政总支出的 74.8%。

三是财政促进经济发展的作用明显提升。认真落实国家结构性减税政策，进一步清理取消行政事业性收费，深入开展“解难题、促转变、上水平”活动，全年累计为企业减税减费 60 亿元。顺利发行地方政府债券 25 亿元，认真研究制定债券资金使用方案，突出债券投资的公益性特点，着重解决海河教育园、大运会场馆、引黄济津等重大项目资金短缺问题。增加商业、旅游和外贸等专项发展资金，保障家电、汽车摩托车下乡和“以旧换新”地方配套，促进服务业加快发展和消费市场持续繁荣。

二、预算管理工作情况

（一）争取中央政策扶持，支持滨海新区开发开放取得新成果

一是稳步推进滨海新区财税体制改革。积极协调税务、人行等部门，研究制定启用滨海新区国库、理顺功能区税收征管关系的实施方案，明确了功能区税收征管分工，保障了新区财政统一规范管理的需要。二是积极争取中央财政对中新生态城给予资助。通过多种途径及时向财政部反映中新天津生态城的国家战略地位和实现城市可持续发展的重要意义，会同有关部门及时汇报生态城开发建设良好态势和制约发展的政策资金瓶颈问题，经过各方面努力，财政部决定在“十二五”期间给予生态城总额 25 亿元的专项补助，这是继新区开发建设补助延期 5 年、空客 A320 项目获得为期 6 年专项补助后取得的又一重要成果。三是加快兑现新区财税扶持政策。及时拨付滨海新区开发建设专项资金和空客 A320 专项补助，推进新区基础设施、生态环境和科技创新能力建设。落实东疆保税港和中新生态城收入全留政策，全年返还税费 10.5 亿元，切实缓解两个功能区建设资金压力。全面实施“以港养港”、“以路养路”、“航线培养”等财税政策，支持新区提升载体功能。

（二）深化部门预算改革，科学化精细化管理水平不断提高

一是完善部门预算制度体系。根据财政改革发展需要，全面修订《天津市部门预算管理办法》、《天津市市级部门预算管理规程》等规范性文件，进一步明确各部门管理职责，理顺编报流程，规范审批程序，细化编制内容，改进编制方法，为深化部门预算改革提供政策依据和制度保障。二是强化项目预算编制工作。认真落实市政府加强项目预算管理规定，强化项目前期论证和可行性研究，提前下达项目申报规模控制数，有效避免部门盲目申报项目，切实提高预算审核效率。2011 年市级项目支出预算批复率为 75.4%，比上年提高 7.3 个百分点。规范专项资金管理部门预算分配行为，市发改委基建专项 70% 以上细化到具体用途并纳入相关部门预算，市科委、商务委、农委等部门也将切块资金基本落实到具体项目和使用单位，项目预算编制在规范性和完整性上迈出一大步。三是健全基本支出定员定额标准体系。健全机构、人员、资产基础信息库动态维护机制，加强数据深度挖掘和分析研究。综合考虑物价上涨和工作量增加等因素，调整办公费、印刷费、水电费等定额标准，设立物业管理费标准，调增各类学校生均拨款标准，全面落实公共卫生和医疗机构绩效工资改革，向预算单位公开印发标准手册，确保定额标准体系更加科学规范。规范市机关局部门预算编制和执行管理，取消机关局转拨经费的做法，保证了部门预算编制和执行协调统一。

（三）严格支出管理，预算严肃性和约束力显著增强

一是狠抓项目预算执行管理。全面加强项目预算执行管理，严格项目资金申报、审批、变更、拨付流程，年度项目预算资金在规定时限内全部细化到位，累计办理细化和变更手续 2.6 万笔，确保年度预算与执行有机衔接，杜绝了超预算、无预算拨款。建立健全预算指标联网系统，实现从预算单位到业务处室指标的网络化管理，并与项目库和集中支付系统无缝对接，有效提高了财政资金运行的规范性和安全性。二是切实加快预算执行进度。及时印发《关于进一步做好预算执行工作的指导意见》、《关于加快区县预算执行进度有关事项的通知》和《关于加强区县财政结余结转资金管理的通知》等文件，督促各方面均衡拨付人员公用经费，及时按项目进度审核拨付专项资金，切实提高资金使用效率。在财政部每月公布的地方支出进度排名中，我市一直位居前列。三是大力清理财政借款。认真落实审计关于清理财政往来资金的整改意见，通过与借款人约谈、印发催款通知、结算扣款等方式，加大财政借款催收力度，重点解决单位长期借款挂账问题。四是确保全年预算平衡。按照优先保障民计民生的原则，积极研究预算超收资金分配使用方案，保障了消防装备购置、平抑蔬菜价格、集中供热补贴等增支需要，实现了全年收支平衡、略有结余的既定目标。

（四）大力夯实预算管理基础，各项专项改革扎实推进

一是进一步推进预算信息公开。扩大市级预算公开范围，在公开预算报告的基础上，全面公开 16 张预算草案附表，并进一步公开有关预算细目。除安全局以外的市政府组成部门的部门预算全部提交人大代表审议，并督促单位及时对外公布。推进重大民生事项公开，主动公开教育、医疗卫生、社会保障、“三农”等重大民生支出的预算安排、管理制度和分配办法。加强对区县预算公开的指导，督促区县按照完整、真实、细化的要求向社会主动公开预算信息。二是积极做好政府债务统计和融资平台清理规范工作。根据财政部等部委文件规

定和市政府要求，对全市政府债务情况进行摸底调查，要求市级单位和区县财政部门对政府性债务举借和担保情况逐一以书面形式进行了确认，分期分批对区县和市级单位以及融资平台公司开展专题培训，及时完成2009年底和2010年上半年政府性债务统计工作。按照国务院关于加强政府融资平台管理的要求，积极会同市金融办、市发改委、人行天津分行和天津银监局等部门，对我市融资平台公司重新核实认定，汇总上报债务情况，拟定清理规范实施方案。三是加强区县和乡镇财政管理。对区县和乡镇财政运行、预算管理以及存在问题进行专题调研，切实加强对基层财政工作指导。进一步完善转移支付制度，改进转移支付补助核定办法，加大补助力度，促进区县实现基本公共服务均等化目标。恢复乡镇财政决算编报工作，选定宝坻口东镇、宁河苗庄镇等25个乡镇财政所作为财政部和市财政直接联系点，组织乡镇财政骨干人员业务专题培训。

（撰稿人：于喆）

财政国库管理

2010年，天津市财政国库管理工作坚持以科学发展观为指导，紧密围绕全市财政工作会议和财政部的工作部署，继续推进和深化财政国库集中支付制度改革，进一步完善国库动态监控机制，不断强化预算执行和财政资金运行管理，努力构建与财政科学化精细化管理相适应的现代国库制度。

一、继续推进和深化国库集中支付制度改革

按照财政部“十一五”时期深化财政国库管理制度改革的总体要求，继续完善市级国库集中支付改革，加快推进区县改革进程，全面实现“横向到边、纵向到底”的改革目标。2010年全市国库集中支付总额707亿元，增长49%。

（一）进一步扩大市级国库集中支付规模

配合义务教育绩效工资改革，对13所义务教育学校2891人的绩效工资实行财政统发，市级统发范围达到341家单位5.2万人，全年累计发放工资26.3亿元，代扣代缴个人所得税5273万元。及时维护国库集中支付基础信息，调整新增13家市级预算单位纳入国库单一账户体系。截至2010年底，市级159家一级预算单位中，除涉及涉密部门，其余153家一级预算单位及其所属639家二级预算单位全部实施了集中支付改革。2010年市级集中支付规模达到429亿元，增长70.2%。

（二）基本完成区县国库集中支付改革任务

按照2010年我市区县财政国库工作会议的总体部署，进一步加大区县推行国库改革的指导力度，有针对性地提出了“总体规划、稳步实施、试点先行”的工作意见，在改革的制度建设、网络环境、硬件配置等方面给予大力支持和帮助，加快推进区县国库改革步伐。截至2010年底，全市已有20个区县实施了国库集中支付改革，覆盖面达到95%。其中，河东区、东丽区等8个区县的区属一级预算单位全部纳入国库改革范围，初步实现“横向到边、纵向到底”的国库改革目标。

（三）不断完善国库集中支付运行保障机制

继续扩展国库集中支付系统功能，将授权额度全部改由集中支付系统下达代理银行，实

现了授权额度报文核对电子化处理以及数据的自动比对，进一步提高了支付效率和准确性。同时区县积极推广动态监控、电子对账、预算执行等国库信息管理系统的应用，不断提升区县国库部门的工作效率和管理水平。积极推进公务卡改革向纵深发展，指导和帮助区县财政按照规范化要求推行公务卡改革。截至2010年底，全市共有2800余家行政事业单位与工商银行、建设银行等12家公务卡代理银行签约，开立个人公务卡16万张，公务卡累计交易额达60.1亿元。

（四）继续健全国库动态监控机制

改进和完善市级动态监控系统基础条件和功能设置，使监控内容更加真实准确。加强监控日志管理，实行专人专录，实现监控结果的自动汇总、自动归类。进一步充实监控系统单位账户信息，逐步与银行账户管理系统进行对接，已完成58个部门的基本账户、公务卡账户核对，占市级单位的41%。通过系统的完善，有效提升了监控效率，并及时纠正了违规支付行为。2010年，全市累计监控预算单位财政支出17万余笔，纠正各类违规操作44笔，金额逾2800万元。同时，按照“统一管理模式、统一监控系统、统一业务流程”的方式，积极推进区县财政开展动态监控试点工作，9月份，西青区和东丽区的动态监控系统已成功上线运行。

二、进一步加强预算执行管理和分析

按照财政国库管理制度改革确立的财政资金运行新机制的要求，强化预算执行管理与监督，跟踪分析预算执行的新情况、新问题，提高预算执行分析水平，为领导决策提高参考。

（一）千方百计组织好财政收入

密切关注宏观经济运行和重大项目进展情况对财政收入的影响，及早做好组织收入的各项准备工作。进一步加强与国税、地税等执收部门和区县财政的沟通联系，认真解决好收入缴库中的各种问题，确保财政收入的及时、足额入库。不断完善预算执行基础数据库，对各级次、各部门收入及时进行整理分析和趋势研究，及时掌握重点收入项目的情况，注重对其他省市预算执行数据的搜集和整理，为进一步提高预算执行分析水平奠定基础。

（二）着力加快支出预算执行进度

加强资金支付相关环节的协调配合，增强与各支出业务处室间的沟通联系，按月为各支出处室提供支出完成情况，查找影响执行管理和支出进度的因素，加强对重点项目执行情况的监测，不断强化预算执行的约束力。加快推进预算执行管理一体化，按照我市金财平台建设总体要求，将预算核销系统、国库集中支付系统等并入金财平台运行，实现预算执行信息共享，进一步加强资金监控，规范财政权利运行。

（三）认真做好预算执行信息公开和收入口径调整工作

按照预算信息公开的要求，设计编制预算执行信息公开报表，按月公布相关数据。认真做好收入口径调整后收支统计工作，及时调整相关收支报表格式，进一步规范了调整后的报送要求，按月印发《财政收入快报》、《财政收支统计月报》等收支统计信息。

（四）积极开展预算执行监测分析和调研工作

加强对积极财政政策落实情况和政策实施效果的分析，增强对财政收入形势的预判能力，研究预算执行中的趋势性、苗头性问题并提出意见和建议，为领导决策提供参考依据。加大对国库管理制度改革和预算执行管理过程中存在问题的研究，撰写完成《建立和完善地方国库动态监控体系的研究》调研课题。积极参与政府会计改革、地方债发行试点等前瞻性课题的研究，完成《政府财务会计与预算会计的分立与融合》课题项目，进一步提高国库管理和预算执行工作的创新性。

（五）着力提高决算数据质量和分析水平

进一步完善决算会审的组织管理工作，不断加强审核力度，细化审核内容，统一规范报送格式，决算数据质量显著提高。同时，充分利用部门决算数据全面、翔实的特点，结合财政管理的要求，深入挖掘和整理决算信息，对教育、卫生、公检法等重要部门数据加以深入分析，分别形成了市级和区县的部门决算分析资料，有效提高了决算数据的分析利用水平，得到了财政部的充分肯定。在财政部2009年度决算评比工作中，我市部门决算和财政总决算分别获得全国一等奖和二等奖。

三、不断提高国库基础管理工作水平

注重发挥财政国库部门负责财政资金收付运行宏观管理、库款调拨和资金支付的职能作用，扎实做好国库基础管理工作，确保财政资金的安全、高效运行。

（一）进一步加强财政资金运行管理

继续做好预算指标核销、用款计划批复、资金支付、定期对账等基础性工作，不断提高预算执行的约束力。按照预算执行科学化、精细化管理要求，重新梳理工作流程，制定完整的内部标准化操作规程，建立严密的业务运行程序和明确的岗位职责，进一步完善内部稽核、内部制衡和相互纠错的运行机制。

（二）建立健全财政资金账户管理的长效机制

对全市财政资金专户进行全面核查和认真清理，建立财政专户管理的长效机制，进一步规范财政资金专户审核及支付程序，推进区县财政专户纳入财政国库部门统一管理，在全市范围内建立财政资金专户年度备案制度。加强预算单位银行账户审批管理工作，全年共办理各类账户审批731件，其中撤销和变更账户416件。

（三）不断提高总预算会计管理工作水平

加强用款计划管理，充分把握用款额度的变动情况，增强库款分析的及时性和有效性，为开展国库现金管理奠定基础。研究滨海新区国库设置，协调各有关部门积极完成国库启用前的各项准备工作，确保2011年滨海新区本级财政收入及时完整入库。大力做好国债组织发行工作，成功发行地方政府债25亿元、储蓄国债22.2亿元。积极推进财税库银横向联网工作进程，进一步明确TIPS推广目标和任务分解，做好上线前数据落地等准备工作，不断完善信息共享机制。

（四）顺利实施我市行政事业单位资金往来结算票据的启用工作

按照财政部关于行政事业单位资金往来结算票据的有关规定，制定了我市资金往来票据的管理办法，严格票据领购、保存和销毁制度，加强对往来票据的使用、管理和监督检查，进一步健全和完善了财政票据管理体制，规范了行政事业单位往来资金的结算行为，确保我市资金往来票据启用工作的顺利实施。

（撰稿人：刘博）

教科文财政财务管理

2010年，财政教科文工作继续贯彻落实科学发展观，按照全市财政工作会议精神，紧密围绕财税中心工作，牢固树立科学化精细化管理理念，加大经费投入力度，调整优化支出结构，切实保障和改善民生，强化资金管理与监督，促进教科文事业全面发展。

一、推进科学化精细化管理

2010年，经济形势复杂多变，教科文事业支出压力进一步加大。按照市财政局关于更加注重加强财政科学化精细化管理的有关要求，牢固树立依法理财观念，着重加强制度建设，深入搞好调查研究，切实做好预算执行，为财政教科文资金充分发挥效益奠定了强有力的基础。

（一）夯实基础，加强“两基”建设

在日常工作中注意做好基本数据的收集、整理与分析，全面掌握预算单位编制、人员、资产、经费等基本信息，为科学决策提供数据信息支撑。注重与主管部门、区县财政部门及时沟通交流，要求教科文部门着力提升所属基层预算单位的管理意识、管理水平。加强事业单位资产管理，做好中央财政专项资金的申报工作。

（二）高度重视，切实做好预算执行管理

提高年初预算到位率和细化率，重视项目支出的管理，及时了解项目落实情况，做好财政资金监管，加强对重大项目的跟踪检查和绩效考评。对于预算执行中的新问题统筹考虑，在规范预算支出程序的基础上，创新机制，积极协调，加快预算执行进度。制定下发《关于进一步做好教科文预算执行工作的通知》，加强对主管部门和区县教科文预算执行工作的指导。提前研究2011年预算有关问题，提高年初预算细化率，将家庭经济困难学生资助政策体系项目预算纳入年初批复范围，确保资助政策资金及时到位。

（三）实事求是，深入开展调查研究

积极参与《天津市中长期教育改革和发展规划纲要（2010～2020年）》编制，与财政部教科文司共同成立课题组，就如何提高地方高等教育质量、支持地方高校发展进行研究，确定支持方向。对全市各区县中小学公用经费预算执行情况进行调研，提出我市中小学公用

经费标准的建议。制定支持文化大发展大繁荣财政政策，开展区县文化体育与传媒设施建设情况调研，为下一步工作提供依据。

（四）依法理财，加强制度建设

牢固树立依法理财观念，从制度源头加强财政教科文经费管理，出台《天津市中等职业学校家庭经济困难学生和涉农专业学生免学费工作实施办法（试行）》、《天津市普通高中国家助学金管理办法（暂行）》、《天津市科普专项资金管理办法（暂行）》、《天津市文化产业发展专项资金管理暂行办法》、《天津市农村电影公益放映场次补贴专项资金管理办法》，结合我市实际情况对《高等学校财务制度》等办法提出修改意见，制定《天津市“中央财政支持地方高校发展专项资金”建设规划实施方案》。

（五）超前研究，做好教育经费投入规划

落实《国家中长期教育改革和发展规划纲要（2010～2020年）》提出的2012年实现国家财政性教育经费支出占国内生产总值比例达到4%的目标任务，结合我市实际情况，测算市与区县财政教育支出占一般预算支出目标比例和增长方案。围绕我市教育规划纲要提出的教育体制改革思路，会同有关部门研究我市“十二五”期间教育重点项目，制定具体实施方案，测算财政教育支出规模和分年度计划，并及时向区县通报相关情况。

二、努力促进各级各类教育均衡协调发展

（一）促进基础教育均衡发展

落实义务教育经费保障机制各项政策，对区县义务教育学校免学杂费和提高公用经费标准安排专项补助资金，做好免费教科书政府采购和循环使用工作。扎实推进中小学校舍安全工程与功能提升工程，确定市财政奖补资金总额和分年度安排计划，加强督查，确保工程全面落实。2010年全市共投入资金20.5亿元，其中市财政安排7亿元，共完成678所中小学校舍安全加固及功能提升，竣工面积117.6万平方米。加快实施义务教育学校现代化标准建设工程，市财政安排专项资金1.8亿元，教学仪器配送工程全面完成，图书配送工程完成三期采购工作，未来教育家奠基工程与265农村骨干教师培养工程启动二期项目。切实加强中小学、幼儿园安全工程，为公办中小学和幼儿园配备保安和安装监控系统，全市共投入资金1.2亿元，市财政安排3800万元对困难区县给予补助。

（二）提升高等教育发展水平

做好高校“十一五”综合投资规划工作，开展阶段性检查与总结，全面启动高校“重中之重”学科、品牌专业建设，加快实施教育信息化建设项目，研究学科建设奖励办法。2010年共安排资金4.35亿元，其中市财政1.7亿元，支持了21个“重中之重”学科和100个品牌专业以及信息化建设。进一步做好项目前期论证工作，提高项目可行性与合理性，加强资金管理，规范资金使用，提高财政资金的安全性和有效性。积极争取中央财政资金对我市高校建设支持，顺利完成2007～2010年中央与地方共建高校特色优势学科实验室工作，

启动实施中央财政支持地方高校发展专项资金建设项目，全市15所市属高校全部纳入中央财政支持范围，80个项目获得中央财政专项资金支持1.46亿元。按照财政部教育部《关于减轻地方高校债务负担化解地方高校债务风险的意见》要求，会同市教委对我市高校债务化解方案进行调整完善，进一步加大财政资金投入力度，积极争取中央财政支持，安排专项资金15.52亿元，加速化解高校债务步伐。继续支持南开大学、天津大学和天津医科大学“211工程”三期建设。安排专项资金支持第九届全国大学生运动会场馆建设。启动实施高校校园环境提升工程，促进高校和谐校园建设。

（三）大力发展职业教育

支持海河教育园区建设，市财政安排专项资金11亿元，确保海河教育园区一期建设项目工程顺利实施。研究测算入园学校开办费和正常经费以及公共场馆运行经费。加快实施职业教育“十一五”投资规划，2010年市财政安排专项资金0.8亿元，全面完成职业教育实训基地和示范校建设。继续做好中央财政支持的职业教育实训基地建设，2010年有16个项目获得财政部支持。抓好国家示范性高等职业院校建设和验收工作。积极申报国家骨干高等职业院校和国家中职教育改革发展示范校建设项目，2010年新增3所高职骨干校和5所中职示范校，并纳入中央财政重点支持范围。支持办好第三届全国职业院校技能大赛，继续做好中职学校骨干教师培训和特聘兼职教师工作，及时安排职业教育贷款贴息专项资金。

（四）进一步完善家庭经济困难学生资助政策

调整和完善资助政策。一是提高高校国家助学金标准，将生均资助标准由2000元提高到3000元。二是建立普通高中家庭经济困难学生资助制度，生均资助标准1500元。三是扩大中职学校免学费政策覆盖范围，将城市家庭经济困难学生纳入免学费政策范围。四是稳定大中专院校学生食堂饭菜价格，确保家庭经济困难学生的学习和生活，对大中专院校家庭经济困难学生和学生食堂给予临时补贴。2010年市财政共安排资助资金3.5亿元，共资助学生28.9万人次，保障了家庭经济困难学生能够上得起学，努力促进教育公平。

三、促进科学文化等社会事业发展

（一）合理安排科技资金

科学论证、妥善安排科技发展事业资金，积极组织参与科技经费评审论证工作。继续对科技计划项目资金、科研院所社会公益性工作专项经费、转制科研机构科研经费实行项目化管理，会同有关部门组织专家进行评审论证。科技计划项目资金3000万元，支持科研项目21个；科研院所社会公益性工作专项经费1600万元，支持9个科研院所开展基础条件建设及重点装备；转制科研机构科研经费1100万元，支持科研项目40个。继续支持退库转制科研院所开展科技研发活动。会同有关部门管好用好科普专项资金，以科普项目和科普活动的开展为载体，以科普阵地和科普能力建设为保障措施，针对重点科普人群开展了科普工作，取得了良好成效，确保财政资金使用效益。加强对信息化专项资金的管理，组织实施“科普惠农兴村计划”。

（二）积极支持推进文化体制改革

做好转制单位清产核资相关工作，对天津出版传媒集团有限公司、天津北方电影集团有限公司、天津社科院出版社、天津科技翻译出版社所属69家转制单位清产核资申报损失进行认定。配合天津北方电影集团有限公司完成工商注册登记。对天津北方演艺集团有限公司、天津北方文化产业集团有限公司、天津广播电视台组建方案和组建过程中涉及的财政扶持政策提出意见。积极申请中央财政文化产业发展专项资金，建立我市文化产业发展专项资金，推动我市文化产业发展。

（三）加大文体广播等事业投入力度

核定文化中心院馆和海河教育园区图书馆开办费、运行费，按照政府会议纪要精神，及时安排布展和购书经费1.2亿元。重点支持农家书屋和村文化室工程建设，2010年共建成农家书屋和村文化室各1668家，市财政安排补助资金3600万元。继续实施农村电影放映工程，继续执行艺术表演团体超场次演出补贴政策，大力支持博物馆纪念馆免费开放。积极推动竞技体育发展，安排十二届全运会和伦敦奥运会备战经费，提高优秀运动员、专职教练员和其他人员伙食标准。安排第九届全国大学生运动会和第六届东亚运动会场馆建设资金。推动广电事业发展，支持天津数字电视大厦技术专用设备及高清频道设备购置。

（四）继续支持各项社会事业发展

合理安排财政资金，确保第二次经济普查和第六次人口普查经费。支持全员人口信息管理系统建设，继续实施计划生育奖励扶助制度，及时安排补助资金。继续实施质监系统《2009～2011年技术装备建设规划》，提升全市质监机构检测水平。加强我市生产领域食品安全监管工作，安排食品及相关产品抽样检验、风险监测检验经费，乳制品及含乳食品三聚氰胺指标批批检测经费等。继续支持实施“十一五”地震安全基础工程项目。

（撰稿人：杨秋维）

行政政法财政财务管理

2010年，天津市行政政法财政财务管理部门深入贯彻落实全市财政工作会议部署，紧紧围绕财政部行政政法司确定的中心工作，积极创新理财观念，加强财政政策研究，推进行政政法财务制度改革，严格控制一般性支出，调整和优化支出结构，努力提高行政政法经费保障水平，各项工作取得新的进展。

一、做好经费保障工作，确保行政政法单位履行职能需要

（一）合理安排资金，支持政权建设

一是全力保证市级党政机关正常运转和中心工作的完成。审核拨付天宾商务中心物业费、天津宾馆和泰安道地区职工安置经费、市经信委和市机关局腾迁所需办公用房租金等，保障天宾商务中心正常运行和泰安道地区开发顺利实施。及时核拨市委九届八次全会等经费，市委中心理论学习组、"解难题、促转变、上水平"活动、"创先争优"活动等经费，保障市委、市政府重要工作开展。落实中纪委《关于加强地方县级纪检监察机关建设的若干意见》（中纪发〔2009〕9号）、《关于县级纪检监察机关办公办案装备配备标准和实施办法的通知》（中纪发〔2009〕10号），进一步改善区县纪检检查机关工作环境和办案条件。支持市纪检委、监察局查办重大案件、组织开展"五个公开"、制止公款出国（境）旅游等专项工作的需要，建设惩防教育基地、公共资源交易统一监督平台、纪检监察信息分级保护系统、工程建设领域突出问题专项治理网站，为纪检监察机关履行职责提供保障，积极促进党风廉政建设和反腐倡廉工作有效开展。二是合理安排经费，突出保障重点。根据信访维稳工作形势的需要，核拨特殊疑难信访问题专项资金及上海世博会、广州亚运会期间信访维稳工作经费，支持市信访办筹建市委、市政府分流办公室和治安办公室，保障信访机构运行和解决特殊疑难信访问题。拨付市民委清真大寺维修资金，促进宗教事业健康发展。保障2010年对口支援新疆、重庆万州、甘肃建设项目顺利开展，支持对口支援陕西省宁强县、略阳县地震灾后恢复重建工作，促进受援地区经济社会发展。对我市驻外办事处办公设备、办公家具等进行更新，为驻外办事处工作人员提供良好的办公环境。按照国务院安委会及市政府有关规定，启动我市安全监管装备配备建设和安全生产信息系统建设，为事故预防提供科学、快捷的辅助决策支持，进一步加强了我市安全监管工作能力和水平。全力保障2010年上海世博会天津展馆的搭建及日常运转，确保了我市参博工作圆满完成。审核拨付"千

人计划”引进人才资助经费，支持我市引进海外高层次人才，据统计目前我市已资助“国家千人计划”7人，“市级千人计划”33人。

（二）保障政法机关经费需要，维护社会安全稳定

完成2010年度中央及市级政法转移支付资金的分配，并按照政法经费分类保障政策的规定，不断加大对基层公检法司部门支持力度，加强资金的使用管理，保证资金使用效果。自2010年起分3年投入2亿元建设中心城区1500个公安交通视频监控点位，重点支持市公安局开展打黑除恶、打盗抢抓、“亮剑”等专项行动，建设和完善警用地理信息基础平台（PGIS）、情报信息综合应用平台及移动警务信息系统，对收容所建筑物、监控及附属设施进行改造，进一步加强拘押收教场所建设。为法院、检察院系统改善办公、审判条件，更新购置设备，并增加办案经费的投入，促进法院、检察院系统办公办案效率的提高，增强了打击犯罪和办案过程中的快速反应能力。根据公安消防部门灭火、救援等工作需要，追加6000万元用于购置急需的消防装备，提高灭火救援处理突发事件能力显著提升，保护人民群众生命财产安全。支持国家安全机关技术装备建设，为2010年“护城河”二期建设项目提供经费保障，提高我市国家安全机关的综合实力。支持警备区组建天津市民兵“三战”大队，建设后勤战备“两室一库”，加强城镇民兵训练和民兵预备役部队建设。根据武警天津总队维稳、抢险救灾任务的实际需要，重点支持执勤、侦察、处理突发事件、反恐及抢险救灾等装备购置，进一步提升现有装备水平。

二、提高经费管理效能，推进财政科学化精细化管理

（一）深化预算管理改革，严格经费管理

按照市财政局2010年部门预算执行工作的要求，积极推进预算编制改革，进一步完善和细化部门预算编制，提高项目支出预算精细化水平，增强预算编制的可行性。同时，加强预算执行情况、财务管理及资产管理信息的分析，加强预算过程控制，严格新增支出项目审核管理，增强预算的约束力和严肃性。根据年度预算安排和项目实施进度等，加强资金支付管理，做到切实保障支出需要。在预算执行和财务管理中，注重调整优化支出结构，降低行政成本，压缩会议费、购车费、接待费和出国经费等一般性、消耗性支出，集中财力保障事关经济社会发展全局的重大项目。另外，指导帮助市国际航运服务中心、市规划展览馆等单位建立健全财务核算、资金管理和资产管理制度，有针对性地建立创收节支机制。

（二）合理安排资金，支持我市大型活动

对2010年以市政府名义主办、联办或有较大影响的18个重大会议活动经费问题进行了研讨，并提出了解决方案。对夏季达沃斯论坛等规格高、影响大的活动，市财政重点予以支持；对中阿国家合作论坛第四届部长级会议等市场化运作空间较小的活动，市财政适当支持，同时受益地区和部门也应承担部分经费；对津洽会、融洽会等举办多届并已具备较好品牌和影响力的活动，尽可能采取市场化运作方式，大幅度削减市财政补助；对由区县承办的活动，原则上由有关区县负担经费；对新举办的其他类型活动经费，原则上通过市场化运作

解决。同时，加强筹办夏季达沃斯论坛、世界气候大会等重要会议的财务和资产管理，严格控制各项筹办支出，确保重大展会论坛活动的顺利举行。

三、推进财务管理改革，科学制定工作规范

（一）规范民主党派培训经费管理，提高民主党派经费保障水平

为做好我市民主党派思想建设和组织建设，促进各民主党派充分发挥职能作用，提高各民主党派成员履行政治协商、民主监督、参政议政职责的能力和水平，印发了《关于转发财政部〈关于印发中央补助地方民主党派培训经费管理暂行办法的通知〉的通知》，对民主党派年度培训计划、培训经费预算、年度培训工作情况及经费使用情况报告等工作做出详细规定，为做好民主党派经费保障工作、切实提高财政资金使用效益，加强民主党派发展建设提供了制度保障。

（二）严格因公出国（境）管理，坚决制止公款出国（境）旅游

继续贯彻落实《中共中央办公厅、国务院办公厅关于党政机关厉行节约若干问题的通知》，会同市纪检委、市外办、市监察局等有关单位印发《天津市 2010 年制止公款出国（境）旅游专项工作要点》，进一步明确了 2010 年的重点工作，控制因公出国（境）人数和经费，压缩局级及局级以下单位党政干部因公出国（境）人数，落实经费先行审核制度，加强联合审批等具体措施和要求。

（三）积极开展调查研究，支持各项工作开展

会同市人力社保局对公安、司法、信访等部门的相关情况进行了调研，研究制定了我市贯彻落实人民警察加班补贴、信访岗位津贴、司法助理员岗位津贴的具体实施办法，并及时将相关经费拨付。协助市委组织部制定了《天津市人才发展规划纲要（2010～2020 年）》、会同市人力社保局等部门制定了《天津市引进人才管理服务办法》等文件，加强我市人才资源战略规划和开发，着力构建人才新优势，加快人才强市步伐。深入河北区、宝坻区实地考察街乡镇综治信访服务中心建设情况，并提出对困难区县街乡镇综治信访服务中心进行补助的意见，推进基层综合性服务平台建设，维护社会稳定。

（四）组织开展 2011～2012 年党政机关出差和会议定点饭店政府采购工作

根据《财政部关于组织开展 2011－2012 年党政机关出差和会议定点饭店政府采购工作的通知》（财行〔2010〕124 号）和《天津市国家机关出差和会议定点管理办法（试行）》（津财行政〔2007〕43 号），按照“数量适当、布局合理、档次适中、价格优惠、公开公平”的原则，经市财政局推荐，财政部审核同意，我市确定了 2011－2012 年党政机关出差和会议定点饭店 79 家，比上一期增加 14 家，确定出差定点饭店 60 家，比上一期增加 6 家，确定会议定点饭店 74 家，比上一期增加 16 家；三星级及以下饭店 60 家，比上一期增加 8 家，四星级、五星级饭店 19 家，比上一期增加 6 家。在采购过程中，按财政部有关规定，对上一期通过公开招标方式确定的定点饭店，满足续签条件的进行了直接续签，有效节约了

采购成本。另外，定点饭店对党政机关出差、会议的收费标准比对外提供的其他优惠价格更加优惠，并在定点饭店价格表中明确了会议室协议价格必须包含桌椅摆放、照明、音响及饮用水等基本服务，会议室协议价格之外有偿服务的收费优惠幅度不低于招标价格优惠幅度。通过这些措施，提高了财政资金使用效益。

（五）积极做好有关单位“三定方案”和“十二五规划”意见反馈

对有关单位“三定方案”和“十二五规划”等涉及财政工作部分及时反馈意见，促进各单位科学、合理地编制“三定方案”和“十二五规划”。对市安全生产信息中心、市国有资产信息中心、市电子认证中心等机构设立和变动情况进行研究并提出建议，保障有关单位顺利履行工作职能。

四、加强国有资产管理，部署推广资产管理信息系统

为了全面加强行政事业单位国有资产管理，推进行政事业单位资产管理信息化工作，实现对资产的动态监管，按照《财政部关于正式实施行政事业单位资产管理信息系统有关问题的通知》（财办〔2009〕39号）要求，根据“金财工程”建设总体规划，在全市范围内正式部署实施了“行政事业单位资产管理信息系统”，并以资产清查结果为基础数据，对资产实行动态管理，全面、及时、准确掌握资产情况，提高行政事业单位国有资产管理的信息化水平。在组织实施中，确定了组织机构和工作责任，对资产信息化管理情况开展调查，会同有关处室组织专家进行项目论证，并在此基础上制定工作方案，明确了工作步骤和时间要求，对1300多户市级行政事业单位和各区县财政局进行了20多期培训，保证了市区两级行政事业单位系统部署和数据收集工作的顺利开展。

（撰稿人：蔚勇）

财政经济建设和企业财务管理

2010年，我市财政经济建设和企业财务管理工作以科学发展观为指导，全面贯彻落实中央和市委有关会议精神，按照市委、市政府工作部署，深入开展“解难题、促转变、上水平”活动，充分发挥财政职能作用，积极支持经济发展方式转变，切实帮助企业解决困难，全力为企业搞好服务，努力促进我市经济又好又快发展。

一、充分发挥财政职能作用，支持经济发展方式转变

1. 加大财政资金对重点项目支持力度。认真贯彻落实市委、市政府《关于调结构促转变增实力上水平促进经济发展的30条措施》，积极为企业发展筹措资金，充分利用工业企业发展资金、技改贴息资金、科技创新专项资金、节能专项资金、高新技术产业化等专项资金，增加对重点项目的支持力度，累计拨付资金7.9亿元，支持的主要项目包括：市重大工业项目54项，重点工业技术改造项目28项，重大科技创新项目16项，科技项目1350项，高新技术产业化项目16项，6个都市工业园，50个市级企业技术中心研发项目，软件企业发展项目36项，循环经济项目12项，工业企业节电项目50项，节能项目95项。

2. 组织服务组深入企业开展“解难题、促转变、上水平”活动。服务组深入武清地毯民营经济园等9家项目单位，了解项目进展情况，听取项目单位意见，帮助企业解决实际困难15项，更好地服务企业、服务项目。

3. 加强财政资金管理，研究制定管理办法，提高资金使用效益。一是制定了《天津市地方特色产业中小企业发展资金操作办法》。二是会同市经信委制定了《天津市软件产业发展专项资金使用管理办法》。三是配合市科委研究拟定《天津科技金融改革创新实施方案》。四是配合市知识产权局研究制定了《2010年天津市专利申请资助办法》，拟定了专利奖评奖办法。

4. 支持土地收购中心工作，推动相关地块收购、整理、盘活，解决企业实际困难。一是就土地收购中心请示，对低压电器公司、纺织集团所属丝绸工业园、一轻集团所属造纸四厂、造纸五厂，以及鑫亚丝织厂等地块提出有关处理意见。二是协助土地收购中心办理向天津银行借新还旧贷款7亿元和贷款担保3亿元，缓解了土地收购中心资金周转困难。

二、积极支持中小企业加快发展，活跃壮大我市经济

1. 为贯彻落实《中共天津市委天津市人民政府关于加快科技型中小企业发展的若干意

见》，推动全市科技型中小企业加快发展，市财政局会同市科委制定了《天津市科技型中小企业发展专项资金使用管理办法》。同时，为落实加快科技型中小企业发展政策，做好科技型中小企业发展专项资金筹集、使用和管理工作，2010 年 10 月份，市财政局经建一处召开财政系统加快科技型中小企业发展专题工作座谈会，对《天津市科技型中小企业发展专项资金使用管理办法》进行了讲解，对下一步工作安排进行了部署。

2. 积极支持我市中小企业融资担保、信息服务、市场开拓、管理咨询等公共服务平台建设和外部环境建设。利用财政资金以业务补助、资本金投入等方式，支持 28 户中小企业担保机构和 14 个中小企业服务机构为中小企业提供公益性服务。研究我市争取到的中央外贸企业担保资金使用方向，加快我市担保机构发展。完善中小企业社会化服务体系，形成鼓励创业、支持创业的良好氛围。

3. 推动我市中小企业上市，拓展企业融资渠道。支持赛象科技、力生制药、九安医疗等 6 家中小企业成功上市，支持长荣印刷、狗不理集团上市进程。

三、促进循环经济发展，推动节能减排和污染源治理，加快生态城市建设

1. 我市被列入国家新能源汽车试点城市。2010 年 3 月份，财政部等四部委考察了我市新能源汽车产业，并在我市召开“扩大节能与新能源汽车推广工作座谈会”。考察期间，四部委充分肯定了我市发展低碳经济、加快新能源汽车研发生产取得的成绩。通过积极争取国家部委支持，6 月份我市被列入国家扩大节能与新能源汽车推广试点城市，这对推动我市节能与新能源汽车技术进步和产业化，加快汽车产业结构调整升级，促进节能减排具有重要意义。

2. 我市中新生态城被列入国家光伏发电示范区。为推动节能减排和清洁生产，加快我市能效市场建设，促进合同能源管理等节能服务业发展，通过积极争取国家部委支持，在 2010 年 11 月金太阳示范工程项目中，我市中新生态城被列入全国首批 13 个光伏发电集中应用示范区之一，装机容量 12328 千瓦，占总装机容量的 7.22%，在 13 个示范区中名列第七。在合同能源管理方面，2010 年我市争取中央财政合同能源管理奖励资金 0.8 亿元，占全部奖励资金总额的 6.8%，与北京市并列全国第一。

3. 加快第一热电厂关停。为贯彻落实国家节能减排和淘汰落后产能政策，按照市政府工作部署，市财政局积极配合市发改委等部门做好第一热电厂关停和陈塘庄热电厂搬迁有关前期工作。

4. 加快污染源治理，启动铬渣治理工程。为推动同生化工厂 40 万吨铬渣治理工程正式启动，解决多年遗留的铬渣污染问题，市财政局积极配合市经信委完成了项目可行性方案论证，采用“铬渣回转窑干法解毒工艺技术”对堆存的铬渣进行无害化处理，并委托有关部门完成了项目投资评审工作，会同市环保局下达了一期资金 5000 万元，正式启动铬渣治理工程。该项目的顺利实施，将彻底解决铬渣对周边环境和地下水资源的污染，推动我市生态宜居城市建设。

5. 完成高效照明产品推广任务。与市经信委配合，完成了国家下达我市 500 万支高效节能照明产品推广工作和节能空调器的核查任务；审核老旧汽车报废车辆 678 部，拨付补贴 713 万元，促进了我市老旧汽车及时报废、回收、拆解，加快车辆更新。

四、支持民心工程建设和城市公用事业发展，使群众分享经济发展成果

1. 支持老年人免费乘车民心工程顺利实施。为做好老年人免费乘车工作，市财政局承担了老年人免费乘车“敬老卡”的制卡费用，已累计拨付制卡经费2396万元，为全市适龄老年人免费发放“敬老卡”135.6万张。2010年对承担免费乘车的公交企业拨付财政补贴5000万元，有力地支持了老年人免费乘车民心工程顺利实施。

2. 支持出租车更新民心工程顺利实施。为提升我市出租车车辆档次，鼓励出租车更新，为群众出行提供更良好的乘车环境，从2008年至2010年底，市财政局累计拨付财政补贴5.08亿元，支持出租车更新2.7万部，全市出租车档次极大提升，市民乘车环境有了较大改善，出租车行业精神面貌及服务水平进一步提高。

3. 支持燃气、自来水旧管网改造民心工程顺利实施。为进一步改善我市居民供气、供水条件，近年来市财政局每年安排专项资金4000万元，支持燃气、自来水旧管网改造。2010年共改造燃气旧管网200公里，户内管防腐加固及更新改造5万户；居民户内自来水旧管网改造6万户。通过集中改造，管网抢修率、泄漏率逐年下降，水质、水压明显改善，有效杜绝了恶性事故发生，确保了居民用水、用气安全稳定。

4. 安排供热补贴，确保我市冬季供热稳定。我市供热企业因价格倒挂及2009年延长供暖时间等造成行业普遍亏损。解决供热企业亏损问题，应进一步理顺价格、提高收费率和加强成本控制。为缓解供热企业困难，并考虑到2010年调整供热价格难度较大，供热企业历史包袱较重，2010年市财政安排供热补贴1.2亿元，对锅炉房等住宅供热企业给予补贴，确保我市供热稳定，居民温暖过冬。

5. 合理分配资金，确保我市公共交通稳定运营。在按月及时拨付公交、地铁运营补贴资金的同时，一是为妥善解决城乡客运市场矛盾，拨付公交集团专项补贴683万元，用于对津塘线108部个体客运经营权实施收购；安排交通集团专项补贴400万元，用于对津京线46部个体客运经营权实施收购。二是做好油价补贴工作，及时拨付2009年油价补贴清算资金。同时，为保持油价补贴政策的连续性，在中央财政2010年油价补贴资金到位之前，市财政对全市公交企业和出租车行业先行垫付油价补贴4.91亿元，切实减轻了有关经营者负担，确保了客运行业运营稳定。

6. 支持天津机场加快发展。审核拨付航线补贴资金2750万元，对16家航空公司21条新增航线给予补贴，吸引国内外航空公司来津发展，提高天津滨海机场的国际竞争力。

五、认真做好我市开展的国有资本经营预算前期工作

建立国有资本经营预算制度，对增强政府的宏观调控能力，完善国有企业收入分配制度，推进国有经济布局和结构的战略性调整，集中解决国有企业发展中的体制性、机制性问题具有重要意义。按照《国务院关于试行国有资本经营预算的意见》（国发〔2007〕26号）和《关于编制2011年中央预算和地方预算的通知》（国发〔2010〕39号）以及财政部有关文件要求，为抓紧推进我市国有资本经营预算工作，市财政局会同市国资委向市政府上报了《市属企业试行国有资本经营预算的意见》。该意见已经市政府第53次市长办公会原则通

过，2010 年底，市政府颁布了《关于我市市属企业试行国有资本经营预算的意见》，明确了国有资本经营预算的收支范围和组织实施，决定从 2011 年起，对我市市属企业收缴国有资本收益。

六、加强财政企业基础性工作，服务我市经济发展

1. 加强财政企业信息管理和分析工作，为领导决策提供依据。一是加强对我市 120 项重大工业项目和 55 项自主创新产业化项目财务信息管理，对项目运行情况和经济效益情况及时汇总分析。二是充分利用财政资金对企业发展的支持手段，进一步扩大快报的编报范围，加强对企业财务信息的收集、汇总和对经济运行情况的分析工作，组织召开了企业经济运行分析座谈会，总结企业生产经营状况，分析经济运行中存在的矛盾和问题，进一步完善支持企业发展的政策措施。三是完成了 2009 年度全市国有及城镇集体企业的年度会计决算报表的汇审和年度财务决算分析报告，顺利通过财政部决算汇审，市财政局 2009 年度企业财务会计决算工作获得财政部通报表彰；同时对 2010 年度全市国有及城镇集体企业的年度会计决算工作进行了布置。四是建立天津市企业财务会计信息网络系统，进一步提高我市企业信息报送质量。

2. 加强资产评估行政管理，规范资产评估行为。一是按照财政部有关要求，对我市资产评估机构报送的年度报备材料进行审查，加强评估行业诚信建设和自律管理，加强证券评估机构后续管理。二是按照科技部、财政部有关规定，审核我市中介机构参与高新技术企业认定工作，经审验，我市 50 家事务所合格，变更或注销认定工作会计师事务所 5 家。三是完成 9 家资产评估机构变更备案及 2 家评估机构设立审批工作。四是配合有关部门做好 53 家破产企业清算工作，向财政部上报了我市 1999 年以来涉及中央及中央下放地方政策性关闭破产企业移交办社会职能有关情况。五是按照财政部要求，会同市注协完成了我市资产评估行业质量检查工作，并就检查工作进行全面分析总结，形成报告上报中评协。六是会同有关部门对 2010 年 155 家高新技术企业开展评审认定工作。

3. 做好“两会”建议提案办理工作。按照市政府和市财政局对“两会”建议提案办理的要求，高度重视建议提案办理工作，把建议提案的办理工作与深入开展“解难题、促转变、上水平”活动结合起来，与充分发挥好处室职能作用结合起来，切实把办理工作抓紧、抓实、抓出成效。对于承办的建议提案落实到人，对重点、难点问题认真开展调研。坚持“三走访”工作制度，加强与人大代表和政协委员的沟通联系，虚心听取代表、委员对办理工作的意见，有的放矢地研究和答复问题，努力提高办件质量和效率，圆满完成了 27 件建议提案的办理工作，代表、委员满意率达到 100%。

（撰稿人：李顺福）

经济建设财政财务管理

2010 年是实施“十一五”规划的最后一年，是推动天津在高起点上实现新发展、再上新水平的关键一年。按照全局工作部署，结合工作实际，市经济建设财政财务管理部门认真贯彻落实市委市政府关于“解难题、促转变、上水平”活动要求，进一步增强忧患意识和责任意识，开拓创新、攻坚克难，充分发挥财政职能作用，创造性地开展工作，努力做好财政、财务工作，促进经济结构调整和发展方式转变；坚持依法理财，调整优化支出结构，从严控制一般性支出，切实保障和改善民生，加强科学化精细化管理，进一步提高财政资金使用效益和管理服务水平，各项工作取得新的进展。

一、粮食风险基金

2010 年财政部核定我市粮食风险基金最低规模为 15744 万元，其中：财政部补助 2000 万元，地方自筹 13744 万元。当年实际安排支出预算 43021 万元，其中：粮食风险基金补助 2000 万元；对种粮农民综合补贴 24559 万元；地方实际自筹 16462 万元。地方实际自筹比核定的地方自筹最低规模 13744 万元多到位 2718 万元。

2010 年我市粮食风险基金实际支出 40703 万元，主要用于以下几个方面：地方储备粮油利息费用补贴 14584 万元；地方储备粮轮换费用补贴 649 万元；对种粮农民综合补贴 24412 万元；拨付各区县风险基金配套款 1058 万元。

二、商贸、旅游、服务等行业专项资金

2010 年市财政预算安排商贸、旅游、服务等行业专项资金 30300 万元，安排及使用内容如下：

1. 安排商业发展基金及市场开拓基金资金 5300 万元，用于我市 10 条特色商业街建设、10 个大型批发市场建设、25 个菜市场建设、6 条早餐特色街建设、6 条商业街道综合业态调整、农超对接龙头企业配送中心建设和 10 个国内大型会展节庆活动补助。通过上述商业项目建设，推进了天津市城市商业面貌的总体提升，丰富了我市居民文化生活；同时促进了我市大型交易市场的建设，改善了购买生鲜食品以及早点就餐的环境，使广大居民群众放心消费的需求得到了满足。

2. 安排服务业专项资金 5000 万元，主要用于我市服务业的规划，完善我市现代服务业

体系、促进我市新兴服务业的发展。通过财政专项资金的使用，优化了服务业空间布局，消除了体制机制障碍，推进了服务业规模化、品牌化、网络化，全面提高了我市服务业增长的质量、效益和水平，增强了服务业的经济拉动作用。

3. 安排国内招商引资专项资金 500 万元，主要用于我市对外埠招商引资费用支出及对有关部门和各区县招商引资工作的奖励。通过财政资金的使用充分调动全市各部门、各区县招商引资、服务企业工作的积极性，增强了我市利用内资工作的整体优势。

4. 安排服务外包专项基金 5000 万元，主要用于服务外包企业录用应届大学生的知识培训、企业职工培训、企业国际资质认证和园区建设等项目。

5. 安排出口发展基金 10000 万元，主要用于出口信用担保、贷款贴息、出口奖励、扶持我市名牌产品出口、招商引资和开拓国际市场等项目。

6. 安排旅游发展基金 4500 万元，主要用于旅游产品宣传促销、旅游规划的编制和旅游资源的整合开发等项目，促进了我市旅游业的发展。

三、副食品市场风险基金的管理使用

2010 年我市食糖、食盐、猪肉、鸡蛋、蔬菜五个重点商品的储备等费用支出 4464.7 万元，主要用于以下几个方面：食糖储备 4000 吨，储备费用支出 99.7 万元；食盐储备 4000 吨，储备费用支出 71 万元；猪肉冻肉储备 7000 吨，储备费用支出 1194 万元；鸡蛋储备 100 万公斤，储备费用支出 100 万元；蔬菜储备 15000 吨，储备费用安排预算 3000 万元。

四、埃及苏伊士经贸合作区资助资金

2010 年度市财政分别安排我市承建的埃及苏伊士经贸合作区建设补助资金 1700 万元，专项用于鼓励和支持我市优势企业积极参与埃及苏伊士经贸合作区投资建设。另外，向商务部、财政部申请境外经济贸易合作区发展资金 12680 万元，获得中央专项资金 5702 万元，并及时将资金拨付到项目单位。

另外，在外商投资企业财政管理方面，认真审核各区县财政局报送的企业再投资退税申报材料，对符合条件的企业及时进行批复，积极配合预算部门做好企业再投资退税工作。

（撰稿人：赵宗纯）

基本建设财务管理

2010年天津市财政局基本建设财务管理部门在局党组的正确领导下，深入贯彻党的十七大、十七届五中全会和市委九届八次全会精神，落实市委、市政府的各项工作部署，按照构建和谐社会和完善公共财政体系的要求，用科学发展观统领财政经济建设工作全局，并结合“解难题、促转变、上水平”活动，牢固树立服务意识，不断夯实基础工作，特别是在基本建设项目财政财务管理方面加强监管，充分发挥财政职能作用，进一步提高了财政经济建设工作水平。

一、严格资金支出预算管理，及时拨付各项资金

基本建设支出预算是国家管理基本建设，实施宏观调控及建立公共财政框架和运行机制的重要手段，是拨付各项建设资金的依据。为此，基本建设财务管理部门积极加强财政性资金支出预算管理，严格按照支出预算和基本建设程序拨付各项资金。截至12月底，累计下达支出预算181.73亿元，累计拨付各类资金170亿元，完成年度支出预算的94%。

二、规范基建财务管理，继续推行国库集中支付

规范政府投资项目的基建财务管理是财政部门的重要工作。2010年基本建设财务管理部门继续加强基建财务管理工作，在银行开户、会计制度、会计核算、资金拨付以及财务报表等方面进一步理顺程序、规范手续，使各主管部门及建设单位的基建财务核算水平较去年有了大幅提高。

同时，根据市局国库支付制度改革要求，继续在政府投资基建项目中推行国库集中支付和网上授权支付，将各类建设资金及时拨到各用款单位，保证了资金专款专用。2010年，基本建设财务管理部门又将河东法院、南开法院、西青看守所、养老院等多个新项目纳入国库集中支付范畴。截至12月底，在建基建项目纳入国库集中支付方式达到176个，通过集中支付拨付资金4.7亿元。

三、加强工程预结算审查，节约财政资金

对政府投资项目进行投资评审是财政部门的重要职能，包括概、预（结）算审查及标底编制

和审定等内容。特别是对二批市容环境整治、天宾商务中心、迎宾馆改造、三河三湖水污染防治、永定新河等市重点项目加强了审查工作，节约了财政资金。截至12月底，委托财政投资评审中心及部分中介机构编制竣工财务决算131项，编制金额151.45亿元。委托评审项目212项，送审金额134.11亿元，审定金额123.96亿元，审减金额10.15亿元，审减率7.7%。

四、加强内部制约机制管理，规范程序，做好项目招标和设备的政府采购工作

对基本建设项目实施招投标和政府采购，能够切实提高采购质量和节约建设资金。为加强内部相互制约机制，防止腐败现象的发生，安排专人负责招标和政府采购监督工作，实现公开、公平、公正阳光下的招标、采购。在保证质量、不超预算的情况下，采购到“物美价宜”的设备材料，节省了财政资金。截至12月底，已完成工程招投标和政府采购130多项，预算金额41.25亿元，中标金额40.05亿元，节约资金1.2亿元。

五、积极筹措资金，加强重点项目资金监管，确保项目顺利实施

为保障政府投资项目顺利进行，市财政部门在立足服务的同时加强对项目的全过程管理，包括参与项目的前期审查，参与建设项目招投标，对基建设备材料实施政府采购，审查各类合同协议，对工程预、结算进行审查，对项目拨款依据合同按建设进度支付，以及建设项目竣工后及时办理项目竣工财务决算等。

在我市市容环境整治、文化中心建设、天滨商务中心以及迎宾馆改造过程中，基本建设财务管理部门按照局领导的指示，发扬“五加二，白加黑”的精神，积极筹措资金，并配合有关部门做好资金管理工作。在资金的使用和管理过程中，针对整治范围广、项目多、时间紧、标准高的特点，及时制定了资金管理办法，建立起严格的资金审批程序，规范资金的审批、使用、支出、结算流程，确保资金使用安全、规范、高效。

特别是2010年市容环境综合整治工程，该工程总投资约51亿元，其中筹集市级财政资金21亿元，建设内容包括整治道路300条、市政道路大中修72条、桥梁改造10座、桥梁粉刷油饰及灯光等景观工程51座、里巷道路改造86片、提升改造公园14个、新建绿地645万平方米、整治社区350个、平改坡235栋、道路提升整治交通设施184条、施划标线399万延米、更换信号灯60处、更换标志牌894面、安装防撞设施3282个、路灯杆油饰和更换4836基、道路安装马路家具214条、安装夜景灯光804栋、新建改造环卫设施33处及购置环卫车辆及清融雪车辆等工作。截至2010年底，各项工程正在顺利实施中。

另外，其他各项重点工程，如：河北省引滦水源保护工程、地铁二三号线工程、天津西站枢纽工程、工业大学和师范大学新建大运会体育馆工程均已全面启动，奥体水上中心工程、南水北调市内工程、永定新河防潮闸等市重点工程进展顺利。

六、加强服务意识，保证援建工作顺利实施

根据市委市政府的部署，积极开展对口支援陕西省宁强县、略阳县的援建工作。按照市

政府要求，积极筹集安排灾后重建资金20.37亿元，目前按照框架协议，我市对口援建项目共295个，所有项目现已全部竣工并集中移交使用，此举极大地改善了两县的基础设施状况，提高了公共服务水平，受到了当地政府及百姓的一致好评。

在资金管理上，遵照高丽书记“要精打细算，用好资金，圆满完成灾后重建任务，让群众满意”的指示，基本建设财务管理部门始终把管好、用好援建资金放在首位，先后制订了《天津市对口支援陕西省抗震救灾专项资金管理及监督试行办法》等15个规范性文件，规定所有天津援建项目严格实行专账、专户管理，确保专款专用，形成一套行之有效的资金控制监督管理体系，保证了对口支援资金高效、安全、合理、规范地运行。

经过两年的奋斗，我市实现了“三年任务两年完成”的目标，圆满完成了对口支援陕西省地震灾后恢复重建工作。

七、推广可再生能源在建筑中的应用，建设示范工程

为推动可再生能源在建筑中应用示范，促进可再生能源在建筑领域规模化应用，按照财政部、住房和城乡建设部《关于加强可再生能源建筑应用示范管理的通知》（财建〔2007〕38号）文件要求，会同有关部门积极推广应用示范工作。截至2010年末，我市共争取可再生能源示范项目共安排资金1.17亿元，以后将努力做好可再生能源建筑应用示范资金及项目的监督管理，确保专款专用，为建设生态城市做出贡献。

八、贯彻国家节能减排，积极加强国家机关办公建筑以及大型公共建筑节能监管体系建设和既有建筑节能改造工作

2010年，按照市政府批转的《天津市国家机关办公建筑和大型公共建筑节能监管体系建设实施方案》要求，市财政部门会同市建交委继续实施大型公建监测试点工作，在全市范围内又遴选了425栋建筑作为监测试点，各项施工已完成，正在组织验收。

另外，按照市政府批转的《天津市1300万平方米既有居住建筑供热计量与节能改造实施方案》，市财政部门会同市建委继续实施既有建筑节能改造工作，已完成1300万平方米的供热计量与节能改造任务，通过改造使原有建筑保温性能大幅提高，达到了二步乃至三步节能标准，深受百姓好评。

九、积极争取中央水污染治理及污水管网以奖代补专项资金，改善我市生态环境

随着我市工业化的发展，近郊区县城镇化加快，城市污水排放量越来越大，严重污染环境。为此，市财政部门近年积极争取中央水污染治理专项资金5.5亿元，污水管网以奖代补资金1.59亿元，利用专项资金对我市城市再生水、污水集中处理工程、污水配套管网进行建设，并引导多元化资金投入，拉动了社会和地方对污水处理项目的直接投资。项目运行后，将大大降低城市污水对天津市市区水系的污染，并恢复已破坏的生态环境。

十、加强监督管理，及时拨付中央扩大内需资金并落实地债发行工作

为贯彻落实中央扩大内需促进经济平稳较快发展的决策部署，市财政部门会同市发改委、市建交委及各有关单位，加快推进扩大内需中央投资项目建设，及时拨付各项资金，积极落实地方配套资金，确保扩大内需促进经济增长政策的顺利实施。全年共下达我市扩大内需中央投资项目288个，安排中央资金33.98亿元，并均已拨付到位，配套资金也全部落实，保障了项目建设顺利实施。

十一、加强对区县财政和项目建设单位搞好基建财务管理业务培训工作，提高会计核算和项目管理水平

加强对区县财政和项目建设单位基建财务管理工作是市财政部门重要工作之一。全年组织区县财政召开了几次工作座谈会，讨论交流区县财政部门如何实现财政基建财务管理职能，加大监管力度，并对区县基建项目管理人员和项目建设单位主管会计分别进行了培训，有效地提高了区县工作人员和项目建设单位主管会计的基建财务管理和会计核算水平。同时，结合一些具体项目，深入到区县了解情况，帮助区县财政基建主管人员严格按照基本建设程序监督资金的使用，保证了财政性资金的合理使用，同时也提高了他们的服务管理水平。对项目主管会计随时进行辅导，帮助项目单位建账建制，做好日常的账务处理工作，为搞好项目竣工财务决算奠定了基础。

十二、加强处室建设，提高干部素质

在抓好业务工作的同时，注重加强干部队伍建设，促进部门内部工作协调发展。一是加强实事政治理论学习，以科学发展观为统领，增强部门内部工作人员的紧迫感和使命感，发挥政府部门公共服务意识，为社会经济发展做出贡献。二是常抓不懈，确保实效，搞好党风廉政建设，提醒干部要警钟长鸣，廉洁奉公，不徇私情，秉公办事，切实以自己的实际行动，为经济建设工作健康发展提供良好的环境。三是认真落实局党组工作部署，进一步加强机关处室建设，为做好本职工作奠定更坚实的基础，展现良好的处室风貌。

（撰稿人：严军）

非税收入管理

2010年，财政综合规划部门按照科学化精细化管理要求，夯实工作基础，完善工作机制，突出工作重点，认真开展财政“十二五”规划的编制工作，大力组织非税收入，积极支持住房保障体系建设，努力筹集重点基础设施项目建设资金，清理和取消行政性收费项目，实施公务员津贴补贴，加强彩票市场监管，圆满完成了各项工作任务。

一、积极开展天津市财政“十二五”规划编制工作

按照市委、市政府的统一部署，2010年财政综合规划部门有步骤地开展财政“十二五”规划的编制工作。财政“十二五”规划编制任务由综合规划处牵头，财政科研所、局办公室、预算处等部门协同配合共同承担。局领导高度重视，福刚局长亲自指导和修改稿件，其他各位局领导给予了极大的关注和支持，提出了很好的修改意见；机关各处室积极配合，提供了大量的编写素材。在局领导的亲自指导和各处室的大力配合下，经过反复修改，数易其稿，至2010年底初步形成了《财政发展“十二五”规划》讨论稿，并先后提交局长办公会议和局务会议进行了讨论。下一步，财政综合规划部门将根据市委九届九次全会精神，参考财政部、国家税务总局以及市发改委编制的“十二五”规划，继续修改完善《天津市财政发展第十二个五年规划》，力争高质量完成编制任务。

二、加强财政经济运行情况分析

认真做好财政经济运行情况分析工作，注意加强与市发改委、统计局等部门沟通联系，及时搜集和积累我市宏观经济运行数据等信息资料，关注财政政策执行对促进我市经济发展的积极作用，加强分析内容的时效性和可参考性，努力提高分析预测能力和水平，在2010年全国财政综合系统评比中，我市财政经济运行分析工作荣获一等奖。

三、认真做好非税收入组织工作

一是加强非税收入征管。2010年综合规划处会同财政征收局紧紧抓住宏观经济形势向好的有利时机，全力组织非税收入，加大征管力度，加强对土地出让金、海域使用金以及大配套费等大项收入的监控，及时了解掌握收入解缴情况。本着“抓大不放小”的原则，严

格执行非税收入政策规定，加大对执收部门的监督检查力度，杜绝执收部门随意减免、降标收费等不规范行为，确保应收尽收。在组织收入过程中，注意加强收入分析工作，及时研究组织收入过程中出现的新情况、新问题，制定应对措施。经过积极努力，2010 年共组织市级非税收入 293.6 亿元，完成年度预算的 146%，同比增长 55.9%，为全市财政收入任务的完成做出了积极贡献。

二是继续推进非税系统信息化建设。把非税系统信息化建设工作作为加强非税收入收缴管理、深入挖掘增收潜力的重要措施。截至 2010 年底共有 50 个委局、375 家市级预算单位应用了非税收入收缴管理系统，确保了收入的及时入库。为充分利用非税系统采集的大量业务数据，财政部综合规划部门进行了数据分析利用项目开发，解决了数据查询分析与日常业务处理的矛盾，提高了数据利用率。为进一步强化财政票据管理，开发了票据管理信息系统，将财政票据领购流程全部纳入信息系统管理，初步实现了财政票据管理电子化，充分发挥票据在财政管理中的重要作用。

四、积极筹集住房保障资金，加强公积金监管

一是积极筹集住房保障建设资金，支持住房保障体系建设，努力满足城市低收入困难家庭基本住房需要。2010 年共筹集了住房保障资金 10 亿元，有力地支持了住房保障建设。

二是加强住房公积金增值收益收支预算管理，监督住房公积金管理中心将住房公积金增值收益扣除贷款风险准备金后的余额全额上缴财政，实行“收支两条线”。

三是加强住房公积金管理机构经费管理。严格执行预算管理制度，按照年度预算安排及时拨付机构工作经费，保证其履行职能资金需要。

四是严格控制住房公积金缴存比例和缴存基数，完善网上监管系统，将 2010 年住房公积金缴存基数严格控制在三倍工资之内。

五是配合有关部门出台 2010 年公积金缴存额调整以及公积金提取、贷款的相关政策，进一步增强职工使用公积金贷款的能力。

五、认真做好土地出让金和海域使用金收支管理工作

一是研究制订土地出让金的增收措施，促进收入增长。会同市国土房管部门加大地块宣传招商力度，积极培育土地市场；认真执行土地出让金管理规定，严格控制收入减免；完善土地整理储备预算审核和收益评估制度，加强土地整理成本控制；严格履行出让合同，加强出让金征收管理。经过积极努力，2010 年共组织市级土地出让政府收益收入 134.7 亿元，同比增长了 97%。

二是严格土地出让金支出管理。根据土地出让金支出管理规定，按照年度预算安排以及项目建设进度及时拨付资金，有力支持了地铁、高铁、城市快速路等重点基础设施项目建设，保障了开发银行大额贷款还本付息资金需要。

三是加强海域使用金征收工作。进一步完善海域使用金收入征缴系统，确保海域使用金收入及时足额入库，2010 年共组织海域使用金收入 13.8 亿元，完成了全年预算的 138.7%，为滨海新区开发建设提供了资金支持。

六、继续做好收费项目清理和年检工作

一是清理取消收费项目。为全面贯彻落实市委九届七次全会精神，切实减轻企事业单位负担，根据市委、市政府制定的《调结构促转变增实力上水平促进经济发展的30条措施》，市财政局会同有关部门对全市的行政事业性收费项目进行了全面清理审核，停征一级收费项目2项，取消2级收费项目13项，全年减少收入近2000万元，全市行政事业性收费项目由上年71项减少为69项。为保持和巩固清理整顿行政事业性收费的工作成果，市财政局、市物价局、市政府法制办将保留的行政事业性收费项目统一汇编成《天津市2010年行政事业性收费目录》，并在天津市行政许可中心等地点免费向社会发放，接受社会监督。

二是落实收费基金减免政策。为保证我市校舍安全工程建设顺利实施，按照财政部、国家发展改革委《关于免收全国中小学校舍安全工程建设有关收费的通知》和《关于免征全国中小学校舍安全工程建设有关政府性基金的通知》精神，对我市中小学校舍安全建设工程免收了中央和地方设立的17项收费和10项政府性基金。

三是强化收费检查监督。按照《财政部 国家发展改革委关于清理规范涉企行政事业性收费的通知》要求，财政综合规划部门会同市发展改革委（市物价局）在全市范围内组织开展了涉企行政事业性收费项目的清理规范工作，强化了收费项目审批，加强了收费资金的管理，并就我市批准设立的涉企行政事业性收费项目提出了清理意见。配合市减负办开展了减轻企业负担专项检查，把减负政策措施落到实处。配合市纪检委、市教委等部门开展了义务教育改制学校检查和教育收费检查，进一步规范教育收费管理。

四是全面开展收费年检。结合清理整顿行政事业性收费项目，财政综合规划部门会同市物价局在全市范围内组织开展了行政事业性收费年度审验工作。对已明令取消的收费项目由物价部门注销《收费许可证》，财政部门收回《票证领用薄》。通过收费年检，纠正了擅自设立收费基金项目、调整收费基金标准、不按规定领取和使用行政事业性收费票证、收费资金应缴未缴或不及时足额上缴财政预算和财政专户、票据混用、以行政事业性收费票据代替税务发票漏交税款等问题，进一步规范了收费管理，严肃了财经纪律。

七、启动并实施第三步规范公务员津贴补贴工作

按照市委、市政府统一部署，2010年我市正式启动第三步规范公务员津贴补贴工作。财政综合规划部门会同市人力社保局等部门组成工作组，采取集中办公方式，加班加点完成了市级单位津贴补贴资金测算任务，并将市级各单位的津贴补贴资金及时拨付到位。同时，对各区县报送的第三步规范公务员津贴补贴方案进行认真的审核，圆满完成了全市第三步规范公务员津贴补贴实施任务。

八、加强对彩票市场的监督管理

一是加强彩票管理的制度建设。为进一步加强我市体育彩票公益金的管理，根据财政部制定的《彩票公益金管理办法》，会同有关部门积极研究制定我市相关管理规定。印发了

《关于转发〈财政部关于做好逾期未兑付彩票奖金征收上缴工作的通知〉的通知》（津财综〔2010〕35号），要求彩票销售机构将逾期未兑奖的奖金，按照中央与地方各50%的比例，纳入彩票公益金管理。

二是按照《彩票管理条例》和财政部有关加强彩票发行销售管理的要求，严格对各类彩票游戏规则的初审，切实加强彩票发行销售的管理，从源头上防范、控制彩票发行销售风险。

三是强化了彩票公益金使用管理。本着“取之于民、用之于民”的原则，合理安排使用好彩票公益金，加大对区县养老福利公益事业和体育场馆建设改造资金投入力度，增加了新增养老机构一次性建设补贴、社会办和公建民营养老机构床位运营补贴，有力支持了我市福利和体育事业的发展。

九、积极争取中央财政专项资金支持

2010年，为了争取国家给予我市住房保障、海域使用金和矿产资源保护方面的资金和政策支持，财政综合规划部门主动前往财政部汇报工作沟通情况，经过积极努力，全年共争取到财政部专项补助资金5.4亿元，为我市相关项目建设提供了有力的资金支持。

十、深入开展调研，制定相关管理办法

一是研究制定停车设施专项引导资金管理办法。为改善我市交通环境，解决中心城区停车难问题，根据市政府印发的《天津市机动车停车场管理办法》（津政令第25号）和《关于推进我市停车设施规范有序发展的意见》（津政办发〔2010〕66号），研究制定了《天津市停车设施专项引导资金管理办法》，将停车场易地建设费、停车设施特许经营权拍卖收入等纳入停车设施专项引导资金范围，统筹用于停车设施建设。研究开征了停车场易地建设费，对我市改扩建的公共建筑、商业街区、居住区、大（中）型建筑等，确因场地等条件所限，难以按规定配建、增建机动车停车场、停车泊位的，收取停车场易地建设费，专项用于公共停车场的建设运营。

二是开展我市浅层地热能利用政策调研工作。财政综合规划部门与财政科研所会同市国土房管局开展了浅层地热能勘查、开发利用、管理职责、扶持政策以及资金管理使用等方面的调研，通过学习借鉴外省市的经验和做法，力争使我市浅层地热能利用在节能减排、低碳生活和提供清洁能源方面起到先行先试示范作用。

三是配合有关部门研究制定公共租赁房管理暂行办法。结合国家七部委发布的《关于加快发展公共租赁住房的指导意见》，针对我市住房保障体系建设方面存在的问题，进行广泛调研，在此基础上配合市国土房管局研究制定了《天津市公共租赁房管理暂行办法》。

四是认真做好水价调整测算，积极为南水北调工程基金筹集资金。按照国家和市政府关于南水北调工程基金和市内配套工程资金筹集方案，财政综合规划部门积极配合市物价局做好水价调整测算工作，经市政府批准，2010年4月1日出台了水价调整方案，从而为南水北调工程积极筹措建设资金。

十一、认真做好预算批复和大额支出项目绩效评价工作

一是及时批复年度收支预算。按照《关于编制2010年行政事业性收费和政府性基金收支预算的通知》要求，根据各单位历年收入情况和可预见的增减变动因素，在充分考虑国家和我市出台的收费政策调整情况下，通过对单位年度收入经济性、政策性、管理性因素的分析、测算，并根据各单位履行的职责、事业发展目标和现有公共资源的配置情况，按照统筹兼顾和保证重点的原则，及时审核批复了综合规划处分管单位的收支预算。在预算执行过程中，严格按照预算和支出进度拨款，积极为用款单位做好服务。

二是做好2011年收支预算编制准备工作。根据《天津市标准周期预算管理办法》和《市级单位行政事业性收费政府性基金支出管理办法》，结合综合规划处分管单位实际情况，印发了《关于编制2011年行政事业性收费收支预算的通知》，要求各单位本着量入为出的原则，认真编制好2011年收支预算，以保障单位履行职能和事业发展的需要。

三是认真做好大额支出项目绩效评价工作。积极配合有关处室开展对全市住房保障资金的绩效评价，分析资金使用过程中好的做法和不足之处，不断提高资金使用效益。

十二、认真开展权利梳理和清理规章规范性文件工作

一是认真开展权力梳理，制定工作规则。按照局党组《关于开展权力梳理监督定位流程规范工作的实施方案》（财党组〔2010〕15号）要求，结合综合规划处的工作实际，对每个岗位所拥有的权力事项进行全面梳理，在梳理的基础上，进行科学分类，明确权利范围，界定权力事项，查找关键与薄弱环节，绘制权力流程图，制定了《综合规划处工作规则》。

二是认真清理规章和规范性文件。按照市财政局《关于开展规章规范性文件清理工作的实施方案》，财政综合规划部门对由市政府和市财政局制发的规章和规范性文件进行了集中清理。共清理出涉及综合规划处业务内容的规章和规范性文件99件，并提出了保留或废止的意见。

（撰稿人：张国忠）

社会保障资金管理

2010年，天津市财政社会保障部门大力实施市委确定的“一二三四五六”的奋斗目标，听民声、亲民心、顺民意、得民志，全力推进市政府20项民心工程，围绕千方百计增加群众收入、继续完善就业促进机制、切实减轻群众就医负担、着力提高社会保障水平、发展城乡养老服务业等重点工作，积极投身各项社会保障制度建设和改革，为“调结构、促转变、增实力、上水平”保驾护航，为我市社会保障工作“十一五”做好收官，同时为“十二五”新飞跃抢占了制高点。

一、2010年预算执行情况

2010年，全市财政社会保障和就业一般支出预算129.7亿元，预算执行137.7亿元，完成预算106.2%。其中：财政对社会保险基金的补助预算77.3亿元，预算执行82.6亿元；最低生活保障预算8.5亿元，预算执行9.4亿元；抚恤和社会救济预算6.1亿元，预算执行4.8亿元。医疗卫生一般支出预算65亿元，预算执行69.7亿元。

二、完善城乡社会保障体系，不断增加居民收入

（一）扩大社会养老保障覆盖面，实现城乡居民老有所养

落实国家企业退休人员养老金连调政策，提高我市退休职工养老待遇，企业退休职工养老金月人均增加170元，全年拨付中央及地方补助资金66.2亿元，确保退休人员养老金正常发放。

调整完善城乡居民养老保障政策。增加趸缴费方式，增设5%的缴费档次，增加每人每年30元的缴费补贴；制定被征地农民基本养老保障和城乡居民基本养老保障的衔接办法；制定原民政部县级农村社会养老保险与城乡居民基本养老保障制度的衔接政策，将老农保参保人员纳入城乡居民基本养老保障范围；对残疾人参加城乡居民基本养老保险给予缴费补贴，体现了对缴费困难群体的政策倾斜。2010年，市区两级财政共安排城乡居民基本养老保障补助资金6.4亿元，保障了12万人基础养老金和55万老年人生活补助费的发放。

（二）健全社会救助体系，保障生活困难群众和优抚对象基本生活

提高低保、特困救助、五保供养、优抚对象抚恤标准，落实物价补贴政策，努力增加城

乡生活困难居民收入，降低物价上涨因素对人民群众基本生活的影响。城市居民最低生活保障标准由每人每月 430 元调整为 450 元，城市居民特困救助范围由月人均收入 431 元至 530 元调整为 451 元至 550 元，特困救助标准由每户每月 130 元调整为 135 元，覆盖人群 18.2 万人；农村居民最低生活保障标准由每人每月 230 元调整为 250 元，农村居民特困救助范围由月人均收入 231 元至 280 元调整为 251 元至 300 元，特困救助标准由每户每月 65 元调整为 75 元，覆盖人群 8.01 万人；农村五保供养保障标准由每人每年 4000 元调整为 4600 元，覆盖人群 1.36 万人。城市保障对象继续执行基本生活必需品价格上涨补助联动办法，补助范围由家庭月人均收入低于 530 元调整为低于 550 元，补助标准由年初的每人每月补助 10 元提高到 40 元，覆盖人群 18.3 万人；按照我市 2009 年城市居民人均可支配收入增长 11.4% 的比例提高优抚对象抚恤补助标准和义务兵优待金标准，覆盖人群 3.4 万人。提高对优抚对象、城乡低保、农村五保等人群春节一次性生活补助，优抚对象补助标准由每人 800 元提高至 1200 元，城市低保对象补助标准由每人 500 元提高至 800 元，城市特困救助对象补助标准由一口人家庭每人 500 元、两口人及以上家庭每人 300 元提高到每人 800 元，新增对农村低保、特困和五保对象春节一次性生活补助每人 500 元，覆盖人群 30 万人。

为居住在危陋房屋中的农村重点优抚对象翻建二至三间抗震防裂度 7 度的现浇混凝土砖瓦房，翻建住房造价确定为每户 6 万元，所需资金市财政补贴 40%，区县财政匹配 40%，街乡镇筹集 10%，个人自筹 10%。为一般简陋破损无需翻建的住房进行修缮，市财政按照实际修缮支出的 40% 标准给予不超过 1 万元的补助。2010 年市财政拨付各区县农村重点优抚对象二期安居工程资金 1000 万元。

三、进一步完善社会保障资金管理工作

（一）加强医药卫生相关财政补助政策和管理制度建设

制定《天津市城乡居民基本医疗保险基金财务管理办法》，规范城乡居民基本医疗保险基金经办及财政补助资金管理。

制定《天津市基层医疗卫生机构基本药物零差率销售补助资金管理办法》，规范基层医疗机构基本药物零差率销售补助资金拨付流程，确保补助资金及时拨付到位。

制定《天津市基层医疗卫生机构经费管理暂行办法》和《天津市公共卫生事业单位经费管理办法》，完善财政补助政策，为顺利实施绩效工资制度做好政策准备。

修订《天津市社区公共卫生服务项目考核暂行办法》，加强社区卫生经费管理，充分发挥财政资金使用效益。

制定《关于规范基层医疗机构补助经费账务处理问题的通知》，进一步加强基层医疗机构补助经费的财务管理和监督，规范补助经费账务处理方法。

（二）做好社会保障统计工作

修订《天津市财政局社会保障综合统计分析工作考核评比办法》，将区县社会保障支出统计报表纳入年终考评体系，并要求各区县要建立区县社会保障支出统计指标体系。

严格审核，及时纠错，提前完成了 2009 年社会保险基金决算。在社会保险基金决算和

预算编制过程中，完成了《关于我市城镇企业职工养老保险有关问题的报告》，针对我市企业养老保险基金支付风险、农民工参加企业养老保险、农村居民一次性补缴参加企业养老保险、提前退休等问题进行分析，并提出了完善企业养老保险制度的建议。社会保险基金预算执行过程中，完成了《2010 年上半年社会保险基金预算执行情况分析报告》，深入分析造成基金预算实际执行进度与时间进度差异的原因，及时调整和完善社会保险政策。

四、统筹城乡发展，完善社会福利体系

（一）加快推进我市养老服务事业发展

完善居家养老服务，通过多种服务主体为困难老人提供日间照料、生活护理、家政服务、精神慰籍等各项服务，并积极探索送餐上门、送浴上门等老人急需的服务项目。受益人群由 2009 年的 7248 人提高到 13481 人，市级补贴资金支出 758.1 万元。

推进老年日间照料，自 2008 年至今共建设日间照料服务中心 196 个，其中 2010 年建设 92 个，市财政拨付建设资金 3340 万元。

加强养老机构建设，一方面，投入资金 8000 万元整体购置市红十字会医院，建立市失能老人康复中心，设置床位 400 张；另一方面，按照每张新增床位一次性建设补贴 2000 元和入住床位每张每年运营补贴 600 元的标准，2010 年为社会办养老机构共拨付两项补贴 2054 万元，新增社会办养老机构 35 家，设置床位 6638 张，新增床位比 2009 年增长 73%。

（二）充分发挥资金效益，支持发展各项残疾人事业

完善补助政策，提高残疾人教育助学金和培训补贴，提高对义务教育阶段、高中、中专、全日制大学、成人高等教育、高等教育自学考试等在学残疾人学生及我市低保或特困残疾人家庭中的健全子女的教育助学金标准，教育助学金标准最高增加额度为 2000 元，部分标准较 2005 年翻了一番。新增对国家认可的远程高等教育、广播电视院校教育助学金补贴，最高补贴额度为每人 6000 元。按照新出台的政策，有求职需求的残疾人，可以享受政府免费提供的 3 次职业技能培训，对取得中、高级技术技能等级证书者，给予 80% 的培训补贴。2010 年市级残疾人高等教育助学金为 850 名残疾人学生发放助学金 154 万元。

改善生活质量，实施残疾人居家托养服务。对具有本市户籍，享受我市最低生活保障待遇或特困救助家庭中，持有《中华人民共和国残疾人证》，生活不能自理或自理有困难，长期需要专人照料，女性 45 周岁至 59 周岁和男性 50 周岁至 59 周岁，无业的智力残疾人，精神残疾人，一、二级肢体和实力残疾人，给予居家托养服务补贴。补贴标准为每人每月 80 元，通过市残联统一印制的代金券发放，为残疾人居家托养对象提供生活护理、家政服务、精神慰藉等专业化和个性化服务。残疾人居家托养服务补贴由市和区县残疾人就业保障金按照 4:6 比例负担。

继续实施对享受最低生活保障或特困救助家庭中的残疾人生活补助政策。享受补助残疾人由 2009 年的 4.3 万人增加到 4.8 万人，支出由 0.5 亿元增加到 0.6 亿元。按照《关于“十一五”时期继续实施农村贫困残疾人扶贫安居工作的意见》，为 434 户农村贫困残疾人家庭修建住房，其中：翻建 360 户，修缮 72 户，受益残疾人共计 530 人，市级补助资金

691.2 万元。继续对残疾人扶贫项目和残疾人扶贫基地给予贷款贴息，2010 年对 5 个扶贫项目、44 个扶贫基地给予贷款贴息补助，贴息资金 242 万元，扶贫基地直接安置残疾人 497 人，帮扶带动 924 名残疾人劳动脱贫。

五、开拓思路，创就业工作新局面

（一）进一步完善失业保险和就业补助制度

将开发区失业保险制度与全市实施并轨，在资金管理、政策实施和经办流程等各个方面纳入市级统筹，实现失业保险基金全市统筹管理。

坚持多予少取，积极帮扶企业渡难关。对受金融危机影响大的企业继续实施“四补、四降、一缓”的帮扶措施，全年共认定受金融危机影响困难企业 134 户，落实补贴资金 5000 万元，稳定就业岗位 2.4 万个。

制定《天津市公益性岗位补贴办法》，规范我市公益性岗位管理，按照分级认定、分级出资、分级管理的原则，将公益性岗位进行了重新分类，根据不同类型岗位特点制定了有针对性的认定方法和补贴标准，明确划分了市区两级的出资比例和管理责任。

进一步落实《天津市职业培训补贴办法》，委托第三方社会调查机构，对平均培训成本和不同职业市场需求程度进行调查，调整和补充了《职业培训成本及市场需求目录》，围绕我市优势产业发展需要，扩大了培训补贴覆盖面，突出了高技能工种的培养，适当核算提高了平均培训成本，政府补贴水平也相应提高，更加有利于调动企业和培训机构的积极性。

（二）创新体制机制，加强小额担保贷款管理

出台《关于实施下岗事业人员小额担保贷款区县管理的通知》（津财社〔2010〕9 号），为建立各区县小额担保贷款提供全面的政策支持和指导。

制定《天津市小额担保贷款担保基金管理暂行办法》，明确了市区担保基金的规模和筹资比例、区县管理后担保基金的匹配方式、担保基金坏账核销流程等内容，规范了担保基金的管理，填补了相关制度层面的空白。

（三）全面完成三类企业退出市场工作

截至 2009 年底，我市大部分三类困难企业已完成退市工作，但仍存在部分特殊困难的集团和企业尚未完成退出任务，大量职工需分流安置。2010 年，市财政局、市人社局、市国资委密切配合，密切关注重点集团工作进度，足额安排预算，保证职工分流安置工作进度，切实维护职工权益，并帮助困难企业解决离休干部住房补贴等重点问题，在按时完成退出任务的同时，确保社会和谐稳定。

（四）支持市总工会、市妇联开展促就业和困难群体帮扶工作

安排资金 1300 万元用于发展总工会再就业服务联社，帮助 1.4 万名职工实现稳定就业；安排 200 万元建立市级劳动模范帮扶救助专项资金，参考全国劳模的帮扶措施，对低收入市级劳模每月给予 200 元补助，对本人及配偶、未成年子女因患大病或遭意外伤害造成生活困

难的劳模，根据医药费自付金额给予一次性帮扶救助；继续支持市妇联开展单亲母亲帮扶救助，对2000名处于低保边缘的单亲母亲进行了生活救助，并对其中患病需手术的进行了医疗救助。

（五）政策积极引导，大力促进残疾人就业

继续落实对用人单位新招用残疾人给予补贴、对残疾人自主创业给予补贴、对超比例安排残疾人就业的单位按超比例人数给予基本养老保险补贴和对残疾人个体工商户和个体经济组织招用残疾人缴纳社会保险费给予补贴等促进残疾人就业相关政策，通过补贴方式调动用人单位积极安排残疾人就业，鼓励有就业能力的残疾人自主创业，尽可能稳定残疾人就业岗位。

六、加快推进我市医药卫生体制改革向纵深发展

（一）统筹城乡，统一经办，完善基本医疗保障制度

新型农村合作医疗制度与城镇居民基本医疗保险制度正式并轨统一筹资标准、统一待遇支付、统一经办模式的城乡居民基本医疗保险制度。安排支出2.8亿元，落实对485万城乡居民的参保补助，对困难区县因新型农村合作医疗制度向城乡居民统筹医疗保险制度转换出现的资金困难补助0.3亿元。

提高医疗保障政府补助标准，2010年职工和退休人员参保缴费人均补助135元，城乡居民参保缴费人均补助127元，城乡医疗救助人均补助400元。

提高医疗保障待遇水平。2010年，将一级医院职工报销比例由55%提高到75%，医保基金最高支付限额由5.5万元提高到15万元；确定城乡医保基金最高支付限额分别为7万元、9万元、11万元，城乡医疗救助最高补助报销额为10万元。

稳步推进大病医疗保险统筹制度，妥善处理关闭破产国有企业退休人员的医疗保障问题，按要求及时完成破产企业退休人员参保补助结算工作，累计争取中央补助资金0.6亿元。

提高信息化建设水平。城镇职工医疗保险和城乡居民医疗保险已全部实现联网结算，市财政支出0.4亿元，保障800万张医保卡顺利发放，超额完成发放任务。

继续做好公务员和离休干部等特殊人群医疗补助工作，加强补助资金的监督管理。自2010年1月1日起，将离休干部医药经费年度预算标准，由每人每年10800元提高到15000元，进一步保障了我市离休干部医疗费的及时报销；进一步做好离休干部医药费“双月清”工作的资金保障和监督落实，全年安排专项资金3.3亿元，完成六次离休干部医药费的审核清欠工作；对公务员医疗补助进行收支平衡测算，提出收支缺口解决意见。

（二）创新机制，让利百姓，实施国家基本药物制度

进一步完善我市基本药物零差率销售补偿机制，制定《关于完善我市城区社区卫生服务机构实行基本药物零差率销售的工作意见》和《关于在农村基层医疗卫生服务机构实行基本药物零差率销售的工作意见》，转移支付0.15亿元，支持启动农村地区基层医疗卫生机

构基本药物零差率销售工作，将基本药物零差率销售财政补助范围扩展到全市所有基层医疗卫生机构。

创新基本药物零差率销售补偿机制，实施基本医疗保险基金和区县财政预算双渠道补偿办法，建立补偿预算制度，规范补偿经费账务处理和资金拨付流程，确保各项补助资金及时、足额拨付到位。

建立全市统一的非营利性药品集中采购平台，全额保障平台运转经费。在全市范围内实现药品采购统一药品目录、统一价格、统一网上采购、统一配送。2010 年累计完成基本药物销售 4.14 亿元，直接减少城乡居民基本药物药品费用支出 1.1 亿元。

（三）加大投入，健全体系，方便人民群众看病就医

加大基层医疗卫生机构建设力度。加快农村三级医疗卫生服务网络和城市社区卫生服务机构建设。2010 年投入 3.2 亿元重点建设 3 个县级医院和 5 所中心乡镇卫生院，逐步改善基层医疗卫生机构设施设备和就医环境。

支持城乡基层医疗卫生服务机构人才培养工程，新增投入 0.1 亿元，全面实施全科医师、住院医师规范化培训和乡村医生中等学历教育。其中，全科医师累计培训 425 人、住院医师累计培训 1459 人。

（四）创新补偿，做好保障，稳步推进绩效工资制度

制定《天津市公共卫生与基层医疗卫生事业单位绩效工资实施意见》和《天津市直属公共卫生事业单位绩效工资实施方案》。对全市公共卫生与基层医疗卫生事业单位进行了全面调查摸底，准确掌握各单位性质、人员构成、收入水平、收支状况、经费账户等情况，并对启动实施绩效工资制度进行了资金测算。

进一步完善基层医疗卫生机构补偿机制。按照综合补偿和“保基本”思路，从基本药物零差率销售补偿转为对人员工资经费补偿，从而切断“以药养医”渠道；改变专业公共卫生机构经费管理方式，统一实行“收支两条线”管理。

制定了《关于天津市公共卫生与基层医疗卫生事业单位银行账户管理有关规定的通知》、拟定了《公共卫生事业单位经费管理暂行办法》、《基层医疗卫生机构经费管理暂行办法》等配套文件，并积极筹措资金，稳妥做好医改各项政策的兑现工作。

（五）提高标准，提升能力，促进公共卫生服务均等化

提高基本公共卫生服务保障水平。通过调整社区 18 项公共卫生服务项目内容，不断扩大受益面，提高财政人均补助标准，完善政府购买服务和绩效考核机制，基本公共卫生经费人均补助标准提高到 22 元，提前一年实现国家医改方案确定的目标，居民切实感受到政府免费提供的公共卫生服务带来的实惠。

加快公共卫生体系建设，继续推动基层疾病预防控制机构能力建设，投入 0.1 亿元，完成区县 CDC 设备更新采购。推进天津市妇女儿童健康行动计划的实施，启动儿童先心病和白血病救助制度，保障儿童出生缺陷、妇女保健、儿童疾病筛查等十二项惠民措施深入开展。强化重点传染病防控，加大艾滋病、结核病等重点传染病的防治投入，对困难结核病患者治疗费给予全额补助。开展适龄儿童麻疹疫苗强化免疫，推进国家扩大计划免疫工作，有

效降低我市儿童疾病发病率。加强和完善精神疾病防治体系建设，支持安定医院开展精神疾病流行病学调查，建设安定医院心理救援热线平台，同时继续做好贫困精神疾病患者免费收治工作。

（六）优化配置，完善补偿，积极推进公立医院改革

进一步支持加快卫生资源布局调整，加大对公立医院基本建设的投入。2010 年共安排 3.2 亿元，对中心妇产科医院、人民医院二期、医科大学总医院二期、肿瘤医院二期等九家医疗机构改扩建工程给予贴息和开办支持，进一步改善了群众就医环境。

完善公立医院补偿政策和考核办法，对承担公共卫生任务的海河医院、传染病医院、安定医院和支边援外人员给予人员经费保障；采取“以奖代补”方式，对市属二级以上公立医院在职人员给予四项社会保险补贴。以“四险”的 40% 为基数按月发放，其余 60% 考核后发放。每季度，由卫生、人保、财政部门对医院的医疗管理、运营管理、费用控制、执行公益性任务、人才培养和医德医风等 6 大类 11 项指标进行考核，考核结果与补助挂钩。

夯实重点学科管理和经费保障机制，安排资金，加强学科队伍建设，加强重点实验室等支撑平台建设，培养高水平学科带头人。

（七）理清思路，统筹兼顾，逐步发展中医（民族医）事业

支持中医药研究院国家中医临床研究基地建设和南开医院重点中西医结合基地建设，共投入资金 0.6 亿元。

完善相关补助政策，实施中医药“三名三进”工程，鼓励基层医疗卫生机构提供中医药适宜技术与服务，支持社区卫生服务中心创建“国医堂”活动，在各级中医院建立名中医工作室。

加强中医院专科、专病和重点学科建设，投入资金 0.3 亿元支持中医一附院、中医二附院和南开医院等开展中医心病学、针灸学等中医临床重点学科和推拿等专科建设。

（八）重点突破，有序推进，强化食品药品风险监测

畅通资金拨付渠道，支持市食品和药品监督管理局开展全市食品安全综合协调工作，根据卫生和食品药品监督管理职责分工，按照“钱随事走”的原则，保障市公共卫生监督所完成标准备案、风险评估、监测预警和信息发布工作。

支持市食品和药品监督管理局加强药品质量管理和不良反应监测，安排专项执法经费、药品抽验经费 0.2 亿元，加强农村药品“两网、一规范”建设，加大已上市药品的质量监督抽检力度，对纳入国家基本药物目录的品种实行全覆盖监督抽验，及时发布药品质量公告，切实保证药品质量。

七、高度重视调查研究

调查研究在财政社会保障资金管理工作中起着重要的作用，财政社会保障部门充分发挥调查研究在制度创新和政策改革过程中的基础作用，2010 年进行的主要调研项目包括：

关于完善我市社会救助体系的研究。按照兴国市长对《天津市工会工作情况汇报材料》

做出的“今后，应将工会、共青团、妇联、民政、慈善、红十字会的帮扶制度整合在一起，统一一个龙头放水，不能造成苦乐不均”的批示精神，重新梳理了现有救助政策，与人力社保、民政等部门和市总工会、市妇联等组织机构加强沟通，了解现行政策执行情况，分析了现行救助体系存在的问题，并据此对于完善我市社会救助体系提出了探索性的意见。

关于基层医疗机构零差率政府补偿情况的研究。针对基层医疗机构基本药品“零差率”销售工作运行中存在的总控指标分配结构不均衡、目录内低价药品供应不全等问题，多次深入基层医疗卫生机构了解情况，并与市卫生局、人力资源和社会保障局进行沟通，就存在的问题进行分析梳理，提出解决问题的对策建议。

关于基层医疗机构配套综合改革的研究。推进基层医疗卫生机构综合改革是落实国家基本药物制度和实施基层医疗单位绩效工资的关键，但我市关于基层医疗卫生机构综合改革的制度建设仍显滞后，推进各项配套改革的进程失衡。对此，财政部门通过深入调研，分析我市推进综合改革面临的难题，有针对性地提出实施综合改革的政策建议。

（撰稿人：杨　哲）

政府外债管理

2010年，天津市财政外经工作坚持以科学发展观为指导，认真贯彻落实市委全会、市财政工作会议精神，围绕“解难题、促转变、上水平”活动，努力发挥财政外经职能作用，各项工作取得了新进展。在2011年全国财政外经工作会议上，国际司工作报告对天津在积极争取全球环境基金赠款支持中新天津生态城建设、全力引进亚行技术援助赠款建设天津节能技术机制、筹措资金偿还政府外债和努力借助财政外交平台宣传地方经济社会发展四个方面给予充分肯定和表扬。

一、政府外债管理机制得到新完善

针对政府外债管理新时期的主要特点和问题，在总结过去政府外债管理经验教训，特别是我市财政垫付政府外债的基础上，按照财政部、市政府有关规定，明确财政部门负责政府外债全过程管理，加强风险控制，依法完善政府外债管理制度。

（一）理顺政府外债管理机制，适应现代政府外债管理要求

坚持“借用还”与“责权利”相统一的原则。区县利用国际金融组织和外国政府贷款赠款的，由区县政府全面负责项目的组织实施、债务偿还和管理，成立项目办公室，并提供还款承诺函或担保函；对市属单位的，由其市主管部门作为执行机构负责项目的组织实施、债务偿还和管理，成立项目办公室，并提供还款承诺函或担保函。最终借款人不按期偿还政府外债的，市主管部门和区县政府必须负责偿还到期债务，且市财政可对市主管部门和区县政府实施财政扣款，改变了以往对债务偿还没有法律约束、与借款人没有经济隶属关系、跨系统设置项目办的模式，从机制上确保政府外债责任主体清晰，适应现代政府外债管理要求。

（二）加强风险评估论证，有效防范财政风险

遵循《财政部关于印发〈关于进一步加强国际金融组织贷款项目前期工作的若干意见〉的通知》（财际〔2009〕19号）和市政府规定，对利用国际金融组织和外国政府贷款赠款的申请，从项目的综合效益、还款责任、转贷安排、机构设置等方面进行风险评估，并对市主管部门和区县政府的可用财力、债务负担、偿债能力、还贷准备金等情况进行科学论证，全面分析利用国际金融组织和外国政府贷款赠款的潜在风险，以及可控风险的保障措施。对评审合格的项目，市财政局请示市政府为贷款项目出具还款承诺函或担保函，经市政府批准

后，方可向国家有关部门提出利用贷款立项申请，并向财政部出具还款承诺函或担保函。

（三）明确部门分工，搞好政府外债管理

结合我市长期政府外债管理教训，以及对财政风险的有效控制和执行好现行政策规定，根据国家发改委、财政部的规定，经与市发改委沟通，进一步明确了市财政局与市发改委管理政府外债的分工与职责，实现两部门高效合作，共同为项目单位做好行政管理服务工作奠定了基础。

（四）按照一级政府一级责任的原则要求，积极落实政府外债责任主体

亚行贷款天津海河河口地区污染控制和生态恢复项目，是我市实施新的政府外债管理机制以来第一个政府外债项目，经多方协调，最终确定由滨海新区政府负责该项目的组织实施、债务偿还和日常管理，临港经济区管委会代表新区政府作为项目执行机构，并成立亚行贷款天津临港经济区项目管理办公室，滨海新区财政局代表新区政府向市财政提供还款承诺函，从源头上确保政府外债责任主体清晰，债务按期偿还。

二、政府外债偿还工作得到新加强

我市政府外债管理部门为保持政府外债“借用还”良性循环，搞好政府外债预算平衡，努力做好我市政府外债偿还工作，最大限度地减少财政垫付，为财政增收节支付出了努力。据统计，2010 年项目单位正常偿还外债 35388.49 万元（其中：外国政府贷款债务 26308.09 万元，国际金融组织贷款债务 9080.40 万元），占全部偿还政府外债 78%；市财政为项目单位垫付外债 9627.77 万元，占全部偿还外债 22%；实施财政扣款 300 万元。由于我市按时偿还到期政府外债，2010 年度得到财政部利费减免 96.98 万美元，折合人民币 649.77 万元。

（一）加强催缴，努力清偿历史债务

组织力量认真完成世界银行贷款天津城建一期子项目天津市治理工业污染基金项目债务清算工作。据统计，该项目利用世行贷款 1106.25 万美元，应还债务 1418.04 万美元，项目单位偿还 531.79 万美元，拖欠 886.25 万美元，折合人民币 5718.01 万元。市财政从 2005 年起连续 5 年对借款人市建委、市环保局实施财政扣款 4112.30 万元，市财政催缴净收回 1605.71 万元。至此，该项目拖欠市财政垫付的世行贷款债务 5718.01 万元已全部收回。

（二）积极争取，暂缓实施财政决算扣款

积极向财政部金融司以及中国进出口银行反映我市财政垫付政府外债较大的情况，财政部金融司金融一处、贷款二处已原则同意在国务院尚未批复之前，暂缓对我市拖欠德国政府贷款最后一笔债务 99.58 万欧元实施财政决算扣款。

（三）豁免有关债务，支持企业加快发展

为促进政府外债更好地发挥效益，在市水务局偿还拖欠的亚行贷款债务 6802909.35 美元、折合人民币 46079669 元的基础上，豁免了该局拖欠的亚行贷款滞纳金 6249393.02 美元。

三、政府外债项目得到新拓展

努力拓展政府外债新项目，为财政增收储备财源。“十一五”时期争取到亚行贷款 2.2 亿美元，全球环境基金赠款、亚行技术援助赠款和国际农发基金赠款共计 905 万美元。

经过市财政局协调，对滨海新区利用亚行贷款 1 亿美元建设海河河口地区污染控制与生态恢复项目，亚行完成了各项评估工作，已同意开展追溯采购。

积极向财政部争取将东丽区利用亚行贷款 1.2 亿美元建设示范小城镇基础配套设施项目，列入了我国利用亚行贷款 2013 年备选项目规划。

已与国际执行机构世界银行签署全球环境基金赠款（700 万美元）中新天津生态城项目《赠款协议》和《项目协议》，全面启动实施该项目，为中新天津生态城借鉴国际先进的生态理念、生态指标和生态技术提供了大力支持。

天津农商银行利用国际农业发展基金赠款（20 万美元）加强中国微型金融机构培训能力项目的首笔赠款 10 万美元已汇到市财政局，用于组织开展采购计划、采购方式、出国计划和提款报账等政策培训，该项目已全面实施。

对市科委利用亚洲开发银行技援赠款（40 万美元）建设天津节能服务项目，市财政局已与财政部签署项目执行协议，即将进入实施阶段。

市排放权交易所中国排放权市场机制创新研究项目已列入我国利用亚行技术援助赠款 2011 年备选项目规划。

大任庄集中供热项目利用法国开发署贷款 4000 万欧元，被财政部列为 2010 年度第五批外国政府贷款备选项目。

积极支持天津滨海农村商业银行拓展国际贸易业务，经我局提出意见并报财政部同意，世界银行集团国际金融公司授权该行出资 200 万美元加入全球贸易融资计划，为我市中小企业进一步发展进出口贸易提供信誉担保创造了条件。

多项贷赠款项目的启动实施，将为财政增收提供梯次财源。

四、政府外债效益得到新发挥

充分利用政府外债周期长的优势，尊重外方话语权，克服资金使用程序繁杂的困难，加快项目实施进度。

（一）提高政府外债资金支付效率

采取电子支付报账方式，最大限度缩短资金回补时间，为发挥政府外债优势效益提供服务。2010 年支付国际金融组织贷赠款 4035 万美元，同比增长 89.4%，其中：赠款 64 万美元，增长 52.4%；贷款 3971 万美元，增长 90.1%。

（二）加强督促，促进项目加快实施

针对世界银行贷款天津城市发展和环境二期项目进度偏缓、资金支付较低等问题，责成专人负责，逐项逐周跟踪、分析项目进度情况，及时督促有关部门完成了时间节点支付计划

和世行要求的关键工作，期间多次向财政部国际司汇报项目进展情况。在市财政局积极协调下，财政部国际司官员专门来津与世行项目经理进行深入交流与沟通，为我市加快该项目的实施创造了条件。

（三）改变政府外债外汇管理方式

由市财政局统一代理各区县财政部门和项目单位办理政府外债财政转贷款资金的登记、结汇和购汇手续，各区县财政部门和项目单位不再向国家外汇管理局天津市分局办理财政转贷款结汇手续，从而提高政府外债提款和偿还结汇换汇效率，方便政府外债项目尽快实施。

（四）促进政府外债项目尽早达产

主动上门服务，深入了解西班牙政府贷款建设自来水厂设备安装、调试等方面存在的问题，积极向财政部反映有关情况，并通过财政部协调西班牙政府有关方面加快设备调试运营，促进项目尽早达产并发挥效益。

（五）全面推进政府外债绩效评价工作

为客观评价政府外债效益，通过对我市23个政府外债项目进行绩效评价，项目平均得分2.68分（满分3.3分），平均等级为优，项目优良率达到87%，客观地反映了我市政府外债绩效水平，达到了规范项目管理的目的。亚洲开发银行独立评价团对亚行贷款天津污水处理和水资源保护项目在津开展了后评价工作，该项目总体被亚行评价为“成功”。

五、政府外债宣传得到新扩大

根据我市发展规划，有针对性地加强新项目的谋划，加强国际金融组织贷款、国际金融公司非主权外债、欧洲投资银行贷款以及清洁发展委托贷款等政策宣传，为有效利用政府外债资金促进我市经济社会发展创造条件。

（一）拓宽融资渠道

邀请财政部金融司两位处长对市卫生系统进行外国政府贷款政策培训，主动为天津医院、环湖医院等5家医院谋划利用外国政府贷款，为提升我市整体医疗水平拓宽新的融资渠道。

（二）择优选报政府外债信息

市委办公厅《每日要闻》和市政府办公厅《昨日要情》、《政务信息》刊登市财政局政府外债信息4条；财政部国际司《国际金融组织合作通讯》刊登市财政局政府外债内容5条；局内财政信息刊登5篇，局内新闻发表信息7条。

（三）全面总结政府外债经验

在财政部国际司与亚洲开发银行组织全国财政外经系统开展国际金融组织贷款管理创新经验征文活动中，市财政局认真总结利用国际金融组织贷款引入新观念、新制度和新政策的创新经验，撰写的《防范政府外债风险 提升科学化管理水平——天津市加强政府外债风险管理工作的实践与思考》和《政府外债纳入部门预算管理的构想》两篇文章，被财政部国际司、亚洲开发银行择优出版《创新与发展——国际金融组织贷款项目管理文集》之中，并受到好评。

（撰稿人：徐水明）

政 府 采 购

2010年，天津市政府采购工作深入贯彻落实科学发展观，按照市委、市政府提出的“解难题、促转变、上水平”的工作要求，紧密围绕财政中心工作，在增强政府采购的执行力和规范上下功夫、使实劲、出实招、求实效，不断扩大政府采购管理范围，积极发挥政府采购服务经济社会发展的政策功能作用，努力提高政府采购效率和服务水平。全年实施政府采购预算168.4亿元，完成实际采购支出134.4亿元，节约资金34亿元，节约率20%。与上年相比，采购预算和实际采购额分别增长29%和15.5%。

一、狠抓制度建设与落实

（一）继续加强和完善制度建设

针对政府采购合同执行情况专项检查中发现的档案管理问题，印发了《关于规范我市政府采购档案管理工作的通知》，明确政府采购档案涵盖的内容以及收集整理的要求和方法，督促采购人有效保护和利用政府采购档案资源。针对供货商在维权程序方面存在的问题，印发了《关于规范政府采购供货商质疑处理工作有关事项的通知》，对供应商质疑处理工作的具体程序和要求做出规定。针对政府采购工程项目管理制度的缺失，联合市审计局及局内有关处室在对20个工程项目开展政府采购执行情况专项检查的基础上，制定了《天津市财政性资金建设项目政府采购管理程序》。

（二）不断强化制度的执行力

第一，加大了对不诚信供应商的处罚处理力度。按照《关于加强天津市政府采购供应商诚信管理工作有关事项的通知》的规定，对提供虚假资质、中标后不能按照合同履约、盲目应标等27家不良行为供货商予以了不诚信记录，并进行了网上公告，暂停其投标资格，或进行不同等级的扣分，扣分结果将影响其今后3年参加政府采购的竞争能力，增加其违规代价。第二，不断强化采购人的监督管理。按照有关制度规定对预算单位不依法确定中标供应商、不按时签订政府采购合同等问题予以纠正并进行通报，2010年有1家预算单位受到了通报。第三，大力促进政策功能的执行与落实。按照国家支持节能环保政策以及进口产品管理有关规定要求，联合市审计局、市监察局对20家预算单位执行进口产品审核、节能节水产品强制采购、环保建材产品优先采购以及支持中小企业等方面的政策情况进行了重点检查。检查涉及金额 10658.25 万元，查出有问题项目金额 3474.26 万元，占总金额的 32.6%。第四，继续加强合同验收管理。2010 年由市政府采购中心组织参与合同验收 237 项，发现并纠正问题项目 30 个。第五，积极推进区县“管采分离”体制建设。根据《关于进一步加强我市政府采购管理工作的意见》的要求，督促区县财政部门设立政府采购管理专司机构，明确专人履行好监督管理职责，切实改变以往部门代管、无人专管以及“管采”人员混岗的状况。

二、积极发挥政府采购政策功能作用

（一）积极营造绿色采购氛围

在协议供货和定点采购项目招标环节，试行了对企业“绿色供应链”进行打分的评审机制，大力引导供货商从原材料采集到回收维修，实现对环境影响最小、资源效率最高的低碳型产销模式，积极探索和实践绿色采购、可持续采购。2010 年确定的办公设备协议采购和家具定点采购供应商均为国家认证产品和符合质监部门检验要求的企业。

（二）大力推进企业科技进步和自主创新产品的市场推广

一方面，规定在招标文件中，要体现政策功能的规定要求，并落实在评分标准中。对取得国家专利认证或者获得国家、地区发明奖等奖项，以及纳入自主创新产品目录的产品采取不同等级的价外加分。另一方面，为鼓励和促进自主创新产品的研发及推广应用，会同市科委、市卫生局等有关部门研究确定并发布了首批政府采购自主创新（医疗器械类）产品目录，为科技型企业发展壮大创造宽松的政策环境，增强其产品的市场推广能力。

三、不断提高政府采购效率与效益

（一）不断完善协议供货和定点采购运行机制

结合采购工作发展的实际情况，试行将部分医疗器械产品和小规模室内装修项目纳入协议供货或定点采购范围；同时，建立起家具和印刷项目定点采购供货商等级管理制度，采购人可根据实际采购需求，结合企业的规模和技术能力选择不同档次供货商进行竞价，更有针对性地满足采购人紧急性、多样性采购。2010 年全市完成协议供货和定点采购 4.06 亿元，大大超过上年水平。

（二）加快政府采购信息化建设步伐

先期完成了采购计划管理、政府采购方式审批管理、政府采购进口产品审批管理、政府采购评审专家管理、政府采购监督员管理、代理机构资格认定管理和信息公告管理等诸多功能采购需求的确定，并组织完成了信息化平台建设招标工作。

四、积极开展地方加入《政府采购协议》（GPA）调查研究工作

（一）组织开展加入 GPA 问卷调查工作

2010 年初，会同市社科院研究制定了《天津市 2010 年加入 GPA 研究工作规划》，明确不同行业主管部门 GPA 研究任务分工；同时，在对我市行业统计分类标准、联邦产品分类及联合国产品分类体系等内容进行调查分析的基础上，研究制作加入 GPA 研究的调查问卷，明确调查对象及统计指标，为我市加入 GPA 研究收集基础数据。

（二）周密部署问卷填报工作

结合调查问卷的光盘发放，分别组织召开了市级预算单位、工程类企业、服务类企业、重点货物类制造企业的专题会议，介绍我国加入 GPA 背景情况，宣传 GPA 基本规则和未来我国将面临的机遇与挑战，并重点强调了资料填报和回收工作的安全性和保密性。各填报单位基本按照时间节点完成了数据填写及上报工作，数据回收率在 86% 以上。

五、大力开展政府采购宣传培训

（一）积极组织开展各级管理部门的培训

借全市财政系统政府采购工作会议的契机，对区县分管政府采购工作的负责人和经办人员近 150 人进行了法律法规和操作实务培训。组织各级预算单位政府采购负责人和经办人员近 300 人召开会议，解读法律条文，培训操作流程，并从加强数据统计分析的角度，对财政部新开发应用的政府采购信息统计系统操作进行讲解，提高采购人依法采购、规范管理的意识。

（二）积极组织开展企业的培训

对民建市委会近 90 名企业家委员就政府采购法相关法规政策，招投标注意事项，标书制作等内容进行了专题讲座；此外，还应台湾民主同盟天津市委会邀请，面向我市台资企业宣传政府采购政策、讲解招投标程序，提高企业竞争能力和水平。

（三）积极开展代理机构的培训工作

为提高政府采购代理机构从业人员水平，面向全市 38 个政府采购代理机构近 160 余人开展了政府采购法律法规和操作程序的专题培训，邀请南开大学教授结合相关案例，分析政府采购风险规避的手段和方法，并针对培训内容开展考核评估，扎实有效地提升从业人员的政策水平和操作技能。

六、区县政府采购工作进一步发展

（一）区县采购规模继续保持较快增长

区县全年实施政府采购预算 107.5 亿元，完成实际采购支出 84.8 亿元，比上年增加 52.1 亿元，增长幅度达到 94%，占全市实际采购支出 62%。塘沽区和保税区完成实际采购支出均超过 20 亿元，另有 6 个区县完成实际采购支出超过亿元。

（二）采购工作不断创新

河北区在全市范围内率先研究制定了部分办公设备和办公家具统一的配置标准和最低使用年限，要求区属所有的国家机关都按照统一的配置标准进行政府采购，有效地解决了以往采购标准不统一、更换时限不一致的管理问题。塘沽区将工程采购纳入财政统一管理，不仅实现了对工程预算和计划的管理，还实现了工程资金的国库集中支付，有效促进了《政府采购法》和《招投标法》的有效结合，实现了对工程项目的规范化管理。滨海新区积极发挥政府采购服务社会经济的政策功能作用，先后完成 160 辆节能环保公交车的政府采购工作，涉及采购金额近亿元，有效地推动国家科技部“十城千辆”计划的实施与落实。武清区将区属工程项目全部纳入政府采购范围，在采购规模逐年扩大的基础上，不断提高服务质量和水平，被评为“全国财政系统先进集体”荣誉称号。

（三）“管采”体制建设得到发展，人员队伍得到壮大

静海县从自身工作实际情况出发，将政府采购科与财政监督科整合，解决了人员编制不足、监管不到位的局面，有利于政府采购监督管理职能的充分发挥；和平区成立了政府采购科，有效地改变了以往国库科代管政府采购监管工作的状况；塘沽区和河西区相应增加了政府采购管理机构和采购代理机构人员数量，人员队伍得以进一步壮大。

（四）滨海新区政府采购管理体制初步确定

2010 年，我市滨海新区行政管理体制改革全面启动，滨海新区政府采购监管工作由区财政局国库处承担。政府采购管理体制初步确定后，相继转发了市局关于政府采购工作的一系列文件，明确区属政府采购监管范围，并对政府采购工作提出了较为细致的要求，推动了新区政府采购工作快速走上正轨。

七、努力加强政府采购基础管理

（一）进一步加强政府采购预算和计划管理

建立了政府采购计划反馈制度，定期将各部门的采购计划及时反馈局内相关业务处室，实现部门协调配合。

（二）积极开展招标文件规范化的专题调研

开展了家具、厨房设备、工程采购招标文件范本的研究制定工作。

（三）科学确定政府采购实施范围

本着优化内容、便捷高效的原则，研究制定下一年度政府集中采购目录和采购限额标准，进一步细化了品目分类，调整了品目结构，还设置了集中采购的起点标准，有效地保证了政府采购效率与效益的提高。

（四）积极落实采购联络员制度

积极督促各级预算单位明确相对固定的政府采购分管部门和人员，在一级二级预算单位中实行政府采购联络员制度，建立起采购人“专人专管、职责固定”的管理机制，各预算单位固定政府采购联络人员 856 名。

（五）认真做好政府采购供货商投诉处理工作

在广泛调查取证的基础上，对 2 起供货商投诉予以依法处理，维护了我市政府采购市场秩序。

（六）积极推行联席会议制度

认真组织财政部门与采购机构之间、市级与区级之间定期召开工作联席会议，研究、分析和解决政府采购发展过程中出现的新情况、新问题，提高我市政府采购工作整体水平。

（撰稿人：刘一凡）

财政监督检查

2010年，市财政局以邓小平理论和“三个代表”重要思想为指导，深入贯彻落实科学发展观，紧紧围绕财政中心工作，服务财经工作大局，充分发挥财政监督在健全财政政策体系、深化财政体制改革、优化财政支出结构、推进依法理财等方面的保驾护航作用。深入开展“小金库”专项治理，强化财政收支、绩效评价、会计秩序、内控机制等方面的监督，各项工作取得了一定成绩。

一、明确监督工作思路，确保检查取得成效

根据财政部《关于印发财政部监督检查局2010年工作要点的通知》的要求，市财政局各级领导高度重视，积极调整思路，创新工作方法，围绕全市财政工作大局，精心组织，科学确定检查重点，明确检查内容及要求，制定检查实施方案，加强检查人员培训，保证了监督检查工作的有效开展。

一是科学确定检查重点，保障检查有的放矢。按照财政部检查工作要求，市财政监督部门多次召开专题会议，研究2010年检查工作思路和工作重点，并征求业务处室和基层单位意见，印发了《2010年财政监督工作要点》、《关于开展2010年财政监督重点检查工作的通知》，确保了检查工作有针对性的开展。

二是加强干部业务培训，提高检查工作技能。市财政监督部门结合检查内容和工作重点，积极部署和开展查前培训，组织检查人员认真学习有关文件，深刻认识开展检查的重要意义、总体要求和工作目标，明确工作任务、检查方法，并采取“走出去，请进来”的方式，进行多层次、有针对性的查前培训和业务交流，提高了检查人员政策水平，为开展检查奠定了基础。

三是开展检查工作督导，确保检查工作成效。为保证检查工作的有效开展，各级领导亲自带队深入被检查单位，组织和推动各项检查工作的落实，对发现的重大事项，加强分析研究，解决实际问题。同时组织专人加强检查工作的复核，确保了检查工作成效。

二、深入开展监督检查，各项检查成效显著

2010年，市财政局紧紧围绕财政中心工作，统筹安排检查任务，科学调配检查力量，组织全市财政监督检查干部110余人，对企事业行政单位开展了监督检查，促进了财政管理

水平的提高。

（一）“小金库”专项治理取得新成果

按照中央关于开展2010年“小金库”专项治理工作的要求，市政财局积极组织，加强领导，“小金库”专项治理工作取得了一定成效。全市共发现“小金库”361个，金额1.82亿元。

一是积极推进“小金库”专项治理“回头看”。通过开展2009年专项治理“小金库”的“回头看”工作，发现违规设立“小金库”15个，金额1615万元，通报批评单位15个，区县已经消灭了“零申报”、“零问题”户数。为继续做好2010年“小金库”专项治理工作，市治理领导小组对全市所有16个区县逐一督导，深入6个重点委办局主管部门宣传政策，对各国有企业和社会团体进一步明确政策界限，起到了有力的推动作用。同时，做好宣传报道，在新闻媒体刊登专题新闻3期，市领导小组办公室累计制发工作简报16期，其中被中治办采用信息3篇，有力推动了全市“小金库”专项治理工作的稳步开展。

二是积极督导“小金库”专项治理自查自纠。我市纳入此次专项治理范围的社会团体共计1706户，国有及国有控股企业共计4196户。社会团体自查出违纪单位3户，发现“小金库”3个，滚存余额为49.55万元。国有及国有控股企业共自查出违纪单位286户，发现“小金库”318个，滚存余额为1645.8万元。1户企业和2人受到行政处罚，24人受到企业内部处理，其中处理企业负责人2人，通报批评13人，15人受到扣减奖金、绩效薪、罚款等经济处罚，2人受到党纪处理。

三是积极开展“小金库”专项治理重点检查。按照统一工作程序、统一组织实施、统一把握政策、统一汇总审理的原则，市和区县深入开展重点检查工作。全市共抽调435人，组成116个检查组，共选择186户社会团体和281户国有及国有控股企业进行重点检查。发现存在“小金库”问题的社会团体3户，发现“小金库”3个，金额32.09万元；发现存在“小金库”问题的国有及国有控股企业22户，发现“小金库”22个，金额10594.59万元。

（二）财政监督专项检查取得新成绩

为加强财政支出过程控制，确保资金使用安全、规范、有效，2010年，市财政局紧密围绕《天津市市级项目支出预算管理办法》，密切跟踪我市积极财政政策落实情况，着力加强对民生投入、建设项目的监督。

一是开展离休干部医药费使用情况专项检查。根据市财政局、市委老干部局、市劳动和社会保障局《关于开展离休干部医药费使用情况专项检查工作的通知》精神，对市卫生局等24个局（集团）所属单位2009年度离休干部医药费使用情况进行了专项检查。检查发现拖欠离休干部医药费、申报离休干部人数与实际不符等7大类问题，金额总计283.41万元。

二是开展天津市监狱管理局2009年度改革配套资金使用情况开展检查。检查组采取实地检查方式，按照资金的流程，重点检查专项资金的收付和下属各监狱项目资金支出情况，抽查了天津监狱、李港监狱等5个监狱基层单位的改革配套资金，收到一定成效。

三是开展退出企业专项资金审核工作。在认真总结2008年、2009年对我市退出企业专项资金审核工作经验基础上，进一步开展了对天津市毛毯厂、天津市中环搬运场等6户退出企业的专项审核工作。

（三）重大支出项目绩效评价工作取得新进展

按照“先简后繁、先易后难、由点及面”的工作思路，2010 年我们特别关注民计民生财政支出项目的绩效评价工作，增加对区县转移支付资金项目的绩效评价，服务财政预算管理的作用进一步显现。

一是积极开展重大支出项目绩效评价。2010 年，市财政监督部门对市教委高等学校“十一五”综合投资规划教育信息化建设、畜牧示范园建设等 15 个重大支出项目开展绩效评价。这些项目中，涵盖农业、环保、教育卫生、社会保障、基础建设等多个领域，涉及评价资金 26.1 亿元。在开展项目评价中，市财政监督部门从资金的申请、拨付、管理、使用等各个环节入手，在安全性、及时性、合规性、有效性等方面进行分析，合理确定评价指标和评价标准，确保了评价结果的科学、规范和公正，并将绩效评价结果及时反馈预算编制部门和预算执行部门，作为编制下年度财政预算的重要依据。

二是设立专职机构开展绩效评价。为全力做好绩效评价工作，市财政局批准检查局内设了绩效评价科，主要职责是贯彻落实财政支出项目绩效评价制度和办法，组织实施绩效评价工作，提出绩效评价工作意见建议，指导有关单位开展自评工作。绩效评价科的设立，不仅在工作职能和人员上得到了保障，也标志着市财政局绩效评价工作走向了新的开端，为今后进一步全力开展绩效评价工作奠定了基础。

三是改进和完善绩效评价基础工作。支出项目自评工作是做好绩效评价工作的重要环节。为此，我们对原绩效评价工作自评制度、程序、指标体系、工作文书等进行修订和完善，为顺利开展绩效评价工作提供了制度保障。同时，对 2008 年、2009 年财政支出绩效评价所有项目的绩效评价实施方案、绩效评价报告、工作底稿进行分类整理，印制绩效评价单行本分发有关处室和单位，绩效评价工作服务财政预算管理的作用得到增强。

（四）会计信息质量检查取得新突破

根据《财政部关于组织地方财政部门开展 2010 年会计信息质量检查和会计师事务所执业质量检查的通知》要求，我们加强领导，积极组织，印发了《关于开展 2009 年会计信息质量和会计师事务所执业质量检查的通知》，对 8 户企事业单位和 47 户会计师事务所开展检查，查出违规金额 893.96 万元。

一是开展对天津广播电视网络有限公司等 8 户单位的会计信息质量检查工作。在检查过程中，市财政监督部门把单位执行财务制度、会计核算情况作为重点，严肃检查单位存在的管理漏洞，并将检查中发现的问题进行归纳分析，形成调研报告，同时注意总结推广检查中的好做法、好经验，收集整理典型案例，会计信息质量检查工作层次进一步提高。

二是开展对 3 家会计师事务所执业质量检查。检查以执行审计准则情况为重点，着重关注了事务所是否有效实施了必要的审计程序，是否收集了充分适当的审计证据以支持审计结论等内容。通过检查发现，部分会计师事务所存在未完全履行必要的审计程序、未获取充分适当的审计证据、审计报告披露的内容不准确等执业质量方面问题和虚列主营业务成本等会计信息质量方面问题。同时，区县财政局开展了对全市 47 户会计师事务所财务监督，规范了事务所行为，取得了较好效果。

（五）内部监督取得新成效

2010年，市财政监督部门以财政部颁布的《财政内部监督办法》为契机，深化和落实财政内部监督工作，开展内部监督检查29项，对单位预算执行、财务管理、资产管理等方面开展了合法性、合规性审计，提出整改意见和建议。

一是通报交流审计情况。为推进市财政局内部监督工作的开展，市财政监督部门召开了系统单位内部监督工作会议，通报了近年来开展领导干部任期经济责任审计工作情况，对审计中发现的共性问题以及需要把握的政策要求做了讲解。这次会议为今后开展内部监督，理解和支持财政监督部门更好地开展工作，奠定了基础。

二是建立基础数据资料库。为规范内部审计工作，确保审计工作的规范性、统一性、稳定性，针对不同性质部门和单位，分别建立了一整套基础数据资料库，为分析比较检查单位相关情况，规范审计监督，提高工作效率和审计监督工作水平奠定了基础。

三是制定审计流程规范。为规范处级干部任前审计工作，在总结近年审计工作的基础上，制定了处级干部任前审计流程规范。流程规范按照工作岗位确定不同的审计重点和标准，确保了不因审计人员不同而产生的审计差异，保障了任前审计工作的公平公正。

三、创新监督方式方法，提升检查工作水平

2010年，市财政监督部门主要采取“三结合”的方式组织实施监督检查，取得了一定成果。

一是检查执行财税政策与专项检查相结合。在检查过程中，市财政监督部门将企业执行财税政策与专项检查相结合，在规范被查单位财务会计核算工作的同时，从多视角审示执行财税政策情况，严查违规违纪问题，堵塞管理漏洞，确保财税政策的全面贯彻和落实。

二是检查执业质量与规范执业行为相结合。在会计师事务所执业质量检查中，调阅会计师事务所全部审计案卷，查阅《审计工作底稿》。认真分析《审计工作底稿》反映的审计轨迹，重点关注审计程序。通过检查，促进提高了会计师事务所风险意识，达到了完善执业质量，促进行业健康发展的目的。

三是健全检查制度与防范检查风险相结合。按照全面推进财政管理科学化精细化的工作要求，财政监督部门从做好日常工作和加强基础管理入手，制定了约束行为、程序规范、风险控制等措施，做到工作有序、管理有据，形成了较完整的涵盖整个财政监督工作标准化制度体系，使每一项监督检查都经得起推敲和检验。

四、夯实监督基础工作，保障检查顺利实施

一是加大检查业务培训，提升检查干部技能。加强业务培训是提高检查干部工作技能的重要手段。近年来，财政监督部门把干部业务培训作为基础性工作来抓，切实解决一些干部本领缺失不能为的问题。采取召开专题培训、汇报交流等多种形式加强培训，使学习培训成为做好财政监督工作的重要手段，提高了检查干部的业务技能和工作水平。

二是开展权力梳理，保障依法监督。按照市财政局党组印发的《关于开展权力梳理监

督定位流程规范工作的实施方案》，财政监督部门统一思想、提高认识，细化工作任务，落实人员责任，经过全处人员的努力，梳理出财政监督处包括税收收入、非税收入、财政支出、会计信息质量、会计师事务所执业质量、内部监督检查以及财政项目支出绩效评价和行政处理处罚共计 8 项工作职能权力，制作了权力运行流程情况一览表和工作运行流程图，为依法行政监督，保证权力正确行使发挥了积极作用。

三是督导乡镇财政开展监督，提升基层财政监督水平。根据财政部要求，市财政局制发《关于切实加强乡镇财政监督检查工作的通知》。深入 22 个市级财政乡镇联系点开展督导，明确乡镇财政资金监管范围、监管重点，取得了预期效果。

四是加强理论思考和信息报送，为领导决策服务。按照年度工作安排，财政监督部门加强了政策调研和监督理论研究工作，7 篇调研和理论研究文章在《财政监督》、《天津经济》等刊物上发表，初步形成了研究监督、思考监督理论的良好氛围。加强信息报送工作，采编财政监督信息 10 条，印发财政监督简报 2 期，财政部转发信息 1 篇，市财政局转发信息 4 篇。

（撰稿人：张家鸣）

会 计 工 作

2010年我市会计管理工作以邓小平理论和“三个代表”重要思想为指导，切实落实党的十七大、十七届三中、四中全会精神和市委九届七次全会战略部署，深入贯彻科学发展观，认真落实“调结构、促转变、增实力、上水平”的总体要求，按照我市财政工作的总体部署和要求，深入宣传贯彻《会计法》、《行政许可法》及各项会计法规制度，大力推进会计管理的依法行政和会计管理的电子政务建设，努力提高会计行业的整体水平，各项会计管理工作取得了新的进展。

一、会计管理工作

（一）大力弘扬会计正气，树立会计新风

1. 召开大会表彰2009年天津市先进会计工作者，在《天津日报》上整版刊登表彰决定及天津市先进会计工作者照片，编辑出版了《财会精英——天津市先进会计工作者表彰专辑（总会计师系列）》。

2. 组织开展评选2010年天津市先进会计工作者（会计管理工作者系列）工作。根据《会计法》和《关于开展2010年全国先进会计工作者评选表彰工作的通知》（财会〔2010〕7号）的精神，印发了《关于开展2010年天津市先进会计工作者评选表彰工作的通知》（津财会［2010］16号），制定了评选表彰办法，成立了评选表彰工作办公室和专家评审委员会，在全市范围内开展先进会计工作者评选表彰活动。经过全市各有关单位推荐，并经过专家评审和结合网上投票情况，最终确定了10名天津市先进会计工作者，并从中推选出一名候选人上报财政部，参加全国先进会计工作者评选。

（二）大力宣传贯彻新企业会计准则和各项会计核算制度

1. 做好新会计准则的宣传培训工作。一是与市国资委共同开展2010年市属国有企业推行新会计准则工作，就重点问题进行调研汇总，对23户大型企业新旧准则转换进行测算，并形成测算报告；在前期已实行新准则的试点单位的基础上，继续扩大试点，确定了22家试点单位，进行了新旧准则转换培训；二是做好上市公司2009年年报的跟踪分析工作，把上市公司是否严格按照新准则编制年度财务报告作为重点，按照财政部文件要求成立联合工作组，制定工作方案，对财政部重点关注的问题予以分析、总结，及时向财政部汇报；三是

认真做好新企业会计准则的解释解答工作，利用“天津会计”网站和《天津财会》杂志讲解各项准则内容，对会计人员在学习和实施过程中出现的问题进行解答。

2. 大力宣传贯彻财政部颁布的内部控制规范体系。与市审计局等6部门联合发文，共同召开了全市范围内贯彻实施《企业内部控制配套指引》动员暨培训大会，来自百余个单位的企业负责人、会计机构负责人、相关管理部门负责人近400人参加了会议。会议就我市贯彻实施《企业内部控制配套指引》进行了部署，并对内控指引作了详细讲解。

3. 完成了《企业会计准则解释第4号》、《企业产品成本核算与成本管理的调研》、《财务报告概念框架：报告主体》、《小企业会计准则》、《XBRL应用暂行规定》、《XBRL年报披露模板》、《基层医疗卫生机构会计制度》等的征求意见和汇总上报工作。

（三）抓好会计行政许可工作，进一步规范和加强会计管理行为

1. 加强对会计师事务所的监管，促进注册会计师行业健康发展：（1）在充分调研的基础上拟定了《关于加快发展我市注册会计师行业的实施意见》，并经市政府批转在各有关部门执行。该意见提出了未来3至5年我市加快发展注册会计师行业的指导思想和总体目标，以及在行业格局、人才建设、监管自律、政策扶持、执业环境、组织领导等方面的具体目标，以促进我市注册会计师行业健康发展，为我市经济社会又好又快发展提供强有力的保障。（2）贯彻落实财政部《关于科学引导小型会计师事务所规范发展的暂行规定》文件精神，及时对原行政审批流程及会计师事务所设立条件进行调整，制定了《天津市会计师事务所管理、服务事项须知》书面文本，进一步细化合伙人和会计师事务所的权利、义务，要求合伙人作出书面承诺。全年共受理会计师事务所（分所）的设立申请14项，批准设立会计师事务所9家（其中有限责任事务所1家，普通合伙事务所5家，外省驻津分所3家），办理会计师事务所注销、终止手续2家；组织完成了2009年会计师事务所基本信息年度报备工作，截至2010年底，我市共有会计师事务所92家（其中：有限责任事务所56家，合伙事务所18家，外省驻津分所18家），执业注册会计师1627人；办理会计师事务所日常变更备案30件，为10家事务所更换了执业证书，向外省市发出询证函5件，为外省市提供函证6件。

2. 做好代理记账机构设立审批和年度备案工作。2010年全市共审批28家代理记账机构，为8家代理记账机构办理了变更登记手续，对6家代理记账机构终止代理记账业务进行了公告，还完成了全市492户代理记账机构2009年度备案工作。

（四）加强会计人员管理，提升会计人员队伍整体素质

1. 印发了《关于做好我市2010年度会计人员继续教育工作的通知》，对2010年会计人员继续教育工作进行了具体部署，截至2010年底我市共有近14万名会计人员参加了继续教育并确认了继续教育信息；制定了《天津市会计人员继续教育机构考核评价暂行办法》（津财会〔2010〕5号），组织实施了首次会计人员继续教育机构年度考核备案工作，并将考核结果在“天津会计”网站上予以公布，对未进行考核报备的3家会计人员继续教育机构予以暂停会计继续教育办学资格处理；从2010年7月起组织有关人员，陆续对我市近30家会计继续教育机构的培训工作进行了全面检查，并将检查中发现的问题作为下一步工作重点，继续加大检查力度，以促进我市会计人员继续教育工作的良性发展。

2. 与天津市会计学会共同举办了天津市首届会计人员技能竞赛，竞赛项目包括会计手工操作技能、会计实务操作技能、会计电算化操作技能。本次大赛从筹备到决赛历时近半年，极大地激发了广大会计人员研究、实践会计技能的热情。大赛的举办，在天津市会计行业范围内掀起了“练技能、比贡献、上水平”的热潮。会计职业技能竞赛一方面提升了各单位的团队竞争理念，培养了集体凝聚力，另一方面能够辅助优秀会计人才脱颖而出、快速成长，进而提升天津市会计队伍整体素质。

3. 根据财政部有关文件要求，我市共向财政部推荐22名全国会计领军（后备）人才，其中企业类16名，行政事业类6名，经过财政部统一选拔，中国石化股份公司天津分公司的范瑞入选2010年全国会计领军（后备）人才。

4. 开展了2010年我市农村会计人员基本情况调查，为各区县开展培训夯实了基础数据；协同农业处及时拨付培训资金；督促指导各区县开展农村会计人员支农政策（包括科技、教育、医疗、财会等内容）的培训工作，并做好培训效果跟踪，共对4800余名农村财会人员进行了培训。

5. 召开了区县推动会计基础工作规范化经验交流会，会上交流了先进经验，对下一步工作进行了部署，为我市进一步全面推动会计基础工作提供充足准备。

6. 根据财政部《关于印发颁发会计人员荣誉证书试行规定》的要求，向在会计岗位工作满30年的68名会计人员颁发了荣誉证书。

（五）改革考试模式，严防高科技作弊，做好各项考务工作

1. 顺利组织了会计从业资格无纸化考试工作。一是制定了《天津市会计从业资格无纸化考试突发事件应急预案》、《天津市会计从业资格无纸化考试考务规定等4项规定》和《天津市会计从业资格无纸化考试考务费使用管理规定》等三个文件；二是与财税信息中心、山大鸥玛公司紧密合作，共同开发了“天津市会计从业资格无纸化考试系统”，该考试系统的考试客户端与中心服务器直连的方式以及多人同时在线考试的模式在全国均属先进水平；三是与区县财政局共同建设无纸化考试机房，并与区县财政局签订了《天津市会计从业资格无纸化考试工作责任书》，以明确考务责任；四是考试前多次进行模拟流程及压力测试，对发现的问题及时解决，确保系统上线运行平稳。完成本次考试模式改革后，我市会计从业资格考试已实现网上报名、网上订购教材、网上交费、无纸化考试的全方位信息化考试管理方式，提高了工作效率，方便了广大考生，极大地促进了我市会计信息化建设的发展，为考生创造了公开、公平、公正、透明的考试环境。本年度共组织四次考试，报名参加考试80973人，参加考试63353人，出勤率78.24%，考试合格26057人，及格率32.18%。

2. 组织了会计专业技术资格考试工作。2010年全市共有22469人次报名参加考试，实际参考率初级为50.4%，中级为32.1%，全科合格2127人，其中初级资格合格1661人、中级资格考试合格466人。在应对高科技考试作弊方面采取新举措，增加了专用设备，与公安、武警、无线电管理委员会等多部门密切配合，建立联动机制，启用多部无线电信号流动监测车，查获了高科技作弊考生8名，根据有关文件规定，对其作出取消当年全部考试成绩以及2年内不允许再次考试的处罚，将违纪情况通知考生所在单位并在网站上予以公告。

2010年我市继续作为全国会计专业技术资格考试网上评卷试点省份，经过严密组织和精心安排，圆满完成了网上评卷工作。

3. 完成了2010年度高级会计师考试各项考务工作。2010年我市共有1034人报名参加考试，实际出考780人，出考率75.44%，其中，212人取得全国合格证，109人取得地方合格证。2010年通过高级会计师评审软件系统进行网上申报评审资料的共148人，评审工作于12月中旬进行。

4. 组织了会计电算化考试工作，共有24145人报名，10586人成绩合格。

（六）完善和充实各管理系统，不断提升会计管理信息化水平

1. 完善充实了“会计从业资格考试无纸化系统”、“高级会计师评审系统”、“代理记账机构管理系统”和“会计电算化考试系统”。

2. 维护“天津会计”网站。据统计，网站2010年共发布会计、财经信息300多条；及时解答会计人员在实际工作中遇到的难点、疑点问题12000多个，网站全年点击量达70万人次，截至年底累计点击率已超过850万人次。

二、市会计学会管理工作

（一）组织开展会计学术活动

1. 启动了“会计创新与滨海新区发展”论坛系列活动，首期为有奖征文活动，以“做好新形势下的会计创新，促进天津滨海新区快速发展”为主题，面向全国进行有奖征文。活动共征集论文68篇，经专家评审确定获奖论文16篇并编辑成册，并与《中国会计报》合作，在该报刊上开辟有奖征文专栏进行宣传，刊发优秀征文12篇。

2. 发布了19个会计研究参考主题，完成了2010年会计学术论文的评选工作，并将获奖作品汇集成论文集出版；举办了两次会计学术报告会以及2010年会计学术年会和会计教学研讨会；完成了2009～2010年度会计重点科研课题的结项工作，部署了2011～2012年度会计重点科研课题的招标工作。

（二）办好“一刊”、“一报”

全年编辑发行《天津财会》6期，共刊载有关学术性、实务性及政策性文章96篇，年发行量4400册。全年编发《天津会计工作简报》14期，共编发有关反映我市会计工作及会计学会工作的稿件信息101篇。

（三）充实“天津市会计学会”网站

对已开通的“天津市会计学会”子网站进行优化，根据实际工作需要，及时增设新栏目。全年共发布信息105条，解答会员、学员问题116个。网站全年访问量19万人次，截至12月底，“天津市会计学会”子网站访问量已达58万人次。

（撰稿人：温朝霞）

金融企业监督管理

2010年，市金融企业监督管理部门充分发挥财政职能作用，紧紧围绕市委、市政府“调结构、促转变、增实力、上水平”的总体要求，按照建设与北方经济中心相适应的现代金融服务体系和全国金融改革创新基地的目标定位，加快我市在金融企业、金融业务、金融市场和金融开放等方面的重大改革进程，全面提升服务能力和水平，圆满完成各项工作任务。

一、积极研究支持金融业发展政策，促进我市金融业持续健康发展

1. 推动我市融资租赁业发展。为推进综合配套改革和金融改革创新，促进租赁业发展并成为我市重要的金融主导产业，市财政局多次会同相关部门研究促进租赁业发展各项财税优惠政策。经反复研究酝酿，由市金融办牵头，联合市财政局、地税局等九部门向市政府上报《关于促进租赁业发展的意见（送审稿）》，目前已经市政府批准转发，成为在全国范围内率先对促进租赁业发展的规范性指导意见。在相关政策的吸引和引导下，我市融资租赁业日益壮大，集聚效应和比较优势开始显现。截至2010年11月份，我市共有21家融资租赁公司，注册资金242亿元，业务总量占全国7000亿元的24%，比上年的22.4%上升了1.6个百分点。

2. 研究加快产业金融、航运金融、农村金融、科技金融、消费金融等金融行业发展财税优惠政策。参与研究《关于推动我市产业金融改革创新的意见》；配合有关部门搞好船舶产业投资基金试点，研究航运交易所设立前有关财税优惠政策；参与研究《关于推动我市科技金融改革创新意见》、《金融支持科技型中小企业发展实施办法》；吸引中国首家外商独资消费金融公司捷信消费金融（中国）有限公司落户我市；支持天津农村合作银行、有关区县农村合作银行和农村信用联社组建天津农村商业银行。

3. 支持天津中保登记结算有限公司在我市开展业务，确保资产管理产品交易在金融资产交易所顺利进行。研究中国人民财产保险股份有限公司天津分公司航运保险部、华融渝富股权投资基金、快钱（天津）金融服务有限公司、渤海通汇货币兑换有限公司、渤海易生商务服务有限公司等创新型金融企业落户我市相关财税政策问题；研究整合排放权交易所、天津文化艺术品交易所等我市各创新型交易市场财税优惠政策，为创新型交易市场发展壮大创造条件。截至2010年底，我市已完成工商登记注册的创新型交易市场共9家，正在筹备设立的2家；积极参与我市东北亚银行、跨境贸易人民币结算试点和人民币境外投资试点等

金融改革创新工作；支持设立货币经济公司，天津信唐货币经纪有限责任公司2010年在我市注册成立，对完善我市外汇服务体系，提升我市金融整体业态起着重要的作用。

二、全面落实金融企业财税优惠政策

2010年累计拨付2008.6万元用于支持金融企业和总部经济发展。先后吸引捷信消费金融（中国）有限公司、兴业金融租赁有限责任公司等金融企业总部在我市注册成立；支持中德住房储蓄银行开发住房保障类产品，并拨付该行2009年度住房保障类产品客户财政补助资金142.7万元；推动小额贷款公司发展，及时落实小额贷款公司财税奖励政策。截至2010年末，累计拨付我市小额贷款公司2009年度财政资助112.2万元，2009年度税收奖励300.5万元；鼓励新型农村金融机构发展，及时拨付三个区县2009年新型农村金融机构定向费用补贴资金765万元；继续落实滨海新区试点补充养老保险专项补助资金115.76万元。

三、完善我市融资担保体系建设

一是积极配合做好担保公司规范整顿工作。按照《融资性担保公司管理暂行办法》的规定，我市从2010年8月开展融资性担保公司规范整顿工作。市财政局作为规范整顿工作组成员单位，积极配合市金融办做好财政出资担保机构的规范整顿工作，为担保机构的健康发展奠定了基础。二是做好财政出资担保机构调研工作。为进一步完善财政出资担保体系建设，深入了解我市财政出资担保机构的发展状况，及时发现和掌握财政出资担保机构存在的问题，切实发挥财政资金的引导和放大作用，市财政金融管理部门进行了专题调研，对财政出资担保机构存在的问题进行深入的分析研究，并对下一步担保机构的发展提出了初步建议。

四、加强地方金融企业财务管理

贯彻落实《地方金融企业财务监督管理办法》。为加强地方金融企业的财务监督管理，规范地方金融企业的财务行为，防范地方金融企业财务风险，促进地方金融企业健康发展，以《地方金融企业财务监督管理办法》为依据，认真研究并结合我市实际情况组织贯彻落实。同时，扩大财务监管范围，将小额贷款公司和融资性担保公司的财务监管纳入区县财政部门进行管理。

五、做好地方金融企业国有资产管理

1. 开展地方金融企业国有资产产权登记工作。为加强我市地方金融企业国有资产监督管理，全面、及时掌握金融类国有资产分布和变动情况，帮助金融企业理清股权关系，支持金融企业发展，为金融企业改制重组和上市创造条件，根据《财政部关于印发〈金融类企业国有资产产权登记管理暂行办法〉的通知》精神，在对我市金融企业股权状况进行调查摸底的基础上，经多次讨论研究，并充分征求金融企业意见，下发了《关于开展我市地方金融企业国有资产产权登记工作的通知》，并在地方金融企业范围内召开说明工作会，布置产权登记工作。我市金融企业的产权登记工作已全面推开。

2. 加强国有资产日常管理工作，防止国有资产流失。积极贯彻落实《财政部关于贯彻落实〈金融企业国有资产转让管理办法〉的通知》及《财政部关于印发〈金融类国有及国有控股企业绩效评价实施细则〉的通知》等文件精神，加强金融企业国有资产评估和转让行为的管理，要求非上市金融企业国有股权转让工作必须通过具备资质产权交易机构公开进行，规范企业国有资产处置行为，建立合理的国有资产价值形成机制，防止国有资产流失。同时开展金融企业绩效评价工作，通过对金融企业各项经营指标进行打分评级，引导企业改善经营管理，提高经济效绩。

（撰稿人：宋德培　张秀丽　李　爽）

农业财政财务管理

2010年，天津市农业财政财务管理工作，以邓小平理论和“三个代表”重要思想为指导，坚持以科学发展观为统领，深入贯彻落实《中共中央国务院关于加大统筹城乡发展力度进一步夯实农业农村发展基础的若干意见》，按照“解难题、促转变、上水平”的总体要求，坚持农民居住社区、示范工业园区、农业设施产业园区“三区”统筹协调发展，加快推进农业现代化、农村工业化和城市化，以保持农业农村经济平稳较快发展为目标，进一步完善各项惠农政策，增强农业防灾减灾能力，加强农业基础设施建设和科技支撑，优化产业结构，改善农村环境，促进非农产业发展，努力提高农民素质，加快推进我市社会主义新农村建设。

一、财政支农资金保持平稳较快增长，确保“三区”统筹协调发展

2010年，市级财政支农年初预算26.9亿元，比2009年年初预算的21亿元，增加5.9亿元，增长21.9%，其中：基本支出3.4亿元，比2009年1.7亿元，增加1.7亿元，增长50%；专项支出23.5亿元，比2009年19.3亿元，增加4.2亿元，增长18%。

财政支农资金的稳定增长，为我市发展现代农业，提高农业综合生产能力提供了重要保障。

二、完善强农惠农政策，进一步加大对农业生产的支持保护力度

2010年，在全国大部分地区连续出现恶劣自然天气的影响下，为支持种粮农民抗击暴雪寒潮和干旱，确保春耕生产顺利开展，我市进一步加大对农业生产的政策支持力度，安排专项资金近6亿元，努力扩大农村需求，调动和保护农民种粮积极性，巩固和加强农业基础。

（一）巩固粮食直补政策，促进粮食增产

2010年，我市粮食播种面积继续保持570多万亩，按照每亩73元的补贴标准，全年落实对种粮农民直接补贴和农资综合补贴资金近4.2亿元，补贴资金通过银行“一卡通”全部兑付到农户手中，增加了农户种粮收益，极大地调动了农民种粮积极性。

（二）落实良种补贴政策，规范补贴管理

按照2010年中央1号文件精神，进一步扩大农作物良种补贴范围，实现水稻、小麦、玉米、棉花良种补贴全覆盖，安排农作物良种补贴资金5560万元，落实补贴面积432万亩，会同市农业局确定59家良种补贴供种单位和274个补贴品种，印制并使用专用凭证12万册，受益农户达到60多万户。

（三）加大农机购置补贴力度，加强农机服务组织建设

为促进我市农机装备总量的增加和装备结构的优化，继续加大对大中型拖拉机、联合收获机械及各类配套农机具的补贴力度，2010年拨付农机具购置补贴资金8800万元，全年补贴各类农业机械27752台，有效地带动了农民对农机化的投入，显著提升了全市农机装备水平。

（四）落实畜牧良种补贴政策，促进畜牧养殖业发展

遵循政策公开、农民受益、合同管理、专款专用的原则，落实奶牛、生猪良种补贴政策。全市改良奶牛11.2万头、改良能繁母猪22万头，拨付补贴资金1552万元，实现奶牛良种补贴全覆盖，生猪良种补贴覆盖主要生猪养殖区县。

（五）积极落实石油价格改革财政补贴政策

因国际石油价格不断上涨，中央财政2010年继续对种粮农民、部分困难群体和公益性行业给予油价补助支持，拨付我市渔业、远洋渔业、林业石油价格改革财政补贴资金合计1495万元。我市及时将补贴资金拨付到区县财政局和行业主管单位，同时督促区县财政局和行业主管单位将补贴资金兑付到补贴对象，确保国家补贴政策及时落实到位。

（六）完善政策性农业保险保费财政补贴政策，促进农业及农村保险事业发展

2010年拨付保险保费市财政补贴2263.8万元，小麦承保面积同比增加31万亩，增幅为172%；玉米承保面积增加23万亩，增幅为173%；水稻承保面积同比增加4万亩，增幅为50%；今年新开办的棉花保险面积13.5万亩。

三、积极筹集支农资金，推动“三区”统筹协调发展

2010年，市委、市政府在总结近几年农村城市化和新农村建设经验的基础上，将农民居住社区、示范工业园区、农业设施产业园区建设，作为我市统筹城乡发展、推进社会主义新农村建设的重要抓手和平台。市财政多渠道筹集资金18.1亿元，积极推动“三区”建设，为我市农业和农村在“十二五”期间取得更大发展奠定了坚实基础。

（一）以示范小城镇和文明生态村建设为重点，积极开展农民居住社区建设

2010年市财政安排专项资金4.3亿元，支持示范小城镇建设、文明生态村建设、农村生态环境建设、农民素质教育以及农村公共服务建设，极大地促进了农民居住社区全面、可持续发展。

1. 示范小城镇建设。2010年，按照市政府要求，将示范小城镇试点专项资金4000万元，集中用于蓟县库区新农村建设，在改善蓟县农民居住环境的同时，最大限度地保护生态环境。

2. 文明生态村建设。2010年，为更好地开展文明生态村建设，市财政会同市农委、规划局等部门，联合制定了《天津市文明生态村规划建设导则》，并安排专项资金1.2亿元，对全市108个文明生态村建设给予补助，科学有序地推进文明生态村创建工程，改善农村居民生产生活条件，优化农村地区发展环境，为我市农业和农村经济发展提供有力支撑。

3. 农村生态环境建设。按照市政府《批转市林业局拟定的2009～2012年天津林业建设规划的通知》，市财政会同市农委、市林业局安排专项资金2.24亿元，开展以高速公路、重要通道、主要河流、铁路沿线为脉络，以片状林地、新城周围绿化、森林公园、村镇及企事业单位绿化为补充的绿色生态体系建设，累计造林面积10.9万亩，栽植各类乔（灌）木755.1万株，动用土方633.8万立方米。

4. 农民素质教育。2010年，市财政拨付专项资金3000万元，继续实施农民素质提高工程，累计培训农民41万人，其中近30万农民取得相应毕（结）业证书。为建立农民教育培训长效机制，规范农民教育培训管理工作，配合市有关部门出台《天津市农民教育培训条例》，将农民教育培训工作持续开展下去，为新农村建设提供更多更好更合格的实用人才。

5. 农村公共服务建设。为扩大公共服务覆盖农村范围，市财政会同市农委安排专项资金100万元，积极开展农村邮政服务站建设，努力提高我市农村邮政普遍服务水平，促进城乡基本公共服务均等化。

（二）发挥财政资金引导示范作用，积极推动示范工业园区快速发展

农村工业是农村经济发展的重要支柱，2010年市财政以财政贴息为主要方式，充分发挥财政资金“四两拨千斤”的作用，引导银行金融、民营资本投向农村工业，累计安排贴息资金6.1亿元，带动区县示范园区、郊县工业技术改造、市级重点龙头企业快速发展。

1. 区县示范工业园区基础设施建设贷款贴息。为贯彻落实市政府《关于整合提升发展区县示范工业园区的若干意见》，加快推进我市示范工业园区建设步伐，2010年市财政拨付4.8亿元专项资金，用于示范工业园区基础设施建设贷款贴息。31个示范工业园区累计签约项目793个，投入基础设施建设资金159.3亿元，建成“七通一平”标准以上的土地面积累计达98.6平方公里。工业示范园区的逐步建成和投产，有助于各区县合理配置土地资源，推进经济发展方式转变，促进经济又好又快发展。

2. 郊县工业企业技术改造贷款贴息。为不断增强企业创新能力，促进生产技术升级换代，2010年市财政继续安排专项资金5000万元，用于郊县工业技术改造贷款贴息。2010年累计贴息项目76个，项目总投资14亿元，预计新增经济效益85亿元。

3. 农业产业化市级重点龙头企业贷款贴息。为促进我市农业产业化市级重点龙头企业做大做强，2010年市财政安排专项资金800万元，对13家农业产业化市级重点龙头企业给予贷款贴息扶持，努力推动我市龙头企业扩大规模、提高效益。

（三）大力发展现代农业，积极促进农业设施产业园区建设

发展现代农业是促进农民增收的重要手段，2010年市财政安排专项资金7.7亿元，开展种植业设施农业建设、现代农业示范园区建设、滨海农业科技园区建设、畜牧水产养殖示

范园区建设，同时加强科技支撑，努力促进农业产业化发展。

1. 种植业设施农业建设。按照市委、市政府实施设施农业“4412”的总体部署，2010年市财政继续安排专项资金2.7亿元，按照“规模调大，结构调佳，品种调优，效益调高”的总体思路，开展以提高农业综合生产能力为目标，发展以节能日光温室为重点，大中小拱棚相结合的种植业设施农业建设，新建种植业设施农业10万亩，在增加农民收入的同时，保障蔬菜市场供应，对稳定我市农产品市场价格发挥了重要作用。

2. 现代农业示范园区、滨海农业科技园区和畜牧水产示范园区建设。按照我市沿海都市型农业的发展方向，为充分发挥农业园区的引领示范作用，2010年市财政安排专项资金2.5亿元，重点支持9个现代农业示范园和7个滨海农业科技园区建设，同时继续支持发展建设畜牧水产示范园区。2010年，9个现代农业示范园新建设施农业1.2万亩，硬化道路65.8平方米，铺设管道75.4千米，预计年增加经济效益近30亿元，新增2万个农村劳动力就业；滨海农业科技园区累计投资16.3亿元，部分园区已投入运营，逐步发挥出经济和社会效益。

3. 农业科技支撑。2010年继续加强农业科技推广示范与合作，促进农业科技进步，市财政安排专项资金5000万元，支持农业科技成果转化与推广项目277项，累计引进新品种457个、新技术149项、新产品12个，开展技术培训11万人次，建立科技示范户2131户，带动农户7万余户，增加就业7020人，取得社会经济效益7.5亿元。同时，继续支持5个农业科技创新与转化基地、2个农业工程中心以及3个农业种业基地建设，逐步形成从科技创新、孵化转化、示范推广到应用销售的一条龙发展模式，农业科技的进步在我市设施农业、农业示范园区、滨海科技园区建设中发挥了重要作用。

4. 农业产业化发展。为进一步调整农业产业结构，促进农业产业优化升级，2010年市财政安排专项资金2亿元，按照区县产业特色，重点支持蓟县核桃、武清区农产品物流加工、宁河县七里海河蟹、东丽区食用菌、西青区花卉、大港区冬枣、汉沽区水产养殖等农业产业化项目，带动各类投资近30亿元，区县农业产业发展逐渐向高端化、高质化迈进；同时，按照中央财政现代农业发展资金要求，组织落实宝坻区现代食用菌产业基地建设项目，安排中央财政专项资金2500万元；为将农户逐步纳入农业产业化发展链条，增强农户生产经营能力，安排专项资金1650万元，开展农民专业合作社和农机专业合作社建设，累计扶持各类农民专业合作组织50余家，扶持近6万农户开展各类农业生产。

5. 巩固“三个一”工程财政补助政策，扶持低收入农户增收。以村为依托，以人均纯收入3000元以下的低收入农户为扶持对象，开展“三个一”工程建设。2010年市财政拨付专项资金1500万元，通过发展特色农业、设施农业、林下经济等，扶持低收入农户发展生产、提高素质，增强创业就业能力，促进农民增收。

四、发挥公共财政职能作用，促进水务事业发展

（一）大力开展农村小型农田水利建设

全年工程投资9959万元，其中：蓟县、宝坻两个小型农田水利重点县投资4456万元。截至2010年末，完成混凝土3.2万立方，砌石5.2立方，土方10.7万方，打井190口，建防渗渠道687公里，修建泵点105座，喷滴灌5580亩，新增节水灌溉面积8.2万亩，改善

灌排面积 9.95 万亩。同时，继续开展农用桥、闸、涵维修改造工程，累计安排专项资金 3700 万元，其中：市级补助 2000 万元，区县自筹 1700 万元，维修改造农用桥闸涵 111 座。截至 2010 年末已完成投资 1700 万元，完成 50 座桥、闸、涵的维修改造任务。

（二）扎实做好防汛抗旱工作

2010 年应急度汛工程总投资为 1800 万元，其中：市防汛费 1000 万元，中央特大防汛补助费 800 万元，安排主要行洪河道险工险段治理、病险闸涵除险加固等应急度汛工程 13 项。同时，安排防汛业务经费 2677 万元，主要包括防汛经费和防汛抢险应急工程，其中：防汛业务经费 1677 万元，完成购置防汛抢险物资 500 万元，防汛一级通讯网及城市防洪信息系统运行维护，防汛演习补助，北四河行洪河道资料汇编，防汛电子信息屏改造等 25 项工程建设；防汛抢险应急工程 1000 万元，安排北京排污河防潮闸应急抢险等 5 项应急度汛工程，并完成对口支援贵州抗旱工作。

（三）做好河道维修维护及水库移民

2010 年安排专项资金 3013 万元，主要包括：河道专项维修加固工程累计投资 2935.69 万元，完成河道险工险段治理 26 项，水库专项维修加固工程 3 项，堤防巡视和管理用房建设 2 项；日常维修养护累计投资 1563 万元；移民安置区后期扶持项目累计投资 2868.43 万元，安排蓟县、宝坻、大港、西青四区县有关库区移民项目。

（四）继续实施农村国有扬水站更新改造工程和农村管网入户改造工程

2010 年安排工程计划总投资 10046.3 万元，更新改造国有扬水站 5 座，其中：中央资金安排大型排灌泵站 4 座，地方安排宝坻区更新改造 1 座，总投资 2297.5 万元。2010 年农村管网入户改造工程下达计划投资 18978 万元，其中：市级资金 9389.03 万元。截至 2010 年末已累计完成投资 13995.39 万元，完成年度任务的 74%。主要内容包括：安装恒压变频设备 183 套，铺设输水管道 4848 公里，安装水表 9.14 万块，新建厂房及管理用房 6910 平方米，解决 23.08 万农村居民管网入户改造问题。

（五）保障市区排水工作顺利开展

2010 年累计安排排水管理处专项预算 8246 万元。其中：排水设施维修养护项目 4746 万元，全年维修养护 2924 公里排水管道、76999 座检查井、53787 座雨水井、156 座沿河闸门、192 座泵站和 101 公里河道；设施大修与更新改造项目 3500 万元，全年更新改造水泵电机 19 台、更新高、低压柜 60 面、购置安装和更新格栅除污机 8 套、改造闸门 9 座、维修天车 4 台、应急抢修塌管 20 处、翻修改造排水管道 2 条、安装防汛临时站 27 座、新建泵站远程监测点位 61 座，同时对西南楼积水片实施重点改造，切实保障人民群众生产生活安全。

五、加强农林病虫害防治体系建设，严格农产品质量安全监控

为确保农业稳定生产、农民收入持续增加，市财政部门在疫病防治、农林病虫害防治、气象预警和农产品质量安全等方面，积极筹措并及时拨付资金，确保各项保障工作顺利开

展。

1. 安排疫病防治资金，做好重大动物疫病防控工作。为应对2010年国内外重大动物疫情的严峻形势，积极开展重大动物疫病强制免疫，累计拨付强制免疫疫苗经费1286万元，口蹄疫免疫累计免疫家畜539.05万头，禽流感免疫累计免疫家禽5940.08万羽，猪瘟免疫累计免疫生猪757.85万头次，猪蓝耳病免疫累计免疫生猪241.65万头。开展重点动物疫病防治和重大动物疫病监测工作，累计拨付防治和监测经费350万元，共采集和检测样品7.95万份。同时，进一步规范疫苗经费管理工作，充分利用兽医体制改革成果，市县两级财政、畜牧部门协同配合，严格疫苗经费使用管理。

2. 加强农林病虫害防治。为确保我市农业生产顺利开展，保护林业生态资源，2010年市财政部门累计拨付农林病虫害防治专项资金1210万元，其中：中央财政680万元，市财政530万元。东亚飞蝗等农业病虫害累计飞机防治45万亩、人工地面防治25万亩、生物防治5万亩，防治药剂共用90吨，出动防蝗员500人，出动大型防治药械2500台次；美国白蛾等林业有害生物累计防治作业面积315.48万亩，购置各类药剂58吨，飞机防治作业18万亩，飞行376架次，经过防治农林病虫害基本得到控制。

3. 做好人工影响天气工作。2010年市财政拨付专项资金300万元，购置防雹增雨炮弹10000发，火箭弹220枚。为进一步加强人工影响天气工作，首次实施飞机增雨作业，增加降雨量6000立方，为保障农业生产起到一定的作用。

4. 加强农产品质量安全检测，确保我市农产品安全。农产品质量安全关系到人民群众健康，我市一直把农产品质量安全建设作为重要工作，2010年拨付专项资金2000万元，开展农产品质量安全检验检测体系建设，完善农产品质量安全标准，扩大农产品例行监测范围，并开展专项整治，制止违法使用农药、兽（渔）药行为，加快农业标准化建设，推动标准化生产，支持建设绿色和有机农产品生产基地。同时，为促进我市奶业发展，继续落实奶品加工企业增值税地方留成部分返还政策，并抓紧执行奶品加工企业扩大收购鲜奶流动资金贷款财政贴息政策。

5. 开展保护性耕作试点。为改善我市粮食作物生产条件，提高耕地管护和产粮水平，我市在静海县开展深松、秸秆还田及激光平地作业试点，项目实施期为3年，每年深松和秸秆还田面积5万亩，共计15万亩；每年激光平地1万亩，共计3万亩。市财政分3年累计安排补助资金400万元对该项目予以扶持。截至2010年末，累计完成深松作业、秸秆还田10万亩，激光平地2万亩。通过激光平地作业，耕地有效种植面积得到了增加，减少了水土流失，提高了土壤含水率，降低了灌溉费用，土壤耕种条件得到改良，实现了粮食增产。

（撰稿人：李　伟）

农业综合开发工作

2010年，我市农业综合开发工作在市财政局党组的正确领导下，认真贯彻中央1号文件精神，以科学发展观为统领，紧紧围绕提高农业综合生产能力、建设现代化农业和促进农民增收的目标和要求，大力支持中低产田改造建设，积极推进农业产业化经营，有效促进农业科技进步，切实保护和改善农业生态环境，为促进农业稳定发展、农民持续增收、保持经济社会稳定较快发展做出了贡献。

一、较好地完成2009年度农业综合开发项目的各项工程建设任务

我市2009年度农业综合开发项目计划总投资4.13亿元，其中：土地治理中低产田改造项目治理面积27.70万亩，总投资2.11亿元；产业化经营项目35个，总投资2.03亿元。

（一）土地治理项目取得成效

按照农业综合开发土地治理项目“以粮食主产县为重点，着力加强农业基础设施建设，积极支持高标准基本农田建设，改善农业生产条件，提高农业综合生产能力和保护农业生态环境”的指导思想，2009年度我市农业综合开发土地治理项目实际改造中低产田27.70万亩，完成项目总投资21070万元，其中：中央财政资金5853万元，市级财政配套资金8197万元，区县级财政配套资金3510万元，自筹资金3510万元。项目涉及蓟县、宝坻区、武清区、宁河县、静海县、大港区、北辰区、西青区8个区县，主要建设内容包括：新建（维修）排灌站100座，新打（维修）机电井572眼，架设输变电线路188公里，开挖疏浚渠道645公里，衬砌渠道19公里，埋设管道599公里，渠系建筑物423座，机耕路183公里，公示牌4个，营造农田防护林0.7万亩。

通过2009年度农业综合开发土地治理项目的建设，我市将新增灌溉面积11.89万亩；改善灌溉面积14.81万亩；新增除涝面积5.4万亩；改善除涝面积20万亩；新增节水灌溉面积11.18万亩；年节约水量1546.6万立方米；新增旱作农业面积1万亩；增加农田林网防护面积7.78万亩；扩大良种种植面积6.4万亩；控制水土流失面积10.1平方公里，新增粮食生产能力3402万公斤，蔬菜生产能力3368万公斤。从而将我市中低产田逐步建设成为旱涝保收、高产稳产、节水高效的规范化农田，不断提高我市农业综合生产能力。

（二）产业化经营项目完成较好

按照国家农业综合开发办公室的要求，结合我市城郊型农业的特点，2009 年度我市实施产业化经营项目 35 个，完成项目总投资 2.03 亿元，其中：产业化经营财政补助项目 19 个，投资 1.81 亿元；产业化经营贷款贴息项目 16 个，贴息额 0.22 亿元。项目涉及东丽区、津南区、西青区、北辰区、武清区、塘沽区、大港区等 11 个项目区县。

通过实施 2009 年度农业综合开发产业化经营项目，我市预计年新增水产品养殖能力 50015 万公斤，新增储藏保鲜农产品能力 1100 万公斤，直接收益农户 17.5 万户，年新增劳动力就业人数 6985 人，有利促进我市农村经济的发展和农业结构调整，优化我市农业和农村经济结构，增强农业生产水平和农村经济实力，增加农民收入，加快农村产业化发展步伐，产生良好的经济和社会效益。

二、认真做好 2010 年农业综合开发项目的选项、论证、计划编报批复和资金拨付工作

按照《关于下达 2010 年中央财政农业综合开发存量资金投资指标的通知》（国农办〔2009〕187 号）的要求，结合我市实际，本着公开、公平、公正的原则，完成了 2010 年农业综合开发项目的选项工作。在此基础上，按照农业综合开发项目管理程序，完成了项目的论证、计划编报、扩初设计审查、实施计划批复和资金拨付等项工作。

（一）土地治理项目

我市 2010 年度农业综合开发存量资金土地治理项目，计划安排中低产田改造项目 15 个，治理面积 22.80 万亩，涉及蓟县、宝坻区、武清区、宁河县、静海县、西青区 6 个区县，项目总投资 20808 万元，其中：中央财政资金 5780 万元，市级财政配套资金 8092 万元，区县级财政配套资金 3468 万元，自筹资金 3468 万元；增量资金土地治理项目，计划安排中低产田改造项目 5 个，治理面积 6.80 万亩，项目涉及蓟县、宝坻区、武清区、宁河县、静海县 5 个区县，项目总投资 6194 万元，其中：中央财政资金 1722 万元，市级财政配套资金 2406 万元，区县级财政配套资金 1033 万元，自筹资金 1033 万元。

在完成项目选项工作的基础上，按照农业综合开发项目管理程序，组织有关专家对 2010 年土地治理项目开展了评估论证工作。按照《国家农业综合开发办公室关于编报 2010 国家农业综合开发土地治理项目存量资金计划的通知》（国农办〔2009〕189 号）的文件要求，完成了 2010 年土地治理项目计划的编制工作，按时上报了《关于报送天津市 2010 年农业综合开发土地治理项目计划的请示》（津农综〔2010〕1 号）。按照《国家农业综合开发办公室关于天津市 2010 年农业综合开发土地治理项目计划的批复》（国农办〔2010〕34 号）的文件要求，完成了项目扩初设计编制、审查工作，并对有关项目区县土地治理项目进行了项目实施计划批复和资金拨付工作。截至 2010 年末，按照国家开发办《关于天津市 2010 年农业综合开发存量资金土地治理项目计划的批复》和《关于天津市 2010 年农业综合开发增量资金土地治理项目计划的批复》文件要求，市农业综合开发办公室及时对 2010 年农业综合开发项目实施建设。

（二）产业化经营项目

2010 年我市安排农业综合开发产业化经营项目共 37 个。一是财政补助项目 17 个，项目涉及宝坻区、武清区、宁河县、静海县、东丽区、西青区、津南区、北辰区、滨海新区大港 9 个项目区县，项目总投资 21620 万元，其中：中央财政资金 2430 万元，市级财政配套资金 3402 万元，区县财政配套资金 1458 万元，自筹资金 14330 万元。二是贷款贴息项目 20 个，申报中央财政贴息资金 2284 万元。按照农业综合开发项目管理程序，已完成项目选项、评估论证和计划批复工作，并及时上报了《天津市农业综合开发办公室关于呈报 2010 年农业综合开发产业化经营财政补助项目投资计划的请示》（津农综〔2010〕3 号）和《关于申报天津市 2010 年农业综合开发产业化经营贴息项目的请示》（津农综〔2010〕6 号）等材料。

三、认真做好农业综合开发资金管理工作

（一）督促项目区县做好配套资金和自筹资金的落实工作

2010 年，市农业综合开发办公室继续抓好农业综合开发项目区县级财政配套资金和自筹资金的落实工作，要求各项目区县将本区县 2010 年农业综合开发项目区县配套资金列入年度预算，同时督促项目乡镇和企业将自筹资金上交农业综合开发资金报账专户，并组织有关人员对各项目区县配套资金和自筹资金落实情况进行了检查。截至 2010 年末，我市 2009 年度项目各项资金实际到位情况为：中央财政资金 1.06 亿元，完成计划的 100%；市级财政配套资金 1.15 亿元，完成计划的 100%；区县财政配套资金 0.48 亿元，完成计划的 100%；自筹资金 1.34 亿元，完成计划的 93.06%。

（二）继续完善资金投入政策

根据财政部《关于修改〈国家农业综合开发资金和项目管理办法〉的决定》（财政部令第 60 号）和《关于印发〈农业综合开发资金若干投入比例的规定〉的通知》（财发〔2010〕46 号），市农业综合开发办公室及时调整和完善了我市农业综合开发资金投入政策，有效促进了农业综合开发资金和项目管理的科学化、制度化、规范化，保证了资金安全运行和有效使用，保证了项目顺利实施。

（三）加强决算和统计工作

按照财政部的要求，及时转发《财政部关于布置 2009 年度农业综合开发资金决算工作的通知》（津财农综〔2010〕2 号），对全市 2010 年度农业综合开发资金决算编制工作进行部署，加强对决算报表和统计报表的汇总、编制工作的领导，提高决算和统计报表的质量，按期完成上报了农业综合开发资金决算报表、统计报表等各项财务报表。

（四）督促项目区县偿还到期财政有偿资金

2009 年农业综合开发项目取消了有偿资金，但往年项目到期的有偿资金仍需归还。市

农业综合开发办公室积极督促项目区县按期偿还2010年度到期的中央和市级农业综合开发有偿资金，对个别区县到期未能归还，通过结算进行扣除，做好农业综合开发有偿资金的清理工作。

四、继续加大监督检查工作力度

（一）圆满完成国家开发办对我市2008年度项目综合检查工作

按照《国家农业综合开发办公室关于2010年农业综合开发综合检查的通知》（国农办〔2010〕218号）的要求，国家农业综合开发办公室对我市2008年度农业综合开发项目开展了资金和项目综合性检查工作。国家检查组在津期间，采取听取汇报、查看资料、核查账目、抽验工程、走访农户等形式，对市级资金管理工作、制度建设情况和档案管理工作进行了检查。同时，对西青区和武清区两个项目区县的3个土地治理项目，2个产业化经营项目进行了抽查。通过检查，国家农业综合开发检查组对我市2008年度农业综合开发资金和项目综合性检查工作给予了高度的评价。国家检查组认为，我市2008年农业综合开发项目建设任务进展顺利，主要技术经济指标符合设计要求，工程规划合理，工程建设标准较高；配套资金落实较好，资金使用基本合理，管理规范；制度健全，档案资料齐全。国家检查组在充分肯定成绩的基础上，对我市农业综合开发工作中存在的问题也提出了意见和建议。针对检查中发现的问题，市农业综合开发办公室要求各项目区县按照农业综合开发的有关规定，进行限期整改。

（二）做好2009年度农业综合开发项目中期检查工作

按照《关于做好2009年度农业综合开发项目中期检查工作的通知》（津农综〔2010〕19号）的要求，市农业综合开发办公室对我市2009年度农业综合开发项目进行了中期检查工作。从检查情况看，各项目区县能够认真贯彻执行国家和我市农业综合开发的各项制度、规定，不断规范和加强项目和资金管理工作，严格按照国家和市农业综合开发办公室批复的项目实施计划和扩初设计组织施工，工程进展顺利，工程质量较好，并且能够认真落实区县财政配套资金和自筹资金，较严格执行县级报账制的有关规定，无挤占挪用农业综合开发资金、大额现金支出和白条入账等违纪问题。

五、加强综合管理工作

（一）认真开展工作质量考评

按照资金和项目管理工作质量考评办法，对区县农发机构进行全面考核，将考核结果作为确定中央财政资金分配的主要依据，督促各区县不断提高资金和项目管理水平。2010年，国家农业综合开发办公室对全国37个省级单位组织开展农业综合开发资金和项目管理质量考评工作，我市农业综合开发工作在此次质量考评工作中，取得了直辖市和计划单列市第1名，全国第14名的成绩。

（二）加强调查研究工作

按照年初工作计划，市农业综合开发办公室针对我市当前农业综合开发实际工作的一些热点和难点问题开展了调研工作，深入项目现场，广泛听取基层干部群众的意见和建议，认真分析和研究，撰写完成了《全面总结中低产田经验　大力推进高标准农田建设发展》等调研报告。

（三）加大宣传力度

充分利用各种媒体，增加宣传渠道、扩大宣传范围，把握好宣传时机，提高宣传的质量和效果，积极做好重要信息的报送工作，以“农业综合开发简报”、“财政信息”等形式，及时向有关部门和单位报送相关材料，汇报、反映农业综合开发工作情况。

（撰稿人：杨茂春）

农村综合改革工作

2010年，市农村综合改革工作领导小组办公室（以下简称市农改办）在局党组的正确领导下，以科学发展观为指导，深入贯彻党的十七届三中全会和《中共中央　国务院关于加大统筹城乡发展力度进一步夯实农业农村发展基础的若干意见》精神，按照国务院和市委、市政府有关工作部署，全面总结农村义务教育化债工作，探索化解其他乡村公益性债务的有效途径，积极开展村级公益事业一事一议财政奖补试点工作，建立健全村级组织运转经费保障机制，配合做好我市强农惠农资金专项清查工作。

一、全面完成农村义务教育化债工作

按照市政府《关于开展清理化解农村义务教育“普九”债务工作的意见》（津政办发〔2008〕36号）要求和统一部署，自2008年开始，市农改办积极行动，制定化债政策，锁定债务规模，积极筹措资金，全面完成了化债任务，共化解农村义务教育债务1.6亿元，成为全国非试点省份中先行完成化债任务的省份之一，获得了国务院农村综合改革工作小组的高度评价。

为确保化债政策落到实处，认真做好“回头看”工作。一是检查债务资料的真实性和完整性，包括合同、立项批复、欠条、财务资料、国库拨款凭证、债务确认书、偿还协议、送达通知书、发票等；二是重点核查区县化债资金的落实以及偿还兑付情况，包括偿还兑付环节是否按照规定流程严格执行国库集中支付制，化债资金拨付是否及时准确，有无截留挪用等问题；三是深入到乡镇、村及学校，走访债权人，了解化债情况及账务处理等。农村义务教育化债政策的实施，有效促进了农村社会的和谐稳定。

二、建立健全村级组织运转经费保障机制

为贯彻落实中央办公厅、国务院办公厅《关于完善村级组织运转经费保障机制促进村级组织建设的意见》（中办发〔2009〕21号），市委组织部、市委农工委、市财政局在入村调研的基础上，制定了《关于建立健全村级组织运转经费保障机制　进一步加强村级组织建设的实施意见》（津党办发〔2010〕12号），要求进一步提高村级组织运转经费保障水平，并明确了保障范围、保障责任、补助原则和补助标准。按照该文件要求，市财政从2010年开始在原每村8万元补助标准的基础上，每年新增安排预算资金8866万元，使村级

组织运转经费最低标准达到村均16万元，为进一步提高村级组织运转水平提供了有力资金支持。同时，为加强村级组织运转经费财政补助资金的使用和管理，市农改办制定并下发了《天津市村级组织运转财政补助资金管理办法》（津财农改〔2010〕2号），对村级组织运转财政补助资金的保障范围、村干部报酬水平、区县资金安排、实行“村账镇（乡）管”制度等内容，都进行了具体规定。

为加强对村级组织运转经费的监督管理，按照《中共中央组织部　财政部　民政部　农业部关于开展村级组织运转经费落实情况专项督查工作的通知》（财农改〔2010〕3号）要求，市农改办积极行动，精心安排，组织区县着重从政策落实、资金下达拨付、支出标准范围等环节开展了自查自纠，并结合我市开展的强农惠农资金专项清查工作，对12个区县2007年至2009年村级组织运转经费财政补助资金在资金安排、分配、使用等环节进行了重点检查，抽查了37个乡镇（占全部涉农乡镇的24%）并对30个村进行了检查。通过检查，进一步规范了村级组织运转经费的使用和管理，确保村级组织正常运转。

三、开展村级公益事业一事一议财政奖补试点工作

根据《国务院农村综合改革工作小组　财政部　农业部关于扩大村级公益事业建设一事一议财政奖补试点的通知》（国农改〔2009〕3号）精神，2010年，我市选择静海县陈官屯镇吕官屯村、宝坻区周良庄镇张岗铺村作为试点村开展了村级公益事业一事一议财政奖补试点工作。为规范工作程序，市农改办在征求市农委及试点区县意见的基础上，制订了《天津市村级公益事业建设一事一议财政奖补试点工作流程》、《天津市村民一事一议筹资筹劳管理办法》以及《村委会（村民代表）会议记录》、《一事一议项目村民表决情况表》、《一事一议项目预算表》等相关表格，明确规定我市村级公益事业一事一议财政奖补工作实行项目申报制，奖补资金申报实行自下而上、先批后建、先建后补的原则。具体工作流程主要包括项目确定、申报、审批、实施、验收、奖补资金的拨付以及建立项目档案等七个步骤。2010年，市财政共拨付奖补资金316万元，支持两试点村完成建设项目14项，总投资804万元，受益群众达2938人。建设项目主要包括修建环卫设施、道路维修硬化、修建排水设施等农民最急需的“村内户外”公益事业建设内容。通过开展一事一议财政奖补工作，改善了农民生产生活环境，激发了农民主动参与公益事业建设的热情，也为2011年在全市开展试点工作积累了经验，奠定了良好基础。

（撰稿人：沈雅梅）

税收政策管理

2010年，天津市税政工作坚持以邓小平理论和“三个代表”重要思想为指导，深入贯彻落实科学发展观，积极配合国家税制改革，大力开展调查研究，综合运用财税政策，促进滨海新区开发开放，充分发挥税政工作职能，着力促进经济发展方式转变，加强依法行政管理，努力提高税政工作科学化、精细化管理水平，取得一定成效。

一、争取国家财税政策支持，着力推动地方经济发展

（一）积极推动融资租赁船舶出口退税试点

2010年3月，财政部、海关总署、国家税务总局联合印发了《关于在天津开展融资租赁船舶出口退税试点的通知》。为了推动试点工作进展，市税政部门与市金融办组织召开了融资租赁船舶出口退税政策宣讲会，对融资租赁船舶出口退税试点政策的有关背景、概念、免退税计算办法等内容进行了详细讲解。利用媒体对政策进行宣传，扩大政策的辐射面和影响力。走访船舶租赁公司进行调研，了解业务开展情况和问题。帮助试点单位有效地解决了融资租赁业务承租方增值税抵扣、融资租赁公司使用冠名发票、单一项目公司营业税等税种集中申报和营业税差额纳税等问题。同时，市税政部门将融资租赁公司反映的试点当中的问题，先后向市政府、财政部上报了《关于我市船舶融资租赁业有关税收政策及经营情况的报告》、《关于贯彻融资租赁船舶出口退税有关政策问题的函》、《关于申请调整天津市融资租赁船舶出口退税政策的请示》，为进一步完善政策提出建议。

（二）努力争取推进滨海新区开发开放优惠政策

在深入调查研究的基础上，借鉴国内外先进经验，按照国家对我市滨海新区功能定位和先行先试总体部署，提出促进我市区域经济发展的政策措施。同时加强与财政部等国家部委的沟通联系，积极协助市政府和有关部门，为天津滨海新区及功能区争取优惠政策。包括申请国家给予中新天津生态城财政返还、专项补助和所得税减免等政策，会同东疆保税港区管委会申请加快北方国际航运中心核心功能区建设相关税收政策；恳请财政部给予国家纳米技术产业化基地相关财税扶持政策；申请给予我市海水淡化企业增值税、海域使用金减免等政策，以及申请对天津中通海运有限责任公司进口重载运输特种船给予免征进口关税和进口环节增值税政策等。

（三）推动企业参与关税目录调整建议工作

一是根据财政部办公厅《关于征求修订〈国内投资项目不予免税的进口商品目录〉有关意见的函》（财办关税〔2010〕59号）有关要求，鼓励引进国内不能生产的先进技术装备，振兴国内装备制造业，促进先进技术引进和企业自主创新，组织企业参与修订《国内投资项目不予免税的进口商品目录》工作，经征求我市相关管理部门和有关企业意见，共收集“现有设备条目调整建议”19条，并将《现有设备条目调整建议表》按时上报财政部，积极争取国家政策支持。二是按照财政部《关于落实国务院加快振兴装备制造业的若干意见有关进口税收政策的通知》精神，向我市企业及相关部门宣传相关政策，帮助符合条件的企业进行申报，通过精心组织，天津拖拉机制造有限公司提出的退税申请得到财政部批复。三是认真完成2011年关税调整方案建议征集工作。根据国务院关税税则委员会要求，会同市商务委、各区县地税局和有关重点进出口企业开展了关税调整建议征集工作。主动联系相关企业，讲解宣传关税暂定税率调整工作的意义，帮助企业理清调整建议思路，完善调整建议上报材料，分两批向财政部上报了2011年关税调整方案建议6条，获批1条，对帮助我市企业争取关税优惠政策，增强国际竞争力发挥了一定作用。

二、深化财税政策研究，提高依法行政水平

（一）严格享受税收优惠政策企业资格认定工作

按照财政部、国家税务总局有关文件规定，会同国税、地税、行业主管等部门严把企业免税资格认定关，依法规范认定程序，明确认定办法，加强认定资料审核，公布公示认定单位名单。2010年，我处审核认定具有非营利组织免税资格单位58户，具有公益性捐赠税前扣除资格的社会团体24户，享受转制文化企业税收优惠政策企业39户，享受国家储备商品有关税收政策的市级和区县级商品储备企业49户，完成外资研发机构采购设备免/退税资格初审3户，为落实国家财税优惠政策，企业依法减免奠定了基础。

（二）进一步做好再生资源退税审核工作

为促进我市循环经济发展，进一步提高再生资源增值税退税工作效率，市税政部门会同财政部驻天津专员办进行深入研究，对全市再生资源增值税先征后返工作流程进行了细化和规范。一是规范三级审核流程，对再生资源增值税先征后返的相关汇总数据实行电子化传递，增强审核的严密性。二是优化服务措施，将企业申请材料进行整合精简，努力提高工作效率，减轻企业负担。三是严格政策界限，细化各环节核查内容，切实防范工作疏漏。四是强化工作监管，将再生资源退税纳入财政绩效评估项目，选择10户退税额较大企业，由市财政进行项目评估，并将评估结果作为下一步审核依据，努力提高政策效应。为了夯实退税审核基础工作，市税政部门先后深入区县和企业调研和座谈，听取企业对再生资源增值税先征后退政策的意见和建议，并在审核工作中予以改进和完善。另外，对再生资源退税政策运行以来的情况进行总结分析，向财政部上报了《关于天津市2009年再生资源增值税先征后退有关情况的报告》，提出再生资源优惠政策到期后的政策建议。2010年，市税政部门复审

再生资源退税716户次，退税额为14.2亿元。对循环利用再生资源企业给予退税，减轻了企业负担，带动了我市子牙园、宝坻开发区及河北省等周边区域经济的发展，为我市钢铁、造纸等行业发展提供了有力的支持。

（三）运用税收政策为企业发展服务

一是对我市筹备拳击赛事中涉及的税收政策，会同企业所得税处、货物和劳务税处、财产行为税处、国际税务和个人所得税处、教科文处进行研究，将有关税收政策意见的报告上报市委有关领导。二是为支持我市承办东亚运动会和全国大学生运动会，配合市教委、市体育局研究相关税收优惠政策，将国家对国际综合运动会有关税收优惠政策进行梳理，并与财政部进行初步沟通，提出《拟向国家申请2013年第六届东亚运动会、2012年第九届全国大学生运动会有关税收政策的意见》，在进一步测算后形成正式报告上报财政部。三是积极发挥财政部门职能作用，帮助企业解决执行税收政策方面的难题，促进相关行业稳定发展。

（四）促进资源综合利用税收优惠政策进一步完善

按照国家发改委、财政部、国家税务总局等部委的要求，市税政部门对全市落实资源综合利用优惠政策情况进行摸底汇总，起草了《关于我市资源综合利用税收优惠政策执行情况的说明及建议》等材料，提出了现阶段资源综合利用税收政策等方面存在的问题，如取得废弃原材料时，难以获得相关发票；资源综合利用税收优惠目录更新不及时；专业技术标准与财务核算对象不一致等问题。同时提出了关于统一享受资源综合利用增值税、企业所得税优惠政策范围；明确享受税收优惠专业技术标准与财务核算指标关系等建设性意见，上报财政部税政司、国家发改委等有关部门。

（五）积极稳妥落实促进就业税收政策工作

根据《财政部国家税务总局关于支持和促进就业有关税收政策的通知》（财税〔2010〕84号）文件精神，组织由市教委大中专就业中心、市人力资源和社会保障局就业中心、劳服中心及国、地税有关处室参加的落实支持和促进就业有关税收政策工作会，讲解了新旧政策的异同，梳理了促进就业税收优惠政策办理程序，形成综合部门管理的有序衔接。按规定向财政部上报了《关于我市企业享受促进就业税收政策免税定额标准问题的报告》，保证国家支持就业的税收优惠政策落在实处。

（六）做好内外资企业统一税制政策发布和测算工作

根据《国务院关于统一内外资企业和个人城市维护建设税和教育费附加制度的通知》（国发〔2010〕35号）和《财政部、国家税务总局关于对外资企业征收城市维护建设税和教育费附加有关问题的通知》（财税〔2010〕103号）文件规定，自2010年12月1日起，对外商投资企业、外国企业及外籍个人征收城市维护建设税和教育费附加。为使政策顺利启动，市税政部门及时转发了相关文件，并测算了统一内外资企业城建税和教育费附加后财政收入变化情况，为来年的预算安排和征收管理提供参考。

三、配合国家税制改革，做好税政调研工作

（一）认真完成财政部部署的专项调研工作

按照财政部税政司和关税司要求，先后组织开展了企业所得税税源调查、重点产品国际竞争力调查、车船税和房产税立法调研、耕地占用税立法调研、税式支出测算等专项调研工作。在提高调查数据质量基础上，加强对调查数据利用与分析，形成了《天津市2009年企业所得税税源调查工作情况的报告》、《天津市2010年重点产品国际竞争力调查情况报告》和《我国聚氯乙烯产业国际竞争力的分析报告》，提出了对相关立法草案的完善意见，为国家税制改革提供了基础性资料。

（二）密切关注地方企业税收政策需求

一是按照市领导对天津市汽车维修汽车配件行业协会《关于改革天津市汽车维修行业税种的建议》的批示精神，就有关问题进行了认真调研，提出“汽车维修行业改按营业额的5%交纳营业税”的建议，将有关情况和意见向财政部作了汇报，同时还以全国人大代表建议的形式在“两会”上提交了建议，并获财政部答复。二是对利用城市建筑垃圾等再生资源生产新型建筑材料企业提出增列免税目录建议，会同市国税局、经信委共同调研，并邀请财政部领导来津考察，研究相关税收政策，完善现行税收制度，帮助企业解决发展中的难题。

四、规范政策文件发布工作，确保国家政令畅通

（一）发挥纽带桥梁作用，了解通报税制改革信息

一是注重加强与财政部、市国税部门、兄弟省市财税部门的沟通与合作，将国家税制改革动态及时向领导进行报告，做好新税种、新政策的动态反映与研究。2010年，市税政部门共报送财税、税政信息十余条，较好地发挥了领导参谋助手作用。二是关注了解行业、企业在执行税收政策中反映的突出问题，帮助相关单位及时向财政部有关司局反映，谋求解决良策，促进天津经济又快又好发展。

（二）做好财税法律、规章、政策文件转发和宣传工作

为了确保国家各项税收政策得到贯彻落实，为基层税务机关、企业单位及个人执行税收政策提供依据，市税政部门在转发国家政策法规文件时，力求体现合法性、及时性、依法公开性，加强与会办部门沟通，促进依法行政，确保税收政策政令畅通，为征税机关、纳税人依法遵从提供条件。同时强化税收政策宣传意识，通过多种渠道进行税收政策宣传，优化为企业发展服务职能。

（撰稿人：贾　维）

税收征收管理

2010年，天津市地税征收管理部门积极应对国际金融危机影响和国内外环境的深刻变化，深入贯彻落实科学发展观，按照市委、市政府和市局党组的统一部署，积极创新工作思路，大力强化税收征管，继续优化纳税服务，努力提高税收科学化、精细化管理水平，税收征管和纳税服务工作取得了显著成效。

一、信息管税工作取得新突破

充分利用国、地税信息共享平台，开展数据整合和实时交换，积极完善政府职能部门信息横向交换制度，进一步扩大了地税部门获取第三方信息的渠道。充分利用数据资源，建立税收征管数据监测分析月通报机制，对全系统税务登记、申报入库和预警情况开展监测分析，找准税收征管薄弱环节，堵塞了征管漏洞。组建纳税评估部门，开发纳税评估系统，编制纳税评估工作规程，指导评估人员按照税种选择各类指标开展纳税评估。加强征管与稽查部门的协调配合，建立征管与稽查部门信息互动机制，依托“征管与稽查互动系统”，强化对征管与稽查状况的分析，进一步提升了以查促管、以管促查的管理目标。

二、大企业税收管理工作取得新进展

一是建立税收风险预警机制。根据大企业的特点建立入库税款变动率、已领发票超期未验旧、房产土地信息缺漏等14类风险预警指标，通过系统自动检测和比对分析，及时发现和掌握可能存在的风险点，采取有效措施加强税收管理。二是强化数据分析利用。通过纳税评估，进一步优化大企业的数据分析利用，选取房地产业、建筑业、餐饮业、运输业等典型行业，按行业和注册资本规模进行税负分析，初步建立了注册资本在5000万元以上的大企业营业税、企业所得税行业税负分析模型。通过对相关信息进行整理和分析评估，明确行业中主要的涉税风险点，制定相应的管理措施，提升行业税收管理的针对性。三是开展大企业自查督导。市国、地税局成立联合督导小组，联合开展大企业自查督导工作，28户在津的外资企业补缴税款1574.4万元。

三、发票简并统一取得新成效

为进一步加强和规范普通发票管理，建立发票管理长效机制，按照总局部署，认真做好普通发票票种简并统一工作。一是拟定《发票简并票种统一式样工作实施方案》；二是根据实施方案的安排，针对新型发票管理模式及机打发票对业务管理系统的要求，编写了《发票管理信息系统业务需求》；三是根据发票简并实施方案的具体内容，通过多种渠道，向社会公众广泛宣传我市地税普通发票换版情况；四是向各区县局部署发票简并工作，并组织师资培训，保证发票换版工作顺利开展；五是圆满完成2009年度公路、内河货物运输业自开票纳税人年审工作。根据年审结果，对暂保留自开票资格、暂缓通过年审的纳税人开展了检查和辅导整改工作，进一步强化了货物运输业自开票纳税人的税收管理。

四、纳税服务工作再上新水平

积极整合服务资源，构建为纳税人提供咨询服务的税收法规库、知识库、问题库，以及支撑疑难问题解决的服务保障体系，完成服务热线、税务网站和短信服务综合服务平台建设，进一步拓展了为纳税人服务的领域和手段。充分发挥12366综合服务功能，加强税收宣传，强化咨询服务，维护纳税权益。并以此为载体，形成以12366为核心、市局各业务部门为支撑、各区县地税局远端坐席为纽带的立体联动机制，通过电话、网站、短信、电子邮件、传真、信函和现场服务七种服务方式，为纳税人提供涉税问题咨询、建议受理、举报登记、投诉登记、发票查询、税收政策自助查询、预约领购发票、涉税信息查询和税收政策信息九项服务内容。12366纳税服务热线自2010年4月份开通以来，累计受理纳税人咨询电话超过17万个，受理各类涉税服务事宜5.7万件，使纳税人的诉求得到了及时响应，受到社会普遍好评。

（撰稿人：翟卫军）

企业所得税征收管理

2010 年，天津市地方税务局企业所得税管理部门认真落实市委、市政府提出的“解难题、促转变、上水平”的工作要求，紧紧围绕“强化税源管理、创新征管思路、推进信息管税、加强部门协作、优化纳税服务”的工作思路，坚持以组织收入为中心，以政策完善为重点，以分类管理为突破，以纳税评估为支撑，以调研培训为保障，不断提升企业所得税科学化、专业化、精细化管理水平，为全市经济发展和改善民生提供了强大的财力保障。

一、强化税源监控，收入管理实现新突破

2010 年，我市地税部门企业所得税收入 758144 万元，同比增加 203536 万元，增长 36.70%。其中：国有企业所得税收入 76568 万元，同比增加 32383 万元，增长 73.29%；股份制企业所得税累计收入 450273 万元，同比增加 144872 万元，增长 47.44%；集体企业所得税收入 85530 万元，同比增加 3954 万元，增长 4.85%；私营企业所得税收入 145774 万元，同比增加 22327 万元，增长 18.09%（具体收入情况详见下面图、表）。

2010 年 1～12 月份企业所得税收入增减幅度变化图

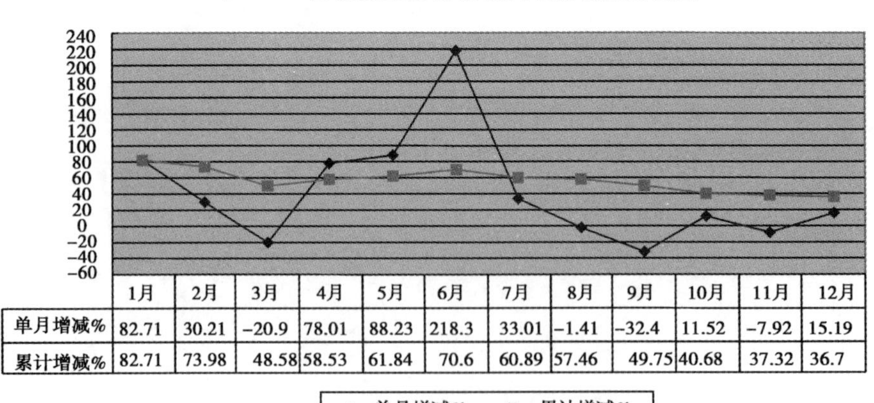

	1月	2月	3月	4月	5月	6月	7月	8月	9月	10月	11月	12月
单月增减%	82.71	30.21	-20.9	78.01	88.23	218.3	33.01	-1.41	-32.4	11.52	-7.92	15.19
累计增减%	82.71	73.98	48.58	58.53	61.84	70.6	60.89	57.46	49.75	40.68	37.32	36.7

2009～2010 企业所得税单月收入比对图　　（单位：万元）

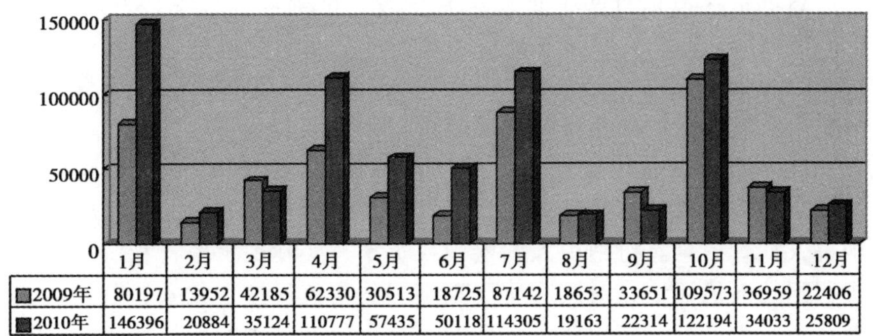

各主要行业 2010 年企业所得税收入增减情况表　　（单位：万元）

项目 行业	累　计		
	税额	2009 年同期	比 2009 年同期增减幅度%
（一）工业	126100	70686	78.39
（二）建筑业	140373	98388	42.67
（三）交通运输业	60899	48047	26.75
（四）住宿和餐饮业	6056	4372	38.52
（五）租赁和商务服务业	81865	44898	82.34
（六）房地产业	198921	163109	21.96

（一）狠抓税源监控“保”收入

抓住重点税源不放松，对企业所得税重点税源户进行实时监控。对企业所得税入库税款 1000 万元以上的企业及负责征管的 23 家上市公司涉税事项进行日常跟踪管理，按季度进行重点税源收入分析，积极探索所得税收入与经济水平、物价指数、企业效益、个人收入等因素之间的弹性关系，及时发现企业生产经营和纳税增减变化情况，做到应收尽收，确保税款及时入库。

同时，积极利用市地税信息管理系统对我市重大项目所得税税源进行监控，对我市重点项目实行绑定跟踪，对我市电子信息、汽车、石油化工、冶金、航天航空、生物技术与现代医药、新能源及环保等优势支柱产业实行重点管理。及时把握税源发展总体态势，将管理环节前置，以税源管理促征管、保收入。

（二）加强信息管税“促”收入

1. 以完善税收管理员工作平台为依托，建立信息化征管体系。以完善津税系统及税收管理工作平台为依托，不断健全税收经济分析、企业纳税评估和税务稽查的互动机制，实现税收评估预警、税种分析比对、公共信息查询及涉税事项处理等业务整合，有效实现信息管人、信息管税和信息管事，促进征、管、查协调配合，切实堵塞征管漏洞。具体做法如下：一是，加强“核定征收”企业所得税信息管理。在税收管理员工作平台中开发“应税所得率限定”的审批流程，与纳税人申报环节进行关联校验，确保税款申报的准确性；二是，加强特殊行业企业所得税信息管理。将房地产开发企业属地开具发票信息与纳税人实际申报企业所得税收入信息进行比对，对问题企业发布预警，准确评估房地产开发企业缴纳营业税、企业所得税的准确性；三是，完善企业所得税税收优惠备案流程，将税收管理平台备案流程模块、津税系统接收模块和客户端申报模块相互衔接，应用信息化手段规范税务机关操作流程，方便纳税人及时准确地享受税收优惠政策。

2. 以完善国、地税征管信息传输平台为基础，探索综合治税的信息共享机制。建立了国、地税征管信息共享的“天津市税务基础信息综合评估分析系统”，做到按月交换国、地税企业所得税纳税人征管信息。对纳税人的宏观税负率、实际税负率、利润率等做到分征管单位、分行业进行国、地税评估；对同一所属期申报的增值税销售收入、营业税营业收入和企业所得税主营业务收入进行分析比对，利用国、地税信息集中的优势，进行纳税评估及户籍核查，有效堵塞征管漏洞。

二、推进分类管理，基础管理得到新夯实

实行分类管理是加强企业所得税科学化、精细化管理的必然要求，是提高企业所得税征管针对性的有效手段。企业所得税管理部门针对不同行业、不同规模、不同类型企业和企业不同事项特点，科学划分企业类别，合理配置征管力量。现阶段重点从分规模管理、分行业管理和分征收方式管理等三个方面开展分类管理工作。

（一）加强分规模管理

对于企业所得税分规模管理，主要以年纳企业所得税额指标为标准，实施“抓大、稳中、促小”的征管模式，对年应纳税额1000万元以上的重点税源户进行实时监控；对年应纳税额1000万元以下、50万元以上的企业，采取重点抽查；对应纳税额50万元以下的企业，实行重点辅导；对连续三年“长亏不倒”的企业进行重点关注，最大限度提升企业所得税管理的针对性和有效性。

（二）加强分行业管理

2010年，选择房地产业、建安业两个行业作为企业所得税行业管理的突破口。一是，对房地产开发企业，在综合考虑宏观经济形势、企业税负的基础上，将我市地税系统负责征管的从事房地产开发经营业务的企业，其企业所得税全部实行查账征收方式。对不能正确进行会计核算的企业，税务机关对纳税人以往应缴的企业所得税按核定征收方式进行征收管理，核定应税所得率由现行的15%调整为25%。通过规范房地产行业企业所得税征管方式，做到应收尽收，促进房地产业健康发展。二是，对自2008年起连续经营、购领或在地税部门代开发票并连续3年亏损的建筑安装企业，确定了自2010年1月1日起按照核定征收办法征收企业所得税，应税所得率为8%。

上述政策是企业所得税管理部门在分类管理上的积极探索，对增加企业所得税税收收入、提高税收征收率具有重要意义。在研究行业税收特点，摸索征管模式的基础上，争取用几年时间，逐步探索建立起涵盖各个重点行业的企业所得税管理体系。

（三）加强分事项管理

一是，完善股权转让所得税收征管。针对税务机关获取股权转让信息滞后的征管突出问题，于2010年报经市政府同意，建立了公司股东股权变更信息监控登记制度，此项制度是部门协作和综合治税的成果，也是股权转让税收征管的新突破，得到总局领导的高度评价。

二是，完善企业清算环节所得税征管。关于企业清算业务所得税的实体法规和程序操作在总局税收政策上已有政策规定，迫切需要明确具体的征管流程以指导基层税务机关和纳税人的实际操作。鉴于此，拟定了《天津市企业清算环节所得税管理暂行办法》，指导清算工作的顺利开展。

三、密切沟通协作，国、地税合作取得新成果

2010年，在征管工作中树立大局意识，与市国税部门密切配合协作，进一步完善国、地税务机关企业所得税的联系互动机制、政策协调机制和信息共享机制，建立并完善企业所得税政策沟通的联席会议制度，保持国、地税政策制定和执行的统一性，形成企业所得税征管合力。国、地税企业所得税管理部门联合对通讯费、差旅费、资金拆借利息等十四项企业所得税税前扣除政策进行了明确；对劳务派遣政策、高新技术等四类企业享受税收优惠政策、经营性公墓所得税处理提出了要求。同时，国、地税务机关联合召开2010年度企业所得税汇算清缴政策研讨会议，统一政策执行口径，加强对外宣传力度，为纳税人创造公平的税收环境。

四、深入民营企业，纳税服务得到新提升

从单纯强调管理到管理与服务并举，不断提高纳税服务意识和水平。按照市委、市政府提出的“解难题、促转变、上水平”的总体要求，为帮扶民营企业健康发展，深入八户民营企业开展现场服务工作，解答企业提出的相关财税政策，并对企业提出的非税问题给予积极协调解决，得到了民营企业的一致认可。

（撰稿人：张从雯）

货物和劳务税征收管理

2011 年，市货物和劳务税征收管理部门的工作取得了新进展，现总结如下。

一、探索行业税源监管新途径，加强税收源泉控管，提高“信息管税”精细化水平

（一）进一步完善建筑业按项目实行税收管理，实现行业链式“闭环”管理

2008 年，按照《国家税务总局关于印发〈不动产、建筑业营业税项目管理及发票使用管理暂行办法〉的通知》（国税发〔2006〕128 号）要求，市地税局对本市建筑业纳税人按项目实行属地化管理，税收显著增长。2010 年，市货物和劳务税征收管理部门深入推进建筑业项目税收管理工作，认真分析总结近年来我市建筑业税收管理经验，针对施管站代征外地进津建筑业纳税人税款的管理模式与项目管理不统一、税收管理环节缺失等问题，开发上线了施管站税款代征信息系统，直接架构于津税系统中，将外地进津建筑业纳税人统一纳入项目管理范围。通过信息化手段，采集和管理自产货物纳税人建筑业劳务、建设方供应材料和设备、付款时间等基础信息。增加发票报验、网上报验、分包款抵扣控制等系统功能，形成建筑业营业税对工程项目从承包到价款结算，从纳税申报到发票开具，从税款征收到税务检查各环节的“无缝隙”衔接，健全和完善了建筑业税收科学化、精细化管理制度，实现了行业税收的链式“闭环”管理。

（二）加强差额征税项目管理，出台差额征税管理办法

营业税差额征税政策涉及行业广泛，对营业税税基造成很大影响，部分行业的实际税负水平远低于名义税负，而且扣除项目凭证种类繁多，监管难度大。2010 年，借鉴浙江、上海等兄弟省市的管理经验，市货物和劳务税征收管理部门针对我市差额征税项目的共性问题进行了研究，按照“明确共性问题，区别行业管理”的原则，采取明细申报减除项目凭证信息的方式，抓住重点税收管理环节，制定《天津市地方税务局营业税差额征税管理办法（试行）》（下称：《办法》），力求在营业税差额征税方面创新管理手段，规范税收征管，防止税款流失。《办法》加强了差额征税项目的后续监管，拟在办法施行一段时间后，利用申报信息进行差额征税项目的税负测算，通过申报数据与凭证信息比对、校验本市发票真伪和建立行业税负预警机制，重点监控申报或税负异常的纳税人，坚持管查互动、以查促管。

二、关注条例修订后的新老政策衔接问题，做好新营业税条例及细则政策调整和过渡工作

（一）建立委贷业务纳税情况核查机制，防止源泉扣缴取消造成委贷业务营业税流失

2009 年，针对委贷业务代扣代缴营业税规定取消，为加强纳税人委贷业务自主申报管理，建立了纳税人委托贷款利息收入申报缴纳营业税信息核查制度。采取由原代扣代缴义务人定期向税务机关提供委贷明细情况，督促纳税人所属税务机关对其加强后续监管的办法，保证税源控管，防止税款流失。2010 年，经对委贷核查信息涉及的 82 户企业缴纳营业税情况进行检查，已补缴营业税 332 万元。

（二）利用信息渠道，加强委贷业务征管

按照新修订的营业税条例细则，在认真调研的基础上，2009 年下发了《关于加强委托贷款业务营业税征收管理有关问题的通知》（津地税流〔2009〕18 号），纳税人取得的委托贷款利息收入应自行申报缴纳营业税，并采取委贷业务营业税后续管理办法及信息传递规定，采取由原代扣代缴义务人定期提供委贷客户明细情况，督促委贷客户所属税务机关对其加强后续监管的办法，保证税源控管，防止出现税收漏洞。2010 年，首批信息传递核查工作已完成，主管地税局对委贷信息涉及的 82 户企业缴纳营业税清况进行认真检查，已补缴营业税 309 万元。

三、以调查研究为基础，培育税收新的增长点

（一）创新管理办法，加强餐饮业、娱乐业营业税征管

餐饮、娱乐休闲场所的迅速增多成为新的经济增长点，对促进区域经济发展、增加地方财政收入起到了积极作用，但由于行业经营形式多样，经营规模差距大，管理和财务核算水平参差不齐，财务核算欠缺规范性，收入核实困难，假票、串票、拒开发票等现象屡禁不止，给税收征管工作带来很大困难，单纯依靠“以票控税”手段，无法实现行业税收的有效监管。

2010 年，在目前“以票控税”的基础上，按照抓大、控中、定小的原则，积极探索行业税收管理新思路，创新餐饮业、娱乐业税收管理措施。通过企业财务核算软件、点菜宝等备案，获取银联等第三方信息，利用可控成本法、订餐备案制度，完善出台行业税收管理办法。

（二）教育劳务调研

近年来教育体制改革的不断深化，办学体制发展趋于多元化，择校费、赞助费等收费项目普遍出现，偏离了营业税条例规定的免税范围。为促进我市教育事业健康快速发展，加强教育劳务营业税征收管理，切实将支持国家教育事业发展的税收优惠政策落到实处，先后走

访了市教委、河东区教委、部分学校、学前教育机构以及外籍人员子女学校，对如何学历教育范围、从事学历教育的学校应该具备何种资质以及学校的收费和票据使用情况进行调研，并就调研结果撰写报告。

（三）金融商品买卖营业税政策调研

按照我市金融体制创新改革的要求，市货物和劳务税征收管理部门深入开展包括股权投资基金、证券投资基金等在内的金融商品和金融衍生品的调研，积极探索新型金融商品买卖业务的营业税政策，进一步完善金融商品买卖的营业税征管，落实好政策先行先试。

（四）代理业调研

按照2010年调研课题工作安排，与科研所共同确定以代理业营业税政策问题为课题，由塘沽区地税局牵头，开发、保税、西青、东丽、和平、河西等地税局联合对货物运输代理、人事代理、广告代理及其他代理等多个代理行业进行深入调研，配合我市营业税差额征税管理办法的出台，提出切实可行的加强行业营业税征管的措施和建议。

四、落实国家税收优惠政策，提高纳税服务水平，构建和谐征纳关系

（一）落实中小企业信用担保机构、现代试点物流企业和一年期返还性人寿保险免征营业税政策，促进现代服务业发展

按照国家政策规定，与中小企业局、物流协会等单位积极开展企业免税资格审核和推荐工作。2010年已上报国家税务总局申请享受免征营业税的中小企业信用担保机构3户，试点物流企业9户，一年期返还性人寿保险产品41项，确保符合条件的企业及时享受到税收政策，促进相关产业发展。

（二）落实再就业政策，帮扶弱势群体，营造社会和谐

通过加大政策宣传和落实力度，积极开展对下岗失业人员、毕业大学生和残疾人等弱势群体的政策咨询和帮扶活动，将税收优惠政策送到弱势人群身边，努力营造社会和谐。参与研究简化再就业年检工作程序，强化网络核实方式，减轻企业和基层单位负担的同时加强对企业享受减免税情况的审查，有力地杜绝弄虚作假、骗取税收优惠等现象。

2010年底，新的再就业优惠政策出台后，积极配合税政部门转发了相关文件，同时加强与劳动保障、教育部门的沟通，进一步细化工作，为2011年政策顺利实施打好基础。

（三）深入走访企业，开展实地考察，提高纳税服务水平

深入贯彻落实科学发展观，响应“保增长、渡难关、上水平”活动精神，充分发挥税收职能作用，处领导亲自带队深入益康环保有限公司、渤海易生卡有限公司等企业开展实地调研，派员参加技术先进型服务企业交流座谈会，听取企业诉求，对税收政策进行研究探讨，解决企业的实际问题，得到企业认可的同时提升了自身纳税服务水平。

五、进一步加强税收政策宣传，加大政策培训力度

（一）建筑业信息系统升级培训

针对建筑业信息系统升级，为确保系统上线后我市建筑业税收管理工作的顺利进行，切实提高税收管理效率和纳税服务水平，与征管处、信息中心共同组织各区县地税局和施管站有关同志进行了系统的操作培训，详细讲解了有关建筑工程项目管理、税收政策、税款代征流程、发票代开、票证管理等各项工作要求和注意事项，并对新代征系统的操作再次进行了系统培训，解答了代征工作疑难问题，进一步统一了思想，提高了对税收管理工作的认识。

（二）12366 的营业税培训

为辅助 12366 纳税服务热线向公众提供及时、准确、全面的涉税事项咨询服务，应纳税服务局的要求，多次为其一线工作人员进行培训，针对纳税服务工作的特点，结合日常工作中遇到的常见和热点问题，详细讲解营业税税收政策、征管要求，以及政策解答技巧等，认真解答工作人员提出的疑问，对进一步提高纳税咨询解答水平起到一定的帮助作用。

（三）税务工作人员、企业财务人员的政策培训

针对营业税条例修订情况，配合各区县地税局、房地产协会等社团组织，认真做好税务工作人员、企业财务人员的政策培训。针对营业税政策修订前后的变化、过渡期政策、热点涉税问题进行讲解，解答实际工作中的疑难问题，进一步提高税务机关的政策执行水平和纳税人的税收法律意识。

六、高质量完成 2010 年税收调查数据采集工作

按照《财政部　国家税务总局关于做好 2010 年全国税收调查工作的通知》（财税〔2010〕32 号）的要求，周密部署，精心组织，圆满完成了调查数据的收集、录入、审核、上报工作，并以调查数据为基础撰写了课题分析报告。2010 年我市实际调查企业 4122 户，经审核上报 4086 户，占我市所辖营业税纳税人（不含个体工商户）的 5.19%，调查企业营业税入库 136.1 亿元，占我市 2009 年营业税入库总额的 63.33%。经审核，我市数据全部达标。

2010 年，为确保税收调查工作的顺利开展，主要采取了以下措施：一是继续采取分区域部署的方式，根据不同区域的企业特点和调查工作差异，分三个区域召开了税收调查工作布置暨培训会议；二是采取原则性与灵活性相结合的方法，强化科学选户，优化调查样本结构，既保证了调查的全面性和数据的连续性，又兼顾到调查对象的典型性和代表性；三是指导各区县地税局通过集中培训和入户辅导相结合的方法，为被调查企业详细讲解软件操作、填表说明及审核方法，指导被调查企业对数据进行自审，将错误消灭在最初环节；四是市局负责调查工作的同志深入区县地税局辅导，发现问题及时解决、及时纠正，将错误消灭在基层；五是注重调查工作的质量考核，细化了税收调查工作评比标准，完善了考核制度，为调

查工作的深入开展提供了制度保证；六是组织各区县地税局利用调查获取的税收数据、经济指标和财务信息，结合税源管理情况和工作需要，开展调查税源结构分析、营业税税负分析、专项应税行为分析等多个课题研究，撰写出了高质量的分析报告，充分挖掘了调查数据的价值潜力，提高了数据应用效率。

按照财政部和国家税务总局的工作安排，为了适应税收调查范围逐年扩大、指标不断变化的发展趋势，提高调查质量和效率，减轻基层税务机关和纳税人的工作负担，经请示局领导同意，我市在2010年完成税收调查网上直报系统的上线工作。经过详细论证、精心筹备，现已进入项目采购阶段，预计2010年底能完成上线工作，为圆满完成2011年的税收调查工作做好充分准备。

七、全面清理非政策性减免税

按照《关于认真落实第一次局务会议要求进一步做好增收节支和财政管理工作的通知》（津财办〔2010〕20号）要求，为切实贯彻落实全市开源节流工作会议精神和局务会11项重点增收措施，加大税源建设力度，加强税收征管，完善应收尽收机制，对营业税非政策性减免税政策进行了两次深入清理，同时严格审查企业提出的各种税收减免申请，按照兴国市长和福刚局长提出的“不再增开减免税口子”的指示精神，严把政策关，维护良好的纳税秩序，营造公平和谐的纳税环境。

八、2010年的两件大事

1. 明确公墓单位营业税政策，规范行业税收管理。经营性墓地转让免征营业税政策（财税〔2001〕117号）废止后，为加强我市公墓单位税收管理，明确墓地转让、租赁收入征收营业税政策，市货物和劳务征收管理部门在调研基础上，及时出台了对公墓单位转让墓地使用权征收营业税的规定。据测算，我市仅经营性公墓每年预计可取得墓地使用权转让、租赁收入3亿元，可征收营业税1500万元。

2. 落实国际运输劳务营业税政策，确保税款应收尽收。营业税条例修订，将境内运输企业提供的国际运输劳务纳入营业税征税范围，后续出台的免税政策从2010年起执行。针对2009年国际运输劳务没有免税政策的情况，市货物和劳务税征收管理部门从建交委了解相关情况，获悉我市目前从事国际运输劳务的企业17户，及时督促有关单位补征上述单位2009年国际运输劳务的营业税，已补缴税款2.8亿元。

（撰稿人：刘　蕊）

财产和行为税征收管理

2010年，财产行为税工作在市地税局党组的正确领导下，抢抓全市经济回升向好、滨海新区进一步开发开放的有利时机，认真贯彻落实国家税务总局2010年全国财产行为税工作会议精神，坚持以科学发展观为统领，以组织收入为中心，以服务经济发展方式转变为己任，完善税政管理，强化税源管理，深化综合治税，优化纳税服务，力求抓紧抓早抓实各项工作，确保了财产行为税收入的稳步增长。2010年，财产行为税（九税一费）累计完成收入226亿元，同比增加50亿元，增长28.43%，占地税总收入的33%，有力地支持了地方各项社会经济事业的发展。

一、土地增值税清算工作呈现亮点

土地增值税清算工作是我市2010年地税工作的重点之一，为推动清算工作顺利进行，市地税局制定了土地增值税清算实施方案，确定清算工作分准备、试点辅导、推广及总结四个阶段进行，采取边清算边完善的工作思路，进一步修订了《天津市房地产开发企业土地增值税清算管理办法》。调整了预征率和确定核定征收率，将我市预征率统一调整为2%，使预征率更接近实际税负水平；从严从高的确定了核定征收率为5%，促进了房地产开发企业规范核算管理。同时制定了《关于支付土地增值税清算审核手续费的办法》，由市、区两级财政共同出资委托中介机构，对税负明显偏低的项目进行复核，进一步提升审核质量。2010年，已清算完毕房地产开发项目207个，清算入库税款10.87亿元，有力地促进了土地增值税整体收入的大幅增长。

二、房地两税创新模式成效显著

我市房产税、土地使用税征管实施“集中申报，属地管理”新模式，纳税人在税务登记地就其全部房产、土地进行集中申报，征管系统将会自动按照房产、土地座落地划分税款，规范税收秩序。新模式运行以来，各单位能够及时掌握税源变化，加强信息比对，同时解决了区县地税局之间交叉管理的问题，提高了房地两税征管质量和效率。据统计，共发现漏征漏管单位3194户，增加应税房产原值33亿元，增加应税土地面积11万平米，两税增加税源3300万元。核准并修改基础信息4.3万条，增加房产原值208亿元，增加应税土地面积1264万平米，两税增加税源2.6亿元。

三、及时调整普通住宅价格标准

根据《国务院办公厅转发建设部等部门关于调整住房供应结构稳定住房价格意见的通知》（国发办〔2006〕7号）和《国家税务总局、财政部、建设部关于加强房地产税收管理的通知》（国税发〔2005〕89号）文件精神，按照“享受优惠政策的普通住房标准由市、县房地产管理部门会同有关部门测算，报当地人民政府确定，每半年公布一次”的要求，我市已连续5年公布普通住宅价格标准。2010年，根据房地产交易情况，经市政府批准，由市地税局、市财政局及市国土资源和房屋管理局联合下发文件，按照各区县行政区域住房平均交易单价的1.2倍，调整了我市的普通住宅标准。新普通住宅标准的制定及税收优惠政策的实施将直接减少居民购买住房时契税、营业税等税费的支出，体现了对中低收入家庭拆迁购房及改善住房需求的支持，降低了自住型购房者的交易成本，有利于促进我市房地产市场持续健康的发展。

四、综合治税与纳税服务并举

市地税局依法加强税收征管和改进纳税服务，坚持将依法治税和纳税服务共同作为税收工作核心业务来抓落实。

一是综合治税不断深化。借助其他部门的信息资源和控管手段提高相关税种的管理水平，积极推动综合治税工作朝着法制化、规范化轨道发展。与国土资源部门建立土地信息传递机制，定期传递房产、土地管理基础资料；与保险公司、交管部门、海事等部门密切配合，严格代收代缴及委托代征车船税，做好车船税的征收管理以及把关查验工作；与国税局互通信息，利用国地税统一应用平台，及时做好城建税比对工作；与流动办、房管部门建立委托代征，加强出租房屋税收等零散税源的征收管理。

二是持续优化纳税服务。精简规范房产税、土地使用税困难减免审批事项。在车辆年检门市以及新车领取牌照所在地增设覆盖全市范围的30个车船税便民服务窗口。通过完善财税局域网，“12366”纳税服务热线，通过新闻媒介广泛宣传税收政策和工作举措，在全社会大力营造依法诚信纳税氛围。

三是落实税收优惠政策。对因房屋拆迁而重新购置住房的实施契税优惠税收政策；对因自然灾害、气候等原因影响的盐场适当减免了资源税。

五、应用房地产评估技术核定交易环节计税价格工作

根据财政部　国家税务总局《关于开展应用房地产评税技术核定交易环节计税价格工作的通知》、《关于开展房地产模拟评税工作的通知》以及王力副局长在全国地方税务局长工作会议上的讲话精神，市地税局加强与国土房管局协作，结合2009年下半年、2010年上半年全市住宅实际交易的近12万条数据进行筛选和整理、根据住宅的位置、基础设施、交通条件等因素的不同，将价位较近的不同价位点连成片，细化等价位区，运用统计方法，测算各等价位区平均指导价格，建立数学模型，补充影响价格变动因素

（如区位、环境、设备、小洋楼、学区房等），测算各影响因素修正系数，通过计税价格核定软件系统，科学测算出交易房屋的计税价格，反复调试，不断修正误差，最终构建计税价格评估系统。

（撰稿人：秦军萍）

国际税务和个人所得税征收管理

2010年，天津市国际税务和个人所得税征收管理部门认真贯彻落实市九次党代会和市委九届七次全会精神，坚持以科学发展观为指导，按照“解难题、促转变、上水平”的总体要求，认真研究，精心部署，国际税收和个人所得税工作取得了新进展。

一、国际税收征收管理

（一）做好税收协定的执行工作

税收协定的执行工作是国际税收的基础。为加强非居民税收征管工作，提高纳税服务质量，制定并下发了《关于加强对非居民享受税收协定待遇管理若干问题的通知》（津地税外〔2010〕4号）。同时指导各区县局结合自身征管实际情况，制定了《非居民享受税收协定待遇管理暂行办法》，明确了各科所的职责分工和工作流程，以及非居民享受税收协定待遇审批申请时需要提交的资料、审批流程、审批时限和档案管理等。

（二）外籍人员个人所得税的纳税评估工作取得阶段性成果

为加强对外籍人员个人所得税的征管工作，维护我国的税收权益，促进社会的公平，市个人所得税征收管理部门对部分申报收入偏低的外籍人员进行了个人所得税纳税评估工作，并取得初步成效。初步统计，2010年有4个区县局对19户企业88名外籍人员进行了纳税评估。通过纳税评估，被评估人员都不同程度地调高了申报收入。如保税区地税局在2010年完成了8户外资企业36名外籍个人的纳税评估工作，补缴税款23人，共补缴税款105.4万元。通过纳税评估，这23名外籍人员月工资总额共调增239616.9元，人均月工资总额调增10418元。

（三）做好外商投资企业联合年检工作

2010年各区县地税局积极与外商投资企业联合年检，各部门沟通与协作，注意了解各参检部门的年检情况，定期分类核对年检户数，防止出现漏检户，提高参检率，并清理漏征漏管户。2010年共有6986户外商投资企业在地税部门进行了年检，地税部门年检户数位居全市第一。

（四）做好对“走出去”企业的服务和管理工作

从税收服务于国家对外开放大局的高度出发，高度重视对“走出去”企业税收服务与管理工作。主动与市商务委联系，取得近三年我市企业到境外投资的名单并下发到各区县局，要求各有关区县局做好服务和跟踪管理工作。

二、个人所得税征收管理

2010 年，全市个人所得税共完成收入 972575 万元，比去年同期 765453 万元增加 207122 万元，增长 27.06%。

（一）做好个人所得税完税证明开具工作

为纳税人开具完税证明是满足纳税人知情权，优化纳税服务的重要举措。2010 年初，我市第三次集中为 243 万纳税人统一开具了 2009 年度个人所得税完税证明。我们采取了由各地税局送达扣缴单位，再由扣缴单位发到纳税人手中的方式，收到了良好的效果。不仅提高了纳税人的纳税遵从度，而且为年所得 12 万元以上纳税人申报工作奠定了基础。

（二）做好年所得 12 万元以上纳税人自行纳税申报工作

在积极总结以前年度工作经验的基础上，充分做好前期准备，优化各项工作流程，圆满完成了我市 2010 年度自行纳税申报工作。2010 年，我市共受理申报人数为 49278 人，申报年所得额 153.81 亿元，补缴税款 1626.01 万元。

（三）做好个人独资、合伙企业个人所得税汇算清缴工作

通过整理总局有关文件，并结合我市实际征管情况，制发了统一规范的个人独资、合伙企业管理办法。对企业汇算清缴、资产损失处理、注销清算做出了具体规定，同时结合新合伙企业法的实施，完善了相关政策，保证了 2010 年独资、合伙企业汇算清缴工作的顺利进行。

（四）做好限售股个人所得税征管工作

按照国家税务总局对限售股工作的相关要求，高度重视、精心组织，在时间紧、任务重的情况下，会同计会、信息等部门及时召开了全市专题会，提出了具体工作要求，制定了切实可行的措施。同时与市证监局等部门密切配合，依靠主流媒体进行广泛宣传，统一制发了《证券机构扣缴须知》和《限售股股东纳税须知》，明确了相关规定，保证了此项工作的顺利进行。2010 年，我市共征收限售股个人所得税 8542.9 万元。

（五）多方位开展个人所得税纳税评估，取得重大突破

2010 年 5 月 ~7 月，在纳税评估的基础上，采取集中布署、重点侧重，专项核查了重点行业中的低收入单位、投资收益异常的自然人股东、纳税偏低的行政事业单位以及零申报单位。通过税务约谈、专管员入户核查、集中纳税辅导、组织自查等多种方式，对疑点企业进

行核查，合计查补个人所得税 2594 万元，取得初步成效。

为了扩大成果，在 9 月底将第一次纳税评估结果进行了通报，同时提出了更高的标准，要求各区县局加大第二次评估工作力度，两次纳税评估共计补缴税款 5261 万元。

（六）做好与统计局经济普查信息比对工作

为加强个体工商户的征管，堵塞漏洞，切实做好个体工商户与市地税征管户的经济普查，布置了核查比对工作。各区县地税局通过近三个月的核查比对工作，清理出了一些漏征漏管户，为我市个体工作的全面提升起到了推动的作用。

（七）深入开展“两税”比对工作

为了提高个人所得税管理质量，按照《国家税务总局加强个人工资薪金支出与企业的工资费用支出比对问题的通知》（国税函〔2009〕259 号）的要求，有针对性的布置了 2010 年“两税”比对工作，取得良好效果。此次比对工作共计核查有问题企业 212 户，补缴个人所得税 893 万元，企业所得税 78 万元，共计补缴税款 981 万元。

通过对零申报企业的比对，进一步规范了全员全额申报数据的准确性和全面性。对个人达不到个人所得税起征点要求其进行全员全额申报，保证所有个人收入的信息全部纳入 BIMS 系统管理，为今后的数据利用和比对提供依据。

（八）开展对个体委托代征工作的检查

为进一步完善个体委托代征各项管理工作，堵塞征管漏洞，查找不足，及时总结好的工作经验和做法。同时会同征管处和税收规划核算处开展了个体委托代征检查工作。通过检查，对发现的问题及时进行了纠正，保证了我市个体委托代征工作按照相关规定的有序开展。

（撰稿人：戴　鑫）

税　务　稽　查

2010年，全市地税系统各级稽查部门服从和服务于税收中心工作，以大力组织税收收入和整顿规范税收秩序为目标，以打击发票违法犯罪活动和税收专项检查工作为重点，在稽查查补收入、大要案件查处、稽查制度建设和稽查信息化建设等方面都得到进一步发展和完善。全年共检查各类企业12786户，查补收入10.85亿元，同比增长32.2%，为税收秩序的进一步规范和税收中心工作的完成做出了应有贡献。

一、扎实开展税收专项检查，整顿行业税收秩序，促进收入增长

按照国家税务总局关于开展税收专项检查有关部署，结合我市经济形势和行业纳税特点，重点组织开展了药品经销、房地产、建筑安装、交通运输、营利性医疗与教育、培训机构、大型连锁餐饮、旅店、供热等行业的指令性和指导性检查，认真完成了总局统一部署的航空业及医药生产经销行业的重点税源企业自查、抽查和重点检查。同时，还自行安排了对企业股权、二手房转让和关联交易等重点涉税问题的调研式检查。共检查纳税人12489户，查补收入9.97亿元。其中，房地产业检查159户，查补收入9023.7万元；建筑安装业检查287户，查补收入3980.8万元；交通运输业检查53户，查补收入155.1万元；药品经销业检查49户，查补收入98万元；重点税源企业检查700户，查补收入1.02亿元。

二、密切相关部门合作，积极开展打击发票犯罪活动

按照国务院和市政府的统一部署，全市打击发票违法犯罪活动工作协调小组各成员单位多措并举，严厉打击查处不法分子伪造、非法印制发票，利用手机短信、互联网、传真、邮递等交易方式大肆进行兜售假发票、非法虚开、代开和接受发票的违法活动。配合公安机关开展了"端点二号"、"百日行动"等打击发票违法犯罪活动集中整治行动，先后破获"112"特大出售非法制造发票案、李建权非法出售发票案、"806"大型制造假发票案件、非法制造航空运输电子客票案以及吴振强非法制造、出售发票案等125起发票犯罪案件，打掉团伙45个，捣毁窝点129处，抓获犯罪嫌疑人217名，依法缴获各类假发票552万余份、假印章1031枚。配合电信、公安技侦等部门甄别涉税、涉票手机短信近15000条，关停整顿违法信息网站3个，处置信息网站登载的发票违法信息2700条。本着"查账必查票、查案必查票"的原则，对建筑安装业、交通运输业、服务业、餐饮业等重点行业，深入开展

了接收虚假发票企业的检查，大力整治虚假发票“买方市场”。全年累计查处“受票”企业789户，查补收入6121万元。有效铲除了虚假发票赖以生存的土壤，维护了税收经济秩序。

三、强化工作督导，搞好对大型企业和重大涉税案件的查处

2010年共查处税收违法案件1386起，结案1271起，选案准确率达到91.34%。其中，百万元以上大要案件45起，查补税款1.67亿元。在对重大税收违法案件查办工作中，严格落实督办制度、报告制度以及大要案件集体审议制度，充分做好案头分析，确定稽查问题疑点，制定检查方案提纲，严格程序，把握政策，准确定性。同时，进一步加强与国税稽查部门的协调配合，信息共享，联合办案，确保了涉税大要案件的查处质量和效率。按照国家税务总局的统一部署，同国税部门一道开展了对中国国际航空股份有限公司天津分公司、东方通用航空有限责任公司以及天津市医药集团有限公司的联合检查。对上级交办的“海润国际货运代理有限公司案”、“艾威公司不良资产转让案”、“麦迪逊投资公司案”等案件进行了认真查处，效果明显，达到了打击涉税违法行为，净化税收秩序的目的。

四、疏通受理渠道，涉税举报和协查案件管理进一步规范

2010年，共受理查处税收违法举报案件208件，查结153件，查补收入3803万元。共接到国家税务总局、市政府及有关部门督办、交办举报案件21件，目前已查结10起，查补收入83.7万元。在涉税举报工作中，坚持分类、分级管理，采取日常督导与重点督导相结合的方式，督促指导案件查办，保证举报案件查办质量。对实名举报、多头举报、缠诉缠访、群诉群访案件，指定专人负责，认真做好政策宣传工作，稳定举报人情绪，坚决避免各类矛盾激化、缠访缠诉现象发生。

充分利用BO查询系统及征管工作平台，加强对本市、外埠协查案件的查处和回复工作。全年共发出协查案件126件，受理协查案件161件，其中本市109件，外地52件，回复率达87%。对受托协查案源，及时做好案件登记，及时下达稽查任务，及时实施案件协查，及时反馈检查结果，确保案件协查时效。坚持“协查地也是案发地”的工作原则，对每起协查案件认真分析梳理线索，找准案件突破口，为稽查工作案源管理提供选案依据。

五、强化查管互动，促进“以查促管”效能进一步发挥

按照“信息管税”的工作思路，“稽查与征管互动平台”投入应用，《征管与稽查信息互动工作规程》正式实施，改变了以往稽查与征管两部门工作互动、信息反馈及时性、规范性、系统性不强的状况。各级稽查部门认真落实“一案一析”、“每案必转稽查建议”的要求，通过与征管部门查前了解、查中沟通、查后反馈《稽查建议书》等方式，向征管部门就加强发票监管、规范税种管理等有价值信息提出稽查建议，有效促进了征管部门对重点行业、重点税源的税收监管，稽查促管增收的作用进一步得到发挥。

六、强化教育培训，不断提高稽查干部队伍整体水平

坚持以稽查干部队伍能力建设为主线，积极推进学习型稽查队伍建设，按照年度稽查业务培训安排和“重点培训、培训重点、以点带面”的培训原则，先后组织开展了涉税举报管理、稽查征管互动平台应用、财务软件和“奇星”查账软件应用、稽查执法风险防范、《稽查工作规程》解读等多次培训，参训人员达400余人次。培训工作层次多、涉面广，在总结以往培训经验，听取基层意见和建议基础上，在培训师资投入力度、培训内容更新和培训对象业务水平等方面有了较大提高，更加突出了针对性和实用性，收到了较好效果。

（撰稿人：魏冠媛）

收入规划核算工作

2010年，面对诸多的困难，市收入规划核算部门认真贯彻落实市局党组各项要求，锐意进取，开拓创新。坚持组织收入原则，强化税源监管，进一步发挥了规划核算部门为组织收入服务、为加强征管服务、为宏观调控服务的职能作用。

一、组织收入工作的能力不断增强

（一）收入总量进一步扩大，地税税收迈上新台阶

2010年共组织税收收入654.6亿元（是2005年的3.3倍），比上年增收145.7亿元（超2003年全年15亿元），增长28.6%，超额完成年初增长16%的工作目标12.6个百分点，收入总量实现新突破，为‘十一五’期间组织收入工作画上圆满句号。地税宏观税负达到7.3%，比上年提高0.4个百分点，税收弹性系数为1.4，两项指标再次刷新历史纪录。

（二）落实收入目标责任制，为完成年度任务奠定了基础

年初按照增长16%的增幅下达了全年收入任务，建立了分级负责的考核机制，为前三个季度实现高增长奠定了坚实的基础。面对10月份下达的全年增长30%的追加目标任务（增幅比年初提高了14个百分点，追加71.6亿元，相当于2000年地税全年税收），市收入规划核算部门以各种形式监督组织收入工作进度，及时调整工作思路，切实做到工作不放松，思想不懈怠，为圆满完成全年收入任务奠定了坚实的基础。

（三）收入预测准确度不断提高

市收入规划核算部门通过编制多种BO查询表，在各单位税收预测准确率不断提高的基础上，从税种、行业等多角度进行全市收入预测，并于每月中旬形成税收预测简报，上报局领导提供参考，为圆满完成全年收入任务奠定了坚实的基础。

（四）深化税收分析，全面发挥职能作用

市收入规划核算部门认真坚持按月召开“组织收入工作专题会”，继续实行市局各业务处确定联系单位，实地督导的组织收入模式。切实加强分析研究，以积极的态度、发展的办法和超常规的思路深入挖掘增收潜力，提出并及时落实了缩小收入差距的多项具体措施，细

算税源账，向征管要收入，向创新工作要收入，全力以赴抓收入。以加强税收分析为突破口，开展各税种税收与经济对比分析，探索建立税收分析、纳税评估、税源监控、税务稽查四位一体的良性互动机制。

二、“三位一体”的税源监管体系初步形成

（一）重大项目监控取得显著成效

自2007年以来，天津市先后推出了940个重大项目，现已成为带动全市经济社会又好又快发展的重要引擎。为了加强对重大项目的税务服务和源泉控管，市收入规划核算部门建立了从项目立项、竣工到投达产整个过程的税源监控体系。重大项目启动后，各单位在土地整理过程中与房管、土地部门密切配合，指定专人为重大项目提供涉税跟进服务，跟踪土地转让环节相关税款入库；在重大项目建设期间，税收管理员定期深入项目现场，拍摄并上传照片，形象反映项目建设进展，将每个工程合同与重大项目绑定，根据合同结算额监控税款缴纳情况，根据合同标的额测算项目预期税收；重大项目建成或投达产后，根据项目座落地或行业特点，交由税收管理所实施后续税源管理。通过对重大项目税源全面监控，实现了传统税源管理模式的重大突破，提升了税源管理水平。

局领导对此项工作给予了充分肯定，国家税务总局第70期税务简报，转发了我市重大项目监控工作的做法和取得的成效；2010年8月16日《中国税务报》第3204期头版报导天津地税重大项目监控工作。6月初，市地税局向市政府报送了《关于重大项目税源监控工作情况的报告》。兴国市长批示：“加大重大项目税源监控的力度，并主动做好服务工作。”津渡副市长批示：“市地税局加强税收征管，促进经济发展工作取得了新成果。围绕大项目好项目建设发展，搞好精细化科学化管理，组织专门机构和人员为大项目好项目服务，是征管方面的创新。请进一步加强管理，搞好服务，促进经济发展和财政增收。”

截至2010年底，在各单位的共同努力下，全市重大项目累计实现各项收入242.4亿元（地税收入175亿元），其中940个重大项目累计实现各项收入156.4亿元，其中地税税收收入112.7亿元；各区县自定义大项目446个，累计实现各项收入86亿元，其中地税税收收入62.3亿元。适时推进重大项目监管对于应对金融风险的影响，增强税源管理的系统化、精细化有着重要的作用。

（二）楼宇经济税源监管初见成效

楼宇经济是以商务楼宇、功能性板块和区域性设施为主要载体，以开发、出租楼宇引进各种企业，扩大税源，带动区域经济发展为目的，以体现集约型、高密度为特点的一种新型经济形态。楼宇经济税源监管是重点税源管理的一种方式创新，是重大项目税源监管的延续和扩展，是新形势下有效提升税源管理水平的重要举措。

经过市财税部门研究，开发了楼宇经济税源监控系统，选择服务业发展水平较高的河西区、和平区先行试点，在取得成功经验的基础上推广全市。通过开展楼宇经济税源监管，拓展分析渠道，评估楼宇纳税情况，清理漏征漏管户，不断提高税收征管质量和水平。真正做到“楼宇情况明，征管不漏户，税收贡献清，纳税服务实”，形成了“楼宇有人管，信息有

人绑，管理不漏空”的互动机制，达到对税源的动态监管。杨局长10月20日批示：做的好！继续坚持并完善有关办法。

截至2010年底，全市已监控商务楼宇175座，累计绑定楼宇经济纳税人4815户。全年年累计实现税收115.3亿元，同比增长46.1%，其中地税税收75.9亿元，同比增长55.9%。纳税规模超亿元的楼宇共计25座。

（三）逐步完善重点税源大户监管机制

2010年，市地税局在原有3434户重点税源监控企业的基础上，扩大了重点税源监控范围，优化了重点税源监控对象，最终确定了3927户市级重点税源监控企业，比上年增加493户，增长14.36%。全年重点税源企业累计实现税收460.4亿元，同比增收89.2亿元，增长24.02%，占全市总体税收的70.33%。

至此，以信息化为依托，以重点税源大户监控为基础，以重大项目和楼宇经济监管为重点的税源监管体系初步形成。

三、会统核算水平得到有效提升

（一）优化会统报表，提高工作效率

为进一步提高会统报表工作效率和数据准确性，利用市局数据仓库迁移改造之机，通过建立更加合理的数据结构和使用最新的（ORACLE）数据库替换原来老版的（DB2）数据库，利用新的数据抽取工具进一步提高数据的准确性。通过开发TRS报表数据格式导出功能，解决现在逐个会统报表刷新后再汇总生成TRS上报数据的繁琐操作，实现1分钟内生成全部26张会统报表的能力，节约了各单位会统报表工作时间，大大减少了产表期数据仓库系统的压力，提高了工作效率。

（二）发挥职能作用，落实属地征管

为进一步完善税收属地化管理制度，规范和加强房产税和土地使用税的征收管理，自2010年2月1日起，我市房产税、土地使用税实行集中申报属地管理的模式，这是税收征管模式的重大变革。市收入规划核算部门经过与有关业务处室、人民银行国库处多次研究、协调，制定了计会工作的相关规定。即纳税人申报税务登记地区县的房产税、土地使用税时，可根据缴款方式的不同，分别开具税收通用缴款书、税收通用完税证和税收转账完税证征收；申报“属地”区县的房产税、土地使用税时，只可开具税收通用缴款书征收。同时，采取由税务登记地税务机关受理纳税人按照房产税、土地使用税入库地分别提交的退税申请，集中办理退税审批业务，并将审批材料传递给对应地税部门计会科的退税方式。使房产税和土地使用税的征收管理能够及时得到实施，顺利运行。

（三）做好滨海新区财政体制及预算科目调整的准备工作

为确保滨海新区本级财政收入能够及时完整入库，国库管理模式将由现在的中央、市和区县三级调整为四级。针对这一变化，通过与相关业务部门多次研讨，结合关库行横向联网

系统中原预算科目修改为财政部全国统一使用的预算科目这一变化，将涉及调整的有关内容，按照要求对津税系统中涉及到的内容一一进行重新核对、添加，保证税收收入能够按照新的预算科目及入库级次正确划分准确无误，为滨海新区财政体制调整提前做好准备工作，同时也为明年关库行横向联网系统的正常运行提供了保障。根据津滨财预〔2010〕42 号和津财预〔2010〕100 号文件精神，本次财政体制改革，地税部门新增 13 个预算级次，调整了 7 个预算级次名称，取消了 2 个预算级次，保留了 5 个原有预算级次。

四、充分利用信息平台，实现信息管税

2010 年，对施管站税款代征系统、津税系统以及税管员平台进行有效整合，建立起全市统一的建筑工程项目税收信息化管理平台，方便各单位对全市建筑工程的项目登记、税款征收、发票开具等操作管理。市收入规划核算部门利用整合机制，在统一的建筑工程项目税收信息化管理平台中，提出计会工作业务需求，增加施管站申请手续费、票证管理模块。这不仅为施管站提供了方便，也避免了原先施管站一次申请后由于数据有误造成多次修改的现象，提高了工作效率，节省了时间。同时，也便于税务机关审核；增加的票证管理模块可以让税务机关随时了解施管站库房管理情况，利于监督检查。

五、开展专项检查，规范管理机制

为进一步加强各地税局“三代”税款手续费征收管理，规范支付审批流程，确保此项资金专款专用。与行财处、征管处联合对直属 22 个区县地税局，开展“三代”税款手续费专项检查。这是首次业务部门与财务部门共同联合开展专项检查，不仅说明了此项专项检查工作的重要性，而且检查内容更加全面，有针对性。涉及代征代扣各项税款 201 亿元，占总税收收入的 30.7%，其中施管站代征 32.3 亿元，契税和耕地占用税 83.2 亿元，全年支付手续费 3.7 亿元。

同时，为进一步规范对个体工商户的委托代征工作，加强个体工商户征管，与国个税处、征管处共同在全市开展对个体工商户实行委托代征工作的检查。

六、全面梳理风险环节，促进规划核算的反腐倡廉建设

根据市地税局的工作安排，2010 年要在全系统进行内控机制建设，这是税收征管改革和预防腐败的需要。为了搞好基层单位规划核算权力梳理，从河北、红桥地税局抽调业务骨干，从规划核算运行的各个过程入手，针对可能出现执法随意性和可能发生廉政风险的环节和部位，逐一列出职权范围、责任范围，查找廉政风险点，共发现风险点 7 个。根据不同的工作流程绘制出权力运行流程图，划分出风险等级。同时，结合岗位职责，排查权力事项，找出权力运行的关键环节。进一步推进了规划核算工作的制度化、规范化、程序化，有效制约和规范了权力运行，促进了税务系统的反腐倡廉建设。

（撰稿人：谷　浩）

财税信息化建设

2010 年，天津市财政地税系统信息化建设工作紧紧围绕财税中心工作，坚持“严格规划设计、加强资源整合、切实精打细算、突出运行效果”，充分发挥信息化支撑作用，积极推进业务、信息、技术的融合与创新，各项工作取得新的进展。

一、逐步健全管理体系，促进信息化科学协调发展

信息化建设是复杂的系统工程，必须建立科学严谨的工作流程，统筹规划、循序渐进，依托科学管理体系，从而实现管理的标准化、规范化，提升财税工作整体效能。

（一）进一步落实局信息化领导小组工作会议制度

2010 年，召开了三次局信息化领导小组工作会议。会议研究通过 2009 年信息化项目及资金预算执行情况、2011 年信息化备选项目及资金预算报告、部署“金财工程”应用支撑平台、财税数据中心和信息安全自查及整改等专项重点工作，制定我市财税系统信息化建设“十二五”规划，并对下一步信息化建设工作提出了意见和要求。局信息化领导小组工作会议制度进一步规范了市财税信息化建设的统一管理。

（二）进一步健全信息化建设月报制度

严格信息化建设月报的编制与报送，2010 年度信息化建设月报共计 7 期，内容主要涉及信息化建设项目资金使用情况、预算执行情况、主要工作进展情况等。信息化建设月报制度的建立加强了对信息化项目进度及资金的管理力度，提升了信息化建设科学化、精细化管理水平。

（三）编制 2011 年信息化备选项目及预算

按照《天津市财政局（地方税务局）信息化项目预算管理办法》，遵照“两上两下”工作程序，形成 2011 年实施的信息化备选项目建议书、申报表和专家意见集共 96 册，近 100 万字，包括“金财工程”开发实施项目、税收业务系统建设项目、基础建设和维护保障项目、财税数据中心建设项目 4 个项目，共包括 40 个二级项目。经局长办公会审议并原则同意。信息化备选项目及预算的编制，保障了建设项目的科学规划，资源的合理使用，为 2011 年建设项目的有序开展提供了依据和保证。

（四）进一步建立健全各项管理制度

在总结以往经验的基础上，计划逐步建立健全市财税信息化项目立项、合同管理、项目实施、项目验收及信息安全管理等方面制度。按照整体工作安排，2010 年度草拟了《信息化采购合同管理办法》（征求意见稿）及各类信息化采购合同规范文本对信息化采购合同审核、签订流程及合同文本进行了梳理和规范，进一步明确了各部门审核的范围、内容和职责，规范了合同的管理与执行，保障了市财税系统的合法权益。

二、严格执行规划设计，提升信息化项目管理水平

科学、规范管理是信息化项目顺利实施的保障，严格按照项目管理安排计划、操作执行，合理安排有限资金，有效规避潜在风险，最大限度保护投资。

（一）项目执行高效化

按照“严格控制、有保有压、突出重点、厉行节约，确保重点建设项目资金需要”的工作要求，2010 年市财税信息化建设资金预算年初安排 6394 万元，新增项目 31 个；执行过程中经调整实际全年信息化建设累计资金预算 6679 万元，新增项目 37 个，年内完成全部新增项目立项，项目执行率为 100%。全年执行预算 5918 万元，包括实现新增项目合同金额 3952 万元，执行以前年度合同尾款 1966 万元，预算执行率 88.61%；实际支付 3572 万元，占全年执行预算 60.36%，圆满完成 2010 年信息化任务，取得预期效果。

（二）项目采购时效化

按照政府采购法、合同法的有关规定，履行政府采购每个环节的手续，保证政府采购过程的公平、公正、公开，在维护合法性的同时，争分夺秒、高效严谨，又好又快的完成信息化项目的采购工作。

（三）项目管理多元化

强化项目执行管理，部署信息化项目管理系统，将信息化备选项目全部纳入系统管理，实现对信息化项目实施全过程任务跟踪、进度监控、问题调查和文档管理的动态执行监管，搭建信息化信息发布、服务交流平台，项目参建部门共同参与项目管理。

（四）项目需求精细化

严格项目需求分析，充分考虑现有系统建设及应用情况，对新建系统从系统接口、设备选型、应用部署等方面统一协调，综合考虑，并通过完善相关标准规范，深挖潜力，严格控制成本，其中在和平区地税局等 8 个单位的机房及网络升级改造中，引入配电分量器等节能产品，同时年内采购的 1200 余台设备均属节能环保设备。

三、扎实做好组织推动，发挥信息化科技支撑作用

随着各项业务系统的整合与数据集中，信息技术与财税业务流程已经逐步融为一体。通过各业务环节的互联互通，发挥技术对业务的支撑作用，实现业务、信息技术的融合与创新，推进信息化建设带动规范化管理。

（一）推进财政应用支撑平台建设

我局“财政应用支撑平台”建设，以“接入”模式将现有的16个应用系统接入平台，并对接入的“预算管理系统”、“国库集中支付系统”和“预算执行信息系统”进行升级改造，以“生长”模式开发“综合查询分析评估”、“财政系统门户网站”和“财政监督检查”等3个应用系统。“财政应用支撑平台”的实施，打破了现有的各财政应用系统之间互不连通的局面。

（二）提高国库支付系统应用水平

配合2010年我市部门改革，实现国库集中支付系统及预算指标管理系统单位和账户信息的同步，升级“工资统发系统”公积金调整程序，进一步提高工资报送的准确性和时效性。

（三）推广非税收入收缴系统应用

在市级预算单位推广应用非税收入收缴系统，合理规划非税收入及国库集中支付系统相关性，通过数据实时监控、综合利用、多维分析等方式，实现对业务系统的规范管理。

（四）推广行政事业单位资产管理系统

根据“金财工程”建设总体规划，全面加强我市行政事业单位国有资产管理，推进行政事业单位资产管理信息化工作，配合相关单位审核接收和汇总统计共计1000余家一级预算单位及下级单位的上报数据。

（五）完成滨海体制调整工作

支持滨海新区行政管理体制改革，积极落实滨海新区财税信息化建设。抓紧落实新建机房网络实施，保证施工质量和进度，确保财税部门开门办公；确定征管系统内滨海新区税收征管关系，制定组织机构设立、用户及其权限设置、户源迁转、发票库存结转、功能区及预算级次设置、增加和调整金库、预算科目代码调整等工作方案并实施，保证滨海新区财税体制调整顺利开展。

（六）建设发票简并系统

根据总局“简并票种、统一样式、建立平台、网络工具”工作思路，遵循总局实施方案要求和管理模式，按照我局信息化建设的总体框架，结合实际情况，建设发票简并系统，进一步提升普通发票管理的规范化和信息化水平。

（七）实现建筑行业税收“闭环式”管理

对本市和施管站代征税款的外地建筑业纳税人实行统一的项目管理模式，解决外地进津纳税人项目管理环节缺失问题，进一步降低一线工作人员的执法风险，提高建筑业纳税人项目管理的规范化。

（八）完善属地管理

进一步完善税收属地化管理制度，通过实现房产税、土地使用税集中申报属地管理和车船税属地入库管理的新模式，建成我市房屋土地数据库，堵塞征管漏洞，加强属地业务的规范性。

四、全面落实信息管税，拓展信息化数据应用效能

以信息管税战略的提出为契机，探索信息管税对于财税管理理念、制度机制、业务流程、资源配置等产生的巨大影响，放大信息管税资源应用效能。

（一）进一步完善数据应用体系

深入利用国地税共享数据，进一步推动各部门对共享平台数据查询分析利用的力度和深度，推进数据回放应用，严格规范数据口径，确保数据准确性，开发税收征管状况监测分析月报系统，实现对税收征管状况的监控分析。

（二）进一步推进数据回放应用

推进数据回放项目在各区县地税局的应用，各局利用数据回放，一方面辅助支撑税收管理，一方面监督考察行政效能，及时发现问题规避管理上的风险，充分发挥信息的价值。2010 年先后召开了专项工作推动座谈会及汇报会；完成南开区地税局等单位数据回放应用服务器的安装配置；新增房产税、土地税属地征管和 2009 年版财务报表相关数据的回放。

（三）顺利完成信息管税成功案例编制工作

为全面贯彻落实国家税务总局“信息管税”工作指导思想，进一步促进我局数据分析利用工作的全面提高，将我局“信息管税”的成功案例进行收集、筛选并编写成册《信息管税应用案例汇编（一）》，且已印发给各区县地税局。成功案例的编制旨在通过对成功经验的相互借鉴、相互学习，进一步加深对“信息管税”指导思想的理解。

（四）成功组织“信息管税”论文征集和评选

为宣传推广我市地税系统“信息管税”的成功经验，组织开展了“2010 年地税系统信息化应用论文征集和评选活动”，活动共征集论文 67 篇。经评审，共评选出一等奖一名、二等奖三名、三等奖五名、优秀奖九名，组织奖三名。在此基础上推选出优秀的作品将参加年底由中国税务杂志社举办的“2010 年全国税务信息化优秀论文评选活动”。通过论文的征集与评选，充分调动了广大财税干部积极性，提升了干部队伍税收征管工作的理论水平，促

进了信息化应用能力的全面提高。

五、不断加强基础建设，提高信息化服务保障能力

在夯实基础环境，搭建完善的运行维护体系和信息安全体系基础上，在财政、地税、综合业务领域发挥信息化服务特色，充分满足业务发展要求，通过实际运行效果体现信息化建设价值。

（一）积极推进全市财税数据中心建设

结合市财税信息化基础整体规划和容灾建设要求，为有效防范、提升信息化建设整体水平，充分把握财税数据中心建设契机，对现有基础设施、网络安全、信息系统进行评估，完成《现有系统整体评估及应用系统和数据部署原则报告》、《业务影响分析报告》、《容灾演练和运行维护指导性建议报告》、《财税数据中心建设项目技术需求》等报告，组织召开论证会，经专家评审完成建设咨询的验收，为下一步数据中心及应急备份中心建设提供指导和依据。经专家论证，确定该项目分两步招标方式实施，第一步入围商的招标工作已于年内完成。

（二）继续加强市财税信息化资源整合

顺利完成津税系统生产数据库、查询数据库、DB2 数据仓库、个人所得税全员全额申报系统（BIMS）数据库向 IBM P595 小型机迁移工作，经过此次升级，提升了基础设备的性能，有力推进了设备整合利用工作。顺利完成市财政局核心机房设备调整，此次机房设备调整工作，覆盖市局核心机房 10 台小型机及 2 台高端存储设备，涉及津税系统、非税收入收缴系统、市局公文处理系统等 13 个核心业务，为下一步对市局核心机房进行改造，及应急备份中心和财税数据中心建设奠定基础。为解决机房空间饱和、局部高温及动力负荷过大等问题，排除了安全隐患，完成了市财政局机房基础环境改造方案。

（三）继续做好基层单位信息化基础建设

2010 年全市地税系统各单位配发台式机 650 台，打印机 250 台。组织实施完成和平区地税局、滨海新区第一地税分局、滨海新区第六地税分局、东丽区地税局、红桥区地税局及大港地税油田税务所现有机房和网络环境的提升改造；组织实施完成滨海新区地税局、滨海新区第三地税分局新建信息化基础设施建设；组织实施区县财政备份线路建设和地税基层税务所网络升级改造工作。2010 年初召开了地税系统信息技术科长会议，对 2009 年和 2010 年的信息化工作进行了总结和部署，并重点听取了各地税局对 2010 年信息化工作的建议。会议共提出涉及基础建设、系统应用、安全管理、信息化培训等方面意见建议 20 余项，对进一步推进地税系统信息化建设的发展起到了积极作用。

（四）不断加大信息化专业技能培训力度

根据市局 2010 年信息化总体安排，为进一步加强财税系统信息化队伍技术水平，保障市局各项信息化工作的顺利开展，培养掌握各种信息化技能的管理人员和熟练应用信息技术

的专业技术人员，共开展：应用系统、操作系统、软件管理、数据分析、软件开发、存储、网络、基于 ITIL 的 IT 服务管理、业务连续性管理及信息安全等十大类 15 项培训。

（五）加快完善信息安全体系建设

根据国家税务总局工作安排及整体规划，部署实施“金税”三期信息安全体系，在对现有信息安全资源进行整合的基础上，形成了信息安全项目评估、项目建设、项目应用三位一体的管理模式，并按照财政部身份认证系统管理规定并结合我局实际工作需求，搭建财政 CA 身份认证系统和制定各项管理措施。同时为贯彻落实市政府“政府网站信息安全专项整治”工作要求和市财政局 2010 年信息安全工作部署，对市局和各直属单位的外网网站进行排查和信息安全抽查。针对检查结果，修订现行网站安全管理制度并制定《网站应急管理办法》和市财税信息系统安全保护安全建设整改实施方案，进一步提高我局各级财税部门信息安全意识，保证信息系统安全、正常运行。

（六）稳步提升各项服务水平

依托信息化技术，进一步推动市财税系统行政办公自动化、干部教育网络化、技术队伍专业化、纳税服务社会化。通过升级各直属单位公文处理系统，实现公文集中管理，系统单点登录。通过结合业务类别在远程教育培训平台推出相应案例培训，拓展学习空间，实现教育资源共享。通过完善 12366 纳税服务平台，贯彻落实天津市委、市政府和国家税务总局建设服务型政府的精神，为纳税人提供涉税公共信息和个性化信息、税收征管引导、涉税投诉举报和实时在线咨询为一体化的服务载体，提高纳税人税法尊崇度。通过改造政务网站，促进全系统各部门依法行政，保障公众知情权、参与权和监督权，提高社会管理和公共服务水平，同时为贯彻国家税务总局“两个减负”精神，积极推广税收调查网上直报平台，保证调查工作重点由数据收集到数据应用的转变，减轻基层税务机关和调查企业的工作量，提高调查工作效率。

（撰稿人：于　众、梁　津）

财税法制建设

2010年，财税系统法制工作按照科学发展观的要求，紧密围绕财税中心工作，进一步健全财税制度，推进依法行政，不断提高财税法治化水平，各项工作收到显著成效，重点工作取得新突破。

一、全力提高依法行政意识与能力

（一）进一步推行依法行政情况考察和法律知识测试制度

组织115名领导干部参加市政府举办的法律知识测试，将依法行政能力考核纳入公务员初任培训及素质培训，对拟从事行政执法的59名干部，组织开展执法资格法律知识考试，大力提高财税干部依法行政意识与能力。

（二）参与依法行政建设的积极性高涨

积极参与上级部门立法，对33件立法项目提出建议22条。贯彻落实财税政策执行情况反馈制度，开展残疾人事业税收优惠政策执行调查，反馈执行意见15条。

二、深化行政审批制度改革

按照市委市政府“调结构、促转变、增实力、上水平”的总体部署，深入清理和减少审批事项，下放行政审批权限，强化现场审批和联合审批，深化行政审批制度改革。

（一）健全行政审批配套制度

重点加强一站式审批制度建设，为申请人提供便捷审批服务；严格执行首席代表负责制，充分授权，杜绝多头审批现象；减少审批环节，切实改变部门内部对同一事情多头审批、多层次审批、多环节审批的状况。

（二）推进行政审批服务再提速

取消市级行政审批事项5项，占全部事项的5%；减少审批要件17件，占全部要件的21%；缩短审批时限21个工作日，共提速10%。组织清理和规范区县实施的审批事项。对各区县财税部门审批事项进行确认调整，确认区县级财政审批事项 5 项，税务审批事项 12 项，行政审批工作实现“统一管理，两级规范”的目标。

（三）做好向滨海新区下放行政审批权的研究工作

从全市发展大局出发，对市政府提出拟下放的 11 项审批事项进行研究，在符合法律规定的前提下，拟将行政事业单位开立、撤销、变更银行账户审批、公路货运自开票纳税人审批等 5 项审批权限下放滨海新区。

三、全面加强财税法制建设

（一）编制 2010 年度财税规范性文件制订计划

坚持科学、合理、连续和规范的原则，编制《2010 年度财税规范性文件制定计划》36 项，重点加强促进经济发展、改善民生、规范征管和自身建设方面的立法，充分体现财税工作的宏观调控作用。

（二）完善规范性文件制定程序

修订《财税规范性文件管理办法》，明确不得设定行政许可、行政处罚、行政强制等事项，进一步规范法制机构合法性审核、领导集体讨论决定、意见征求、公告方式等制度，规范性文件制定程序更加完善。

（三）加大规范性文件法律审核力度

严把法律审核的源头，重点审查增加公民、法人和其他组织义务或者影响其合法权益的文件，确保出台的文件规范、合法。全年共对 60 余件财税规范性文件提出制定意见，绝大部分被业务处室采纳，共向市政府备案 13 件，均予以备案。

（四）加强规范性文件的清理

坚持立“新法”与改“旧法”并重，对不符合法律、法规、规章规定，或者相互抵触、依据缺失以及不适应经济社会发展要求的财税规范性文件 1175 件进行集中清理，废止 181 件，修订 74 件，维护财税规范性文件体系的完整和统一。

四、进一步规范财税执法行为

（一）完善行政执法体制和机制

继续推进行政执法体制改革，修订《重大税务案件审理办法》，切实解决多头执法、多层执法和不执法、乱执法问题。切实解决改进和创新执法方式，坚持管理与服务并重、处置与疏导结合，实现法律效果与社会效果的统一。

（二）强化执法程序意识

有计划地在区县地税局开展执法程序培训10余次，明确执法环节和步骤，保障程序公正。健全行政执法调查规则，规范取证活动，出台《行政执法证据规范》，合理界定取证权限，明确执法责任，在全市范围开展多种形式培训，使执法人员的调查取证能力有了长足进步。

（三）认真做好执法检查

按照突出重点、规范行为、健全制度的总体思路，配合有关部门对24个执法单位开展执法检查，对其中6个单位进行重点抽查，纠正6个方面10余个问题，进一步夯实基础工作，增强执法单位的责任意识、风险意识、服务意识。

五、充分发挥行政救济作用

（一）行政调解制度进一步完善

把行政调解作为财税法制部门的重要职责，建立法制机构牵头的行政调解工作体制，完善行政调解制度，科学界定调解范围，规范调解程序。将行政调解应用到行政复议、信访等工作中，全年共处理行政复议案件1起，处理行政诉讼案件3起，其中通过调解方式处理行政纠纷2起。

（二）行政争议处理能力进一步增强

充分发挥行政复议在解决矛盾纠纷中的作用，努力将行政争议化解在初发阶段和行政程序中。完善行政应诉制度，积极配合人民法院的行政审判活动，依法积极应诉。及时总结财税系统行政处罚、复议、诉讼工作经验，研究解决工作中存在的共性问题，进一步增强行政争议处理能力。

六、大力提高法律综合管理水平

（一）高质量做好法律服务

树立全局观念，紧密围绕财税中心工作，为财税改革和发展提供法制保障。树立服务意识，加强沟通与配合，提供高质量的法律服务，先后参与临时工合同法律审核、基层单位办理民事纠纷案件等服务事项10余件。

（二）协助做好“12366”三库维护工作

协助有关部门，进一步完善为纳税人提供咨询服务的税收法规库、知识库和问题库，及时归集整理相关法律、法规和规章，解答涉及行政复议等内容的问题，确保“三库”维护及时、解答准确、规范统一。

（三）积极稳妥应对涉税反补贴调查工作

充分发挥法制部门的职能作用，研究建立涉税反补贴应对项目管理工作机制，尝试全面承担具体案件的各项应对工作，处理反补贴调查2件。

（撰稿人：田　野）

干部培训和管理

2010年，教育培训工作认真落实市财政局党组统一部署，紧紧围绕财税中心，积极创新培训思路，完善培训体系，狠抓培训质量，不断提高培训的针对性、实效性。全年共组织重点培训班30期，培训干部1962人次，其中专门业务培训18期，培训干部1132人次；岗位能力培训9期，培训干部610人；初任培训1期，培训干部182人；境外培训2期，培训干部38人。选派人员参加财政部、国家税务总局和天津市等上级部门组织的调训135期，培训干部239人次。组织财税讲坛等各类讲座6期，培训干部614人次。依托网络平台培训干部57961人次，较好地完成了全年工作任务。

一、统筹规划，抓好全年培训计划制定

将需求调研作为培训计划生成的必经环节，在充分开展需求调查和反复征求处室意见的基础上，按照市局党组“厉行节约，减少支出，压缩一般性开支”的要求，统筹重点培训班次，规划业务培训项目，严把培训经费预算，优化期数天数人数，精打细算，高效办培训，使有限的培训经费，保障到重点的培训项目上，全年培训预算经费同比去年减少了29%。

二、围绕中心，抓好财税专门业务培训

围绕财税中心工作，制定重点业务培训计划，做到超前策划，提前组织，靠前实施。四月底之前分别组织了纳税评估、12366纳税服务、税收业务强化等3期重点培训项目，充分发挥了对全年中心工作的服务保障作用。与业务处室密切配合，组织实施各类专业培训，先后举办纳税评估、土地增值税清算、企业所得税减免、涉税违法举报、税务稽查等培训班，确保了财税新政策、新规定、新举措的顺利推进和实施。紧贴各阶段工作的难点热点问题，积极组织“财税讲坛”，先后举办财政支出绩效评价、税源监控等专题讲座，更新了知识结构，拓宽了工作思路。选派215名业务骨干分别了参加财政部和国家税务总局组织的业务知识培训，为更好地开展当前重点工作提供有力地教育支持。

三、注重实效，抓好处科级岗位能力培训

在准确把握组织需求、岗位需求和干部需求的基础上，认真总结经验，更新理念，以岗

位能力为培训主线，以参训学员为学习主体，以实际问题为教学导向，以学习实效为评估标准，强化学习成果的转化落实，不断提高处科级培训的针对性实效性。全年先后举办处级干部岗位培训班1期、科级干部岗位培训班5期、科级干部任职培训班1期，共培训干部467人。选派5名局处级干部参加了市委党校和行政学院组织的任职培训和进修培训。参训学员共制定岗位能力提升计划467册，对进一步提升优化处科级干部队伍整体素质发挥了积极作用。

四、突出重点，抓好高层次复合型人才培养

以优秀中青年干部培训、出国（境）培训为重点，加快培养一批业务精、思路宽、善管理的高层次复合型人才。以专题研究、短期培训、小班教学为培训思路，综合运用讲授式、研究式、案例式和体验式教学方法，积极开展后备干部的定期化、专业化、个性化培训。举办优秀中青年干部培训1期，培训干部58人。按照“以我为主、为我所用、趋利避害、更有成效”的国（境）外培训方针，严格选人标准，严把组团程序，全年组织香港“金融及财税体制”短期培训班1期，培训干部26人，组织澳大利亚“财税管理体制”中长期培训班1期，培训干部12人，选派45人参加了财政部、国家税务总局等部门组织的47期境外培训考察，开阔了眼界，为财税事业加快发展培养注入了新鲜的活力。

五、拓宽思路，抓好培训组织管理模式创新

在培训班的策划组织过程中积极创新路、用新招，不断完善培训组织管理模式，激发教育培训工作的内生动力活力和干部自觉学习的积极性主动性。在人教科长培训班中，以深化干部人事制度改革为主线，将课堂讲授、拓展训练和现场教学相结合，交流了思想，熔炼了团队，为推动市财政局人教工作再上新水平起到积极促进作用。在新录用人员初任培训班中，探索出以学员为主体，以角色转换为主题，以“业务学习、作风养成、能力提升、组织推动”为重点，“学习、研讨、成果、才艺展示”四组联动的初任培训新模式，有效提高了培训实效，为正式走上工作岗位奠定了基础。

六、完善载体，抓好远程教育平台网络培训

不断完善财税培训平台“全天候”学习、“零距离”培训、“最大化”共享和“人性化”管理的功能优势，更新培训课件13个，进一步优化了平台载体功能，目前已拥有各类培训课件129个，配套试题69500多道。积极拓宽网络培训覆盖面和受益面，通过调研、实地走访、师资培训的工作，为全市区县财政局开通了远程培训平台，促进了区县财政干部业务培训的持续开展。充分运用平台实施大规模培训，先后开展了《公共危机管理》、《国企反腐启示录》和《党风廉政建设》等内容的网上学习与考试工作。指导和帮助基层单位开展了财政税收业务知识和政治理论知识等内容的网上学习培训工作，有效地缓解了工学矛盾，降低了培训成本，提高了培训效率。目前，学员在线学习达246552人次，累计课时175178小时，相当于每名干部脱产学习十天。

七、更新观念，抓好科级岗位能力模型调研

为进一步提高干部教育培训的科学化水平，根据中央《2010～2020年干部教育培训改革纲要》中“研究不同类别、不同层次、不同岗位干部的素质能力模型，制定分类培训大纲”的目标要求，以《国家公务员通用能力标准框架（试行）》为理论基础，以“360度反馈”为基本调查原则，结合市财政局工作实际，采取问卷调查、团体访谈和行为分析等形式，对科级领导干部岗位能力整体状况进行了调研，形成了包含有“岗位能力模型词条框架”、“岗位能力面积图谱”以及“岗位能力对比曲线”等三项内容在内的科级领导干部岗位能力模型，获取了有实用价值的调研成果，对于提高干部教育培训工作的针对性实效性，切实加强培训质量和效能有很强的指导意义。

八、细化流程，抓好教育培训机制建设

对干部教育培训各项工作流程进行梳理、细化和再造，全年共制定了《培训项目组织实施流程》、《学历学位认证审批流程》、《财税讲坛等专题讲座组织实施流程》、《全系统考试考核工作组织实施流程》、《人教科长培训组织实施流程》等，规范了培训工作程序，固化了组织环节，细化了工作标准，为培训工作实现精细化管理奠定了基础。重新修订完善了教育组岗位职责，合理分工，定岗定责，充分调动组内人员的工作积极性，提高了工作的质量和效率。以细化流程为抓手，以制度建设为保障，以分工协作为基础，进一步完善了教育培训机制体系，推动工作有序开展。

九、外树形象，抓好教育培训总结宣传

2010年以来，市财政局人教部门十分重视对教育培训工作的总结和对外宣传工作，紧紧把握财政部干教中心领导来我局调研的时机，大力宣传市财政局干部教育培训工作中的好经验好做法，积极对外宣传，树立良好形象。撰写的经验材料《突出培训特色，注重能力培养，努力开创财税系统培训工作新局面》，在天津市教育培训工作会议上进行了大会交流。全年撰写培训信息23篇，其中《如何突破干部培训成果转化的障碍》、《以现代网络为载体构建干部自主选学新平台》、《积极探索初任培训新模式，圆满完成培训任务》等10篇信息，在天津《求贤》杂志、《天津经济》、财政部《培训动态》和《人教信息简报》等刊物上发表。

（撰稿人：罗新勇）

党团组织工作

2010年，市财政局党办认真贯彻落实市局党组和机关党委的工作部署，紧紧围绕财税中心工作，进一步加强党的思想、组织、作风和精神文明建设，加强对共青团和妇女工作的领导，为促进财税事业的健康发展，确保财税任务圆满完成，提供了思想、组织和政治保证。

一、加强思想政治建设

一是加强理论武装工作。组织党员干部深入学习党的十七大、十七届四中、五中全会和市委九届六次、七次全会精神。购置下发了《中共中央关于制定国民经济和社会发展第十二个五年规划的建议》、《推进学习型党组织建设学习读本》、《深入开展创先争优活动实用学习读本》、《七个“怎么看”》、《划清四个重大界限》、《社会主义核心价值体系》等学习资料，丰富了基层党组织学习内容。结合纪念建党89周年，组织局机关和直属党组织党员干部观看了《情暖万家》和《脊梁》等影片。

二是为各级中心组学习提供服务和保障。2010年年初印发了理论学习中心组学习计划。局、处级理论学习中心组按月安排集中学习，重点围绕学习型党组织、科学发展观、滨海新区开发开放、财税体制机制改革、社会和谐稳定等重大理论和实践活动进行学习研讨。根据市委要求，安排了法制建设、党风廉政建设和人事制度改革等方面的内容进行专题学习。

三是深入开展调研活动。上半年党办组成调研组，深入到蓟县地税局进行调研，全面了解蓟县地税局关心和依靠干部的基本思路、主要做法、典型事例及取得的成效，撰写的调研报告《春风化雨　润物有声——天津市蓟县地方税务局关心基层一线干部纪实》经局领导和有关处室签阅，在局内网《基层动态》栏目刊发引起强烈反响，为基层做好经常性思想政治工作发挥了示范作用。

二、加强党的组织建设

一是健全党的基层组织。指导部分直属党组织和机关党支部进行委员增补和书记选举工作。年内局直属党组织增补委员22名，选举委员会书记7名；局机关各党支部增补委员5名，选举委员会书记4名。

二是深入开展创先争优活动。根据市委要求，起草下发了《关于在党的基层组织和党员中深入开展创新争优活动的实施方案》，成立了活动领导小组及办公室，指导直属各党组织制定活动方案，成立相应领导机构。指导各级党组织和党员分别围绕党组织“五个好”和党员“五带头”进行了公开承诺。财政地税系统直属党组织和党员参与率达到了100%。截至11月底，各单位已经完成了活动的启动、学习动员、公开承诺践诺、集中评议等环节的工作。期间，起草下发有关工作通知7个，编发活动简讯3期，此项工作受到市委巡视检查组的较高评价。

三是做好发展党员和党内奖惩工作。2010年上半年，市局机关党委共审批发展预备党员36名，审批预备党员转正52名，下半年审批发展预备党员28名、预备党员转正13名，并组织新党员在周邓纪念馆举行了入党宣誓仪式。市财政局党办撰写的《靠制度保证新党员质量》论文在市委《支部生活》2010年第6期刊发。根据创先争优活动要求，七一前夕市局表彰优秀党员70名、优秀党务工作者20名。组织召开了局机关党员大会，表彰机关优秀党员37名，优秀党务工作者12名，并听取了市局级优秀党员基建处陆晓春同志作的支援陕西略阳灾区的先进事迹报告。承办了机关党委对2名违纪党员给予党内处分的批复。

四是加强党内民主建设。认真落实市局《关于发扬党内民主和保障党员权力的若干制度》，尊重党员主体地位，推行党务公开，认真落实“三会一课”和党组织向党员大会报告工作制度。继续坚持在党内评先、选举和发展党员工作中实行“票决制”，市局机关党委向基层党组织和广大党员公开党内统计和党费收缴使用情况。结合党办工作职能认真进行了权力运行流程梳理，完善工作规则。抽调一名副主任协助监察室做好相关工作。

五是落实党内关怀机制。春节前夕，经机关党委研究，共慰问生活困难党员23名、建国前入党老党员9名、离退休党员245名，发放慰问金66500元。

六是做好党内培训和党建基础工作。先后举办了党务干部培训班、入党积极分子培训班和党员骨干培训班，提高了党务干部工作的能力、党员发展对象的素质和对党的认识水平以及一般党员的素质。顺利完成了2009年党内统计工作，实现了对党组织、党员信息科学、动态管理的目标和要求。

三、积极开展精神文明创建工作

一是组织开展先进集体和先进个人评选工作。2010年，市财政局获得国家级表彰的先进集体3个，获得国家级表彰的先进个人2名；获得市级表彰的先进集体3个，获得市级表彰的先进个人2名。12月，推荐纳税服务局作为全国巾帼文明岗候选集体，待国家税务总局审核。在各项先进的评选过程中，认真执行有关规定，深入调研，严格把关，确保质量。

二是大力弘扬先进典型。2010年，局党办分别为全国税务系统先进集体东丽区地税局征收所、财税信息中心以及全国税务系统先进工作者宝坻区地税局王克俊举行了授牌仪式，并为获奖单位和个人颁发了奖牌、证书。为了推动学习身边典型活动的开展，局党办将2005年以来荣获省部级及以上荣誉的10个先进单位和9名先进个人的事迹材料进行整理汇编，印制下发至各科所。

三是深入开展向青海地震灾区、西南旱灾地区献爱心捐助活动。2010年年初，组织财政地税系统广大党员群众向青海地震灾区捐款297630元，共有2528党员群众参加了捐助，充分表达了财税干部对青海灾区人民的深情厚意，彰显了财税干部强烈的社会责任感。3

月，局团委组织直属团组织210名团员青年为西南干旱灾区捐款8600元，直属团组织中28岁以下的全体青年党员也都参加了捐助活动，充分展示了财税青年无私奉献、扶危助困的良好精神风貌。

四、努力做好共青团工作

一是提高团员青年业务素质，增强团组织凝聚力。组织团员青年传达学习市财政工作会议和地税局长联席会议精神，把广大团员青年的思想统一到市局党组的工作要求和部署上来；局团委召开纪念“五四”运动91周年暨表彰先进大会，为天津市“五四”红旗团支部等获奖集体和个人颁发了奖牌和证书；为全面提升地税系统团员青年税收业务水平，局团委组织了地税系统青年税收业务知识竞赛活动，共有25个地税直属单位的238名35岁以下青年和党员参加预赛，共有7个单位的21名选手脱颖而出进入决赛，武清区地税局等10个单位被授予“天津市地税系统青年税收业务知识竞赛标兵单位”荣誉称号，武清区地税局袁薇等11名个人被授予“天津市地税系统青年税收业务知识竞赛标兵个人”荣誉称号，塘沽区地税局等3个单位被授予“天津市地税系统青年税收业务知识竞赛优秀组织奖”荣誉称号，武清区地税局荣获一等奖、塘沽区地税局、河东区地税局荣获二等奖，和平区地税局等4个单位荣获三等奖；积极配合纳税服务局12366纳税服务咨询人员星级评定工作，与纳税服务局联合下发《天津市地方税务局12366纳税服务咨询人员星级评定暂行办法（试行）》，并成立天津地税12366纳税服务咨询人员星级评定领导小组，12月局团委下发《关于表彰天津市财政地税系统青年纳税服务标兵、纳税服务先进个人的决定》，对纳税服务工作中涌现出的标兵和先进个人进行表彰。在我市“税收教育基地”天津二十中学举行了税收知识竞赛，各区县地税局团支部分别在辖区中小学组织了税法宣传进校园活动；二是开展服务青年，服务社会的主题实践活动。组织20名优秀团员和优秀团干部代表参加了上海世博会天津周开幕仪式；组织60余名青年志愿者擦洗五大道景观雕塑；组织和平区地税局征收所等4个青年文明号集体参加团市委“诚信促和谐，满意在津城”天津服务行业青年职工集中服务日活动；召开团员青年代表座谈会，了解他们的思想状况，帮助解决户口等生活困难；与公安局等8家团委联合举办“蓝盾情缘”青年联谊会，为青年搭建友谊的桥梁。三是加强青年文化建设。成功举办了第二届财政地税系统青年文化原创作品和歌唱比赛，充分反映了当代财税青年敬业爱岗、开拓创新的良好精神风貌；重阳节前夕，组织团员青年演出队到老干部活动中心慰问离退休老干部；组建了女子合唱队和舞蹈队，并聘请专业教师定期组织训练；12月，组织了新年圣诞联欢晚会，为更多青年提供展示才艺的舞台；组队参加了天津市第二届都市青年网羽大赛，荣获和平赛区第四名；与财政部足球队组织第二届“财津杯”友谊赛。四是加强团组织自身建设。根据团组织换届后人员变动较大的实际，组织全体团干部参加团组织建设、团建工作创新、团干部能力素质提高的培训。2010年，上报财政检查局绩效评价科和蓟县下营所为天津市青年文明号集体，待2011年确认表彰，有4个集体被新命名为2009年度天津市财政地税系统青年文明号；局团委连续4年被评为“天津市共青团组织工作先进单位”；顺利完成了“共青团基本信息管理系统”采集、建库工作；推荐10名优秀青年加入中国共产党等。

（撰稿人：张玉成）

行政财务后勤工作

2010年，行政财务工作在市财政局党组的正确领导下，紧紧围绕财税中心工作，以科学发展观为指导，按照“事事有人管、人人都管事、事事都管好”的要求，以规范、高效、节约、安全为工作目标，着力为干部职工办实事、办好事，为财税中心工作提供了强有力的保障。

一、建章立制，管理规范化水平进一步提高

全年行政财务工作把健全管理制度、规范办事程序摆上议事日程，按照以事定岗、依岗定责、权责相当的基本原则，细化工作规程，明确工作步骤、确定工作形式、规定工作时限、密切岗位衔接，划清责任界限。科学统筹行政财务工作，分批召开行政财务工作座谈会3次，逐项征求直属单位意见，制定行政财务工作规划，明确工作目标及举措。本着与时俱进的原则，先后修订了《天津市财政局（地方税务局）直属单位财务管理暂行办法》、《天津市财政局（地方税务局）直属单位固定资产管理暂行办法》；制发了《关于加强局直属单位基建程序和审批管理的通知》、《关于加强局直属单位基建投资形成的固定资产入账管理的通知》、《天津市财政局（地方税务局）信息化建设专项资金管理暂行办法》。为规范办公设备配备及低值易耗品领用，制定了《局机关办公设备配备管理办法》、《局机关低值易耗品领用及信息化办公耗材管理办法》。落实项目预算支出管理要求，初拟了《天津市财政局（地方税务局）办公用房维修管理办法》。

二、加强财务管理，依法理财意识进一步强化

部门预、决算编报工作进一步科学。按市财政局布署，完成局直属单位2009年度部门决算数据汇总及分析报告。逐笔审核年初结余与上一年度末结余、财政拨款，确保了决算数据的真实准确，财务决算报表获市级一等奖。细化预算执行管理，积极参与信息化项目立项研讨，结合局直属单位实际情况，按照预算科目编制2010年度部门预算，完善基本支出、项目支出预算核定标准，提高预算执行到位率，并将核定的预算指标下达市局直属37个预算单位。

会计核算基础进一步夯实。加强审核，维护财务纪律的严肃性，明确所有票据在报销之前经财务人员审核，填制凭证后送分管财务的负责人审批，对填制内容不完整的票据，财务

人员坚决予以退回。落实收支两条线规定，经费收支坚持集体研究，管好用好各项资金，认真编制并严格执行财务计划、费用开支范围和开支标准。资金管理进一步规范，分清资金渠道合理使用资金，清理了银行账户，审批撤销账户 9 个、开设账户 8 个。开展“三代”手续费检查，指导直属单位“三代”手续费单独设置会计科目及相关辅助账目、申报表各项指标内容填写完整、以转账方式一次性支付、申报表和结报单随支付凭证纳入会计档案管理等，确保了专款专用。

“小金库”清查成果进一步巩固。依照天津市“小金库”专项治理工作实施方案，落实税务总局要求，集中人员、集中时间对局所属社团组织进行全面的清查。通过“小金库”的清理，各项财务收支纳入正常渠道，资金实现依法使用，科学管理。深入调研现行公务卡和零余额账户管理现状，摸清局直属单位银行存款情况，规范公务卡使用，实行“一人一卡”实名制管理，单位卡实行转账方式管理，减少了现金结算数量。

三、规范资产管理，确保资产完整

资产清查家底进一步摸清。按照市财政局统一部署，印发《2010 年天津市财税系统固定资产清查工作实施方案》，组织软件的使用培训，指导直属单位卡片录入、汇总上报、信息审核，协调解决软件使用过程中遇到的各种问题，实施直属单位固定资产全面的清理、核对、查实，实现与 2006 年资产清查系统数据的接轨。截至 2009 年 12 月 31 日，系统资产总额共计 14574059 万元。其中，固定资产总额 6165593 万元。确保账实、账卡相符，为全面实施资产管理信息系统管理及固定资产动态管理奠定了基础。

资产核销、调拨、配置更加严格。按照相关规定和程序，对拟资产报废单位实行实物核查制度，核查范围覆盖资产全类别，组织人员深入报废单位进行核查、技术鉴定。全年共批复直属单位报废资产 1083. 7 万元，及时办理资产核销手续，保证了资产的真实性，并以每月财务报表为载体，实现资产动态管理。实行实物调拨核验制度，现场查勘调拨实物是否与调拨内容相符，并协助接收单位做好验收，全年现场查勘调拨直属单位固定资产 197. 35 万元。开展当前装备配备、使用现状调研，尝试性以 23% 的速率为局机关更新配备办公设备，为制定装备配备标准做好前期准备工作。

房产管理信息进一步透明完善。落实局长办公会关于加强固定资产管理要求，贯彻处级领导干部任期责任审计联席会议精神，组织人员对局直属单位 30. 31 万平方米 148 栋办公用房实施核实，形成《关于局直属单位办公楼所“两证”及使用证办理情况的报告》，提出办公用房权属管理中存在的问题和可行性解决建议，为直属单位办理办公用房《房屋所有权证》、《土地使用证》奠定了基础。

四、扩大政府采购规模，规范采购管理

落实市财政局《天津市预算单位政府采购管理暂行办法》，使用财政性资金的采购，由过去单一的信息化建设采购扩大到采购目录以内的货物、工程和服务。执行政府采购预算，改变过去采购预算不规范、计划不周全，随意采购等现象，从而保证采购有资金、有计划。按时编报政府采购计划，审核汇总基层季报，规范直属单位季报编制，最大限度地减少政府

采购补充计划，强化采购计划的科学性。全年组织完成政府采购项目任务89次，采购财政预算3397.98万元，实际采购金额3059.37万元，节约资金338.61万元，节约率约为10%。按开标前、开标中、开标后各阶段逐步建立完善政府采购档案。

五、有序实施节能降耗，提高节能环保意识

深入直属单位实地调研，学习经验、听取反馈意见，共同探讨并提出工作建议。组织110人次参观学习市发改委和南开区地税局节能降耗工作，重点学习管理行为节能和技术改造节能经验，同时与财税物态文化相结合，在保障生活质量的前提下实现节能降耗。利用局域网、宣传画等载体进行广泛的节能宣传，定期更新宣传内容，印发节能简报专刊2期，引导干部职工树立节能降耗理念，提高节能自觉性，推动了节能降耗工作的开展。全线运行《公共机构能耗统计平台软件》，实时掌握局直属单位用能情况，依据能源消耗情况，尝试性下达降低5%的用电指标，节能降耗工作目标逐渐清晰。

六、落实服务举措，后勤供给得到保障

加强税服管理。调研首批税服夏装穿着舒适度，继续探索尝试改进面料定制试穿，完成了2010年新增和到期换发夏装3491套的采购与发放，并督促检查着装工作。

改善办公环境和条件。全年投入专项经费3787.31万元，服务干部职工和纳税人，其中：新建办税服务楼2000万元、维修办公楼（所）29处1787.31万元，资金的保障有效地优化了直属单位办公、生活环境。

落实公积金政策。按照我市统计部门规定的计算口径核定职工工资总额、确定缴存基数，严格执行住房公积金缴存基数和比例，顺利完成2010年住房公积金缴存额的调整，完成局机关“老职工”222人补充公积金额度调整与补缴工作。

落实购置地产车意见，对局直属单位购置和更换公务用车，做到了购车申请按计划、资金来源有批复、审定工作有依据，全年投入资金1140.08万元，批复直属单位购置公务用车45辆。逐步推行“四统一”，即：统一购车标准、统一调配使用、统一定点维修、统一纳入保险。与中国人保天津市和平、河西支公司签订了《车辆保险合同》，完成财税系统37个单位385辆机动车保险费的续保工作。

以人为本，做好卫生保健服务。在抓日常医疗保健工作的基础上，组织局机关、部分直属单位在职干部职工、离退休人员458人次健康体检，并组织局机关170人注射乙肝疫苗，对干部职工的身体健康和财税中心工作的正常进行起到了保障作用。严格执行计划生育政策，认真审核各项证明材料，年内为14名干部办理了生育手续。改进计生服务方式，评为市级计划生育先进单位。

七、加强队伍建设，干部综合素质得到提高

按照市局党组政治学习的安排，开展学习实践科学发展观活动，充分认识创优争先活动的重大意义。围绕创优争先主题，结合行政财务工作实际在系统内开展“立足岗位做贡献，

树立行政财务干部新形象”活动，深化整改落实、巩固和扩大学习实践活动成果。查找在思想观念、精神状态、工作作风、服务意识、工作能力等方面的差距，印发活动专刊2期，并提出行之有效的整改措施。大兴调查研究之风，形成《关于财政、地税系统财会工作现状暨进一步加强财会工作的调查报告》。落实例会制度，集体研究、集体决策，定期召开处务会、处长办公会、行政后勤工作联席会，明确工作重点、协调解决工作衔接配合问题，杜绝了推诿扯皮、责任不清的现象。落实党的会议制度，召开民主生活会，开展批评与自我批评，敢于思想交锋，促进工作的全面开展。骨干力量进一步充实，两名干部分别由主任科员提升为副调研员、科员提升为副主任科员；知识结构进一步优化，并从直属单位借调3名全日制本科毕业干部。组织直属单位60余人次参加税务总局行政财务工作业务培训，掌握相关技能，打牢业务理论基础，注重理论成果转换为工作动力，服务前瞻性显著增强，工作执行力、工作效率显著提高。

（撰稿人：周玉保）

纪检监察工作

2010年，天津市财政地税系统纪检监察工作，认真落实中央和市委、市政府的各项决策部署，深入贯彻中央纪委五次全会、国务院第三次廉政工作会议、市纪委八次全会以及财政部、国家税务总局有关会议精神，坚持标本兼治、综合治理、惩防并举、注重预防的方针，紧紧围绕财税工作实际，以改革创新精神推进财税部门内控机制建设，不断加大从源头治理腐败工作力度，进一步提高制度的执行力，各项工作取得了新的成效。

一、加强监督检查，进一步贯彻中央、市委重大决策部署

围绕中央、市委关于推动科学发展、和谐发展、率先发展的重大决策部署和加快经济发展方式转变、保持经济平稳较快发展的各项财政税收政策措施的贯彻执行，采取执法检查、执法监察和专项检查等方式，开展监督检查，确保完成全年财政地税工作任务目标。2010年初，按照全市“解难题、促转变、上水平”活动部署要求，紧紧围绕财税中心工作，强化对惠民资金和项目、“小金库”以及工程建设领域等项工作的监督检查。2010年6月，按照国家税务总局部署要求和市地税局纪检监察工作安排，制定下发了《关于开展2010年度税务执法监察工作的通知》，围绕税收征收、管理、稽查等工作，确立了61项执法监察工作内容，提出了45项监察整改建议，进一步规范了执法行为，强化了内部管理。

二、严格执行党风廉政建设责任制，进一步落实反腐倡廉各项工作

2010年3月，召开了财政地税系统2010年度党风廉政建设工作会议，传达中央纪委、市纪委、财政部和国家税务总局党风廉政建设会议精神，总结2009年工作，部署2010年任务。42个基层单位的“一把手”和34个机关处室的负责同志与局党组书记、局长杨福刚同志签订了《2010年党风廉政建设责任书》，各基层单位也逐级签订了责任书，在全系统形成了一级抓一级、层层抓落实的工作局面。2010年12月底，结合干部年度考核工作，组织开展对基层单位和机关部门处级领导干部和领导班子党风廉政建设责任制执行情况进行检查考核，并将检查考核情况反馈至各基层单位，提出整改意见和建议，保证考核工作的效果。

三、认真抓好廉洁自律工作，进一步规范领导干部从政行为

2010年4月，组织各级财税部门深入学习贯彻《中国共产党党员领导干部廉洁从政若干准则》，把《廉政准则》纳入各级领导班子理论学习中心组学习的重要内容。2010年6月，组织全系统近2000名科级以上党员干部进行了《廉政准则》学习考试，参加了专题辅导讲座、观看了《不可逾越》系列剧光盘，进一步加深对《廉政准则》要求内容的理解认识，切实把《廉政准则》的各项要求内化为行为规范和自觉行动。认真落实民主生活会、述职述廉、廉政谈话和领导干部报告个人有关事项、任期经济责任审计等项制度规定，全年对21名处级领导干部进行了经济责任审计，有力促进了领导干部正确履行职责。深入贯彻执行《党政领导干部选拔任用工作责任追究办法（试行）》等四个文件规定，纪检监察部门全年共参与了63名处级干部的选拔任用工作，对干部竞争上岗工作进行了全程监督，提出廉政意见回复函76份。

四、强化反腐倡廉教育，进一步筑牢拒腐防变思想道德防线

坚持把中国特色社会主义理论体系教育、党性党风党纪教育和岗位廉政教育纳入干部教育培训计划，同领导干部的培养、选拔、管理、使用结合起来。2010年年初，深入开展警示教育和廉政风险教育，结合财税系统近年来发生的违法违纪案件、党风廉政建设责任制考核以及任期经济责任审计情况，认真剖析当前财税工作中所面临的廉政风险，教育和引导领导干部正确看待手中的权力，筑牢"人人有风险、个个需防范"的思想意识。2010年全年，市局举办了7期科级干部培训班，474名科级领导干部参加，每期培训都有针对性地开展了党纪政纪和廉政知识教育。着力加强财税部门廉政文化建设，2010年3月，在全市财税系统广泛开展以"勤政廉政"为主题的书画作品征集活动，收集汇总了干部职工创作的176件作品，编印了《天津市财政地税系统勤政廉政书画作品集》，充分展现了财税系统廉政文化建设成果，营造了"以廉为荣、以贪为耻"的良好氛围。

五、深入开展内控机制建设，进一步推进反腐倡廉建设机制创新

2010年5月，按照市纪委反腐倡廉"百项"创新工作的部署要求，结合财税部门廉政风险环节，经市财政、地税局党组研究决定，把财政系统权力"梳理"和地税系统内控机制建设作为推进财税部门反腐倡廉创新工作的着力点。同年6月，在深入开展调研的基础上，组织研究制定并认真实施《天津市地税局关于开展内控机制建设的实施方案》、《天津市财政局关于开展权力梳理监督定位流程规范工作的实施方案》。同年12月，经过由下而上的风险点排查，局审核小组审核评估并广泛征求意见后，局党组研究确定地税内控机制风险点176个，规范并绘制流程图136张，提出防范措施329项。其中，地税业务类确定风险表象247个，划定Ⅰ级风险表象7个，Ⅱ级风险表象99个，Ⅲ级风险表象141个；综合管理类确定风险表象140个，划定Ⅰ级风险表象16个，Ⅱ级风险表象117个，Ⅲ级风险表象7个。市局机关处室和财口单位梳理权力事项529个、明确177个权力运行责任岗位，查找

529 个权力运行关键环节，规范并绘制 534 张权力运行流程图，提出了 529 项防范措施，初步建立了全局系统具有普遍适用性的风险点防范和权力运行规程，为进一步完善廉政制度建设打下了基础。

六、坚持纠建并举，进一步提高政风行风建设水平

2010 年 3 月，组织开展了以“加强政风行风建设、提升纳税服务水平”为主题的征文活动，组织广大财税干部围绕履行职责、公正执法、文明服务、廉洁高效等方面内容，讲述自己亲身经历过的服务案例和典型教训案例，进一步提高了服务意识和工作能力水平。同年 8 月，按照全市《关于开展创建“人民群众满意基层站所（服务窗口）”活动实施办法》的部署要求，围绕“开展学习教育、健全制度规定、严格依法行政、改进工作作风、加强纳税服务和解决突出问题”等六个方面内容，积极开展创建“人民群众满意基层站所（服务窗口）”活动。地税系统 100 个基层税务所参加了创建活动，初步推荐了 41 个税务所作为全市候选单位。同时，针对国家税务总局问卷调查反馈的问题，采取明查暗访、召开特邀监察员座谈会、发放征求意见函等方式，认真查找在服务意识、内部管理、窗口形象等方面的薄弱环节，及时抓好整改落实。

七、加大查处力度，进一步发挥查办案件治本作用

深入贯彻执行《中国共产党纪律处分条例》、《行政机关公务员处分条例》，严肃查办财税部门领导干部和重要岗位工作人员滥用职权、贪污贿赂、腐化堕落、失职渎职以及严重侵害群众利益案件，严厉惩处利用资金管理分配权、行政审批权、行政执法权、干部任免权谋取非法利益的行为，不断加大信访案件查办力度，进一步发挥了查办案件的治本功能。

八、积极推进财政源头治理工作，进一步落实惩防体系建设各项任务

2010 年 5 月，按照市委惩防腐败体系建设工作任务要求，市财政根据天津市党风廉政建设和反腐败工作任务分工的要求，及时将财政部门牵头负责和积极配合的 26 项工作任务分解到部门，落实到人。市局各职能处室按照工作职责，进一步深化部门预算改革，推进国库集中支付改革，加强“收支两条线”管理，完善政府采购管理，并积极配合市纪委、市监察局等有关部门，做好因公出国（境）管理、工程建设领域专项治理、党政机关和事业单位小金库专项治理“回头看”等项工作。

九、强化自身建设，进一步提升纪检监察干部队伍政治素质和业务水平

各级纪检监察部门结合“创先争优”活动，继续深入开展“做党的忠诚卫士，当群众的贴心人”主题实践活动，着力提高思想理论水平，端正工作作风，加强党性修养。2010 年年初，建立了纪检组长定期务虚制度，每季度召开会议，研究部署内控机制建设、政风行风建设和反腐倡廉教育等项工作，全面推动纪检监察各项任务的贯彻落实。同年 6 月，制定

下发了《关于进一步加强财税部门反腐倡廉建设理论调研工作的通知》，围绕纪检干部现状调查和岗位廉政教育等内容，形成调研报告 25 篇，为领导决策提供依据。同年 7 月，按照市纪委的有关要求，研究制定财税系统关于加强纪检监察干部队伍自身建设的措施，不断提高工作能力和综合素质。全年，共新任纪检组长 5 人，新任监察科长 7 人，交流轮岗纪检干部 21 人。组织纪检监察干部参加上级部门业务培训 16 人次，市财税系统业务培训 39 人次。

（撰稿人：刘　今）

工　会　工　作

2010年，市财政局工会在局党组的领导下，围绕市局的工作目标和任务，根据《2010年市局工会工作要点》的精神，结合全局工作任务和形势，积极履行工作职能和职责。贯彻党的十七大和十七届四中全会精神，继续深入贯彻落实科学发展观，积极开展多种形式的创先争优活动。坚持“党政所急，职工所需，工会所能”的工作方针，主动发挥工会组织和各类骨干力量的作用，积极开展思想教育和文化体育等活动，为营造财政地税系统文明、和谐、高效、有序的工作氛围，做出了应有的贡献。

积极参加培训教育活动，提高工会干部综合素质。为进一步贯彻落实胡锦涛总书记关于“要充分发挥工会‘大学校’作用”和市委六次、七次全会和全总十五届三次执委会精神，2010年3月至4月，组织两次由各基层单位工会主席及负责组织、经审、宣传、财务等工会干部参加由市总工会举办的“开创工会新时期工会工作新局面理论与实践经验交流研讨班”、“工会干部学习交流活动研讨班”。通过培训交流活动，工会干部认真学习了相关理论知识，提高了自身综合素质。

做好“书画作品征集评选活动”和“天津市职工艺术家评选活动”的相关工作。2009年度，国家税务总局举办了“全国税务系统书画作品征集评选活动”。在此次活动中，市财税系统共有23人参加此项活动，总共送交了32幅参赛作品。东丽区财政局石双樑获书法类“二级收藏奖”；河北区地税局金泽获绘画类“三级收藏奖”；北辰区地税局魏守营获绘画类“优秀作品奖”；宝坻区地税局李永明获书法类“优秀作品奖”；老干部处魏景明、河西区地税局金鑫、财经学校许凡获绘画类“入选作品奖”。工会购买了《全国税务系统书画作品征集评选优秀作品集》，发各位参赛人员。

在“第三届天津市职工艺术家评选活动”中，市局工会经过层层选拔，推荐了五人参加评选，并递交了个人作品和相关简历等资料。北辰区地税局魏守营、地税直属局幺军被授予“第三届天津市职工艺术家”的光荣称号。

为进一步发扬成绩，推动财税文化建设，市局工会在年初组织召开了有关获奖人员座谈会。会议通报总结了两项活动的成果，交流了创作体会并要求获奖人员要再接再厉，总结经验，创作出更多更好的书画作品，为我市财税系统的文化建设作出新的贡献。

组织推荐职工艺术家赴台湾访问工作。为促进两岸文化交流，市总工会组织了“天津市职工艺术家友好访问团”赴台湾访问，进行文化交流活动。市局职工艺术家夏景华、幺军二位同志参加了这次活动。

组织参加外部有关球类比赛活动。按照有关部门的工作要求，组织有关局、处级干部参加了由天津市总工会、天津市体育局、天津市和平区人民政府在和平区体育馆举办的“天津市第三届职工羽毛球比赛”活动；组织财税系统羽毛球代表队，参加了市级机关工会联合委员会组织的市级机关羽毛球比赛活动；组织有关处级干部，参加了市级机关工会联合委员会组织的市级机关“处级干部网乒羽大赛”活动。

组织了财政地税系统“庆五一”保龄球比赛活动。财政地税系统共有22个单位组成的25支代表队共140余人参加了比赛。各个代表队经过一天的激烈角逐，共决出团体赛前六名、男子个人赛和女子个人赛前六名的单位和选手。

组织了“天津市财政地税系统第六届‘财税杯’乒乓球比赛”。在各级领导和全体参赛队员以及有关方面的支持、配合和努力下，此次比赛历时半个月，通过五个赛区的预赛，选出各项的决赛选手于6月底在天津市红星中等专业学校体育馆进行了决赛。财政地税系统共有32个单位组成的24支代表队及男、女单打个人赛选手共180余人参加了比赛。通过这次比赛，充分展示了市财政地税系统各单位积极向上的参与意识和进取精神。经过历时两天的激烈角逐，南开区地税局男队、河东区地税局女队分别获得男子团体和女子团体第一名；河东区财政局黄健明、高新区地税局周新玲，分别夺得男子和女子单打冠军；南开区地税局崔继胜、市局机关史增新分别获处级干部男子和女子单打冠军。

各赛区阶段的承办单位和决赛阶段的承办单位精心组织，通力合作，圆满地完成了比赛任务。红桥区财政局、红桥区地税局、北辰区地税局、南开区地税局、武清区地税局、汉沽区地税局、第一稽查局等单位被授予“最佳组织单位奖”；北辰区财政局、南开区财政局、武清区地税局、汉沽区财政局、高新区地税局、高新区财政局、财经学校等单位被授予“优秀组织单位奖”。

组织了“天津市财政地税系统第三届‘财税杯’羽毛球比赛”。此次比赛，从方案设定到完成比赛任务，历时一个多月。在各级领导和全体参赛队员以及有关方面的支持、配合和努力下，通过五个赛区的预赛，选出各项决赛选手在天津市新华路体育馆进行了决赛。五个赛区共有51个单位、510余人参加了比赛活动。经过决赛阶段的激烈角逐，河东区地税局男队、河东区地税局女队分别获得男子团体和女子团体第一名；南开区地税局袁征、河东区地税局李沛纯分别夺得男子单打和女子单打冠军；科研所曹春生、市局机关史增新分别获处级干部男子和女子单打冠军。

和平区地税局、和平区财政局、西青区地税局、蓟县地税局、开发区地税局、财政征收局获得“最佳组织单位”奖；西青区财政局、蓟县财政局、开发区财政局、地税直属局、票据管理中心获得“优秀组织单位”奖。

抓好象棋队各项活动。坚持每月安排一天训练。2010年7月、11月，市局象棋队分别与武清区地税局象棋队及大港油田象棋队举行了象棋联谊邀请赛。在天津市职工第二十九届、第三十届万名棋手大赛活动中。市财政局由黑绍臣、杜彬、周圣宁、刘宝义、屈都、张占生、崔洪彬、王德生、王国栋、乔锦强10名同志组成的天津市财政局、地税局代表队参加了比赛，取得了“第二十九届万名棋手大赛团体第七名”，“第三十届万名棋手大赛团体第八名”的较好战绩。市财政局分别获得“天津市职工第二十九届、第三十届万名棋手大赛中国象棋优秀组织奖”。

组织参加廉政准则学习成果汇报会。撰写《争做廉洁自律的楷模》的演讲稿，积极筹划参演节目并认真进行排练。2010年10月，由市局纪检组长张庆江带队，南开地税夏景华，地税直属幺军及市局工会陆红莹代表天津市地税局代表队到无锡税务学校参加了由国家税务总局组织的“廉政准则成果汇报会”。夏景华、幺军表演了天津快板《钓鱼》；陆红莹展示了题为《争做廉洁自律的楷模》的演讲。

积极推荐先进典型，深入开展争先创优活动。围绕“职工素质工程”、“先进文化在基层”、“创建学习型组织、争做知识型职工”的主题，深入开展争先创优活动。河东区地税局、红桥区地税局被市总工会评为“天津市职工文化体育活动示范单位”，市总工会、市体育局领导为文化体育活动示范单位颁发了牌匾及荣誉证书，并赠送了文体活动器材。截至2010年底，我市财税系统共有四个单位（南开区地税局、和平区地税局、河东区地税局、红桥区地税局）被市总工会评为“天津市职工文化体育活动示范单位”。

在天津市总工会开展的“2008～2009年度天津市模范职工之家、模范职工小家”的创建评比活动中，南开区地方税务局被授予“2008～2009年度天津市模范职工之家”的荣誉称号；天津市河东区地方税务局稽查一所被授予“2008～2009年度天津市模范职工小家”的荣誉称号。

南开区地方税务局征收所被评为“2009年度天津市五一劳动奖状先进集体”。南开区地方税务局经过层层推荐审核，被中华全国总工会授予全国“模范职工之家”荣誉称号。市局工会在南开区地方税务局组织了“模范职工之家”授牌仪式。

在争创工人先锋号活动中，红桥区地税局管理一所被市总工会评为“工人先锋号”。市局工会陆红莹被评为全国工会系统“五五”普法先进个人。

召开系统第二届第十三次工会委员扩大会议。2010年11月10日，召开了天津市财政局地方税务局第二届工会委员会第十三次工会委员扩大会议，研究落实“加强推进财税文化建设调研课题”；讨论研究元旦期间市局工会、老干部处组织文艺小分队与离退休老干部联谊活动事宜；讨论研究第二届工会委员会改选换届事宜；讨论酝酿2011年工会重点工作。

举办市局机关离退休老干部“迎新年”联谊活动。2010年12月29日，市局工会和老干部处与离退休的100余名老同志欢聚一堂，举办“迎新年”联谊活动。一首激情演唱的歌曲《老前辈》拉开了联谊活动的序幕。由市局电声乐队伴奏，市局部分文艺骨干表演的独唱、男女对唱、天津快板、黄梅戏、二胡演奏等10余个文艺节目，赢得了阵阵掌声。离退休老同志也精心排练和演出了诗朗诵、器乐小合奏、口琴独奏、独唱、合唱、舞蹈等精彩节目，向人们展示了“老骥伏枥、志在千里”的精神状态和老有所学、老有所乐、老有所为的晚霞人生。市局纪检组长张庆江出席联谊活动并发表热情洋溢的新年致辞。部分市局机关处室的领导参加了联谊活动。

协同抓好机关伙食管理委员会的相关工作。组织召开天津市财政局（地方税务局）机关第二届伙食管理委员会2010年度第一次会议和市局机关第三届伙食管理委员会2010年度第一次会议。听取了机关服务中心对食堂膳食搭配、进货渠道、自来水净化处理、卫生管理等情况的工作设想和改进结果；调整了第三届伙食管理委员会的组成人员并进行了分工；对机关食堂健康膳食，延伸管理等方面提出了一些建议和设想，较好地发挥了机关伙食管理委员会的作用。

组织完成工会重点调研课题。按照津财办〔2010〕23号《关于开展2010年财税调研工作的通知》要求，市局工会组织召开了座谈会，多方搜集有关材料，明确具体任务和撰稿人员，组织人员开展专项课题调研、撰写调研报告。经过反复调研，几经修改，并经局领导审阅后，最终形成了9000多字的《新形势下加强财税文化建设的探讨》的调研报告。

深入基层，了解情况，做好相关工作。配合市总工会到南开区地税局开展模范职工之家参评调研活动；参加了“武清区地税局2010年工会工作会议”，对基层工会工作提出了指导性的意见和建议；参加了“大港区地方税务局第四届运动会”活动；配合市总工会“天津市职工文化体育活动示范单位”和“工人先锋号”推荐评比工作，到红桥区地税局进行调研活动；在“天津市财政地税系统第六届‘财税杯’乒乓球比赛”过程中，市局工会依次到武清体育馆、汉沽区体育馆、天津体育中心C馆、和平区新华路体育馆参加了乒乓球比赛预赛阶段第二、第三、第四、第五赛区的预赛活动；在天津市财政地税系统第三届“财税杯”羽毛球比赛预赛阶段，市局工会再次到五个赛区了解情况，做好相关工作；参加了财政检查局、财政征收局联合组办的忆童年趣味项目联谊活动。

做好机关工会相关工作。

配合系统保龄球比赛，组织了市局机关保龄球比赛选拔赛；配合系统乒乓球比赛，组织了市局机关乒乓球比赛选拔赛；为活跃市局机关文体生活，局机关后院羽毛球、篮球活动场地在市局领导的大力支持下修建完成后，市局工会为每个处室配备了羽毛球拍、羽毛球和篮球。

完成了音响乐器设备的采购调试工作。根据工作需要，在局领导的关心支持下，通过政府采购渠道，购置了价值20多万元的音响乐器设备，经多次调试，运行状况基本良好。在元旦期间的慰问老干部演出活动中发挥了作用。另外，对工会现有的器材设备、物资物品进行了清理归置。

协助做好全市纳税企业建立工会组织情况的调查事宜。根据市总工会组织部和综合工委的要求，经请示市局领导同意，协同征管处和财税信息中心，按要求向市总工会拷贝提供了“非公企业纳税名录”。

完成了市局机关大厅展版的换版工作。在2009年庆祝建国60周年图片展制作的基础上，在2010年“十一”前夕，采集、筛选新的内容，和有关处室一道完成了新版布展工作。

做好信息报道工作。2010年，市局工会共编发工会工作信息十五篇。“《脊梁》献给汶川人民的精神力量——记第三届天津市职工美术艺术家幺军”的记实报道，刊登在《天津工运》2010年第六期杂志上。

规范各项开支，提高工会财务管理水平。按照规定账户建账。财务记账凭证、账簿、报表按系统和机关分别填制、归类、装订、保管存档。针对经济责任审计提出的有关问题和不足，重新分别设计印制了系统、机关的记账凭证，规范相关工作。全面实现“账实、账证、账表”三相符并按照规定收缴、使用工会经费。编制了2009年系统、机关工会经费决算报告和2010年工会经费预算报告。积极配合市总工会做好基层工会调查工作。10月份，对27个直属单位发放、收回和录入了“基层工会调查表”等资料。

（撰稿人：陆红莹）

财政科研与学会工作

2010 年，天津市财政科学研究所全体干部职工全面贯彻落实十七大和市委九届八次全会精神，按照市财政局党组的工作部署，深入学习实践科学发展观，进一步解放思想、锐意进取，紧紧围绕中心工作，大力加强思想政治建设，积极开展科研、办刊、信息、学会等工作，充分发挥科研职能作用，圆满完成了各项工作任务。

一、科研工作

财政科学研究所按照市财政局党组的要求，遵循“为中心工作服务，为领导决策服务，为财税改革服务”的宗旨，围绕财税中心工作，认真进行科学研究。

（一）财政科研工作

主要完成的课题类型是：财政部科学研究所及中国财政学会部署的年度调研任务；受天津市财政局委托而承接的市委、市政府及相关政府部门的研究任务；配合天津市财政学会、国际税收研究会开展群众性调研活动而撰写调研报告；科委等部门立项，解决天津市经济社会现实问题的研究课题。

承接来自财政部科学研究所及中国财政学会 2010 年度地区协作课题《促进我国区域经济协调发展的财政政策研究》总报告的“政策建议”部分的研究任务。同时，就天津市的实际情况撰写了分报告《促进天津区域经济协调发展的财政政策研究》。该课题总报告“政策建议”部分针对课题组成员省市所属区域的特点，从我国区域经济协调发展全局出发，根据十七届五中全会会议精神，从财政视角提出了具有本课题组特点的政策建议，为领导决策提供参考。该课题分报告则在考察天津各区域间财政经济发展水平现状的基础上，针对滨海新区、中心城区以及各区县各自功能定位和发展特点，提出了符合天津三个层面联动发展要求的财政政策建议，为今后天津各区域间经济的协调发展提供财政理论基础。

2010 年，天津市财政科学研究所还组织召开了 2010 年度中国财政学会地区协作课题《促进我国区域经济协调发展的财政政策研究》总报告研讨会。认真落实各项会议准备工作，确保会议交流取得预期成果。受天津市财政局委托而承接的天津市委研究室年度招标调研课题《关于“十二五”时期天津市财政发展思路和政策建议的研究》。该课题是市委研究室年度重点课题，通过对天津市“十一五”时期财税经济运行状况进行总结，深入剖析“十二五”时期经济发展环境，系统提出了实现高起点、高增长的对策手段，为决策部门提供了有价值的参考资料。配合天津市河西区政府编制“十二五”规划的安排，受河西区财政局委托，完成了调研课题《加强财源建设 促进河西区财力实现可持续增长》的调研工作。该课题系统总结了河西区财力发展状况，对河西区在全市经济发展中的地位给予了客观评价与分析，并就该区实现财政可持续增长提出了系统建议。承接天津市国土资源局专项调研课题《天津市浅层地热能资源开发利用相关政策研究》。该课题是国土资源部在天津市进行浅层地热能示范城市建设，与天津市政府达成的五项重点工作之一。该研究报告系统分析了浅层地热能在天津地区开发利用的可行性及对实现低碳经济发展模式的现实意义。本着有利于促进行业发展的目标，结合天津市财政可承受能力，建设性地提出了补助标准。并在此基础上，代天津市国土资源局草拟了文件《关于天津市浅层地热能开发管理工作的意见》。该文件梳理了天津市参与浅层地热能开发的管理部门，明确了各部门的职能定位，有助于推动浅层地热能开发利用工作取得实质性进展。参与天津市哲学社会科学“十一五”规划重点项目的研究，完成了《2010—2011 年天津市财政形势分析与预测》的研究报告。该文作为《2011 经济社会蓝皮书——天津市经济社会形势分析与预测》部门篇之一发表。结合天津市财政经济现实问题，完成了《关于财税支持天津市加快经济发展方式转变的思考》专项研究报告。对财税工作者了解当前热点财税问题，认清财税发展形势提供了有益的启示。

（二）税收科研工作

完成国家税务总局科学研究所协作课题《我国汽车产业发展与经济、税收关联度研究》，并参加了该课题组的研讨。该课题紧密结合天津的具体情况，运用投入产出分析方法，通过计算交通运输设备制造业直接、间接消耗系数以及影响力系数和感应度系数，以及该行业在国民经济中的规模，定量分析了该行业的经济关联度，得出交通运输设备制造业是强辐射、强制约、应重点发展的产业的结论。分析了天津市汽车制造业税收变化特征及规律，得出了天津市汽车业税收占税收收入的比重逐渐上升，汽车产业增加值对税收的贡献率逐年增长，汽车制造业是天津市重要支柱税源的结论。最后提出了发展汽车业的财税政策建议。

完成了中国国际税收研究会课题《现代服务业税收政策的国际借鉴研究》。该文在广西南宁市召开的中国国际税收研究会课题研讨会上作了交流，并编入了该课题组的论文集。同时，该论文经过修改后，以《借鉴国际经验 发展天津现代服务业》为题出刊了《财税调研报告》。

完成了课题《天津市地方财政收入占 GDP 比重问题研究》的初稿。该课题通过天津市与京沪、广州、深圳、杭州和苏州有关数据的对比，提出提高天津市地方财政收入占 GDP 比重的政策建议。完成了《“十一五”税收科研工作总结和关于“十二五”税收科研工作思路》的会议发言稿。对天津市“十一五”税收科研工作进行全面客观的总结，提出“十二五”进一步深化科研工作的思路。完成《“十一五”期间地方税收入结构分析》的初稿。该课题旨在通过对“十一五”期间天津市与其他主要城市地方税收收入结构的对比，提出提高天津市地方税收收入的对策和政策建议。完成刘健局长安排的关于“提高税收征收率问题的研究”的研究方案。开展提高税收征收率问题的研究，旨在对天津市“十一五”期间税收工作做出客观、准确评价的基础上，立足于对税收管理现状的深入剖析，总结经验，发现问题，分析成因，理清工作思路，提出改进措施，实现地方税收科学化和精细化管理，建立起符合天津市经济社会发展实际的地方税收征管新模式。

在课题研究过程中，天津市财政科学研究所科研人员结合深入学习实践科学发展观活动，多渠道、多层次、有针对性地搞好调研。完成的调研课题注重理论与实际相结合，对每一个问题力求做到从多个层面进行分析比较，有情况有问题、有分析有对策，对于做好天津市财税实际工作具有一定的应用性和可操作性，部分研究成果得到了市财政局领导的充分肯定。

二、刊物的编辑和出版工作

认真做好《天津经济》杂志编审工作。2010 年按时准期完成了《天津经济》1～12 期财税栏目的编审工作。全年共组稿编审 101 篇，刊发的稿件 90 余篇，共计 30 万字。出刊《财税法规专刊》12 期，共搜集、编校财税法规 130 多部，共计 24 万余字。

在编审工作中，编辑部门以强化服务意识为基础，把服务财税中心工作，服务纳税人，服务各级领导决策作为工作的出发点和工作目标，及时反映天津市财税工作的实际问题，宣传报导财税工作动态、进展和成效。2010 年围绕天津市财政局中心工作有针对性的组稿、约稿，针对当前稿源缺乏的现状，积极与业务处室联系，组织了多篇税收管理方面的论文，针对广大企业财务工作者关心的问题组织编辑了很多工作在财税第一线作者的文章。同时为了扩大稿源，编辑部门采取了多项措施：建立通讯员队伍，搭建了与市财政局业务处室和区县财政地税局的沟通平台；在《天津经济》目录页面加入编辑部门电话和新开设来稿邮箱。此外，为了配合刊物整体上水平，对稿件认真编审，进一步规范了稿件的格式和内容，从内容摘要到参考文献每一部分认真审校。针对财会类稿件专业性强的特点，专门请业务部门把关。在稿件安排上，注重时效性和栏目的针对性。充分体现刊物的学术性、政策性、实用性和知识性。

完成 2010 年度《天津财政年鉴》编审工作。2010 卷的《天津财政年鉴》包括七部分：重要财经文献、重要财税文件、财税工作概况、区县财政、财税机构人员、财税大事记、财经统计资料。一、二、三审共编审稿件 99 篇，大事记 10 万余字，统计资料计 43 张表格。2010 年编辑的年鉴突出几个特点：定计划早，年初开始拟定和下发文件，让各单位早做准备。工作细化，每月制定工作计划，并通报上一阶段工作进度，做到有条不紊。分工明确，每个编辑人员有分工合作，职责明确，编审工作质量得到保证。

保质保量，做好《天津通志—财税志》的编写工作。财税志所涉及的信息点繁杂，工作量较大，为确保顺利完成编写任务，编辑部门按照资政存史、鉴往知来的要求，及时拟定编写方案、确定人员分工，与市财政局各处室和相关单位密切联系，积极搜集资料，咨询有关业务问题，进行加工整理，认真编写。

做好《天津市财税政务网》的建设与维护工作。每天更新、添加和修改财税政务网网页上有关内容，更新网上办公等栏目内容，如申报纳税、公务员招录、个人所得税、更换图片等；在各大官方网站搜集财经信息、财税改革动态信息，每天的信息量不少于 10 条，并及时发布到政务网上；及时发布由市财政局传来的政策法规、财税公告、软件下载；按时更新国家税务总局网站天津频道的信息内容，并维护管理频道栏目内容；每天进行日常的网站维护管理，包括一些栏目内容发布的测试，外网的更新是否能同步等一些日常维护工作。此外对所内人员使用的计算机进行网络安全维护及软硬件的调试维修。另外，还对感染病毒的计算机和移动存储设备进行查杀，保证了工作人员使用的计算机的正常安全运行。

三、信息工作

2010年，按时保质出刊《财税快讯》和《财税调研专报》。其中《财税快讯》24期，共计168篇信息；《财税调研专报》4期，编辑文字20余万字。2010年，编辑部门在编写《财税快讯》时，更加注重遴选与天津市财政局正在开展的业务工作具有横向比较性的内容，比如：《地方政府债务收支纳入预算管理》、《海南建设国际旅游岛，获中央多项政策支持》、《广州实现全天24小时办税》、《深圳地税试办全职能窗口》、《重庆试点开征特别房产消费税》、《广东百亿财政资金支持战略性新兴产业》、《浙江“地税发票查询手机平台”正式开通》、《上海调整住宅开发项目土地增值税预征办法》等。编辑部门还注意对相关信息进行积累汇总，动手编写财税工作者普遍关注的热点话题，比如《全国经济强市2009年主要经济指标汇总》、《2009年全国各地GDP数据一览》等。通过在选题上的改变，《财税快讯》引起了有关领导和相关部门的普遍关注，得到了市财政局领导的表扬。

四、学会工作

落实2010年度财税系统群众性研讨课题计划。组织开展群众性调研是学会工作的首要任务。2010年注重发挥学会在财税科研和政策调研工作中的组织、协调、指导作用，做到工作有计划、有落实。年初，天津市财政学会围绕财税工作中的“热点”、“难点”问题制定调研工作计划，列出调研重点和分组情况。与市财政局有关业务处室协商安排、落实2010年度财税系统群众性研讨课题计划。2010年共完成七个群众性调研课题，分别是《关于天津市环境保护领域有效利用政府外债资金改善民生的思考》、《发挥政府采购职能　支持中小企业发展》、《关于进一步完善天津市财政出资担保体系建设的研究》、《关于代理业营业税政策调研》、《加强税收征管数据监测分析　推进信息管税》、《税收审计检查方法初探》、《天津市房地产经济税源形势研究》。召开各种形式研讨会十几次，提交论文、调研报告50余篇。通过研讨，各课题组交流了课题研究成果，天津市财政局相关业务处从财税业务和论文写作方面对课题的成果进行了严格把关，对提高课题单位的调研水平和论文撰写水平起到了一定作用。

财政投资管理

2010年，天津市财政投资管理中心（下称投资中心）和天津市国有资产经营有限责任公司（下称国资公司）在市财政局党组的正确领导下，积极应对国际金融危机严重影响和国内外环境深刻变化，认真贯彻市财政地税工作会议精神，切实落实“调结构、促转变、增实力、上水平”的总体要求，以深化投资管理为主线，以创建学习型组织为抓手，以强化内控管理为重点，紧紧围绕滨海新区开发开放和金融创新，抢抓机遇、开拓创新、锐意进取、攻坚克难，有力推进了财政投资管理和国有资产经营各项工作的全面发展，圆满完成了全年任务，各项工作取得了新进展，投资收益实现了新跨越。

一、优化资产投资结构，加大对金融相关领域的投资

2010年，投资中心和国资公司紧紧围绕我市经济发展规划和自身发展战略，继续优化投资结构，积极发挥财政投资的引导和带动作用，加大对金融相关领域的投资。在资源整合方面，一是消化部分投资收益差的不良资产，如投资中心将在天津和融资产管理有限公司投资的5000万元，转让给天津国际投资有限公司；二是增加部分投资收益稳定的优质资产，如投资中心投资2000万元，与上海鹏欣地产（集团）有限公司、天津市安居工程办公室合作开发了天津市新文化中心酒店及商业公建项目。在投资范围继续向银行、证券等金融领域延伸方面，一是对已经持有的，且具有良好发展前景、投资收益稳定的银行类上市公司继续增加投入，如对交通银行出资5431万元，完成其1207万股股权的配股工作；二是为拓展在金融证券领域投资，投资中心帮助作为渤海证券股份有限公司控股股东的天津市泰达国际控股（集团）股份有限公司（下称泰达国际）在2010年内前达到证监会“一参一控”规范要求，出资525万元受让了天津国际投资有限公司（该公司也被泰达国际控股）持有的申银万国证券股份有限公司的81万股股权。投资中心受让申银万国股权，有力地支持了渤海证券股份有限公司的规范、持续发展，为促进我市在全国金融领域的整体实力发挥了积极作用。

二、积极回笼资金，资产质量明显改观

资产流动性和资金回收率是评价资产质量的重要标志。为进一步盘活存量资产，科学调配资金，投资中心和国资公司加强资产、资金管理，积极沟通，多方协调，在盘活资产、回

笼资金、调整结构上下功夫，取得了明显成效。一是在市政府、市局领导的大力支持下，国资公司完成了大港4000亩土地的转让工作，回笼资金28000万元；二是按照市政府关于解决峰汇广场资金问题的有关会议精神，将购置、装修后作为天津金融资产交易所、天津矿业权交易所等金融部门使用的峰汇广场房产转让给天津新金融投资有限公司，收回占用资金36950万元，用于归还有关借款，减轻了债务压力。三是继续做好西康路2号、赛顿中心、山东路114号等多处房产的出租和管理工作，全年收回租金合计612万元。投资中心科学决策、周到服务，为盘活资产、回笼资金、提高资产质量提供了有力保证。

三、筑牢资金链条，维护较高信用等级

受土地交易市场低靡、资金回笼较慢等因素影响，2010年初，国资公司出现了预期难以归还国家开发银行（天津市分行）借款的迹象。为了维护借款信誉，国资公司及时向市财政局、国土局领导汇报有关情况，并主动与借款银行沟通，积极寻找新的融资渠道，在取得土地收购中心理解支持和多方共同努力下，国资公司按时归还了国家开发银行借款37000万元，支付借款利息6175万元；土地收购中心归还各家银行借款130000万元，支付借款利息8600万元。此外，投资中心按期银行借款28000万元，支付利息1606万元；归还市财政借款3000万元，支付利息1536万元。上下齐动、多方联动筑牢了资金运转的链条，进一步维护了投资中心和国资公司在天津银行业的良好信誉，并保持了较高的信用等级。

四、注重监督时效性和监管有效性，做好融资担保工作

监督的时效性和监管的有效性是控制担保风险的基本途径。为支持我市重点工程项目和重点企业的可持续发展，加快滨海新区开发开放，投资中心和国资公司分别承担了天津钢铁有限公司、天津天纺投资控股有限公司、天津市结构调整土地收购中心、天津市旅游（控股）集团有限公司等单位的融资担保工作。为了有效控制担保风险，投资中心不断完善有关对外担保的制度规定和日常管理办法，强化监督、加强管理，认真按照还款计划和季度结息的规定，定期与被担保单位和借款银行沟通情况，督促企业及时筹措资金按时还本付息，随时关注担保风险。对不能按期还款或结息的情况，及时向领导汇报，对未能到期还贷的企业，协助银行做好展期工作。监督时效性和实施有效监管是使财政担保风险控制在最低范围内的坚强保障。2010年初，投资中心和国资公司为支持我市重点工程项目融资提供的信用担保余额318494万元，当年解除181260万元，新增担保91000万元，2010年末，担保余额228234万元。

五、完成资金监管任务，促进贷款项目重组

截至2010年底，投资中心负责担保和资金监管的天津市建设投资公司850000万元建设银行大额贷款项目资金支出总量超过2020000万元，完成了市领导提出的“拆迁资金周转两圈”工作目标，取得了良好的社会效益和经济效益。为了保证按期还款，有效防范财政担保风险，投资中心定期与市建设投资公司和市建设银行沟通情况，防微杜渐，多次化解了潜

在的担保风险，确保了850000万元贷款资金的合理使用和正常运转。按照规定，该项850000万元贷款将于2011年3月陆续到期，届时投资中心历时8年的资金监管工作也将划上一个完满的句号。根据市领导对850000万元建行大额贷款项目进行重组的指示精神，投资中心将随时关注贷款重组的有关情况，积极协调各方尽快落实重组方案。

六、推进破产核销、债权追索，发挥维护稳定作用

为巩固多年来在开展世行贷款处置、支持我市企业重组，处置并化解风险券商债务风险，维护社会稳定方面所取得的丰硕成果，2010年，国资公司积极主张权益，继续努力推进破产核销和债权追索工作。一是按照市政府对市国资委、市财政局《关于天津市塑料集团债务重组过程及相关问题的汇报》（津国资企改〔2005〕88号）及市局领导《关于市塑料集团有限公司重组破产过程中涉及世行贷款债权处理的请示》的批示意见，依据天津市第二中级人民法院下达的民事裁定书和国资委、人力资源和社会保障局、财政局《关于同意天津市第七塑料制品厂整体分流安置职工方案的批复》精神，市塑料集团有限公司终结破产程序和天津市第七塑料制品厂依法退出市场工作均已完成。在获得市财政局外经处审核批准后，国资公司及时完成了承接塑料集团等三户企业世行贷款及滞纳金57091.8万元的核销工作。二是继续做好风险券商破产债权追索工作。2010年已进入破产程序的南方证券、华夏证券、亚洲证券、德恒证券和天同证券等五家风险券商中有3家券商向债权人进行了初次破产资产分配或再次破产资产分配，按照有关规定和程序，国资公司及时收回债权合计738万元，逐步减少了地方政府垫付资金损失。

七、科学化精细化管理，实现投资收益跨越式增长

2010年，投资中心和国资公司进一步提升科学化精细化管理水平，实现投资收益跨越式增长。一是内部制度不断完善。加强资金管理，不断改进财务核算办法，严格执行《日常支出审批制度》和年度经费预算，做好日常监督、控制工作；加强投资管理，强化前期论证和可行性研究，投资回报率明显提高；加强资产管理，不断优化资产结构，实现国有资产保值增值。二是管理水平不断提升。科学筹划、合理安排资金，争取利率优惠，降低财务成本，同时利用间歇资金购买风险低、收益高的理财产品，经济效益有了明显的提高；经常关注被投资企业经营动态，认真履行股东、董事、监事职责；找准切入点，积极参与被投资企业的重大经营决策，合理规避投资风险，维护财政投资的合法权益。一年来，通过合理的资源配置、优良的股权结构和科学化精细化管理为投资收益高速增长创造了条件，2010年投资中心共取得投资收益17084万元，比2009年同期的5204万元增加11880万元，增长228%。

（撰稿人：栾廷吉）

财政投资评审

一、认真履行财政职能，努力完成各项评审工作

2010 年，天津市财政投资评审中心（以下简称中心），共完成评审项目 373 项，总评审金额 112. 92 亿元，其中：1. 工程项目评审 369 项，评审金额 66. 20 亿元，审减金额 4. 24 亿元，审减率为 6. 40%，与 2009 年同期相比，评审项目增加了 120 项，评审金额增长了 43. 07%，审减金额同比增长 19. 44%。2. 完成专项核查 4 项，核查金额 46. 72 亿元。

（一）充分发挥职能作用，全面完成工作任务

为充分发挥财政投资评审作用，围绕财政中心工作，积极为市局各业务处室服务，提供准确、合理的工程造价，为上级和领导决策服务。

1. 完成基建处评审项目 95 项，评审金额 48. 07 亿元。其中标底审查项目 11 项，评审金额 5317. 43 万元，审减 641. 60 万元，审减率 12. 07%；预算项目 24 项，评审金额 5543. 23 万元，审减 856. 90 万元，审减率 15. 46%；结算项目 40 项，评审金额 4. 54 亿元，审减金额 0. 78 亿元，审减率 17. 18%；决算项目 19 项，评审金额 42. 46 亿元，审减金额 1. 40 亿元，审减率 3. 30%，较上年同期完成的评审项目 97 项，评审金额 7. 07 亿元相比，项目减少 2 项，评审金额增加了 41 亿元。

2. 完成其他业务处室项目 91 项，评审金额 10. 08 亿元，其中行政财务处委托项目 37 项，评审金额 2784. 53 万元，审减 213. 58 万元，审减率 7. 67%，完成项目包括天津市地税局登记局办公楼装修工程、天津市地税局直属局装修改造工程等；行政政法处委托项目 5 项，包括天津市教委办公楼改造装修工程、天津市文化局办公楼及 75 书库改造工程等，评审金额 816. 61 万元，审减 213. 28 万元，审减率 26. 12%；综合规划处委托 4 项，包括天津市海洋局渤海监视监测基地围海造陆项目等，评审金额 21735. 80 万元，审减 1734. 40 万元，审减率 7. 98%；社保处委托项目 8 项，包括天津市解放北路 167 号办公楼改造工程等，评审金额 1272. 23 万元，审减 467. 34 万元，审减率 36. 73%；农发办委托项目概算 36 项，包括土地整理和产业化项目两大类，主要有天津市武清区 1 万吨蔬菜保鲜库新建项目等，评审金额 47268. 99 万元；经建一处委托天津同生化工厂 40 万吨堆存铬渣无害化处理工程概算，评审金额 26919. 12 万元。

对其他业务处室的评审项目与上年同期完成 81 项、评审金额 12. 18 亿元相比，项目数

增加了 10 项，评审金额减少了 2.1 亿元。

3. 完成系统外单位委托预算、结算项目共计 184 项，评审金额 8.04 亿元，审减金额 0.86 亿元，审减率 10.73%。比上年同期 70 项，项目数上升 1.6 倍。

4. 受基建处委托，中心还对 63 个国有建设单位的 2009 年度决算报表进行了审查。

（二）做好专项核查，为财政预算管理服务

1. 2010 年中心共接受财政部委托核查任务 3 项，分别是天津市既有居住建筑供热计量及节能改造项目专项核查、陕西省 2007 ~ 2010 年度系统节能改造项目节能量审核、贵州省城镇污水处理设施配套管网建设专项资金评估核查，累计核查金额 46.58 亿元。

2. 完成我市的专项核实项目 1 项，为天津市基层乡镇司法所建设项目，核查金额 1392 万元。

（三）克服困难，迎难而上，圆满完成各项评审任务

1. 2010 年承办的项目中对工业大学体育馆及游泳馆、师范大学体育馆、李港监狱扩建项目等标底复核，共计 13 项，涉及评审金额 3.48 亿元，为有效地控制工程造价提供了科学的依据；对市容环境整治资金使用情况核查及 6 个垃圾填埋场成本测算核实，为领导及时掌握项目工程进展和资金使用及项目投资效益情况提供了可靠的依据。

妇女儿童保健中心、妇女活动中心、政协俱乐部议事楼、药监局大港分局办公楼、建筑垃圾填埋场工程、迎宾馆 4 号 - 5 号楼，复康路以南一带道路、农村安全饮水项目等也是 2010 年工作中的重点项目，评审人员克服各种困难，历时半年，圆满地完成这些项目的评审。

2. 按照财政部和市财政局的要求，中心对我市土地交易中心、医大二附院及北京协和医院保健基地进行工程全过程跟踪评审，派出专门人员从项目开工开始，对报送的各类项目进行认真评审，至 2010 年底，土地交易市场、医大二附院项目已进入竣工财务决算审核阶段。中心对北京协和医院保健基地项目也通过阶段审核，项目的进展和资金使用情况及存在的问题以二次书面报告形式已上报财政部经建司，该项目也进入到了工程结算阶段。

3. 2010 年各项核查工作时间紧，任务重，尤其是对陕西节能量财政奖励资金的核查中，核查对象多为高污染、高耗能企业，工作环境艰苦。中心的核查小组，克服了出差周期长、水土不服、生活条件艰苦等困难，白天深入厂区现场实地核查各类设备改造使用情况，晚上汇总资料，赶写核查报告；中心领导通过邮件、通知等及时发布核查动态，严格核查纪律，坚持廉政教育，最终按时保质完成各项核查任务。

中心的工作对财政投资项目起到了把关的作用，为节约财政资金做出了贡献。

二、巩固科学发展观学习成果，不断加强班子自身建设，充分发挥战斗堡垒作用

按照市局党组的统一部署，中心领导班子以深入贯彻落实科学发展观、适应当前形势的发展作为加强自身建设的重点，紧密结合中国特色社会主义理论的学习，深入开展创先争优活动和学习型党组织创建活动，紧紧围绕财政中心工作，认真履行工作职能，较好地发挥了

领导班子的核心作用。

（一）在党组织和党员中深入开展创先争优活动

2010 年，按照市局《关于在党的基层组织和党员中深入开展创先争优活动的实施方案》的要求，结合中心实际情况，领导班子以深入学习实践科学发展观，打造新滨海、建设新天津、实现新跨越为主题，以创建先进党组织、争当优秀共产党员为内容，创新党组织活动方式，加强对党员的教育、管理、监督和服务，深入推进“强基创先”工程，增强党员队伍的生机活力，努力把党支部建设成为贯彻落实科学发展观的坚强堡垒。在活动中，组织党员认真学习市委和市局有关文件精神，召开党员大会和党小组会进行广泛动员，使班子成员和广大党员明确开展创先争优活动的总体要求，支部和党员进行了公开承诺，同时对党员和群众在评议中提出的意见建议，认真制定有针对性的整改措施，积极整改，加强党组织履行职责的自觉性和党员立足本职岗位争创一流业绩的积极性，掀起创先争优活动的高潮。

（二）加强理论学习，开展学习型党组织创建活动

随着经济形势的不断发展，领导班子认识到在新的形势下，要完成好财政投资评审工作，必须加强政治理论学习，本着学以致用、务求实效的原则，在加强中心组理论学习的基础上，开展学习型党组织创建活动，着重在三个方面下工夫，一是在推动中心的工作上下功夫；二是在推动中心党的建设上下功夫；三是在提高党员干部思想政治素养和实践能力上下功夫。努力营造和形成重视学习、崇尚学习、坚持学习的浓厚氛围，使党员的学习能力、知识素养、工作本领不断提升，使党组织的创造力、凝聚力、战斗力不断增强。中心组学习中，班子成员经常就日常工作中遇到的难题相互探讨和沟通，提出自己的看法和意见，将各类意见和建议归纳整理，并对好的意见和建议及时落实和采纳。通过学习，大家一致认为，财政投资评审工作是财政职能的重要组成部分，是一项符合科学发展观要求的事业，作为中心工作人员应该更好地学习科学发展观，应对不断变化的经济形势，规范基本建设财务管理，为加强财政部门精细化管理服务，使财政资金价值最大化作为财政投资评审工作的最终目标。

（三）不断完善制约机制，加强廉政建设及作风建设

面对不断发展变化的新形势，中心领导班子自觉加强党性锻炼，努力改进工作作风。2010 年认真开展了权力梳理监督定位流程规范工作，加强对权力运行的监督和制约，建立覆盖权力运行全过程的监控机制，实现财政投资评审工作的依法、科学、规范、公开、透明、高效运行。

不断完善监督制约机制，把党风廉政建设工作摆上重要议事日程。按照党风廉政建设责任制要求，建立完善了各项廉政制度和监督机制，层层签订廉政责任书，进一步完善了内部监督管理体制，制定了若干廉政措施。在项目评审工作中，严格程序，相互制约、相互监督，并实行回避制度。特别是在完成财政部委托的核查工作中，中心领导都会针对当地实际情况，通过网上通知等各种渠道，对核查人员在廉政方面提出严格要求，保证核查任务的完成。同志们在日常工作中也树立了廉政自我约束意识，形成了共同抵制不正之风的良好风气。

（四）严格执行党的民主集中制，维护领导班子团结

中心领导班子始终坚持决策的民主化和科学化，坚持集体领导与个人分工负责相结合，重要的事情要集体研究决定。对有些拿不准、需要深入研究的问题，根据“集体领导、民主集中、个别酝酿、会议决定”的要求，做到提前打招呼，充分沟通，支部会或主任办公会集体讨论决定，再根据集体决定和个人分工，认真抓好落实。2010 年 8 月，领导班子召开了以“贯彻落实《党员领导干部廉洁从政若干准则》切实加强领导干部作风建设”为主题的民主生活会。班子成员按照要求认真总结了《党员领导干部廉洁从政若干准则》和四项监督制度的学习情况，查摆了自身在学习中找出的缺点和不足，并剖析原因，进行了深刻的批评和自我批评，使党员领导干部充分认识到切实加强党性修养和作风建设的重要性，提高廉洁自律和自觉接受监督意识的紧迫性。通过执行党的民主集中制，维护了领导班子的团结，形成了干事创业的整体合力，为完成投资评审工作打下坚实的思想基础。

（五）加强思想政治工作，不断提高政治素质，进一步增强中心的凝聚力和战斗力

1. 加大对入党积极分子的培养，壮大党组织力量。领导班子认真落实市局党办工作要点，继续做好入党申请人的培养教育工作，中心党支部按照“坚持标准、保证质量、改善结构、慎重发展”的方针，有计划地做好组织发展工作。对入党申请人在工作中交任务、压担子，及时给予政治上和工作上的关心和帮助，提出更高要求，使其尽快进步和成长。今年有 1 名预备党员按期转正。

2. 开展丰富多彩的文体活动。党支部积极支持团支部及工会的工作，组织开展了庆“三八”游艺活动、参观世博会、组织慰问困难学童等各类文化活动，营造出了中心浓厚的文化气息和氛围。组织大家参加各项体育锻炼，定期组织体育健身活动，坚持工间操，既锻炼了身体，又提高了个人综合素质，在年市局工会举办的羽毛球比赛中，中心取得了赛区第三名的好成绩。此外，中心领导班子还关心每一位干部的生活，对有困难的同志，及时帮助解决，定期开展谈心活动，及时了解大家的思想状况。通过这些活动的开展，使大家更加热爱投资评审这个集体，更加团结，增加了工作干劲，增强了凝聚力和战斗力。

三、加大业务培训力度，提高工作能力

1. 积极参加市局举办的各项学习培训。市局举办了各类培训班，如科所长培训班、中青年干部培训班等，中心都积极处理好工学矛盾，选派人员参加培训，使干部的各项能力和素质不断提高。

2. 财政投资评审工作是一项专业性非常强的工作，为适应工作的需要，中心采取各种形式进行业务培训，组织了“鲁班算量软件”、“2008 定额”、专项核查等业务培训，聘请了软件工程师和定额站的专家为中心评审人员做系统讲解，进一步提高了评审人员的业务水平。此外，中心还积极支持有专业技术职称的同志参加后续教育，提高他们的业务能力，支持专业技术人员参加财政部以及评审系统组织的各项业务交流和业务培训，一年来同志们的业务水平、敬业精神和个人素质有了显著的提高。

四、加强制度建设，完善制度体系

中心的发展离不开制度的建设，2010 年新领导班子组建后，立即将制度建设摆上议事日程，针对目前现有制度存在的一些问题组建了制度修订领导小组，负责对现有制度进行修订，目前已完成了日常管理、评审业务、会议、综合、党务等五大类 27 项制度的修订，新制度将从 2011 年起执行。

（撰稿人：生 玲）

财政信用担保工作

市财政局所属的中小企业信用担保基金管理中心（以下简称担保中心），在市财政局党组的领导下，以不断扩大财政信用担保规模，促进中小企业发展，解决失业下岗职工创业再就业为原则，实行科学化管理，依照国家产业政策和法律对具备一定条件的个体、民营及科技型中小企业提供流动资金融资担保，并为符合贷款条件的下岗失业人员申请小额贷款提供担保。

一、发挥财政信用担保职能，解决中小企业融资困难

2010 年，市担保中心为中小企业累计实现贷款担保 22.2 亿元；当年担保余额为 5.47 亿元，比上年同期增加 2 亿元，增长 59%；实现担保费收入 536 万元，担保费率由原来的 1.8/年降为 0.96/年后，担保中心全年担保费收入同口径相比下降约 450 万元，减轻企业负担，更好地支持了企业的发展；自中心成立至今，累计为 607 户企业提供了贷款担保；全年担保贷款企业 102 户，新增担保企业 30 户，比上年增长约 59%。

（一）支持科技“小巨人”计划，力促企业发展壮大

2010 年以来，为贯彻落实市政府印发的《天津市科技小巨人成长计划》和市财政工作会议提出的助力科技型中小企业快速发展，使之尽快形成科技型中小企业“铺天盖地”、科技“小巨人”企业“顶天立地”的发展格局的战略思路，财政担保中心对列入市重点项目的科技“小巨人”企业进行大力扶持。2010 年共计为天津市正本电气有限公司等 7 家科技型中小企业提供贷款担保 7900 万元。

（二）逐步建立二级财政担保体系，使受益企业覆盖全市

加强与区级财政担保机构的协作，发挥区级财政担保机构在区域经济发展中的优势地位，对市级重点大项目，给予分保或直接担保。2010 年与津南区、红桥区、河北区、东丽区等财政担保公司合作，共为 12 家市重点工业项目企业提供担保，担保金额 11320 万元。

（三）拓宽担保合作渠道，实现多元化合作

担保中心一直积极拓宽担保合作渠道和合作方式，2010 年新增了多家合作机构，并上调了保证金担保额度。

1. 2010 年在已有合作银行（天津银行、浦发银行、光大银行等）的基础上，又与天津市农村商业银行、天津渤海女子小额贷款股份有限公司签定了合作协议。

2. 与鑫茂集团华正投资担保有限公司签定了合作协议，协议签定后新增担保金额 780 万元。

3. 在良好的信誉和较低赔付率的基础上，与天津银行、浦发银行的保证金担保额度均由 5 倍扩大到 8 倍。

4. 与天津中邮物流有限责任公司国际货贷分公司合作，对用库存商品作为反担保条件的企业进行监管，加强了监管力度，丰富了担保中心的反担保措施。2010 年与担保中心签定 1 户 750 万元的监管协议。

（四）申报国家补助基金及担保行业《经营许可证》

按照工业和信息化部、财政部《关于做好 2010 年中小企业发展专项资金项目申报工作的通知》等文件要求，申报并获得融资担保专项资金 1227 万元，作为补充国家资本金和弥补代偿损失；按照《融资性担保公司管理暂行办法》的要求，积极申报《融资性担保机构经营许可证》。

（五）深入研究、推动融资担保体系建设

贯彻落实市委、市政府有关完善我市融资担保体系的指示精神，担保中心协同市局金融处、财政科学研究所等相关处室及有关区县财政部门，就《关于进一步完善我市财政出资担保体系建设的研究》课题进行研讨，推动我市融资担保体系建设。

（六）完善各项制度建设，加强风险防控

担保中心注重控制担保风险，严格执行财政部《中小企业融资担保机构风险管理暂行办法》，完善保前项目受理、项目评审、风险控制、坚持民主决策集体审核制度，以及保后监管和代偿后追偿的担保贷款工作程序，对部分在保企业补充完善抵押担保措施。

二、下岗失业人员小额担保贷款工作稳步推进

2010 年，担保中心认真履行工作职能，发挥担保机构作用，密切与各级劳动保障部门、贷款银行的协作，在调整中完善，小额担保贷款工作得到扎实推进。

截至 2010 年末，累计发放小额担保贷款 37258 万元，贷款人数 14921 人（户），贷款余额 6163.9 万元；其中 2010 年新增贷款 5534 万元，新增贷款人数 1157 人（户）。累计向 75 户借款人提供小额循环贷款担保 417 万元。对逾期欠款累计实施代位清偿 7870.15 万元，其中本金 7225.80 万元，代位清偿利息 644.35 万元，涉及 5176 人（户）；2010 年新增代位清偿 555.84 万元，涉及 401 人（户）。累计回收逾期欠款 2275.08 万元，回收额占代位清偿额的 28.91%。担保中心按照年末担保责任余额的 1% 提取担保费收入，2010 年应取得担保费收入 62 万元。

（一）小额担保贷款实施实行属地化管理

2010 年初，市财政局、市人力资源和社会保障局、人民银行天津分行联合下发了《关

于实施下岗失业人员小额担保贷款区县管理的通知》，要求各区（县）建立下岗失业人员小额担保贷款基金并制定《小额担保贷款管理实施方案》，对小额贷款管理以借款人户籍所在地为划分，实行属地化管理，并逐步建立小额贷款核销机制和基金补充机制。截至2010年底，已批复蓟县、南开区、武清区、西青区、红桥区等5区（县）的实施方案。

（二）继续做好循环贷款审批工作

认真贯彻落实我市小额担保循环贷款政策，积极为下岗失业人员自主创业、自我发展过程的资金需求提供贷款担保。2010年新增循环贷款人数37人（户），担保贷款金额229万元。其中为13名借款人提供了额度5万~10万元不等的二次循环贷款，有效解决了他们的融资困难。

（三）启动新的贴息资金拨付方式

从2010年一季度开始，配合社保处改变延用多年的贴息资金审核拨付流程。担保中心负责将贷款银行申请的贴息资金审核汇总后上报市局，由国库部门将贴息资金直接拨付至贷款银行，规范了财政贴息资金的拨付和使用。

（四）重启房产抵押反担保方式

积极与有关部门协商，规范并重新启动下岗失业人员以房产抵押作为反担保申请小额担保贷款。2010年，以该反担保方式为4名借款人办理小额担保贷款20万元，使小额担保贷款房产抵押反担保方式落到实处。

（五）密切关注虚假借款申请资料现象，防范社会中介机构参与其中，骗取担保贷款

在内部管理工作中，认真核实每名借款申请人的家庭情况、经营现状及反担保方式的真实性，严把保前审核关，强化贷款担保管理，努力营造正常有序的贷款担保环境。

三、创新工作机制体制，积极搭建融资平台

积极落实《天津市政府与海航集团新阶段全面战略合作协议》，经天津市人民政府金融管理办公室批准，2010年2月，担保中心与海航集团所属天津渤海租赁有限公司共同出资5亿元人民币（其中担保中心出资2亿元，占40%；天津渤海租赁有限公司出资人民币3亿元，占比60%），注册成立天津渤海融资担保有限公司（下称公司）。成立后的公司是天津市目前最大的担保公司，也是唯一一家可以从事再担保业务的担保公司。

（撰稿人：东瑞玲　黄鸿儒　张　艳　毛京强）

12366 纳税服务和远程电子申报纳税

2010 年，天津市地方税务局纳税服务局（征收局）按照“解难题、促转变、上水平”活动的要求，认真落实市委、市政府和市地税局的各项工作部署，围绕“服务科学发展，共建和谐税收”的工作思路，以 12366 纳税服务热线为载体，创新思路，优化服务，圆满完成了各项工作任务。

一、提升服务质量，打造服务品牌，全力做好 12366 纳税服务工作

2010 年 4 月 1 日 12366 纳税服务热线正式向社会开通以来，系统运行稳定顺畅，服务范围覆盖全市，已成为全市纳税人获得更加便捷、经济的纳税服务的有效载体。截至 2010 年 12 月 31 日，热线累计来电总量 172588 个，其中自动语音播放 80267 个（含留言 235 个），转人工服务 92321 个，累计接通 55998 个，共受理各类问题 57265 件，办结率始终保持在 96% 以上，收到了较好的社会反响；知识库中收集法规文件 3284 个、问题解答 2291 个、相关知识 53 个，累计检索次数达到 251845 次。纳税服务局在工作中采取多种措施不断完善 12366 品牌内涵，致力于为纳税人解决实际问题，真正发挥好热线作用。

一是加大宣传力度，提升纳税人认知度。纳税服务局注重向纳税人及社会公众广泛宣传 12366 纳税服务热线。税法宣传月期间，积极派出干部配合宣传活动向广大市民介绍、讲解 12366 热线功能；筹备、举办了隆重的热线开通仪式，市地税局领导亲临现场，拨打热线；热线开通后，多次通过电台、电视台、报刊杂志等进行专题宣传，社会反响良好；通过网站设立了纳税须知、办税指南、热点问题、12366 介绍和电子期刊《四月》，专题讲解税收政策；同时推出了“咨询专家值班日”专题咨询活动，2010 年度共邀请市局企业所得税处、货物和劳务税处等 18 位处长和区县地税局 6 位局长参加，接听和解答 50 余个税收问题，快速高效地解决纳税人关注的难点问题，获得了广泛好评。种种举措，极大地提升了纳税人和社会公众对 12366 纳税服务热线的认知程度。

二是完善制度规程，提高事项办理效率。为了更好地规范工作，保证服务质量，提高服务效率，纳税服务局针对 12366 纳税服务工作各个环节的运行要求和实际特点，制订并完善了 4 大类共 18 项制度。业务规程方面，制订了《天津市地方税务局 12366 纳税服务规程》、《天津市地方税务局 12366 纳税服务系统岗位职责》等 4 项制度，明确了各岗位的工作内容，建立了业务流转程序，规范了各个环节的处理模式；工作规范方面，制订了《天津市地方税务局 12366 纳税咨询服务工作守则》等 8 项制度，明确各岗位的服务标准与规范，夯

实了各项工作基础；学习培训方面，制订了《天津市地方税务局12366纳税服务人员培训管理办法》，对岗前培训、日常培训、专项业务培训、相关知识培训和其他培训的组织实施、考核考评进行了整体规范；内部管理方面，制订了《天津市地方税务局12366纳税服务咨询人员星级评定暂行办法》等5项制度，为工作质检、星级评定、信息安全等方面的管理工作提供了制度保障。

三是注重分析反馈，促进服务上水平。12366系统正式上线运行后，纳税服务局针对运行情况，每两周出一期《12366快报》，向市局反馈纳税人关注的热点、难点问题；每月出一期《12366纳税服务系统运行分析报告》，主要分析受理、处理、流转、咨询问题类型、知识库建设等方面内容。2010年全年共完成了17期《12366快报》和8期分析报告，将纳税人的呼声通过数字、图表快速反馈到相关部门，受到了市局领导的高度重视。市财政局（地方税务局）副局长、党组成员刘健同志在第一期分析报告上即作出批示“请各自按照职能认真分析纳税人咨询（投诉）的问题，增强敏感性，迅速响应，超前解决。”市财政局（地方税务局）总会计师梁宣健同志批示“请企业所得税处、货劳税处密切关注纳税人所关心的热点、焦点税收政策，及时给予答复。择时去征收局调研”等等。各处室均及时采取相应措施、解决实际问题，对纳税服务工作起到了极大的促进作用。

四是健全考评机制，发挥干部培训功能。按照市局党组的决策部署，定期抽调税务干部从事12366咨询服务工作。自12366纳税服务系统建设启动以来，已有四批45名税务干部参加热线咨询工作。纳税服务局注重发挥内部考核导向作用，坚持以人为本，将科学化、精细化管理融入到咨询人员的培训管理和考核中，以培养咨询人员的综合素质为重点，从培训内容、考核要素、考核标准和星级咨询人员晋升考评入手，建立健全考核评价机制，充分发挥了12366作为地税系统干部培训基地的作用，为纳税服务事业培养了一批又一批业务骨干。截至2010年底，12366已先后拥有6名四星、6名三星、7名二星、16名一星咨询专员和7名咨询专家，6名同志被评为青年纳税服务先进个人，6名同志被评为青年纳税服务业务标兵，还有1名同志因表现突出而被市局授予了记三等功的荣誉。

二、完善服务措施，加强科学管理，不断扩大远程电子申报纳税成果

纳税服务局继续大力推广远程电子申报纳税业务。2010年度全市远程电子申报纳税人达到11万户，累计入库税款364亿元，较上年同期268.44亿元增加95.59亿元，增幅35.61%，占全市地税收入比重达到53.1%。远程电子申报纳税已成为我市地税系统最重要的征收方式。

一是加大宣传力度，不断扩大远程业务覆盖面。纳税服务局注重通过电视、广播、报纸、网络和各区县地税局现场宣传等多种形式加强对外宣传、不断扩大受众面，使纳税人逐步认识到远程电子申报方式的方便、安全、快捷和高效，主动选择远程电子申报纳税方式。2010年4月份，远程电子申报纳税人突破十万户大关。10月份，中信银行成功上线，成为继中国银行、天津银行、工商银行、农业银行、建设银行、农商银行之后第七家承办远程电子报税的商业银行，拓展了关库行横向联网系统覆盖范围，为纳税人自主选择远程电子申报纳税方式提供了便利。

二是完善服务举措，促进远程申报服务上水平。通过收集和梳理，分析纳税人提出的有

关热点和疑难问题，并将这些问题的答案及时在财税门户网站和局域网“在线帮助”栏目内公布，为纳税人学习和查询提供方便。组织召开了远程电子申报承办银行工作协调会议，建立了长效联系机制和应急响应机制，避免了由于税银双方沟通不畅影响远程电子申报的情况。尤其是12366热线自开通以来，保证远程电子申报咨询服务24小时人工接听，2010年度共受理远程电子申报相关咨询26027条，办结26015条，办结率达到99.95%，受理远程电子申报相关建议129条，办结128条，办结率达到99.22%。保证了纳税人可以随时随地享受到方便快捷、优质高效的远程电子申报办税服务，赢得了纳税人的信任和好评。

（撰稿人：邵　凌）

票据管理工作

天津市财政局（天津市地方税务局）票据管理中心（以下简称中心）按照市局下发的《2010 年工作要点》（津财办〔2010〕10 号）中提出的“以改革创新的精神，全面履行职能，全面落实责任，不断破除束缚科学发展的陈旧观念、思维定式和行为习惯，努力提高行政能力和行政水平”的总要求，在保持总体平稳的基础上，认真落实局领导对中心的重要指示。各项票据管理工作较之往年有了很大幅度的提升，而这种提升更多是体现一种工作理念的转变和工作模式的创新上，主要体现在：

一、推出“票据管理中心场景式办公查询系统”，并实现了与“中心网页”的链接

票据中心推出的“查询系统”比较全面地介绍了票据中心目前所涉及的票据发售和管理的业务工作内容。包括场景式工作介绍、挂牌服务工作介绍、财税票据发售管理工作流程、中心各部室的工作分工、财税各类票据的价目表以及中心争创规范化服务达标单位、文明服务窗口单位有关服务制度规定等六个服务板块。通过推出“查询系统”这项工作，不仅使发售工作人员逐渐掌握和适应了现代化办公手段，使中心的售票流程包括库房管理微机利用率达到 95% 以上，充分展示了中心人员的工作作风和精神风貌，而且还为中心争创窗口单位规范化服务“优秀达标单位”和市级精神文明创建活动“文明单位”创造了条件并提供了“硬件”保障。

二、严格执行各项规章制度，积极完成日常售票业务工作

用“制度上墙”和“岗位轮换”的方式规范日常工作，充分做到“物尽其才，人尽其用”。进一步明确了票据发售、票据复核、库房管理、银行收款、财务对账等岗位职责，健全财政、税收票据工作发售程序，规范了票据发售工作的全过程，确保完成 2010 年度票据发售工作任务。注重票据的调剂领购。根据各区县地税局不同时期的票据用量，中心的票据发售工作在继续执行统一收据领购簿和登记簿制度的同时，更加注重了用票单位领购票据的协调处理工作。加大对票据“大小库房”的监管，尤其是避免对印制企业“大库房”监管后置的局面。票据中心采取的方法是召集票据承印企业参加票据库房库存“通气会”。在宣讲编制库存报表和统一报表编制口径重要性基础上，及时向票据承印企业反馈用票单位的意

见和部分印制企业管理上存在的问题。同时票据中心还注意了定期、特别是重大节假日前到印制企业核库，严格管理，加强复核检验，避免工作上出现被动局面。

三、开展行业发票换版工作，顺利实现行业发票新旧过渡

根据国家税务总局要求，2010 年我市对行业发票进行了建国以来范围最大、影响最深的一次普通发票改革措施。这次改革涉及所有行业发票，需要全面简并换版的行业发票有 44 种。为保证换版工作平稳、顺利过渡，中心做了大量的基础工作：在发票换版前期，追溯前两年印发情况，测算简并票种的拟印数量，整理新票维护信息；在新票印制期，一方面主动沟通区县地税分局，根据其具体需求，即时调整印量保证发票供给；另一方面，随时协调过渡期旧票使用，采取“增印次、减印量”措施，尽量化解新旧票过渡期保领用与减浪费之间的矛盾。在各部门通力合作下，票据换版工作已顺利实现新旧交替，“计划印票”管理模式也已初步走上正轨。2010 年，全年直接批印的行业发票近 1.5 亿份，其中：新版发票近 4900 万份，转批市局征收管理和纳税服务处核准的路桥及贷款道路收费发票 9100 万份。

四、开展津税系统业务需求修订及上线运行工作

根据国家税务总局要求，从 2011 年 1 月 1 日起，全国启用简并后的新票种。为保证如期实现新旧发票的顺利过渡，市地税局决定从 2010 年 10 月份起，陆续启用新票。为此，中心从 2010 年初开始就陆续进行各项准备工作。作为发票简并换版的首要环节和关键环节，中心全体工作人员在认真学习《天津市地方税务局发票简并票种统一式样工作实施方案》(征求意见稿)、待修订的发票管理信息系统业务需求基础上，结合实际操作，提出了较详细的业务建议。在津税系统业务需求修订关键阶段，中心先后两次到津税系统业务需求修订项目组，实地演示说明发票计划、印制、发售、管理各环节业务实际需求，积极与项目组沟通交流协商，争取项目组理解，提请项目组按照中心实际需求编制修订计划。在上线实测阶段，依托业务实例，全面测试各环节可操作性，及时提出修改建议。特别是针对发票印制、数据加密、发票核发关键环节，整理了详细的操作流程，为中心系统应用提供了操作指南。正是有了一步一步扎实的工作，保证了升级后新系统的顺利上线运行。升级后，新系统涵盖了计划印票，综合查询等前期需求。其中，计划印票模块已经上线运行。

五、开展财政票据种类调查和票样整理工作

根据《关于开展财政票据种类和票据式样专题调研的通知》要求和市局综合处以及中心工作安排，中心重点做好财政票据种类调查和票样整理工作。在具体工作过程中，中心及时向相关企业发出《关于报送财政票据式样的通知》，对报送范围、技术要求、报送时间作出具体规定。在此期间，中心如期向市局综合规划处汇总报送了《天津市财政票据统计表》，设计、审核了《天津市财政票据样本》草样。目前，《天津市财政票据样本》已经制作完成。这个样本成为我市第一份，较正规的印刷版票样。

六、开展《财政票据核发系统》的研发应用工作

按照《关于天津市行政事业单位资金往来结算票据使用管理等有关问题的通知》要求，中心承担天津市行政事业单位资金往来结算票据印制以及对区县财政和市级行政事业单位（包括：一、二级预算单位）的核发、管理台账记录和核销工作。为保证2010年5月18日顺利启动资金往来结算票据领购工作，确保7月1日起正式启用，中心从实际操作出发，在启动日期、印制企业、工本费形成、票据账目设置、管理职责等方面积极建言献策；中心客观地分析了启动工作的“瓶颈”，努力化解不利因素。同时还及时开发了应用软件；中心大力推动规范化建设，拟定领售业务流程，加强培训，保证启动工作有序开展；积极简化开发流程，实现业务需求与软件开发同步推进，保证了系统在5月18日如期上线应用；通过《财政票据核发系统》的研发，实现了资金往来结算票据和收费票据的入库、核发、流向等重要信息的实时监控，很多用票单位提出了使用意向。截至2010年12月31日，系统已办理资金往来结算票据核发业务1342户，核发资金往来结算票据超过100000本，取得了较好的实际效果。

七、草拟了《票据印制协议》

按照市局领导要求，为进一步提高票据管理精细化水平，明晰行业发票印制、保管、运输等生产全过程中各方的责任、义务，中心草拟了《行业发票印制协议》、《财政票据印制协议》。协议包含适用范围、甲乙方权利义务、修改终止、争议仲裁和其他事项等条款，基本明确了各方权利与义务，使票据印制管理工作进一步制度化、规范化。

八、开展非税收入管理系统执收方上线和管理方升级工作

中心工作人员在执收方上线过程中，密切协作，从确定上线、提供基础信息、系统安装测试到实现试运行只经过四次过程；在管理方升级中，认真参加业务需求研讨会，积极协调沟通，力争系统模块适应现行工作程序。协助市局综合规划处，及时设计并上报了适用于微机打印的新版财政票据领购簿，领购簿经测试后完全适应升级后的系统要求。

（撰稿人：刘文清）

第三部分

区县财政

和 平 区 财 政

2010年，和平区财政局全面贯彻市委、市政府各项决策部署，认真落实区委第九次党代会第五次会议决议，实施积极的财政政策，加大财政对经济结构战略性调整的支持力度，促进经济结构优化、提高经济发展拉动力。通过不断完善收入增收渠道、优化收入征管体系、调整收入分配机制，切实落实各项民计民生政策，保证了和平区财政收入的持续增长和各项事业的协调发展。全局上下共同努力，圆满完成全年财政工作目标任务。

一、地区经济发展概况

2010年，和平区区级财政收入30亿元，同比增加23.46%；区考核口径增加值192.16亿元，同比增速15.68%（可比价）；消费品零售额254.37亿元，同比增加10.80%；区域固定资产投资124.69亿元，同比增加30.21%；直接利用外资到位额43358万美元，同比增加65.64%；实际利用内资到位额106亿元，同比增加116.77%。

二、财政预算完成情况

2010年财政收入完成300000万元，财政支出完成300500万元，实现财政收支预算平衡。主要支出情况为：一般公共服务支出32000万元；公共安全支出28000万元；教育支出93100万元；科学技术支出3900万元；文化体育与传媒支出5200万元；社会保障和就业支出23000万元；医疗卫生支出18500万元；环境保护支出900万元；城乡社区事务支出43900万元；工业商业金融等事务支出22500万元；其他支出29500万元。

三、财政管理工作概况

（一）加强财源建设，强化收入征管，确保全年收入完成

一是严格落实收入目标责任制。将收入目标层层落实，定期召开情况通报会，不断查找收入中存在的问题，制定切实可行的增收措施，确保收入任务按时完成。二是充分发挥财政政策、行业政策的撬动作用。制定出台了《和平区关于加快金融产业发展的实施办法》、《和平区关于促进楼宇经济发展的实施办法》、《和平区进一步促进商业繁荣繁华的实施办

法》、《和平区关于加快科技与信息服务业发展的实施办法》等四项试行政策，为加快和平区高端产业的聚集打下了政策基础。三是在全区范围大力开展引企增税的宣传、组织、推动工作。一方面，认真界定引进企业项目，定期通报引企进度；另一方面，全区各部门迅速行动，层层进行组织发动，逐级分解落实任务，强化措施，狠抓落实，促进了全区引企增税工作的顺利开展。通过全区上上下下的共同努力，2010 年全区共有 19 个单位引进企业 131 家，其中 60 家企业已经开始纳税，实现留区税收 2787 万元，比 2009 年增长 1593. 34 万元。个人引进企业 12 家，其中 3 家企业已经开始纳税，实现留区税收 15. 4 万元。四是强化收入征管，深挖增收潜力，努力实现应收尽收。区税务部门结合各自征管职能，通过强化税收管理员平台预警机制，创新纳税评估工作模式，加强对楼宇税源监控和繁华区重点行业的检查与辅导，优化纳税服务等项工作，有效地促进了税收收入的稳步增长。区财政、国资部门不断强化非税收入管理，将纳入预算的行政事业性收费、罚没收入和国有资产收益及时足额收缴入库。同时主动加强与市直属税务局的工作联系，沟通纳税信息，保证收入及时足额划转。2010 年预算外非税收入 9466 万元，行政事业性收费收入 8444 万元。五是土地出让金返还工作取得进展。在区领导的直接协调下，和平区财政局主动与市财政局、区项目办联系，摸清土地出让整体情况，积极协调市财政局相关处室，及时将政府收益划拨和平区，在一定程度上缓解和平区财政压力。

（二）加强预算管理，强化执行控制，确保预算收支平衡

一是严格预算执行，推行精细化管理。第一，严格人员经费支出，控制超编及吃空编的现象。第二，根据实际情况在制定公用经费标准的同时，特殊单位通过系数进行调整，基本保证了部门的正常办公。第三，专项经费和项目备选，根据发展规划及区财力，按照需要与可能的原则，按轻重缓急顺序进行安排，并将专项经费结余全部收回财政。第四，和平区财政在全市率先使用财务软件。和平区财政局在全区各行政事业单位中，切实做到全程跟踪，对每笔账务都能随时进行查看，随时分析支出动向，将问题解决在萌芽状态。第五，利用财政软件的特性，控制一般性预算追加，将支出控制在最低限度。

二是调整优化财政支出结构，确保各项重点支出需要。第一，积极创新理财模式，充分发挥财政政策和资金的引导作用，大力压缩公车购置、公务接待、因公出国等一般性、消耗性开支，严格控制新增支出，集中财力重点保障民计民生和增加群众收入资金需要。第二，加强对专项资金使用情况的审核和监督检查。严格执行和平区财政专项资金管理办法，对各单位申请的一次性专项资金，严格审查，按照“事前审核，事中监督、事后检查”的管理办法，对单位临时上报的专项资金进行细致的分析了解核实后，对不符合规定和使用效益不佳的专项资金予以剔除，年初预算安排专项经费统一削减 20%，年终专项资金结余，收回财政统一调剂使用。加强对信息化建设管理，实行“六统一包”即统一规划、统一论证立项、统一请款、统一组织实施、统一验收、统一资产管理，包管设备设施维护维修，使和平区信息化建设步入良性发展轨道。2010 年和平区重点工程建设项目较多，为保证建设项目的顺利实施和国家资金的安全，做到专款专用，和平区财政局加强对重点工程资金的监控力度，对 55 中学、旅游职专、人防应急指挥中心等重点工程进行跟踪，发现问题及时进行纠正，同时将有关情况及时反馈。第三，加强社会保障资金管理，落实各项社会保障政策。实施公共卫生与基层医疗卫生事业单位绩效工资制度，进一步提升 23 项社区公共卫生服务水

平，深化卫生体制改革；完善居家养老、日间照料等多渠道社会化养老体系，不断提高各类补助标准，落实各项再就业政策，整合各方资源，为“保障群体”提供更加优质的服务；为保障和改善卫生人员工资待遇，建立了保障公平效率的长效激励机制，不断提高公共医疗卫生服务水平，促进公共卫生与基层医疗卫生事业发展。根据国务院和市政府要求，和平区财政、人事等部门正积极稳妥地做好公共卫生与基层医疗卫生事业单位绩效工资的组织实施工作。第四，支持教育优先发展，着力保障和改善民生。不断完善教育经费保障制度，加大财政投入，确保教育经费“三个增长”。2010 年，和平区财政部门不断加大对重点支出项目的保障力度，把更多财政资金投向公共服务领域，满足人们对公共产品需求，让广大人民群众共享改革发展成果、同沐公共财政阳光。优先发展教育，校安工程稳步推进，充实和完善学校布局调整方案，和平艺中通过市义务教育现代化建设达标验收。基础教育继续保持全市领先水平。完成了 55 中示范校主体建设工程、旅游育才职专正在建设中。区、街级两级社区卫生服务设施基本实现全覆盖，提升改造了生殖服务中心。文化活动丰富多彩。纳凉晚会、和平之春活动经久不衰，“和平杯”京剧票友大赛海内外驰名，和平区图书馆保持一级馆称号并加入国际图书联合会组织。对综合服务设施进行了改造提升，率先在全市完成了小锅炉改造并网以及市容整治，财政做了大量的资金投入，取得了明显的效果。

三是和平区国库集中支付改革顺利实施。和平区财政局在较短的时间内积极做好各项准备工作，搭建了财政与代理银行连接网络，以单位会计网为依托建立了单位财政网络连接，并正式上线，预示着和平区财政国库管理制度改革顺利启动。此项改革在全市率先做到一步到位。

四是提高服务意识、严把政策关，认真做好家电以旧换新和家电下乡财政补贴资金的审核拨付工作。和平区财政局不仅积极为企业想办法、出主意，帮助企业解决实际运行中出现的问题，同时对政策滞后等不完善问题上报市财政局和市商务委，为下一步出台新的限制以旧换新政策提供了第一手的、真实的数据和信息。

五是政府采购工作进一步深入。和平区财政局对全区预算单位的分管政府采购的领导和政府采购联络员进行了专题培训，并结合本区实际印发了《关于区级预算单位 2010 年度协议供货和定点采购有关事项的通知》，此通知可操作性强，切合实际，方便采购人。全年实现采购金额为 4231 万元，资金节约率为 6.89%，较上年同期有所增长。积极支持区“十大工程”重点项目，仅 55 中、旅游育才职专两项重点项目采购共节约财政资金 164 万元，节约率达 17%，取得经济效益和社会效益双丰收。和平区财政局还进一步加强了管理，从扩大政府采购范围及规范政府采购行为入手，不断完善政府采购的各个环节操作规程，为投标供应商打造公平竞争环境，显现出明显的效果：第一，进一步规范了政府采购方式的审批，杜绝了集中采购目录内项目自采现象的发生。第二，加强了政策功能的实施，严格执行采购进口产品的审批程序，引导采购人采购低碳环保和节能产品，支持、促进本地中小企业的健康发展。第三，严格执行单一来源采购方式实施前上网公示制度，控制单一来源采购方式的数量。第四，加强土建工程项目招标需由具有政府采购和工程招标双资质代理机构代理招标的宣传、推动及审核、管理工作。

（三）加强财政监督，规范财务行为，提高财政管理水平

一是加强财政监督。上半年主要对会计信息质量和专项资金进行监督检查，同时对市财

政局指定的五家会计师事务所进行了会计信息质量的入户检查。通过检查提高了部门的财务管理意识，规范了部门的财务行为，使财政监督更好地服务财政管理。

二是加强“小金库”专项治理工作。按照区“小金库”治理工作领导小组要求，协同相关部门对65个和平区国有及国有控股企业及79个区社会团体进行“小金库”重点检查。

三是加强票据管理。强化财政票据监管，按照市局统一部署，废止10年财政票据，使用新的“天津市行政事业单位资金往来结算票据”，和平区财政局认真贯彻落实，较好地完成了新旧票据过渡期的使用管理工作。认真做好行政事业性收费年审工作，与区物价局一起对区属行政事业单位进行收费年审，共审核验收许可证279个，通过年审规范了各行政事业单位的收费行为与标准，加强了预算外资金的管理。为2011年预算外收入（除教育收费继续纳入财政专户外）全部纳入财政预算管理打下了良好的基础。

四是和平区财政局建成无纸化会计资格培训考试基地，规模全市排在第二位，在人员条件受限的情况下，和平区财政局充分利用现有资源，实行定目标、定人员、定责任，工作互补、人员互补、一人多岗，经过无纸化考试的实际操作运转，保证了考试工作顺利进行。

（四）加强队伍建设，不断改进作风，努力提升服务能力

2011年，局领导班子把抓紧抓好财政收入作为一切工作的重中之重，以开展创先争优活动为载体，广泛开展各项活动，投入大精力，采取新举措，再创新高度。一是广泛开展承诺活动。按照区委区级机关工委的具体要求，在全局机关党组织和党员中深入开展了承诺活动。机关党支部和全体党员立足岗位实际，按照实事求是、民主公开的原则，围绕共性承诺、岗位承诺和实事承诺三个方面，明确具体承诺内容和完成时限，每名党员都承诺做4个大项的具体实事，承诺事项由党支部逐一进行了审议，并召开支部大会履行了签约仪式。随后每名党员的承诺通过局域网进行了公示，接受群众监督。建立党组织和党员承诺事项销号制度，对完成的承诺事项及时予以销号。定期对承诺事项完成情况进行督查，对没有按时落实承诺事项的，及时提醒和督促。二是开展岗位实践活动。财政工作紧紧围绕全区中心任务，主动提升工作水平、狠抓工作落实，财源建设得到有效加强，财政实力进一步增强，重点事业支出得到有效保障，财政科学化精细化理财水平全面提升。由于工作中的突出表现，一名党员被评为区优秀党员，一名党员被区妇联推荐为市级三八红旗手。三是开展专题教育活动。通过观看《和平区十大工程》资料片、参观了《人民公仆好干部楷模——焦裕禄精神展》，对全体干部进行了廉洁从政和区情专题教育。同时，和平区财政局还抓住时机，由一把手局长亲自为全体干部讲法制，提高了干部的法律素质，规范财政机关执法水平。四是从细微处做起，积极创造条件，把关心干部职工的工作生活和身心健康落到实处。发挥工会作用，千方百计为干部职工办实事、办好事，进一步彰显了以人为本的执政理念，有效地鼓舞了干部职工，较好地激发了干部职工的工作热情。

（宋国雁）

河西区财政

2010年，河西区政府在市委、市政府和区委的领导下，坚持以党的十七大、十七届四中全会和市委九届七次全会精神为指导，深入贯彻落实科学发展观，紧紧围绕建设经济强区、文化大区、生态宜居城区的奋斗目标，不断调整和改善经济结构和产业结构，实现产业结构优化升级，加快发展现代服务业，以人为本惠及民生，统筹兼顾促进和谐，圆满完成了区十五届人大五次会议确定的任务，在加快建设现代化新城区进程中迈出了新步伐。

一、区域经济发展概况

完成区属口径生产总值257.95亿元，同比增长20.7%，剔除价格因素，实现同比增长16.9%。实现三级财政收入62.98亿元，同比增长15.12%，实现区级财政收入30.65亿元，同比增长14.52%。

产业结构优化升级。坚持以金融服务、商务服务、商贸旅游、科技服务四个主导产业为龙头，积极推动经济发展方式转变。广东发展银行天津分行、亚联财小额贷款有限公司等8家金融、新金融机构落户河西区，总数达153家。新引进中介机构315家，总数达2461家。提升改造梅江新海湾商业广场，做好美迪亚工业旅游项目，培育人民公园周边特色街区。制定科技产业发展规划，成立驻区科研机构创新发展联盟，建成2家科技企业孵化器，科技型中小企业发展到626家。全年预计完成区属服务业增加值242.3亿元，同比增长19.3%，商业企业销售总额958亿元，商贸旅游业营业收入增长18%，区域第三产业比重达83.2%，服务业对经济发展的支撑作用明显增强。

楼宇经济加快发展。成立推进楼宇经济发展办公室，编制发展规划，制定扶持政策，健全服务机制，优化发展环境。鑫银大厦等12个楼宇项目竣工或开业，富润中心、国贸广场等20个商务楼宇项目加快建设，北方金融大厦等楼宇品质提升。盘活楼宇闲置资源18.3万平方米，吸引270家企业入驻商务楼宇，楼宇内企业发展到3000家，万顺国际贸易中心等10座楼宇实现年纳税超亿元，商务楼宇对财政收入贡献率逐年提高。

招商引资富有成效。完善专业化、产业化招商格局，举办2010商务商贸节，瞄准经济发达地区，围绕重点产业、总部企业和高端高质高新项目，加大招商引资力度，全年引进国内500强企业12家、区域总部型企业10家，完成国内招商引资实际到位额95亿元，同比增长22.3%，吸引外资实际到位额1.8亿美元。德式风情区、天津湾码头等项目成为河西区新亮点。陈塘科技商务区建设实现新突破，累计融资25.3亿元，收购土地1626亩、挂牌出让69.7亩，创智天地等3个项目开工建设。

民营经济蓬勃发展。深化“万千百十”工程，搭建服务平台，办好10件实事，成立中小企业协会，争取帮扶资金，破解发展瓶颈，拓展融资渠道，引进担保公司，扩大担保规模，帮助企业融资6.5亿元，支持企业做大做强。全年新注册民营企业1280家，个体工商户2776户，培育扶持了100家民营标兵企业和3家私营企业集团，民营经济贡献率进一步提高。

国有资产实力不断加强。完善国有资产监管体系，理顺了4家国有企业出资人关系，5家集体企业完成改制，佟楼副食综合商场改制启动。区建设开发总公司和市渤海国投公司签订合作协议，区国投公司投融资能力逐步增强，国有资产总额达107.4亿元，同比增长63.2%，所有者权益达47.6亿元，同比增长156.4%，全区国有资产保值增值率达105.6%。

二、财政收支情况

财政收入：区十五届人大五次会议审议通过河西区2010年财政收入预算为区级财政收入增长12%左右。2010年实际完成三级财政收入629799万元，同比增长15.12%。完成区级财政收入306476万元，同比增长14.53%。

财政支出：区十五届人大五次会议审议通过河西区2010年财政支出预算为228997万元。在预算执行中，由于2010年增加了大干300天市容环境综合整治、提高社会保障标准，加大社区建设力度等公共财政投入和第三步规范公务员津贴补贴、社区医疗卫生绩效工资改革、增加义务教育绩效工资及其他事业单位工资性补助等刚性支出，根据区财力预计情况，经区十五届人大常委会第二十九次会议审议批准，将2010年支出预算调整为237481万元，比年初预算增加8484万元。各类支出如下：一般公共服务支出34645万元，国防支出160万元，公共安全支出19410万元，教育支出69835万元，科学技术支出3472万元，文化体育与传媒支出2277万元，社会保障和就业支出8371万元，医疗卫生支出15938万元，环境保护支出657万元，城乡社区事务支出20549万元，资源勘探电力信息等事务支出166万元，国土资源气象等事务支出382万元，粮油物资储备管理等事务支出505万元，其他支出61114万元（含第三步规范公务员津贴补贴支出、社区医疗卫生绩效工资改革支出、增加义务教育绩效工资支出及其他事业单位工资性补助支出、部分房改资金支出等）。

三、财政运行情况主要特点

2010年，财政收入的增幅高于2009年，主要是经济实现较快增长为财政增收奠定了较好的基础，同时2009年同期收入增幅较低，以及2009年底结转了部分税款在2010年入库，也是造成2010年收入增幅较高的重要原因。加之国家减少金融企业放贷规模政策，使金融企业税收出现回落，以及国家抑制房价过快增长等政策，影响财政收入增长的因素仍然较多，财政增收基础还不够稳固，保持财政收入高增长的难度仍较大。财政运行中主要体现以下特点：

（一）财政收入好于2009年

2010年，由于经济实现较快增长，为财政增收奠定了较好的基础。1月份地方财政收入同比增长38.47%，比上年高出37.59个百分点。上半年地方财政收入同比增长10.92%，比上年高出9.49个百分点。全年地方财政收入同比增长14.53%，比上年高出3.64个百分点。2010年地方财政收入是受国际金融危机影响以来，首次增幅超过12%。而且是在消化了2009年1.6亿元非即期收入的基础上实现的高增长。“十一五”时期，地方财政收入规模迅速扩大，综合财力进一步增加，“十一五”时期，地方财政收入由2005年的11.3亿元增加到30.6亿元，年均递增22.1%，五年地方财政收入累计达到112.5亿元，是“十五”时期的3.5倍。

（二）金融企业税收出现回落

由于受国家紧缩银根，抑制通货膨胀等政策的影响，金融企业放贷规模进一步缩小。2010年金融企业缴纳营业税54426万元，比上年同期增收6088万元，增长12.59%，比上年回落25.91个百分点，减收12529万元。国家抵制通货膨胀政策效果进一步显现。

（三）财政支出规模迅速扩大

2010年完成区级一般预算支出256787万元，同比增长12.23%。“十一五”时期，区级一般预算支出由2005年的9.1亿元提高到25.7亿元，年均递增23%，五年累计财政支出达到92.4亿元，是“十五”时期的2.9倍。

总体上看，河西区2010年财政运行情况是好的，但影响财政收入增长的因素仍然较多，一是河西区财政收入中房地产行业收入仅占10%左右，财政收入依靠房地产行业税收实现高增长的时期已过去；二是河西区民营企业和现代服务业还不够发达，规模还不够大，没有成为财政收入的主要来源，财政增收基础还不够稳固，保持财政收入高增长的难度还较大。

四、财政管理工作

一是继续推进部门预算和国库集中支付制度改革。成立了预算编审中心和投资评审中心，进一步规范和完善部门预算改革，逐步提高部门预算的科学性、规范性和完整性，细化预算编制内容，对项目支出进行评估，力争把项目预算做实做细做准。继续做好国库集中支付制度工作。二是继续加强政府采购监管，扩大采购范围和规模，确保采购工作的公开、公平、公正。三是加强财政投融资工作。积极为市容环境综合治理、小锅炉并网争取信贷资金，支持了重点项目建设。四是加强会计基础管理工作。完成了辖区内一万多名会计从业资格（计算机）考试工作。五是加强财政监督工作。深入贯彻落实《中央办公厅　国务院办公厅〈关于深入开展“小金库”治理工作的意见〉的通知》，在全区党政机关和事业单位、国有及国有控股企业和社会团体继续开展“小金库”专项治理工作，通过自查和专项检查等方式进行监督，对查出的问题进行重点整改，严肃财经纪律。六是做好人事教育工作，提高人员素质。在全局开展党员创先争优活动及创建学习型党组织活动。制定河西区财政局党支部创先争优及创建学习型党组织活动实施方案。按照“五个好”基本要求创建先进党支部，按照“五带头”的标准，在全体党员中开展争当优秀共产党员活动。号召党员中开展捐资助学捐款，对大营门街社区居住的五名困难学生家庭进行捐款，体现了党员无私奉献精神。严格把关，吸纳优秀人才。按照公务员招录程序，录用了4名公务员。有2名中共党员，2名研究生，整体素质比较高，使河西区财政局全员年龄结构更趋于合理，政治素养、文化和业务素质明显提高，为做好财政工作打下坚实基础。

（王国辉）

河 东 区 财 政

2010年，河东区财政工作在区委、区政府的领导和区人大、区政协支持下，在市财政局指导帮助和全区各部门各单位大力配合下，较好地完成了全年各项工作任务。财政部门深入领会张高丽书记对全市财政工作做出的“发展要体现在财政收入增加上”的重要批示和黄兴国市长在区县经济运行及财政开源节流座谈会上的讲话要点。按照区四套班子主要领导到区财税系统调研时提出的工作要求，坚持又好又快、求变求快，坚决打好财政增收攻坚战，认真落实积极财政政策，充分发挥职能作用，促进发展方式转变和产业结构调整，保持经济平稳较快发展。坚持增收节支、统筹兼顾、确保重点、压缩一般的方针，调整优化支出结构，健全公共财政体系，深化管理改革创新，完善财政运行机制，努力提高科学化、精细化理财水平。

一、地区经济发展概况

（一）圆满完成国民经济和社会发展的主要目标

全区经济增长由主要依靠投资拉动向依靠消费、投资协调拉动转变，项目建设全面铺开，对内对外合作继续深化，第三产业成为区域经济主体，科技创新能力持续提高。区属增加值实现131.7亿元，现价同比增长20.4%，其中，第三产业增加值实现120亿元，现价同比增长22.3%；区级财政收入实现21亿元，同比增长23.4%；固定资产投资实现90亿元，同比增长25%；实际利用外资到位额实现1.2亿美元，同比增长33%；实际利用内资到位额超过120亿元，同比增长近33%；万元地区生产总值能耗下降4%；新增就业实现4万人，同比增长18.3%；登记失业率控制在3.6%以内；城市居民人均可支配收入实现22300元，同比增长10.1%。

（二）重点项目建设实现重大突破

河东区坚持把重点项目建设作为调结构、促转变的关键之举，下力量抓高水平大项目好项目，促进聚集发展。经过18个月的建设，51万平方米的河东万达广场第三代城市商业综合体建成并满铺开业，是天津速度快、品质优、业态新、体量大的标志性项目，结束了河东区无大型商业设施的历史，实现了河东区服务业发展的历史性突破。91万平方米、含有高档商业综合体的红星国际广场项目加快推进。河东万达广场和红星国际广场，将成为天津城区现代服务业组团，有力推进新城市中心的形成。嘉里商务中心、渤海银行总部、金地国际广场、帝旺凯悦酒店等高端服务业项目正在加紧施工。中粮集团、中信城市广场、海河新天地 AB 地块等重点项目加快推进。商业地产项目投资占全区固定资产投资总额的 65% 以上，优化了经济结构，促进了发展方式转变，提升了产业水平，增强了创新驱动、内生增长的能力。

（三）招商引资工作力度加大

为提高招商引资的成功率和重大项目建设速度，区级领导牵头负责，责任部门单位对项目引进、开工、建设、竣工实行全程跟踪协调服务，点对点、人对人、事对事、实打实、硬碰硬地落实项目，落实进度，落实责任。2010 年引进投资项目和注册企业 212 个，其中亿元以上 11 个，天津冶金集团商贸公司、海航北方物流控股公司等一批区域销售总部落户河东。

（四）服务业得到新发展

传统商业加速改造提升，社区商业得到拓展完善。提升地中海风情街、大本营淘宝城等特色街区，引进星巴克、海底捞等名优品牌餐饮企业。新建老龙头、春钢、真理道 3 个菜市场，新增商业网点 188 个、早餐网点 28 个。金融业、商务服务业、文化创意产业等服务业发展步伐加快，商务楼宇经济效益逐步提高，5000 平方米以上楼宇达到 28 家，培育了 2 座税收超亿元楼宇。服务业增加值占区属增加值比重达到 91%，产业层次、科技含量、产出效益和服务能力明显提高。加强对民营经济的指导和扶持，加大政策资金的支持力度，注重服务业体系建设，民营经济留区税收完成 12.5 亿元，同比增长 28%，民营经济留区税收占全区税收的 60% 以上。

（五）科技创新步伐加快

成立了科技型中小企业发展工作领导小组，出台了《河东区科技小巨人成长计划》等促进科技型中小企业发展的有关文件。全年新发展科技企业 70 家。全区已建成“帅”字号科技创新平台 26 家。北科精工自动化科技发展有限公司等 11 家科技企业被认定为国家级高新技术企业；滨海龙泰科技公司等 17 家科技企业被认定为区级高新技术企业。与武警医学院共同组建的天津市帅军生物医药产业孵化器，在全国、全军产生了良好的影响。企业自主创新能力得到进一步提高。

二、财政预算执行情况

（一）财政收入

2010 年，区级财政收入实际完成 210589 万元，完成年初区十五届人大六次会议批准预算 205800 万元的 102.33%，完成区委、区政府要求按增长 23% 组织落实的区财政收入目标 210000 万元的 100.28%，较上年实际收入 170230 万元同比增收 40359 万元，同比增长 23.71%。其中：各项税收收入完成 180384 万元；非税收入完成 30205 万元。

（二）财政支出

2010 年，区级财政支出完成 213586 万元，完成年初区十五届人大六次会议批准预算 205600 万元的 103.88%，较上年实际支出 169796 万元同比增支 43790 万元，同比增长 25.79%。

（三）财政收支平衡

区级财政收入 210589 万元加上人员支出市财政补助资金，可安排区级财政支出 213586 万元。2010 年区级财政收支预算执行结果，当年实现了财政收支平衡，略有结余。

三、财政管理工作情况

（一）坚持打好财政增收攻坚战

2010 年，从总体上看经济发展环境好于去年，但面临的不确定、不稳定因素依然存在，经济普遍恢复增长，内在动力不够充足，一些长期制约经济发展的体制性、结构性矛盾仍很突出。政策性因素对收入的影响有所加深，国家和我市继续实行结构性减税政策，房地产市场宏观调控力度进一步加大。在全区减收因素凸现及后续税源明显不足的困难形势下，财税干部和全区各部门积极克服各种不利因素影响，积极应对挑战和考验，以积极的态度、发展的办法和超常规的思路，努力克服困难，深入挖掘增收潜力，打赢了这场艰苦卓绝的财政增收攻坚战，财政收入创历史最好水平。2010 年，财政部门认真分析经济财政形势，及时制定并落实财政增收的有效措施，继续在区国税局、地税局和财政局三部门实行收入目标责任制，在区属十一个部门实行税收目标责任制，全面分解收入任务，细化工作责任，加强监督考核，充分发挥全区各部门在加强税源建设工作中的职能作用。坚持财政收入完成情况定期分析会制度，及时研究弥补财政收入缺口的具体措施。及时协调解决组织收入中存在的问题。财税部门紧紧盯住全年财政收入目标不放松，努力实现以月保季、以季保年的工作要求。努力挖掘一切增收潜力，加大税收执法力度，开展对重点税源企业辅导检查，扎实做好土地增值税清算工作。加强对重大项目、楼宇经济的税收征管，密切跟踪建设项目进展情况，搞好财税政策服务，坚持依法应收尽收。国税、地税部门进一步完善了税收征管与税务稽查协调互动机制，充分利用基础信息库，及时清查纳税疑点户，切实加强税收征管中的薄弱环节。加强纳税评估分析，进一步完善与工商、房管、土地等部门数据交换机制，通过强化对关联行业、重点企业和相关税种的税收经济信息对比，税收征管效率得到明显提升。财政部门继续实行了非税收入纳入预算管理的做法。在财税干部和全区各部门的共同努力下，继续保持了财政收入持续平稳增长。

（二）深入开展解难题促转变上水平活动

实施积极的财政政策，有力发挥促进经济增长的效能，努力推动加快发展方式转变和产业结构优化升级，促进区域经济又好又快发展。认真落实我区促进经济发展 30 条措施实施方案。统计整理了 2008 年和 2009 年区留纳税百万元以上的重点税源企业名录，坚持区级领导和部门联系重点企业制度，作为政策专项服务组和驻区企业服务组成员单位，有针对性地进行走访，深入了解全区重点企业税源情况，搞好政策专项服务，解决实际问题，完成了区解难题活动办公室确定的走访重点税源企业反映问题汇总报送。积极运用财税优惠政策，完善综合服务手段，大力培养财源税源。对符合河东区产业政策的新引进企业、功勋企业、十大行业排头兵及楼宇经济贡献突出企业执行奖励政策。拟定了《河东区企业外迁管理制度》，加强税源划转的监督与管理。逐步健全完善融资担保体系，中小企业信用担保中心实有担保资金达 1.1 亿元，为全区各类中小企业提供资金担保创造了条件。加强银企沟通平台建设，在与六家商业银行达成担保业务合作协议的基础上，又与渤海银行、农村合作银行、中信银行达成合作协议。扩大了担保业务范围，提升了担保信誉度。积极推动实施家电以旧换新和家电下乡活动，发挥了补贴资金撬动引导作用，刺激了消费市场，对内需增长起到了拉动作用。继续开展行政审批大提速活动，协调相关部门为纳税人提供验资、工商注册、税务登记、会计从业和代理记账审批等一站式便捷、高效服务。同时，还设立了接听专线电话、24 小时开门办公，为企业生产经营创造条件。

（三）努力保障民生促进社会事业发展

在财政财力非常趋紧的情况下，继续加大财政资金投入，及时妥善调度资金，集中财力重点保障民生支出、事关全区社会事业发展方面的支出，努力保证各项事业最基本的支出需要。2010 年共安排 2 亿多元主要用于民生和社会各项事业发展支出。为落实好新的 20 项民心工程，实施更加积极的就业政策，积极安排公益性岗位人员工资。全面落实低保和特困救助制度，加大财政补贴力度，确保城镇居民最低生活保障金及时发放到位。扶持公益性文化事业，不断满足人民群众日益增长的精神文化需求。对河东图书馆进行了修缮，举办了“海河之春”音乐艺术节、第五届妈祖文化旅游节。参加了天津市体育第十二届运动会暨首届全民健身大会并取得优异成绩。全力推进义务教育学校现代化标准建设，支持中小学现代化教学设备购置和校舍加固工程。全面实行社区卫生服务基本药品零差率销售。继续加大财政资金扶持力度，积极支持科技企业技术创新和科技园区建设。及时拨付旧楼区物业管理补贴。保证第六次全国人口普查工作的顺利开展。同时，妥善调度筹集资金，保障了人员增资支出需求。结合市、区政府稳定粮油蔬菜价格八项措施的要求，落实基本生活必需品价格上涨与困难群众生活补助联动机制，完成了我局相关配套支持措施的制定，并与区有关部门一起，努力确保相关政策、资金的到位。继续做好受金融危机影响的困难企业审核认定工作，积极巩固援助企业发展、稳定就业岗位工作成果，对职工岗上、岗下情况，工资、生活费的发放情况及企业财务状况进行综合评价，将困难企业援企稳岗四项补贴政策以及阶段性降低社会保险费率政策执行期限延长到 2010 年底，并进一步简化审批程序，方便企业申请并享受扶持政策。积极推进下岗失业人员再就业小额担保贷款的相关工作。

（四）不断深化财政管理改革

不断健全预算编制、预算执行、预算监督协调统一的管理模式，继续完善部门预算、财政国库集中支付、国有资产、政府采购等管理改革，逐步形成了管理科学、运转高效、监督有力的财政运行体系。各项财政改革的互动、深化与拓展，进一步提升了全区财政财务工作的科学化精细化水平。

在全区一级预算单位全面实行了部门预算改革。统一编制、统一管理、统筹安排单位预算内外资金。根据部门职能任务以及公共资源配置情况，各预算单位逐项重新核定支出需求。在遵循部门预算改革基本原则同时，结合我区实际不断推进，取得了重大进展。对所有预算单位财务收支、资产状况、基层部门、人员编制等全面清查，搭建起基础信息库，为细化预算的编制以及研究定员定额标准提供基础数据。研究了我区部门预算 E 财管理软件，实现了数据共享，提高了管理质量和效率。预算编制细化到一级预算单位和部分基层单位，能够全面反映人员支出、公用支出、项目支出的详细情况，清晰归集部门所有收支项目，提高了预算编制的完整性、准确性和规范性。

在全区一级预算单位全面实行了财政国库集中支付改革。在改革过程中，稳步实施、加快推动。积极借鉴吸收全市先进经验，安排专人负责、精心组织准备，多次召开专题会议研究，及时总结完善改革试点经验，建立实施方案健全若干个相关配套制度办法，并且做好所涉及的软件和硬件两个方面的基础工作，按期完成了政策讲解、零余额账户开设、业务及软件培训、网络搭建、软硬件设备采购等一系列工作。全区一级预算单位国库集中支付系统成功上线运行。财政工资统发工作也在体育局、教育局、安监局和鲁山道街四个单位完成了试点。

继续加强国有资产管理工作。进一步推进行政事业单位资产管理科学化、规范化，按照市财政局统一要求，实施了行政事业单位资产管理信息系统。全面摸清了家底，真实、准确地反映单位资产状况；建立了监管系统数据库，对资产管理细化到实物卡片，形成电子数据，做到及时更新，实现动态监管；建立了资产管理和预算管理、财务管理相结合运行机制，为编制年度预算、加强收益管理创造了条件。提出了资产管理整改措施，健全完善了内部资产管理制度。与区纪委联合开展对行政事业单位占有使用房产重点检查，完成了财政局房产调查基础信息与区纪委房产调查数字的分析对接。加强资产处置管理，减少资产处置随意性。加强房产出租管理，对部分单位房产出租进行了检查，严格按照区政府文件规范出租行为。

加大宣传贯彻《政府采购法》和政府采购监管力度，政府采购规模和范围进一步扩大。完成了河东区政府采购监督员、评审专家首次聘任暨业务培训工作，经全区七个部门共同进行推荐筛选，建立了由人大代表、政协委员、民主党派人士、采购专管员等 20 人组成的采购监督员和 10 人组成的采购评审专家队伍，分别并入市采购监督员库、采购评审专家库，进一步保证政府采购工作公开公平公正，促进政府采购快速健康发展。加强了对政府投资和使用国有资金建设工程项目政府采购的监管。

（五）继续加大财政资金使用监管

认真贯彻中纪委、监察部、财政部《关于进一步落实党政机关厉行节约要求的通知》精神，大力压缩一般性、消耗性支出，严格加强支出预算过程控制，严格新增支出项目审批管理，增强预算执行约束力。坚持勤俭办事原则，坚决反对各种铺张浪费现象，严肃财经纪律，确保财政资金安全有效运行，努力提高财政资金的使用效益。进一步强化财政监督，坚持日常监督与重点监督相结合，深入开展行政事业单位、社会团体、国有及国有控股企业“小金库”专项治理工作，按照区“小金库”专项治理领导小组工作部署，组织完成了“小金库”专项治理的自查自纠、重点检查、回头看工作。完成困难企业退休人员医疗救助基金使用情况的监督检查。制定河东区行政事业单位银行账户开立纪检（监察）、审计、财政三部门联合审批制度。加强对科技创新资金、节能资金、排污费等各项资金的管理，充分发挥财政扶持资金的使用绩效。制定了《河东区家电以旧换新（家电下乡）工作管理办法》，严格审核销售企业上报资料。配合财政部驻天津财政监察专员办和市财政局，完成对我区家电以旧换新和家电下乡补贴兑付工作的监督检查。进一步完善河东区担保中心管理办法及担保业务审批程序。对历年招商引资和奖励兑现认定资料重新整理、规范建档。安排了科室重要业务资料完整归档，开展了局部分科室的内部监督。

（六）财政各项基础工作取得新进展

按照市财政局党组文件要求，组织开展权力梳理、监督定位、流程规范工作，制定了《实施方案》、《自查内容》，各科室对2007年至2010年四年来遵守法律、法规、规章和规范性文件情况；各岗位各司其职，相互制约情况；执行《关于规范财政管理严肃财政工作纪律的实施办法》的情况等方面进行细致排查。查找办事依据、批件、签字、档案等是否规范，事前审核、事中监控、事后检查是否全面；各岗位有哪些关键环节，是否存在管理漏洞等。制定出一套权力运行情况表和流程图，进一步完善了权力运行、岗位责任、风险管理的内控机制。按时完成2009年财政总决算和部门决算最终编制上报工作，在市财政局决算评比中，获得了部门决算二等奖的好成绩。根据市财政局关于报送区县党政领导班子综合考核评价指标及分析材料的要求，上报了河东区2009年财政指标及财政工作情况完成数字统计和文字材料。完成2006~2010年行政成本数据统计工作。完成2009年基本建设财务决算工作。完成了2009年度社会保障、医疗卫生部门决算及社会保障基金决算工作。完成市财政、市国资委系统2009年国有及国有控股企业财务会计决算工作。对河东区社区卫生服务机构2008~2009年财务情况进行分析，全面完成公共卫生与基层医疗卫生事业单位绩效工资改革工作。完成了2010年规范公务员津贴补贴工作。按时完成了2009年政府采购信息统计年报工作，编报工作得到了市财政局的通报表扬，被评为优秀单位。按照市财政局、物价局文件精神，开展河东区行政事业性收费年度审验工作。完成了2010年度会计专业技术资格考试、会计从业资格考务工作。完成了2010年会计代理记账机构年检备案工作。完成了财政局计算机房系统建设，保证会计无纸化考试顺利开展。新增添了会计电算化初级取证培训班，开展了会计人员继续教育。

（咎　伟）

南 开 区 财 政

2010年，南开区财政工作坚持以邓小平理论和“三个代表”重要思想为指导，贯彻落实科学发展观，认真落实市、区委全会精神，围绕“建设科技南开，实现科学发展”的主题，坚持“把握一个定位、抢占三个高地、打好五个攻坚战”的工作思路，把“解难题、促转变、上水平”作为各项工作的着力点，科学把握形势，积极应对挑战，不断深化财政改革，充分发挥财政职能，为实现南开区经济社会持续健康发展提供了有力保障。

一、地区经济发展概况

2010年，是南开区发展进程中不平凡的一年，在全区共同努力下，圆满完成区十五届人大六次会议确定的各项任务。地区增加值162亿元，同比增长18%。社会消费品零售额243亿元，同比增长19.5%。区级财政收入27亿元，同比增长12%。城镇登记失业率保持在3.4%以下。节能减排完成市下达任务。完善扶植企业发展政策，表彰378家功勋、明星、重点企业，民营企业成为经济发展的主力军。启动科技型中小企业成长计划，筹措资金5000万元，支持企业创业发展。登记注册科技型中小企业达1250家，海鸥、华丰、郁美净、爱普生等品牌企业引领产业发展，九安电子成功上市，久荣、泰普等骨干企业迅速成长。南开科技园实现技工贸总收入420亿元，继续保持30%的增速，建成普天创达等一批科技企业孵化基地。深化与高等院校战略合作，成立“南开区青年博士服务团”，推进产学研结合。获批国家服务业综合改革试点。成立特色商圈管委会，加快业态调整，统筹协调服务，打造服务业聚集区。楼宇入驻率、贡献率显著提高，税收增长30%。服务业增加值148亿元，同比增长18.2%。实施经济发展百个重点项目，完成固定资产投资90亿元。15个城市建设项目总规模150万平方米，宝利国际广场、大悦城、万豪酒店等项目建设进展顺利。25个服务业项目总投资38亿元，中川大厦、七向街等一批商贸项目建成开业，奥城国际风情街等特色商业街落成开街，劝业场西南角店、欧亚达家居等项目投入运营。60个科技发展项目80%以上投入应用，重点项目建设助推产业结构不断优化。加强对外交流与合作，积极拓展项目引进渠道，利用津洽会举办选商引资暨重点项目推介活动。全年选商引资协议额127亿元，到位额117亿元，超额完成全年任务。

二、财政收支情况

2010年，南开区地方一般预算收入完成27亿元，同比增加2.7亿元，增长11.1%，完成年度预算26.88亿元的100.5%。其中，区级增值税完成2亿元，比上年同期1.71亿元增加2924万元，增长17.1%。区级营业税完成8.05亿元，比上年同期7.8亿元增加2572万元，增长3.3%。区级企业所得税完成2.7亿元，比上年同期2.5亿元增加1991万元，增长7.9%。区级个人所得税完成9046万元，比上年同期6907万元增加2139万元，增长31.0%。契税完成4.95亿元，比上年同期4.26亿元增加6930万元，增长16.3%。

2010年，南开区一般预算支出27.2亿元，同比上年增加3.44亿元，增长14.5%，其中：区级支出25亿元，占支出总额的91.9%，同比上年增加2.89亿元，增长13.1%。基金预算支出845万元，全部为残疾人保障金支出，同比上年增加273万元，增长47.7%。

2010年，区级财政收入实现27亿元，上划中央两税及所得税结算返还6992万元，其他结算补助款2.7亿元，定额上解1:0.6递增上解及其他结算上解6.2亿元，区级财力24.2亿元，区级财政支出24.2亿元，当年收支基本平衡。

三、财政管理工作

2010年，南开区财政工作认真贯彻落实积极财政政策，全力促进经济结构调整和发展方式转变；制定有效措施，不断优化支出结构，全面提升区域经济综合实力，切实保增长、保民生、保稳定，严格控制一般性支出；坚持依法理财，创新理财模式，不断提高财政科学化、精细化管理水平，努力提高财政管理绩效，为经济社会发展提供财力保障。

（一）充分发挥政策导向作用，促进结构调整和增长方式转变

一是投入专项资金，加快科技南开建设。通过建立科技发展基金、实施科技企业扶持政策，大力推动科技产业60个重点项目，促进科技产业发展，抢占产学研结合、科技企业数量质量和科技人才聚集的高地，努力使南开的科技资源优势转化成为现实的发展优势和竞争实力，不断促进经济转型和全面提升。二是大力推进重点项目建设，将整理地块收益1.8亿元全部投入城投公司，扶持滚动发展，推进内燃机厂地块、光电子产业园等重点项目建设，为区域经济发展增添后劲。三是不断加大招商引资力度，坚持以规划引导招商、以项目推动招商，不断提高招商引资的质量和水平，深圳发展银行天津分行落户南开，汇丰银行、齐鲁银行、浙商银行等金融机构相继在南开开设分支机构。四是进一步完善协税目标责任制，努力稳定存量税源、扩大增量税源、遏制税源流失。

（二）加强税收征管力度，挖掘增收潜力

一是各部门密切配合、协同作战，加强对餐饮业、专业市场、出租房屋的税收征管，对房地产企业开展土地增值税清算，成效显著。二是建立税源信息共享平台，实现部门间税源信息交换、共享，对税源实施动态管理，健全税收源泉控缴机制。三是建立标准行业评估模型，重点抓好税源大户的监控管理。四是不断加大对异地经营、无税户的清理整顿力度，严

厉打击各类发票违法、违纪行为，堵塞税收征管漏洞，确保财税应收尽收。五是积极开展“税法宣传月”活动，不断提高公民依法纳税意识。

（三）发挥公共财政职能，促进各项事业发展

一是继续加大教育事业投入，巩固义务教育保障机制。按照《教育法》、《义务教育法》等法律法规要求和实有教师、学生人数及班级数等全额保障到位，并投入专项资金用于校舍加固、校园安保建设和南开科技实验小学改造。二是加大卫生事业投入，提升医疗卫生资源整体水平。实施公共卫生和基层医疗单位绩效工资，启动黄河医院门急诊楼建设，为南开中医院、口腔医院、社区卫生服务站购置诊疗设备，药品零差率补贴和社区公共卫生服务补贴足额保障到位。三是继续加大文化、体育事业投入，巩固精神文明建设成果。成功举办第五届妈祖文化旅游节，组团参加天津市首届全民健身运动会，由区政府投资修缮的庄王府如期对外开放，投入专项资金修缮民俗馆，彻底解决了天后宫雨季积水问题。

（四）坚持以人为本，加大民计民生投入

一是加大资金投入，支持社区建设工作。安排专项资金用于嘉陵道街整街建制“五个一”文明社区创建工作，改造向阳路街、王顶堤街、长虹街等重点社区基础设施，以及推动市民社会事务服务和行政许可分中心建设。二是加大对困难群体的帮扶力度，投入专款对困难家庭新生劳动力实施就业援助、对享受社会救助的各类应届毕业生实行跟踪服务、为残疾人特困家庭安装暖气、办好爱心超市等。三是不断完善南开区医疗救助政策，减轻困难群众就医负担，对享受医疗保险后个人就医负担仍然较重的特困家庭，实施二次医疗救助。四是加大市容环境综合整治投入，实现城市管理效果全覆盖。通过贷款融资支持新一轮市容环境综合整治、环卫基础设施改造、里巷道路改造、社区绿地提升改造和病媒生物防治等工程。

（五）切实推进财政管理改革

科学编制预算，本着“量入为出、统筹兼顾、保障重点”的原则，按照部门预算的要求，坚持公开、公正、公平，重大项目实行备选；严格预算的执行管理，健全事前、事中、事后全过程监督体系。委托会计师事务所、造价公司等中介机构审核工程项目预算，工程、设备等采购资金由国库统一拨付；会计电算化和会计基础工作规范化水平显著提高；行政事业单位国有资产监督管理更加系统、规范，“小金库”治理取得显著成果，财政监督水平显著提高；认真落实中央关于厉行节约、制止奢侈浪费的文件精神，压缩办公经费、基建项目，扩大政府采购规模，努力降低行政成本；加强政府融资监管力度，建立偿还机制，控制贷款规模，努力防范和化解政府债务风险。

（阎　旭）

红 桥 区 财 政

2010 年，红桥区财政工作在区委的领导下，在区人大的监督和支持下，按照“争速度、保势头、赶先进”的工作要求，以开展“解难题、促转变、上水平”活动为契机，大力促进经济结构调整和发展方式转变，努力增加财政收入，调整优化支出结构，着力改善民生，促进社会和谐，深化财政改革，推进财政科学化精细化管理，圆满完成了全年各项工作任务。

一、2010 年全区经济运行和社会发展基本情况

2010 年，全区围绕城市副中心功能定位，优化产业布局，扩大对外开放，提升服务水平，深挖经济潜力，区域经济实力显著增强。全年预计实现地区生产总值（GDP）100 亿元，同比增长 20%；完成区级财政收入 10 亿元，同比增长 24.4%，区实有财力达到 15.68 亿元；实现社会固定资产投资 85 亿元，同比增长 40.82%。

（一）财税建设成效明显

以保存量、促增量、挖潜力为重点，强化税源联动机制，严格落实税收责任目标。全区存量税源累计实现留区税收 3.61 亿元，同比增长 11%。42 个引税责任单位引进留区税源 1.2 亿元，超额完成全年目标。加强对房地产行业税收征管和服务，完成留区税收 4.2 亿元，同比增长 36%；其中城建施工税完成留区税收 8900 万元，同比增长 73%。严查税收薄弱环节，房产税等四小税完成留区税收 1.22 亿元，同比增长 9%。大胡同商贸区实现税收突破 1.2 亿元，其中留区税收 4710 万元，比去年增加 998 万元，同比增幅 26.9%。深化财政体制改革，规范理财程序，优化支出结构，促进了各项事业协调发展。加强预算执行、经济责任等各专项审计，进一步规范了财经秩序。

（二）招商引资有效推进

坚持招大商、引强商，积极整合资源，加强项目储备，扩大招商宣传，全程对接服务，招商引资的质量和水平显著提高。理顺招商工作机制。建成招商展示中心。成功举办了光荣道科技产业园招商推介大会。借助达沃斯论坛、津洽会等活动载体，宣传了区域优势，扩大了红桥知名度。实现内联引资到位额 81.07 亿元，完成年计划的 121%，同比增长 28.83%。与北科建中关村生命科学园、天津安洋公司签订合建光荣道科技产业园起步区协议，投资额

达35亿元。新引进欧亚达家居等企业393家，注册资金32亿元，其中注册资金1000万元以上企业18家。盘活泛洋大厦、原百货大楼家俱广场、康华大厦、金摇篮商厦、新世界底商等闲置载体12.98万平方米，引进一批知名商贸服务业企业，提升了公建载体的经营档次和效益。

（三）传统服务业不断提升

按照“政府主导、市场运作、社会参与”的运行模式，提升原有特色街区品质，新建亮点特色街区，不断增强区域商贸服务业发展活力。作为市重点商业街区之一的天津创意街已全面开街运营，57户企业实现入驻营业。南运河美食街已有3家中高档餐饮企业入驻。天津酒文化特色街多个节点已进入建设阶段。虹桥新天地欧陆风情街已主体竣工。中环美食城一期项目已实现开业。大胡同商贸区保持了安全稳定，经济贡献率不断提高。调整了天鸿大厦经营业态，着力消除安全隐患，构筑电子商务平台。在充实提高估衣街业态的同时，按照修旧如旧的原则，对百年老街锅店街进行了全面整修。

（四）现代服务业加快发展

充分发挥区域优势，积极拓展发展空间，着力转变发展方式，大力发展现代服务业，加快推进传统服务业转型升级。积极整合资源，完善政策，加快推进科技型中小企业发展。建成文化产业园和科教产业基地，成功创建国家级电气企业孵化器。全年科技服务业总收入突破10亿元，科技贸易发展区税收突破1亿元。加快发展楼宇经济，对现有楼宇进行了调查摸底，对银泰大厦、宝能大厦等5座45.6万平方米在建楼宇进行了产业定位，确定了招商方向，明确了责任单位。创意产业不断壮大，意库创意产业园运转良好，引进企业年税收突破千万元；启动对外贸地毯厂CD区的改造。支持卓朗科技有限公司成立云计算中心。金融业聚集效应不断增强，中国银行、邮政储蓄银行、天津农商银行红桥支行实现开业，各金融机构业务量不断加大，留区税收达到3200万元，同比增长33.3%。积极发展文化旅游产业，结合西沽公园提升改造，建成梁崎、龚望纪念馆，引进文化企业荣宝斋，为红桥区文化产业发展注入了新的活力。

二、财政收入、支出完成情况

2010年，区级财政收入预计完成100000万元，完成年度预算的102%，比上年实际完成增长24.4%。其中：区级税收收入预计完成84000万元，非税收入预计完成16000万元。区级财政支出预计完成152000万元，完成区人大常委会批准调整预算的100%，比上年预计完成增长7.8%。预计财力可达到156800万元，与预计财政支出152000万元相抵后，略有结余。

三、财政主要工作情况

（一）以税源建设为中心，积极组织财政收入

一是全面落实财政收入目标责任制，加强收入任务的考核监督。举全区之力，在保住存

量的基础上，努力扩大增量。充分利用现代信息技术手段，不断完善税源动态管理。发挥部门间合力作用，及时堵塞征管漏洞，保证应收尽收。经过各部门的共同努力，全区存量税源累计实现留区税收3.61亿元，同比增长11%。加强对房地产行业税收征管和服务，形成留区税收4.2亿元，同比增长36%；其中城建施工税完成留区税收8900万元，同比增长73%。严查税收薄弱环节，房产税等四小税完成留区税收1.22亿元，同比增长9%。

二是制定促进金融企业发展的优惠政策，千方百计为金融企业创造条件，提供优质高效的服务。经过各方面共同努力，金融业聚集效应不断增强。中国银行、邮政储蓄银行、天津农商银行红桥支行实现开业。各金融机构业务量不断加大，留区税收达到3200万元，同比增长33%，成为红桥区财政收入新的增长点。

三是充分发挥财政职能作用，支持科技型中小企业发展。与天津市中小企业担保资金管理中心、天津市渤海担保公司、天津银行第六中心支行全面合作，为区属科技型企业搭建融资平台，帮助企业解决融资问题，切实将市、区支持科技型中小企业发展的工作要求落到实处，为红桥区涵养税源、转变经济发展方式、调整优化经济结构做出了积极贡献。

（二）加大财政资金投入，保障民计民生和社会事业发展

2010年，市、区两级财政投入民计民生和社会事业的专项资金达33800万元，同比增长13.4%。

一是社会保障支出不断增加。投入各类救助金21000万元，落实困难群众基本生活保障制度；安排2000余万元用于社区办公经费和居委会成员生活补助；拨付600万元作为解决红桥区困难企业退市职工安置和经济补偿资金；安排计划生育家庭特别扶助专项资金320万元，用于解决独生子女死亡伤残补助；拨付残疾人保障金133万元，保障残疾人就业、医疗、生活、培训等各项待遇；筹措资金搭建小额贷款平台，促进红桥区以创业带动就业工作。

二是加大教育事业投入。继续巩固义务教育经费保障机制，投入3334万元用于实施义务教育学校现代化建设和校舍抗震加固工程建设，推进义务教育均衡发展；拨付770万元用于义务教育免学杂费、提高公用经费标准专项补助和公办中小学、幼儿园配备专职保安、安装监控系统；拨付223万元奖助学专项资金，帮扶教育困难群体。

三是加大对医疗卫生事业的投入，积极推进医药卫生体制改革。拨付1185万元用于落实18项公共卫生服务经费标准；安排550万元，用于社区卫生服务站房租补贴和药品“零差率”销售补贴。

四是加大文化、体育事业的投入。支出370万元用于图书馆、少儿图书馆和文化馆搬迁改造；安排专项资金100万元用于群众文化和体育活动。

五是投入1800万元，用于城市建设和市容环境综合治理，加快生态城区建设，打造优美和谐的城市容貌。

（三）深化财政制度改革，提升依法理财水平

一是积极推进部门预算管理改革。根据区级财力，本着“量入为出、统筹兼顾、保障重点”的原则，科学合理的编制部门预算。在实行表格编报的基础上，推行软件编报，使预算编制工作更加科学规范。

二是积极推进国库集中支付制度改革。除涉密单位外，全区一级预算单位全部实行国库集中支付改革，全区实行国库授权支付总额达到832.5万元，是2009年同期的10倍。工资统发工作成效显著，在全区一级预算单位基本实行工资统发的基础上，推动二级单位试行工资统发工作，切实提高财政资金使用效益。

三是加强政府采购管理，严格落实政府采购制度，逐步扩大政府采购范围和规模。全年实施政府采购2050万元，同比增长55.5%，节约采购资金573万元。

四是创新核算管理工作，组织筹建了核算中心。针对红桥区部分小单位会计人员紧张，难以适应财政改革工作的实际情况，按照区领导的要求，对全区7个预算单位实行会计集中核算，各单位不再保留会计机构和会计人员，只保留一名报账员。缓解了各单位财务人员紧张的局面，降低了单位行政运行成本。同时，集中核算后会计核算和管理更加规范。

五是利用信息化手段加强预算执行管理。预算指标录入、打印、记账及拨款通知单、预算执行记账、核销等实现信息化系统管理，使预算指标管理和预算执行管理有机结合，既减轻了业务科室工作量，提高了工作效率，又可以实时监控预算执行情况，强化了预算管理的约束力。

（四）加强非税收入管理，严格执行收支两条线政策

进一步强化组织收入工作的力度，将纳入预算的行政性收费和罚没收入及时足额收缴入库。从国资和非税收入管理角度，抓好拆迁补偿费、拆迁协作费等相关收入的管理。做好资金往来结算票据启用工作，规范行政事业单位、社会团体及驻区有关单位票据的使用与管理。做好非税收入收缴管理系统试点工作，进一步深化“收支两条线”管理。

（五）加强国有资产监管，促进国有资产保值增值

加强行政事业单位资产管理信息化建设，切实维护行政资产管理权益，防止资产流失。完成2009年度区属国有及国有控股企业的财务决算和产权登记年检工作；继续做好红桥区十四户困难企业“打捆退市”工作；进一步深化国企改制工作，对原建委所属的治达安居建设有限公司100%股权无偿划转至区城投公司，不断完善区城投公司的城建基础设施代建资质。

（六）加强财政监督，严肃财经纪律

加强会计信息质量和专项资金的监督检查。完成区属29个国有及国有控股企业和18户社会团体单位“小金库”专项治理各阶段工作，结合检查中发现的实际问题，进一步完善预算和财务公开制度，从源头上防治“小金库”滋生。完成计划生育押金及社会抚养费情况调查工作。

（七）加强会计基础建设，提高会计人员素质

强化会计基础建设，精心组织、周密安排会计人员继续教育培训，不断提高会计人员业务素质和全区各部门财务管理水平。认真做好会计从业资格新证的发放、会计从业资格和专业技术职称的考前招生培训、代理记账审批等工作。顺利完成了会计从业资格考试无纸化考场建设，并组织了三次60场考务监考工作，得到了各级领导的好评。

（八）加强队伍建设，全面提升财政干部的整体素质

2010年，全局以强素质、正形象、严管理、高效率为目标，认真开展“廉政风险防范管理和效能建设年”活动，推动了机关和队伍建设再上新台阶。

一是抓好机关制度建设。充实完善了《红桥区财政局理论宣传制度》、《红桥区财政局学习制度》，切实搞好我局的宣传报道和组织干部的理论学习工作；制定了《红桥区财政局机关党建工作责任制实施办法》，切实加强我局的党建工作；认真贯彻执行《行政事业单位资产管理办法》，对机关固定资产进行核查和软件录入。严格落实请假、考勤、保密和信息公开等制度。二是做好干部的考察、培养和任用工作。通过竞争上岗，提拔科级干部9名；民主推荐副处级领导1名；选拔任用副科级非领导职务9名；轮岗锻炼10名，进一步调动了干部队伍工作积极性，提高了干部综合素质。三是做好预备党员转正和发展新党员工作。今年红桥区财政局有2名预备党员如期转正，有2名同志被发展为预备党员。四是老干部工作扎实有序进行。积极组织离退休干部参加各类活动。成立了新一届离退休党支部。五是抓好“学习型”机关建设。将学习教育作为贯穿全年工作的主线，精心制定党组中心组学习计划、2010年党员干部教育培训计划，对党的方针政策、各项财政业务知识、重要法律法规进行解读和学习，拓宽了干部的视野，增强了干部的政治意识和奋进意识。六是组织党员开展创先争优活动，积极参加区直机关党工委组织的“三服务一转变，创优岗做贡献”活动。七是抓好反腐倡廉建设。制定2010年廉政风险防范管理和“效能建设年”活动方案，以预算内资金管理、预算外资金管理、国有资产管理这三条线为主，带动其他方面管理，进一步探索有效预防腐败现象发生的新途径、新办法。深入自查自纠，搞好“效能建设年”活动，促进作风转变。

（宋学宇）

河北区财政

2010年，河北区财政工作以深化学习实践科学发展观活动为动力，紧紧围绕“解难题、促转变、上水平”的目标要求，创新思路，创新举措，强化税源建设，狠抓组织收入工作，优化财政支出结构，加强财政资金管理，加快推进财政改革，财政收入实现又好又快增长，财政实力进一步增强。

一、河北区经济发展概况

2010年，河北区经济社会呈现出又好又快发展态势，全年实现地区生产总值122亿元，同比增长18%；实现区级财政收入18.57亿元，同比增长38.3%。抓调整促升级，推动服务业向高端化发展，重点打造海河沿线以渤海商品交易所为龙头的“一团一线”高端服务业聚集区，海河沿线项目建设形成规模，已竣工交付使用12个项目，建筑面积72.4万平方米。渤海商品交易所已上市5个交易品种，成交金额突破3000亿元，吸附聚集效应逐步显现。金融服务业不断壮大，落户金融机构70户，留区税收同比增长29%。推动都市产业向特色化发展。市级都市产业园数量达到中心城区的一半，创意产业“四园三区三基地”规划布局基本实现，纺机绿领低碳产业园项目正在加快建设，3526、北新C6等现有园区的业态提升和红星·18、橡四等新的创意产业园区建设招商工作顺利推进，新科技园A园一期改造工程基本完成。推动商旅经济向品牌化发展。意式风情区、大悲院等地区形成全市独有的文化旅游品牌。完成意式风情区二期提升改造任务，世纪天乐服装市场正式开业，海河1902商业街招商工作抓紧进行，经纬艺术街区进入试运营阶段。意式风情区和摩天轮景区通过国家4A级旅游景区评审。推动民营经济向规模化发展。民营企业累计注册6300户；累计注册资金91.3亿元，同比增长27.6%；实现留区税收3.69亿元，同比增长31.97%。抓项目扩大投入。项目开竣工达到河北区历史新高，全年开工项目50个，342.1万平方米，竣工项目20个，110.5万平方米。围绕重点地区、重点产业，加强招商引资工作，扩大项目储备。成功出让金钟河大街1、3、5号地块，为实现河北区空间发展布局、促进业态升级提供了新的条件。成功举办招商引资商务周活动，推出总投资额达320亿元的四大类26个重点招商项目，签约12个项目，协议额达190亿元。以奋战300天市容环境综合整治为契机，突出整体提升全覆盖，高标准完成44条道路环境综合整治任务，对49个社区77个小区环境进行治理，打造了赛园里等3个精品小区，高水平提升改造北宁公园、王串场公园和幸福公园，集中开展违法占路经营等6项专项治理，城区市容环境发生了新的变化。百年历史名园北宁公园提升改造形成全市的新亮点，起到了带动周边地区整体开发建设的效应。完成市政道路改造 13 条、里巷改造 11 片，建昌道东段、中纺前街、小红星路等 3 条老旧道路列入全市改造计划，并启动实施，困扰群众多年的问题得到解决。新建绿化面积 33 万平方米，提升改造绿化面积 135 万平方米，绿化覆盖率达到 40%。推进科技和产业发展创新，完成市级科技成果登记 83 项、技术合同认定登记 298 项，技术市场交易额达到 8.6 亿元，申请专利 484 项，申报国家和市级科技项目计划 33 项，有 10 家科技企业通过市高新技术企业认定。完善特色产业园区、商旅街区的管理服务机制，加快引进和实施金融创新、文化创新项目，带动了产业升级。推进基层社会管理创新。以服务群众为核心，建设融合综治信访服务、社区事务服务、劳动保障服务功能的街道社区综合服务中心，已较好地发挥了作用。

二、税源建设

2010 年，进一步完善税源建设管理工作机制，明确责任目标，抓好分解落实，加强工作考核，完善激励政策，有效调动各部门增收积极性。围绕城区功能定位和产业空间布局，充分发挥财税政策和资金导向作用，扩大招商引资规模，积极推进项目建设，大力发展培育楼宇总部经济，做大做强创意产业，鼓励支持企业创新，促进民营经济、科技企业和中小企业发展，不断增强财政实力。利用科技发展基金和中小企业贷款担保基金的放大效应，促进科技企业孵化器建设和潜能大、实力强的高新技术企业发展。以结构调整升级实现经济平稳较快增长，进一步夯实财政增收基础。定期召开税源建设领导小组会议，听取工作汇报，协调部门关系，通报交流信息，研究解决涉税问题，有效促进了全区税源建设工作开展。

三、预算管理

2010 年，认真做好对全区财政收入任务的测算工作，拟定和分解落实各征收部门指标，积极协调税务、房管等征收部门，进一步加强沟通与协作，狠抓收入进度，做好收入预测及执行情况分析工作，为领导决策提供依据。按照零余额账户改革的要求，将部门预算按照零余额账户程序的要求分解成人员经费预算、公用经费预算、项目经费预算与政府采购预算几大项并细化到政府收支分类科目中功能科目的项级科目下达到各预算单位。认真设计完成符合河北区实际的部门预算编制程序，使部门预算编制在原有的基础上更加完善和科学，为编制 2011 年部门预算打下良好的基础。较好地完成了市财政局布置的财政供养人员信息统计报表、基建决算报表、地方性政府债务统计报表和行政成本测算工作。

四、行政事业财务管理

2010 年，按照“促发展、构和谐”的原则，优化支出结构，突出支出重点，提高社会各项事业保障能力。完善以政府为主的教育投入机制，全面落实义务教育“两免一补”政策，积极落实奖助学金政策，促进了教育均衡协调发展；加快教育费附加拨付进度，重点支持 14 中示范校二期建设，完善教育布局调整。调度资金支持公共卫生规范达标工作，使各社区医疗机构更好地为辖区居民提供优质医疗服务；拨付专款用于支持公共卫生医疗中心建设；拨付资金用于疾控中心设备购置；支持计生事业发展，及时拨付市区两级独生子女死亡伤残特扶资金；及时拨付园林、环卫以奖代补资金和二轮环境整治资金，满足考核需要；投入资金积极推进和谐社区建设，着力改善民计民生；加大市容环境综合整治资金投入力度，推进生态宜居区建设。

五、国库管理

2010年，积极推进国库集中支付制度改革。拟定河北区财政国库管理制度改革的方案，制定《河北区财政国库管理制度改革试点银行支付清算暂行办法》、《河北区财政国库管理制度改革试点会计核算办法》、《河北区财政国库管理制度改革内部管理职责暂行规定》等各项配套制度和措施，确保国库集中支付改革试点工作有序开展。按期完成了政策讲解、账户开设、业务及软件培训、网络搭建、设备采购等准备工作，为保证国库单一账户改革顺利实施打下了坚实的基础。按照“开拓创新、积极稳妥、先试点、后推广”的原则，在充分借鉴其他区县的做法和经验的基础上，结合实际情况，把区财政局、区物价局列为第一批改革试点单位，从2010年2月起上线运行。同时，确定中国银行天津河北支行为国库集中支付代理银行，开设零余额账户。

六、政府采购

2010年，河北区政府采购中心受市内六区财政局委托，完成市内六区2010年度办公设备、网络设备、电器设备的协议供应商和印刷的定点供应商的招标工作，并统一印制了《协议供货凭单》，解决了过去各区协议供货和定点采购模式不统一，程序不一致的问题，方便了供应商办理供货手续，提高了供货效率，得到了采购人和供应商的认可。加大了对较大政府采购完工项目的验收力度，验收率超过90%，对不符合标书质量要求的货物，要求供应商进行了更换或改造。推行利用网络化手段规范管理政府采购程序，组织采购单位的政府采购联络员对数家协议和定点供应商进行实地考察，在项目的招、评标过程中邀请监督部门以及人大代表、政协委员和民主党派代表参与，扩大政府采购规模，拓宽采购范围，提高政府采购水平。

七、预算外资金管理

2010年，加强非税收入项目管理，监督执收部门按照国家有关规定的收费项目、收费标准，严格依法征收，做到应收尽收，全额上缴财政专户。严格支出审批，做好财政专户支出核算的规范工作。加强票据管理，在票据发售中，继续坚持验旧售新，限量发售的办法，做到以票管收。按照财政部、市财政局下发的关于行政事业单位资金往来结算票据使用管理的通知精神，对全区行政事业及有关单位215户历年使用的统一收据进行了审核、缴销和统一销毁工作。会同区物价局对全区2009年度行政事业性收费进行年度审验工作，重点检查了各单位的收费票据使用、统一收据的使用、缴入财政专户资金的核实、年检报表核对，以及报表汇总工作，全区79个单位在规定期限内进行了年检申报，年检率达到100%。

八、企业财务管理

2010 年，积极筹措项目资金，落实节能减排政策，扶持河北区中小企业发展，帮助企业解决实际问题。积极开展对驻区 10 余家销售企业家电以旧换新补贴资金的工作，重点审核以旧换新凭证、购货发票、资金补贴申请表、购买人身份证、申请企业开户行及账号，审核原始资料与网上信息是否相符，凡不一致的退回企业重新登录申报，设置初审和抽检双重审核程序，确保补贴资金准确无误，对符合政策的立即兑现补贴资金，最大限度地减少企业或购买人资金垫付，对于不符合规定的予以退回，确保补贴资金及时、足额、准确发放。圆满完成了市财政局经建一处 2009 年决算布置、审核和汇总上报工作。按市局要求完成了 2010 年上半年区属国有企业财务运行分析工作。圆满完成了天津市企业财务会计信息系统网络报送试运行工作。

九、社会保障

2010 年，继续加大社会保障投入。安排资金保证低保、抚恤、再就业、医险、社区公共卫生、零差率销售补偿等重点性资金的拨付；拨付残疾人保障金用于残疾人劳服所人员公用正常开支、无障碍设施改造经费、残疾人教育助学金经费、房屋贷款余额、及社区残疾人工作经费；拨付资金保障低保特困人员的最低生活保障金和基本生活必需品价格联动补助经费的发放；支付资金用于河北区城乡居民基本养老保障基础养老金补贴和老年人生活补助；做好河北区社区卫生服务机构基本药品零差率销售工作，减轻群众看病难、看病贵问题；投入资金用于河北区 18 个卫生服务项目的规范管理和达标工作；拨付专款用于卫生监督部门开展食品安全检查和举报奖励经费；积极配合经贸委、劳动局做好河北区困难企业退市的后续工作。

十、财政信用担保

2010 年，按照市、区“解难题、促转变、上水平”的目标要求，认真落实市政府的 30 条工作措施，结合河北区制定的区中小企业信用担保中心基本工作程序，深入企业了解情况，帮助企业解决资金困难，并收到了良好的效果。认真贯彻有关文件精神，对应收的担保费（原收费标准是 1.2%）减免 50%，降低企业融资成本，减轻企业经营负担。全力支持河北区重点工程项目，为北宁公园提升建设改造项目提供担保资金数千万元，确保了工程如期进行。充分发挥中小企业信用担保中心作用，及时为汇森房地产开发有限公司、宝利集团、环金三分公司、通广数字有限公司、德润喷绘等单位提供了贷款担保，解决了企业融资难的问题，使企业生产经营形成良性循环，为促进区域经济发展发挥了积极作用，为财政增收奠定了可靠的税源基础。

十一、财政监督

2010 年，积极开展社会团体和国有及国有控股企业开展“小金库”专项治理工作。根据天津市治理“小金库”工作领导小组《关于做好天津市2010年“小金库”专项治理工作的通知》精神，为进一步搞好今年河北区“小金库”专项治理工作，召开了全区2010年“小金库”专项治理动员部署会议。按照整体安排，9月底将全区上报自查自纠报表统计汇总并上报市里，10至11月由纪检、监察、财政及审计等部门组成的检查组，分别对红十字会、慈善协会、天津联通建设发展有限公司等18个单位实施重点检查，并将重点检查单位进行汇总上报市有关部门。按照市局2010年财政监督工作要点，对中皓会计事务所、永信会计事务所进行会计信息质量检查。

十二、会计管理

2010年，为做好新会计法规制度的宣传、贯彻、落实和培训工作，上半年共举办以新企业会计准则为内容的培训12期，培训会计人员4100余名，培训效果良好。做好会计从业资格无纸化考试工作，6至12月份河北区考点共举办一、二类无纸化考试4次139场，参考人数达6215人次。全年组织了4次会计从业资格考试的报名工作，河北区共有6215人次报名考试。会计人员继续教育共培训了3800多人。举办会计从业证考前培训班4期共600多人参加。举办初中级职称培训班3期共200余人参加。继续开展会计电算化培训，全年累计培训6期，共220余人参加。做好代理记账机构的审批和日常管理工作，共审批了3户代理记账机构，同时，在市局安排下，进行了代理记账机构的年检、备案登记工作，共检查、审核了30余户代理记账单位。

（孙晓伟）

东丽区财政

2010年，东丽区财税部门认真落实市第九次党代会精神，按照区第九次党代会确定的目标要求，积极抢抓滨海新区开发开放历史性机遇，紧紧围绕“富民强区、构建和谐东丽”两大历史任务，坚持科学发展、和谐发展、率先发展，全区综合实力明显增强，社会各项事业协调发展。

一、地区经济发展概况

2010年，东丽区全年完成地区生产总值318亿元，年均增长19.5%；农民人均纯收入14180元，年均增长10.5%。

工业经济强势发展。2010年工业销售收入突破1000亿元，是“十五”末的3.8倍，年均增长30%。装备制造、汽车部件、电子信息、生物医药等优势产业和航空航天、节能环保、新能源新材料等战略性新兴产业成为工业经济发展的强大支撑力量，产业集聚效应和规模效益逐步显现。加快大项目好项目建设，建成和在建工业项目630项，总投资530亿元，其中亿元以上项目68项，总投资260亿元，有12项列入市级重大工业项目。

实施百家中小企业成长工程，民营企业不断发展壮大。现代服务业集聚发展。商务商贸、总部经济、楼宇经济、现代物流、文化旅游等现代服务业快速发展。建成和在建服务业项目68项，总投资620亿元，其中亿元以上重大项目37项，总投资380亿元。

都市农业稳步发展。农业高质化、产业化水平不断提高，建成华明复垦设施农业园区，滨海国际花卉科技园区加快建设，沿海都市型农业初具规模。

区域科技创新能力明显增强。成为“全国科技进步先进区”、“全国科普示范区”、“国家可持续发展实验区”。全社会科技研发投入大幅增加。实施各类科技项目560项，实现科技成果转移转让200项，授权专利1100件。工业技改投入122亿元，比“十五”期间增长3倍。科技型中小企业不断发展壮大，达到520家。初步形成了高端产业化基地和工程技术中心、企业技术中心、科技企业孵化器、生产力促进中心、产学研联合体组成的科技创新创业平台，有力地促进了各类创新要素的集聚发展。

区域合作发展取得新突破。积极融入滨海新区，全面展开与空港经济区、泰达西区、高新技术园区、现代冶金区的合作，在产业对接、合作开发、就业保障和新农村建设等方面建立了统筹发展、共赢发展的工作机制，实现了优势互补、同步发展。加大产学研合作力度，与48所高等院校和科研院所建立合作关系，推动了先进技术与企业的有效对接。设立区人才发展资金，实施“百千万工程”，人才支撑作用进一步显现。

招商引资取得重大成果。连续5年开展招商专项行动，引进了国家电网、中国一重、中国北车、中航工业、华侨城、恒大、宜家等一批大项目好项目，其中世界500强、知名国企民企49家，进一步优化了经济结构，增强了发展后劲。海特、天安等项目成为总部经济、楼宇经济发展的新亮点。高标准开发建设产业园区，华明工业园区、重机工业园依靠大项目不断拓展发展空间；东丽航空产业区启动建设。工业园区规划面积达52.3平方公里，“十一五”时期开发面积22.2平方公里。加快东丽湖、华明商务区、机场总部基地等10个服务业聚集区建设，规划开发面积7平方公里。累计开工建设工业和商业地产374万平方米。空间载体不断扩大。

国有企业改革取得新进展。区属国有企业改革进程不断加快，改制撤并企业58家，国有企业活力不断增强。以东方财信、城投、滨丽和各功能区、街乡园区公司为支撑的国企投融资架构基本建立。完善国有资产监管政策体系，“借用管还”良性机制基本形成。金融创新和金融服务不断加强。利用金融租赁等方式融资，拓宽了融资渠道。成立了东丽村镇银行和7家小额贷款公司，多家银行、保险和证券公司在东丽区建立了分支机构。为企业搭建了银企对接发展平台。实现了优势互补、互利共赢，打造了东丽借势发展新优势。

二、财政收支情况

2010年，东丽区实现三级财政收入126亿元，比上年增长25.7%。完成十五届人大五次会议确定财政收入任务120亿元的105%。其中：区级财政收入38.5亿元，完成预算100.5%，按可比口径计算增长24.2%。按现行财政体制，实得财力预计为38.6亿元。

2010年，东丽区实现财政支出38.6亿元（不含市级专项补助支出），完成预算100.3%，其中：基本支出15.2亿元，占总预算的39.4%；项目支出23.4亿元，占总预算的60.6%。全年预算执行结果实现了财政收支平衡。

三、财政管理工作

（一）优化投资环境

2010年，为推动全区“解难题、促转变、上水平”活动深入开展，区财政局加大企业扶持力度，全年为13家企业担保贷款1.7亿元，累计共为363户企业担保贷款30.8亿元。切实解决企业融资难问题。进一步优化招商引资环境，大力支持服务业发展，制定商贸、楼宇经济企业奖励政策，提高第三产业税收贡献率。在财政、信贷等方面加大重点经济区域支持，在奖励政策中引入经济发展指标考核体系，提高招商引资质量，促进经济发展方式转变。提高第三产业税收贡献率。充分利用财政技改贴息资金，提升工业企业技术改造和装备水平，落实总部经济各项奖励政策，促进经济区域主体及企业发展总部经济积极性，做大做强经济总量。

（二）增加民生投入

2010年，区财政局继续加大民生投入，积极落实改善民生各项政策措施，增加预算

3000万元用于提高城乡低保、特困等困难群体、被征地农民等特殊群体补助标准。实施优抚对象、烈属、低保特困家庭、残疾大学生及残疾家庭学生补助、救助政策。将新型农村合作医疗并入城镇居民基本医疗保险。各项政策落实到位，使区社会保障能力和水平显著增强。全年直接用于民计民生方面资金达3.4亿元。重点投入农村退养补助及城乡居民基本养老保障5130万元，储备被征地农民养老保障资金6700万元，落实支援地震灾区建设预算3700万元。安排5781万元用于兑现居家养老、社会办养老机构、高龄老年人、军队移交离退休人员各项补助、补贴，健全覆盖城乡养老保障体系。投入4000万元用于城乡居民医疗保险、优抚对象医疗补助，完善医疗保障体系。及时拨付城乡低保特困等困难群体补助、救助资金3848万元，提高困难群体基本生活保障水平。加大残疾人事业投入，残疾人社会保障和救助资金231万元、落实无障碍设施、托养服务中心建设资金，兑现残疾人意外伤害保险、一户多残家庭补贴等资金665万元。落实公益性岗位、农村劳动力技能培训、职业介绍、自主创业及退伍军人自谋职业等各项补贴资金3100万元，投资扩建滨海就业培训基地，积极促进创业就业工作开展。

（三）支持社会事业发展

2010年，区财政局加强“三农”（农业、农村、农民）教育，增强公共卫生、文化体育、科技等社会事业预算，加大环境整治、基础设施、城市化建设等项目投入，提高公共财政支出比重，推进基本公共服务均等化。农林水利支出9800万元，用于各项涉农补贴、设施农业、食用菌生产基地、农田水利改造工程、旅游特色村、村级组织运转等项目支出，推动农业产业化建设，促进农业增效农民增收。家电下乡补贴资金发放，已兑付商品为3704件（套），兑付金额为85.5万元；家电以旧换新产品审批2016件（套），兑付金额为58.4万元；汽车下乡审批2382辆，兑付金额为885.2万元。教育支出7.55亿元，落实义务教育阶段教师绩效工资政策，提高教师队伍收入水平。拨付资金9800万元，用于现代化达标、校舍加固、校园安全、职业教育中心项目建设，提前两年在全市率先完成义务教育学校现代化达标工程，全区教育教学环境明显改善。加大医疗卫生投入，落实东丽医院改扩建及医疗设备购置、中医院修缮、社区公共卫生服务等项目资金4360万元，医疗服务环境明显改善，公共卫生服务水平显著提高。加大文体事业投入，筹措资金2.38亿元建设广电中心、全民建身活动中心、游泳训练中心及体育场。足额安排农家书屋、电影下乡等项目预算，丰富群众文化体育生活。加大科技投入，支持自主创新。加大基础设施和环境整治投入力度，落实示范镇基础设施建设配套资金，积极筹措市容环境综合整治专项资金，安排1.2亿元资金用于城市绿地、市容环卫及市政基础设施养护，大力改善全区市容环境。

（四）深化财政改革

2010年，区财政局以加强财政基础工作和基层建设为重点，努力提高财政管理科学化、精细化水平。严格预算编审、执行等环节管理，建立部门基础信息数据库，细化基本支出及项目预算，严格控制公用经费等一般性、消耗性支出增长，规范预算追加审批程序，提高预算执行效率。严格工程类预算审核，加强成本控制，强化支付过程管理。积极推行集中支付制度改革，全区一级预算单位及教育系统二级预算单位全部实行集中支付制度，减少支付环节，提高资金使用效率。严格政府投资项目管理，健全完善相关制度，规范投资行为，加强廉政建设。积极拓展融资渠道，合理调配各类资金，保障重点项目资金需求。加强政府债务管理，努力防范和化解财政风险。严格执行政府采购制度，扩大采购范围和规模，全年采购资金2.5亿元，资金节约率10.5%。

（五）财政监督工作

2010年，区财政局开展社会团体和国有企业“小金库”专项治理工作，严肃财经纪律，推进廉政建设。对会计事务所开展会计信息质量检查，进一步规范收费行为，保障合法收费，维护收费管理制度严肃性，进一步提高“收支两条线”管理力度。对中央政府公共投资预算执行和拉动内需投资资金进行重点检查。主要检查实施汽车摩托车下乡财政专项资金、小型农田水利补助资金、农业综合开发、设施农业、商贸企业流动资金等财政专项资金相关内容是否真实合法，信息披露是否充分完整和贯彻执行国家财税政策的情况。按照市局要求，对联动专项资金进行检查，主要检查农业综合开发项目各级财政资金拨借、使用及资金管理等情况。做到依法行政，严格检查程序，对查出问题要求被检查单位及时整改。

（六）财政干部队伍建设

坚持以人为本，以建设一流的队伍，培育一流的作风，提供一流的服务，创造一流的业绩为目标。加强理论和业务学习，加强法制教育，增强法制观念，增强服务意识，坚持为民理财、科学理财、廉洁理财。营造良好的政治学习氛围。抓好中心组的学习和党、团员活动。采取多种形式，丰富学习内容，提高学习质量。使全局干部职工政治理论水平和财政业务能力有显著的提高。在区绩效考核工作以优异的成绩排名全区第三位。

（七）党建工作

局党组加强了对党建工作的领导。紧紧围绕财政中心工作，加强组织建设和党员教育。全局上下涌现了人人要求上进的良好氛围。2010年申请入党积极分子向各支部递交思想汇报累计达115份。有4名预备党员按期转正，9名积极分子参加了机关党委培训班，有5名同志成为了预备党员。积极开展文体活动，积极组队参加区首届农行杯运动会足球赛取得第一名好成绩。东丽区财政局预算科、人事科、国资科被评为2010年度天津市财政（地税）系统先进集体、2010年预算科被评为全国三八红旗手荣誉称号、2010年财政局被国家体育总局评为全民健身活动先进单位。

（王延伟）

北辰区财政

2010年，北辰区财政部门的广大干部职工，认真贯彻落实区委九届七次全会、区十五届人大七次会议和市财政、地税工作会议精神，积极应对保持经济平稳较快发展和维护社会和谐稳定的艰巨挑战，充分发挥财政职能作用，着力促进经济发展方式转变，大力培育新的经济增长点，区财政综合实力不断增强；以创建学习型党组织为核心，以开展创先争优活动为载体，强化机关党建工作和精神文明建设，广大干部的综合素质有了新的提高，圆满完成了2010年各项任务，实际工作、效果和水平均好于2009年。

一、地区经济发展概况

北辰区全年实现地区生产总值373亿元，比上年增长24.1%；财政收入92亿元，增长21.4%；全社会固定资产投资301.6亿元，增长37.9%；农民人均纯收入14400元，增长11.6%，圆满完成了区十五届人大七次会议确定的各项目标任务。

工业经济强势发展。开发投入千万元以上工业新项目139个，其中超亿元项目30个，全年新增规模以上工业企业90家、销售收入过亿元企业10家，累计分别达到1005家和160家。区属工业增加值增长25.1%，占全区经济比重的66.2%，拉动全区经济增长11个百分点。装备制造、生物医药等主导产业加快换代升级，产业规模进一步壮大。新增4家高新技术企业，累计达到58家。市级以上名牌产品达到60个，驰著名商标达到96件，继续名列全市榜首。

现代服务业发展迅速。开发投入千万元以上新项目65个，其中超亿元项目15个，服务业增加值增长33.2%。楼宇经济快速发展，年纳税超千万元的楼宇发展到5座，其中亿元楼宇1座。

都市型农业做优做精。新建设施农业4050亩，累计达到2.1万亩。农业龙头企业达到14家，农民专业合作社发展到65家。

自主创新能力不断增强。制定出台加快科技型中小企业发展的各项政策措施，全面启动科技“小巨人”成长计划，新创市级企业技术中心8家，累计达到41家，申请专利1600件，2个项目获得市科技创新专项资金支持，在全市科技进步考核中名列第一。

园区发展实现较大突破。全年吸引注册资金120亿元，实现税收45亿元，占全区一般预算收入的60%。科技园区新区、医药医疗器械工业园、陆路港物流装备产业园的基础设施建设和招商引资工作全面推进，累计签约项目42个，引进资金362亿元，为培育区域经济增长点创造了条件。

二、财政收支情况

经济的又好又快发展为财政收入的稳步增长打下了坚实基础。2010 年，全区地方一般预算收入完成 26.65 亿元，比上年增长 21.13%，完成预算的 100.43%，加上市对区体制税收返还、转移支付补助和上年结余，区财政当年可支配财力为 27.06 亿元，完成年初预算的 100.46%；全区地方一般预算支出 27.01 亿元，比上年增长 20.64%，完成预算的 100.27%，全年收支相抵，结余 500 万元。

2010 年区财政主要支出项目执行情况是：经常费支出 137343 万元，比上年增长 24.64%，完成预算的 100.43%。专项经费支出 132763 万元，比上年增长 16.76%，完成预算的 100.11%，其中：农业、科技、教育三项法定支出 26287 万元，增长 21.28%；基础设施、环境建设和城市维护等项目支出 19918 万元；社会事业、社会保障等改善民生方面支出 16958 万元；科技园区和财政体制分成 69600 万元。

政府性基金收入 168219 万元，比上年增长 34.89%，完成预算的 112.67%。政府性基金支出 168219 万元，比上年增长 34.89%，完成预算的 112.67%。

三、财政管理工作

（一）积极组织财政收入，财政收支规模不断扩大

围绕扩大财政收入总量，做大可供分配“蛋糕”，采取切实措施，大力组织财政收入。一是对年初区人大通过的财政收入任务，按照责任单位和税种，逐一进行了分解落实，使收入任务及时落实到位；二是制定了切合实际的奖惩措施，强化现代信息网络对重点企业、重点项目税收监控作用，使纳税大户的税收收入平稳增长；三是加强与国地税及各镇街等部门的联系，强化收入进度分析预测，提出并指导落实具体增收措施，使各部门、各税种的税收均衡增长；四是针对零散税源、农贸市场等征收难点进行专题调研，提出了具体征管办法，并在部分镇街进行了试点，收到了较好效果；五是对北辰区财政局负责的行政性收费和罚没收入，强化催缴和检查力度，超额完成了全年预算任务，有效保障了财政收入的稳定增长。

（二）认真落实鼓励政策，财源建设得到加强

一是支持招商引资和大项目、好项目建设，保证了项目配套资金及时足额到位；二是认真落实区委区政府制定的《北辰区突出贡献企业奖励办法》，加大对企业的政策扶持力度；三是完善了区镇（街）、园区财政体制和增收奖励机制，使镇街园区财力与税收收入紧密挂钩，充分调动了镇街园区招商引资、发展经济、协税护税、壮大本级财力的积极性和主动性；四是加快示范园区基础设施建设，市区两级对园区 1.8 亿元的三年政策贴息，提前一年拨付到位，有效支持了园区建设；四是对风电产业园区采取贷款贴息政策，全年投入资金 1 亿元；五是支持开发公司、示范园区等融资平台建设，为其增加注册资本金，使自主融资能力得到较大提升；六是加大了对现代农业示范园区建设的投入，促进了全区现代农业发展，

为财政收入的稳定增长夯实了财源基础。

（三）优化支出结构，公共财政职能不断健全

按照科学发展观要求，在保证工资性支出的前提下，不断优化支出结构，大力压缩公用经费，对会议费、招待费及因公出国（境）经费实施源头控制，全年会议费和招待费同比减少 25.47 万元和 34.73 万元。强化农业、教育、科技等法定支出，有效保障了支出增幅高于同期财政收入增长。着力保障改善民生支出，使低保户、困难户、五保户、残疾人特困户等弱势群体的生活得到了充分保障，推进了与市场经济相匹配的公共财政体系建设。加大基础设施和环境建设力度，使城乡面貌、人居环境得到进一步改善，区财政的公共保障职能不断增强。

（四）深化财政管理制度改革，财政资金精细化管理跃上新水平

围绕加强财政科学化、精细化管理，积极稳妥地推进财政管理制度改革。一是深化部门预算和国库集中支付改革。建立并完善了基本支出定员定额标准体系，提高了公用经费和福利费标准，健全了收入直接缴库，支出直接拨款和财政集中开户、资金封闭运行的收支管理制度；二是加强“收支两条线”管理，严格单位账户监管制度，完善了单位预算外资金收入管理监控体系；三是围绕机构改革，加强了行政事业单位资产管理，对合并单位的资产购置、盘亏、盘盈，制定了管理办法，有效规范了各单位的资产管理行为；四是加强政府采购资金集中支付管理，完善了政府采购公开招投标制度和公告制度，使政府采购行为得到了进一步规范，全年采购预算资金 9309.14 万元，实际采购金额 8414.13 万元，节约资金 895.01 万元，资金节约率 9.61%；五是加强财政资金监管。对国库资金进行了安全自查，对党政机关、区属国有企业“小金库”进行了专项治理，对困难企业救助基金和家电下乡补贴资金，实施了专项清查整治，有效维护了正常的财经秩序；六是强化固定资产投资项目预决算的审计工作。对风电产业园、陆路港物流装备产业园、瑞景卫生院等大型基建项目进行了严格的预算审计，全年共审计工程建设项目 88 项，审计工程报价 13.73 亿元，核减造价 1.41 亿元，核减率 10.27%，有效节约了财政资金；七是强化会计核算管理，全年拒报违规票据 28 张，涉及金额 6.3 万元，提高了财政精细化管理水平。

（五）落实各项强农惠农政策，财政服务水平不断提升

一是落实强农惠农政策，全年共发放粮补资金 1188.85 万元，其中：夏粮补贴面积 11178 亩，补贴资金 81.6 万元；秋粮补贴面积 137366 亩，补贴资金 104.47 万元，有效保护和调动了农民的种粮积极性；二是村级组织建设经费得到保障。全年拨付村级组织经费补贴 1440 万元，比 2009 年净增 180 万元，保证了村级组织的正常运转和基层政权的稳固；三是落实家电下乡政策。全年共兑付补贴资金 1672.94 万元，补贴彩电、冰箱等下乡产品 7690 台（件），以旧换新产品 24142 台（件），汽车、摩托车 874 辆，有效拉动了农村市场消费；四是强化会计事务管理。举办了会计上岗证、会计技术资格证、会计电算化等多期培训班，对 5978 名会计人员进行了继续教育培训，培训村级财务人员 180 多人，有力提升了全区会计人员素质；五是加强外资企业管理。对 396 户外商投资企业，及时进行了 2009 年度财政登记和年检审核工作，新增外资企业 20 户，变更登记 69 户，注销登记 14 户；六是强化国

有资产管理。根据《企业国有产权转让管理暂行办法》，对东堤头粮店转让事宜，依法进行了严格的资料审查，保证了国有资产不被流失；七是强化会计核算管理，及时准确地完成了2009年度决算编制工作，做到了核算精确、无错无漏、按时上报。

（六）加强机关党建工作，干部队伍素质不断提高

围绕创建学习型党组织和学习型机关，以“党员起作用、干部添活力、工作创佳绩”为主线，搭建“六比六看”活动载体，实施了党员承诺、践诺和评诺机制，提升了党员干部素质，促进了机关党建和各项工作整体上水平。一是坚持理论学习不动摇，深入学习中国特色社会主义理论体系，使干部理论素养不断提高；二是加强领导班子建设。坚持民主集中制原则，按时召开专题民主生活会，对局里的重大问题，集体研究、民主决策，形成了团结鼓劲补台、想干会干干好、高效务实和谐的班子氛围；三是加强党风廉政建设。严格执行廉洁自律各项规定，坚持依法理财、廉洁理财，自觉遵守各项财经法规和制度，加强财政资金监管，强化从源头控制和预防腐败机制，全年未发生违纪违法违规案件，顺利通过了区人大的法律监督和审计部门的例行审计；四是深入推进“双联”工作。帮助小贺庄整修了村内街道，与双联村困难党员结成帮扶对子，开展了“扮靓家乡”党员义务劳动，加深了两地党员的友谊，推进了双联工作开展；五是积极开展创先争优活动，使“创建文明科室、争当优秀干部”活动结出丰硕成果；六是加强财政法制建设，圆满完成了行政执法证年检考试，推进了依法治局深入开展；七是强化干部责任体系建设。坚持“周记实、月小结、季讲评、年考核”四位一体的考核评价机制，形成了简便管用、易于操作的考核办法，达到了奖勤罚懒、提能增效的目的；八是完善了机关安全、考勤、值班、卫生等多项管理制度，使机关管理和干部素质有了新的提高，为圆满完成2010年各项任务提供了坚实保障。

（何绍起）

西 青 区 财 政

2010年，西青区财政局在区委、区政府的正确领导下，开拓创新，锐意进取，科学理财，优化服务，有力支持了全区经济和各项社会事业发展，圆满完成了区十五届人大五次会议确定的财政预算任务。

一、地区经济发展概况

2010年，全区完成地区生产总值386亿元，比上年增长28.3%，财政收入111亿元，比上年增长26.7%。区级财政收入56.3亿元，其中地方一般预算收入37.2亿元，比上年增长22%。加上中央及市财政结算补助和转移支付补助3.7亿元，当年地方财力60亿元，再加上上年预算结余7.4亿元，全年可支配财力67.4亿元。全区财政支出62.63亿元，比上年增长40%。农民人均纯收入14820元，固定资产投资500亿元，外资到位额6.8亿美元，内资到位额220亿元。加快了重点项目建设，总投资1277亿元的275个三级五类重点项目，到年底累计完成投资700亿元，其中199个项目竣工或部分投产运营。前五批56个市级区县重大项目全部开工建设。着力加快设施农业建设，全区设施农业面积达到9万亩，基本建成张家窝现代农业园区、大寺食用菌基地、梨园头花卉基地等9个现代农业产业园。特别是新建的王稳庄镇二侯庄、大寺镇青凝侯等4个设施农业基地，发挥了西青区东南部地区发展设施农业的潜在优势。工业经济迈上新台阶，整体结构不断优化，电子信息、汽车及零部件、生物医药三大主导产业占到了工业总产值的40%以上，长飞鑫茂光缆、捷威动力、祥威传动等一大批新能源、新材料及现代制造业项目相继投产，工业整体结构不断优化，电子信息、汽车及零部件、生物医药三大主导产业占到了工业总产值的40%以上；新能源、新材料等战略性新兴产业迅速发展，高新技术产业比重达到25%；工业产值迈上千亿元台阶，全年工业产值达到1200亿元，规模以上企业达到1012家，销售收入亿元以上企业达到200家，10亿元以上的达到20家。加快服务业发展，全年服务业实现营业收入660亿元，同比增长88.6%，完成增加值135亿元，占全区经济总量的35%。加快了农村居住社区建设，全年新开工村民住宅101万平方米，全区在建村民住宅达到258万平方米，到年底146万平方米达到入住条件，可安置村民3.3万人，全区城市化率达到74%。深入实施了环保六大工程，全年削减二氧化硫排放173吨、化学需氧量478吨，全面完成污染物减排任务，全年空气质量好于二级天数占有效监测天数的83%；扎实推进绿色西青工程，完成造林 1.2 万亩、植树 127 万株，全区林木覆盖率达到 20.3% 。

二、财政工作

2010 年，西青区财政局积极应对各种挑战，大力组织财政收入，科学分配财政资金，实现了财政资金的保障效应、激励效应和引导效应，支持了全区经济和各项事业发展，财政管理的质量和水平进一步提高。

（一）积极组织财政收入，确保全年收支平衡

面对复杂多变的宏观经济形势，西青区财政局协调各征收部门积极组织财政收入，合理分配收入目标，科学把握收入进度，严格界定收入范围，进一步规范收入征缴制度，对各项财政收入努力做到应收尽收，应缴尽缴，通过全区上下的共同努力，区人大年初确定的收入任务已超额完成，实现了财政收支平衡。

（二）加大社会事业投入，促进经济社会协调发展

2010 年，全区教育支出 7.17 亿元。除保障教育正常经费外，加大了基础设施和现代化建设力度。主要包括：开展了义务教育现代化建设和中小学校舍加固工程，新建了小南河中心小学和王稳庄镇中心幼儿园，改扩建了第九十五中学、当城中学和王稳庄中学。继续实施义务教育阶段免学杂费政策，为全区中小学配备了保安人员和视频监控系统，为中等职业学校农村家庭经济困难和涉农专业学生免除学费，继续实施教师绩效工资制度，逐步提高教师待遇。

文化体育与传媒支出 0.65 亿元。加快西青宽带网络建设；进一步完善文化中心各项载体功能；及时拨付了参加上海世博会“天津周”演出活动经费、增印杨柳青木版年画集成经费和各项文体活动经费；继续支持农家书屋、村文化室建设，配备了相关设备和书籍；为文化广播单位增配了专业设备，提升了西青区文广传播的整体质量。

医疗卫生支出 4.62 亿元。继续支持西青医院建设，加快了社区服务站、卫生所标准化建设；完善了新型农村合作医疗政策，实施了城镇居民基本医疗保险制度和行政事业单位医疗保障制度；增加对重点优抚对象的住院医疗补助；保障了 2010 年西青区麻疹疫苗强化活动经费；为西青医院、疾病预防控制中心等卫生部门更新配备了办公设备、医疗器械等。

（三）加大“三农”投入，积极推进社会主义新农村建设

2010 年，全区农林水支出 1.66 亿元，农业基金支出 3.09 亿元。支出项目主要包括卫津河综合整治工程、丰产河综合治理工程、重点林业建设工程、西青区农村管网入户工程、子牙河第六埠橡胶坝工程。此外还积极开展了设施农业建设、中低产田改造、农业园区农田道路硬化、农业产业化经营花卉及蔬菜批发市场建设、宽河泵站出水池更新改造等项目。按时足额发放了各项支农惠农补贴，继续保障了村干部待遇，实施了农民素质提高工程。

（四）加大社会保障投入，着力构建覆盖全区社会保障体系

2010年，社会保障和就业支出2.34亿元，基金支出0.16亿元。将西青区农村养老补贴政策同天津市城乡居民养老补助、养老保险等政策顺利对接，为全区5万余名农村老人发放了养老补助、养老补贴、一次性补助；建立了创业就业小额贷款担保基金；支持了社区服务设施建设；为残疾人低保户发放用电补贴、修缮房屋、缴纳意外伤害保险；调高了重点优抚对象抚恤补助标准；实行了城乡低保标准的统筹，启动了农村低保物价补贴联动机制；对社会办养老机构进行一次性补贴。

（五）继续加大城乡社区基础设施建设和环境建设的投入

2010年，城乡社区事务支出15.9亿元，基金支出16.7亿元。进一步加大对开发区、示范工业园和街镇工业园的投入力度，加强基础设施建设，提升招商引资水平；重点支持了奋战300天市容环境综合整治工程；继续实施道路绿化和改造工程，保障了杨柳青柳口路立面景观和道路绿化提升改造工程、西青道（青致路—京福公路）道路排水改造工程、柳霞路与泽杨道隔离带提升工程和社区改造工程；购置了清融雪设备及专用车辆；实施了国庆节期间景观灯、花坛改造和部分菜市场及公厕的建设项目。

（六）加大公共安全支出，为建设平安西青提供资金保障

2010年，全区公共安全支出2.96亿元。继续支持西青区看守所和治安巡防大队办公楼建设。保障了交通协管经费、夏季达沃斯论坛安保经费、第六次人口普查户口整顿工作专项经费、筹建治安巡防大队第三大队所需经费、第四届消防运动会经费等各项支出需要。

（七）严格预算支出，加强预算审核

一是为加强预算管理，推行了E财预算执行管理系统。实现了数据的共享与关联，最大限度地减少中间环节，极大地提高工作效率。二是建立基建项目评审制度，即通过协调市财政局评审中心，把西青区基建项目中的特殊项目和设备购置，在招标之前，由投资评审中心对项目的初步设计、概算进行专业技术评审。三是继续委托市兴业工程造价咨询有限公司对西青区基建投资预算及竣工决算等26份报告进行了审核，共核减财政资金1302.8万元。四是进一步加强国库集中支付改革。全年区财政局及各预算单位，已通过国库集中支付系统累计支付资金13亿元，同比增长46%。

（八）完善政府采购管理办法，规范政府采购行为

2010年，西青区财政利用国家大力支持节能减排、自主知识创新和本地企业的契机，适时调整采购方向，吸纳本地供应商参与政府采购竞争，对本地企业和节能减排、自主知识创新企业，在评标中实行3%至8%的加分，并对在西青区建立服务机构的企业再加分支持。截至2010年12月底，累计完成采购项目477批次，完成预算金额1.83亿元，合同金额1.62亿元，节约资金2100万元，节约率为11%。

（九）依法加强了财政监督工作

组织开展了财政支出绩效评价试点工作。完成了对区科委、区文明委、区民政局五保供养专项资金、教育局校舍加固工程专项资金和区农技中心防雹经费等项目的绩效评价工作。帮助街镇财政进行制度化建设，提升管理水平。对张家窝镇制定的“关于加强镇卫生院经费管理的意见”以及西营门街制定的“工程项目建设管理办法”、“固定资产管理办法”、“经营性资产管理办法”、“非税收入管理制度”提出了修改意见并得到了采纳。同时，完成了对全区民政系统物价补贴联动机制专项资金的发放、使用、管理情况的监督检查以及对西青区困难企业退休人员医疗救助基金的检查调查工作。

（十）加强会计规范化管理

积极推动全区会计电算化进程。2010 年，西青区财政局对 5 个街镇进行了实地调研，并进行了会计电算化实施工作。对会计从业资格无纸化考试机房进行了验收和测试，全年共组织报名 4 次，累计报名人数达到 3500 余人，修改不合格信息 200 余条，发放合格成绩单 500 余份。举办会计人员继续教育培训班 22 期，培训会计人员 4000 余人次。

（十一）为外资企业提供良好服务

圆满完成了区属外商企业 2009 年度财政登记年度审查工作。全年办理年检企业 492 户。同时，积极为外商投资企业办理财政登记工作，共为外商投资企业办理财政登记及变更业务 121 户。工作中牢固树立服务宗旨，为外商投资企业提供工作便利、热情、周到的服务，深受外资企业的欢迎与好评。

（十二）提高国有资产管理水平

进一步完善企业国有资产相关管理制度的建设。下发了《天津市西青区国资委监管企业对外捐赠暂行办法》（西青国资〔2010〕12 号）和转发了《天津市国有企业土地房产管理暂行办法》、《天津市国资委监管企业担保业务管理暂行办法》。同时，认真贯彻各种惠农惠民政策，落实财政补贴工作。家电下乡工作方面，全年西青区共补贴各类家电下乡产品 2976 台（件），财政审核补贴资金 63.69 万元；汽车下乡工作方面，全年西青区共补贴各类汽车下乡产品 2395 辆，财政审核补贴资金 888.14 万元；家电以旧换新方面，全年西青区共补贴各类家电以旧换新产品 9700 台（件），财政审核补贴资金 275.81 万元。

（十三）营造和谐、向上、团结的工作氛围

2010 年，西青区财政局结合财政工作实际，立足于发挥财政职能作用，支持全区经济和各项事业发展，狠抓党风政风行风建设，不断增强责任意识，努力提高服务水平。一是根据西青区经济社会发展实际，开展了党课宣讲活动，党组书记、支部书记分别以“以党的十七届四中全会精神为指导，进一步推进财政工作开展”、“学习贯彻区委九届六次全会精神”为主题，为全局党员讲党课。同时，还组织开展了“西青发展与财政工作任务”、“我为‘三年倍增’献力量”专题讨论活动。二是深入开展了创先争优活动。结合财政工作实际，制定了“财政局深入开展创先争优活动实施方案”，开展了“创先争优，从我做起”和

“争做‘三个标兵’”活动。三是通过开展多种形式、丰富多彩的文体活动，不断加强机关文化建设，努力打造积极向上、团结奋进的团队精神。一年来，开展了拓展训练、棋牌赛、台球比赛、健身比赛、迎国庆趣味运动会、知识竞赛等活动，与区审计局进行了乒乓球、台球、升级对抗赛。组队参加了区有关部门举办的乒乓球、羽毛球联赛，和区地税局共同承办了市财政地税系统羽毛球联赛第一赛区的比赛组织任务，并获得女子组团体第二、男子组单打第一的好成绩。还组织党员干部观看大型纪录片《红旗飘飘》，及反腐倡廉专题教育片。通过开展文体活动，进一步增强了集体荣誉感和努力做好财政工作的责任意识。

（张　钰）

津南区财政

2010年，在区委、区政府的正确领导下，津南区全区各行各业以邓小平理论和“三个代表”重要思想为指导，全面贯彻党的十七大、十七届四中、五中全会精神，深入学习实践科学发展观，紧紧围绕“五个要做好，一个走在全市前列”的要求，团结一致，共同努力，实现经济社会平稳发展，产业结构加快调整，民生工程不断推进，城市建设展示新面貌。

一、地区经济发展概况

2010年，津南区进一步完善财税体制、加强财源建设、优化支出结构、规范预算管理、强化财政监督，全区预算执行情况良好，财政收入圆满完成年初人代会确定目标，财政改革和发展也取得新成绩、迈上新台阶。津南区生产总值达287.49亿元，比上年同期增长20.24%，其中，第一产业4.25亿元，比上年同期增长4.32%，第二产业172.13亿元，比上年同期增长18.22%，第三产业111.11亿元，比上年同期增长24.29%.

二、财政收支情况

2010年，区第十五届人民代表大会第五次会议审议通过的收入预算822000万元，其中：一般预算收入636000万元，基金预算收入186000万元。一般预算中区级收入280000万元，加上市级各补助收入（剔除上解市财政支出）当年可安排财力为345000万元。一般预算支出安排345000万元，其中：区本级支出239427万元、镇级支出105573万元。基金支出安排186000万元。

全年经济运行企稳向好，财政收入继续保持增长，年初预计的财力有所增加，财政决算后，上年结余结转资金需在当年支出中反映，为此向区人大报告财政预算调整方案，经区人大常委会批准，2010年财政收支预算调整为：收入预算912000万元，其中：一般预算收入720000万元、基金收入192000万元。一般预算收入中区级收入330000万元，加上市级各补助收入（剔除上解市财政支出）当年财力增加到420000万元，比年初增加75000万元，连同上年财政结余结转资金106859万元，一般预算支出调整为526859万元，其中：区本级415059万元，镇级111800万元。基金支出预算未做调整。

2010年，财政收入完成92.6亿元，比上年同期增长40.76%，其中，区级财政收入

57.87 亿元，比上年同期增长 61.92%。区镇两级支出预算完成 610086 万元，其中：一般预算支出 463586 万元，基金支出 146500 万元。实现当年收支平衡，略有结余。

三、财政管理工作

（一）继续支持产业结构调整，打造良好投资环境

进一步加强政府投融资平台管理，多元化、多渠道筹集资金，用足用好财税优惠政策，全面推进津南区重大项目建设。对四个示范工业园区基础设施建设进行贷款贴息共计 1.2 亿元，11 个园区基础设施建设财政补助 3.54 亿元，为示范工业园区搭建起了招商引资平台，促进了示范工业园区更快的发展。投入 2180 万元，支持企业科技创新、技术改造和科研产品转化以及专利申请，提升产品竞争力。

支持创建新载体，打造新优势。2010 年，财政安排资金 8435 万元，用于扶持工业企业、民营经济、服务业、中小企业发展，对荣钢、伊利康业等企业及驰名商标进行奖励。“保渡上”政策投入扶持资金 6910 万元，其中：工业 147 项 92 家企业，商业 11 项。大力发展楼宇经济，向空间求发展，向楼宇要效益，安排 5063 万元，用于创意中心建设和小城镇政策兑现，落实创意产业园区财政扶持政策，做好津南区创意载体、创意中心企业的认定和奖励工作。

（二）全力推进城乡一体化，建设社会主义新农村

积极推进城乡一体化建设，新型城镇建设财政补助资金 4 亿元，土地整理储备金 4.6 亿元，用于海河教育园还迁楼建设 6560 万元。继续落实强农惠农政策，健全农业投入保障机制，投入 27543 万元，大力支持现代农业发展，为农业综合生产能力稳步提高提供切实有力的资金保障。目前，有泽铭观赏鱼、锦堂农业科技生态园等一批正在建设和完善的种养殖园区，同时在建的还有小站现代农业示范园、八里台大孙庄普通温室建设等。2010 年，粮食种植面积 52142 亩，共补贴资金 445 万元。落实良种、农资综合、农机具购置、农业保险等各项对农民的直接补贴，促进农民增收。用于河道治理附属工程补助资金 300 万元。月桥、小黄庄、毛家沟三个创建文明生态村各项创建工程投资 1342 万元，为加快文明生态村“村内道路硬化、街道亮化、饮水安全化、能源清洁化、垃圾污水处理无害化、村庄绿化美化”等工程建设，完成主干路硬化 9.2 公里，投资 367 万元；里巷路硬化 13.5 公里，投资 134 万元；修地下排水管道 8 公里，投资 49 万元；新装太阳能热水器 940 台，新购垃圾车 3 辆，垃圾箱 150 个，完成体育健身广场 3 个，占地 3500 平方米，各村还分别修建了村民学校、综合服务站、文化中心、便民超市、村邮站、卫生所等。

积极落实各项强农惠农政策。2010 年津南区实际完成粮食种植面积 52141.97 亩，依据《关于 2010 年粮食直补和良种补贴实施办法的通知》，共补贴资金 445.4 万元，其中：区级财政补贴资金 109.5 万元、市级财政补贴资金 335.9 万元。2010 年区财政拨付农机补贴资金 20 万元，共补贴农机具共 193 台套。组织实施了 7 项农业新品种引进项目。

（三）支持社会各项事业加快发展，财政保障水平不断提高

坚持教育优先发展战略。在落实义务教育经费保障机制的基础上，安排教育专项资金23971万元，足额安排义务教育免学杂费，落实和完善义务教育经费保障机制，保证了教育教学工作的正常进行。完成了5所学校现代化达标验收的仪器补充和音、体、美、图书、图书专用橱柜的配备，并完成2010年竣工使用的4所中小学的仪器配备；完成了全区中小学的网络建设、实验室设备、信息教室安装工作。继续加大对教育基础设施和校园安全、校舍加固功能提升的投入，校舍改扩建、运动场地和设施改造、新建劳动基地、咸水沽一中艺体中心、教学装备设备购置等，保证了教育教学工作的正常进行。

加快推进卫生体制改革。大力推动国家基本药物制度改革，落实基本药物零差率销售补偿机制，2010年4月1日起，津南区实行社区卫生服务药品“零差率”改革，取消以药养医政策，按照各镇卫生院2009年药品收入和2010年分配额度情况，预拨4月至9月份药品收入零差率补贴经费156万元。同时，按照市有关政策，配合相关部门，对药品收入和费用加强监督，以保证财政补贴资金的合理使用。为保障公共卫生和基层卫生事业单位实施绩效工资改革，财政局对公共卫生事业单位、卫生院基本数字、各镇财政所基本数字和决算报表进行了核实，同时，深入8个卫生院进行实际了解，力争测算数字真实准确，为领导决策提供保证。安排项目资金5768万元，用于加强公共卫生体系建设，提升基层疾病预防控制机构能力，扩大18项公共卫生服务受益范围，18项免费服务逐步落实到位。

大力发展公益性文化体育事业。安排文化体育与传媒专项资金1074万元，推进农家书屋村文化室工程建设，建成农家书屋53个，村文化室62个；确保文化艺术节和元宵焰火晚会等大型文化活动顺利开展；增加图书馆藏书量和种类，建立社区、企业、部队图书馆12个；组队参加天津市第十二届全运会，津南区代表团共夺得86枚金牌；为津南电视台购置设备，提高节目制作能力和水平，为群众提供丰富多彩的文化活动，提升群众的文化生活质量。

（四）改善城镇环境面貌，提升津南区整体形象

2010年，投入12.72亿元用于泰达工业园区基础设施建设，津沽路大修、东沽路、津岐路、梨双路综合整治及赤龙街建设工程，示范镇基础设施建设及路灯养管维护等。争取中央专项资金2000万元，用于葛沽镇污水处理管网建设。安排市容环境卫生专项资金3966万元，用于市容综合整治、道路清扫、清融雪及配置环卫设施设备，改善城乡市容环境。支持奋战300天市容环境综合整治工程，对津沽大街、体育场路等四条道路综合整治，大沽南路津南段立面整修和园林绿化提升。电力工程建设补助资金500万元。投资240万元，确保津港路、津歧路、八二路路灯及变电设备正常运行和道路明亮。投资645万元用于园林绿化，养管面积230万平方米。市容环境的综合整治，全面提升了津南整体形象。

（五）加大公共安全投入力度，保障社会秩序稳定

安排专项资金2449万元，确保“三基工程”建设需要；支持“四位一体”巡控联动机制；加强“民防网”建设，使津南区治安形势明显好转，未发生重特大治安灾害事故和责

任事故。加强防控体系建设，全区各级接警平台可快速布控、处置警情。安排法院专项资金460万元，保证了案件审判和执行工作顺利进行。安排消防支队专项资金150万元，提高灭火救援整体能力。安排交警支队专项资金608万元，改善警用装备，增设中心隔离护栏，完善电子警察、视频监控等交通安全设施。

（六）扩大社会保障范围，努力实现应保尽保

2010年，社会保障支出预计10213万元，较上年增长9.5%。城乡居民医疗保险实行全市统筹，建立城乡居民基本医疗保险基金，纳入社会保障财政专户，统一管理，单独核算。将新型农村合作医疗制度改为参加城乡居民基本医疗保险，进一步完善了医疗保险制度。重新拟定了《津南区公务员和事业单位人员医疗保险补助办法》，进一步规范了公务员和事业人员医疗补助政策。

稳步推进城市、农村医疗救助工作。对农村五保人员、城乡低保和特困人员，实施医疗救助，按每人每年460元的标准预算安排城乡医疗救助资金。2010年安排资金500万元，对城乡低保家庭共计106人进行了救助，最大限度的避免了因病致贫、因病返贫。

继续贯彻落实最低生活保障制度。目前，津南区城镇和农村低保及特困人员9266人，全年低保支出2184万元。继续对低保残疾人实行扶贫安居工程，翻建住房2户，维修住房17户。新建14个残疾人康复站。

2009年实施的家电下乡、汽车摩托车下乡、家电以旧换新，是党中央、国务院为了应对国际金融危机，扩大内需，搞活企业，引导农民消费，提高农民的购买力作出的重大举措。2010年，区财政补贴家电下乡产品9155台套，支出补贴资金233.7万元；补贴新购车辆4352辆，支出补贴资金1610万元；补贴家电以旧换新产品1604台套，支出补贴资金48.12万元。

2010年，市、区粮食风险基金专项款共计226.5万元，其中，市财政拨款26.5万元，区预算拨款200万元。2010年共向区粮食购销有限公司核拨粮食风险基金136.13万元。其中：地储费58.27万元、地储利息75.74万元。

（七）深化财政改革，不断提高科学化、精细化管理水平

深化预算管理体制改革。为稳步推进津南区国库集中支付改革工作，制定了《津南区全面推行国库管理制度改革实施方案》，确定代理银行，明确资金范围，开设预算单位零余额账户，搭建了网络平台，全区44家一级预算单位全面推行国库集中支付改革，使改革工作不断走向制度化和规范化。

全面加强支出管理。加强财政资金调度，大力压缩一般性、消耗性支出，集中财力通过预拨资金、财政垫付等方式，保证重点支出项目需要，进一步规范财政资金审核拨付流程，确保每一笔项目资金纳入规范管理，并落实到具体单位和项目。

防范财政风险，为津南区城市化发展服务。进一步加强政府投融资平台管理，严格执行特定目的公司财务管理办法，不断健全“借用管还”良性循环机制。对政府性债务每月按债务总量、融资平台、用途、归还情况等逐笔分类进行统计汇总，完善管理制度，规范举借和担保程序，健全风险预警机制，防范和化解财政风险。

（八）做好会计事务管理工作，不断提高会计人员素质

1. 认真组织津南区会计从业资格证书发放、注册、变更工作。严格把关的同时对每一位办理会计从业证的人员，做到热情服务，对不符合申办条件的人员耐心的做好解释工作。对2010年及以前年度参加会计从业资格考试合格人员并具备会计电算化或珠算五级的人员共计400余人发放了新的会计从业资格证书。

2. 做好会计从业资格无纸化考试考务工作。2010年市局要求全市会计证考试实行无纸化考试，即通过电脑网络抽题答题交卷即出成绩。无纸化考试分成两类考试，一类考试内容为财经法规和会计职业道德。二类考试为会计基础、财经法规和会计职业道德。这项工作任务重难度大涉及部门广，通过与咸三中协调建立了配备计算机50台的机房一间，完成了机房装修、电脑配备、调试等各项工作。2010年，共组织了四次报名考试。

3. 为提高津南区会计人员理论和专业知识水平，广泛开展继续教育，抓好会计队伍建设，采取切实措施开展会计诚信教育，大力倡导“诚信为本，操守为重，坚持准则，不做假账”，努力在津南区营建良好的会计工作秩序。组织了2010年度会计人员继续教育工作，此次继续教育培训内容为新编税收与会计操作实务。在全区各镇和主管部门开设了9个教学点共计17期培训班，累计培训会计人员达4000余人，并为参加会计培训人员在会计人员管理系统中进行备案登记工作。

（九）着力抓好财政队伍自身建设，切实提高行政效能

1. 继续贯彻落实科学发展观，既是解决当前经济和财政运行中突出矛盾和问题的迫切需要，也是促进财税经济长远发展的必然要求。财政干部以科学发展观统领各项工作，将科学发展观作为制定财政发展战略、推进各项财政改革、正确履行财政职能的重要指导思想，把整个财政工作的思路与措施统一到科学发展观的要求上来，充分发挥财政职能作用，使科学发展观在财政实践中得到全面、有效的落实。

2. 严明财经纪律，加强廉政建设。加强广大财政干部的政治、业务学习，不断提高自身素质，努力适应新形势下财政工作的需要。通过讲座、收看廉政警示教育影片、参观廉政教育基地等形式对全体干部职工进行了廉政教育。切实转变观念，转变作风，真正为群众搞好服务，为部门搞好服务，真正树立财政干部良好形象。

3. 进一步加强党建工作，深入开展创先争优活动。2010年，津南区财政局深入开展创先争优活动，以党的十七大和十七届三中、四中全会精神为指导，以深入学习实践科学发展观为主题，紧紧围绕全区“9341”战略思路，以“抢抓新机遇、实现新发展、建设新津南”为主题，按照区委九届六次全会精神，紧密联系津南改革发展稳定工作实际和基层党组织、党员队伍建设实际，坚持改革创新、务求实效，突出“开展创先争优活动，推动财政科学发展”这一中心，坚持从津南区财政工作实际出发，明确争创主题，创新活动载体，建立长效机制，统筹推进基层党组织建设，充分发挥党支部的战斗堡垒作用和共产党员的先锋模范作用，为全面落实“五个要做好，一个走在全市前列”工作要求，加快实施“一三五七九”工作目标和工作思路，实现科学发展和谐发展率先发展提供坚强组织保证。根据津南区财政局实际情况和党员岗位特点，公开承诺，认真落实争创目标，把承诺内容与办理惠民实事相结合，与财政中心工作相结合，精心筛选，力争选准选好，把承诺事项定实。

4. 开展“津南新风尚”全民素质提升工程活动。结合津南区财政局创先争优、学习型党组织建设活动，围绕区委区政府中心工作和财税中心工作，针对财政工作职能，制定了“五心十标准”服务承诺。组织了乒乓球比赛，党团员庆“七·一”活动、“八·一”退伍军人座谈会等，培养财政干部团结协作、拼搏实干、能打硬仗的优良作风，充分展示财政干部的时代风采，促进团结互助、乐于奉献的社会主义文明新风的形成，牢固树立立党为公、执政为民意识，努力提高干部职工的自身修养，全面推进全民素质提升工程的深入开展。

（刘淑艳）

武 清 区 财 政

2010 年，武清区深入落实区委提出的“增实力、惠民生、促和谐、上水平”的总体要求，奋力拼搏、干事创业，全区开发开放成果显著、经济实力明显增强、城乡建设全面提速、人民生活更加富足，保持了又好又快发展的良好势头。

一、地区经济发展概况

全区全年实现地区生产总值 328 亿元，比上年增长 30%；农民人均纯收入 11700 元，增长 11%。

以“一区四园”为重点的开放型经济取得显著进展。开发区三期 15 平方公里道路、供排水等基础建设全部完成，高端制造业聚集区、创业总部基地和国际保税物流园三大功能板块招商全面展开。中华自行车王国产业园、地毯产业园、汽车零部件产业园和京滨工业园 4 个示范工业园发展走在了全市前列。全年新增引资 190 亿元，比上年增长 31%。总投资 1200 亿元的 63 个市级重点项目加速推进，60 个项目已经开工，33 个竣工投产。产业发展水平明显提升。信义节能玻璃生产基地、蓝猫卡通、玉柴重工北方基地等一批项目相继落户。全年实现工业增加值 155 亿元，增长 32%。华北工业品原料城一期投入运营。环渤海绿色农产品交易物流中心、佛罗伦萨小镇项目一期竣工。凯旋王国游乐场完成基础工程。奥蓝际德、大岛 2 家酒店开业运营。农业设施化水平明显提高。新增设施面积 2.5 万亩，君利农业示范园建成开园。全区经济健康平稳发展，奠定了财政增收的坚实基础。

二、财政预算执行情况

2010 年，全区三级财政收入完成 926767 万元，完成预算的 102.5%，同比增长 30.4%。其中地方一般预算收入完成 328367 万元，完成收入任务的 117.2%，同比增长 48.9%；财政支出 600734 万元，完成预算的 114.2%，同比增长 31.1%，综合财力继续位居全市前列。

努力实现财政增收任务。强化对市区级大项目的扶持力度，支持开发区、乡镇产业功能区建设，为全区经济发展培植后续财源，做实增收基础。坚持依法治税，落实好相关加强税收征管工作的各项措施，完善重点税源监控机制和控管体系，强化税收源头控制机制，不断提高税收征管质量和效率。进一步完善收入激励机制，调动各部门增收积极性。加大财政监督检查力度，严肃查处各种违反“收支两条线”管理制度的行为，及时纠正违规行为，堵塞非税收入漏洞，确保各项非税收入应收尽收。

三、财政工作

（一）推进财政管理体制改革，提高科学化、精细化管理水平

抓好国库集中支付制度改革。在试点的基础上，不断扩大国库集中支付范围，由事后监督变为全程监督，有效规范了财政资金的使用与管理。完善投资评审和政府采购制度，坚持二者互为补充、配套联动的运行机制。对文化公园、示范工业园区、富民里还迁小区等区级重点工程进行重点审核，节约了大量财政资金。全年共完成投资评审项目313项，总预算金额62.8亿元，核减金额22.3亿元，核减率为35.5%。政府采购工作坚持“依法采购、优质服务、规范操作、廉洁高效”的服务宗旨和“重服务、重效率、重规范”的工作思路，进一步朝着科学化、精细化方向迈进。全年组织政府采购103次，总预算价格21亿元，节约资金8.6亿元，资金节支率达40.9%。武清区财政局政府采购中心做为全国唯一一家政府采购部门的代表被评为全国财税系统先进集体。深入开展财政监督检查工作，对中央拉动内需资金、强农惠农资金、“小金库”等进行专项检查，进一步严肃了财经纪律，确保财政资金安全有效运行。

（二）统筹安排资金，支持社会事业健康发展

按照公共财政的要求，以“发展优先、民生为重、突出重点、量力而行”为导向，积极调整财政资金投入方向，切实向社会保障、社会事业等重点领域倾斜，着力强化和保障民生，努力使广大人民群众享受到经济发展的成果。

坚持教育优先发展、教育强区战略。拨付资金10759万元，用于教师增加工资性补助、高中阶段免费教育和中职学校助学金发放；安排资金4496万元，用于杨村一中新校区建设、王庄军民小学拆建、义务教育学校现代化达标工程以及14所校舍加固，改善了武清区办学条件，提高了教育教学水平。

加大医疗卫生事业投入。筹集资金6500万元，用于区医院外科住院大楼、中医院康复楼、区疾病预防控制中心及计生服务中心建设，提升了武清区的医疗服务水平。

完善统筹城乡的社会保障体系。及时做好13215名五保低保对象3329万元资金的社会化发放工作；调整抚恤、补助金标准，为全区5252名重点优抚对象发放资金1369万元；筹措资金1854万元，用于政府购买18项社区公共卫生服务；提高农村老年人基本生活费补助标准，为98516位农村60周岁老年人发放基本养老保障金和基本生活费补助金19352万元；巩固城乡居民基本医疗保险参保率，安排资金12393万元，为61.5万人投保城乡居民基本医疗保险，参保率达到90%；安排资金2195万元，为全区24385名公务员和事业单位人员办理补充医疗保险，解决了武清区干部职工的后顾之忧；为136户贫困残疾户、重点优抚对象翻建住房410间；争取专项资金1.5亿元，用于河西务中国养老社区建设。

以武清新城建设为龙头，加大城区现代化管理投入力度。总投资1.6亿元、占地400亩的文化公园建成开放，成为完善生态宜居功能，展示现代城市形象的重要标志。安排城市维护支出2600万元，用于城区道路维修，绿化养管、垃圾处理、排水设施，美化了环境，提

升了城区载体功能。

（三）巩固完善强农惠农政策，支持社会主义新农村建设

以改进农村面貌和农民生产生活条件为重点，统筹调度资金支持农村事业发展。全年安排1.6亿元，用于农业产业扶持政策、农民素质提高工程、新农村基础工程建设等，支持农村环境整治和绿色生态建设；对洪庄子、上马台等国有扬水站和部分农用桥闸涵等水利设施进行更新改造，提高了农田抗灾能力。积极争取上级专项资金4698万元，扶持环渤海物流园、蒙牛乳业、伊利乳业等重点项目建设，加强农业综合开发的政策、资金支持，投入4941万元用于6.7万亩中低产田改造和4个产业化项目建设，增加粮食综合生产能力。加强林业生态建设，投入2360万元用于城际铁路绿化提升、路网延线绿化和农用林网建设。

以支农惠农为目标，加大农业补贴和农业综合开发的投入。以支农惠农为目标，全年共发放粮食直补、农资综合直补资金10570万元，补贴面积144.8万亩；拨付3708万元，做好农业政策性保险工作。

继续开展农民人身意外伤害险保费财政补贴工作，为武清区70多万农民投保意外伤害险，切实使农民人身生命安全得到保障。

（四）积极谋划应对金融危机新举措，促进全区经济健康发展

围绕“下基层、解难题、办实事、交朋友”活动，努力为企业办实事、解难题、求实效。积极争取技改贴息、节能减排、循环经济等企业发展专项资金1616万元，缓解了企业的资金困难。为解决中小企业贷款难问题，区城乡建设信用担保中心积极为中小企业贷款提供担保服务，全年共为16户企业贷款9400万元提供担保，支持了企业发展。

积极组织实施家电、汽车摩托车下乡和以旧换新活动，销售52463台家电和5960辆汽车摩托车，兑付补贴资金3723万元，有力地拉动了农村消费市场。目前武清区家电下乡产品总销量继续保持全市第二，对农民补贴兑付率始终位于全市前列。

充分发挥财政资金引导作用，加快推进政府投融资平台建设，多元化、多渠道筹集资金，全年累计融资到位贷款20亿元。累计支出20.5亿元，保证了路网工程、文化公园、城区道路及绿化、一区四园基础设施建设、新农村试点等一系列区级重点工程的顺利进行。

（五）做好财政监督和会计管理工作，基础性管理得到进一步加强

强化财政监督检查工作。全年围绕支出监督、收入监督、会计监督和内部监督四条主线，对民政物价补贴、水利系统桥闸涵工程维修专项资金、外资企业会计信息质量、行政事业性收费项目政策执行情况、乡镇街道债务情况等开展监督检查，对检查中发现的问题进行了及时纠正；深入开展“小金库”专项治理检查工作，安排了全区258户党政机关和事业单位进行自查自纠，对20户单位进行了重点检查。对查出的违规问题进行了严肃处理，维护了财经纪律，有效的从源头上预防和治理了腐败现象。

抓好会计人员继续教育及会计基础管理工作。精心组织继续教育工作，为全区5000余名会计人员开展了会计知识更新培训；办理会计人员信息变更1900余条；做好2010年专业技术资格考试及会计从业资格报名、资格认证工作。对13户代理记账机构进行了年度审核，完成2户会计代理记账机构的审批，规范了代理记账机构的管理。通过一系列扎实具体的工

作，进一步提高了武清区会计人员整体素质，规范了企事业单位的基础性会计管理工作，增强了会计管理的透明度，会计信息质量更加真实可靠。

（六）加强干部队伍建设，打造了良好干事创业氛围

以提高干部综合素质、全面推动财政工作上水平为总抓手，狠抓干部队伍建设。通过召开专题民主生活会的形式，组织全体干部认真学习党的十七届五中、十七届六次、区委三届七次全会精神，进一步端正党风政风，提高干部职工政治思想素质，强化为人民服务意识。号召财政系统干部职工学习沈浩精神，深入开展“学浩然正气，做有为财政人才”活动，为顺利推进财政工作的发展奠定了坚实的思想基础。

以改进机关作风、提高工作效率、优化机关工作环境为主线，开展丰富多彩的群众性文体活动。组织全体干部职工参加名为“同心协力，冲刺 2010”的趣味运动会，丰富了业余文化生活，增强了干部职工的凝聚力和向心力。清明节期间，以“缅怀革命先烈、继承革命传统”为主题，组织开展了清明节祭奠革命先烈、网上祭拜英烈等活动，机关干部职工纷纷表示，要继承先烈遗志，投身财政事业，为武清经济发展和社会和谐作出应有的贡献。组织“感知武清　奉献财政”知识竞赛，进一步调动干部职工建设武清的积极性。举行重温入党誓词活动，提高财政干部工作的热情，更好地服务于财政工作。

深化“理财为民”特色品牌创建活动。坚持为国理财、为民服务的工作理念，寓财政管理于财政服务之中，倾力打造服务发展大局、服务预算单位、服务人民群众的服务品牌，树立了“严谨务实、改革创新、勇挑重担、团结向上”的财政精神。连续第十次在全区行风评议中获得第一名；武清区财政局党支部被评为先进党支部；并获得 2009 年度天津市就业工作先进单位、宣传思想工作先进单位、精神文明建设工作先进单位、“满意在武清”特色服务品牌创建活动先进单位、学习型机关、机关党建先进单位等荣誉；武清区财政局政府采购中心被评为全国财税系统先进集体；投资评审中心获得文明服务窗口的荣誉称号。

（马洪影）

宝坻区财政

2010年，在宝坻区委正确领导和区人大、区政协的监督支持下，财税部门紧紧围绕“实现富民强区，构建和谐宝坻”的奋斗目标，深入开展“解难题、促转变、上水平”活动，认真落实积极财政政策，狠抓增收节支，调整优化支出结构，加强财政监督管理，扎实推进各项财政改革，圆满完成了区三届人大五次会议批准的预算，实现了预算收支平衡，略有结余。

一、经济发展概况

2010年，全区经济社会继续保持了平稳健康协调发展的良好势头，圆满完成了年初确定的各项目标任务。全年实现地区生产总值238亿元，完成年计划的111.9%，比2009年增长34.6%，其中：第一产业增加值20.1亿元，同比增长9.3%；第二产业增加值116亿元，同比增长43%；第三产业增加值101.9亿元，同比增长31.8%。各级财政收入完成40.07亿元，完成年计划的114.5%，同比增长45.7%，其中地方一般预算收入16.84亿元，完成年计划的131.4%，同比增长56.1%。农民人均纯收入实现11200元，比2009年增加1234元，同比增长12.4%。

（一）工业结构不断优化，整体竞争力稳步提高

实施了一批高水平技改项目，纺织服装、文体用品、家具等传统产业不断壮大提升。围绕新能源、新材料、节能环保制品和新型装备制造等新兴主导产业，加快项目的开发建设。全年新增工业固定资产投资105亿元，比2009年增长43.7%。深入开展“解难题、促转变、上水平”活动，全区工业企业运行持续向好。以示范工业园区为重点，积极推进载体扩规提标，园区对项目的吸纳和承载能力进一步增强。

（二）服务业发展步伐不断加快，活力日益增强

传统行业保持稳步增长，批发零售、交通运输、住宿餐饮、金融和房地产业增加值增长速度均在20%以上。商贸物流、休闲度假旅游、商务会展等新兴服务业发展提速，潮白新河“水上游”航线试航成功，黄庄DIY生态水稻公社正式开园，玉佛宫古玉博物馆正式开馆运营。全年旅游业接待游客32万人次，同比增长28%。大觉寺异地重建项目落户津京新城，今晚文化名门会所列入全市首批重点文化产业项目；京津新金融园区、京津明发国际城

等项目进行前期准备工作，现代服务业聚集效应进一步显现。家电和汽车以旧换新工作成效显著，促进了城乡居民消费扩大和升级。全年实现服务业增加值 101.9 亿元，同比增长 31.8%；社会消费品零售额 98 亿元，同比增长 29.6%。

（三）农业发展水平逐步提高，综合效益明显提升

设施农业建设持续加强，全年新发展设施种植业 2.54 万亩，林下经济 7000 亩，稻区湿地立体种养 7450 亩。绿色无公害农业稳步推进，无公害农业面积达到 32 万亩，获得无公害认证农产品达到 42 个。农业产业化步伐加快，和泰食用菌、中粮健康生猪等项目已部分建成投入使用；台湾食用菌、宝迪食品等龙头项目进展顺利。完成了农业综合开发、灌区节水改造及河道治理、农用桥闸涵维修改造等一批农田水利工程，农业生产条件进一步改善。

（四）招商引资不断深化，对外开放再上新台阶

招商引资力度不断加大，新引进了鼎联环保基地、首航空冷设备等一批大项目、好项目。全年实际利用外资额 1.22 亿美元，比 2009 年增长 21.8%；实际到位内资额 160 亿元，同比增长 46.7%。服务型总部型经济不断发展壮大。外贸出口态势良好，自营进出口企业总数达到 521 家，全年外贸出口额 4 亿美元，比 2009 年增长 26%。

（五）基础设施建设力度加大，城乡环境日益改善

继续加大投入，完成了宝白公路南延、迎宾大街新建等工程；实施了津围公路拓宽改造、宝平公路南段取直等工程，大修乡村公路 100 公里；继续实施了一批电力、通信、供热、供气等公用配套实施工程。城镇建设稳步推进，宝坻新城城中村和平房区拆迁改造及土地整理项目取得实质性进展，小城镇建设取得阶段性成果。生态建设进一步加强，全年新增绿地面积 97.3 万平方米，植树 226 万株，全区林木覆盖率达到 24.2%；深入开展了新一轮环境综合整治活动，城乡环境面貌持续改观。

二、财政预算执行情况

2010 年，全区地方财政收入实现 168366 万元，完成预算 131.4%，比 2009 年增长 56.1%，政府性基金收入 70217 万元，完成预算 98.3%，比 2009 年增长 18.6%，加上划中央收入 118291 万元、上划市级收入 43831 万元，区域财政收入总计 400705 万元，完成预算 114.5%，比 2009 年增长 45.7%。

全区财政支出完成 369519 万元，完成调整预算 91.2%，比 2009 年增长 34.7%，其中：一般预算支出 298619 万元，同比增长 39.9%；政府性基金支出 70900 万元，同比增长 16.4%。

一般预算支出完成情况是：一般公共服务 46188 万元，占调整预算 94.3%，同比增长 27.1%；国防 1647 万元，占调整预算 329.4%，同比增长 300.7%；公共安全 16256 万元，占调整预算 94.5%，同比增长 28.1%；教育 98226 万元，占调整预算 96.6%，同比增长 48.8%；科学技术 2380 万元，占调整预算 99.2%，同比增长 42.9%；文化体育与传媒 2727 万元，占调整预算 110%，同比增长 49%；社会保障和就业 24614 万元，占调整预算 103%，

同比增长 53.7%；医疗卫生 14263 万元，占调整预算 84.4%，按可比口径增长 25.8%；环境保护 1399 万元，占调整预算 71.7%，同比增长 41.6%；城乡社区事务 27024 万元，占调整预算 132.5%，同比增长 57.8%；农林水事务 29945 万元，占调整预算 160.1%，同比增长 45.5%；交通运输 1449 万元，占调整预算 176.1%，同比增长 180.3%；资源勘探电力信息等事务 6772 万元，占调整预算 183%，同比增长 31.5%；商业服务业等事务 1620 万元，占调整预算 81%，同比增长 47.8%；国土资源气象等事务 3050 万元，占调整预算 381.3%，同比增长 152.9%；粮油物资储备管理事务 2605 万元，占调整预算 77.8%，同比增长 23.1%；其他支出 18454 万元，占调整预算 29.9%，同比增长 18.6%。财力与支出相抵后，预算滚存结余 35481 万元，主要为乡镇街财政结余和专项结余。

三、财政管理工作情况

（一）加强收入征管，扩大财政收入规模

财税部门主动适应复杂的经济形势，充分利用宝坻区开发建设全面提速的有利时机，着力化解不利因素，准确把握政策，科学谋划，狠抓落实，为促进收入增长打下坚实基础；创新支持经济发展方式，充分发挥财税杠杆作用，支持重点税源企业和大项目好项目加快建设，吸引服务型、总部型企业来宝坻区注册经营，为完成收入任务提供源头活水；严格依法治税，强化目标责任管理，健全源泉控缴机制，实行税收全程监控；加强政府非税收入管理，严格执行“收支两条线”，加大对执罚执收单位的监督检查力度，保证了收入及时足额入库。2010 年，区域财政收入突破 40 亿元，增量和增幅均创历史新高，收入结构进一步优化。

（二）加大“三农”投入力度，继续推进新农村建设进程

落实各项支农惠农政策，及时发放粮食综合直补、良种补贴、家电和汽车摩托车下乡等补贴资金，13.6 万农户受益；支持农业基础设施建设，改造中低产田 6 万亩，新建生产桥 134 座、排灌站 43 座，新增节水灌溉面积 4 万亩，极大增强了农业防灾减灾和综合生产能力；支持示范小城镇和文明生态村建设，实施农村道路、饮水安全、垃圾无害化处理等工程，硬化街道 155 公里，建设环村林 9.5 万株，农民生产生活条件进一步改善。

（三）着力改善民生，促进社会事业全面发展

坚持教育优先发展。全面落实义务教育经费保障机制、义务教育学校教师绩效工资和“两免一补”政策，实施 60 所中小学校舍安全加固和功能提升工程，其中 30 所中小学已完成功能提升任务，并全部顺利通过现代化学校验收；加强中小学和幼儿园安全工作，为 200 余所学校安装监控系统，同时配备了校园保安；巩固城乡免费义务教育成果，为全区 6.6 万名中小学生免除学杂费；健全政府助学政策体系，为 4450 人次发放了助学金；继续实施图书配送工程，全年配送图书 80127 册。

健全公共卫生服务体系。保障了城乡居民基本医疗保险制度的顺利实施；进一步提高农村基层社区服务机构综合服务能力，对 100 所农村社区卫生服务站进行了改造；支持宝坻医

院、中医院改扩建项目；继续免费开展18项社区公共卫生服务，74万城乡居民受益；认真落实国家基本药物制度，及时拨付药品“零差率”补贴资金，切实减轻了群众负担。

完善社会保障体系。全面落实城乡居民基本养老保险制度，参保人员达到12万人；扩大老年人生活补助发放范围，将城镇老年人纳入补贴范围；进一步提高城乡居民最低生活保障和优抚救济补助标准，扩大特困救助范围和标准；加大弱势群体救助力度，对优抚对象、社会救济对象、困难残疾人等17800人进行了走访慰问；继续推行养老保险补贴政策，对1840名“4050”人员提供了养老保险补贴；积极开发公益性岗位，惠及2800人；继续实施残疾人贫困户安居工程，为56户残疾人贫困户危陋房屋进行了重建。

发展文化体育事业，支持文体中心建设、文化信息资源共享、农村数字电影放映、文化旅游产业发展项目等惠民工程；完善人口和计划生育财政保障机制，继续做好计划生育家庭奖励和特别扶助资金的发放工作，5944人受益；支持农家书屋、村文化活动室建设，实现了全区覆盖；安排专项资金支持全民健身运动，为参加天津市第十二届运动会暨首届全民健身大会、天津市农民象棋比赛等赛事活动提供了资金支持。

（四）深化财政改革，健全监管体系，提升科学理财水平

继续推行“阳光财政”，深化部门预算改革，细化预算编制，逐步实现部门预算的公平、公正、公开；稳步推进国库集中支付改革，试点单位运行状况良好，加强了对财政资金全过程的监管；严格执行“收支两条线”，规范非税收入管理；加强政府采购改革，扩大政府采购范围和规模；加强政府性投资基建工程审核，全年对政府投资的231个项目进行了工程预算审核，资金核减率33.5%。

（五）会计工作得到进一步加强

继续加大了会计培训及其基础性工作力度，加强师资管理，严格培训考核，确保培训效果。为全区190名参加会计电算化考试的人员进行了报名和培训工作；组织完成会计专业技术资格考试工作；加强职业道德教育，组织全区4000余名会计人员进行继续教育培训，进一步提高了会计队伍整体素质；为提高村级财务管理水平，更好地发挥财政支农资金的使用效益，组织农村会计、农经站管理人员共835人进行了财政支农政策和村集体经济组织会计及财务管理的培训；组织实行会计从业资格无纸化考试工作，3856人报名参加考试。加强代理记账管理，促进业务规范化。

（六）国有资产管理体系进一步规范

健全国有资产管理制度，规范行政事业单位国有资产配置、报废、处置、调剂等行为；清查行政事业单位资产，摸清行政事业单位家底；建立行政事业单位资产管理系统，实现网络动态管理。

（七）认真履行监督职能，规范全区财政财务管理

加强日常监督，强化专项检查，服务财政管理，形成了对财政运行监控、保障和规范功能的财经监督机制，有力促进了依法理财和源头治理工作。开展了局机关、财会培训中心、财会培训学校、珠算协会安排的2009年度财务收支情况和强农惠农、社会保障、扩大内需

等涉及民生的专项资金以及会计信息质量的检查，扎实开展了“小金库”专项治理工作，进一步严肃了财经纪律，确保财政资金安全有效运行。

（八）干部队伍和党风廉政建设得到新提升

扎实开展创先争优活动，紧密联系财政改革、发展与稳定工作实际和党组织、党员队伍建设实际，制定实施方案，按照“五个好”、“五个带头”的标准，坚持把推动财政科学发展作为创先争优活动的出发点和落脚点，与“解难题、促转变、上水平”活动结合起来，加大督导检查力度，着力提高做好财政工作、促进科学发展、推动社会和谐的能力，发挥党员的先锋模范作用。开展以“创优环境兴宝坻，改进作风促发展”为主题的“作风建设年活动”，切实改进作风，提高服务群众的本领。加强对党员的教育、管理、监督和服务，积极推进学习型党组织建设，增强党员队伍的生机活力，努力把机关党组织建设成为贯彻科学发展观的坚强堡垒，为全面完成财政各项工作任务提供坚强的组织保证。

全面加强领导班子和干部队伍建设，努力提高干部队伍综合业务素质和依法行政能力，不断增强搞好服务的主动性和廉洁自律的自觉性。进一步完善党组中心组学习制度，建立理论学习、业务工作交流的长效学习机制，努力提高干部职工的思想政治素质，不断提高运用科学发展观分析和解决实际问题的能力，推动财政改革与发展。

全面加强党风廉政建设，坚持标本兼治、综合治理、惩防并举、注重预防的方针，扎实推进党风廉政建设。领导班子严格执行民主集中制，坚决执行上级党委的决定，确保政令畅通，严格执行“三重一大”等集体决策制度。进一步完善了民主生活会、述职述廉、领导干部个人重大事项报告制度和诫勉谈话等制度。在机关管理上，重点抓制度建立、完善和落实；抓党风廉政建设责任制和岗位目标责任制的落实，严格规范，切实提高管理水平。认真及时细致地做好局域网站相关内容的维护、充实与更新工作，加强数据的安全管理。机关财务、固定资产、档案和车辆管理逐步实现规范化，后勤保障能力进一步加强。社会治安综合治理工作常抓不懈，各项工作取得新进展。

（杨玉宝）

蓟　县　财　政

2010 年，在县委、县政府的正确领导下，县财政部门坚持以邓小平理论和“三个代表”重要思想为指导，全面贯彻落实科学发展观，深入开展“解难题、促转变、上水平”活动，围绕财政增收目标，认真开展增收节支活动，不断创新体制机制，健全财政监督机制，有力地促进全县经济社会加快发展，圆满完成了县十五届人大六次会议确定的各项目标任务。

一、全县经济发展概况

2010 年，全县地区生产总值完成 209.3 亿元，比上年增长 27%。其中：第一产业增加值 21.3 亿元，增长 10.1%；第二产业增加值 53.8 亿元，增长 37.7%；第三产业增加值 134.2 亿元，增长 26.1%。全县财政收入 29.49 亿元，比上年增长 26.8%，其中县级财政收入 19.36 亿元，比上年增长 42%。全社会固定资产投资 245 亿元，比上年增长 46.3%。城镇居民和农民人均纯收入达到 18703 元和 10998 元，分别比上年增长 14% 和 10.4%，城镇登记失业率控制在 3.7% 以内。

（一）工业载体建设取得新突破

专用汽车产业园、酒业及绿色食品加工区两个市级示范区基础设施建设相继建成，引进了 PVC 型材、无机粉体环保纸、生物医药、光伏玻璃、低碳工业园等一批重大新型项目，全县规模以上企业发展到 151 家，工业发展后劲不断增强。

（二）特色农业形成比较优势

突出发展以高效设施农业为基础的都市型现代农业，上仓、侯家营两个市级示范园区加快建设，设施农业实现了集中连片发展，全县新发展设施农业 2 万亩，总面积达到 13 万亩。邦均苗木花卉、山区优质果品规模不断壮大，标准化养殖健康发展，77% 的农户进入农业产业化体系。

（三）服务业主导作用进一步增强

通过引进实施重大旅游文化项目，加快景区功能提升，成功举办一系列大型主题活动，实施农家院旅游“百村千户万人”创建计划，带动了全县现代化服务业加快发展，初步形成独具特色的津北山前旅游文化产业带雏形。2010年全县接待中外游客848万人次，服务业增加值比重达到66%。

（四）对外开放进一步扩大

积极深化行政审批制度改革，实施政府服务大提速，推进“两归并一集中”，服务效能进一步提高。全年实际利用外资1亿美元，利用内资130亿元，分别比上年增长25%和85.7%。商贸流通日益活跃，社会消费品零售额达到80.5亿元，增长27%；完成外贸出口交货值6100万美元。

（五）城乡面貌发生显著变化

坚持规划先行，不断完善提升城乡总体规划和空间发展战略规划，加快蓟县新城、盘山功能区、于桥水库周边保护与发展等规划编制工作，初步形成了覆盖城乡规划体系。继续加大城乡基础设施建设投入，加快高速路网和干线路段新建、拓宽改造，大修乡村公路，蓟县客运枢纽站、22万伏变电站等投入使用，供电、通讯设施进一步完善，城市载体功能不断提升。以示范小城镇和文明生态村建设为主要内容的新农村建设扎实推进，农村生产生活条件不断改善。大规模开展市容环境综合整治工作，彻底关停小矿山、小石料企业，持续开展非法采矿采砂和超限运输专项治理工作，在全市率先成功创建“国家园林县城”，全县林木覆盖率达到47%；城区绿地面积达到1084万平方米。大力实施清洁能源工程，全县空气质量二级以上天数达到310天，COD、SO_2排放总量分别比“十五”末下降16.8%和68.7%。

二、财政预算执行情况

2010年，县级财政收入完成19.36亿元，比上年增长42%。其中：一般预算收入10.8亿元，基金收入（土地出让金收入）8.56亿元。全县财政一般预算支出20.93亿元，比上年增长33.7%。

一般预算支出项目的完成情况是：基本公共管理与服务支出23121万元，比上年增长14%；国防支出231万元，比上年增长29.1%；公共安全支出16595.6万元，比上年增长22.5%；教育支出97058万元，比上年增长55.8%；科技支出2447.9万元，比上年增长238.2%；文化体育与传媒支出1738.3万元，剔除不可比因素比上年增长38%；社会保障和就业支出24208.2万元，比上年增长27.6%；医疗卫生支出13067.8万元，按可比口径计算比上年增长37.4%；环境保护支出820.6万元，按可比口径计算比上年增长99.4%；城乡社区事务支出4041.4万元，比上年增长29.8%；农林水事务支出17036万元，按可比口径计算比上年增长27.7%；交通运输支出3743.3万元，主要是实行新的养路费体制改革，落实行政性收费和罚没收入返还；工业商业金融等事务支出2569万元，比上年增长35.3%；其它支出2659万元，比上年增长7.8%，主要用于信用社退税和国债转贷还本付息等项支出。

三、财政工作管理情况

（一）全面加强收入征管，财政经济总量不断扩大

2010年，面对组织收入的严峻形势，财税部门紧紧抓住当前蓟县经济加快发展的有利时机，进一步完善征管措施，强化征管手段，挖掘增收潜力，努力确保经济发展成果及时反映为财政增收。一是围绕全年组织收入目标任务，不断强化责任分工，细化指标分解，确保目标责任落实到位，组织收入工作抓紧抓实。二是积极落实全方位、多环节税收监管体系，全面加强重大项目、重点税源和重点纳税企业税源监控，对工程进度和税收进度进行捆绑分析，全面掌握企业生产经营状况和纳税情况，确保税款及时足额入库。充分发挥税收管理员平台作用，健全税收分析、评估、监控和稽查的良性互动机制，针对税收征管薄弱环节，全面开展企业、行业自查和税收专项检查，积极做好涉税案件查处工作，努力实现以查促管，规范纳税秩序。三是加强财政、税务、房管、国土等部门的协调配合。科学分析把握财政经济运行态势，进一步强化房地产税收一体化管理，加快完善横向联网和信息资源共享制度，健全税收源泉控缴机制，优化纳税服务环境，不断提高税收征管水平。四是全面加强行政性收费、罚没收入、政府性基金征缴入库和专户存储管理，确保全县财政收入均衡稳定增长。

（二）充分发挥财政职能，努力促进经济发展

全面贯彻落实中央和市县促进经济增长的政策措施，用足用好财税优惠政策。一是全力支持大项目、好项目建设。安排财政专项资金3200万元，对燕南包装、成强水泥等五个工业技改项目和两个示范工业园区基础设施建设给予了资金支持，努力培育财政经济增长点。二是进一步完善融资担保体系。为有效缓解中小企业资金困难，密切与银行合作，严格项目审核、评估，全年共为25家中小企业提供融资担保1.2亿元，不断增强经济发展活力。三是积极落实家电下乡和汽车摩托车下乡财政补贴政策。全年共发放各项补贴资金2580万元，拉动销售家电下乡产品4.41万台（件），汽车下乡产品5016辆，家电以旧换新5045台（件）。四是大力促进服务业发展。充分发挥服务业引导资金作用，安排专项资金1215万元，重点支持了外贸洽谈，盘山、八仙山旅游基础设施，乡村旅游特色村和绿色食品销售网点等建设项目。认真落实定向费用补贴资金，大力提升新型农村金融机构服务发展能力。

（三）健全公共财政职能，社会事业加快发展

大力发展教育事业。认真落实义务教育经费保障机制，及时安排义务教育免学杂费和提高公用经费标准补助资金，积极组织实施义务教育学校教学仪器配送和图书配送工程，义务教育学校教师工资纳入财政预算管理，山区小学交通费补助及时发放，义务教育改革成果不断巩固。全面实施了中小学校舍安全加固和功能提升工程，全县共加固校舍20栋，新建校舍37栋，综合防灾能力不断提高；84所义务教育学校以旱厕改造、取暖改造、校园绿化、校舍维修、运动场建设为主要内容的功能提升工程如期完成，基本实现了城乡义务教育同质化、均衡化发展。加快职业教育改革实验区和实训基地建设，进一步完善中等职业学校师资培训、家庭经济困难学生资助体系，落实免收学费补助政策，促进各类教育公平发展。

加快公共卫生服务体系建设。安排资金 3460 万元，健全疾病预防控制机构经费保障和能力建设，相应提高 18 项社区公共卫生服务补助标准，不断扩大公共卫生受益范围。加快推进基层卫生院标准化建设和医保联网定点结算工作，不断完善基本药物零差率销售财政补偿机制，基层医疗机构服务水平不断提升。积极实施妇女儿童健康行动计划，儿童规划免疫、疾病筛查和妇女保健等惠民措施有效落实。较好地落实了农村计划生育家庭特别扶助和奖励扶助政策。

大力发展公益性文化事业。加大财政投入力度，积极支持农家书屋、村文化活动室建设，实施了图书馆维修改造及文化馆、新闻演播室设备购置。认真落实农村电影放映场次补贴，实现了一村一月一场公益电影的放映目标，人民群众的业余文化生活不断丰富。

（四）完善财政保障机制，民计民生不断改善

加快推进以创业带动就业战略。认真贯彻县委、县政府《关于鼓励扶持全民自主创业的实施意见》，综合运用政府补助、税费减免、创业培训等手段，加快创业实训基地建设，落实小额担保贷款基金，努力培养更多创业主体和就业岗位，全力支持下岗失业人员和就业困难人员实现就业。积极开发公益性岗位，加大岗位补贴力度，确保 1652 名“4050”人员实现托底安置。切实加强改组改制企业职工整体分流安置工作，认真做好三类企业退出市场收尾工作，帮助 2193 名下岗失业人员实现再就业。

进一步完善社会保障制度。安排专项资金 1.72 亿元，积极落实城乡居民基本医疗保险和基本养老保险财政补贴政策，按时足额发放城乡老年人生活费补助，切实做好军队移交地方政府安置的离退休人员相关政策的落实。进一步完善社会救助制度，不断扩大特困救助范围，相应提高城乡居民最低生活保障标准，落实农村五保补助政策，全县 2.05 万低收入特困群体直接受益。积极支持社会办养老机构和社区服务等社会公益事业建设，促进养老服务业发展。积极筹措资金，确保了全县第三步规范公务员津贴补贴和补充住房公积金相关政策的有效落实，群众收入不断增加。

（五）巩固强农惠农政策，新农村建设加快推进

健全农民增收机制。认真落实粮食直补、农资综合补贴和良种补贴政策，16.3 万农户直接受益；继续实施涉及 11.2 万大中型水库移民后期扶持政策，巩固退耕还林成果，各项补贴资金实现了“一卡通”发放；积极推进十个乡镇 62.4 万亩政策性农业保险财政补贴试点工作，促进了农业增效、农民增收。不断加大农业科技成果转化推广和农业产业化经营投入，积极培育带动性强、辐射面广、受益农户多的龙头企业和跨地区农民专业合作社加快发展，多渠道增加农民收入。继续实施农民素质提高工程，加大农民职业技能培训，不断增强农村富余劳动力就业能力。积极筹措资金，明确补助标准，全面做好农村基层组织运转经费保障工作。

提升农业发展空间。围绕沿海都市型农业发展方向，及时拨付专项资金，大力支持现代农业、现代畜牧业养殖示范园区和种植业设施农业建设。认真落实小型农田水利重点县建设补助资金，全面加强小型农田水利基础设施、重点造林绿化、农业保护性耕作项目建设。积极实施农业综合开发工程，涉及三个乡镇的 4 万亩中低产田改造项目全面建成，农业生产条件不断改善。

推进农村城市化发展。不断扩大公共财政覆盖范围，加快推进以农村道路、供水、污水处理、垃圾处理等为重点的小城镇建设和文明生态村创建工程，努力提高城乡公共服务均等化水平。

（六）加快财政体制改革，创新运行管理机制

积极实施乡镇财政体制改革。立足于不断发展壮大镇域经济实力，促进县乡财政经济健康协调发展，县委、县政府年初制定出台的《乡镇财政管理体制实施意见》，经过一年的实际运行，基本达到了预期效果，符合蓟县乡镇经济发展实际，改革成效尤为显著。全县乡镇级税收全年完成12194万元，占年度任务的148.8%。26个乡镇全部完成了当年组织收入任务，其中孙各庄、溵溜等六个乡镇实现收入翻番，乡镇自我发展、自求平衡的能力不断增强。

稳步推进国库管理制度改革。本着“总体规划，先行试点，分步实施”的原则，年内选择在财政、政协两部门实行国库管理制度改革试点，通过取消单位原有账户，实行财政直接支付和授权支付方式，切实将部门各项资金全部纳入国库单一账户体系，努力实现对财政性资金的规范化、精细化管理，为下一步在全县推广实施奠定了坚实基础。

切实加强国有土地使用权出让资金监督管理。为进一步规范国有土地使用权出让金收支管理行为，提高资金使用效益，县政府《关于国有土地使用权出让资金收支管理的意见》和《补充意见》的实施，在土地出让金分配、政府收益使用、政策奖励兑现和建立部门联动机制等方面都做出了明确规定，初步建立起财政、国土、土地整理中心三部门联动机制，实现了国有土地出让储备及收支信息共享制度，全面提高了资金运转效率。

（七）强化财政监督职能，努力提高资金使用效益

努力夯实管理基础。稳步推进部门预算管理改革，进一步完善基础数据库，严格定员定额标准，明确部门管理职责，理顺编报流程，细化预算编制内容，预算编制的科学性不断提高。继续深化国库集中支付制度改革，国库集中支付规模不断扩大，全年财政工资统发范围达到61户，总额4.57亿元。积极推进政府采购管理工作，不断扩大采购规模和范围，全年累计实施政府采购39次，完成采购预算5130万元，资金节约率为11%。认真实施预算信息公开，切实加强政策宣传解释，实现了县人代会预决算报告主动公开，财政工作透明度不断提高。认真落实县政府《关于加强财政预算管理，严格控制一般性支出通知》精神，切实加强公务用车购置、因公出国（境）和会议、公务接待支出管理，努力降低行政运行成本。

健全财政监督职能。按照国家和市政府有关文件要求，全面加强了对强农惠农资金专项清理和检查工作，通过详细制定各阶段实施方案，组成十个重点检查组，对全县2007至2009年强农惠农资金进行了拉网式检查，确保了各项强农惠农政策落到实处。密切与县有关部门配合，全面开展了对社会团体和国有及国有控股企业“小金库”专项治理工作，财经秩序不断规范。积极配合中央和市县财政、审计部门全面加强了对村级组织运转、库区粮煤补贴、家电下乡补贴、设施农业补助等中央和市级专项资金的审计监督工作，确保了专项资金社会效益和经济效益的发挥。切实加强对改组改制企业资产评估和处置管理，确保国有资产保值增值。

（八）加强干部队伍建设，努力提高整体素质

2010年，财政部门围绕创先争优、加快发展这条主线，全面加强干部队伍思想作风和机关作风建设，进一步凝聚斗志，形成加快蓟县财政发展的新风气。一是认真开展综合素质、专业基础和岗位能力教育培训，进一步更新知识结构，努力提高依法理财的能力和水平。二是以对财政工作长远发展负责，对干部职工成长负责的态度，认真落实“三定”方案，加快机构和人员定员定岗。同时，按照选拔任用程序，加快中层干部的选拔任用，努力为奋发有为、干事创业人才成长提供良好环境。三是切实加强党风廉政建设，不断完善制度体系，规范执法行为，努力做到用制度管权、按制度办事、靠制度管人，全力打造一支政治坚定、业务精良、作风过硬的干部队伍，促进财政各项工作的深入开展。

（高向军）

宁河县财政

2010年，宁河县财政局在县委的正确领导下，在县人大常委会的有效监督下，服务全县经济社会发展的大局，围绕县第十三届人大第七次会议确定的工作目标和任务，以市财政工作会议精神为指导，认真落实科学发展观，创新招法，苦干实干，充分发挥财政的职能作用，确保了各项工作任务的完成。

一、经济发展概况

2010年，宁河县积极应对国际金融危机，坚持规划引领、项目带动、基础先行、环境支撑、民生为本，用发展的方法破解制约，主要经济指标无论是绝对值还是增幅，都创造了历史最好水平。全年实现地区生产总值164.95亿元，比上年增长26.1%；全社会固定资产投资220亿元，同比增长37.5%；财政总收入300303万元，同比增长49.9%；农民人均纯收入11345元，同比增长10%。“十一五”规划目标任务圆满完成。

（一）农业持续健康发展

设施农业园区拉动比较效益提高，谋划并实施了种植业设施园区“三个一”、循环生态农业园区“十个一”建设工程，累计建成设施种植园区55个、3.6万亩；新建改造养殖小区30个，累计达到256个，畜牧业产值在大农业中的比重达到75%。

（二）工业园区带动作用增强

现代产业区首期基础配套投入6.5亿元，入区项目16个，一期规划区域项目排满；潘庄工业区项目承载能力不断增强，与现代产业区一并争创为天津市区县示范工业园区；宁河经济开发区扩域工程扎实推进，建设标准厂房30万平方米；七里海、大北、淮淀等乡镇工业园区开发建设势头强劲。机械制造、食品加工、新能源新材料、高档包装纸四大产业规模效益提升，增加值占全县工业增加值的比重达到85%。

（三）流通服务业提速发展

海航集团综合服务基地、华康物流园、茂川大厦、芦台商业中心等服务业重大项目扎实推进，七里海西海观光园、兴海湖鸟类保护区、天尊阁古迹保护等文化旅游产业项目落成，促使服务业逐渐成为最具活力的经济增长点，增加值占地区生产总值的比重达到38.6%，比“十五”末期提高7.3个百分点。

二、2010年财政预算执行情况

2010年，全县财政预算总收入250500万元，地方预算收入162540万元。全年财政总收入实际完成300303万元，完成预算的120%，增长49.9%；地方收入实际完成233864万元，完成预算的144%，增长62.8%。（地方一般预算收入实际完成80190万元，基金收入实际完成153674万元）

全年可用财力为274576万元，其资金来源：地方收入实际完成233864万元，市财政定额补助和税收超收返还40712万元；全年财政支出实际完成274576万元，收支相抵实现了收支平衡。

三、财政管理工作

2010年，宁河县为适应加快发展的形势要求，积极探索创新理财模式，勇敢面对新形势、新任务给财政工作提出的新挑战，努力培育涵养财源，收入规模不断扩大，科学合理安排支出预算，资金效益进一步显现，稳步推进财政管理制度改革，职能作用得到充分发挥，为宁河经济社会的跨越发展做出了积极的贡献。

（一）完善工作机制，确保应收尽收

宁河县财政局紧紧围绕全年工作目标，充分发挥财税部门之间的联动机制作用，积极组织税收收入；同时协同相关部门积极组织非税收入。加强了对重点项目、重点行业、重点企业经营状况的跟踪分析，监测收入结构性变化，力争超前发现问题，采取有效措施，把握组织收入的主动权。逐步完善收入考核激励机制，调动各部门创收增收和组织收入的积极性，不断改进服务和管理，堵塞征管漏洞，努力实现应收尽收。通过相关部门的积极配合和全县上下的共同努力，圆满完成了全年收入任务。

（二）优化支出结构，提高资金效益

根据宁河县的财力状况，财政局进一步强化节俭意识，按照“一要吃饭、二要建设”的原则，提高支出预算的科学性，增强其法定约束力。在保证基本公共支出的前提下，优先保证了社保、教育、卫生等公益事业的资金需要。全年拨付教育经费47069万元，进一步完善了教育经费保障机制，其中投入10300万元完成了校舍安全加固及功能提升任务；全年拨付医疗卫生经费8457万元，加强了公共卫生体系建设，特别是应急医疗防护体系建设资金的保障；科技支出2387万元，支持了企业科技进步。

（三）落实惠农政策，促进经济发展

保证了绿化造林、家电下乡和家电以旧换新补贴、汽车摩托车下乡补贴等政策的落实；全年安排粮食直补、农资综合直补、良种补贴资金3263万元，受益农田达到33万亩，惠及农户43448户；全年投入资金8717万元，支持了设施农业、造林工程、水利工程建设；投

入4500万元，支持了示范工业园区建设；农业综合开发工作取得了明显成效，全年投入4788万元支持了土地综合改造5.5万亩，改善了农业生产条件。

（四）关注民计民生，完善社会保障

保证了社会保障政策的落实，全年累计投入各类社保资金11930万元，城镇和农村医疗保险制度，城乡居民医疗保险财政补助政策得到全面落实，群众的基本医疗需求得到保证；确保了农村老人生活补助政策的落实，进一步提高了城镇低保、优抚对象和特困人员补助标准；落实再就业政策，全年扶持公益性岗位7456人次。

（五）强化融资工作，支持工程建设

发挥财政部门的综合协调作用，会同银政办、兴宁集团探索创新融资模式，有力推进了投融资工作的开展，取得了良好的成效；各平台全年实现融资达15.227亿元，有力地支持了县重点工程建设。

（六）科学精细管理，保证资金安全

进一步完善部门预算、综合预算管理机制；国库集中支付继续扩大覆盖面；进一步规范预算外资金“收支两条线”管理，根据国家和市政府文件要求，将预算外资金纳入预算管理。加强财政监督，提高财政监管调控资金的能力，确保财政资金的安全运行；加强乡镇财政建设，强化乡镇财政资金监管，完善县对乡镇财政的管理办法，促进了乡镇经济的快速健康发展；加强国有资产监管，借鉴先进经验，创新管理方式，依法推进了宁河县国有资产优化整合的进程。

（七）加强干部队伍建设

加强干部队伍的政策理论学习，增强大局意识、责任意识；加强财政法规业务培训，增强工作人员的法制观念，服务观念和工作才干，寓服务于监管之中，使服务质量得到根本提高；加强廉政教育，树立行业正气。进一步完善干部监督考核机制，做到警钟长鸣，常抓不懈，使权力干净运行。

（兰宝来）

静 海 县 财 政

2010 年，静海县财政部门在县委、县政府的正确领导下，在天津市财政局的支持帮助下，改革创新，开拓进取，积极培植财源，努力组织收入，进一步加大对公共财政投入力度，科学合理安排支出，财政收支规模和预算管理水平实现了新提高，圆满完成了预算收支任务。

一、经济发展概况

2010 年，静海县以实现“苦战三年，打造崭新静海”奋斗目标为指导，以实现“十一五”规划目标为动力，紧紧围绕加快转变经济发展方式，加快调整优化经济结构，开拓创新，扎实苦干，全县经济保持了健康快速发展。财政部门不断健全增收节支机制，积极推进体制机制创新，着力加强科学化精细化管理，为“保增长、调结构、促改革、惠民生”做出了积极贡献，有力促进了静海县经济繁荣发展。

2010 年，全县实现生产总值 236 亿元，同比增长 28%；全社会固定资产投入 230 亿元，同比增长 47.5%，农民人均纯收入 11170 元，同比增长 12%；社会消费品零售总额达到 52 亿元。万元生产总值综合能耗下降 4.4%，圆满完成了市下达的节能减排任务。“十一五”规划目标全部实现，县域经济综合实力大幅提升，城乡面貌显著变化，社会建设成效显著，人民群众生活水平稳步提高。

县域经济“两城三区六园”产业发展布局基本形成，示范引领带动作用明显增强。子牙环保产业园作为华北地区重要的再生资源回收利用产业基地，2010 年回收加工处理各类工业固废 100 万吨，产生铜 40 万吨、铝 15 万吨等优质的再生资源，实现税收 11.2 亿元。大邱庄工业区作为重要的钢材制造业基地，逐渐形成优质钢材制造和高端金属制品制造两大主导行业。优势产业进一步增强，再生资源综合利用、装备制造等五大支柱产业占工业总量的 90% 以上，全县工业高新技术产值率达到 15%。拓宽中小企业融资渠道，引进 1 家中小企业担保中心、2 家小额贷款公司和 5 家融资担保公司。民营经济占全县经济总量的 80% 以上。

二、财政预算执行情况

静海县第十五届人民代表大会审议通过的 2010 年度三级财政收入预算为 367900 万元，实际完成 408383 万元，占预算的 112%，超收 40483 万元，增长 44.3%。收入按预算级次划分：上划中央级收入完成148918万元，增长39.2%；上划市级收入完成41213万元，增长39.2%；县、乡级收入完成218252万元，增长49.1%，其中：一般预算收入完成149670万元，增长55.6%。

2010年，财政支出预算为286339万元，增长22.4%。在预算执行中，按有关政策追加了相关的支出，全年支出预算相应调整为316695万元。2010年实际支出316695万元，占调整预算的100%，增长35.3%，其中：一般预算支出246842万元，增长34.7%。

三、培植壮大财源，财政收入实现大幅增长

2010年，静海县着力推进经济增长方式的转变和经济结构的优化调整，加大招商引资力度，大力发展注册经济，经济社会实现又好又快发展，为财政增收奠定了坚实的基础。财税部门加大了对经济发展的支持力度，积极促进经济发展和财政增收。加大了对子牙环保产业园等工业园区的扶持力度。积极研究制定了扶持子牙环保产业园政策，用足用好天津市给予子牙环保产业园政策，努力争取上级部门支持，不断加大资金扶持力度，促进子牙环保产业园基础设施建设和企业技术革新，积极落实再生资源回收企业增值税退税审核、申报工作，为企业服好务，促进企业加快发展。积极落实大邱庄工业园等市级示范园区扶持政策，支持园区基础设施建设，努力将“三区六园”打造成为龙头，带动全县经济健康快速发展。

为确保完成全年收入任务，年初将收入任务分解到乡镇、园区，压担子，出点子，严格考核激励机制，利用全县经济分析会等途径及时掌握全县经济发展动态，及时反馈收入形势，力争形成全县各部门齐抓共管收入的格局。

协调配合国地税部门加强税收征管。在稳定现有财源税源的基础上，努力挖潜增收，严格依法治税，努力实现应收尽收。同时积极研究落实招商增税优惠政策，支持企业技术改造和科技创新，确保了财政收入保持较快增长，财政收入增幅高于国民经济增幅16.3个百分点，占国民生产总值比重达到17.3%，较上年提高了0.5个百分点。

四、努力保障和改善民生，科学安排预算

2010年，财政部门精心组织，科学安排，圆满地完成了财政预算支出任务。首先，积极调整优化了支出结构，千方百计统筹调度资金，利用财政贴息、资金匹配、综合预算等政策措施最大限度地实现财政资源有效整合，推进了公共卫生与基层医疗卫生事业单位人员绩效工资改革，落实了机关事业单位工作人员的补充住房公积金、公务员津贴补贴调标、事业单位工资性补助等支出。其次，在努力保人员经费、机关正常运转的同时，集中资金重点保障了改善民生需要，提高了社会保障水平，增强了公共服务的供给能力，支持了各项事业的健康发展，促进了社会的和谐与稳定。

一是在农业方面，投入专项资金29478万元，加大对“三农”的投入力度。着力转变农业发展方式，大力发展设施农业、立体农业，较好地实施了农业综合开发工程、三个一建设工程以及文明生态村创建工程。支持了畜牧、水产养殖业示范园区建设。加快推进了林海、南海循环农业示范区建设。积极兑现国家支农、惠农政策，落实了粮食补贴、良种补贴和农机具补贴，积极落实家电、汽车下乡补贴政策。进一步完善了农民直补管理工作，对农

民种粮补贴和良种补贴继续实行“一卡通”管理，有效改善了农业生产条件，为实现农民增收、农业增效和农村稳定起到积极的促进作用。

二是在教育事业方面，投入专项资金 21386 万元，落实了“三保一扶助”和“两免一补”政策，完善了农村义务教育中小学公用经费保障机制，积极推动中小学校舍加固工程建设，继续实施农村地区义务教育教学装备建设项目，城乡办学条件得到进一步改善。

三是在卫生事业方面，投入专项资金 5647 万元，配合医疗卫生体制改革工作，对基层医疗服务机构药品零差率实行了财政补贴。加强基本公共卫生服务，进一步落实重大公共卫生项目，支持疾病预防控制体系建设，完成了社区十八项公共卫生服务，落实了疾病预防控制、卫生监督、村卫生所标准化建设及应急突发公共卫生事件等专项资金。

四是在社会保障方面，投入专项资金 19829 万元，积极落实优抚救济对象生活补贴、农村低保、五保户人员和城乡居民最低生活保障资金。兑现了“4050”人员公益性岗位工资补贴，落实了城乡老年人生活补助，城乡居民医疗保险等。进一步巩固了残疾人安居工程，妥善解决了困难群体的基本生活保障等问题。

五是在城建方面，投入专项资金 14856 万元，加强了县城基础设施、绿化、修路以及各经济园区等工程建设的支持力度，着力对县城环境卫生综合治理加大了投入力度，社会效益初步显现，进一步提升了城区载体功能。

六是加大了对各乡镇的支持力度，积极研究落实乡镇招商增税扶持政策，对部分较困难的乡镇给予了政策、资金支持，保证了乡镇正常运转和相关事业的发展。

五、开拓创新，求真务实，财政管理工作成绩突出

一是深化了预算管理制度改革，完善单位人员状况、车辆数量和供暖面积等基础数据。结合支出标准，健全预算管理体系，稳步推行部门预算，提高了单位预算的透明度和科学性，增强了预算的严肃性，减少了预算的随意性。

二是加快了国库集中支付改革步伐，县直属行政单位和教育系统单位全部实行了工资统发，对政府采购项目和部分专项资金实行了财政直接支付，对部分单位实行了“零余额账户”管理改革试点和公务卡改革，进一步加强了财政性资金的管理与监督，提高了财政支出透明度和资金使用效益。

三是加大了“收支两条线”管理力度，增强了综合预算的调控能力。

四是强化了国有资产管理，健全了国有资产管理机制，有效地防止了国有资产流失。

五是进一步强化了政府采购工作，完善了各项管理制度，提高了采购效益，采购资金 4200 万元，节约资金 525 万元，政府采购节约率 12.5%，有效地节约了财政资金。

六是强化了对基建工程预算的评审工作，加大对财政重点投资项目全过程跟踪评审和专项资金评审力度，重点对南常路工程、津文公路工程等 11 个项目进行了评审，评审总额 95952 万元，核减工程预算 11149 万元，资金节约率 11.6%，有效节省了建设资金。

七是强化了财政监督职能，加大了对各类专项资金的监督检查力度，保证了财政资金的安全有效运行。

八是强化了会计事务管理工作，为全面提高会计人员的专业素质和规范会计职业管理起到了积极作用，会计基础管理水平明显提高。

六、推进财政干部队伍建设，公共财政服务能力显著增强

不断加强思想政治建设，以创建学习型党组织活动为契机，认真落实中心组学习制度，积极组织党员干部深入学习中央和市、县委重要文件精神，加强财政体制机制改革、社会和谐稳定等热点理论的学习研讨，不断提高党员干部的思想政治素养。强化干部队伍建设，紧紧围绕财政中心工作，调整完善部门职能和机构设置，主动适应财政管理形势需要。深化干部人事制度改革，不断完善干部选拔任用机制，积极组织开展科级干部竞争上岗工作。切实加强廉政建设，深入落实党风廉政责任制，全面抓好《廉政准则》教育，努力构筑多层次、多角度的廉政教育体系，不断筑牢党员干部的思想防线，健全预防和惩治腐败的制度体系。加强廉政文化建设，积极参加了以“勤政廉政”为主题的书画作品征集活动，积极营造“以廉为荣、以贪为耻”的良好氛围。

（高荣华　叶和平）

汉 沽 区 财 政

2010 年，汉沽区财政局以邓小平理论和“三个代表”重要思想为指导，全面贯彻党的十七大和十七届五中全会以及各级财政工作会议精神，牢固树立科学发展观，深入研究天津市委关于“十二五”规划建议，进一步创新思路、抢抓机遇、扎实工作，着力在发挥财税职能、促进经济发展、确保滨海新区管理体制改革、加强和改进新形势下党的建设等方面下工夫，顺利完成全年各项岗位目标。

一、经济发展概况

2010 年，汉沽经济总量持续稳步增长；财政收入强劲增收；工业实现高速发展；经济运行质量明显提高；民计民生状况持续改善；社会各项事业再上新台阶。2010 年，汉沽区生产总值完成 82.09 亿元；比上年增长 22.8%。分产业看，第一产业完成增加值 4.90 亿元，比上年下降 1.9%。第二产业完成增加值 46.05 亿元，比上年增长 33.9%。其中，工业增加值完成 26.57 亿元，比上年增长 62.6%；建筑业增加值完成 19.47 亿元，比上年增长 5.8%。第三产业完成增加值 31.15 亿元，比上年增长 13.9%。第一、第二、第三产业结构为 6:56.1:37.9。

二、财政收入情况

2010 年，区级财政收入完成 20.67 亿元，同比增长 37.3%；三级收入完成 27.72 亿元，增幅 37%。汉沽区财政局坚持以组织收入为中心，依法治税，加强税源调查和预算执行情况分析，坚持财税分析会制度，重点做了以下工作。

（一）综合运用财税手段，保持财政收入持续增长

2010 年财税部门和执收执罚单位，始终坚持依法组织收入，积极挖掘潜力，强化收入征管，加大稽查力度，狠抓税源监控，优化收入结构，促进地方财政收入持续增长。

（二）大力加强财源建设

全面掌握重大产业化项目投资和工程进展情况，加强对项目的全程服务和跟踪分析，进一步培植税源、深挖税源。坚持国税、地税、财政分析会制度，全面把握宏观经济走势、国

家调控政策以及区域经济发展变化对财政收入的影响，认真分析研究经济运行中的重点问题、热点和难点问题，整合税源信息，分析税源状况，掌握税源结构，为以税源为核心的产业结构调整、布局结构调整提供依据，并制定行之有效的增收措施，确保财政收入与经济保持同步增长。全面掌握重点项目投资和工程进展情况，加强对项目的全程服务和跟踪分析，及时协调解决有关财税问题，大力培植财源税源，抓好零星税源管理，强化征管，依法征收。

（三）加强收税征管与税务稽查

加强收税征管与税务稽查的协调配合，完善税务稽查、日常检查与税收征管良性互动机制，通过组织开展税收重点稽查、专项检查和综合整治，加强票据的使用管理，严厉打击偷逃税行为，切实堵塞税收征管漏洞，努力实现应收尽收。

（四）加强非税收入征管

随着滨海新区的开发建设，进一步盘活土地资源的同时，最大限度地实现土地出让金收入的增长。坚持日常监督、专项检查和年度稽查相结合的原则，强化事前监督，加强事中控制，严格事后稽查，严肃查处非税收入征管过程中的违规违纪行为。严格执收执罚部门的监督，研究实施罚缴分离新方式，做到既要依法征收，应收尽收，又要坚决禁止各种乱收费、乱罚款、乱摊派等违规行为。

（五）充分发挥财政资金政策导向作用

充分发挥财政政策和资金的杠杆效应，引导社会资金，加大经济发展中的领域和关键环节的投入，加大对骨干龙头企业的培育工作，全面落实企业技改贴息和促进服务业发展贴息资金、中小企业科技资金，促进企业产品结构调整和产业升级，壮大企业实力，稳定财源。

三、统筹兼顾保证财政支出

2010 年财政支出 23.2 亿元，比上年同期增加 23.9%，完成年预算的 103.6%。一般预算支出完成 14.25 亿元，同比增长 30.5%，基金支出完成 8.95 亿元，同比增长 14.7%。

预算执行中，坚持量入为出，力保重点的原则，在年初预算基础上，进一步压缩公用支出，兑现货币分房政策、增发因公积金基数上调造成的公积金支出、在职老职工住房补贴、在职老职工住房公积金、规范津贴补贴等刚性支出；确保了涉及民计民生的社会保障、医疗卫生等相关政策的落实，改善低收入群体生活；推进医疗卫生体制改革，加大城乡社区卫生投入，推行城镇居民基本医疗保险，扩大公共服务保障范围，保证了人员经费的正常支出和党政机关、事业单位的正常运转，保证了重点项目的资金需求和社会的和谐稳定。

（一）加强农业基础设施建设，提升区域内特色农业发展水平

对茶淀、杨家泊、大田三个镇的蔬菜种植日光温室和葡萄钢骨架塑料大棚给予了重点扶持，通过国家资金的引导，农民种植积极性得到提高，使汉沽农业设施化得到迅速发展，特色农业初具规模，农民得到了实惠，收入不断提高，取得了较好的经济效益。

（二）全面落实义务教育经费保障机制，提高公用经费保障标准

2010 年共投入资金 6000 多万元，对 20 所学校，38 栋单体建筑总建筑面积 81117 平方米，进行了校舍加固和功能提升，消除了安全隐患，改善了基础教育办学条件。投入资金 162 万元，专项用于中小学幼儿园保安人员及装备技防设施经费，加强校园及周边地区安全保卫工作。完善农村义务教育经费保障机制，义务教育生均公用经费定额高于全市平均水平。

（三）完善社会保障和就业制度

投入资金 1900 万元，健全城乡居民最低生活保障制度，不断改善困难群体生活条件。建立覆盖城乡的老年人生活补助制度，对 9500 名没有养老保险的老年人按月发放生活补贴。投入资金 1650 万元，积极促进就业，健全就业困难群体帮扶机制，完善就业岗位补贴和公益性岗位补助政策，加强就业培训和指导，保持就业局势基本稳定。

（四）医疗卫生投入进一步加大

社区卫生服务由上年的万人 20 万元增加到万人 30 万元，促进了社区卫生服务事业的开展，保障了社区居民基本医疗。实施公务员和事业单位补充医疗保险商业化运作，继续保证了 2009 年的医疗报销水平，及时、足额匹配实施药品集中采购和社区卫生服务药品“零差率”资金，将惠及面由城区扩大到农村，实现汉沽全覆盖，缓解了居民“看病贵”的矛盾；投入 81 万元用于麻腮风、水痘疫苗免费注射。

（五）大力推动公益文化事业发展

加快社区文化室等基层文化场所及农村公共文化服务体系建设，投入资金 60 万元，支持赴上海世博会参演和葡萄文化节等活动，宣传了汉沽，提高了汉沽的知名度。投入资金 58 万元，参加了“十二届市运会”、“农民健身月”等一系列群众性体育文化活动，提升区域发展的软实力。

四、实施科学化精细化管理，增强财政改革与管理工作的创造力

（一）调整和完善镇财政体制

按照分税制财政体制的基本框架，以“属地征收、超收分成、超支不补”为原则，以 2009 年决算为基础，重新核定各镇财政的收支基数及定额补助数额。新的财政体制从 2010 起实施，一定三年。新的财政体制理顺了管委会与各镇政府之间的财力分配关系，充分调动了各镇增收的积极性。

（二）推进部门预算工作的全面开展

加强对部门预算执行情况的监督检查，在总结部门预算试点经验的基础上，进一步完善部门预算编制内容和办法，调研制定不同性质单位的公用经费开支标准，本着公开、公平、

公正的原则，改进和规范财政与预算单位分配关系。

（三）深化财政管理制度改革

2010年的财政工作坚持与机构改革相结合，对撤并单位和部门进行了账户的清理和归并工作，对相关部门和单位进行了责任审计和资产的重组，制定了《货物运输业纳税奖励办法》、《2010年税收任务考核奖励办法》，完善各部门激励机制，成为促进财政增收的亮点。出台了财政项目支出管理办法，项目预算编制进一步细化，项目库管理不断健全。

（四）积极推进国库管理制度改革

本级预算单位全面实施零余额账户管理，国库单一账户工作全面完成，国库集中支付总额达到4.67亿元，同比增长83.8%。

（五）继续加强政府采购管理

进一步完善政府采购进度，加大对政府采购的宣传力度。依法确立采购目录和程序，不断规范采购行为，扩大政府采购范围和规模。

（六）全面清理和规范行政事业性收费

努力形成行政事业性收费的多点支撑、多极增长的财政增收格局。对财政核拨经费单位的非税收入一律纳入“收支两条线”管理，规范执法部门收费罚款行为。

（七）强化国有资产监督管理

结合工作实际，进一步研究探索国有资产监督管理的新方法，加大国有资产的管理力度，在做好基础工作的同时，强化国有产权转让、退出企业国有资产的管理，充分发挥国资部门对国有资产监督管理和履行出资人职能。多方运作，搞好国有资产经营，盘活部分闲置资产。同时，加大固定资产维护资金的投入，确保国有资产保值增值，并结合新区机构改革，对撤并单位进行了清产核资，防止国有资产的流失。

（靳婷玉）

塘 沽 区 财 政

2010年，塘沽区财政局全面完成了塘沽工委、管委会确定的重点工作目标和各项工作任务。在滨海新区加快经济发展的有力带动下，财政收入继续保持较快增长，在全市各区县中保持了领先水平。2010年本级财政收入超过80亿元，再创历史新高，有力地促进了塘沽经济建设和各项事业的发展，为滨海新区的开发开放做出了积极的贡献。

一、地区经济概况

在滨海新区加快开发开放的有力带动下，2010年塘沽区着力转变经济发展方式，努力提高经济运行质量，产业结构不断优化，经济规模不断壮大，综合实力不断增强，经济总量快速增长。全年生产总值完成350.3亿元，增长23%；固定资产投资完成1101.4亿元，增长27%；本级财政收入完成80.46亿元，增长42%；利用外资2.9亿美元，增长24.6%；利用内资93亿元，增长30%；社会消费品零售额完成174亿元，增长20%；城市居民人均可支配收入30281元，增长13.8%；农民人均纯收入13270元，增长12%。

二、财政收支情况

（一）财政收入大幅增长

2010年本级财政收入共完成804625万元，完成年初预算的109.99%，完成调整预算的100.47%，同比增长42%，其中财税收入完成400667万元，同比增长25%。

（二）财政支出更加合理

2010年财政支出预算安排80亿元，同比增幅42%，其中一般预算支出安排50亿元，基金预算全年安排30亿元。在财政支出管理方面，从实际出发，充分发挥财政资金的导向作用，调整优化支出结构，从严控制一般性支出，以改善民计民生、促进社会和谐稳定为重点，加大对社会公共服务领域的投入，特别是教育、科技、卫生、社会保障、环境保护、公共安全等方面的支出力度，努力保障各项重点支出，为各项事业发展提供资金保证。

三、财政工作

（一）积极落实各项社会事业发展政策，保障教育、卫生、文体事业的发展

全年投入教育、文化、卫生社会事业支出18亿元，同比增幅20.4%，占一般预算的36%。坚持教育优先发展战略，积极促进教育事业均衡发展。全面落实教育支出“三个增长”的要求，完善义务教育经费保障机制，提高了中小学公用经费定额标准；积极推进教育资源布局调整，统筹安排学校现代化建设和校舍建设工程，实施学校重点项目建设和现代化达标工程，安排1140万元完成8所学校校舍加固任务，安排校舍维修资金2785万元，对部分学校重点进行了修缮，安排920万元加强学校安全防范工作，为塘沽74所中小学和幼儿园配备专职保安204名，安装视频监控系统，实现了校园安保人员和设备配置100%全覆盖。继续推行城乡义务教育“两免一补”政策，全年共安排“两免一补”资金1067万元。

（二）不断改善医疗卫生环境，提高社区卫生服务水平

第五中心医院一期建设主体完工，中医医院改扩建工程正式投入使用，继续推进社区卫生服务综合配套改革，实现药品零差率销售城乡全覆盖，预防保健工作不断加强，强化免疫接种率98%以上。严格执行计划生育目标考核要求，健全城乡计划生育服务网络，建立和完善了稳定的经费投入保障机制，为人口和计生事业发展提供了强有力的财政保障；建立流动人口计生经费保障机制，拨付30万元专项经费，用于流动人口计划生育管理与服务。

（三）积极推进文体事业发展，保障文体宣传经费投入

注重加强文化体系建设，公共文化服务水平显著提高，支持举办第十五届海门艺术节、“五月的鲜花”合唱音乐会、塘沽2010年新年音乐会、春节联欢晚会等系列文化活动，安排17万元支持流动电影放映队承担752场公益电影放映任务，观众人数达到30万人次，社会效益显著。继续加大文体设施建设投入，建成大沽口炮台博物馆，争取市专项资金300万元，财政安排1000万元支持布展工作。投资110余万元完成击剑、排球馆内部装修和设施配备，确保场馆正常使用。投入800万元支持广电事业发展，不断丰富群众精神文化生活。

（四）加大科技、科普经费的投入力度

为全面实施“科教兴塘战略”，大力推动科技进步和科学普及，鼓励企业科技创新，推动科技型中小企业的发展，坚持科技经费随财政支出增长的比例逐年增长，全年安排科技专项支出1.2亿元，同比增幅51%，占一般预算的2.39%。安排4000万元建立塘沽创新投资基金，设立科技发展资金1000万元、科技创新专项资金2000万元、产学研专项资金1000万元，支持列入塘沽科技计划的76个项目发展。加强科普设施建设，加大科普经费的投入，安排科普活动经费85万元，科技周活动专项资金6万元，使广大群众受益。为落实全国知识产权保护工作，安排专项资金60万元。

（五）继续加大支农资金投入，全面落实支农惠农政策

2010 年继续加大农业基础设施投入，坚持以引导农业增效、农民增收为目的，为塘沽农业发展提供财政支持。加大农业科技创新的投入，促进种、养殖结构的调整，积极推进新品种引进，专项补助 20 万元，引进养殖观赏新品种 25 万尾。完成了海珍品繁育基地改扩建项目和金元宝农产品批发市场项目的验收工作。按照国家农业综合开发办公室的要求申报了金汇食品冷库、诺恩养殖研发、五洋海产品冷库、海发海珍品工厂化养殖、红鳍东方豚等项目中央财政贴息。全面落实各项强农支农惠农政策，加强惠农补贴"一卡通"的管理工作，实施农民素质提高工程，对农业富余劳动力进行职业技能培训，安排资金 80 万元对 5018 人进行培训，已取证 3167 人。积极支持农村城市化建设，农村生产生活环境明显改善。

（六）完善城乡社会保障体系，改善民生促进和谐社会发展

一年来，塘沽区财政局以改善民生，构建和谐社会为根本，完善和落实各项社会保障措施，促进城市居民最低生活保障、城乡统筹就业、老年人福利事业和就业补助等社会保障事业的发展，全年安排支出 2.4 亿元，同比增幅 75%，占一般预算的 4.82%。2010 年拨付资金 116 万元，对 60 岁以上老年人和 50 岁以上中老年妇女进行免费查体；认真做好城市低保、农村低保调标工作，切实保障上述人员的医疗救助工作，全年累计发放低保资金 4002 万元，医疗救助资金 88 万元；切实抓好城乡老年人生活费补助的发放工作，为 12100 名无固定收入的老年人发放老年关爱金 424 万元，为塘沽 18000 多名无固定收入的城乡老年人拨付养老金 780 万元；全面启动事业单位补充医疗保险工作，并及时拨付事业单位补充医疗保险资金 1300 万元，使塘沽 2 万多名事业单位在职、退休人员的医疗待遇明显提高；广泛开展就业再就业工作，及时下拨再就业资金 1091 万元。

（七）大力支持基础设施建设和环境综合整治

一年来，塘沽区财政局着力宜居生态城区建设，以提升城市载体功能，进一步改善城乡基础设施和人居环境为目标，继续加大财政投入力度，2010 年城乡社区事务和环境保护等支出 7 亿元，同比增幅 53%，占一般预算的 14%。随着新能源公交车投入运营、市容环境综合整治的圆满完成，以及对烟尘、粉尘、二氧化硫进行有效治理，塘沽城市基础设施建设、市容面貌明显改善，城市载体功能日益增强。

（八）财政管理不断加强

一是合理调控公用经费支出增长，加强和规范行政事业单位的财务管理，严格执行各项财务制度，并按照规范公务员津贴补贴的规定，制定津贴补贴的管理办法和住房公积金提取的管理办法。二是加强财政性建设资金的监督管理，落实财政性资金建设项目投资管理办法，加大建设项目的预算审核力度，坚持在审定预算基础上确定招投标标底的制度，2010 年共审核建设项目 696 个，送审项目预算资金 197 亿元，审定金额 183 亿元，审减资金 14 亿元，审减率 7.1%，有效节约了建设资金，提高了财政资金的经济效益和社会效率。三是融资监管更加有力。针对近几年塘沽贷款不断增加的情况，为了更高效率的使用贷款资金，防范融资风险，加大了政府债务管理的力度，规范了信贷资金使用控制程序。四是深入开展

“小金库”专项治理工作。按照上级的工作部署，深入扎实地开展社会团体及国有企业“小金库”专项治理工作，通过相关部门的共同努力，圆满完成了塘沽123户社会团体，92户国有企业的“小金库”专项治理自查汇总上报及24户重点检查工作。

（九）财政改革继续深化

2010年塘沽区财政部门不断探索财政工作新思路，财政体制机制改革取得新的进展。一是加大部门预算编制制度改革的力度，部门预算的编制更加规范化、精细化。二是集中支付管理工作日臻完善，目前，国库支付工资统发单位197户，涉及人员17463人，政府采购支付353笔，金额2.88亿元。三是加强行政性收费票据的管理，在确保单位正常使用的情况下，减少票据库存，并完成票据清理监销工作，监销卫生系统机打票据67万份，其他票据3万多本。四是政府采购工作逐步深化，采购范围不断扩大。切实发挥政府采购的工作职能，突出节约型特点，努力降低行政运行成本，全年共完成采购预算31亿元，实际采购金额26亿元，节约资金5亿元，节约率16.2%，采购批次、采购金额和节约率均比上年同期有较大幅度的增长。五是推进行政事业单位资产管理信息化工作，根据“金财工程”建设的总体规划，实施“行政事业单位资产管理信息系统”，对资产管理进行动态监督。

（十）街镇财政体制进一步完善

认真贯彻滨海新区“强街强镇”的工作部署和塘沽工委、管委会《关于加快塘沽街镇经济发展的若干意见》，积极支持街道经济发展，进一步完善了街镇财政体制，制定促进街镇经济发展的相关政策，进一步向街镇下沉财权和事权，确定街镇收入和支出范围，建立街镇转移支付资金，设立企业帮扶基金，优化投资环境，保证街镇的招商引资实力。推动街财政所的建立，增强服务经济的载体功能，建立健全协税护税机制，城区8个街道全部成立地税稽征处，1个街道设立国税代征点，为街道财源建设创造良好条件。

（十一）扎实做好财政基础性工作

加强财政工作的规范化建设，财政管理的科学化、精细化水平不断提高，从完善体制、机制和制度入手，修订完善各项工作制度，扎实做好政府信息公开、建议提案承办等工作。注重加强调研工作，为领导决策提供了依据。继续做好会计从业人员的管理工作，以规范会计秩序，提高会计从业人员的整体素质为目标，充分发挥会计服务中心、会计培训学校的作用，积极开展会计从业人员的后续教育工作，认真组织会计从业资格考试、会计职称考试、会计电算化考试的报名和考务工作。加强对社会会计中介服务机构的管理，指导会计中介服务机构完善内部治理制度建设，不断提高会计中介机构服务的水平。

（十二）国资监管水平不断提升

2010年国资管理工作紧紧围绕“解难题、促转变、上水平”主题，立足夯实国资基础求发展，巩固重组成果谋创新，搞好企业服务促提高，以做实塘沽国有资产盘子、提升国资监管水平、防止国有资产流失、实现国资保值增值为目标，坚持以科学发展观为统领，认真履行国资管理责任，加强国有企业整合、重组和股权转让的管理，完善各项监管制度，及时了解资产变动状况，实现监管的常规化、动态化、制度化。认真搞好资产的整合和处置工作，有效防止国有资产流失，对塘沽煤气公司、中法水务进行现代法人制度改革，完成了资产评估、股权调拨（划转）等手续，顺利实施股权转换。

（十三）加强审计监督工作

一是充分发挥审计监督作用。2010 年审计工作坚持“依法审计，围绕中心，服务大局，突出重点，求真务实”的工作方针，按照年初确定的工作思路和工作任务，充分发挥审计监督作用，认真履行审计监督职责，开展了专项资金、政府投资项目、企业效益、经济责任审计等工作。审计查出管理不规范金额 40 余万元，提出审计建议 32 条。二是认真开展专项资金审计工作。完成了对原塘沽区 2008 年至 2009 年再就业资金管理和使用情况、残疾人就业保障金征收管理及使用情况的专项审计调查。从审计监督的角度对资金管理、使用及效益情况做出了评价，对审计调查中发现的问题提出了审计建议。三是加大政府投资项目的审计力度。关注政府投资项目，继续推进固定资产投资审计，2010 年对 3 个项目的竣工决算进行了审计，审计投资额 17874 万元，核减投资额 4096 万元，占投资额的 22.9%。四是以审计促发展，为企业服务。不断探索企业效益审计新路，通过审计，核实了企业资产负债损益的真实性、合法性，揭示了其资产质量及经营管理等方面存在的问题，为企业加强管理，完善制度，促进发展，提出了有益的建议。五是圆满完成上级领导部门交派的工作任务。针对 2010 年滨海新区行政体制改革，领导干部调任较多的实际情况，接受工委组织部的委托，及时调整审计工作的重点，统筹现有的审计力量，圆满完成了领导干部经济责任审计工作。

（王祖钢）

大 港 区 财 政

2010年，大港区财政局认真落实市委、市政府和滨海新区的决策部署，以“解难题、促转变、上水平”活动为契机，顽强拼搏，攻坚克难，积极有序开展工作，圆满完成了2010年的主要目标和重点任务。

一、经济发展概况

2010年，大港经济实现持续较快增长，区域生产总值完成486.28亿元，比上年增长19%，其中地方生产总值完成194.06亿元，比上年增长24.2%；地方固定资产投资125.66亿元，比上年增长53.4%；完成财政收入18.66亿元，比上年增长32.5%；消费品市场持续繁荣，区域社会消费品零售额实现81.87亿元，比上年增长26%；对外贸易实现恢复性增长，招商引资成效显著，全年完成外贸进出口总额8.78亿美元，比上年增长34.1%，实际利用外资3.78亿美元，比上年增长40%；全年引进内资项目135个，实际利用内资116.06亿元，比上年增长30.7%；城乡居民生活水平继续提高。2010年城市居民人均可支配收入25003元，比上年增长10.5%，农村居民人均纯收入12329元，增长10.5%；不断推进社会福利事业，进一步完善社会救助体系。首次开展了对特殊病种、特殊变故、特殊困难群众的“三特”救助。全年共有2264户、4802人得到最低生活保障救济，168户、379人得到社会困难救助。统筹城乡就业扎实推进，社会保障体系进一步完善。2010年新增就业20516人；参加社会养老保险统筹人员达到11.6万人；城乡居民医疗保险参保人数18.6万人。

二、预算执行情况

2010年，大港区财政局紧紧围绕“财政收入”这一中心工作，积极组织财政收入，财政收入预算为177889万元，比上年预计完成增长28%。根据实际情况，财政收入预算调整为183078万元。全年三级财政收入实际完成377101万元，比上年增长23%，其中：中央级财政收入完成127322万元，比上年增长12%；市级财政收入完成63164万元，比上年增长21%；大港地方留成财政收入完成186615万元，比上年增长33%。大港地方留成财政收入中，税收收入完成138920万元，增长27%，占财政收入比重为74%，比上年下降4个百分点。

2010年，财政支出预算安排214967万元，比2009年年初预算增长33%。根据实际情况，2010年财政支出预算调整为221856万元，加市转移支付等资金，全年支出预算为275109万元，实际支出为244335万元，完成预算的89%，比上年增长20%。

2010年，财政部门主动适应新形势新任务要求，牢牢抓住经济建设这个中心，在保持财政收入持续较快发展的同时，不断深化财政制度改革，积极创新发展思路，充分发挥财政职能作用，各项工作取得新的进展。

（一）持续投入资金，完善城市载体功能

继续加大基本建设和城市维护建设投入，完善城乡交通，实施市容环境整治。对津岐路、津港路和穿港路进行绿化建设改造、对乡村公路、桥梁进行改扩建和城乡旧楼区整修工程，使城市载体功能日臻完善，城乡基础设施和人居环境进一步改善。城乡社区事务和环境保护支出33605万元。

（二）加大对社会公共事业投入，促进经济社会协调发展

积极推进教育资源布局调整，支持教育优先发展。认真落实义务教育经费保障机制各项政策，及时安排教育免学杂费和提高公用经费标准补助资金，新建福源小学等，统筹安排学校现代化建设和校舍安全加固提升工程。教育支出101712万元，比上年增长36%。

积极支持科技创新，加大科普宣传力度。兑现山东石大科技集团有限公司天津分公司科技扶持资金，扶持天津滨海盐碱地生物治理科技创新与成果转化基地，增加科普文艺演出和宣传。科学技术支出1331万元。

建设港西街文化体育中心，增加和维护社区文体设施；支持优秀作品创作，增加举办大型文艺演出和体育活动场次，建设“农家书屋”，不断丰富群众精神文化生活。文化体育与传媒支出9807万元，比上年增长120%。

落实各项民生工程，加快推进卫生体制改革。加大医疗卫生基础设施建设投入力度，投入资金用于大港医院计算机网络系统设备升级，建设大港中医医院；积极推进社区卫生服务体系建设，提高城乡公共卫生服务补助标准；积极响应市政府号召，先行实行社区卫生服务药品零差率改革，提前拨付药品零差率所需经费；进一步完善社会保障体系，提高新型农村合作医疗补助标准，全面落实城乡低保和特困救助制度。社会保障和医疗卫生支出27274万元，比上年增长12%。

本着建设节约型机关的原则，减少和压缩一般性支出。一般公共服务和公共安全支出43337万元，比上年增长2%。

（三）积极落实惠农政策，促进社会主义新农村建设

努力做好粮食直补等惠农政策，推进农村综合改革，奖励农村中心居住区市容环境卫生考核优秀小区，继续加大设施农业和农业综合开发的投入力度，实施了引滦河水入农村工程。农林水事务支出15438万元，同比增长43%。

（四）实施综合性财税政策，发挥投融资平台作用，为企业办实事解难题

中小企业投资担保有限责任公司对有市场需求的企业、发展潜力大的企业和投资见效快

的项目进行重点支持，缓解部分企业暂时困难；为支持再生资源利用，对物资回收企业实行先征后退政策；对符合条件的非营利组织实行免税政策。

（五）继续深化财政改革，完善公共财政体制

为进一步提高预算的完整性和透明度，在所有预算单位进一步深化部门预算和国库集中支付改革。加强政府采购和财政投资评审制度，继续扩大政府采购范围，实行网上公示制度，规范政府采购程序，保证了政府采购制度的贯彻落实；建立完善的投资评审机制，提高财政资金使用效益。全年采购资金预算为3410万元，全年实际采购金额3108万元，节约支出302万元，节约率9%；评审财政投资和政府融资项目20个，审核资金63966万元，审定资金58210万元，审减资金5756万元，财政资金节约率达到9%。

三、财政管理工作情况

（一）农业财务管理工作

认真做好农口单位经费的核定和管理工作，严格各单位预算经费的支出；加强支农资金专项资金管理，对项目资金的使用和管理情况进行全程监管，确保国家财政资金安全；为确保大港区夏粮补贴资金及时、准确地兑付到每一个农户手中，我们认真核对各农户的有关信息，多次核实，修改，按时完成夏粮补贴的兑付工作，确保报送数据的真实、完整。

（二）农业综合开发管理工作

2009年度农业综合开发项目为土地治理中低产田改造项目，项目区坐落在太平镇，改造面积1万亩。投资670万元；产业化项目两个总投资2242.5万元，其中：立达海水养殖项目投资1500万元；神驰牧业奶牛项目投资742.5万元。

2010年度农业综合开发项目为产业化经营项目，总投资1080万元，其中：津水海水养殖合作社养殖车间项目投资540万元；年交易量5万吨产地批发市场项目投资540万元。

完成新建扬水泵站1座；开挖疏浚渠道146公里，新建渠系建筑物45座，新修机耕路13公里；营造农田防护林0.04万亩，植树2万株；完成海养车间建设面积6720平方米；奶牛饲养棚9300平方米及各项配套工程项目。

2010年度产业化项目年交易5万吨产地批发市场项目，经过政府采购统一招投标，选择施工队伍，现项目工程正在紧张的施工中，已完成总投资的60%，预计2011年3月底工程可全部完工并投入使用。

（三）社会保障工作

2010年大港区实行新的国家公务员医疗补助办法，及时足额安排好资金，保障新制度平稳过渡，同时为保障全区事业单位人员医疗待遇的不降低，提出可行性的医改方案，起草制定了实施方案；为深化大港区医疗卫生体制改革，实行了社区卫生服务药品零差率。

（四）预算外资金管理

完成了2010年度预算外编制和国有土地出让预算工作；开展了2009年度行政事业性收费的年检工作；严格按照政策规定对票据的购进、发售、领用及核销各环节进行管理，2010年共发售包括教育学杂费收据、医疗卫生票、罚没票、行政事业性收费票、捐赠款专用票在内的20余种票据共计204.8万余份；对39个单位收取的行政事业性收费进行了年检，审验了《收费许可证》138个；2010年度收取行政事业性收费20478万元，其中纳入财政管理12192万元。

（五）财政行政审批工作

对2009年度农业财政专项资金（桥闸涵维修改造工程）的使用情况进行监督检查。对困难企业退休人员医疗救助基金情况、计划生育押金情况进行了检查。认真贯彻落实津纪发［2010］14号《天津市国有及国有控股企业“小金库”专项治理工作实施办法》的通知和津纪发［2010］13号《天津市社会团体“小金库”专项治理工作实施办法的通知》等文件精神，对国有企业、社会团体单位进行了“小金库”专项治理工作，重点对5户企业、3户社团进行了检查。

（六）企业财务管理工作

及时、准确地完成了2009年度国有商业企业、房地产开发企业、外商投资企业和粮食风险基金的决算工作及2010年的国有企业、外商企业的月报、季报的汇总上报工作；完成了外资投资企业财政登记，共办结财政登记（含新建、变更和转出）4户；起草制定了《大港管委会科技型中小企业发展专项资金使用管理办法》草案。完成了粮食风险基金的发放工作，下拨风险基金376万元；定期检查和掌握家电下乡、汽车下乡、家电以旧换新补贴资金的发放情况。下拨家电下乡补贴221万多元，发放汽车下乡补贴522万元，家电以旧换新补贴845万元。

（七）会计管理工作

完成了会计从业资格考试和会计专业技术资格考试的组织工作。2010年会计从业资格考试组织报名四次，报名人数达5058人，比上年同期增加1950人，增加62.9%，共组织考试112场，参加考试4325人，并实现了无纸化考试。加强大港区代理记账机构的管理，严格审批代理记账机构。做好大港区会计学会和珠算协会的工作，完成珠算技术等级鉴定工作。

（八）国有资产管理工作

及时完成了大港区2009年度24户国有企业年终报表编审工作，并对24户国有企业进行产权登记年度检查，2009年年末，24户国有企业资产总额19.35亿元；负债总额15.97亿元；权益总额3.4亿元；实现收入4亿元。

（九）政府采购和投资评审工作

认真编制政府采购预算，继续扩大政府采购范围，规范政府采购程序，保证了政府采购制度的贯彻落实。全年采购金额3108万元，节约财政资金302万元，节约率达9%。加强财政投资评审工作，建立了比较完善的投资评审机制，提高财政资金使用效益，评审财政投资和政府融资项目20个，审核资金63966万元，审定资金58210万元，审减资金5756万元，财政资金节约率达到9%。

（十）财政国库集中支付工作

建立财政部门对预算单位和用款单位的监督体系，严格按预算、计划和进度拨付资金，充分发挥财政监督作用；积极推行公务卡结算方式，努力减少现金流通，全面提高公务活动透明度；健全财政、清算银行、代理银行和预算单位四方对账系统，实现国库集中支付中心与单位之间定期不定期地全面对账，使财政资金安全、准确、完整、无误。

四、认真履行监督职责，扎实有序推进审计监督工作

（一）积极开展专项审计调查，努力从宏观层面发挥审计职能作用

2010年就专项资金、政府投资建设项目安排审计调查62项，占全部审计项目的64%，涉及财政资金97000万元，通过审计调查，节约财政资金2650万元。向管委会报送审计调查报告62份。

（二）稳步推进经济责任审计

按照“积极稳妥，量力而行，提高质量，防范风险”的原则，按照工委组织部门的委托，2010年进行经济责任审计项目42人，绩效审计项目11个。提出审计建议16条，被采纳的审计建议16条。

五、加强干部队伍建设

（一）加强思想政治建设

认真贯彻党的十七大、市九次党代会和滨海新区第一次党代会精神，坚持以科学发展观为指导，认真落实中心组学习制度。广泛开展创先争优和学习型党组织创建活动，积极推进精神文明创建工作，大力弘扬先进典型，不断激发广大党员干部干事创业的工作热情，努力打造一支政治坚定、业务精良、作风过硬的财审队伍。

（二）圆满完成机构整合设置

按照《天津市滨海新区塘沽、汉沽、大港管理机构设置方案》统一部署，认真制定大港财政局与审计局管理机构合并设置方案，按照要求进行科室编制、人员调配，于2010年

9 月，圆满完成了财政局局机构改革工作。整合后财政局的职能为：财政收支职能、审计职能、国有资产管理职能、金融职能。

（三）加强党风廉政建设

进一步完善权力运行、岗位责任的内控机制，扎实推动反腐倡廉教育工作和惩治腐败体系建设任务的落实，不断完善从源头防治腐败的工作机制，确保权力干净、规范运行。加强财政审计监督。进一步完善《财政局党风廉政建设责任制办法》、《财政局内部告诫和责任追究制度》、《财政人员工作纪律》、积极推进廉政教育和廉政文化建设，大力实施反腐倡廉教育培训，进一步增强了广大干部队伍的廉政意识。

（四）加强机关内部建设

针对年初签订的各项目标责任状，重点抓了机关规章制度的落实，强调落实规章制度的严肃性、经常性，机关的行政管理、办公秩序和工作作风都有明显改进；加强了档案管理，做到各类文件及时收、发、传递，按类归档立卷；加强了机关宣传报道工作，及时报送了工作动态信息；抓好“五五”普法规划的落实；向“慈善一日捐”活动募捐 12535 元；为青海玉树灾区捐款 32451 万元；实施“爱心助孤”温暖工程，捐助 6000 元解决孤儿刘金鹏、刘君雅的学习生活费用。

（岳俊堂）

开 发 区 财 政

2010年，开发区财政局认真贯彻“实现三个新跨越、打好三个攻坚战，推动七项重点工作见实效”的开发区总体发展思路，围绕“在财政资金和国有资产运作管理水平上见实效”的具体目标，积极发挥财政职能作用，千方百计为区域经济、社会发展提供财力保障，财政收支规模实现较快增长，全体干部员工团结一致，克服诸多困难，做了大量认真细致的工作，取得了较好成效，圆满完成了全年的各项工作任务。

一、地区经济发展概况

2010年，天津开发区实现地区生产总值1545.86亿元，比上年增长25.1%；实现工业增加值1157.31亿元，同比增长25.4%；实现工业总产值5101.28亿元，同比增长21.4%；实现进出口总值339.75亿美元，增长26.5%；完成全社会固定资产投资500.63亿元，同比增长49.5%。2010年，在商务部组织的国家级开发区投资环境综合评价中，综合指标连续十三次名列第一。2010年，天津开发区完成财政收入361.50亿元，比上年增长29.1%，完成税收收入274.62亿元，同比增长22.5%，实现地方财政收入166.84亿元，增长30.8%。

二、财政收支情况

2010年，开发区累计实现三级财政收入3615019万元，比上年同期增收813988万元，同比增长29.10%，完成年度预算3137553万元的115.22%。

剔除代征中央收入，全年完成新区口径二级收入1882290万元，比上年同期增收479404万元，增长34.17%，完成年初预算1824260万元的103.18%；完成新区口径地方一般预算收入1476964万元，比上年同期增收388105万元，增长35.64%，完成年初预算1415500万元的104.34%。

全年完成税收收入2746155万元，占全区财政总收入3615000万元的比例为75.97%，相比上年80.01%，税收收入比重下降了4.04%。

2010年预算内累计安排资金支出1689297万元，完成年初预算计划1386849万元的121.81%。其中：基本建设支出1380572万元；产业政策及补贴支出148268万元；科技支出15955万元；部门事业费支出108460万元；其他支出4349万元；周边区域体制分成支出31255万元；家电以旧换新补贴412万元；社保基金补助及医疗保障支出26万元。

三、财政管理工作

（一）进一步发挥政策支持作用，开辟多种渠道，帮扶有资金困难的中小企业

为落实市政府“解难题，促转变，上水平”的工作部署，担保中心通过电话服务、实地走访的方式联系调查了近60家企业，详细询问了解企业在生产经营、资金周转方面存在的困难。对天津六合镁制品公司等重点企业给予贷款担保，接受担保企业的净利润、销售收入均出现了较大幅度的增长。

2010年，担保中心提前足额收回2009年“保增长、渡难关、上水平”期间对开发区12家困难企业的担保贷款，涉及贷款金额8070万元。相关信息情况已被市政府办公厅采用并直报市政府领导。

联合政研室出台了对开发区中小企业融资担保扶持的意见，采取设立“开发区中小企业融资担保扶持资金”的方式支持开发区中小企业的发展。通过与银行协作，在授信额度内采取“一次授信、分次使用、循环担保”的方式，提高审保和放贷效率。

2010年，为解决中小企业融资难题，降低企业融资成本，泰达中小企业担保中心推出由担保中心、政府、银行、企业共同参与的“四位一体”融资担保模式，通过对从事先进制造、高新技术、现代服务业的中小企业大幅度降低担保费率，帮助企业向政府部门申请保费及利息补贴，合作银行实行基准利率等方式为企业提供融资担保服务，推动企业健康快速成长。全年实现企业贷款担保金额4亿元，顺利实现比2009年担保额度翻两番的任务目标。

积极落实开发区管委会发展科技型中小企业的工作部署，加大力度为科技型中小企业提供专利权质押贷款担保服务。全年已有天隆科技、通邮中国、博纳艾杰尔等14家科技型中小企业在担保中心申请办理专利权质押贷款担保业务，申请担保金额达1.38亿元。

（二）积极主动、高效落实各项产业优惠政策，提高政策兑现的效率

树立主动服务意识，加强与投促局、经发局等部门合作，完成了中铝国贸、屹华汽车零部件等三十几个重点招商项目优惠方案前期测算工作，及时为企业办理享受开发区各项产业政策审核返还工作，更好地发挥开发区各项优惠政策的效力。

调整企业申请兑现产业政策的审批流程，将企业申请享受优惠政策的审批环节与确定享受政策拨款环节进行合并，缩短文件审批时间，提高了政策兑现的效率。

积极参与开发区“解、促、上”工作小组的活动，与清源电动车辆有限公司等重点企业取得联系，对企业提出的国内销售网络开拓、产品研发基地的资金支持等问题提出解决的办法和建议；协调有关部门，对肯纳金属公司提出的津滨高速改造、影响该公司班车的正常运行问题进行解释，赢得企业的理解与支持。

按照政策兑现年度将企业的税收留成与享受政策的情况进行对应匹配，建立财政扶持资金与税收贡献的挂钩机制，企业税收贡献越大，享受财政扶持的空间也越大，对扶持企业形成一个良性的激励约束机制。

（三）以预算管理的科学化、精细化为目标，积极完善预算管理体制

在2009年全面推行国库集中支付的基础上，进一步简化财政直接支付相关业务流程。本着“规范运行、简化流程、方便单位、效率优先”的原则，针对2009年度国库集中支付实施中存在的程序较多、不够便捷等相关问题，结合我局集中支付信息系统建设情况，与各业务科室及软件公司进行多方沟通，从2010年1月1日起简化了分月用款计划与资金直接支付领导签字重复把关的问题，进一步提高了国库集中支付效率。

加强部门预算管理，对2010年行政事业单位公用经费实行总额控制，公用经费按2009年比例进行压缩，行政单位压缩10%，事业单位压缩15%（不含国办校），从严控制会议费、招待费、差旅费、交通费等支出，努力降低行政运行成本。

与文教卫生局进行配合，完成国办教育的生均标准调研工作并对学校预算进行重新核定；对教育达标工作进行调研核实，提出具体配置标准和达标预算。

提高财政资金的统筹安排效率，加大结余资金使用力度。为强化预算执行管理，逐步消化财政拨款历年结余资金，2010年财政将结余资金的使用同部门预算的编制有机结合在一起，在安排各部门公用经费预算时，优先动用历年经费结余安排支出，并对用结余资金安排本年公用经费预算50%以上的单位给予节约奖励。2010年共安排历年公用经费结余资金766万元，约占按标准核定各单位公用经费预算总额的15%。

为加强基建资金预算执行的刚性，年初将全部在建工程结转至2010年的项目，按照立项总投资额与已累计拨款额的差额，计算出项目所差资金额，再乘以75%的系数，确定各个项目的年度资金计划并下达给建设单位，要求建设单位不得突破总额、不得在项目之间调剂。对新建项目严格按照拨款额控制在投资完成进度量的70%以内的要求统一掌握，确保资金在计划范围内均衡拨付。

进一步完善“收支两条线”管理工作，将幼教中心、国际学校双语高中、建管中心的行政事业性收费纳入预算管理，改变了原有的行政性收费返还模式，将收费资金缴入国库，部门支出全部从预算内统筹安排。2010年，行政事业性收费纳入预算管理部分新增安排预算资金1642万元。按照天津市财政局的统一部署，组织开发区行政机关、事业单位开展“小金库”专项治理检查工作。

加强非税收入管理，认真执行地方财政专户纳入财政国库机构统一管理的制度改革要求，与执收单位、代理银行进行沟通，建立并完善定期对账制度。在商业银行开设了非税收入财政汇缴专户，严格执行国家规定相关制度进行收支两条线管理，实行“单位开票→银行收款→财政统管→定期上缴国库”的方式，汇缴专户只收不出，非税收入全部纳入预算管理。

（四）探索多种渠道、多种方式融资

2010年开发区建设资金需求快速增长，按照管委会南港开发攻坚战、西区提速攻坚战和东区提升攻坚战等三大战役的统一要求，财政高度重视2010年融资工作，采取多种手段解决资金紧张难题。一是在预算资金和银行贷款之外，通过商票保理方式解决资金过渡问题，全年使用商票保理方式融资81205万元；二是为搞好区域开发建设的投融资组织实施工作，财政局梳理组织机制，2010年经报管委会批准，正式设立金融科。三是落实市政府开

源节流工作会议精神，按照天津市、滨海新区财政局的统一部署，在财政支出上做到突出重点，有保有压。四是在大额资金的调度上，根据不同银行的要求，搞好时间衔接调配，确保资金运转和资金循环的平滑顺畅。

全年财政累计拨付建设资金 2810381 万元，其中拨付预算内资金 1380572 万元，拨付融资资金 1429809 万元。全年累计新增贷款 74.12 亿元，财政累计贷款余额 311 亿元。

（五）进一步加强社保资金管理

根据开发区失业保险与全市并轨后的相关工作要求，经管委会批准设立社会保障综合办公室，2010 年，财政单独核定经费预算用于社保办公室的开办和正常运行支出，为保障我区失业保险并轨后各项工作的正常顺利开展提供了资金支持。

按照天津市的统一部署，将开发区失业保险历年结余资金第一笔 3.8 亿元上划市财政局。同时，进一步规范和完善社保基金管理的基础性工作，完成我区 2009 年基本医疗保险统筹基金决算报表的统计上报工作。

（六）努力规范和提高政府采购工作管理水平

一是进一步发挥政府采购职能，规范政府采购操作流程。与开发区公证处及开发区政府采购代理机构召开了联席会，对招标公告及文件的编制和发布、开标程序、评委的考核、采购文件的归档等工作环节提出了进一步规范和完善的意见。二是加强对专家库的管理，提高政府采购项目评审质量。三是为重点项目搞好配套采购。为提高校园安全保障水平，与委办配合，快速落实开发区校园安全监控系统建设项目的政府采购工作；圆满完成服务外包公寓家具及电器采购工作。全年共组织实施政府采购业务 308 次，涉及项目预算资金 27203 万元，实际合同金额 23206 万元，节约项目预算资金 3997 万元，节约率为 14.69%。

（七）深化三小区投融资体制改革

根据 2010 年第一次党组会（津开党组纪 1 号）会议纪要的精神，三小区开发公司由泰达控股的下属公司转为开发区管委会直属企业。为尽快完成三小区开发公司的股东方股权转让工作，经与市国资委有关部门沟通并报管委会批准，同意将泰达控股公司持有的三小区总公司股权无偿划转给国资公司，相关债务也由管委会直接承担。而后，财政局又与股权转让双方进行了沟通。从而为进一步明晰企业产权关系，加快三小区管理体制改革提供了有力支持。

在管委会接管三小区管理工作后，财政与审计部门配合，多次深入三小区调研，详细了解三小区的历史遗留问题，对三小区的财务情况进行摸底分析。在核对分析相关财务指标的基础上，积极采取措施，想方设法协调解决三小区不良债务问题。为保障三小区正常运行，对三小区的到期债务，在与银行协商做工作的基础上，逐笔进行展期或倒贷，必须偿还的贷款项目经请示管委会同意后，办理了资金拨付手续。对微电子小区的不良债务已协商农行拿出具体的的解决方案，待农行市分行审查批准后即可进行债务重组，核销微电子总公司的不良债务，为公司下一步的融资发展创造条件。

2010 年，累计对三小区拨付资金 40173 万元，（含还本付息），同时筹集资金 232800 万元用于支持北区征地。

（八）开展直属企业、委托监管企业经营业绩考核工作

结合管委会2010年工作要点的要求，开展对开发区直属企业、委托监管企业的经营业绩考核。2010年，首批选定天津泰达国际创业中心、天津泰达科技风险投资股份有限公司、开发区微电子工业区总公司、开发区汉沽现代产业区总公司、天津逸仙科学工业园国际有限公司作为开发区试点企业。整理并建立了区属国有企业近3年来与绩效考核相关的基本指标（年度利润总额、净资产收益率、主营业务收入增长率、国有资产保值增值率）和分类指标，在此基础上完成了开发区国有企业经营业绩考核方案。开发区国有企业经营业绩考核工作实现了零的突破。从五家被考核企业上报的业绩考试指标分析，多项指标表现正常，而各企业的年度利润指标一项普遍偏低，目前五家企业中只有创业中心实现盈利。

2010年，开发区国有企业资产规模显著扩大。据财务快报统计，全区国有企业资产总额达到1924亿元，同比增长13.89%；所有者权益686亿元，同比增长7.62%；主营业务收入72亿元，同比增长83.79%，利润－2.6亿元，除利润指标一项为负数，其余大部分经济指标均保持了较好的增长态势。

（九）做好政府债务及往来资金管理工作，加强政府投资项目股权管理和产权管理，提高国资监管水平

将管委会对泰达控股提供担保的政府债务进行逐笔记录，巩固和完善已建立起来的台账，及时掌握政府提供担保的债务余额，防范政府债务风险。截至2010年年底，开发区管委会对泰达控股公司提供担保的政府债务余额为68.5亿元（不包括建行38亿元），通过加强对泰达控股的担保债务管理，政府债务逐年递减。降低了政府风险。认真做好与市局、企业间的债权债务的会计账务核算，定期及时通知各业务科室清理收缴、偿还往来借（贷）款项，加强财政往来资金管理。

开发区政府持有天信股权入股泰达国际控股公司已于上半年获银监会批准，并争取到了2009年度天津信托股权分红1300多万元，并已入账，确保了开发区管委会国有股权在天津信托中享有的股东权益。天津银行2010年增资扩股，经过多方努力最终成功增持该行股权4000万股，确保优质国有资产的比重不断增加。

本着服务企业的理念，确保国有企业股权变动的合法、顺畅进行。针对南港公司股权转让、滨海泰达物流股权问题专门沟通上级主管部门，单独上报管委会，寻求政策上的支持与突破。为保证开发区科技集团整合工作能够尽快完成，在前期准备阶段对可能存在的问题、解决方法与相关人员反复沟通，尽可能为创造便利条件，解决实际困难。

（十）强化体制机制保障，梳理内部流程，干部队伍建设取得新进展

重新梳理科室内部流程，按不同产业政策进行人员分工调整，对于政策审核、资金拨付等环节建立了从初审到复审的层级管理模式，努力做到一般性、事务性工作流程的标准化和程序化，注重运用信息技术解决和克服事务性工作量大的难题，将更多的人力和精力集中于事关开发区建设发展的重点工作。

信保中心按照事业单位实施绩效工资改革的有关要求，在征求有关各方意见的基础上，制定颁布了《天津泰达小企业信用担保中心绩效考核试行办法》并启动绩效工资改革工作。

通过个人收入与工作绩效挂钩的方式，激励员工充分发挥主观能动性，形成开拓进取的工作氛围，更好地促进信保中心各项工作和员工业务水平的整体提高。

加强干部队伍思想作风建设，按照管委会2010年作风年的统一要求，召开全体干部大会，对“解难题、促转变、上水平”和“作风建设年”活动进行了动员和部署，将管委会对该项工作的部署文件印发给每一名员工，并要求大家认真学习领会文件精神。把“作风建设年”活动与日常工作有机结合，统筹兼顾，精心谋划，干部作风面貌有了明显转变，服务企业的能力得到明显提高，发扬“一方有难，八方支援”的精神，全局46名干部职工为2010年4月14日青海省玉树地震捐款12200元。

（冯　宁）

天津港保税区财政

2010年，在市财政局和保税区管委会的领导下，全区财税干部职工认真贯彻市委九届七次、八次全会、滨海新区第一次党代会精神，以科学发展观为指导，全力解难题、促转变、上水平，全面贯彻市财政局和保税区各项工作部署，通过加强调查研究和税收征管，深入企业千方百计挖掘增收潜力，完成年度财政收入指标；进一步优化支出结构、强化制度管理，深化财政改革和财政监督工作力度，实现了财政收支的基本平衡；创新融资模式，丰富融资渠道，保障了保税区基础设施等重点领域的资金需要，圆满完成了全年各项工作任务。

2010年，天津港保税区完成生产总值640.5亿元，同比增长31.1%；财政收入113.8亿元，同比增长22.6%，其中，区级一般预算收入48.8亿元，同比增长27.5%；工业总产值810亿元，同比增长35%；进出口总额145.4亿美元，同比增长43.3%；各项经济指标增幅在天津市和滨海新区继续保持前列。

全区各级财政收入总计达到1137900万元，比2009年度的928016万元增长22.6%，其中：区级财政收入622500万元，比2009年度的494300万元增长25.97%。市级税收121100万元，比2009年度的102600万元增长18.1%。中央级税收394300万元，比2009年度的331000万元增长19.1%。2010年全年财政支出总额为599700万元，比2009年度的459900万元增长30.4%。

一、预算管理工作

（一）千方百计组织财政收入，确保收入持续较快增长

2010年财政收入在上年高台阶、高基数的基础上，按增长20%的水平安排预算。按照管委会的部署，保税区财政局积极协调有关部门，千方百计研究实施增收措施，确保财政收入持续快速增长。一是加强收入执行分析，密切关注经济形势和财政改革动态，分析研究组织收入中的重点、难点问题，及时提出促进增收的政策建议。二是加强与各征管部门的沟通协调，深化税收分析制度，加大税收工作科学化、精细化力度，加强税源监控力度。按月牵头召开由工商局、综经局、国地税等部门组成的税收分析例会，及时与区国地税部门沟通重点企业税源变化情况，分析经济形势，对税收变化比较大的企业及时分析原因、制定方案，采取有效措施。三是克服重重困难，积极、耐心地与河西区、南开区、河东区、河北区等政府部门沟通协调，达成协议，先后将天宝汽车销售服务公司、铁三院、中铁电气院等单位税

务关系转入空港经济区，扩大了财政收入规模，壮大了区级财力。

（二）合理安排财政支出，推动区域经济平稳较快发展

努力应对国际国内经济形势的变化，坚持把保持经济平稳较快发展作为财政工作的重要任务，积极发挥财政职能作用，2010 年保税区实施积极财政政策，在不断规范资金安全制度的同时，加大对企业的扶持力度，及时兑现各项优惠政策。安排专项资金支持科技创新和节能减排，建设绿色低碳经济园区；拨付出口补贴，鼓励企业扩大出口规模；兑现企业发展金，促使企业扩大经营规模，提升企业竞争力；拨付建设发展金，降低企业投资成本，促使重点项目早建成、早投产、早见效。

（三）夯实基础工作，做好预算编制和预算执行等日常工作

以较高质量完成了 2009 年财政总决算、部门决算、预算执行分析及 2010 年预算草案报告工作。认真处理财政总会计的日常会计事务和账务，定期向管委会及市级各有关单位报告预算收支执行情况，报表报送及时、数据准确，为领导决策提供详尽依据。妥善调度预算资金，保证各项事业资金按计划及时供应，协助国库部门做好各项国库工作，密切财、税、国库各部门之间的协作。组织和指导区内行政事业预算单位的会计工作，通过会计核算和会计反映，对总预算和单位预算的执行实行监督，切实完成上级下达的收入支出任务指标。

（四）建立健全财政预算管理制度，全面推进财政科学化精细化管理

积极创新预算管理机制，完善预算决策机制，改进和规范预算分配关系，认真科学地编制部门预算定额，强化部门在预算编制和预算执行中的责任，在努力提高预算编制的科学性、准确性和精细化程度的基础上，切实加强预算执行管理，不断提高预算执行的均衡性和效率。至 2010 年年底，保税区部门预算全面纳入信息化系统管理，将部门预算编制、基础信息、项目管理全部实行一体化管理，为全面推进财政科学化精细化管理夯实了坚实基础。

积极推动国库单一账户改革工作，2010 年空港学校作为保税区财政国库制度改革的试点单位，率先实行国库集中支付制度，这样既提高了财政资金的使用效率，又保障了资金运行的安全。

二、加强税收征管，坚持依法治税

2010 年，保税区国税局、地税局按照市局和管委会的全年工作的总体要求，坚持以组织税收收入为中心，全体干部共同努力，认真履行职责，依法加强税收征管，努力克服金融危机的不利影响，保证了税收收入的基本稳定。

2010 年，保税区共组织各项税收 867107 万元，比上年的 756933 元增长 14.6%，其中：增值税完成 237173 万元，比上年的 188830 万元增长 25.6%；营业税完成 184217 万元，比上年的 166114 万元增长 10.9%；企业所得税完成 287123 万元，比上年的 256123 万元增长 12.1%；个人所得税完成 68053 万元，比上年的 55140 万元增长 23.4%。

（一）强化收入计划，积极推进依法治税

坚持聚财为国、执法为民的税务工作宗旨，加强税源管理，找准切入点，把握着力点，圆满地完成全年各项税收工作任务。

国地税局认真分析保税区的税收特点，创新工作思路，找准工作重点，明确工作目标。把握税源变化，确定重点税源大户，分解任务指标，落实各项收入措施。严格抓好收入计划落实，坚持收入核算、征管部门收入衔接通报制度，把握整体收入进度，保证税款及时足额地组织入库。利用有利条件，积极化解不利因素，坚持更高标准、追求更高水平，较好的完成了管委会下达的税收收入任务，为区域经济更好更快发展提供了强有力的财力保障。

（二）坚持科学化、专业化、精细化管理，进一步提升税收征管水平

税源管理既是税收征管的起点和基础，又是税收征管的重心和关键。加强税源管理，是提高税收征管质量的关键。2010 年采取多项征管措施，进一步提升了全区税收征管水平。

1. 深化税源管理指标管理。以申报率、增值税税负率、所得税亏损率和零负申报率等税源管理指标为重点管理目标，实行局长负责、科所组织实施、税源管理人员分户负责的管理办法。一是通过预警信息管理软件进行拦截，在申报过程中进行核实，与企业法人、财务负责人约谈，查明零负申报的真实原因；二是采取以票控税方式，严格控制零负申报企业发票增版增量申请，予以降低“发票版额”和“领购量”处理。

2. 加强税源预测分析。建立税源分析工作制度，在税源管理上实行计划管理，将税收计划分解到科所，通过税源预测、税收计划的完成情况和税源分析，及时发现征管中存在的疑点、难点，并制定针对性管理措施，强化税源管理，努力做到应收尽收。

3. 强化行业和大企业管理。投入主要精力和精干人员，做到重点税源企业分区（海港和空港）、分类（内外资、生产和非生产企业），责任到人，重点行业（对保税区财政局税源影响较大的煤炭、金属、钢材、化工、汽车和纺织等六大行业确定为保税区财政局重点管理行业）分区、分所（海港重点负责煤炭、金属和化工行业；空港主要负责钢材、汽车和纺织行业），责任到科所，准确掌握影响税源因素，完善税源预警和监控机制。

4. 加强纳税评估和非居民税收的日常管理。按照重点税源企业、一般税源企业和非居民企业，分别由纳税评估、税源管理和税政等科室牵头负责，责任到人、户数到人，管理前伸，强化源头管理，确保税源和税收之间的正常转化。

5. 税企联动，提高企业自律能力。通过召开企业座谈会、深入重点企业调研、通过管委会相关部门征求意见等方式，加强与企业联系，及时掌握企业经营变化情况。帮助企业查找和分析问题，听取企业管理人员的原因分析和企业经营发展计划，督促企业提高自律水平。

6. 加强所得税汇算清缴管理。以汇算清缴为契机，对长期亏损企业、境外关联交易企业进行重点分析，确保汇缴税款及时足额入库。在汇算清缴的基础上对长期亏损的中小企业继续实行核定征收管理，对重点关联企业境外交易进行专项跟踪和管理。

7. 强化执法监督，不断完善对纳税人的管理。加强增值税等专用发票、减免税审批、出口退税审核和增值税抵扣凭证的内部管理，认真落实执法责任检查制度，推进依法治税工作深入开展，为日常税收征管创造良好条件。

（三）改进和优化纳税服务，构建和谐的征纳关系

深入贯彻落实全市税务系统纳税服务工作会议精神，按照建设服务型税务机关的要求，树立“大服务、全员化”的服务理念，将纳税服务工作固化到税务工作的各环节、全过程。保税区财政局处在滨海新区的前沿核心区，如何创新开展工作，进一步提高纳税服务和税收执法水平以及工作效率、工作质量非常关键。2010 年，保税区财政局采取了多项措施改进和优化纳税服务，受到了纳税人的普遍好评。

1. 加强税法宣传，不断提高纳税人税法遵从能力。丰富宣传内容，提高税法宣传的针对性、实用性和有效性，进一步提高了纳税人的纳税遵从度。充分利用局网站开展税收政策宣传活动，做到对外网页内容及时更新，问题及时答复，政策及时发布，动态及时反映；充分利用短信平台、办税服务厅信息发布系统等载体普及税收知识，将纳税人关心的税收问题通过办税服务厅信息发布系统滚动播放；设置了专门邮箱，解答纳税人所提的问题，了解纳税人对税法宣传的认知和需求情况，印发涉税及税收政策、纳税须知的宣传手册，并放置于征收大厅，供纳税人自由取用，进一步加强了税务部门与纳税人之间的联系。

2. 建立各种服务机制，优化办税环境。认真落实加强办税服务厅管理的各项规定，把办税服务厅建设成为连接征纳的平台、服务纳税人的场所、展示机关形象的窗口、践行宗旨的阵地。坚持预约服务，注重服务的针对性。向企业公布预约电话，在正常 8 小时工作时间内，根据纳税人的需求，通过公布的预约服务电话提前预约相关事项；坚持值班制度，注重服务的便捷性。科学合理安排现有人员，8 小时工作不停顿，方便纳税人申报纳税。充分利用中午纳税人申报较少的特点，为税务代理机构及有条件的企业进行预约申报；坚持提醒服务，注重服务的主动性。对重点税源户实行每季度至少上门寻访服务一次的制度，其他纳税户采取不定期上门寻访服务方式；运用短信平台催报催缴的服务方式，提醒纳税人有关注意事项和需要把握的时间节点。

3. 积极主动接受纳税人的监督，加大政务公开力度。充分利用办税服务厅的叫号系统，将服务监督电话公布在纳税人取得的顺序号码纸上；将各科所的业务工作范围、受理事项明细、科所负责人姓名、具体办公地址、电话等有关内容印制成便于携带的卡片发放给纳税人，方便纳税人随时监督我们的工作效率及服务工作；扩大政务公开的内容和形式，制作以纳税人关心的办税工作流程、工作时限为主要内容的展示牌，安放在办税大厅，方便纳税人随时了解和监督。

4. 优化流程简并资料，切实减轻纳税人负担，进一步提高工作效率。按照市局要求完善办税流程内控机制，防止由于内部管理环节复杂、重复而增加纳税人的负担。保税区财政局积极推进办税业务标准化作业，进一步缩短纳税人办税时间。实行限时传递，保证当日受理，当日传递。新税收征管平台上线后，企业报送的纸质资料作为辅助材料在过渡期间仍需流转，为了保证电子信息与纸质资料的同时传递，将每日的资料传递增加到 2 次，保证在受理后的 2 小时内将纸质资料传递到下一岗位。同时，还及时更新了办税资料清单，并在受理通知书上注明所办事项需流转的时限，不但方便纳税人对税收工作的监督，而且让纳税人做到心中有数。

5. 加快出口退税进度，支持促进外贸。及时对出口企业正式申报的出口货物退（免）税进行单证及电子审核，对电子审核中反映的问题进行分析处理；对每户审核疑

点进行相关提示，告知企业处理办法，辅导企业及时准确完成出口货物退税的申报；继续完善出口退税电子信息网上查询系统和天津海关签发的离岸清单的电子信息的传输系统，方便有出口退税业务的纳税人办理业务；增强工作主动性，加快审核批和退库，支持促进外贸出口。

三、投融资工作

（一）加大直接融资规模，有效降低资金成本

2010年3月15日，以投资公司为平台发行了固定票面利率为4.99%、期限10年，并附第5年末发行人调整利率选择权和投资者回售选择权的企业债券20亿元。此次发行经过努力将投资公司的主体评级及债券评级均提升至AA+，在保证了保税区建设资金需要同时也极大地降低了融资成本（本次债券票面利率低于贷款基准利率16个百分点）。同时，保税区财政局继续推进已发行债券的跟踪评级工作，保证维护保税区债券较好的市场声誉。

（二）增加投控集团资本金，增强区属国有企业融资能力

2010年3月，保税区成功地以投控集团为融资平台发行了期限为5年的中期票据20亿元，成为天津市中票首单，拓宽了融资渠道。

2010年以投资公司为平台申请贷款15亿元，保障了保税区各项建设需要。在中央对货币政策趋于收缩的形势下，储备了一部分资金，保障重点项目建设需要。

四、国有资产管理工作

根据年初管委会对国有资产管理工作的要求和部署，从进一步强化出资人职责，搞好国有企业管理方面入手，全面加强对资金的监管，严防资金风险和资产损失。建立健全了投资项目决策、管理和效益评估体系，确保国有资产保值增值，深入推进了保税区国有资产管理工作。

（一）制定投融资管理办法，实施国有资产授权经营

为深化保税区投融资体制改革，加强投融资管理的科学化、规范化和制度化管理，保税区财政局制定了《天津港保税区管委会投融资管理办法》，理顺了保税区投融资管理体制，明确了保税区投融资管理的各个级次及相应的职责，完善了投资项目分类决策流程，实现了对投资项目的分类管理。积极强化国有资产出资人职责，指导控股公司修订完善《参股企业管理办法》，进一步细化了参股企业管理的内容。逐步实行产权代表责任制，通过选派优秀干部出任董事、监事及经营管理人员担任产权代表等多种方式，参与参股企业重大事项决策及经营管理，维护国有控股公司作为参股方的合法权益，确保国有资产的保值增值。

（二）全面实施控股公司优化提升方案、大力推动架构调整等工作

自2009年底管委会批准控股公司优化提升方案后，保税区财政局便将全面实施控股优化提升方案工作作为2010年国有资产管理工作的重点。保税区财政局会同控股公司有关人员，成立专门领导小组和工作小组，将各项优化提升工作细化分解到个人，制定了周密计划和详细的时间节点，保证了优化提升工作的有效实施。截至10月下旬，已初步完善了控股公司董事会、监事会组成，并已拟定了董事会、监事会建议人选名单报管委会审批。在优化组织结构方面，已实现了投资公司与投控集团、控股公司的一体化运作，控股公司内部部室设置以及四级公司清整工作正在积极推进当中。在投控集团5月底注册资本已达100亿元的基础上又先后对控股公司增资7亿元，进一步增强了公司实力，为公司发行私募票据、引进保险资金等直接融资奠定了良好基础。同时协同控股公司，加大资产盘活力度，不断拓宽融资渠道，合理削减政府债务规模，保证区域发展资金需求。

（三）积极与市财政局及国资委等各有关单位协调沟通，严格按照有关要求及时做好2009年投控集团各级40余家单位财务决算报表的年终审计工作

按月审核上报国资委及市财政的月度快报并且在全市各国有企业集团及代监管企业率先全面推行新会计准则，获得上级部门好评；及时上报2010年的经济发展预测报表；配合滨海委的要求填报相关报表数据。认真组织控股公司会计人员学习企业财务报表网络报送系统有关使用方法，对报送过程中的问题做到“及时发现及时解决”，已成功实现11月上旬的初次网络报送试运行工作，为2011年全面实现企业财务报表网络报送工作做好充分准备。

五、财务结算管理工作

（一）按照管委会有关要求，进一步规范管委会经费支出，加强了制度建设

结算中心围绕加强机关财务管理、提高效益这一中心，从打基础、抓规范、增效益入手，结合管委会具体实际，制定了《天津港保税区、天津空港经济区管委会机关及直属事业单位差旅费管理办法》、《天津港保税区、天津空港经济区管委会业务招待费管理办法》、《天津港保税区、天津空港经济区管委会对外经贸和交流活动礼品管理暂行办法》、《天津港保税区、天津空港经济区管委会机关及直属事业单位学习、培训费管理办法（暂行）》《天津港保税区、天津空港经济区管委会机关及直属事业单位咨询、调研费管理办法（暂行）》等一系列制度，有效地规范了管委会经费支出。

（二）开发专用软件，解决工作中难题，不断提高管理水平

为更好地完成各项工作，结算中心与有关技术部门密切配合，组织开发了管委会医疗保险报销、合同管理、费用报销等专用软件，极大地提高了工作效率，保证了工作质量。

（三）继续搞好行政事业性收费管理，进一步规范收费业务流程

对新增行政事业性收费，将业务与财务同步纳入信息系统进行管理，从根本上杜绝了

“小金库”存在的可能性，全年组织完成行政事业性收入5.05亿元，经营性收入1100万元。

（四）认真完成市财政及有关单位安排的其他工作

组织完成了市财政行政事业性单位资产管理系统的推广及数据录入工作；组织完成2011～2012年度党政机关定点饭店招标及继续推荐工作。

六、基建管理工作

（一）坚持基建资金会审制度，严格基建资金的审付工作

坚持实施基建项目建设管理办法，督促付款、增项、变更等工作按制度实施。在对基建付款材料进行审核的同时，坚持到施工现场实地观察工程完工进度，做到严格把关、心中有账，对于付款材料不齐、完工进度所报不实的项目坚决不予付款。2010年度审付基建资金22.13亿元（共计682笔）。其中：经济区基础设施工程8.59亿元（共计520笔），天保商务园工程13.54亿元（共计162笔）。

（二）严格执行《基本建设财务管理规定》，对基本建设财务活动实施财政财务管理和监督

参加并完成27.5亿元基建工程、设备采购等评标监督工作，组织建设单位及结算审核部门进行6.4亿元的建设项目的结算评审工作，到年底预计完成8亿元建设项目的财务决算审核工作。空客厂房约33亿元结算审核工作已进入尾声，累计审减节约资金达4.2亿元。

七、其他工作

（一）认真开展“小金库”专项治理工作

按照2010年天津市“小金库”专项治理工作会议和《关于印发〈天津市国有企业及国有控股企业“小金库”专项治理工作实施办法〉的通知》（津纪发［2010］14号）精神及市“小金库”专项治理工作领导小组办公室的工作部署，2010年7月～11月，我们对全区国有企业及国有控股企业和社会团体进行“小金库”专项治理，进一步强化保税区有关单位财务管理的责任意识，进一步建立健全相应的管理制度，规范操作流程，强化监督检查，注重从源头上控制腐败。

（二）做好有关收费的年审、清理和汇总

对保税区行政事业性和涉企经营服务性收费进行年审、清理和汇总。

（三）做好贷款贴息和专项扶持资金申请、拨付工作

在滨海新区和市财政局的指导下，与综经局、科技局和安保局密切配合，积极做好国家扶持项目贷款贴息和扶持资金申请工作。

八、政治思想和队伍建设工作

（一）着力提升领导班子整体效能

保税区财税领导班子注重加强自身建设，自觉加强理论学习，工作中“一把手”以创新求变的新思维，努力打造干事创业的亮点，带动班子整体效能提升。

（二）加强党风廉政和行风政风建设

认真贯彻党风廉政建设责任制，层层签订廉政责任书和保证书，将责任制逐级落实到人。确立“预防为主，过程控制”的风险管理理念，通过分析权力行使流程，结合岗位职责，查找执法风险点，构筑风险防控体系。提高依法理财、依法办税和文明服务水平。开展行风政风和党风廉政教育和培训，增强干部廉政意见和执法风险意识。

（三）进一步加强党的组织建设

一是加强对党员的管理。通过定期召开民主生活会、党员评议活动，使党员干部进一步明确了努力的方向；二是加强对入党积极分子和积极要求进步的非党人员的培养教育。2010年有4名预备党员转正、发展了4名入党积极分子。通过讲党课、组织政治理论学习、召开座谈会等方式加强与他们沟通交流，了解他们的思想动态；三是深入开展“争先创优”活动，发扬拼搏精神，打造过硬队伍，提倡干事奉献、勤奋敬业，党员干部综合素质不断增强，为保税区财税工作的顺利开展提供组织保障。

（四）重视干部教育培训

为进一步提高全区财税干部管理能力和业务水平，在加强全员培训的基础上，本着“用什么，学什么；缺什么，补什么”的原则，定期组织全体干部进行财税政策和专业知识学习和培训，同时，采取“请进来、走出去”的方式，虚心学习和借鉴兄弟单位的先进管理经验。

（五）切实关心爱护干部

关心干部思想动态，倾听干部诉求，为干部办实事、解难事，增强全区财税系统的凝聚力和向心力，激发保税区财税干部团结一心、积极向上的活力。开展问卷调查，以不记名方式了解干部对保税区财税各方面工作的评价，了解干部诉求，有针对性地做好干部思想工作，及时疏导情绪，化解矛盾。大力倡导读书学习，鼓励更新知识，开阔视野，努力营造奋发有为，积极向上的工作氛围，推动财税干部以饱满的精神状态开展工作。

（李济长）

滨海高新技术产业开发区财政

2010 年，滨海高新区财政局以科学发展观为统领，坚持服从服务于全区改革发展大局，充分发挥财政职能作用，涵养财源税源，优化支出结构，财政支持经济社会协调健康发展的能力显著增强，连续五年被市财政局评为先进集体，各项工作取得了新的进展。

一、经济发展概况

2010 年，高新区实现总收入 3017 亿元，同比增长 30%；实现生产总值 667 亿元，同比增长 26%。高新区核心区预计完成生产总值 280 亿元，同比增长 33.2%；完成固定资产投资 220 亿元，同比增长 56.9%；完成财政收入 60.3 亿元，同比增长 25%；实际利用外资 5.08 亿美元，同比增长 32%；内联引资 50.3 亿元，同比增长 57.2%；新增就业 8267 人，比工作目标超额完成 1767 人。

二、财政收支情况

随着滨海高新区纳入国家总体发展战略布局，高新区整体区域经济继续保持较快发展的良好态势，经济规模不断扩大，运行质量稳步提高，财政收入持续快速增长，综合财政实力明显增强。滨海高新区全年财政收入完成 61.9 亿元，比上年增长 28.15%，圆满完成增长 25% 的奋斗目标；区级财政收入完成 40.2 亿，比上年增长 34.34%，圆满完成增长 32% 的奋斗目标；财政支出完成 39 亿元，比上年增长 19.17%，教科文卫支出占总支出比重为 27.2%，科技拨款占全部财政支出比例达 12%，超额完成 6% 的工作目标。日常收付、划拨资金近 1800 笔，累计总量达 126 亿元，制定资金保障供应计划并顺利实施，全年新增融资 15 亿元。财政收支规模又迈上了一个新的台阶，支持经济社会发展的能力进一步提高，财政收支主要呈现三个特点：

（一）财政收入持续快速稳定增长

在前两年财政收入高台阶、高增长的基础上，2010 年财政收入继续保持了较快增长势头，而且增幅进一步提高，当年收入增量达到 8.5 亿元，收入总量三年翻了一番。财政收入占地区生产总值的比重达到 21.3%，年度中各月份财政收入增幅均在 20% 以上，没有出现大的起伏波动。从税源分布情况看，电子信息、产品销售、新医药、新能源、机械设备制造以及房地产等行业税收增长都比较快。此外，滨海高新区财政局协调海泰集团上缴企业利润1.8亿元，以平衡财政收支预算，实现国有资本投资收益；多渠道筹措建设资金，争取中央财政贷款贴息0.2亿元。目前，滨海高新区财政收入已逐步形成了多点支撑的良好格局，财政增收的稳定性和协调性进一步增强。

（二）财源税源结构不断优化

随着企业自主创新和结构调整力度逐步加大，区域经济增长质量和效益明显提高，有力地带动了企业所得税的快速增长，企业所得税完成11.7亿元，增幅为43.67%。在建筑业和房地产业的带动下，营业税完成4.4亿元，增幅为40.17%。实施推动经济发展政策，企业职工收入不断增加，个人所得税完成3.8亿元，增幅为36.79%。

（三）财政保障能力明显增强

滨海高新区作为经济区域，继华苑园之后，滨海园正在大力开发建设进程中，财政支出大部用于基础设施建设。2010年以来，滨海高新区财政局积极调整优化支出结构，围绕科技支出和重点建设支出项目等，多渠道筹措资金，努力保障各方面支出需要。

财政支出完成39亿元，包括：两委人员及经费支出2亿元，派驻机构经费支出0.3亿元，用于科技支出4.6亿元，还贷款及贷款利息9亿元，文化中心建设费1.2亿元，华苑园环外基础设施建设1.3亿元，滨海科技园基础设施建设5.9亿元，津静公路改造分摊费1亿元，国资公司定向建设性增资6亿元（购地款），软土补偿金0.7亿元，城维费0.7亿元，上缴市财政局新增费2.8亿元，另由于新区财政体制改革，新增上交新区体制上解3.5亿元等（以上均为预计数）。

三、财政管理工作

（一）预算拨款“四类管理”，实现财政资金缴拨程序制度化

2010年以来，滨海高新区财政局继续坚持以刚性预算为核心的财政资金缴拨，并进一步实行“四类管理”，即：对日常经费及经常性项目支出，自觉严格执行按进度拨付管理；对非经常性项目支出，坚持中介机构审计、政府采购执行并由主要领导审批决定的刚性预算管理；对不可预见支出及特殊急需支出事项由分管领导、主要领导审批决定的调整预算管理；重大资金拨付，由主任办公会讨论通过审定后，再行预算拨款审批等。这些管理制度的坚持执行，不仅更加规范了资金管理的内部控制制度，增强了资金核拨的民主性、透明度。同时，也使财政管理规范运行的功能不断完备，其作用不断增强。这些制度财政及预算单位都能自觉遵循，运行情况良好。

（二）规范政府投资项目管理程序，加强建设性资金管理

对基建项目预、结、决算过程及各部门职责进行梳理和规范，制定《滨海科技园政府投资开发项目预算审计、竣工结算及决算工作实施方案》，达成计划部门、投资部门、建设部门、代建单位分权独立、相互制约，评审工作由中介机构独立完成的目的。该方案的推

出，进一步加强了对滨海科技园基础设施项目的管理，规范和完善了滨海高新区建设管理程序，进而提高基本建设资金的使用效益，实现该项目由前期的公司开发到目前的政府投资形式转变的顺利过渡。

为适应新的开发建设模式，滨海高新区财政局还修订了《基建拨款审批单》，建立建设单位申请、建设部门（综合办或基建办）项目审核、国资公司复核、财政局基建备案审核、分管主任、主任审批后，财政局再行资金筹措落实的完备基建拨款程序，从程序上保证了建设资金的科学支出。

（三）加大财政科技投入，促进经济发展

2010 年滨海高新区财政预算安排的科技支出达到 4.6 亿元，占财政支出比重为 12%，超额完成了管委会下达的 6% 的工作指标。滨海高新区财政局继续完善财政科技投入的稳定增长机制，坚持以财政投入为导向，以企业投入为主体，努力增强企业技术改造和自主创新能力。截至目前，重点支持主导产业企业 3.5 亿元，为滨海高新区增添一批新的经济增长点；通过财政资助、配套等方式，支持科技项目资金 0.2 亿元，为滨海高新区科技型中小企业科技创新、产业化发展提供有力资金支持；全面落实吸引人才的收入分配政策，配套支持人才发展资金 0.2 亿元，重点支持人才引进、培养和使用工作。

（四）推进财政体制改革，预算管理工作迈上新台阶

滨海高新区财政局继续深化以财政支出制度为重点的各项改革，积极推进财政管理体制和运行机制创新，加快公共财政体系建设。完善部门预算管理制度，积极推进定员定额标准体系，将有共性的项目支出形成整体，由统管单位统一进行预算汇总审批，预算申报审批更加科学透明、条理明晰、具有横向可比性，便于管理。加快推进国库支付制度改革，集中支付资金累计近千万元。大胆改革创新，简化程序，实现财政拨款据实列支、国库存款账实相符。对此，市财政局表示认可，并向其他兄弟区县（如保税区）大力推广。

（五）加强国有资产管理，提高国有资产管理水平

随着高新区国有企业不断发展壮大，国资监管的不断深入，滨海高新区财政局从加强国有资产运作和管理、确保国有资产保值增值入手，一方面深化国有企业的动态管理，对企业设立、重组、改制、产权变动等重大事项实行核准及备案制度；另一方面加强国有企业产权管理和运作，为企业股权出让做好前期各项基础工作，确保国有资产转让的规范化，进一步完善国有资产监管模式和运营模式，将国有资产监管贯穿资产管理各环节。

（六）完善制度建设、强化政府采购预算

滨海高新区财政局从完善制度建设、强化政府采购预算、完善计划管理、提升服务品质等几方面开展采购工作，充分发挥政府采购预算和计划管理的基础效能，确保采购严格按政府采购预算的项目和计划执行，圆满完成全年采购任务。全年共进行 158 批次政府采购活动，签订政府采购合同 228 份，完成政府采购预算 1.71 亿元，实际执行采购 1.4 亿元，节约率 18%。

（七）加强会计管理工作，提升服务水平

2010 年滨海高新区财政局会计管理工作蓬勃开展，做到制度健全，依法行政、执行有力，为树立良好窗口形象奠定基础。学会人员定期开展政治和业务学习，以熟悉会计法规制度，提升服务水平。在严格按照相关法规要求办理行政许可事项的同时，及时优化审批流程，缩短审批时限。

此外，为加强全区会计队伍建设，促进会计事业健康发展，滨海高新区财政局还多次举办会计后续教育学习班，获得会计人员一致好评。

（八）加强思想政治工作，推进班子和队伍建设

2010 年，滨海高新区财政局认真落实党风廉政建设责任制，严格廉洁自律规定和财政法律法规，健全内部监督制约机制，努力提高依法行政，依法理财水平。加强政治学习，提高职工政治素质，教育职工树立大局意识、集体意识、素质意识、纪律意识，把理念转化为行动，知行合一，形成求真务实的良好风气。每位干部职工对照制度并结合自身实际，认真查找不足，切实解决自身思想、工作作风等方面存在的问题。增强全局职工服务意识，切实履行“公开承诺”，落实好“首问责任制”、“限时办结制”、“责任追究制”。认真执行保密工作制度，确保财政工作安全。滨海高新区财政局坚持把党风廉政建设和反腐倡廉教育作为职工思想教育的重要内容之一，充分利用党支部会议、干部职工大会等形式开展党风廉政建设学习教育，通过组织学习，深入进行正反两方面的典型教育和警示教育，大力弘扬廉洁从政的先进典型和先进事迹，引导党员干部牢固树立正确的世界观、人生观和价值观，坚持正确的权力观、利益观、事业观，教育全体党员干部自觉遵守党的政治纪律、组织纪律、财政工作纪律和群众工作纪律，在全局形成了以廉为荣、以贪为耻的良好氛围，增强了广大干部职工拒腐防变的能力。

（霍　颖）

第四部分

财税机构人员

2010 年天津市财政局（天津市地方税务局）领导名单

杨福刚	局长、党组书记
马　强	副局长、党组副书记（正局级）
刘　健	副局长、党组成员
张庆江	市纪委驻市财政局（市地方税务局）纪检组组长、党组成员
陆丽珍（女）	副局长、党组成员
姚来英	副局长、党组成员
张家林（女）	副局长、党组成员
陈庆和	副局长、党组成员
李伟桥	总经济师、党组成员
梁宣健	总会计师（试用期）
王世弟（女）	副巡视员
吕玉淮	副巡视员

2010 年天津市财政局（天津市地方税务局）机关各处室负责人名单

办公室

主　　任：金　强
副 主 任：宋志平、侯立、郎家旭
副调研员：曲　明

综合规划处

处　　长：杨宗波
副 处 长：张国忠（兼）
调 研 员：张国忠

法制处

处　　长：刘文章
副 处 长：仇小娟（女，试用期）

税政处

处　　长：史增新（女，试用期）
副 处 长：陈　波（试用期）

预算处

处　　长：王克冰
副 处 长：朱春礼、师继军（女）、刘家庆（试用期）
副调研员：马凤敏（女）

国库处

处　　长：张　云
副 处 长：王宇娜（女）

行政政法处

处　　长：姜玉军
副 处 长：周振光
副调研员：刘　伟（女）

教科文处

处　　长：刘　宇
副 处 长：刘炳正（试用期）

副调研员： 宋惠娟（女）

经济建设一处（企业一处）

处 长： 张 津（试用期）

副处长： 王 健（试用期）

副调研员： 戴 武

经济建设二处（企业二处）

处 长： 耿砚铭

副处长： 孙嫒琴（女）、龚 岩（女，试用期）

副调研员： 陈伯全、王福良、刘鸿声

基本建设处

处 长： 刘文忠

副处长： 张秀芳（女）、陆晓春（试用期）

农业处

处 长： 徐德发

调研员： 孙 炜

副调研员： 姚克俭（女）

社会保障处

处 长： 李 萍（女）

副处长： 王文庆

金融处

处 长： 宋德培

副处长： 张秀丽（女）

外经处

处 长： 张季良

副处长： 石芳华

调研员： 刘志勇

副调研员： 赵树旺、陈 妍（女）

会计处

处 长： 牛佃庆

副处长： 刘金岭、张 达（试用期）

副调研员： 丁胜权

财政监督处

处 长： 王文彬

副处长： 温清华

副调研员： 张家鸣

农业综合开发办公室

主 任： 李志强

副调研员： 张振宇、王 宏

政府采购办公室

主　　任：　马　强（正局级）（兼）
副 主 任：　栗庆林（正处级）、金彩娟（女，副处级）
副调研员：　顾云辉、于世明

货物和劳务税处

处　　长：　樊建生
副 处 长：　余小建、黄　晶（女，试用期）

企业所得税处

处　　长：　刘　耀（试用期）
副 处 长：　高文元、王彦东（试用期）
副调研员：　刘志红（女）

国际税务和个人所得税处

处　　长：　田景强
副 处 长：　燕　伟、戴　鑫（试用期）
副调研员：　谢全星

财产和行为税处

处　　长：　李连秀（女）
副 处 长：　卜　哲、张光彤
副调研员：　李金奎

征收管理和纳税服务处

处　　长：　张广泰
副 处 长：　翟卫军、李博明、魏　国、段大盛（女，试用期）

税务稽查处

处　　长：　邢汝霖
副 处 长：　朱　力、李　刚（试用期）

收入规划核算处

处　　长：　张艳琴（女）
副 处 长：　于付态、马燕梅（女）

人事教育处

处　　长：　赵　健
副 处 长：　吴　畏、李富荣（女）、周　贺、卢　晋（女，试用期）

行政财务处

处　　长：　侯爱喜
副 处 长：　夏玉贵、金兆权
副调研员：　李文清（女）

信息化处

处　　长：　刘劲松
副 处 长：　于　众
副调研员：　翟跃进

天津市农村综合改革工作领导小组办公室

主　　任：　杨福刚（正局级）（兼）
副 主 任：　徐德发（正处级）（兼）
　　　　　　殷　强（正处级，试用期）
　　　　　　曹培阳（副处级）

老干部处

处　　长：　戴恩贵
副调研员：　赵海珊

机关党委办公室

主　　任：　赵文生
副 主 任：　张玉成、张　欣（女，试用期）

工会

副 主 席：　李顺荣（正处级）
副调研员：　臧　羽

市纪委驻市财政局（市地方税务局）纪检组、市监察局驻市财政局（市地方税务局）监察室

副组长（主任）：　程立功（试用期）
副 主 任：　谷志军、何广胜
副调研员：　刘　杰（女）

2010年天津市财政局（天津市地方税务局）直属单位负责人名单

天津市财政局征收局

局　　　长：　　张　利（试用期）
副　局　长：　　秦　英（女）
纪检组组长：　　王　英（女）
副 调 研 员：　　杜宏远

天津市财政局检查局

局　　　长：　　李传有
副　局　长：　　李建民、范树健
纪检组组长：　　顾绪刚
调　研　员：　　肖志宏
副 调 研 员：　　林　俊

天津市地方税务局纳税服务局（征收局）

局　　　长：　　魏　江（女）
副　局　长：　　王俊玲（女）、郑训镛、王　昕

天津市地方税务局第一稽查局

局　　　长：　　郑克为
副　局　长：　　耿　浩（试用期）
纪检组组长：　　王治国
调　研　员：　　郭俊杰
副 调 研 员：　　王国栋

天津市地方税务局第二稽查局

局　　　长：　　虞锡平
副　局　长：　　刘玉文、柴　晶（女）
纪检组组长：　　张文霞（女）
副 调 研 员：　　梅燕萍（女）

天津市地方税务局直属局

局　　　长：　　魏荣强
副　局　长：　　王克彬、张惠利
纪检组组长：　　赵志宇（试用期）
调　研　员：　　赵占春

副调研员：　　叶秋来

天津市地方税务局登记局

局　　长：　　李如意（女）
副 局 长：　　王桂英（女）
副调研员：　　白　洁（女）

天津市和平区地方税务局

局　　长：　　时继祥
副 局 长：　　吕大钟
纪检组组长：　张华梅（女，试用期）
调 研 员：　　陈　旭（女）
副调研员：　　费克宁

天津市红桥区地方税务局

局　　长：　　安　平（女）
副 局 长：　　崔晓林、赵德青
纪检组组长：　王孝清

天津市河东区地方税务局

局　　长：　　高　琦（女）
副 局 长：　　李燕龙、满建刚、蔡　进（试用期）
纪检组组长：　林树亭
副调研员：　　韩金生

天津市南开区地方税务局

局　　长：　　高秋丰
副 局 长：　　蒋　静（女）、崔继胜、邢国强（试用期）
纪检组组长：　夏璟华
副调研员：　　王胜利、陈学勇

天津市河西区地方税务局

局　　长：　　边　境
副 局 长：　　张惠武、周学雷
纪检组组长：　李新山
副调研员：　　李建军

天津市河北区地方税务局

局　　长：　　刘建强
副 局 长：　　齐中元、马金红（女，试用期）
纪检组组长：　周志军
调 研 员：　　魏宗会
副调研员：　　单双喜

天津市东丽区地方税务局

局　　长：　　陈延明
副 局 长：　　沈　涛、李　刚

纪检组组长：　　李洪秋
副 调 研 员：　　王　为

天津市津南区地方税务局

局　　长：　　王印财
副 局 长：　　尹宏凯、顾孟祥
纪检组组长：　　高广富（试用期）

天津市西青区地方税务局

局　　长：　　刘玉文
副 局 长：　　陈金华、王振龙、肖长虹（试用期）
纪检组组长：　　赵振海
副 调 研 员：　　寇和平

天津市北辰区地方税务局

局　　长：　　王增光
副 局 长：　　王季权、陈　岩、王亚军
纪检组组长：　　王春雷
副 调 研 员：　　李建华

天津市滨海新区地方税务局

局　　长：　　孙俊文
副 局 长：　　徐　瑄（女）、赵　元

天津市滨海新区第一地方税务分局

局　　长：　　崔立国
副 局 长：　　周轩国、林　海
纪检组组长：　　张春江
调 研 员：　　李建明
副 调 研 员：　　徐永胜

天津市滨海新区第二地方税务分局

局　　长：　　王志胜
副 局 长：　　于革新
纪检组组长：　　鞠建伟

天津市滨海新区第三地方税务分局

局　　长：　　章毓海
副 局 长：　　郭春涛
纪检组组长：　　冯　峰
调 研 员：　　张海龙

天津市滨海新区第四地方税务分局

局　　长：　　张士杰
副 局 长：　　马　杰
纪检组组长：　　李　巍（试用期）
副 调 研 员：　　王宗泽

天津市滨海新区第五地方税务分局

局　　长：　刘杏岐（试用期）
副 局 长：　杨建莹（女）
纪检组组长：　李希刚
副调研员：　张　敏（女）

天津市滨海新区第六地方税务分局

局　　长：　张曼林
副 局 长：　胡庆云
副调研员：　甄淑英（女）

天津市武清区地方税务局

局　　长：　杨献华
副 局 长：　李　芳、刘文忠、熊梦飞
纪检组组长：　康秋生（试用期）
副调研员：　李文祥

天津市宝坻区地方税务局

局　　长：　李广臣
副 局 长：　李继昆（试用期）
纪检组组长：　陈立新

天津市静海县地方税务局

局　　长：　陈彦德
副 局 长：　伊　蔷（女）
纪检组组长：　付德清
副调研员：　殷宝瑞、胡凤民

天津市宁河县地方税务局

局　　长：　张方涛
副 局 长：　郑玉军、董铁刚
纪检组组长：　夏宝新

天津市蓟县地方税务局

局　　长：　帅永华
副 局 长：　孙立华（女）、孟　同
纪检组组长：　陆　魁
副调研员：　刘凤山

天津市财政局资金管理处

处　　长：　傅庆军
副 处 长：　高学军
副调研员：　王忠兴

天津市财政科学研究所、天津市税收科学研究所

所　　长：　樊登义
副 所 长：　郭锡铭、马培祥、曹春生

天津市财经学校、天津市税务学校、天津市财税干部中等专业学校

校　　长：　姜　伟（女）

副 校 长：　王洪凯、陈铁林

天津市财政投资管理中心

主　　任：　朱振山

副 主 任：　徐兆丰、贾鸿潜、高树伟

天津市注册会计师和注册资产评估师管理中心

主　　任：　牛佃庆（兼）

副 主 任：　陈晓泓（女）、吉　明

天津市财税干部培训中心

主　　任：　何志强

副 主 任：　马荣瑞、王为民、王福岩

天津市财政局（天津市地方税务局）机关服务中心

主　　任：　侯爱喜（兼）

副 主 任：　王　超

副调研员：　马超峰、金世荣

天津市财政局（天津市地方税务局）票据管理中心

主　　任：　赵显忠

副 主 任：　臧茂林

天津市中小企业信用担保基金管理中心

主　　任：　马　强（正局级）（兼）

副 主 任：　傅庆军（正处级）（兼）

天津市政府采购中心

主　　任：　陈燕平（女）

副 主 任：　杨树宁、吴　爽（女）

天津市财政投资评审中心

主　　任：　徐寅丰

副 主 任：　丁　安、韩　林

天津市财税信息中心

主　　任：　刘劲松（兼）

副 主 任：　陈　杰、杜　彬

天津市财政局国库支付中心

主　　任：　张　云（兼）

副 主 任：　姚春征、乐　园（女）

副调研员：　万秀敏（女）

天津市财政局预算编审中心

主　　任：　王克冰（兼）

副 主 任：　郝永林、韩国英（女，试用期）

副调研员：　李　盈

2010 年天津市各区、县财政局负责人名单

（截至 2010 年 12 月 31 日）

滨海新区财政局

局　　　长：　　　姚来英
党 组 书 记：　　　姚来英
副　局　长：　　　杜金熊、吕双刚
局 长 助 理：　　　殷　强（挂职）
农业处（社会保障处）处长：于国玮（女）
预算处处长：　　　吴丽祥（女）
预算处副处长：　　李　焱（挂职）
行政事业处副处长：　吴丽敏（女）
国库处副处长：　　乐　园（女，挂职）
经济建设处副调研员：　孔繁瑞
行政审批处（法制监督处）副调研员：翟克娜（女）

和平区财政局

局　　　长：　　　刘浩洋
党 组 书 记：　　　刘浩洋
副　局　长：　　　刘婉洁（女）、陈青松
副 调 研 员：　　　王富强

红桥区财政局

局　　　长：　　　樊怡冰
党 组 书 记：　　　樊怡冰
副　局　长：　　　张　健、卢　敢（回族）、王宏凯
副 调 研 员：　　　李金忠

河东区财政局

局　　　长：　　　史洪振
党 组 书 记：　　　史洪振
副　局　长：　　　王　立（女）、王昌光（回族）、邱秀玲（女）

南开区财政局

局　　　长：　　　常心明
党 组 书 记：　　　常心明
副　局　长：　　　黑学钢、张庆东
副 调 研 员：　　　周家玉、马秀英（女）

河西区财政局

局　　　长：　　　王　炜
党 组 书 记：　　　王　炜
副　局　长：　　　夷珮群、李全明、邸淑玲（女）

河北区财政局

局　　　长：　　　赵家旺
党 组 书 记：　　　赵家旺
副　局　长：　　　刘海力、刘　青（女）、张　兵
调　研　员：　　　邵秀荣（女）
副 调 研 员：　　　王洪生、李玉兰（女）

东丽区财政局

局　　　长：　　　韩学森
党 组 书 记：　　　韩学森
副　局　长：　　　王　峰、李国起

津南区财政局

局　　　长：　　　刘子明
党 组 书 记：　　　刘子明
副　局　长：　　　李　刚、孙兆彬

西青区财政局

局　　　长：　　　姜连生
党 组 书 记：　　　姜连生
副　局　长：　　　李云海、张明华（女）

北辰区财政局

局　　　长：　　　张金荣（女）
党 组 书 记：　　　张金荣（女）
副　局　长：　　　林学恭、郭庆云（女）

滨海新区塘沽管理委员会财政局

局　　　长：　　　吕双刚（兼）
党 组 书 记：　　　吕双刚（兼）
副　局　长：　　　孙德红（女）、李先壮、孙晓岚（女）、赵民昌、刘　侃
副 调 研 员：　　　常建华

滨海新区汉沽管理委员会财政局

局　　　长：　　　王广兴
党 组 书 记：　　　陈立民

副　　局　　长：　　　　陈立民、赵连月、杨潮海、冯伯欣、李海英（女）、何立新

滨海新区大港管理委员会财政局

局　　　　　长：　　　　丁连军
党　组　书　记：　　　　丁连军
副　　局　　长：　　　　康　悦、杨殿生、张　武、刘运宝
副　调　研　员：　　　　刘建国、窦武田、王绍林

武清区财政局

局　　　　　长：　　　　杨中东
党　组　书　记：　　　　杨中东
副　　局　　长：　　　　程为民、陈树起、冯　彪、张忠新、庞媛媛（女）、王桂亮
调　　研　　员：　　　　徐国良

宁河县财政局

局　　　　　长：　　　　赵仲春
副　　局　　长：　　　　李道华、付桂合、付克春、张立江、陈景路
副　调　研　员：　　　　李永志、徐天庭、白春平

静海县财政局

局　　　　　长：　　　　王春武
党　组　书　记：　　　　王春武
国 资 委 主 任：　　　　岳永革
副　　局　　长：　　　　强兆柱、赵宝祥
纪 检 组 组 长：　　　　罗振荣
工　会　主　席：　　　　郭之江
调　　研　　员：　　　　刘洪喜
副　调　研　员：　　　　王学文、臧自鸣

宝坻区财政局

局　　　　　长：　　　　张志友
党　组　书　记：　　　　张志友
副　　局　　长：　　　　杜连龙、高俊峰、吕玉霞（女）、杜益民
工　会　主　席：　　　　王民强（女）
副　调　研　员：　　　　王新民

蓟县财政局

局　　　　　长：　　　　齐占国
党　组　书　记：　　　　齐占国
副　　局　　长：　　　　李春华、苏荣坡、郝子全

开发区财政局

局　　　　　长：　　　　施杨
副　　局　　长：　　　　李志高、沙　嫡（女）、陈　杰

副 调 研 员：　　贾学艳（女）、王书申、兰　英（女）

保税区财政局

局　　长：　　吕英博

副 局 长：　　张明星

副 调 研 员：　　张友梅（女）、崔晓煊（女）

高新技术园区财政局

局　　长：　　赵　毅

副 局 长：　　吴丽祥（女，兼）

副 调 研 员：　　王　伟

天津市财政、地税系统2010年度先进集体文明财政所和文明税务所名单

一、先进集体（106个）

河东区财政局：	国库科　预算科　办公室
河西区财政局：	会计管理科　预算科　行政事业科
河北区财政局：	办公室　预算科　社保科
南开区财政局：	预算科　行政事业单位财务管理科
红桥区财政局：	办公室　国库科
东丽区财政局：	预算科　人事教育科 行政事业国有资产监督管理科
津南区财政局：	预算科　国库科
西青区财政局：	预算科　行政政法社保科
北辰区财政局：	预算科　行财科
武清区财政局：	预算科　政府采购中心
宝坻区财政局：	预算科　行政事业财务管理科　农业财务管理科
蓟县财政局：	预算科　农业科
静海县财政局：	预算科　农业科
宁河县财政局：	预算科　行财科
滨海新区塘沽管委会财政局：	办公室　预算科
滨海新区汉沽管委会财政局：	办公室
滨海新区大港管委会财政局：	办公室　预算科　行政事业科
开发区财政局：	金融科　基建科
保税区财政局：	预算科
滨海高新区财政局：	预算科
和平区地税局：	办公室　税管科　纳税评估科
河东区地税局：	办公室
河西区地税局：	人事教育科　稽查科
河北区地税局：	办公室

红桥区地税局：	税收管理科　监察科
东丽区地税局：	办公室　计会科　人事教育科
西青区地税局：	办公室　稽查科
津南区地税局：	人事教育科
北辰区地税局：	办公室　计会科
武清区地税局：	人事教育科
宝坻区地税局：	办公室　稽查科
宁河县地税局：	税管科
静海县地税局：	人事教育科　税管科
蓟县地税局：	办公室
滨海新区第一地方税务分局：	税管科　信息技术科
滨海新区第二地方税务分局：	办公室　人事教育科
滨海新区第三地方税务分局：	办公室　税管科
滨海新区第四地方税务分局：	税管科
滨海新区第五地方税务分局：	税管科
第一稽查局：	稽查一科　审理科
第二稽查局：	人事教育科　稽查二科
地税局直属局：	办公室　计会科
纳税服务局（地税征收局）：	服务科
地税局登记局：	办公室
财政征收局：	办公室　业务二科
财政检查局：	办公室　绩效评价科
资金管理处：	办公室
注会和注评管理中心：	行业党委办公室　监管部
财税科研所：	办公室
财经学校：	人事教育科
政府采购中心：	综合部　招标部
财政投资评审中心：	办公室
财政投资管理中心：	办公室　资产管理部
财税信息中心：	应用二科　运行维护科
票据管理中心：	票据发售部
财税干部培训中心：	工程部　客房部
机关服务中心：	膳食科　医务科
预算编审中心：	支出预算一部
国库支付中心：	集中支付部

二、文明财政所（19个）

津南区财政局：	葛沽镇财政所　北闸口镇财政所

西青区财政局：	王稳庄镇财政所　张家窝镇财政所
北辰区财政局：	天穆镇财政所　青光镇财政所
东丽区财政局：	万新街道办事处
武清区财政局：	下朱庄街财政所　大王古庄镇财政所
宝坻区财政局：	口东镇财政所
静海县财政局：	静海镇财政所　大邱庄镇财政所
蓟县财政局：	洇溜镇财政所　桑梓镇财政所
宁河县财政局：	东棘坨镇财政所　宁河镇财政所
滨海新区塘沽管委会财政局：	胡家园街道财政所
滨海新区汉沽管委会财政局：	大田镇财政所
滨海新区大港管委会财政局：	中塘镇财政所

三、文明税务所（49个）

和平区地税局：	管理一所
河东区地税局：	征收所　管理一所　稽查一所
河西区地税局：	征收所　管理五所
河北区地税局：	征收所　稽查二所　管理一所
南开区地税局：	征收所　管理六所　管理七所　稽查三所
红桥区地税局：	管理一所　管理二所
东丽区地税局：	征收所
津南区地税局：	征收所　管理二所　葛沽税务所
西青区地税局：	李七庄税务所　管理一所
北辰区地税局：	管理二所　科技园区税务所
武清区地税局：	管理所　杨村税务所　下朱庄税务所
宝坻区地税局：	城区税务所　征收所
蓟县地税局：	管理一所　下仓税务所　上仓税务所
静海县地税局：	唐官屯税务所　大邱庄税务所
宁河县地税局：	征收所　管理所　芦台税务所
滨海新区第一地方税务分局：	征收所　管理一所
滨海新区第二地方税务分局：	征收所　管理二所
滨海新区第三地方税务分局：	管理四所　稽查三所
滨海新区第四地方税务分局：	征收所　管理三所
滨海新区第五地方税务分局：	征收所
滨海新区第六地方税务分局：	征收所　管理所　稽查所
地税局直属局：	征收所

天津市财政局（地方税务局）2010年度优秀共产党员和优秀党务工作者名　　单

一、优秀共产党员（共70名）

和平区地税局党总支	朱力军、路　松、邹砚秋、赵树来
河东区地税局党总支	蔡　进、王恩才、武晓敏、陈妹双
河西区地税局党总支	皮美桂、张井路、王红革、先晓霞
南开区地税局党总支	战　莉、邢颜秋、张晓红、杨晓炜
河北区地税局党总支	孙　利、刘春英、张鸿瑞、刘殿钰
红桥区地税局党总支	黄敬华、温洪柱、刘庆文、于海涛
地税直属局党总支	王月海、王金泉、徐　杰
财政征收局党总支	邸秋杰、高俊秀、王　欣
财政检查局党总支	邢湘舟、高则芬、李　军
第一稽查局党支部	刘建强、武有发
第二稽查局党支部	冯莉莉、段　彬
地税征收局党支部	陈晓杰、宋洪振
地税登记局党支部	秦敬春
高新区地税局党支部	方　勇
资金管理处党支部	张　艳
财税科研所党支部	郑　亮
财经学校党总支	张　捷
注管中心党支部	陆俊刚
财政投资中心党支部	马长虹
投资评审中心党支部	张　研
政府采购中心党支部	冯　强
财税票据中心党支部	刘文清
财税培训中心党支部	张军营
财税信息中心党支部	王长龙

机关服务中心党支部	张　胜
预算编审中心党支部	王　璐
国库支付中心党支部	林振兴
离退休支部党支部	宋泮山、韩云涛
市局机关党总支	陆晓春、罗新勇、于　喆、魏　威 郝连东、孟　雅、温朝霞、张　珂 秦军萍、王立明、王彦东、王秀娟 王　艺、谢　民

二、优秀党务工作者（共20名）

和平区地税局党总支	陈　宁
河东区地税局党总支	李晓波
河西区地税局党总支	王明刚
南开区地税局党总支	彭贞进
河北区地税局党总支	冯志奇
红桥区地税局党总支	李　蕾
财政征收局党总支	田　军
财政检查局党总支	李学旭
第一稽查局党支部	杨昕刚
第二稽查局党支部	穆小冬
地税征收局党支部	梁　斌
高新区地税局党支部	李书沾
资金管理处党支部	东瑞玲
财税科研所党支部	蔡　文
注管中心党支部	孙　葵
财政投资中心党支部	梅　文
投资评审中心党支部	生　玲
预算编审中心党支部	李　盈
国库支付中心党支部	周　旭
市局机关党总支	赵文生

第五部分

财税大事记

天津市财政局（天津市地方税务局）2010年大事记

1 月 份

［**2010－1－1**］ 2009年我市财政收入突破1800亿元。2009年，全市财政收入1805亿元，完成预算108.2%，比上年增长21.1%。其中：地方一般预算收入821.4亿元，增长21.6%。预计全年财政支出1400亿元，增长31%。财政收支的主要特点：一是财政收入持续回升，增幅逐月提高。全市上下积极应对国际金融危机的严重冲击，保增长、渡难关、上水平，实现了主要经济指标相当于或好于上年水平的目标。各级财税部门严格依法治税，深挖增收潜力，健全增收机制，努力实现应收尽收。年度财政收入增幅分别比上半年和前三季度提高14.1和9.6个百分点。二是财政支出保障作用进一步提高。各级财政部门积极调整优化支出结构，大力压缩一般性、消耗性支出，集中资金重点保证了改善民生需要。全市用于教育文化、医疗卫生、社会保障、环境整治等与民生直接有关的支出475亿元，增长30%，高于一般预算支出增幅7个百分点。三是积极财政政策促进了经济平稳较快发展。全面落实国家结构性减税的政策措施，全年共为企业和居民减税减费120亿元。落实国家扩大投资政策，顺利发行地方债券26亿元，重点支持水利、交通、医疗设施等民生工程和基础设施建设。积极完善融资担保体系，财政新增中小企业担保资金10亿元，为中小企业提供贷款担保32.8亿元。积极组织实施家电、汽车下乡和“以旧换新”活动，发放财政补贴1.1亿元。此外，市财政部门还通过增加工业技改贴息资金、扩大外贸出口基金规模、安排中小企业国际市场开拓专项补助资金等多种渠道，帮助企业增强市场竞争能力，促进了经济平稳较快增长。

［**2010－1－5**］ 市局印发《天津市财政局机关处室主要职责》。根据市委办公厅《关于印发〈天津市财政局主要职责内设机构和人员编制规定〉的通知》，市局制定了《天津市财政局机关处室主要职责》，印发系统各单位学习贯彻。通知指出，天津市财政局是负责全市财政收支、财税政策、地方税收征管和行政事业单位国有资产基础管理工作的市政府组成部门，加挂天津市地方税务局牌子。内设处室36个（其中纪检监察机构按规定派驻），即：办公室、综合规划处、法制处、税政处、预算处、国库处、行政政法处、教科文处、经济建设一处（企业一处）、经济建设二处（企业二处）、基本建设处、农业处、社会保障处、金融处、外经处、会计处、财政监督处、农业综合开发办公室、农村综合改革工作领导小组办公室、政府采购办公室、货物和劳务税处、企业所得税处、国际税务和个人所得税处、财产和行为税处、征收管理和纳税服务处、税务稽查处、收入规划核算处、人事教育处、行政财

务处、信息化处、老干部处、机关党委办公室、工会、监察室（纪检组）。通知同时明确了各处室的主要职责。

[2010－1－7] 财政部门大力支持甲型H1N1流感防控保障工作。为进一步做好甲型H1N1流感疫情监测和防控工作，我市各级财政部门密切配合相关部门，积极做好防控资金保障工作。至今市区两级财政已累计拨付甲型H1N1流感防控专项经费1.2亿元，其中市级财政0.9亿元，区县财政0.3亿元，用于定点防治医院购置流感检测设备和国家级流感监测网络实验室改造，全市物资和药品储备以及定点防治医院人员和工作经费补助。两级财政专项资金的及时拨付，保障了我市甲型H1N1流感防控工作有序、有效、有力地开展。

[2010－1－7] 市财政积极支持我市重点造林建设工程。一是制定相关管理办法。制定了《天津市林业建设工程市财政补助资金管理办法》，明确了补助范围、标准，严格项目申报及资金拨付程序，从制度上防止了弄虚作假和挤占、挪用资金。二是及时拨付补助资金。根据工程进度，及时拨付市级补助资金21583万元，为保质保量完成我市2009年市级重点造林任务，提供有力地资金支持。三是加强资金使用监管。市财政根据市林业局对2009年市级重点造林工程及京津塘等五条高速整改工程检查验收结果，针对个别区县的不合格工程，严格按照有关规定，扣减第二批市级补助资金，并限期整改，待整改合格后再予以拨付，确保了工程建设资金的有效使用。

[2010－1－7] 市财政安排专项资金，大力支持林业有害生物防治工作。市财政及时拨付专项资金526万元，支持我市林业有害生物防治、监测以及检疫检测工作。在市财政资金的大力支持下，2009年我市防治林业有害生物作业面积达260.25万亩，监测面积1727.18万亩，并对全市4.28万亩种苗和210万株花卉开展了产地检疫工作，产地检疫率为100%。相关经费的及时到位，有力地保障了我市林业有害生物防治工作的顺利开展，保证了监测预报工作的及时性和准确性，保护了我市造林绿化成果。

[2010－1－7] 我局在“天津市职工第29届万名棋手（中国象棋）大赛”中取得良好成绩。由黑绍臣、杜彬、周圣宁等十名同志组成的市财政局（地税局）代表队，在“天津市职工第29届万名棋手（中国象棋）大赛”中，取得了团体第七名的良好战绩，为财政地税系统赢得了荣誉。同时，我局荣获“天津市职工第二十九届万名棋手（中国象棋）大赛优秀组织奖”。

[2010－1－12] 市局召开系统直属单位行政财务工作会议。王世弟副巡视员出席会议并讲话，局直属各单位办公室主任和主管会计参加会议。会议总结回顾了2009年度局直属单位行政后勤管理工作，提出2010年行政财务管理工作意见，并表彰2008年度局直属单位部门决算工作先进单位。王世弟同志强调：行政财务工作要为财税工作顺利开展提供优质高效的保障服务。一要更新观念，在建设学习型团队上下功夫，加强学习、准确定位、摆正位置。二要开拓创新，在规范服务上下功夫，拓展服务思路、创新服务措施、夯实服务基础。三要科学统筹，在标准化管理上下功夫，理顺职能、增强执行力、提高效率。四要求真务实，在真抓实干上下功夫，兴求真务实之风、求靠前服务之实、保完成工作高质量。

[2010－1－14] 我市提高离休干部医药经费标准。市财政局、市人力社保局和市委老干部局联合印发《关于提高离休干部医药经费标准的通知》（津财社〔2010〕1号），明确：自2010年1月1日起，市财政核拨医药经费的行政事业单位和企业（含自收自支事业单位）离休干部医药经费年度预算标准，由每人每年10800元提高到15000元。通知同时对资金来

源渠道、资金管理和使用等提出明确要求。

[**2010－1－18**]　市地税局统一的建筑工程项目税收信息化管理平台正式上线运行。为进一步加强对建筑行业的税收征管，市地税局在认真调研论证的基础上，对施管站税款代征系统与地税部门税收征管系统进行了整合改造，建立起全市统一的建筑工程项目税收信息化管理平台，并从1月1日开始试运行。平台上线后，相关单位均可使用统一规范的建筑工程项目税收信息化管理平台，完成对全市建筑工程的项目登记、税款征收、发票开具等操作的管理，实现对建筑工程分包价款的发票审验和分包款扣除。此项措施的推行，标志着全市建筑业营业税初步实现链条式无缝隙控管，在进一步严密建筑业税收征管的同时，也有效减轻了相关纳税人的负担。

[**2010－1－20**]　“全国税务系统书画作品征集评选活动”及“第三届天津市职工艺术家评选活动”揭晓。我局系统共有23人参加“全国税务系统书画作品征集评选活动”，总共送交了32幅参赛作品。东丽区财政局石双樑获书法类“二级收藏奖”，河北区地税局金泽获绘画类“三级收藏奖”，北辰区地税局魏守营获绘画类“优秀作品奖”，宝坻区地税局李永明获书法类“优秀作品奖”，老干部处魏景明、河西区地税局金鑫、财经学校许凡获绘画类“入选作品奖”。在“第三届天津市职工艺术家评选活动”中，市局工会经过层层选拔，推荐了五人参加评选。北辰区地税局魏守营、地税直属局幺军被授予“第三届天津市职工艺术家”光荣称号。

[**2010－1－22**]　财政部审核批准我局金财工程应用支撑平台解决方案。对我局上报的《基于金财工程应用支撑平台构建天津市财政管理一体化信息系统整体解决方案》给予充分肯定，指出该方案“建设目标明确，建设内容较为全面地覆盖了现有财政主要业务，遵循了《财政业务基础数据规范》和金财工程应用支撑平台的技术路线，所选择的应用模式符合平台推广实施的有关要求，建设计划可行。”下一步，我局将按照财政部的有关要求，进一步细化技术方案，完成业务梳理及代码对照，确保平台上线工作目标实现。

[**2010－1－22**]　财政部条法司到武清区“送法下乡”。财政部条法司“送法下乡”赠书仪式在武清区大黄堡乡后蒲棒村举行。财政部条法司副司长赵超、市局纪检组长张庆江和武清区副区长李伯怀出席赠书仪式。财政部条法司向后蒲棒村赠送了《财政法规汇编》、《新税法专辑》、《彩票管理条例》等图书近500本，内容涉及当年财政部发布的各类规章和规范性文件。赵超副司长在讲话中，充分肯定了我市和武清区财政普法工作。他指出，“送法下乡”是法制宣传教育的一个重要形式，是增强农民法制意识，推动新农村建设的需要。财政要依法支持农业发展和新农村建设，农民也要更多地了解财政法规政策，依法维护自己应得的财政支持和相关权益。他希望各级财政部门，特别是基层财政部门重视农村普法宣传，加大教育培训力度，提高基层财政干部依法行政能力，不断创新农村法制宣传形式，使各项财政政策深入民心，更好地为人民群众谋福利。

[**2010－1－22**]　我市圆满完成2010年度市级预算单位协议和定点供应商招标、入围工作。近700家供应商参与了9大类60余项产品的投标工作。此次招标和入围工作的主要特点：一是协议供货和定点采购的范围进一步扩大，额度大幅提高。首次将部分医疗设备和小规模室内装修项目纳入协议供货和定点采购平台，同时将协议供货和定点采购的额度提高为货物类100万元以下、服务类50万元以下。将自主采购额度提高为5万元，方便了各市级预算单位紧急采购和零星采购的需要。二是政府采购工作方式有所创新。通过编报政府采购

计划，鼓励各单位集中委托、打包采购，发挥集中采购的规模效益；推出办公设备及电器设备的多品牌电子化采购，有利于品牌间的充分竞争；试行供应商的档次制度，首次根据企业的规模和技术能力将家具和印刷项目定点供应商划分为两个档次，满足采购人多样性的需求。三是政府采购的政策功能作用进一步得到落实。将节能照明产品、节水产品及部分环保建材产品纳入协议供货和定点采购，办公设备和办公用纸等协议供货和定点采购项目必须在国家节能产品政府采购清单和环境标志产品政府采购清单中，充分落实国家和我市有关节能环保的政策要求。四是加大对不诚信供应商的处理力度。在对供应商资格的评审时，市财政部门把供应商诚信问题作为一项重要的评审因素，对发现的伪造资质、提供虚假材料等不诚信供应商，进行严肃处理，保证协议供货和定点采购市场竞争环境的公开、公平、公正和透明。

［**2010－1－22**］ 2009年我市家电汽车下乡财政补贴资金总额超6000万元。全年全市家电下乡、汽车摩托车下乡财政补贴资金总额达6740.5万元，其中：补贴家电下乡产品8.6万台（件），补贴金额2218万元；补贴汽车下乡产品1.3万辆，补贴资金4522.5万元。从补贴结构看，我市农民对家电品种的需求主要集中在冰箱、空调、彩电和洗衣机等产品，其补贴数量占总补贴数量的92.15%，对汽车摩托车的需求主要体现在微型客车、轻型载货车上，补贴数量占总补贴数量的90.63%。财政补贴的有效落实，带动了我市农民购买家电、汽车下乡产品的热情，扩大了农村消费，改善了农业生产条件，促进了新农村建设。

［**2010－1－22**］ 市财政加大投入力度，支持我市养老服务体系建设。全年累计拨付资金1.3亿元，积极推进我市以居家养老为基础、社区日间照料为依托、机构养老为补充的养老服务体系建设。一是夯实居家养老服务基础。拨款1396.5万元，支持区县夯实居家养老服务基础，居家养老服务政府补贴受益人数从2008年的6000人增加到2009年的10425人。健全居家养老服务组织机构，确保居家养老服务的良性竞争和可持续发展，受到了广大群众特别是老年人的热烈欢迎。二是推进老年日间照料中心建设。拨付3400万元建设资金，并多方筹集资金，进一步拓展照料中心服务项目，在各区县新建、改扩建示范性老年日间照料中心104个，满足各阶层群众需要，深受广大老年人的好评。三是提升养老机构保障水平。安排资金8020.7万元，为国办和社会办养老机构建设改造提供资金支持。通过资金引导，促进社会办养老机构提高服务水平，截至目前，全市享受一次性建设补贴的社会办养老机构达31家，新增床位4435张；同时进一步加大对国办养老机构的投入，将国办养老机构建设资金列入财政预算。2009年，市财政共拨付市区两级国办养老机构建设补助资金7577.2万元，进一步改善了各级国办养老机构的服务状况，提升了其养老保障能力。

［**2010－1－26**］ 市地税部门多措并举强征管，2009年地方各税增幅再超30%。全年地方各税累计收入175.8亿元，占全市地税收入的34.5%，比2008年增长34.8%，实现了连续两年增幅超过30%的高速增长。一是强化信息管税，夯实税源基础。建立健全两税清查工作长效机制，房、地两税合计增收3.8亿元；实现“津税系统”与总局税源监控平台成功对接，全面应用平台开展税源监控、核实差异数据等工作；利用国地税统一平台，全面开展“主附税”信息比对核查，城建税收入增长24%，超过增值税、消费税、营业税三个主体税增幅23个百分点。二是健全代征模式，推进综合治税。与国土资源部门建立房产、土地信息传递制度，进一步完善契税、耕地占用税代征机制，切实做好车船税代收代缴以及把关查验补漏征收等工作，全面加强对出租房屋税收等零散税源的征收管理。三是优化纳税服

务，提高税收遵从度。积极落实房地产税收“一体化”管理，提高办税质量和效率；精简规范房产税、土地使用税困难减免审批事项，审批时限比往年缩短30%以上；在全市车辆年检门市增设23个车船税便民服务窗口，努力为纳税人提供更加方便快捷的涉税服务；通过多种平台和载体，大力宣传有关税收政策，不断提高广大纳税人的税收遵从度。

[2010-1-27]　我市召开财政工作会议。深入贯彻落实市委九届七次全会和全国财政工作会议精神，安排部署全年财税重点工作。市委常委、副市长崔津渡出席会议并讲话。崔津渡要求，财税部门要深入贯彻落实市委九届七次全会精神，充分发挥好财税职能作用，创新发展思路，扎实做好各项工作；要加强政策调控和资金引导，大力支持产业布局、区域经济布局调整，努力推动经济发展方式向依靠消费、投资和出口协调拉动转变，向依靠科技进步和管理创新转变，着力提升经济发展质量效益；要完善财政增收机制，进一步加强财源税源建设，积极支持重点税源企业和重大项目建设，不断做大财政收入总量；完善现代税收征管体系，不断健全源泉控缴机制，落实收入目标责任制，加强土地资源和土地出让金管理，千方百计增加财政收入；要进一步调整财政支出结构，不断加大对民生重点领域投入力度，实现建设和民生统筹推进、经济和社会协调发展；加强政府投融资平台管理，做好特定目的公司整合工作；继续深化财政支出管理改革，加快建立和完善公共财政预算、国有资本经营预算、政府性基金预算、社会保障预算，努力提高财政资金运行效率，为全市经济社会又好又快发展做出更大贡献。会议提出，2010年本市预算收支任务是：全市财政收入2022亿元，比上年增长12%。全市财政支出总预算1753.3亿元，比上年实际支出增长21.9%。会上还对先进会计工作者进行了表彰，并授予王仕明等10人“十佳总会计师”荣誉称号。市政府各组成部门和直属机构分管负责同志，各区县人民政府和管委会负责同志及财政局、地税局主要负责同志，部分市级预算单位分管负责同志和财务部门负责人，市人大财经委、财政部驻津专员办、审计署京津冀特派办、市国税局、人民银行天津分行和天津银监局负责同志，局直属各单位、机关各处室主要负责同志参加了会议。

[2010-1-27]　市局办公室被评为“2009年度天津市政务督查工作先进单位”。市政府办公厅印发《关于表彰2009年度天津市政务督查工作先进单位和先进个人的通知》（津政办发〔2010〕8号），明确：天津市财政局办公室为“2009年度天津市政务督查工作先进单位”。

[2010-1-28]　2009年我市重大项目税源监控工作取得显著成效。2009年，我市地税系统各单位相继成立重大项目管理组，对重大项目从立项到竣工以及投达产整个过程进行全方位、多环节的税收监控，切实做到“项目说得清，户源管得住”，有效提高了重大项目税源管理水平。全市770个重大项目累计实现各项收入68.6亿元，其中税收收入67.6亿元。全年实现国地税税收收入38.8亿元，其中地税税收32.7亿元，同比增加16.8亿元，增长1.1倍，对地税税收增长的贡献率为20.8%，拉动地税税收增长3.9个百分点。

[2010-1-29]　市委常委、市纪委书记臧献甫同志到我局检查指导。市人大常委会副秘书长杨辉春、市人力社会局副局长高中启、市纪委秘书长许焕通等陪同检查。臧献甫同志在听取局党组书记、局长杨福刚关于以完善惩治和预防腐败体系为重点的反腐倡廉建设工作的情况汇报后，对我局的党风廉政和反腐败工作给予充分肯定。他指出，市财政局党组高度重视反腐倡廉工作，在认真抓好本部门预防和惩治腐败建设等工作的同时，着力加强制度机制建设，在防范财政资金和金融风险等方面做了大量工作，取得了十分显著的成绩，为推进

天津科学发展、和谐发展、率先发展提供了坚强保证。臧献甫强调，财税部门要结合实际，进一步做好惩防腐败体系建设和反腐倡廉工作。一是健全对中央和市委重大决策部署执行情况定期检查和专项督查制度以及纪律保障机制，加强对中央关于宏观调控、结构调整、自主创新、“三农”工作、保障和改善民生、节能减排和环境保护、规范和节约用地等政策措施落实情况的监督检查，坚决纠正违背科学发展观要求的行为。二是把制度建设作为惩治和预防腐败体系建设的重要内容，作为加强反腐倡廉建设的紧迫任务，作为从源头上预防腐败的根本途径，以建立健全惩治和预防腐败体系各项制度为重点，以制约和监督权力为核心，以提高制度执行力为抓手，着力创新财税体制机制，加强预防制度体系建设，减少制度漏洞，增强制度实效，用制度管人、管事、管钱，不断推进反腐倡廉制度化和规范化。三是加强反腐倡廉警示教育，增强岗位教育的个性化和有效性，引导党员干部严格遵守党的纪律特别是政治纪律，在内部形成决策制约监督和发现问题纠正问题协调机制。四是在政治上关心保护干部，发现问题不讲不纠正，把问题苗头养成大问题，等问题积累后再进行处理是不负责任的态度，要及时发现问题，及时纠正问题，使干部不犯错误，少犯错误，让他们安心工作，健康成长。五是坚决查处违法违纪案件，切实解决损害群众利益的问题。他同时要求财税纪检部门要在同级党组织领导下，充分发挥独立监督协调作用，认真履行职能，有效开展工作，共同努力，为推动天津在新起点上实现更好发展创造良好环境。

［2010－1－29］ 市地税局印发《关于加强房产税、土地使用税属地化管理的通知》（津地税地〔2010〕7号），规定自2010年2月1日起，我市房产税、土地使用税实行集中申报属地管理的模式，即在税务登记地就纳税人全部房产、土地进行集中明细申报，再按房产、土地坐落地（以下简称“属地”）开具完税凭证，税款按“属地”税务机关对应收款国库入库。通知同时对实行范围、常态化管理、房产税、土地使用税申报程序、税收票证的使用、退税问题、未入库税款的核算与管理、减免税管理、滞纳金与罚款的管理等作出了规定。

［2010－1－29］ 市财政局认真开展处级领导班子和处级干部年度考核工作。充分发挥考核对领导班子和领导干部的管理监督和激励约束作用，认真组织开展对所属42个基层领导班子和260余名处级干部的年度考核工作。一是更加突出考核重点，把贯彻落实科学发展观，完善增收机制，优化支出结构，提高资金使用效益，加快财税体制机制创新，加强干部队伍思想政治建设作为考核重点，突出对工作实绩的考核。二是改进述职工作，明确领导干部述职报告应结合年度工作要点，既总结经验，又剖析不足，同时提出整改措施。坚持述职与述学、述廉相结合，述职报告通过系统内网在财政地税系统公开，接受广大干部群众监督。三是进一步完善实绩分析工作，通过市局分管领导和相关职能部门的评价，分析基层领导班子发挥职能作用情况和领导干部履行岗位职责情况。对直属行政单位分别设置了47个考核要素，进一步提高了评价的科学性。四是扩大考核民主，主要采取网上民主测评、双向互评、个别谈话等方式，广泛听取意见，多层次、多渠道、多角度地了解情况。五是进行综合评价，结合述职述廉，对各项考核结果进行比较，与重大事项跟踪考核、经济责任审计等平时考核情况进行补充印证，同时听取纪检监察部门意见。

2 月 份

［2010－2－1］ 1月份我市财政收入184.3亿元，增长31.6%。其中：地方一般预算收

入 92.9 亿元，增长 34.1%。财政收入的主要特点：一是税收收入快速增长。1 月份，税收收入达到 165.7 亿元，增长 37.8%，占财政收入比重达到 89.9%，创历史新高。二是各级次财政收入均实现高幅增长。市级收入 62.3 亿元，增长 33.5%；十八区县收入 81.3 亿元，增长 30.5%；三区收入 40.7 亿元，增长 30.8%。三是一些客观因素对当月财政收入拉动作用较大。主要是：2009 年 1 月份我市税收收入基数较低；去年四季度以来我市经济回升态势明显，盈利企业增多；今年春节在 2 月份，1 月份实现的财政收入比较完整。

［**2010－2－1**］　市财政局、市国土房管局、中国人民银行天津分行、市监察局和市审计局联合转发《财政部　国土资源部　中国人民银行　监察部　审计署关于进一步加强土地出让收支管理的通知》（财综〔2009〕74 号），同时结合我市情况，提出一并贯彻执行意见。一是认真贯彻落实土地出让收支全额纳入基金预算管理规定，实行彻底的“收支两条线”管理。二是进一步加强土地出让收入征收管理，土地出让金的缴纳按新修订的出让合同格式文本约定执行。三是确保土地出让收入及时上缴入库。四是建立和完善信息共享制度。五是建立健全土地出让收支预算制度。六是进一步加强土地出让收支季度报表编报工作。七是加强土地出让收支管理情况监督检查，对违反土地出让收支管理规定的行为依据相关规定予以严肃处理。

［**2010－2－1**］　2009 年市财政切实加强帮扶政策落实工作，支持企业渡过难关健康发展。按照市委、市政府“保增长、渡难关、上水平”总体工作要求，2009 年，市财政局对受金融危机影响的困难企业，认真落实“四补四降一缓”各项资金帮扶政策，帮助因金融危机困难企业改善生产经营状况，渡过难关健康发展。全年全市累计受理困难企业申请 445 户，认定 346 户，兑现岗位补贴等“四补”资金 1.64 亿元，落实“四降一缓”政策为企业减轻社会保险负担 15.6 亿元，稳定 12.5 万个就业岗位，惠及 185 万职工，使大部分企业逐渐恢复了生产经营。同时，会同有关部门认真审核企业财务账册等相关凭证，督促被帮扶企业认真执行相关财务规定，保证扶持资金主要用于发放职工工资、缴纳社会保险费用，切实提高帮扶资金管理使用的规范性，切实杜绝了挤占挪用等问题。

［**2010－2－1**］　市局对 2010 年春节期间有关工作提出要求。根据市委办公厅、市政府办公厅和市纪委有关文件精神，市局印发《关于做好 2010 年春节期间有关工作的通知》（津财办〔2010〕4 号），要求系统各单位切实做好春节期间各项重点工作。一是进一步做好维护稳定工作。二是着力抓好各项安全防范工作。三是切实做好保密工作，确保网络安全有效运行。四是妥善安排假日值班和车辆管理，确保节日期间无事故。五是严格落实廉洁自律制度规定。

［**2010－2－2**］　市财政加大投入力度，切实做好离休干部医疗保障工作。截至 2009 年底，我市共有离休干部 1.3 万人，平均年龄 81.3 岁，体检患病率 99.8%。离休干部已进入高龄、高发病率、高医药费支出额的“三高期”。为加强离休干部医疗保障，2009 年市财政筹措资金 2.8 亿元，保障离休干部各项医疗待遇得到落实。一是提高医药经费补助标准。从 2010 年 1 月 1 日起，将市级行政事业单位、企业和自收自支事业单位离休干部医药经费补助标准从每人每年 1.1 万元提高到每人每年 1.5 万元。二是提高审核效率。自主研究建立离休干部医药费管理电子信息系统，变“人工审核”为“计算机审核”，加快审核速度，及时将资金拨付到位。三是简化办事规程。简化单位离休干部医药费支出明细报表，并对单位离休干部管理人员开展填报培训，提高填报准确率和报送速度。四是加强监督检查。对部分单

位离休干部医药费报销中存在的问题开展专项检查，责令问题单位搞好整改，强化各单位规范管理、切实尽责、优化服务的意识。

［**2010－2－2**］ 市财政及时拨付资金，保障职工群众欢度春节。按照市委、市政府工作部署，市财政及时拨付社会保障补助资金43.5亿元，帮助各类社会保障群体欢度春节。一是拨付养老保险基金24亿元，确保全市132万企业退休人员在春节前领到提高标准后的养老金。二是拨付城乡居民养老保障财政补助资金3亿元，确保55.3万城乡老年人在春节前领到生活费补助。三是拨付优抚救济资金8.1亿元，确保春节前各类生活补助及时足额发放，惠及我市城乡低保、农村五保、军休干部、优抚对象等各类保障对象31.5万人。四是落实各项促进就业和帮扶解困政策，拨付就业补助资金2亿元，用于公益性岗位工资补贴、困难企业社会保险补贴、劳动保障服务机构补助等支出；安排专项资金帮助困难企业困难职工过好春节。五是拨付医疗卫生补助资金6.5亿元，保证城镇职工和城乡居民医药费的报销，推进城乡18项社区基本公共卫生服务顺利开展，确保行政事业单位和企业离休干部医药费开支，支持食品药品监督执法工作。

［**2010－2－2**］ 2009年我市地方银行经营状况稳步向好。一是银行总体规模进一步扩大。截至2009年底，我市13户地方银行（含区县农村合作银行9户）资产总额为4954.9亿元，比上年增加1420.5亿元，同比增长40.2%。二是信贷规模进一步扩大。全年13户地方银行吸收存款总额3520.6亿元，比上年增加1135.6亿元，增长47.6%；发放贷款总额为2581亿元，比上年增加928.8亿元，增长56.2%。三是经营效益持续增长。2009年，13户地方银行实现营业收入124.9亿元，比上年增加20.5亿元，增长19.7%；实现利润总额为39.7亿元，比上年增加7.1亿元，增长21.9%。四是资产质量不断提高。2009年，在我市地方银行各类贷款中，正常贷款2224.6亿无，占贷款总额的86.2%，比上年增加8.2个百分点；不良贷款85.2亿元，不良贷款比率为3.3%，比上年减少3个百分点。五是抗风险能力进一步增强。2009年，我市地方银行共提取各项资产减值准备70.9亿元，比上年增加23.1亿元。其中：贷款损失准备及呆账准备67.4亿元，比上年增加21.4亿元，抗风险能力不断提升。

［**2010－2－3**］ 市局印发《关于陈庆和梁宣健任免职的通知》（津财人〔2010〕6号），指出接市政府2010年1月21日《关于陈庆和等任免职务的通知》（津政人〔2010〕1号），市政府决定：陈庆和任天津市财政局（天津市地方税务局）副局长；梁宣健任天津市财政局（天津市地方税务局）总会计师（试用期一年）；免去陈庆和天津市财政局（天津市地方税务局）总会计师职务。

［**2010－2－3**］ 市局召开2010年第一次区县地税局长联席会议。会议传达学习了全国税务工作会议和全市财政工作会议精神，全面总结了2009年地税工作，研究分析了当前经济税收形势，分解落实了2010年收入任务，安排部署了2010年地税各项重点工作。局党组书记、局长杨福刚出席会议并讲话。副局长刘健代表局党组作工作报告，局领导张庆江、张家林、梁宣健、王世弟出席会议，局直属各单位、机关税口处及综合处室的主要负责同志参加了会议。杨福刚局长在讲话中充分肯定了过去一年地税部门所取得的成绩，并对完成2010年税收计划任务提出了明确要求。一是要千方百计组织税收收入，力争在执行中多超收一些；二是要进一步完善工作机制，创新工作思路，落实工作责任；三是要充分发挥领导班子和领导干部的引领作用，使地税系统全体干部职工团结一致，奋力拼搏，确保2010年

收入任务顺利完成。会议对2010年的地税工作作出部署：一是完善地税增收工作机制，确保完成收入目标任务；二是健全现代税收征管体系，不断提高征管质量和水平；三是加强和改进纳税服务，构建和谐的征纳关系；四是严格依法治税，整顿和规范税收秩序；五是加强干部队伍能力素质建设，为税收事业发展提供坚强保证。会议期间，和平区地税局等7个基层单位及市局3个处室分别作了书面发言，介绍了各自做好组织收入工作、加强税收征管、搞好纳税服务等方面的经验做法，与会各单位进行了分组讨论。

［2010－2－3］　市局举行全国税务系统先进集体和先进工作者授牌仪式。为弘扬先进，表彰由国家税务总局授予的全国税务系统先进集体和先进工作者，近日市局分别为东丽区地税局征收所、财税信息中心和宝坻区地税局计会科科长王克俊举行授牌仪式。局领导刘健、张庆江和有关驻区党委政府领导同志，以及获奖单位领导班子成员、干部职工参加了授牌仪式。刘健和张庆江同志代表市局党组对获奖集体、个人及广大财税干部职工表示祝贺，并希望同志们进一步统一思想认识，不断增强责任感和使命感，全面贯彻落实科学发展观，按照构筑“三个高地”、打好“五个攻坚战”的任务要求，大力推进财税改革，不断加强基层党组织建设、干部队伍建设和精神文明建设，进一步解放思想、真抓实干、开拓创新、攻坚克难，高标准、高质量完成好2010年各项工作任务，推进财税事业又好又快发展。

［2010－2－4］　市财政局会同市物价局，对清理整顿行政事业性收费工作作出部署。为贯彻落实市委、市政府确定的“解难题、调结构、促转变、上水平”帮扶活动，切实减轻企事业单位和广大人民群众的负担，市财政局和市物价局联合印发《关于报送清理整顿行政事业性收费情况的通知》（津财综〔2010〕6号），对继续清理整顿我市行政事业性收费项目作出安排部署，提出了明确要求。一是各单位要对现行收取的行政事业性收费进行逐项审核，凡没有法律、法规或者未经国务院、市政府及其财政、物价部门批准的行政事业性收费，均属乱收费，要一律取消；属于重复设置或不能适应经济社会发展要求的不合理收费，也应清理取消；对收费标准过高的，要本着切实减轻社会负担的原则，重新核定收费标准。二是各单位要高度重视清理整顿行政事业性收费项目工作，切实履行职责，确保清理工作取得实效。三是各单位的清理情况，要在2010年3月5日前分别报送市财政局和市物价局。

［2010－2－5］　我局再次获得市政府“政务督查工作先进单位”荣誉称号。2009年，我局认真落实市政府关于政务督查工作的总体部署，紧密围绕我市经济社会发展大局和财税中心任务，加强督查工作领导，突出督查工作重点，完善督查制度办法，有的放矢做好督查工作。全年共办理《政府工作报告》、市政府及办公厅文件中明确我局承办的督查事项9172项；办理市领导批示督办事项1056项，未出现逾期未办事项。办理人大建议、政协提案及市长便民公开电话处理督查事项190件，满意率达到100%，确保了领导决策的实施，有力推动了各项财税工作任务的贯彻落实。日前，市政府办公厅通报表彰了全市政务督查工作先进单位和先进个人，我局再次被评为“政务督查工作先进单位”。这是我局连续第三年获此荣誉。

［2010－2－5］　市局召开迎新春离退休老干部座谈会。市局领导与老同志欢聚一堂，辞旧迎新，共话未来。局党组书记、局长杨福刚到会讲话并向全体老同志拜年，局领导刘健、张庆江、陆丽珍、张家林、陈庆和、王世弟、梁宣健、吕玉淮，以及老领导李长兴、吕延年、张玉琦、周时悌、陈洪林、李健民、赵华民、辛崇华、魏文生、刘凤群、贺宝生、刘

克增等出席座谈会。杨福刚局长首先代表市局党组，感谢老领导和老同志给予财税工作的一贯关心和支持，并向他们介绍了我市去年财税工作完成情况，当前财税工作的形势和任务，以及今年的目标计划和措施办法，表明了圆满完成各项财税工作任务的信心和决心。老领导李长兴代表老同志，感谢局党组对老干部的关心照顾，感谢各部门对老干部工作的重视和支持，对过去一年的财税工作给予了高度评价，并祝愿我局各方面工作在新的一年里取得更大成绩。

[2010－2－8] 我局被评为2009年度市级机关交通安全先进单位。2009年，我局在机动车辆安全交通管理工作中，认真贯彻落实“以服务为宗旨、以安全为重点”的工作思路，狠抓交通安全管理工作不放松，圆满地完成了公务用车保障任务。全体驾驶员全年安全行驶71.1万公里，做到了服务质量好、工作效率高、安全无事故，被评为“2009年度市级机关交通安全先进单位”。

[2010－2－9] 市局积极开展慰问生活困难党员和老党员活动。为充分体现党组织对生活困难党员和老党员的关心和爱护，让他们过一个温馨祥和的春节，市局在局直属党组织中开展了慰问生活困难党员、建国前入党老党员和离退休党员活动，共慰问生活困难党员23名、建国前入党老党员9名、离退休党员245名，发放慰问金66500元。

[2010－2－10] 市地税局印发《关于2009年度公路内河货物运输业自开票纳税人年审情况的通报》（津地税征〔2010〕1号），明确：2009年，我市参加年审的自开票纳税人339户，年审通过296户（其中：年审合格278户，暂保留自开票纳税人资格18户），暂缓通过年审19户，取消自开票纳税人资格24户。通报同时指出了年审中发现的问题，并对下一步工作提出了明确要求。

[2010－2－11] 市局领导深入系统基层单位走访慰问。春节前，市局领导马强、刘健、张庆江、陆丽珍、张家林、陈庆和、李伟桥、梁宣健、王世弟、吕玉淮带领市局机关有关处室负责同志，分赴各区县财政、地税系统基层单位，走访慰问干部职工，看望家庭有困难的同志，代表市局党组向财税干部职工表示亲切慰问，并致以新春的祝福。市局领导在走访慰问中，详细了解了基层同志的工作生活情况，要求各级领导牢记立党为公、执政为民的宗旨，发挥好财税职能作用，着力解决人民群众最关心、最直接、最现实的利益问题，把群众利益实现好、维护好、发展好，尤其是在春节期间，更要做好帮困救济优抚工作，把党的温暖送到千家万户。市局领导强调，在新的一年里，各单位要认真贯彻落实市委九届七次全会精神和全市财政工作会议作出的决策部署，紧紧抓住难得的历史性机遇，加快实施市委“一二三四五六”奋斗目标和工作思路，把调结构、促转变、增实力、上水平作为财税工作着力点，继续加快财税改革创新，充分发挥好财税职能作用，确保圆满完成各项财税工作任务，为促进天津科学发展和谐发展率先发展做出新的贡献。

[2010－2－12] 我局被评为“天津市二〇〇九年度投诉协调先进单位”。2009年，我局紧紧围绕“保增长、渡难关、上水平”总要求，认真落实积极财政政策，加大行政事业性收费清理力度，进一步取消和停止征收土地登记费等9项收费，切实减轻企事业单位和广大人民群众负担，努力为外地在津企业优化发展环境，创造良好的合作交流氛围，同时积极帮助外地在津企业排忧解难，努力做好涉及外地在津投资企业投诉协调工作，赢得了各方好评。日前，我局被授予“天津市二〇〇九年度投诉协调先进单位”荣誉称号。

[2010－2－12] 我局顺利完成2010年预算批复工作。2010年市级财政收支预算已于1

月 21 日由市十五届人大三次会议审议通过。我局按照市政府要求和预算法的有关规定，于日前全面完成了 2010 年预算批复工作。2010 年批复财政收入预算 2022 亿元，比上年增长 12%。其中：国税部门 766.2 亿元，增长 16%；地税部门 586 亿元，增长 16%；财政部门 669.8 亿元，增长 4.8%。2010 市级支出预算 590.4 亿元，批复预算 440.8 亿元，批复率达 74.7%，高于上年 10.8 个百分点。其中：基本支出 125.8 亿元，批复率 99.6%；项目支出 315 亿元，批复率 68.1%，比上年提高 12.9 个百分点。

[2010－2－12]　市地税局、市财政局、市国土房管局联合印发《关于调整我市普通住宅价格标准的通知》（津地税地〔2010〕33 号），明确：根据国家有关政策和我市房地产交易变化情况，经市政府同意，我市自 2010 年 3 月 1 日起调整普通住宅的价格标准。此次我市普通住宅价格标准调整，有 14 个区县及功能区的普通住宅价格标准提高，其中：和平区由 11400 元/m^2 调为 12200 元/m^2，河西区由 9500 元/m^2 调为 9900 元/m^2，南开区（包括滨海高新开发区）由 9300 元/m^2 调为 9800 元/m^2，河东区由 8100 元/m^2 调为 8400 元/m^2，河北区由 7700 元/m^2 调为 8000 元/m^2，红桥区由 7800 元/m^2 调为 8800 元/m^2，津南区由 5700 元/m^2 调为 5800 元/m^2，北辰区由 5600 元/m^2 调为 6100 元/m^2，东丽区由 5800 元/m^2 调为 6300 元/m^2，滨海新区开发功能区（包括滨海新区保税功能区）由 8300 元/m^2 调为 8800 元/m^2，滨海新区塘沽功能区由 6400 元/m^2 调为 7400 元/m^2，滨海新区汉沽功能区由 5000 元/m^2 调为 5100 元/m^2。西青区、滨海新区大港功能区、宝坻区、武清区、蓟县、静海县、宁河县等 7 个区县及功能区的价格标准不变。新普通住宅价格标准的制定及税收优惠政策的实施，扩大了普通住宅的范围，将直接减少居民购买普通住房时契税、营业税等税费支出，体现了对中低收入家庭拆迁购房及改善住房需求的支持，降低了自住型购房者的交易成本，有利于促进我市房地产市场持续健康发展。

[2010－2－12]　市财政局部署开展 2010 年财政监督重点检查工作。印发《关于开展 2010 年财政监督重点检查工作的通知》（津财监督〔2010〕4 号），明确了重点检查的主要内容和范围、检查工作的组织实施及时间安排，同时提出了相关要求。

[2010－2－20]　我市 2010 年新增预算单位顺利纳入国库改革。2009 年，我市市级国库单一账户改革全面完成，在规范预算执行、提高资金利用率等方面取得了良好效益。随着市级机构改革的不断深入，2010 年市公安局、环保局等部门又新增二级预算单位 13 家。为进一步增强预算执行的规范性和及时性，我局积极协调，扎实工作，目前已将上述单位顺利纳入全市国库单一账户改革。

[2010－2－21]　刘健副局长带领市局有关处室负责人到登记局现场办公并召开“信息管税”研讨会，市局征管处、信息化处、规划核算处和信息中心的负责同志参加了研讨。会上，大家畅所欲言、各抒己见。刘健副局长在讲话中指出，“信息管税”要以“管好税源，堵住漏洞，防范风险，完善制度，增强执行力”为目标，以信息化技术手段做支撑，对征管中的各个环节实施有效监管，切实为税收征管服好务。刘健副局长强调，2010 年的数据监控分析工作，要按照“一个中心，两个方面，三种途径”的总体工作思路，即围绕“信息管税”这个中心，对“纳税人的纳税行为”和“税务机关的执法力度”两个方面，通过“评估、巡视、监测”三种途径实施有效监控，不断提高纳税遵从度，规避执法风险，提升征管质量和水平，促进税收收入持续稳步健康增长。

[2010－2－24]　市局召开 2010 年税务稽查工作会议。张家林副局长出席会议并讲话。

各区县地税局分管局长、稽查科长，第一、第二稽查局领导班子、各科科长及有关同志参加了会议。会议传达学习了全国税务稽查工作会议精神，部署了2010年税务稽查重点工作，11个基层单位进行了经验交流。张家林副局长在讲话中，充分肯定了2009年全市各级稽查部门的工作成绩，指出了当前稽查工作中存在的突出问题，分析了税务稽查工作面临的形势。她要求各级稽查部门和全体稽查干部，在2010年税务稽查工作中，要按照市局的统一部署，紧紧围绕“服务科学发展、共建和谐税收”主题，正确处理好“两个关系”，注重“三个加强”，建立健全税务稽查工作良性长效机制，以大力组织税收收入和整顿规范税收秩序为目标，以重点税源企业审计式检查和税收违法案件查处为重点，科学组织税收专项检查和区域税收专项整治，严厉打击发票违法犯罪活动，切实增强稽查的针对性、法制性、时效性和威慑性，不断提高稽查工作整体水平，努力为税收中心工作完成做出新的更大贡献。

[2010-2-24] 市财政局、市农委、市教委联合向市政府报告清理化解农村义务教育债务工作情况。按照市政府《转发市农村综合改革工作领导小组办公室关于开展清理化解农村义务教育“普九”债务工作意见的通知》（津政办发〔2008〕36号）要求，我市自2008年开始，全面开展农村义务教育化债工作，现已累计化解债务1.6亿元，基本完成了规定的工作任务。为切实做好债务化解工作，市财政局积极会同有关部门，先后制发了《关于化解农村义务教育“普九”债务工作程序有关规定的通知》（津农改办〔2008〕6号）、《关于化解农村义务教育“普九”债务认定政策的通知》（津农改办〔2008〕7号）、《天津市化解农村义务教育“普九”债务偿债资金管理办法》（津农改办〔2008〕5号）以及《天津市化解农村义务教育“普九”债务偿债资金国库集中支付管理暂行办法》（津财库〔2009〕3号）等规范性文件，明确了化债目标、认定政策、具体操作程序及资金管理等内容，对12个有农业区县的义务教育债务进行了调查摸底，并按国家统一规定组织清理化解。经全面审计核实，最终锁定静海、武清等10个区县（不包括西青区和北辰区）义务教育债务规模为1.6亿元。根据市政府有关规定以及各区县的债务数额、财力状况等因素，研究确定了资金安排数额，其中：市财政安排资金1.1亿元，区县财政安排资金0.5亿元。通过农村义务教育化债工作，消除了债权人的不满情绪，化解了部分债权人闹事、上访等不稳定因素，提升了政府形象，促进了农村义务教育事业的发展。

[2010-2-26] 市财政局部署开展财政性资金建设项目政府采购情况专项调查工作。为加强财政性资金建设项目政府采购管理，规范政府采购行为，市财政局印发《关于开展财政性资金建设项目政府采购情况专项调查的通知》（津财采〔2010〕12号），明确了此次调查目的、调查范围、调查内容和组织形式，并提出了具体要求。

[2010-2-26] 市地税局转发《国家税务总局关于印发〈纳税服务投诉管理办法（试行）〉的通知》，并提出一并遵照执行意见。一是各区县地税局（含直属局）纳税服务投诉事项由税管科具体办理，负责调查纳税服务投诉，草拟处理意见。其他直属单位纳税服务投诉事项，由各单位根据工作需要明确办理部门。二是纳税服务投诉包括书面投诉、口头投诉，以及纳税服务局通过电话、网站、邮件等方式受理转交的纳税服务投诉。三是纳税人对地税系统各单位内设机构的纳税服务投诉，由各单位纳税服务办理部门负责调查核实，提出处理意见；对地税系统各单位的投诉，由各单位主要负责同志牵头组织相关部门开展调查核实，并将处理意见报市局征收管理和纳税服务处备查。

3　月　份

[2010－3－1]　市局领导深入施管站考察建筑业链条式管理和信息化改进工作。刘健副局长、梁宣健总会计师带队深入市施管站，考察了解建筑行业管理及外地施工单位税款代征工作情况，要求有关部门突出“信息管税”理念，努力把握建筑行业的内在运行规律，进一步完善新代征系统，加强纳税评估，全面实现对建筑行业的链条式“闭环”管理。

[2010－3－2]　市局召开2010年人教和党建工作会议。局直属各单位人教部门主要负责人、直属团组织支部书记参加了会议。会议回顾总结了2009年人教、党建和共青团工作，安排部署了2010年主要工作任务，组织部分单位进行了工作经验交流。

[2010－3－5]　财政部社会保障司司长孙志筠一行来津调研考察妇女创业和再就业工作。市委常委、副市长崔津渡会见了孙司长一行。市财政局和市妇联有关领导陪同调研。孙司长先后考察了天津手工编织协会、渤海女子小额贷款股份有限公司和妇女创业服务中心等妇联工作载体，并与工作人员和受益群众进行了座谈。

[2010－3－5～14]　杨福刚局长出席十一届全国人大三次会议。期间，杨福刚局长接受了有关媒体采访，媒体报道的主要内容是“今年财政支出，逾七成给民生”、“调整完善政策，增加群众收入”、“继续加快公共卫生体系建设”、“公共财政向‘三农’倾斜”、“财政支持基础设施建设和市容环境综合整治”、“今年加大公益性文化设施建设投入”、“教育投入今年再加大”等。

[2010－3－8]　市局组织机关女同志参观滨海新区规划展馆。为纪念“三八国际劳动妇女节”100周年，让广大财税女干部切身感受滨海新区建设的巨大成就，进一步激发工作热情，市局组织局机关50余位女同志参观了滨海新区规划展馆。

[2010－3－10]　市局召开2010年党风廉政建设工作会议。市局领导刘健、张庆江、陆丽珍、张家林、王世弟等同志出席会议。局直属各单位、机关各处室主要负责同志及各单位的纪检组长，共计100人参加了会议。会议传达贯彻了十七届中央纪委五次全会、市纪委九届八次全会、全国财政反腐倡廉建设工作会议和全国税务系统党风廉政建设工作会议精神，总结了财税系统2009年党风廉政建设和反腐倡廉工作，部署了2010年重点任务，并提出了明确要求。

[2010－3－15]　市地税局召开专题会议，部署开展土地增值税清算工作。对符合条件的272个项目全部进行清算。印发并讲解了《土地增值税清算审核指南》，为具体清算工作提供了有效指导。张家林副局长对做好清算工作提出了要求。

[2010－3－15]　我市社会保险基金预算编制工作正式起步。为贯彻落实《国务院关于试行社会保险基金预算的意见》和《财政部　人力资源和社会保障部关于编报2010年社会保险基金预算的通知》精神，市财政局、市人力社保局和市社会保险基金管理中心联合组建了社会保险基金预算编制协调办公室，具体负责组织推动工作，并组织开展了相关业务培训。

[2010－3－15]　我局政务信息工作再获市政府办公厅通报表彰。市政府办公厅印发《关于表彰政府系统2009年度优秀信息工作单位和个人的通报》（津政办发〔2010〕24号），对2009年政府系统优秀信息工作单位、信息工作者和优秀信息员予以通报表彰。我局

办公室被评为“优秀信息工作单位”和“报国办优秀信息工作单位”。

［**2010－3－19**］ 财政部等四部委考察我市新能源汽车产业。由财政部、国家发改委、工信部和科技部等部门的领导、专家组成的调研组一行20人来我市，就扩大节能与新能源汽车示范工作，到力神电池公司和清源电动汽车公司进行了实地考察，并与我市和深圳市有关部门及来自全国10家新能源制造企业的有关负责人进行了座谈。局长杨福刚会见了调研组成员，副巡视员吕玉淮陪同考察。

［**2010－3－19**］ 市局召开2010年个人所得税暨国际税务工作会议。张家林副局长出席会议并讲话。各区县地税局税管科长及主管干部参加会议。河东、塘沽、西青、南开和开发区地税局分别就股权转让、自行纳税申报、“两税比对”、个体委托代征和界定商标使用费等问题进行了经验介绍。张家林副局长要求各单位按照市委、市政府“解难题、促转变、上水平”活动的要求，紧密联系实际，创新理财治税新思路，推动个人所得税和国际税收工作再上新水平。

［**2010－3－23**］ 市局召开纪检组长会议。局纪检组长张庆江同志到会并讲话。局直属单位纪检组长和市局监察室有关人员参加会议。会议传达学习了有关文件精神，研究讨论了落实加强财税部门内控机制建设、纪检组长定期务虚会制度、开展“加强政风行风建设、提升纳税服务水平”征文活动等方面内容，明确了下一步纪检监察工作重点。

［**2010－3－24**］ 国家税务总局副局长宋兰来我市座谈税收征管工作。宋兰同志在认真听取我市国税、地税主要领导关于税收征管工作的汇报后指出，天津税务部门按照总局要求，结合本市实际，转变观念、改革创新、求真务实，创造性开展工作，在建立国地税信息共享平台、加强新建大项目税源管控、实施房地产税收一体化管理、扩展楼宇经济税收征收渠道、依托信息管理手段防范税收风险等方面走在了全国税务系统的前列，一些经验做法值得全国学习借鉴。宋兰强调，当前我国经济企稳回升的基础还不牢，税收增收存在不确定因素，防范税收风险需要依靠科学征管机制作保障。天津税务部门要进一步创新发展思路，不断总结经验，在提高税收征管科学化、专业化水平方面走在全国前列。

［**2010－3－25**］ 我局召开财政系统政府采购工作会议。王世弟副巡视员出席会议并讲话。各区县财政局分管领导和有关负责同志参加会议。市监察局和审计局有关领导应邀出席。王世弟副巡视员要求各级财政部门在2010年政府采购工作中，按照市委、市政府“解难题、促转变、上水平”活动的要求，发挥政策功能作用、完善“管采分离”体制、提高法规制度执行力。

［**2010－3－26**］ 市地税局对2010年税收宣传工作及开展第19个全国税收宣传月活动作出安排部署。根据国家税务总局有关通知精神，结合我市税收工作实际情况，市地税局制定了《关于做好2010年税收宣传工作及开展第19个全国税收宣传月活动的通知》（津地税办〔2010〕2号），明确了2010年税收宣传工作的总体要求，并对开展第19个税收宣传月活动作出安排部署，努力推动税收宣传工作取得新成效。

［**2010－3－31**］ 市局印发《关于表彰财政、地税系统2009年度先进集体文明财政所和文明税务所的决定》（津财思〔2010〕2号）。授予天津市和平区财政局会计科等106个集体“天津市财政、地税系统2009年度先进集体”荣誉称号，授予天津市津南区财政局葛沽镇财政所等17个集体“天津市财政、地税系统2009年度文明财政所”荣誉称号，授予天津市和平区地方税务局征收所等50个集体“天津市财政、地税系统2009年度文明税务

所”荣誉称号。

4 月 份

[2010－4－1] 一季度我市地方财政收入222.2亿元，增长32.5%。加上政府性基金收入118.7亿元和上划中央收入168.5亿元（不含关税），共计509.4亿元，比上年同期增长33.8%。其中：3月份我市地方财政收入71.2亿元，比上年同期增长28.9%。

同日，我市举办“税务局长接待日”活动。各区县地税局局长坐堂办税服务大厅，宣传税收政策，答复纳税人咨询，帮助企业解决税收问题，进而拉开我市第19个全国税收宣传月活动的帷幕。市局领导刘健、张庆江、张家林、梁宣健分别参加了南开区、红桥区、东丽区、滨海新区的活动。各区县政府领导和有关部门负责同志，以及近千名税务干部参与了宣传咨询服务活动。

[2010－4－6] 我市融资租赁船舶出口退税先行先试。财政部、海关总署和国家税务总局联合印发《关于在天津市开展融资租赁船舶出口退税试点的通知》（财税〔2010〕24号），为加快天津构建北方航运中心和国际港口城市，经国务院批准，我市从4月1日起，可对融资租赁企业经营的所有权转移给境外企业的融资租赁船舶出口，实行为期一年的出口退税试点工作。

[2010－4－7] 我市12366纳税服务热线开通。市局在纳税服务局举行了12366纳税服务热线启动仪式。局党组书记、局长杨福刚与副局长刘健、纪检组长张庆江一起触摸启动感应球。市局领导张家林、梁宣健、王世弟，以及机关有关处室负责同志、部分区局领导和税务干部参加了仪式。杨福刚局长在讲话中对做好纳税服务工作提出了要求。

[2010－4－9] 我市列入财政部企业财务管理评估试点工作首批试点城市。为加强企业财务管理，从源头上控制财政风险，财政部在北京召开了“企业财务管理评估试点工作会”，确定天津等6个省市和中国石化等5户中央企业作为首批试点单位，从4月份到8月份，开展企业财务管理评估试点工作。

同日，我局公文报送工作荣获全市第一。市政府办公厅印发《关于表彰2009年度政府系统公文报送工作优秀单位的通知》（津政办发〔2010〕36号），我局以98分的最高分，被评选为唯一的一等奖单位。

[2010－4－15] 我局2010年招考公务员网上报名工作结束。共有万余人报考我局，7465人资格审查合格，其中研究生1113人，本科生6352人。平均报考比例为1∶50，较全市平均报考比例1∶34高出16人。

[2010－4－16] 我市财政地税系统积极开展向青海地震灾区献爱心捐款活动。市局机关党委发出向青海地震灾区捐款的通知，局直属各党组织、局机关各党支部迅速行动，仅用半天时间就收到捐款297630元，并于当天通过民政部门转往灾区。

[2010－4－19] 我局打击发票违法犯罪活动工作受到国家税务总局表彰。国家税务总局印发《关于表彰2009年度全国打击发票违法犯罪活动工作成绩突出的单位和个人的决定》（国税发〔2010〕42号），我局受表彰的单位有武清区地税局稽查局和东丽区地税局，受表彰的个人为市局稽查处李刚、北辰区地税局刘宝明、南开区地税局李宗旭三位同志。

[2010－4－26] 市局印发《关于进一步做好预算信息公开工作的指导意见》，进一步

明确了预算信息主动公开的主体、范围和内容等，并就如何做好预算信息公开相关基础工作，依法受理依申请公开事项，妥善处理依申请公开有关问题等提出具体要求。

[2010-4-29] 市财政局印发《天津市〈中央财政现代农业生产发展资金使用管理办法〉实施细则》（津财农〔2010〕15号），进一步加强和规范中央财政现代农业生产发展资金管理，提高资金使用效益。该《细则》共分总则、资金申请与拨付、资金使用管理、项目管理和资金监督检查、附则等五章二十七条，自公布之日起施行。市财政局印发的《天津市〈中央财政现代农业生产发展资金使用管理暂行办法〉实施细则》（津财农〔2009〕30号）同时废止。

5 月 份

[2010-5-1] 河东区地税局、红桥区地税局被市总工会评为“天津市职工文化体育活动示范单位”。

同日，南开区地方税务局、河东区地方税务局稽查一所分别被天津市总工会命名为“天津市模范职工之家”和“天津市模范职工小家”。

[2010-5-6] 市财政局印发《天津市村级组织运转财政补助资金管理办法》（津财农改〔2010〕2号）。落实天津市委办公厅《转发〈关于建立健全村级组织运转经费保障机制进一步加强村级组织建设的实施意见〉的通知》（津党办发〔2010〕12号）精神。

[2010-5-11] 市财政局、市民政局、市人力社保局和市卫生局联合印发《天津市优抚对象医疗补助资金管理办法》（津财社〔2010〕21号），进一步加强优抚对象医疗补助资金管理，提高资金使用效率，妥善解决优抚对象医疗困难问题。该《办法》共分总则、资金来源、资金使用、资金管理、科目设置、监督检查和附则等七章三十二条，自发文之日起执行。

同日，市财政局、市民政局、市人力社保局和市卫生局联合印发《天津市城乡医疗救助资金管理办法》（津财社〔2010〕20号）。

[2010-5-12] 市财政局印发《关于进一步做好预算执行工作的指导意见》（津财预〔2010〕43号）。

[2010-5-17] 市地税局转发《国家税务总局关于深入开展打击发票违法犯罪活动工作的通知》（津地税稽〔2010〕7号），要求各单位进一步加强与国税、公安部门的协调配合，着力开展对虚假发票“买方市场”的打击。

[2010-5-19] 1~4月份我市家电、汽车摩托车下乡补贴资金总额超亿元。进一步扩大农村消费，拉动内需。

[2010-5-31] 市财政局转发《财政部关于印发〈中央财政农村金融机构定向费用补贴资金管理暂行办法〉的通知》，并结合我市实际，要求各有关区县财政部门指定专人负责落实中央财政新型农村金融机构定向费用补贴资金审核和拨付工作，同时要求各有关金融机构认真做好补贴资金申报等相关工作。

6 月 份

[2010-6-2] 兴国市长、津渡副市长对2010年1至4月份市级土地出让金政府净收

益及四项政策收费收支工作作出批示。6月1日，津渡副市长在我局报送的《关于今年1至4月份市级土地出让金政府净收益及四项政策收费收支情况的报告》上批示："请兴国市长批示。今年1～4月份，土地出让政府收益比上年同期增加较多，土地出让金管理工作也有很大改善。请市财政局、国土房管局继续加强管理，增加收入，保证各方面资金需求。"兴国市长在6月2日圈阅。

[2010－6－2]　我局安排部署政风行风建设重点工作。印发《关于认真做好政风行风建设重点工作的通知》（津财监〔2010〕1号），要求系统各单位、各部门着力解决服务对象反映强烈和高度关注的问题，积极推动基层所和窗口部门民主评议行风活动，大力推进财税部门"行政服务标准化"建设工作。

[2010－6－2]　市局印发《2010年副处级领导干部竞争上岗工作实施方案》（津财人〔2010〕39号）。该《方案》明确了2010年副处级领导干部竞争上岗工作的指导思想、组织领导、竞争职位、报名条件、实施方法和程序，以及时间安排等事项，并就有关工作提出了具体要求。

[2010－6－4]　我局财科所荣获全国财政协作研究课题一等奖。在中国财政学会2010年年会暨第十八次全国财政理论研讨会上，我局财科所牵头的《解决县乡财政困难的根本出路在于完善政府间财政体制》，被授予2005年度全国财政协作科研课题一等奖。同时，我局财科所参加的《我国非税收入规范化管理研究》获得二等奖，另有两项研究课题获三等奖。

[2010－6－14～25]　杨福刚局长随黄兴国市长率领的天津市政府代表团，到新加坡、澳大利亚、新西兰和日本等国访问考察。

[2010－6－17]　我市加强楼宇经济税源监管工作。市地税局制定了《关于开展楼宇经济税源监管工作的通知》（津地税收〔2010〕38号），明确了楼宇经济税源的监管目标、监管内容、职责分工和实施步骤，并提出了具体要求。

[2010－6－21]　我市顺利完成2010年国家中小企业发展专项资金项目申报工作。2010年我市共向国家推荐项目58个，其中：固定资产建设类项目40个，担保业务补助项目8个，提升企业管理水平补助项目6个，企业专利申请补助项目4个，申请项目数比上年增长123%，申请资金也大幅增加。

[2010－6－28]　我局2010年公务员招考工作圆满结束。按照市公务员局的统一部署，经网上报名、笔试、面试和体检，我局2010年公务员招考工作圆满结束，共录用新公务员150名。新录取的人员中，研究生学历17人，本科学历133人。

[2010－6－29]　市财政局印发《天津市部门预算管理办法》（津财预〔2010〕56号），进一步加强部门预算管理，提高财政资金分配使用的规范性、安全性和有效性。该《办法》共分总则、部门预算管理职责、部门预算编制、部门预算执行、部门预算调整变更、部门决算、部门预算监督检查和绩效评价、附则等八章六十条，自发布之日起实施。市财政局《关于印发〈天津市部门预算管理暂行办法〉》（津财预〔2006〕66号）同时废止。

[2010－6－29]　我市对口支援陕西省地震灾后恢复重建工作圆满完成，财政资金全部拨付地震灾区。我市从2008年起连续3年，每年按照上年全市地方财政收入的1%安排资金，专项用于支援陕西省宁强县、略阳县灾后恢复重建工作。截至目前，市财政共安排灾后重建资金共计20.4亿元，并已全部拨付援建灾区，有力地保证了我市对口支援陕西地震灾区灾后恢复重建工作的圆满完成。在资金管理工作中，我局按照高丽书记"要精打细算，

用好资金，圆满完成灾后重建任务，让群众满意”的指示要求，先后制订了《天津市对口支援陕西省抗震救灾专项资金管理及监督试行办法》等15个规范性文件，对所有天津援建项目严格实行专账、专户管理，确保专款专用，建立了一套行之有效的资金控制监督管理体系，确保了对口支援资金的高效、安全、合理、规范运行。

[2010-6-30] 我市财政地税系统第六届“财税杯”乒乓球比赛圆满结束。市局领导梁宣健、王世弟和市局退休老领导辛崇华同志参加闭幕仪式，并为获奖单位和个人颁奖。南开区地税局男队、河东区地税局女队分别获得男子团体和女子团体第一名；河东区财政局黄健明、高新区地税局周新玲，分别夺得男子和女子单打冠军；南开区地税局崔继胜、市局机关史增新分别获处级干部男子和处级干部女子单打冠军。红桥区财政局、红桥区地税局、北辰区地税局、南开区地税局、武清区地税局、汉沽区地税局、第一稽查局被授予“最佳组织单位奖”；北辰区财政局、南开区财政局、武清区财政局、汉沽区财政局、高新区地税局、高新区财政局、财经学校被授予“优秀组织单位奖”。

7 月 份

[2010-7-1] 上半年我市地方财政收入500.6亿元，增长35.2%，完成预算54.4%，实现了时间过半任务过半。其中，6月份我市地方财政收入100.1亿元，比上年同期增长44.9%。上半年，我市地方一般预算支出532.6亿元，增长22.5%。

上半年我市重大项目税源监控工作取得显著成效。全市940个重大项目累计实现国地税税收23.3亿元，同比增长24.4%。其中，地税税收18亿元，同比增长22.7%，国税税收5.3亿元，同比增长30.6%。

上半年我市政府采购规模大幅增长。全市共实施政府采购预算76.2亿元，完成实际采购支出60.7亿元，节约资金15.5亿元，节约率达20%。与上年同期相比，采购预算增加36.2亿元，实际采购支出增加29.5亿元，涨幅均达89%。

[2010-7-8] 市局印发《天津市财政局（地方税务局）2010年节能减排工作实施方案》（津财行〔2010〕19号），要求系统各单位进一步强化节能减排目标责任制，建立健全长效工作机制，严格落实各项规定和措施，加大宣传教育和技术培训力度，积极探索技术改造的节能新方法，狠抓管理行为节能，确保实现“十一五”节能减排目标。

[2010-7-13] 我局全面部署内控机制建设和权力梳理工作。分别召开内控机制建设和权力梳理监督定位流程规范工作动员会议，传达贯彻中央纪委、财政部和国家税务总局的有关要求，部署我市地税系统内控机制建设和财税部门权力梳理监督定位流程规范工作各阶段任务，并就抓好任务落实提出明确要求。局领导刘健、张庆江、陆丽珍、梁宣健、王世弟、吕玉淮，各单位、各部门主要负责同志、纪检组长、监察科长和负责纪检监察工作的同志参加了会议。

[2010-7-20] 市局社会保障处荣获“国家西部大开发突出贡献集体”荣誉称号。该处负责我市对口支援西部大开发的资金保障和监管工作，工作业绩得到了人力社保部和国家发改委等有关部委的充分肯定，被授予“国家西部大开发突出贡献集体”荣誉称号。

[2010-7-23] “天津市非税收入收缴管理系统”入库额突破百亿大关。自2008年10月“天津市非税收入收缴管理系统”运行以来，市财政积极采取各种措施，加快推进市

级非税收入上线工作。截至目前，已有 45 个委局，325 个执收单位，69 个一级非税项目，406 个执行项目纳入非税系统管理，系统累计处理代收业务 35.9 万笔，入库金额 100.5 亿元。

同月，市局机关以多种形式纪念建党 89 周年。“七・一”前后，市局机关结合创先争优和学习型党组织创建活动，举办了一系列主题活动，包括：组织干部观看教育纪录影片《脊梁》，举办以当前国际热点问题为主要内容的时事政治讲座，召开“深入学习党的十七届四中全会精神　进一步加强党的自身建设”专题报告会，组织召开优秀共产党员和优秀党务工作者表彰大会，请优秀党员代表陆晓春介绍其在陕西地震灾区援建工作中的情况和事迹，观看天津市对口支援略阳县“5・12”灾后重建工作纪实短片等，以此隆重纪念中国共产党成立 89 周年。

8　月　份

［2010－8－3］　我局印发《关于积极参加我市公开选拔领导干部工作的通知》（津财人〔2010〕47 号）。要求各单位（部门）提高思想认识，深刻领会公选工作的重大意义，认真组织学习《天津市 2010 年公开选拔领导干部公告》，根据公开选拔的职位、条件、程序和要求，切实做好思想动员，积极鼓励符合条件的人员特别是后备干部报名参加。

［2010－8－10］　我局转发《国家税务总局关于加强土地增值税征管工作的通知》（国税发〔2010〕53 号），并结合我市实际情况，提出具体实施意见。一是我市土地增值税预征率统一调整为 2%，并按有关规定，待项目竣工、办理结算后再进行清算，多退少补。二是我市房地产开发项目清算土地增值税的核定征收率确定为 5%。三是别墅类高档商品房项目必须据实办理清算手续。四是本通知自 2010 年 9 月 1 日起执行。

［2010－8－12］　市总工会向我局南开区地税局颁授中华全国总工会“模范职工之家”奖牌。近年来，我局南开区地税局在健全工会工作制度，多方位开展工会活动，引导干部谏言献策，关心关注职工生活等方面做了大量的工作，取得了可喜成绩。在 2010 年度天津市总工会组织的“模范职工之家”创建评比活动中，该局被中华全国总工会评为“模范职工之家”，这是中华全国总工会评选的最高级别荣誉。受中华全国总工会的委托，我市总工会有关领导向该局颁授了奖牌和证书。

［2010－8－12］　我局召开地税系统加强安全管理工作会议。传达学习了总局《关于加强安全管理工作》的紧急通知精神，对我局安全管理的重点工作进行了部署。纪检组长张庆江同志出席会议并讲话，市局机关有关处室，地税系统各单位主管安全工作的负责同志和办公室主任参加了会议。

［2010－8－13］　市财政局和市商务委联合印发《天津市中小企业国际市场开拓资金管理实施办法》（津财建二〔2010〕18 号）。进一步明确了开拓资金的概念、管理部门和职责分工、开拓资金支持的对象和内容、申请项目资金应具备的基本条件、开拓资金的拨付方式和违规处理等方面的内容，自 2010 年 7 月 1 日起实行。

［2010－8－13］　市局印发《天津市地方税务局行政执法证据规范》（津地税法〔2010〕5 号）。该《规范》共分总则、举证规则、证据种类、取证的要求、证据先行登记保存、各类税务案件应当具备的证据、证据的审查与认定、证据的归集与整理、附则等九章一百一十

九条，自2010年9月1日起施行，2015年8月31日废止。

［**2010-8-16**］ 市局印发《天津市财政局　地方税务局财税规范性文件管理办法》（津财法〔2010〕26号）。该《管理办法》分总则、制定计划与起草、法律审核与决定、公告制度、解释备案清理管理、附则等六章四十二条，自2010年9月1日起施行，2015年8月31日废止。原《天津市财政局地方税务局财税规范性文件管理办法》（津财发〔2008〕1号）于本办法施行之日废止。

［**2010-8-18**］ 市局优秀干部代表团参观上海世博会活动圆满结束。按照上级有关通知精神和局领导批示要求，市局办公室分三次组织了局系统获得“省部级综合荣誉称号的模范人物”和机关优秀党员、优秀公务员代表共96人参加了活动。

［**2010-8-23**］ 市财政局转发《财政部关于印发〈地方金融企业财务监督管理办法〉的通知》（财金〔2010〕56号）。主要内容为：一是相关金融企业和金融公司的财务主管部门，分别为市财政局和注册地区县财政局。二是相关企业应及时到财务主管部门办理登记、备案等事项，并按规定时间和要求报送季度财务报告、年度财务决算报告。三是已实施企业年金制度的地方国有金融企业，要进一步完善企业年金方案，并按本《办法》规定及时到财务主管部门补办审批手续。四是各区县财政局要加强对小额贷款公司、融资性担保公司的财务监督管理，认真做好季度财务报告、年度财务决算报告的审核、汇总、报送工作。

［**2010-8-23**］ 市财政局（地方税务局）积极开展向甘肃舟曲灾区送温暖献爱心捐款活动。甘肃舟曲特大山洪泥石流灾情后，我市财政地税系统广大党员群众积极响应党中央和市局党组的号召，仅用一天时间就捐款28万余元，用实际行动表达了对灾区人民的深情厚意和“一方有难、八方支援”共克时艰的民族精神，以及强烈的社会责任感。这些款项已于当天下午通过市民政部门转往灾区。

［**2010-8-24**］ 市财政局印发《天津市工伤保险基金财务管理办法》（津财社〔2010〕36号）。该《管理办法》共分总则、工伤保险基金预算、工伤保险基金筹集、工伤保险基金支付、基金结余、财政专户、基金决算、监督与检查、附则等九章三十六条，自2010年9月1日起施行，原《关于印发〈天津市工伤保险基金财务管理办法〉的通知》（津财社〔2004〕14号）废止。

［**2010-8-31**］ 市财政局转发《财政部关于将按预算外资金管理的收入纳入预算管理的通知》（财预〔2010〕88号），自2011年1月1日起，除教育收费继续纳入财政专户管理外，市级预算单位的各项预算外收入全部纳入财政预算管理，按照有关规定填报缴款书，上缴市级国库。要求各区县财政部门制定完善相关管理办法，在2011年1月1日以前将全部预算外收入纳入财政预算管理。

9　月　份

［**2010-9-7**］ 我局2009年度企业财务会计决算工作获财政部通报表彰。近年来，我市财政部门不断加大工作力度，积极拓展财务会计信息辅助决策职能作用，使全市企业财务会计决算工作编制的时效性和完整性进一步增强，财务会计信息分析应用水平显著提升，为全市发展决策提供了有效参考和依据，得到了财政部的充分肯定。在财政部下发的《关于2009年度全国企业财务会计决算工作情况的通报》（财企〔2010〕200号）中，我局受到通

报表彰。

[2010－9－13] 我局与乌兰巴托市税务局建立友好合作关系。局长杨福刚和乌兰巴托市税务局局长恩和巴特尔分别代表各自在协议书上签字，宾主双方还就进一步加强交流合作进行了会谈。双方均表示，要认真履行协议内容，加强税法及相关领域的交流与合作，积极组织对口培训，开展讲座和交流活动，相互学习借鉴税务管理的经验做法，共同促进天津市与乌兰巴托市的友好往来，增进两国人民的了解和友谊。这是我局首次与境外国家首都城市税务局建立友好合作关系。

[2010－9－14] 我局支持的天津滨海农村银行全球贸易融资项目启动。为支持天津滨海农村商业银行拓展国际贸易业务，促进我市中小企业进一步发展进出口贸易，降低新兴市场融资风险，经我局积极争取并报财政部批准，世界银行集团国际金融公司授权天津滨海农村商业银行200万美元加入全球贸易融资计划，并在北京举行了贸易融资协议签字仪式。

[2010－9－15] 市地税局印发《天津市地方税务局发票简并票种统一式样工作实施方案》（津地税征〔2010〕8号）。按照《国家税务总局关于印发〈全国普通发票简并票种统一式样工作实施方案〉的通知》（国税发〔2009〕142号）和《国家税务总局关于全国统一式样发票衔接问题的通知》（国税函〔2009〕648号）的统一部署，结合我市发票管理实际，市地税局印发了《天津市地方税务局发票简并票种统一式样工作实施方案》，进一步加强我市地税系统普通发票管理。我市的《实施方案》明确了发票简并的意义、发票简并方案的基本内容、配套措施和实施步骤等，并提出了具体工作要求。

[2010－9－16] 我局圆满完成国家税务总局安全三期建设试点工作任务。为完成好国家税务总局赋予的金税三期信息安全体系建设试点任务，我局专门成立了以刘健副局长为组长的项目组，先后多次召开专题会议，广泛征求意见，集中各方智慧和力量，对整体实施方案的可行性进行了认真研讨，对各类安全产品部署方案的合理性进行了充分论证，制定了完备的应急预案，并得到顺利实施。此次试点任务的圆满完成，不仅为总局全面推广实施该项目积累了经验，也进一步提升了我局信息安全保障体系的标准化、规范化和专业化水平。

[2010－9－16] 我市区县财政国库集中支付动态监控工作正式启动。为进一步巩固和深化我市国库单一账户改革，提升区县财政预算执行科学化、精细化管理水平，按照财政部对地方财政开展国库集中支付动态监控的相关要求，按照我市“统一管理模式、统一监控系统、统一业务流程”的分步推进方式，正式启动区县财政动态监控试点工作，并计划用1～2年时间全面推开。西青区和东丽区作为第一批试点区（县），其财政动态监控系统开始测试运行。

[2010－9－17] 市财政局、市委宣传部联合印发《天津市文化产业发展专项资金管理暂行办法》（津财教〔2010〕46号）。该《办法》共分总则、支持范围与方式、申报条件和审批程序、监督检查和附则等五章二十条，自2010年10月1日起施行，至2015年9月30日废止。

[2010－9－25] 市财政局印发《天津市2011年政府集中采购目录和采购限额标准》（津财采〔2010〕24号）。经市人民政府同意，市财政局印发《天津市2011年政府集中采购目录和采购限额标准》。该《标准》明确了我市2011年政府集中采购目录（分货物类、工程类、服务类）、政府采购限额标准、政府采购公开招标数额标准和有关工作要求。

[2010－9－26] 黄兴国市长对我局《关于融资租赁行业财税政策问题的报告》作出重

要批示。在我局报送的《关于融资租赁行业财税政策问题的报告》上，黄兴国市长批示："同意。支持融资租赁业务加快发展。"

［2010－9－26～27］ 市局召开2010年第三次区县地税局长联席会议。深入学习贯彻市委理论学习中心组读书会精神，总结今年以来地税工作情况，研究分析当前经济税收形势，安排部署第四季度地税重点工作任务。局党组书记、局长杨福刚出席会议并讲话。副局长刘健代表局党组作工作报告，局领导张庆江、张家林、梁宣健、王世弟出席会议，局直属各单位，机关业务处室及综合处室的主要负责同志参加了会议。杨福刚局长在讲话中介绍了市委读书会情况，谈了四点体会并结合下一步财税工作提出了要求。刘健副局长简要分析当前税收完成情况，对全年收入工作提出了目标要求，并就此进行了部署。会上，企业所得税处等五个处室作了专题发言，就有关税收征管重点问题进行了分析部署，14个基层单位分别进行了口头与书面经验交流。

［2010－9－26～28］ 我局举办第一期乡镇财政干部培训班。为进一步提高乡镇财政干部政策水平和工作能力，按照财政部有关工作要求和我市乡镇财政干部培训规划安排，我局举办了第一期乡镇财政干部培训班。全市各乡镇财政所（办）、涉农区县财政局负责乡镇财政管理的工作人员共计150余人参加了培训。培训班还对近期乡镇财政资金监管重点工作进行了安排部署。

［2010－9－29］ 市局印发《天津市财政局（地方税务局）直属单位财务管理暂行办法》（修订）和《天津市财政局（地方税务局）直属单位固定资产管理暂行办法》（修订）。为进一步加强局直属单位财务管理和固定资产管理工作，严肃财经纪律，提高资金运行效率和固定资产使用效益，市局印发《天津市财政局（地方税务局）直属单位财务管理暂行办法》（修订）（津财行〔2010〕38号）和《天津市财政局（地方税务局）直属单位固定资产管理暂行办法》（修订）（津财行〔2010〕37号），自发布之日起执行。原《天津市财税系统财务管理办法》（修订）的通知（津财行〔2006〕45号）和原《天津市财政、地税局系统固定资产管理暂行办法》（修订）（津财行〔2006〕46号）同时废止。

10　月　份

［2010－10－8］ 1～9月份我市地方财政收入761.8亿元，增长33.1%，增幅全国排名第四。加上政府性基金收入382.1亿元和上划中央收入501.4亿元，财政总收入共计1645.3亿元，比上年同期增长31.5%。关税、进出口增值税，以及石油、石化、金融业等直接上交中央的收入1278.9亿元，辖区总收入达到2924.2亿元，增长50.5%。

［2010－10－8］ 我市地税12366纳税服务热线来电突破十万人（次）。天津地税12366纳税服务热线自4月开通以来，已接受来电咨询10.8万人（次），其中提供自动语音服务5.2万次，转人工服务5.6万次。对纳税人提出的涉税问题，当天办结率达97.6%，展现出良好的税收和社会效益，赢得了广大纳税人和社会公众的普遍欢迎。

［2010－10－11］ 市局印发《天津市地方税务局征管与稽查信息互动工作规程（试行）》（津地税征〔2010〕9号）。为进一步提高税收征管质量和水平，实现税收征管与税务稽查互动，市局拟定了《天津市地方税务局征管与稽查信息互动工作规程（试行）》，印发各单位贯彻执行。该《规程（试行）》共分总则、岗位职责、互动流程、附则等四章十八

条，自下发之日起实行。

［2010－10－15］ 市财政局、市地税局、市国土房管局联合转发《财政部　国家税务总局　住房城乡建设部关于调整房地产交易环节契税、个人所得税优惠政策的通知》（财税〔2010〕94号），并结合我市实际，对房地产交易环节的契税、个人所得税政策进行了调整。《通知》明确了个人购买普通住房及非普通住房的契税缴纳标准，规范了申请享受税收优惠政策的流程，并对相关工作提出了明确要求。《通知》同时规定："对出售自有住房并在1年内重新购房（先卖后买）和购买自有住房并在一年内出售原有住房（先买后卖）的纳税人，不再减免个人所得税。"本通知自2010年10月1日起施行。

［2010－10－17］ 我局在"天津市职工第三十届万名棋手大赛"中取得良好成绩。在市总工会等单位组织的、共有43个代表队220余人参加的"天津市职工第三十届万名棋手大赛"中，我局由杜彬、黑绍臣、周圣宁等组成的市财政地税代表队最终取得了团体总分第八名的良好成绩。同时，我局荣获"天津市职工第三十届万名棋手大赛（中国象棋）优秀组织奖"。

［2010－10－18］ 我市部门决算和财政总决算在全国财政决算评比中再获殊荣。近年来，我市决算工作认真遵循"真实、准确、全面、及时"原则和科学化精细化管理要求，以加强制度建设为抓手，以强化数据分析为核心，以提高决算编审质量为目标，积极探索，开拓创新，形成了一套较为科学完整的决算编审体系，决算自动化水平和会审效率不断提高，决算数据在财政、财务管理中的作用日渐增强。在财政部组织开展的2009年度财政总决算和部门决算的考核评比中，我市部门决算和财政总决算分别被评为一等奖和二等奖。这是我市财政总决算在全国评比中连续第十年获奖，部门决算连续第六年获奖。

［2010－10－18］ 杨福刚局长、刘健副局长到滨海新区地税局筹备组和开发区地税局调研指导。杨局长在仔细察看滨海新区地税办公场所装修改造情况，认真听取滨海新区地税局筹备组负责人的工作汇报后，对筹备组前一阶段的各项工作给予了充分肯定，并对下一步工作提出了明确要求。在开发区地税局，杨局长详细听取了该局的工作汇报，并与该局领导班子进行了座谈。杨局长代表市局党组充分肯定了该局多年来所取得的成绩，对新的领导班子带领全体干部做好今后的工作提出了殷切希望。开发区管委会主任何树山会见了杨局长一行。

［2010－10－25］ 市局印发《关于表彰财政地税系统办公室工作先进单位的决定》（津财办〔2010〕47号）。为进一步提高我市财政地税系统办公室工作水平，促进办公室工作更好地为新时期财税改革发展服务，经市局研究决定，对近年来财政地税系统办公室在信息、文秘、档案及综治工作中表现突出的和平区地税局办公室等30个先进单位予以表彰。

［2010－10－27］ 市财政局印发《天津市停车设施专项引导资金管理办法》（津财综〔2010〕69号）。为改善我市交通环境，尽快解决"停车难"问题，推进停车设施市场化经营，根据市政府有关文件精神，我局研究制定了《天津市停车设施专项引导资金管理办法》，印发各有关单位遵照执行。该《办法》共分总则、征收管理、资金使用、绩效评价和监督检查、附则等五章十九条，自2010年11月1日起执行，至2015年10月31日废止。

［2010－10－27］ 市地税局规范12366涉税举报事项查办工作。为切实提高涉税举报查办工作的质量和效率，进一步提高纳税服务水平，市地税局印发《关于进一步做好12366受理涉税举报事项查办工作的通知》（津地税稽〔2010〕11号），要求系统各单位对12366受

理的涉税举报事项，区分为征管类、稽查类两种情形，实行分类转办。《通知》同时规范了举报事项办理的工作流程，明确了有关部门的工作职责，并就相关工作提出了具体要求。

[**2010－10－28**] 市局团委举行地税系统青年税收业务知识竞赛决赛暨表彰仪式。市局副局长马强、刘健、张家林和总经济师梁宣健莅临决赛并为优胜单位和个人颁奖。武清区地税局等10个单位被授予“天津市地税系统青年税收业务知识竞赛标兵单位”荣誉称号；武清区地税局袁薇等11人被授予“天津市地税系统青年税收业务知识竞赛标兵个人”荣誉称号；武清区地税局、塘沽区地税局和红桥区地税局等3个单位被授予“天津市地税系统青年税收业务知识竞赛优秀组织奖”。

[**2010－10－28～29**] 局党组书记、局长杨福刚出席中共天津市委九届八次全会。会议期间，杨局长和其他代表们一起，认真学习了党的十七大和十七届五中全会精神，审议了《中共天津市委关于制定天津市国民经济和社会发展第十二个五年规划的建议（草案）》，审议了《中国共产党天津市第九届委员会第八次全体会议决议（草案）》。

[**2010－10－29**] 市财政地税系统第三届“财税杯”羽毛球比赛圆满结束。和平区副区长石季壮，市局领导刘健、张庆江、张家林，老领导辛崇华，以及各参赛单位的主要领导参加了闭幕仪式并为获奖单位和个人颁奖。河东区地税局男队、河东区地税局女队分别获得男子团体和女子团体第一名；南开区地税局袁征、河东区地税局李沛纯分别夺得男子单打和女子单打冠军；财科所曹春生、市局机关史增新分别获处级干部男子和女子单打冠军。和平区地税局、和平区财政局、西青区地税局、蓟县地税局、开发区地税局、财政征收局被评为“最佳组织单位”奖；西青区财政局、蓟县财政局、开发区财政局、地税直属局、票据管理中心被评为“优秀组织单位”奖。

[**2010－10－30**] 黄兴国市长、崔津渡副市长对土地出让金政府净收益及四项政策收费收支工作作出重要批示。在我局报送的《关于今年1－9月份市级土地出让金政府净收益及四项政策收费收支情况的报告》上，10月28日，崔津渡副市长批示：“请兴国市长批示。今年土地出让金政府收益和四项收费都比较好。请进一步抓好土地出让和收入管理，增加政府收益额，提高政府收益率，及时拨付应税资金。”10月30日，黄兴国市长圈阅。

11 月 份

[**2010－11－5**] 市财政局、市科委和市科协联合印发《天津市科普专项资金管理办法（暂行）》（津财教〔2010〕52号）。为规范和加强我市科普专项资金管理，提高资金使用效益，市财政局、市科委和市科协联合印发《天津市科普专项资金管理办法（暂行）》。该《办法》共分总则、使用原则、开支范围、支持方式、预算管理、监督检查、绩效考核和附则等六章二十五条，自2011年1月1日起施行，有效期五年。

[**2010－11－10**] “2010年中国—亚行知识共享平台研讨会”会议代表来津考察。11月8日至11日，由财政部牵头举办的“中国—亚行知识共享平台：加强交通基础设施建设，推动经济与社会发展”高级研讨会在京召开。本次研讨会的重要内容之一是赴天津实地考察交通基础设施在推动经济社会发展中的作用。11月10日，来自亚洲14个国家的副部级或司局级官员以及财政部、亚洲开发银行等共60位与会代表来到天津，听取了我市交通基础设施建设带动经济社会发展情况介绍，并实地考察了京津城际高速铁路、天津市规划展览

馆、天津东疆保税港区、临港经济区和天津大道等。市委常委、副市长崔津渡会见了会议代表，市财政局局长杨福刚、副局长陈庆和参加会见并陪同考察。此次实地考察工作，得到了亚行和外方参会代表的一致好评，财政部国际司专门给我局发来了感谢信。

［2010－11－15］ 我市政府采购政策功能执行情况重点检查工作顺利完成。市财政局会同有关部门对市统计局、市水务局等20家市级预算单位以及市政府采购中心、市教委教学仪器设备供应中心等2家集中采购代理机构的政策功能执行情况进行了重点检查，共涉及2009年至2010年上半年政府采购政策功能项目金额10658.3万元，其中未按规定实施的项目资金3474.3万元，占总金额的32.6%。针对存在的问题，市财政已会同相关部门要求有关单位认真进行整改。

［2010－11－16］ 世界银行常务副行长恩戈齐·奥孔约·伊维拉在津考察世界银行执行的项目。世界银行常务副行长恩戈齐·奥孔约·伊维拉一行5人来我市参加中国国际矿业大会，并考察了世行贷款天津城建二期营城污水处理厂项目和全球环境基金赠款中新天津生态城项目。市委副书记、市长黄兴国会见了伊维拉女士一行，市委常委、副市长崔津渡和市政府秘书长李泉山以及市财政局局长杨福刚参加会见，财政部国际司副司长陈诗新等陪同外宾在天津的活动。截至目前，世界银行向我市提供贷款总额7亿多美元，主要包括世行贷款天津港集装箱运输项目，天津疾病预防健康促进项目，天津城市发展和环境一、二期项目等。世界银行作为全球环境基金的国际执行机构，积极支持我市利用全球环境基金700万美元赠款建设中新天津生态城。

［2010－11－17］ 杨福刚局长到南开区地税局检查指导创先争优活动情况。杨福刚局长带领有关处室负责同志，到南开区地税局检查指导“创先争优”活动开展情况。杨福刚局长在认真听取该局工作情况汇报后，对该局在“创先争优”活动中坚持做到组织领导、方案制定、思想动员和信息宣传“四到位”，把开展活动与税收中心工作、提升党员素质、提升服务水平、健全工作机制有机结合起来的经验做法和取得的成效给予了充分肯定。杨局长要求该局进一步加强组织领导，建立健全常态化工作机制，把创先争优活动深入持久地开展好，同时紧密结合地税特点，创新工作思路，把贯彻落实好“十二五”规划作为创先争优活动最生动的实践，把活动的立足点和着眼点放在促进税收工作上来，圆满结束好2010年，及早谋划安排好2011年工作，为“十二五”第一年的开门红、高起步打好基础。

［2010－11－22］ 市财政局转发《财政部关于进一步规范中央直属高等院校财政票据使用管理的通知》（财综〔2010〕53号），结合我市情况，提出要求，即：我市国办学校收取学费、住宿费等行政事业性收费时，使用市财政局监制的行政事业性收费票据；收取教材费、体检费等代收费时，使用《天津市行政事业单位资金往来结算票据》；向学生提供有偿服务收取的服务性收费，使用税务发票；接受社会捐赠款项，按规定向捐赠方出具《天津市公益事业捐赠统一收据》。我市民办学校收费票据的使用管理，仍按照市财政局《转发〈财政部关于独立学院收费不宜使用财政票据的通知〉的函》（津财综〔2008〕32号）的规定执行。

［2010－11－23］ 市财政积极安排专项资金支持区县义务教育学校现代化建设。为推进我市义务教育学校现代化标准建设，促进全市义务教育均衡发展，市财政与有关部门从2008年起实施义务教育学校“新增教学仪器配送工程”、“图书配送工程”等项目。同时，为支持基础条件薄弱、财力比较困难的蓟县和宁河县义务教育学校建设，市财政在原定配送

工程的基础上，拨付专项配送资金预算 8081 万元，对两县义务教育学校所需仪器设备和图书实施专项配送。截至目前，仪器设备和图书采购工作已全部完成，共为两县 116 所义务教育学校专项配送仪器设备 324 万台件，图书 104 万册。

[**2010－11－25**] 中央财政拨付专项资金 3.15 亿元，支持滨海新区污水、垃圾处理工程建设。在市财政等部门的积极争取下，财政部下拨的 2010 年中央财政支持地方基础设施建设专项预算资金中，我市滨海新区空港经济区污水处理厂改扩建和配套管网建设、汉沽市政污泥干化处理、中新生态城污水设施配套管网建设等四个项目共获得中央财政专项资金 3.15 亿元支持。空港经济区内两项目工程完工后可新增污水收水管道 117 公里，出水管道 4.2 公里，再生水输配管道 77 公里，并可将污水处理能力由 6 万立方米/日提升至 9 万立方米/日，同时大大提高水资源再生利用能力。汉沽市政污泥干化处理项目采用当前国际先进的两级干化工艺，投入使用后可实现日处理污泥 200 吨，干化后的污泥经过垃圾焚烧发电厂的焚烧既可以减少对环境的影响，又可以实现垃圾利用。中新生态城污水管网建设资金主要用于生态城北部产业园基础设施工程，将对加快生态城开发建设、促进各个项目尽快投达产起到积极作用。

[**2010－11－26**] 市局印发《天津市财政局（天津市地方税务局）机关科级及以下干部选调办法》（津财人〔2010〕68 号），要求机关各处室认真贯彻执行。该《办法》明确了局机关科级及以下干部选调工作的原则、总体要求、选调干部应具备的条件、选调工作程序、回避制度和选调周期等，自发布之日起实施。

[**2010－11－26**] 我局档案工作取得佳债。在首届天津档案工作者年会上，我局被评为“2008～2009 年度天津市档案学会工作先进集体”，范华维同志被评为“2008～2009 年度天津市档案学会工作优秀个人”，河东区地税局、塘沽区地税局、武清区地税局、第二稽查局、直属局、宁河县地税局、财政检查局、宝坻区地税局等 8 个单位撰写的论文被编入《强基服务　共享发展》论文集。

[**2010－11－29**] 市地税局印发《天津市地方税务局涉税举报须知》（津地税稽〔2010〕16 号）。为进一步做好对涉税举报人的服务工作，使其明确在涉税举报工作中享有的权利、义务及有关规定，结合《税务稽查工作规程》及《税务违法案件举报管理办法》，市地税局对原《天津市地方税务局涉税举报须知》进行了修订。新的《举报须知》自 2010 年 12 月正式对外使用，原《举报须知》同时废止。市局要求各单位在受理涉税举报时，主动向举报人出示《举报须知》，并结合实际，采取多种形式做好宣传工作。

[**2010－11－29**] 市财政不断加大补贴力度，努力保障和改善困难群体生活。2010 年以来，为应对物价上涨等因素对困难群体生活带来的不利影响，市财政按照市委、市政府要求，积极会同有关部门及时调整低收入人群各项保障政策，两级财政筹集资金 14.7 亿元，有力地保障了优抚对象和低收入困难群体的生活。一是从 2 月份起启动基本生活必需品价格上涨与困难群众生活补助联动机制。目前执行标准为每人每月 40 元，覆盖包括城市低保、特困救助和低收入人群在内的 18.3 万人。二是自 1 月 1 日起，优抚对象抚恤补助标准由年人均 7460 元提高至 8310 元，覆盖人群 3.4 万人。三是自 4 月 1 日起，提高城乡低保和五保供养标准，城市低保标准由每人每月 430 元提高至 450 元，城市特困救助标准由每户每月 130 元提高到 135 元，覆盖人群 18.2 万人；农村低保标准由每人每月 230 元提高至 250 元，农村特困救助标准由每户每月 65 元提高到 75 元，覆盖人群 8 万人；农村五保供养标准由每

人每年4000元提高至4600元，覆盖人群1.36万人。四是对优抚对象、城乡低保、农村五保等人群给予年终一次性生活补助，优抚对象补助标准由每人800元提高至1200元，覆盖人群2.3万人；城市低保对象补助标准由每人500元提高至800元，城市特困救助对象补助标准由一口人家庭每人500元、两口人及以上家庭每人300元提高到每人800元，覆盖人群18.2万人；新增对农村低保和五保对象年终一次性生活补助每人500元，覆盖人群9.4万人。目前，除年终一次性生活补助将在年底前发放到位外，其他各项调标政策均已落实。

12　月　份

[2010-12-8]　我市家电、汽车摩托车下乡产品财政补贴资金总额超2亿元。为进一步拉动内需，按照国家有关政策要求，2010年以来市财政不断加大补贴资金力度，积极支持我市家电、汽车摩托车下乡工作。截至今日，全市拨付家电、汽车摩托车下乡财政补贴资金总额已超过2亿元，其中：补贴家电下乡产品20.9万台（件），补贴金额0.5亿元；补贴汽车下乡产品4.1万辆，补贴金额1.5亿元。

[2010-12-13]　市财政局和市教委联合印发《天津市普通高中国家助学金管理办法（暂行）》。根据财政部、教育部《关于建立普通高中家庭经济困难学生国家资助制度的意见》（财教〔2010〕356号）和《关于印发普通高中国家助学金管理暂行办法的通知》（财教〔2010〕461号），结合我市具体情况，市财政局和市教委联合印发了《天津市普通高中国家助学金管理办法（暂行）》（津财教〔2010〕55号）。该《办法（暂行）》共分总则、资助标准和申请条件、名额分配与资金安排、申请与评审、助学金发放管理与监督、附则等六章二十五条，自发布之日起施行。

[2010-12-13~15]　全国部分省市营业税业务研讨会在我市召开。参加会议的有国家税务总局货劳司营业税处同志和天津、上海、重庆、湖南、江西、浙江、辽宁、江苏、南京、青岛等省市地税局负责营业税工作的领导。我局总会计师梁宣健出席会议并致词欢迎。与会代表对总局拟定的《关于修订"转让无形资产"税目的通知（讨论稿）》进行了讨论，并结合当前各种新生业态，有针对性地提出了修改意见。会议还就我市提出的预收款营业税纳税义务时间确认、农业土地转租、电信增值业务、储值卡征税、股权转让和其他省市提出的期货公司IB业务等实际征管中发现的政策问题进行了讨论和研究。

[2010-12-14]　市财政局印发《天津市社会保险费专用收据管理办法》。为加强社会保险费专用收据的管理，规范社会保险费的征缴工作，根据财政部、劳动和社会保障部有关文件规定，市财政局制定了《天津市社会保险费专用收据管理办法》（津财综〔2010〕80号）。该《办法》共分总则、专用收据的使用、专用收据的管理和附则等四章十四条，自2011年1月1日起施行，有效期五年。原市财政局《关于印发〈天津市社会保险基金专用收据管理办法〉的通知》（津财综〔2001〕4号）停止使用。

[2010-12-16]　市财政局印发《天津市财政性基本建设资金管理办法》（津财基〔2010〕57号）。该《办法》共分总则、项目管理与投资评审、政府采购、资金管理和附则等五章二十八条，自2011年1月1日起施行，有效期五年。

[2010-12-23]　我市组建天津市滨海新区地方税务局（天津市滨海新区地方税务局稽查局）。根据我市滨海新区发展建设的需要，经市机构编制委员会批准，市地方税务局决

定成立天津市滨海新区地方税务局（天津市滨海新区地方税务稽查局），负责协调新区各地税机构的税收征管、纳税服务和税务稽查工作，以及东疆保税港区管委会、中新生态城管委会和滨海旅游区管委会辖区内地税征管工作。天津市滨海新区地方税务局（天津市滨海新区地方税务稽查局）于2011年1月1日起正式对外办公。同时，塘沽区、汉沽区、大港区以及开发区、保税区、滨海高新区地方税务局（地方税务局稽查局），分别更名为天津市滨海新区第一至第六地方税务分局（地方税务稽查分局）。第一地方税务分局负责塘沽管委会、中心商务区管委会、临港经济区管委会和北塘经济区管委会辖区内地税征管工作；第二地方税务分局负责汉沽管委会、中心渔港经济区管委会辖区内地税征管工作；第三地方税务分局负责大港管委会、轻纺经济区管委会辖区内地税征管工作；第四地方税务分局负责开发区管委会、南港工业区管委会辖区内地税征管工作；第五地方税务分局负责保税区管委会辖区内地税征管工作；第六地方税务分局负责滨海高新区管委会区内地税征管工作。

[**2010-12-24**] 审计署长春特派办在我局召开座谈会。按照审计署工作安排，该办今年在津集中对中央转移支付资金、国税税收征管、财政就业补助、粮油仓储设施和城镇污水垃圾处理等开展异地审计工作。会议就审计工作开展情况进行了座谈，并就该办工作人员审计期间执行《审计署关于加强审计纪律的八项规定》的有关情况征求我市有关部门意见。市发改委、市财政局、市人力社保局和市国税局等部门有关负责同志参加座谈，我局纪检组长张庆江同志在介绍我局审计接待工作的安排情况后，结合实例对长春特派办审计工作人员执行廉政纪律情况给予了充分肯定，其他各部门有关负责同志也对该办的审计工作作风给予了高度评价。与会人员还对异地审计工作提出了一些建设性的意见。

市财政局、市地税局和市国税局联合转发《财政部　国家税务总局关于支持和促进就业有关税收政策的通知》（财税〔2010〕84号），结合我市实际，明确了对有关商贸企业、服务型企业、劳动就业服务企业等雇用符合规定人员享受的税收优惠政策和标准。《关于转发〈财政部国家税务总局关于下岗失业人员再就业有关税收政策问题的通知〉的通知》（津财税政〔2006〕4号）自2011年1月1日起停止执行。

市局团委举行2011年新年联欢晚会。为深入贯彻落实市局《财税文化建设各项工作任务落实措施》文件精神，进一步推进财税系统青年文化建设，市局团委在河北区新意街举行2011年新年联欢晚会。市局副局长刘健、总会计师梁宣健、河北区副区长李承毅，以及市局有关处室、部分基层单位主要负责同志、河北区财政局主要负责同志及团员青年70余人参加了联欢会。团员青年们汇报表演了舞蹈、小品、魔术和小合唱等10余个文艺节目。刘健副局长代表杨福刚局长对团员青年在2010年良好的工作表现给予充分肯定，希望广大团员青年在新的一年里，紧紧围绕财税中心工作，努力学习财税业务，更好地发挥突击队作用，为财税事业又好又快发展做出新的更大贡献。

[**2010-12-27~28**] 杨福刚局长在北京国家会计学院参加全国财政工作会议。此次会议的主要任务是全面贯彻党的十七大、十七届五中全会和中央经济工作会议精神，深入落实科学发展，总结今年及“十一·五”时期的财政工作，研究明确“十二·五”时期财政改革发展的总体要求，部署2011年的财政工作。

[**2010-12-27**] 我局再次被评为全国税务系统人事统计报表优秀单位。在国家税务总局召开的2010年全国税务系统人事统计工作会议上，我局被评为2009年度全国税务系统人事统计报表优秀单位。这是我局连续六年获此荣誉。

［**2010－12－29**］　滨海新区国、地税局揭牌成立。市局党组书记、局长杨福刚出席揭牌成立仪式并与市国税局局长杜铁英、滨海新区常务副区长刘子利、市国税局副局长雒明山共同为滨海新区国家税务局、地方税务局揭牌。市局副局长刘健主持揭牌成立仪式。市局领导姚来英、张家林、梁宣健，滨海新区内国、地税机构和市局有关处室负责同志参加揭牌成立仪式。杨福刚局长在致辞中，代表市财政局党组对滨海新区地税局、国税局的成立表示热烈祝贺，并希望滨海新区税务部门牢固树立“四个意识”，即：大局意识，不断创新，创造性地开展工作，促进新区加快开发建设；责任意识，收好税、带好队，将经济发展成果体现为税收规模扩大，为新区发展筹集资金，提供保障；服务意识，进一步规范执法、公正执法、文明执法，不断改进和优化纳税服务，提高服务效能和管理效率，努力创造良好的税收环境；协作意识，坚持统筹兼顾，强化协作互动，形成工作的强大合力，共同促进新区各项工作再上新水平，为滨海新区开发开放做出新的更大贡献。

［**2010－12－29**］　我市地税12366“电子税务局”网站正式上线。我市地税12366纳税服务网站（http：//12366.tjcs.gov.cn）贴近纳税人实际，突出纳税服务多样化，着眼不同纳税人便利需求，设置了在线咨询、法规查询、办税指南、发票查询、发票预购、热线关注、通知公告、我要留言、电子期刊、网上调查等栏目，普通市民不但可以根据各自需求获得上述服务，还可以通过注册用户后免费获得订阅最新税收政策电子邮件。今后，市民和纳税人既可拨打12366语音电话咨询税收事宜，也可以登陆12366纳税服务网站获得网上咨询、网上查询、预购发票、税收邮件、税收短信、申报纳税等多项服务。从2011年起，我市地税12366专家咨询及区县局长值班服务项目将继续在语言热线上进行。

市财政局印发《天津市财政性资金建设项目政府采购管理程序》（津财采〔2010〕52号）。该《管理程序》共分总则、预算和计划管理、采购程序管理、监督检查和附则等五章二十条，自2011年1月1日起施行，有效期5年。

［**2010－12－30**］　市领导对财政工作作出重要批示。对我局报送的《关于全国财政工作会议情况的报告》，张高丽书记圈阅；黄兴国市长批示：“同意贯彻落实四条意见。对生产性服务业增值税试点和保民生财政支持，市财政局要盯住不放，争取更好效果。”我局所提四条意见：一是根据市委九届九次全会和全国财政工作会议精神，进一步调整完善财政政策要点，抓紧修订2011年预算草案，报请市委常委会、市政府全体会审定后，按规定程序提交市十五届人大四次会议审议；二是拟于2011年1月底召开全市财政工作会议，传达贯彻市委九届九次全会和全国财政工作会议精神，认真总结2010年及“十一五”财政工作，提出“十二五”财政改革发展的思路、目标和主要任务，全面部署2011年财政工作；三是密切跟踪国家税制改革动态，积极研究生产性服务业推行增值税改革试点对我市财政的影响，及时向中央财政反映实际情况和特殊困难，保障我市财政利益；四是认真研究各项保障民生的财政政策，积极争取中央财政转移支付补助，结合20项民心工程，足额安排地方预算资金，确保各项惠民政策落到实处。

［**2010－12－31**］　市领导带队到我局慰问指导。市委常委、副市长崔津渡带领市委金融工委、市国税局、市银监会、人行天津分行等有关单位的负责同志，到我局慰问并检查指导工作。

［**2010－12－31**］　市财政局、市国税局和中行天津分行联合印发《关于启用全国版财税库银横向联网系统的通知》。为全面推进财税库银税收收入电子缴库横向联网（以下简称

全国版横向联网）工作，根据财政部、国家税务总局和中国人民银行的有关要求，经天津市全国版横向联网系统领导小组研究，由市财政局、市国税局和中行天津分行联合印发《关于启用全国版财税库银横向联网系统的通知》（津财库〔2010〕41 号），定于 2011 年 1 月 1 日正式启用全国版横向联网 TIPS 系统。《通知》明确了上线单位、上线业务种类、基本业务流程、清算国库与清算银行、对账与资金清算、业务处理、横向联网接入等相关事项，并要求各联网单位严格按照有关文件规定，规范系统管理和各项业务操作，确保横向联网系统安全稳定运行。

第六部分

重要财税文件

天津市财政局　天津市农村工作委员会 天津市农业局关于印发《天津市〈中央财政农作物良种补贴资金管理办法〉实施细则》的通知

2010 年 4 月 8 日　津财农〔2010〕8 号

有农业的区县财政局、农业主管部门，农垦集团：

为推广农作物良种，提高农作物产品品质和产量，加强农作物良种补贴资金管理，根据《财政部　农业部关于印发〈中央财政农作物良种补贴资金管理办法〉的通知》（财农〔2009〕440 号），我们制定了《天津市〈中央财政农作物良种补贴资金管理办法〉实施细则》，现印发给你们，请遵照执行。

附件：

天津市《中央财政农作物良种补贴资金管理办法》实施细则

第一章　总　　则

第一条　为加强中央财政农作物良种补贴资金（以下简称“良种补贴资金”）管理，支持农民（含农场职工，下同）使用良种和调动农民生产积极性，加快农作物良种推广，提高农作物产品品质和产量，提高资金使用效益，根据《财政部　农业部关于印发〈中央财政农作物良种补贴资金管理办法〉的通知》（财农〔2009〕440 号），结合我市实际，制定本细则。

第二条　本细则所称农作物良种，是指通过国家审定或天津市农作物品种审定委员会审定和批准引进，适合推广应用，符合农业生产需要和市场前景较好的农作物品种。

根据我市农业生产实际情况，中央财政补贴的农作物品种包括水稻、小麦、玉米和棉花。

第三条 市财政局、市农业局、市农委共同组织落实良种补贴政策，指导区县和乡镇财政部门、农业部门（含农垦集团，下同）做好组织实施管理工作。各级财政、农业部门应当明确分工，落实责任，加强协调，密切配合。

财政部门负责落实良种补贴资金预算，会同农业部门制定资金分配方案，拨付补贴资金，监督检查补贴资金使用管理情况等。

农业部门负责良种补贴政策具体组织实施管理工作，编制实施方案，核定良种补贴面积，推介展示良种，印制供种凭证，组织生产管理、技术培训和提供咨询服务，监管实施过程，评估实施效果等。

第四条 市农业部门会同市财政局根据农业部、财政部下达的年度实施指导意见，组织编制年度实施方案，并按规定时限报送农业部、财政部备案。实施方案内容包括良种推介品种、良种种植面积、补贴资金数额、补贴发放方式、落实管理责任的具体措施及其他相关资料。

第二章 良种的推介与管理

第五条 市农业部门根据区县农业部门报送的农作物优良品种，按照法律法规的规定和《全国优势农产品区域布局规划》的要求，经天津市农作物品种审定委员会论证后，推介适宜我市种植的农作物良种，发布农作物良种补贴品种目录，并随年度实施方案报送农业部备案。

第六条 区县农业部门按照尊重农民意愿、遵从品质优先、遵守市场公开的原则，积极引导农民在发布的品种目录内选择使用农作物良种。不得采取强制方式干预农民自愿选种。

第七条 市和区县农业部门会同工商、质检、公安等部门，加强农作物种子市场监管，根据《中华人民共和国种子法》规定严格审查并发布供种单位，防止假冒伪劣种子进入生产领域，坚决打击坑农害农等违法行为，做好良种的市场供应。

第三章 良种补贴资金补贴的范围和方式

第八条 我市良种补贴资金的补贴对象是在我市粮食和棉花生产中使用农作物良种的本市农民和农场职工。

我市良种补贴范围是水稻、小麦、玉米和棉花种植区域全覆盖。

乡镇农业、财政部门组织农作物良种补贴面积的村级登记、核实、公示，汇总审核后报送区县农业、财政部门。区县农业、财政部门对乡镇报送的补贴面积审核确认后，汇总报送市农业、财政部门。

第九条 农作物良种补贴标准由财政部、农业部根据国家政策确定。具体标准是：水稻15元/亩，小麦10元/亩，玉米10元/亩，棉花15元/亩。

第十条 我市良种供应采用凭证式管理，补贴资金采用银行“一卡通”方式补贴。

第十一条 市财政局根据财政部拨付我市良种补贴资金情况，按照上一年度良种补贴实际面积的一定比例，将良种补贴资金预拨区县财政局。区县财政局根据区县农业部门提供的农户良种补贴信息，通过银行“一卡通”方式将补贴资金及时足额兑付到农户。

年底，市和区县财政局根据当年实际补贴面积进行结算，不足部分申请财政部拨付；形成的结余资金结转下年使用。

第十二条　区县农业、财政部门于每年 12 月 15 日前将当年良种补贴政策落实情况总结报送市农业部门和市财政局。总结内容包括：当年良种实际种植面积、实际补贴面积、补贴资金发放方式和补贴资金发放情况等，并对真实性、准确性负责。

第十三条　良种补贴资金发放实行村级公示制，公示内容包括农户良种补贴面积、补贴品种、补贴标准、补贴资金数额等。乡镇农业、财政部门组织村级公示，公示时间不少于七天。公示期间，应当听取农民群众的意见，接受群众监督，发现问题及时纠正。

第四章　良种补贴资金的监督和管理

第十四条　区县农业、财政部门应当会同同级统计、监察等部门组成良种补贴政策实施领导小组，并设立办公室，具体负责农作物良种补贴政策的实施和监督工作，组织乡镇开展农作物补贴面积登记、公示和复查核实工作。同时，通过“农民补贴网”建立农作物良种补贴信息管理档案，登记、统计农户良种补贴作物、面积、金额、品种等信息。

区县农业、财政部门应设立并公布良种补贴政策监督电话，受理政策咨询、查证举报事项，对发现的违规违纪行为及时严肃查处。

第十五条　区县财政部门可安排必要的工作经费，主要用于补贴面积核实、补贴资金发放、补贴信息档案建立和实施监督检查等管理支出。严禁挤占挪用中央财政补贴资金用于工作经费。

第十六条　任何地方、单位和个人不得虚报良种补贴面积，不得套取、挤占、挪用补贴资金。对违反本款规定的行为，按照《财政违法行为处罚处分条例》（国务院令第 427 号）等有关法律法规给予处理、处罚和处分。

第十七条　各区县应当通过媒体向广大农民、基层干部以及社会公布、宣传农作物良种补贴政策，调动农民使用良种的积极性，推动良种补贴工作的顺利开展。

第五章　附　　则

第十八条　本细则由市财政局会同市农业局、市农委解释。

第十九条　本细则自公布之日起施行。

天津市财政局　天津市文化广播影视局关于印发《天津市农村电影公益放映场次补贴专项资金管理办法》的通知

2010 年 4 月 21 日　津财教〔2010〕21 号

有农业的区县财政局、文化（广电）局：

为规范和加强我市农村电影公益放映场次补贴专项资金的管理，提高资金的使用效益，市财政局、市文化广播影视局制定了《天津市农村电影公益放映场次补贴专项资金管理办法》，现印发给你们，请遵照执行。

附件：

天津市农村电影公益放映场次补贴专项资金管理办法

第一章　总　　则

第一条　为贯彻落实《国务院办公厅转发广电总局等部门关于做好农村电影工作意见的通知》（国办发〔2007〕38 号）要求，根据《财政部　广电总局关于印发农村电影公益放映场次补贴专项资金管理办法的通知》（财教〔2008〕135 号）、《广电总局关于印发〈农村电影公益放映场次补贴管理实施细则〉的通知》（广发〔2008〕108 号）和《天津市农村电影放映工作实施意见》，为加强我市农村电影公益放映场次补贴（以下简称“场次补贴”）专项资金管理，提高财政资金使用效益，特制定本办法。

第二条　农村电影公益放映场次是指由政府采购，在全市行政村开展，面向广大农民群众的数字和胶片电影放映活动。放映 1 部故事片、1 部长纪录片（90—120 分钟）或 1 部长科教片（90—120 分钟）为一场，短科教片累计放映 3—5 部为一场。

第三条　场次补贴专项资金是指市、区县财政局为保障我市农民群众观看公益电影，对农村电影公益放映活动进行直接补助而设立的专项资金。

第四条　场次补贴专项资金建立“场次确认、资金管理、社会监管”三个环节相互衔接、相互制约的运行机制。专项资金的管理和发放必须接受财政、审计和文化广电部门的监督检查。

第二章　支出范围和标准

第五条　对农村电影公益放映活动进行专项补贴的最低标准为每场 150 元。市财政对农村人口较多、财力困难的武清区、宝坻区、宁河县、静海县、蓟县等区县（以下称：老五县）给予每场 100 元的专项转移支付补助，不足部分由老五县自筹解决。其他区县场次补贴专项资金由本区县自筹解决。

第六条　场次补贴主要用于以下内容：

（一）放映人员劳务。

（二）放映人员养老与人身意外保险。

（三）放映技术服务费（含影片片租）。

（四）其它直接用于电影放映环节的费用。

场次补贴的 70% 须用于放映人员劳务，其余 30% 用于放映人员养老与人身意外保险、放映技术服务费（含影片片租）及其它直接用于电影放映环节的费用。

第七条　场次补贴不得用于提取管理费、维护费、折旧费等。

第八条　凡经政府采购确定的国有、集体、民营、个体等各种形式的农村电影放映主体，在我市行政村开展电影公益放映活动，均可享受场次补贴。

第三章　申请和拨付

第九条　各区县文化（广电）局会同本区县财政局，研究确定辖区内农村电影公益放映场次和补贴计划（附件 1），于每年 1 月 15 日前，将当年计划报送市文化广播影视局。市文化广播影视局将各区县放映计划汇总后会同市财政局研究确定当年全市农村电影公益放映场次和补贴计划，于每年 1 月底前批复各区县文化（广电）局、财政局。

第十条　市财政局根据当年放映计划测算本年度市级场次补贴预算金额，于每年 2 月 15 日前将当年市级场次补贴专项资金预算指标下达老五县财政局。

各区县财政局根据当年放映计划测算本区县本年度场次补贴预算金额。

第十一条　每年 1 月底前，各区县文化（广电）局会同本区县财政局将上一年度辖区内公益放映执行情况报送市文化广播影视局。市文化广播影视局汇总全市情况后报送市财政局。市财政局据此对上一年度市级场次补贴进行结算，核定实际支出金额，于每年 2 月 15 日前将上一年度市级场次补贴调整指标下达老五县财政局。

各区县财政局于每年 2 月底前，完成上一年度场次补贴结算工作。

第十二条　场次补贴实行先放后补，放映场次计划应于当年完成。截至每年 12 月 31 日，当年未能完成的放映计划，不予发放场次补贴，并抵扣下一年度放映计划。

第十三条　农村电影公益放映场次情况原则上按季度进行统计；为方便农忙农闲，放映单位可适当调剂公益放映场次。

第十四条　放映单位每放映一场公益影片后，应填写一份放映情况回执单（附件 3），回执单要经当地村委会负责人签字并加盖公章。各放映单位应于每年的 1 月、4 月、7 月、

10月10日前，将上一季度的放映回执和农村电影放映情况统计表（附件2）报送所属区县文化（广电）局，由各区县文化（广电）局汇总后，报市文化广播影视局备案。市文化广播影视局对各放映单位报送的材料进行严格审查。放映回执和农村电影放映情况统计表如不及时报送，将按比例核减下一年度场次补贴额度。

第十五条 场次补贴由各区县财政局拨付本区县文化（广电）局，再由各区县文化（广电）局拨付放映单位。

第四章 政府采购

第十六条 市文化广播影视局要本着公平、公正的原则，对承担我市农村电影公益放映任务的单位实行采购招标。准许具有相应资质的农村电影放映主体开展农村电影公益放映工作。

第十七条 市文化广播影视局与本市的农村电影公益放映中标单位签订《__________年度农村电影公益场次放映合同书》，明确放映任务，报市财政局备案。

第五章 监督管理

第十八条 市文化广播影视局、市财政局要加强对场次补贴专项资金的监督管理，确保场次补贴专项资金先放后补、绩效挂钩、公开透明、简化程序、及时到位、足额发放。

第十九条 由市文化广播影视局建立农村电影公益放映公示制度、放映回执审核制度、放映单位奖励制度、社会监督及举报制度，鼓励广大群众参与农村电影公益放映及场次补贴专项资金发放的监督。

第二十条 为确保场次补贴专项资金专款专用，对以下行为之一者，给予处罚：

（一）对不及时、未按使用范围和发放程序发放场次补贴专项资金的部门和单位，给予通报批评。

（二）对虚报冒领、截留挪用、克扣场次补贴专项资金的单位或个人，除追回冒领款项外，取消相关单位和个人从事农村电影公益放映的资格，情节严重的将依法追究有关责任人的法律责任。

第六章 附则

第二十一条 各区县财政局、文化（广电）局可依照本办法，制定本辖区场次补贴专项资金管理办法。

第二十二条 本办法由市财政局、市文化广播影视局分别负责解释。

第二十三条 本办法自2010年1月1日至2015年1月1日执行。

天津市财政局　天津市卫生局关于印发《天津市社区基本公共卫生服务项目经费核定办法（2010 年版）》的通知

2010 年 5 月 5 日　津财社〔2010〕19 号

各区县财政局、卫生局：

2010 年，我市城乡社区基本公共卫生服务经费仍按人均 20 元标准筹资。依据《国家基本公共卫生服务规范（2009 年版）》，市财政局和市卫生局对我市社区基本公共卫生服务项目进行了调整，现将修订后的《天津市社区基本公共卫生服务项目经费核定办法（2010 年版）》印发给你们，请遵照执行。

附件：

天津市社区基本公共卫生服务项目经费核定办法（2010 年版）

第一条　背景依据

自 2009 年起，天津市城乡社区基本公共卫生服务项目补助经费筹资标准提高到不低于 20 万元/万服务人口。2010 年，依据《国家基本公共卫生服务规范（2009 年版）》对我市项目名称和内容进行了调整，据此，在原《天津市社区基本公共卫生服务项目经费核定暂行办法》（津财社〔2008〕48 号）基础上，制定本办法。

第二条　项目内容

社区基本公共卫生服务包括：城乡居民健康档案管理、老年人健康管理、高血压患者健康管理、2 型糖尿病患者健康管理、脑卒中患者健康管理、重性精神疾病患者管理、残疾人康复管理、社区卫生诊断、日常信息管理、妇女保健和计划生育技术指导、社区儿童保健、卫生知识普及、重点人群健康教育、疫情报告和监测、一类疫苗预防接种、结核病防治、艾滋病与地方病防治、其他常见传染病防治等18项。

第三条 核定依据

（一）社区基本公共卫生服务人口核定

社区基本公共卫生服务人口以18个区（县）公安部门提供的户籍人口数和暂住6个月以上人口数为基础，由区财政局和区卫生局进行复核，上报市财政局和市卫生局确认，作为市、区两级财政筹集社区基本公共卫生服务项目经费的依据。

各类基本公共卫生服务项目涉及服务人口的核定依据为：低保贫困人数以民政部门提供数据为准；已核发残疾证的精神残疾和肢体残疾的人数以市残联提供数据为准；0~7岁儿童数、30~65岁已婚妇女数、孕产妇人数、社区管理肺结核病人数、法定传染病的发病例数以市妇幼保健和疾病预防控制机构提供数据为准；城乡60岁以上已发现高血压和2型糖尿病的人数以区县卫生局提供数据为准。

（二）社区基本公共卫生服务项目成本核定

1. 人工成本。有国家规定标准的收费项目，按不高于国家标准核定；没有国家规定标准的收费项目，以社区卫生服务机构职工年人均工资为参考依据，按照额定工作时间乘以每小时工资核定该项目人工成本。

2. 物耗成本。社区基本公共卫生服务项目中涉及的物耗，原则上以按照全市统一的政府招标采购价格核定，凡未纳入政府招标采购目录的，按实际成本核定。

3. 其他相关成本。由市财政局和市卫生局根据实际情况核定。

（三）社区卫生服务机构核定

经核定，2010年市内六区和滨海新区城区承担社区基本公共卫生服务的医疗机构81个、社区卫生服务站417个；农村乡镇卫生院154个，村卫生所2889个。社会力量举办的社区卫生服务机构（不含个人承包社区卫生服务机构），经市卫生局审批，报市财政局备案后，方可核定为提供基本公共卫生服务的机构。

（四）补助经费核定

根据核定的社区基本公共卫生服务人口数，按照市政府规定的筹资标准和分担比例，分别核定市财政、区（县）财政的补助金额，其中，市内六区、东丽区、西青区、津南区、北辰区、塘沽区、汉沽区和大港区的补助经费由市、区两级财政按4:6的比例分别承担；宝坻区、武清区、宁河县、静海县、蓟县的补助经费由市、区（县）两级财政按6:4的比例分别承担。

第四条 项目考核

社区基本公共卫生服务项目考核与工作数量和质量挂钩，在各区（县）自行考核的基础上，进行市级复核，复核包括单列项目考核和综合项目考核。

（一）单列项目考核，包括结核病防治、社区卫生诊断、重点慢性病筛查三个项目。单列项目考核委托专业机构进行，核定应得分数。

（二）综合考核项目采用三种方法。包括专业部门考核、相关部门考核和社会满意度评价三部分核定总得分。专业部门考核由市卫生局组织实施，考核得分占总得分的40%；相关部门考核由市财政、市民政、市残联共同组织实施，考核得分占总得分的30%；社会满意度评价委托第三方进行，评价得分占总得分的30%。

第五条 结算方式

（一）社区卫生服务中心综合项目经费，根据其考核得分结果，依据辖区服务人口数和人均补助标准计算。单列项目经费，根据单项考核结果核定计算。

（二）原则上市财政局根据项目完成情况和考核结果，采取年初预付和年终结算的方式核拨项目经费。对妇女保健项目中常见病筛查经费，由市财政根据市妇女儿童保健中心统计的各区县上年度完成实际工作量，年初预拨一个季度经费，以后各季按上季工作进度据实核拨项目经费；妇女保健和计划生育指导、社区儿童保健项目的其他工作经费按照《社区妇女儿童保健项目资金分配办法》（正在拟定）执行。

（三）考核质控经费划拨到相应执行单位：

1. 划拨到市卫生局列支项目：市级评估考核费、市级督导质控费、市级第三方调查费用、项目技术培训费、项目公示费用、项目工作指南印刷费以及市级社区卫生诊断汇总费；

2. 划拨到区（县）卫生局列支项目：区（县）级评估考核费、区（县）级督导质控费、区（县）级第三方调查费用以及区（县）级社区卫生诊断汇总费；

3. 划拨到各社区卫生服务中心列支的项目：财务管理质控费、项目管理质控费。

第六条　工作职责

市财政局、市卫生局共同负责制定社区基本公共卫生服务项目经费核定标准和考核标准。市卫生局负责社区基本公共卫生服务项目组织实施、日常管理工作，牵头负责社区基本公共卫生服务项目考核工作。市财政部门负责经费核定结算和拨付工作，负责项目经费的使用监管。

各区（县）财政局、卫生局依据社区基本公共卫生服务项目经费核定办法和考核办法，负责项目全面管理和项目经费初步核定工作。

第七条　本办法由市财政局、市卫生局负责解释。

第八条　本办法自 2010 年 1 月 1 日执行。

天津市财政局　天津市民政局
天津市人力资源和社会保障局　天津市卫生局关于印发
《天津市城乡医疗救助资金管理办法》的通知

2010 年 5 月 8 日　津财社〔2010〕20 号

各区县财政局、民政局、人力社保局、卫生局：

按照天津市人民政府《转发市民政局、市人力社保局、市财政局、市卫生局关于进一步完善城乡医疗救助制度实施意见的通知》（津政办发〔2009〕114 号）精神，我们拟定了《天津市城乡医疗救助资金管理办法》，现印发给你们，请遵照执行。

附件：

天津市城乡医疗救助资金管理办法

第一章　总　　则

第一条　为了加强城乡医疗救助资金管理，保证资金合理有效使用，根据财政部、民政部《关于印发〈农村医疗救助基金管理试行办法〉的通知》（财社〔2004〕1 号）、《关于加强城市医疗救助基金管理的意见》（财社〔2005〕39 号）和市政府《转发市民政局　市人力社保局　市财政局　市卫生局关于进一步完善城乡医疗救助制度实施意见的通知》（津政办发〔2009〕114 号）规定，结合本市实际情况，制定本办法。

第二条　本办法所称城乡医疗救助资金是指通过各级财政预算、福利彩票公益金、以及社会各界捐赠等多渠道筹集的，用于城乡最低生活保障人员、城乡特困救助人员、农村“五保”供养人员以及市和区县城乡医疗救助工作协调推动小组共同认定的其他特殊困难人员给予医疗救助的专用资金。

第三条　城乡医疗救助资金采取全市统筹的方式，按照公平、公正、公开、高效便捷、综合施救、以收定支、收支平衡的原则，进行筹集、拨付、使用和管理，并依法接受审计机关的监督审计。

第二章　资 金 筹 集

第四条　市和区县财政部门要将城乡医疗救助资金纳入年初预算，足额安排救助资金，并结合福利彩票公益金、社会捐赠资金等多渠道筹集城乡医疗救助资金，资金来源包括：

（一）中央财政补助和市、区财政按照筹资标准在年度预算中安排的城乡医疗救助资金；

（二）民政部门每年从福利彩票公益金中按照2%的比例提取的用于城乡医疗救助的资金；

（三）民政部门每年从接收的社会各界非定向捐赠资金中按照10%的比例提取的用于城乡医疗救助的资金；

（四）城乡医疗救助资金形成的利息收入；

（五）按照有关规定，从其他渠道筹集可用于城乡医疗救助的资金。

第三章　资 金 使 用

第五条　救助对象参加城镇职工基本医疗保险、城乡居民基本医疗保险，按照市政府《批转市劳动和社会保障局拟定的天津市城镇职工基本医疗保险规定的通知》（津政发〔2001〕80号）及《关于印发天津市城乡居民基本医疗保险规定的通知》（津政发〔2009〕21号）执行，参加城镇职工基本医疗保险的，个人缴费部分由个人承担，单位缴费部分由救助对象所在单位缴纳；参加城乡居民基本医疗保险的，个人的参保资金从城乡居民基本医疗保险政府补贴资金中解决。

第六条　救助对象在社区卫生服务机构门诊就医的医疗费用，经基本医疗保险报销后，由城乡医疗救助资金给予门诊医疗救助，救助最高限额为：城市“三无”人员、农村分散供养“五保”对象每人每年200元，其他救助对象每人每年60元。

第七条　救助对象在住院（含门诊特殊病）治疗期间，各项医疗保险报销后个人负担的医疗费用，由城乡医疗救助资金在报销封顶线内按一定比例给予救助，医疗救助对象中重度残疾人的救助标准，在基础救助比例上增加5个百分点。

第八条　对各区县医疗救助定点一级医院开展免收救助对象住院押金工作的，由城乡医疗救助资金拨付一定数额的周转金。周转金标准由市人力社保局按照各区县医疗救助对象人数于每年一季度前核定，由社会保险经办机构进行拨付。

第九条　城乡医疗救助资金要严格按照救助范围、方式、标准、审批程序严格使用，确保收支平衡。城乡医疗救助资金必须专款专用，不得提取管理费用和列支其他任何费用。

第四章　资 金 管 理

第十条　城乡医疗救助资金要纳入各级财政年初预算，按照专账核算、专款专用，以收定支，收支平衡的原则，实行财政专户管理。当年资金结余，结转下年继续使用，当年资金超支部分，通过市财政专项经费垫付解决。

第十一条　市财政局、市民政局、市人力社保局、市卫生局要对本市救助对象医疗费用实际支出情况进行分析，建立筹资标准的动态管理机制，当年累计资金结余超过筹资总额的

15%时，应减少市、区两级财政的筹资标准或修订补助政策；当年资金支出缺口超过筹资总额的15%时，经市政府批准，提高市、区两级财政的筹资标准，适时调整医疗救助政策。

第十二条 市财政在财政城镇职工医疗保险专户下，设立“城乡医疗救助资金”专账，用于汇集市和区县财政部门按标准安排的预算资金、福利彩票公益金、社会捐赠资金、利息收入等多渠道筹集的医疗救助资金。

第十三条 市人力社保局所属社会保险经办机构设立“城乡医疗救助资金”支出账户，用于接收财政专户拨付的资金，暂存支付款项及该账户的利息收入，支付医疗救助资金支出款项，划拨该账户利息收入到财政专户等业务核算。支出户除接收财政专户拨付的资金及该账户的利息收入和收回医院周转金外，不得发生其他收入业务。

第十四条 市财政每年根据医疗救助对象人数和筹资标准安排市财政补助资金，于年初一次性划入市财政城镇职工医疗保险财政专户。各区县财政应安排的城乡医疗救助资金，由市财政按季度在市与区县两级财政调度资金中归集，并拨入市级财政专户。

第十五条 市民政局负责对医疗救助对象进行审核认定，及时将救助对象最新数据提交社会保险经办机构，监督检查救助资金使用情况，汇总相关数据，召集审核小组审议特殊困难人群医疗救助事项。从福利彩票公益金和非定向社会捐赠资金中筹集城乡医疗救助资金，按季度上划市财政城镇职工医疗保险财政专户。

第十六条 市人力资源和社会保障局负责做好城乡医疗救助制度与医疗保险制度的衔接，按照有关政策核定定点医院周转金，并于今后每年依各区县医疗救助对象人数的变化对周转金进行相应调整并于一季度前预拨，指导社会保险经办机构支付城乡医疗救助资金。

第十七条 市社会保险经办机构负责对经民政部门审核确定后的补助对象，在经办数据库中加注标识，对符合规定的医疗费用，由定点医疗机构在门诊和住院结算时直接给予补助。市社会保险经办机构负责按月向市财政、市民政报送本月城乡医疗救助资金支出情况，并向市财政申报次月城乡医疗救助资金使用计划，市财政根据市社会保险经办机构的使用计划，经审核后，将城乡医疗救助资金按月拨付市社会保险经办机构。城乡医疗救助资金按年度结算，结余资金结转下年使用。

第十八条 市卫生局负责加强对社区卫生服务机构和定点医疗服务机构的管理，建立医疗服务考核制度，落实相关减免优惠政策。

第五章 监督检查

第十九条 城乡医疗救助资金的筹集、管理和使用情况，以及救助对象、救助金额等情况应通过张榜公布和新闻媒体等方式定期向社会公布，接受社会监督。

第二十条 城乡医疗救助资金必须用于城乡救助对象的医疗救助，严格按照政策规定使用医疗救助资金，不得擅自扩大支出范围和提高救助标准，任何单位和个人不得截留、挤占、挪用救助资金。民政、财政、人力社保和审计等部门对城乡医疗救助资金的使用情况进行监督检查，发现问题及时纠正，并及时向市政府报告，确保资金安全、有效、规范运行。

第二十一条 发现虚报冒领、挤占挪用、贪污浪费等行为，依法追究有关人员的行政责任，构成犯罪的，依法追究刑事责任。

第六章　附　　则

第二十二条　本办法自下发之日起实施。

第二十三条　本办法由市财政局、市民政局、市人力社保局、市卫生局负责解释。

天津市财政局　天津市民政局
天津市人力资源和社会保障局　天津市卫生局
关于印发《天津市优抚对象医疗补助
资金管理办法》的通知

2010年5月8日　津财社〔2010〕21号

各区县财政局、民政局、人力社保局、卫生局：

按照天津市人民政府《转发市民政局、市人力社保局、市财政局、市卫生局拟定的天津市优抚对象医疗保障实施办法的通知》（津政办发〔2010〕5号）精神，我们拟定了《天津市优抚对象医疗补助资金管理办法》，现印发给你们，请遵照执行。

附件：

天津市优抚对象医疗补助资金管理办法

第一章　总　　则

第一条　为加强优抚对象医疗补助资金管理，提高资金使用效率，妥善解决优抚对象医疗困难问题，根据国务院《军人抚恤优待条例》、《天津市优抚对象医疗保障办法》和《天津市拥军优属条例》有关规定，结合本市实际，制定本办法。

第二条　本办法所称优抚对象医疗补助资金主要是指为资助优抚对象参加各项基本医疗保险，落实优抚对象医疗待遇，解决优抚对象医疗困难，通过各级财政预算安排和社会各界捐赠等多渠道筹集的资金。

第三条　本办法适用范围包括：退出现役的一至十级残疾军人，享受国家定期抚恤的烈士遗属、因公牺牲军人遗属、病故军人遗属，享受定期定量补助的在乡老复员军人、带病还乡退伍军人、参战参试退役人员等优抚对象（上述人员除一至六级残疾军人外，简称“其他优抚对象”）。

第四条　优抚对象医疗补助资金采取全市统筹的方式，按照以收定支、收支平衡的原则多渠道筹集资金。补助资金筹资标准与我市经济社会发展水平和财政负担能力相适应。

第二章　资 金 来 源

第五条　市和区县财政部门要将医疗补助资金纳入年初预算，足额安排补助资金，结合福利彩票公益金、社会捐赠资金等多渠道筹集优抚对象医疗补助资金，资金来源包括：

（一）中央财政补助和我市各级财政部门预算安排的优抚对象医疗补助资金；

（二）民政部门每年从福利彩票公益金中按照2%的比例提取的优抚对象医疗补助资金；

（三）民政部门每年从接收的社会各界非定向捐赠资金中按照10%的比例提取的优抚对象医疗补助资金；

（四）优抚对象医疗补助资金形成的利息收入；

（五）其他方式筹集的资金。

第六条　有工作单位的一至六级残疾军人医疗补助资金按照上年度本市职工平均工资5%的比例由单位筹集，并由社会保险经办机构随城镇职工基本医疗保险基金征缴；无工作单位一至六级残疾军人医疗补助资金，由市和区县两级财政负担，市财政按照年人均2000元的标准安排医疗补助资金，区县财政按照上年度本市职工平均工资5%的比例安排资金。其他优抚对象医疗补助资金，由市和区县两级财政分别按照每人每年1000元的标准安排。

第三章　资 金 使 用

第七条　优抚对象参加城镇职工基本医疗保险、城乡居民基本医疗保险，并在此基础上享受优抚对象医疗补助、医疗优惠、医疗服务等优待。

第八条　无工作单位一至六级残疾军人参加我市城镇职工基本医疗保险的支出由一至六级残疾军人优抚对象医疗补助资金全额负担。

无工作单位七至十级残疾军人、享受定期抚恤补助的其他优抚对象参加我市城乡居民基本医疗保险参保缴费支出由政府全额负担，按照《天津市城乡居民基本医疗保险规定》（津政发〔2009〕21号）规定，符合政府补贴范围的，由城乡居民基本医疗保险政府补贴资金列支，其余参保缴费资金由优抚对象医疗补助资金列支。

有工作单位的一至十级残疾军人，因客观原因尚未参加各项医疗保险的，经区县民政部门审核后，由区县临时救助资金帮助解决参加各项医疗保险的个人缴费，确保优抚对象全部参加各项医疗保险。

第九条　优抚对象医疗补助资金支付的医疗费用，必须符合基本医疗保险药品目录、诊疗目录和医疗服务设施目录有关规定。

第十条　一至六级残疾军人医疗补助按照《天津市一至六级残疾军人医疗保障实施意见》（津民发〔2006〕66号、津财社联〔2006〕110号）及《关于进一步做好一至六级残疾军人医疗保障的通知》（津劳社局发〔2008〕8号）相关规定执行。其在一个年度内发生的符合基本医疗保险基金支付范围的医疗费用，属于起付标准以下及基本医疗保险和大额医疗救助资金报销后个人自付部分、大额医疗费救助参保费用，由一至六级残疾军人医疗补助资金给予全额负担。

第十一条　有工作单位的七至十级残疾军人医疗补助按照市民政局、市财政局、原市劳动保障局和市卫生局联合印发的《天津市优抚对象医疗保障实施意见》（津民发〔2008〕11号）执行。其旧伤复发的医疗费用，已参加工伤保险的，由工伤保险基金（全额）支付；未参加工伤保险的，由工作单位全额支付，所在单位为市国资委、市人力社保局、市财政局共同认定困难企业、三类退出企业而无力支付的，由其他优抚对象医疗补助资金给予全额补助。

无工作单位的七至十级残疾军人旧伤复发的医疗费用，由其他优抚对象医疗补助资金给予全额补助。

第十二条　其他优抚对象在社区卫生机构、定点医院发生的门诊、住院费用和急诊费用，经各项医疗保险报销后，其个人负担部分，由优抚对象医疗补助资金按规定比例给予补助。

第四章　资 金 管 理

第十三条　优抚对象医疗补助资金实行专账管理、单独核算的管理原则，专款专用，当年资金结余结转下年继续使用，当年预算超支，由市财政专项经费垫付解决。

第十四条　建立优抚对象补助资金筹资标准动态调整机制，当年累计补助资金结余超过筹资总额的15%时，应减少市和区县两级财政的筹资标准或修订补助政策；当年资金支出缺口超过筹资总额的15%时，报经市政府批准，提高下一年度市和区县两级财政的筹资标准。

第十五条　市财政每年根据优抚对象人数和筹资标准安排市财政补助资金，于年初一次性向财政专户划拨优抚对象医疗补助资金；社会保险经办机构按月向财政专户上划征缴的有工作单位一至六级残疾军人医疗补助资金；区县财政应筹集的优抚对象医疗补助资金，由市财政按季度在市和区县财政调度资金中归集后，划入财政专户。

第十六条　对各区县医疗优惠定点一级医院开展免收优抚对象住院押金工作的，由其他优抚对象医疗补助资金拨付一定数额的周转金。周转金标准由市人力社保局按照各区县优抚对象人数于每年一季度前核定，由社会保险经办机构依核定的标准于一季度前拨付，并每年结算。

第十七条　市民政局是优抚对象医疗补助工作的主管部门，负责制定相关政策，审核医疗补助对象资格，及时将补助对象最新数据提交社会保险经办机构，监督检查补助资金使用情况，汇总相关数据。同时负责筹集从福利彩票公益金和非定向社会捐赠资金提取的医疗补助资金，按季度上缴财政专户。各区县民政部门应将优抚对象纳入临时救助范围，对患大病的优抚对象发生医疗费用，经各项医疗保险报销和医疗补助后，其个人负担仍然较重以至于严重影响家庭正常生活的，由区县临时救助资金给予适当救助。

第十八条　市财政局负责对优抚对象医疗补助资金进行监管，汇集全市医疗补助资金，根据经办机构的实际支出情况和用款计划，于每月初，将汇集的医疗补助资金由财政专户划拨社会保险经办机构。各区县财政部门应按照《关于改变部分市和区县共同负担的社会保障项目资金筹集方式有关问题的通知》规定，按照资金归集流程，筹集区县财政负担的优抚对象医疗补助资金，按规定做好相关账务处理。

第十九条　市人力资源和社会保障局负责按照有关政策，核定定点医院周转金，指导社会保险经办机构支付优抚对象医疗补助资金。市社会保险经办机构负责对民政部门审核确定的补助对象，在经办数据库中加注标识，对符合规定的医疗费用，由定点医疗机构在门诊和住院结算时直接给予补助。社会保险经办机构定期与定点医疗机构结算补助资金，按月向市财政局报送当月优抚对象医疗补助资金使用情况和下月用款计划，于年底编制决算。同时，按规定负责征缴有工作单位一至六级残疾军人医疗补助资金。

第二十条　市和区县卫生部门负责落实挂号、诊疗、住院押金等医疗优惠政策，建立医疗服务考核制度。

第五章　科目设置

第二十一条　市财政在城镇职工基本医疗保险财政专户下，设立“一至六级残疾军人医疗补助”和“其他优抚对象医疗补助”专账，用于汇集市和区县财政部门按标准预算安排和多渠道筹集的医疗补助资金。

第二十二条　社会保险经办机构设立收入账户，用于接收单位缴纳的一至六级残疾军人医疗补助金，暂存该款项及该账户的利息收入，将该账户款项划入财政专户。

第二十三条　社会保险经办机构设立优抚对象医疗补助支出账户，用于接收财政专户拨付的“一至六级残疾军人医疗补助”和“其他优抚对象医疗补助”资金，暂存支付款项及该账户的利息收入，支付医疗补助资金支出款项，划拨该账户利息收入到财政专户等业务核算。支出户除接收财政专户拨付的资金、该账户的利息收入以及收回医院周转金外，不得发生其他收入业务。

第二十四条　社会保险经办机构在“医疗补助收入”科目下，设立两个二级明细科目，一是设立“一至六级残疾军人医疗补助”二级明细科目，下设“单位缴费收入”、“财政补贴收入”、“利息收入”、“其他收入”等三级明细科目，“财政补贴收入”下设“市级财政补贴”、“区级财政补贴”等四级明细科目，“利息收入”下设“收入户利息”、“财政专户利息”、“支出户利息”等四级明细科目；二是设立“其他优抚对象医疗补助”二级明细科目，下设“财政补贴收入”、“利息收入”、“其他收入”等三级明细科目，用于办理补助资金的收入业务核算。“财政补贴收入”下设“市级财政补贴”、“区级财政补贴”等四级明细科目。“利息收入”下设“财政专户利息”、“支出户利息”等四级明细科目，“其他收入”下设“2%福利彩票公益金”、“10%社会捐赠”、“其他”等四级明细科目。

第二十五条　社会保险经办机构在优抚对象医疗补助支出科目中，设立两个二级明细科目，一是设立“一至六级残疾军人医疗补助支出”二级明细科目，下设“参保补贴支出”、“参加大额医疗费救助补贴支出”、“普通门诊支出”、“住院医疗补助支出”、“门特医疗补助支出”、“其他支出”等三级明细科目；二是设立“其他优抚对象医疗补助支出”二级明细科目，下设“参保补贴支出”、“门诊医疗补助支出”、“住院医疗补助支出”、“门特医疗补助支出”、“其他支出”等三级明细科目，用于办理补助资金的支出业务核算。

第二十六条　社会保险经办机构设立“暂收款”科目，用于核算优抚对象医疗补助收支活动中形成的各种暂收款项。

第二十七条　社会保险经办机构设立“暂付款”科目，用于核算支付医院的各种款项。

第二十八条　社会保险经办机构在“优抚对象医疗补助基金”科目中，设立两个二级明细科目，一是“一至六级残疾军人医疗补助基金”；二是“其他优抚对象医疗补助基金”。

用于核算全部收入扣除全部支出后的滚存结余。对于已运行的“一至六级残疾军人医疗补助基金”结余并入“优抚对象医疗补助基金”科目下的“一至六级残疾军人医疗补助基金”。

第六章 监督检查

第二十九条 各级财政、民政部门和社会保险经办机构要严格按照规定程序审核医疗补助资金，不得擅自扩大支出范围和提高支出标准；严禁截留、挤占、挪用、骗取医疗补助资金；要及时对医疗补助资金进行跟踪检查，发现问题及时纠正；要坚持公示和举报制度，将优抚对象的医疗费支出、报销情况，通过张榜公布，媒体发布的途径定期对外公布，接受群众监督。同时自觉接受监察、审计部门监督检查，确保资金安全、有效、规范的运行。

第三十条 各区县财政、民政、人力资源和社会保障部门要根据本办法精神，结合当地实际情况，制定本地区具体管理办法，并报送市财政、市民政局备案。

第七章 附则

第三十一条 本办法自发文之日起执行。

第三十二条 本办法由市财政局、市民政局、市人力社保局、市卫生局负责解释。

天津市财政局　天津市教育委员会关于印发《天津市“中央财政支持地方高校发展专项资金”建设规划实施方案》的通知

2010 年 5 月 11 日　津财教〔2010〕24 号

各市属普通本科高校：

为做好天津市“中央财政支持地方高校发展专项资金”建设规划及实施工作，根据财政部《关于印发〈中央财政支持地方高校发展专项资金管理办法〉的通知》（财教〔2010〕21 号）精神，天津市财政局、教委制定了《天津市“中央财政支持地方高校发展专项资金”建设规划实施方案》，现印发给你们，请遵照执行。

附件：

天津市“中央财政支持地方高校发展专项资金”建设规划实施方案

为促进高等教育区域协调发展，提高地方高等教育质量，中央财政决定在原“中央与地方共建高等学校专项资金”的基础上，设立支持地方高校发展专项资金（以下简称“专项资金”），支持地方高校的重点发展和特色办学。根据财政部《关于印发〈中央财政支持地方高校发展专项资金管理办法〉的通知》（财教〔2010〕21 号）精神，结合天津市高等教育事业发展的实际需求，特制定本方案。

一、指导思想与实施原则

（一）指导思想

进一步贯彻落实科教兴市战略和人才强市战略要求，促进我市高校重点发展、可持续发展、特色发展，通过对高校重点建设与特色发展的关键环节给予专项资助，进一步改善其办学条件，提高人才培养能力和科学研究水平，增强为区域经济建设、社会进步以及行业发展服务的能力。

（二）实施原则

专项资金的安排要结合天津市高等教育发展规划和学校中长期发展建设目标，坚持“择优促优、突出重点、扶持特色”的原则。

二、实施范围与内容

（一）学校范围

1. 原“中央与地方共建高等学校专项资金”支持的普通本科高校，包括：天津科技大学、天津工业大学、天津商业大学、天津职业技术师范大学、天津医科大学、天津师范大学、天津财经大学、天津理工大学。

2. 其他办学层次较高、学科特色鲜明、符合行业和区域经济及社会发展需要的普通本科高校，包括：天津中医药大学、天津城市建设学院、天津外国语大学、天津美术学院、天津音乐学院、天津体育学院、天津农学院。

（二）项目范围

专项资金支持的项目分为六大类，包括：特色重点学科建设、省级重点学科建设、教学实验平台建设、科研平台和专业能力实践基地建设、公共服务体系建设、人才培养和创新团队建设。

（三）项目建设内容和开支范围

1. 特色重点学科建设项目

支持市属非“211工程”学校国家重点学科的学科方向、队伍建设、人才培养、科学研究、学术交流和条件建设等。

特色重点学科项目按照《教育部　财政部关于实施“特色重点学科项目”的意见》（教研〔2009〕3号）精神实施，2007年经教育部批准的一级学科国家重点学科，按一级学科进行建设，突出综合优势和整体水平，促进学科交叉、融合和新兴学科的生长；2007年经教育部批准的二级学科国家重点学科，按二级学科进行建设，突出特色和优势，在重点方向上取得突破。

2. 省级重点学科建设项目

支持天津市重点学科所属的创新平台、重点实验室或人文社科研究基地的条件建设项目，资助其实验室科研仪器设备的购置、更新、改造及自主研制，资助人文社科研究基地专业图书馆的专业图书资料购置。上述条件建设要优先满足区域经济建设、社会进步和行业发展对重点学科建设的需求，统筹考虑学科内各创新团队的实际需要。

开支范围包括：设备购置费、图书购置费、电子文献购置费、科研创新平台建设所必须的环境条件改造费（环境改造经费不得超过项目总预算的5%）。

3. 教学实验平台建设项目

支持基础实验室、专业教学实验室建设项目的仪器设备购置、更新与补充。学校应加强实验教学体系建设，深化实验室体制改革，切实推进高校实验教学内容、方法、手段、队伍、管理及实验教学模式的改革与创新，推进资源共享。

开支范围包括：设备购置费、教学软件购置费及实验平台建设所必须的实验室环境条件改造费（环境改造经费不得超过项目总预算的5%）。

4. 科研平台和专业能力实践基地建设项目

根据学校构建学生科研能力培养体系与专业实践教学体系、强化学生科研创新能力和专业实践能力的实际需要，支持学生开展高水平科学研究及培养学生科研实践能力的实验平台建设项目；工科、工程教育专业校内共享的工程训练中心建设项目；体现学校办学特色，以实现“产、学、研”结合为目标的学生开放创新实践基地建设项目以及校内的专业实践基地建设项目。

开支范围包括：设备购置费、教学软件购置费及基地建设所必须的环境条件改造费（环境改造费不得超过项目总预算的5%）。

5. 公共服务体系建设项目

对公共服务设施陈旧的学校，支持其校园供电、给排水、供暖、燃气等基础设施维修及环保、节能改造项目；支持其校园网络基础建设项目，资助提升、改造校园网主干网络，更新结点设备和核心设备；支持数字图书信息资源和共享平台建设项目，重点资助区域内校际联合的数字图书信息资源、网络教学资源建设，依托同一个共享平台进行统一建设、集中管理。

开支范围包括：修缮费、网络信息设备购置费、数据资料库购置费及软件开发费等。

6. 人才培养和创新团队建设项目

支持创新人才引进和培养项目，资助天津市重点学科的高层次人才引进和创新队伍建设；支持师资队伍培训和学术交流项目，重点资助实验实践教师队伍的技术、岗位与管理培训。

开支范围包括：高层次人才引进、创新团队建设和师资队伍培训等费用。

三、项目申请和审批程序

（一）各学校根据专项资金建设规划，在市财政、市教委指导下，结合自身的优势和特色，编制三年一期的建设规划（格式见附件2）。经学校组织专家论证通过后，上报市财政、市教委。

（二）学校上报的建设规划经市财政、市教委组织专家论证和审核后，上报财政部备案。

（三）学校根据市财政、市教委批准的建设规划确定年度申报项目，填写“中央财政支持地方高校发展专项资金项目申请书”（格式见附件3），经学校组织专家论证通过后，于每年3月1日前上报市财政、市教委。

（四）市财政、市教委组织专家对项目学校提交的申请书实施评估，编制《天津市“中央财政支持地方高校发展专项资金”项目预算申请汇总表》，于每年3月底前向财政部提交书面申请报告等有关文件。

（五）上报申请报告经财政部审核批准后，市财政、市教委将下达的项目预算批复到有关项目学校。

（六）特色重点学科建设项目纳入专项资金统一管理，与专项资金项目预算一并报财政部，财政部单独审核下达项目预算后，由市财政、市教委将项目预算批复到有关项目学校。

（七）有关项目学校应严格遵守《中华人民共和国保守秘密法》，维护国家的安全和利益，将拟报材料中涉及国家秘密的内容进行去密处理后再上报。

四、资金管理和监督

（一）项目学校要严格按照财政部门批复的项目及预算执行，并制定具体的实施方案，报市财政、市教委备案。专项资金项目年度预算一经审定下达，必须严格执行，一般不予调整；确有必要调整时，需经市财政、市教委同意后报财政部批准。

（二）专项资金应专款专用，专项管理。项目年度预算应确保当年按期完成，如确因特殊情况当年未完成的，经市财政、市教委同意后方可结转下年继续使用，不得挪作他用。

（三）在项目实施过程中，纳入政府采购的项目应按照有关规定执行。

（四）专项资金实行国库集中支付，不得用于基本建设、津贴补贴、对外投资、偿还债务、捐赠赞助以及与项目无关的其他支出。

（五）各学校要加强对本校专项资金使用情况的评估、监督、检查和管理，编写年度专项资金使用管理情况，并于每年 12 月 15 日前报市财政、市教委。

五、项目考核和追踪问效

（一）财政部以及市财政、市教委将组织专家对专项资金使用情况和项目建设情况开展专项检查和绩效评价，对资金管理使用和项目绩效评价整体较好的学校，将在安排下年度项目时给予倾斜。

（二）有以下情况之一的学校，将停止执行建设规划或取消其项目学校资格，情节严重的还将追究有关人员的责任：

1. 申报项目弄虚作假，骗取财政专项资金；
2. 截留、挤占、挪用财政专项资金；
3. 资金使用超出支出范围或违反相关法律法规规定；
4. 项目绩效评价情况差。

六、项目组织与管理

（一）市财政、市教委成立天津市“中央财政支持地方高校发展专项资金”建设规划领导小组，全面负责专项资金建设规划及实施领导工作。领导小组下设办公室，负责专项资金的监督、检查和管理，负责建设项目的规划和审批，负责建立和完善专家论证、咨询、评审制度。

（二）市财政、市教委成立天津市“中央财政支持地方高校发展专项资金”建设规划专家委员会，负责专项资金建设规划和年度项目预算的论证、咨询、评审，以及项目执行情况的监督、检查和验收工作。

（三）各项目学校要成立专项资金建设规划领导小组、工作机构和校级专家组，负责本校专项资金建设规划、论证、申报和实施工作。

天津市财政局　天津市农村工作委员会关于印发《天津市〈渔业成品油价格补助专项资金管理暂行办法〉实施细则》的通知

2010 年 5 月 19 日　津财农〔2010〕23 号

市水产局，有农业区县财政局、农（经）委、水产（畜牧水产）局：

为加强渔业成品油价格补助专项资金管理，根据《财政部　农业部关于印发〈渔业成品油价格补助专项资金管理暂行办法〉的通知》（财建〔2009〕1006 号），我们制定了《天津市〈渔业成品油价格补助专项资金管理暂行办法〉实施细则》。现印发给你们，请遵照执行。

附件：

天津市《渔业成品油价格补助专项资金管理暂行办法》实施细则

第一条　为加强我市渔业成品油价格补助专项资金管理，保障渔业生产者合法权益，确保国家成品油价格和税费改革顺利实施，根据《财政部　农业部关于印发〈渔业成品油价格补助专项资金管理暂行办法〉的通知》（财建〔2009〕1006 号）规定，制定本实施细则。

第二条　本实施细则适用于我市渔业成品油价格补助专项资金（以下简称“补助资金”）的管理。

第三条　本实施细则所称的补助资金，是指中央财政预算安排的，用于补助渔业生产者因成品油价格调整而增加的成品油消耗成本而设立的专项资金。

第四条　本实施细则所称的补助对象，即我市渔业生产者，包括依法从事国内海洋捕捞、远洋渔业、内陆捕捞及水产养殖并使用机动渔船的渔民和渔业企业。

辅助渔船不得作为补助对象。

第五条 补助对象应当符合以下条件：

（一）所从事的渔业生产符合《渔业法》等法律法规规定。

（二）国内海洋捕捞机动渔船持有合法有效的渔业船舶检验证书、渔业船舶登记证书、渔业船舶船员证书和渔业捕捞许可证，并在一个补助年度内从事正常捕捞生产活动时间累计不低于三个月。大中型渔船应当填写捕捞日志。国内海洋捕捞渔船纳入全国海洋捕捞渔船船数和功率总量控制范围，并纳入全国数据库管理。

（三）内陆捕捞机动渔船持有合法有效的渔业船舶检验证书、渔业船舶登记证书、渔业捕捞许可证，并在一个补助年度内从事正常捕捞生产活动时间累计不低于三个月。内陆捕捞渔船船数和功率数控制在我市2008年审查并上报农业部的数据范围内，并纳入我市数据库管理。

（四）养殖渔民（渔业企业）持有合法有效的水域滩涂养殖使用证（以下简称养殖证）和渔业船舶检验证书、渔业船舶登记证书（池塘养殖除外），使用养殖机动渔船从事正常养殖生产活动。

（五）远洋捕捞渔船经农业部批准、持有合法有效证件、从事正常远洋渔业生产。

（六）除农业部规定的特殊情况外，从事远洋渔业生产的渔船一律领取远洋渔业补助资金，不得重复领取国内渔业补助资金。

第六条 当国家确定的成品油出厂价，高于2006年成品油价格改革时的分品种成品油出厂价（汽油4400元/吨、柴油3870元/吨）时，启动补贴机制；低于上述价格时，停止补贴。

第七条 补助资金补助标准的确定，以国家确定的成品油出厂价与2006年成品油价格机制改革前油价（汽油4400元/吨、柴油3870元/吨）之间的差价为基础，全年加权平均测算确定油价补贴的标准。

对从事近海捕捞、内陆捕捞及养殖并使用机动渔船的渔民和渔业企业的油价补贴，按照财政部等七部门《关于成品油价格和税费改革后进一步完善种粮农民部分困难群体和公益行业补贴机制的通知》（财建〔2009〕1号）的规定，由中央财政全额负担。

第八条 补助用油量核算原则：

（一）补助用油量的核算原则上以2008年为上限。市渔业主管部门根据实际船数及功率数变化汇总上报农业部。我市确定用油量补助标准时，原则上依据农业部下达的机动渔船用油量测算参考标准。

（二）国内海洋捕捞、远洋渔业和内陆捕捞机动渔船补助用油量按照捕捞作业类型和渔船主机总功率进行核算确定。养殖机动渔船补助用油量按照养殖证确认面积和实际使用的养殖机动渔船功率情况进行核算确定，单位养殖水面标准可补助养殖机动渔船主机功率不得超过1.4千瓦/公顷，小于1.4千瓦/公顷的，按实际功率数核准。

（三）跨省购置国内海洋捕捞机动渔船补助用油量的核算截至补助年度的12月31日，按照农业部有关规定，补助用油量计入渔船买入省，补助资金由该省负责发放。本市内购置国内海洋捕捞机动渔船照此执行。

跨省买卖渔船手续办结时间以农业部批准的《渔业船网工具指标批准书》时间为准。

（四）跨区（县）购置内陆捕捞养殖机动渔船补助必须符合我市制定的《天津市内陆水域渔船管理办法》。其用油量的核算截至补助年度的12月31日。补助用油量由市渔业主管部门计入渔船买入区（县），补助资金由该区（县）负责发放。

跨区（县）买卖渔船手续办结时间以市渔业主管部门批准的《渔业船网工具指标批准书》时间为准。

第九条　区（县）渔业主管部门应建立健全国内捕捞机动渔船、养殖机动渔船管理和养殖证发放数据库，完整准确地记录本辖区渔船和养殖证情况。

第十条　年度终了后，区（县）渔业主管部门应组织符合申请条件的渔业生产者填报补助申请表，内容包括国内捕捞机动渔船和养殖机动渔船、船主和养殖证基础信息、补助年度内是否正常生产作业、有无违反《渔业法》等法律法规情况等。

第十一条　区（县）渔业主管部门对补助申请表进行初审、汇总，并对渔业生产者的补助申请资格进行公示（不少于5个工作日），重点公示渔船在补助年度内是否正常生产作业。公示结束后，区（县）渔业主管部门应根据第八条进行补助用油量测算，并于2月底前将补助年度内国内捕捞机动渔船、养殖机动渔船统计和补助用油量测算情况以书面和电子文件两种形式报送市渔业主管部门，抄送同级财政局、审计局。

第十二条　市渔业主管部门根据第八条对区（县）渔业主管部门报送的材料进行核查、测算，并于3月20日前，以书面文件将上年度《中央财政国内机动渔船油价补助审核汇总表》和《中央财政国内捕捞机动渔船油价补助审核船名册》、《中央财政养殖机动渔船油价补助审核船名册》以及《中央财政远洋渔业油价补助审核汇总表》上报农业部，抄送市财政局、市审计局，并使用不可擦写的光盘介质报送电子表格。

第十三条　远洋渔业分企业及代理渔船补助用油量及资金规模以农业部下达数额为准。

第十四条　中央财政国内渔业补助资金下达后，市渔业主管部门根据财政部文件制定补贴实施方案，并及时报送市财政局审核；市财政局按照补贴方案将补助资金及时拨付到区（县）财政局。区（县）财政局会同渔业主管部门按程序对补助资金发放对象相关信息公示后，于6月30日前将资金发放到位。

第十五条　中央财政远洋渔业补助资金下达后，市财政局及时将中央财政补助资金拨付市渔业主管部门。市渔业主管部门，根据农业部核定的各远洋渔业企业自有渔船和代理渔船的补助金额，对企业自有渔船，将补助资金直接拨付给企业；对企业代理或租赁渔船，根据市渔业主管部门审核认定的代理企业与被代理或租赁渔船的船东签订的享受补助协议，将补助资金拨付柴油成本直接负担者。

第十六条　区（县）财政部门会同渔业主管部门于8月15日前将上年渔业补助资金发放情况，包括文字总结、使用不可擦写的光盘介质报送的《国内捕捞机动渔船油价补助发放情况统计表》、《养殖机动渔船油价补助发放情况统计表》以正式文件报送市财政局和市渔业主管部门，抄送同级财政局和审计局。

第十七条　市财政局应会同市渔业主管部门于9月15日前将上年渔业补助资金发放情况，包括文字总结、使用不可擦写的光盘介质报送的《国内捕捞机动渔船油价补助发放情况统计表》、《养殖机动渔船油价补助发放情况统计表》、《远洋渔业油价补助发放情况统计表》，以正式文件报送财政部和农业部，抄送审计署。

第十八条　市财政将会同市渔业等有关部门，对区（县）渔业主管部门和补助资金受益对象申报的渔船、养殖证、生产作业等情况的真实性、可靠性、完整性以及资金拨付进度等情况，进行定期和不定期的监督检查。如发现违纪违法行为，将严格按照《财政违法行为处罚处分条例》（国务院令第427号）规定进行处理，并追究相关责任人的责任。

第十九条 补助资金实行专账管理，专款专用，任何单位和个人不得以有证无船、一船多证、非法船舶、伪造证件等形式套取补助资金，扩大补助范围发放补助资金，挤占、截留、挪用补助资金和工作经费。有上述行为之一的，将由财政部门依法追缴被侵占的补助资金；对负有直接责任的主管人员和其他直接责任人员依法追究法律责任。对提供虚假材料申请补助资金的，一经查实，将被永久取消渔业补助资金领取资格，并在全市范围内予以通报。

第二十条 违反《渔业法》等法律法规规定从事渔业生产的，视情节不得补助或扣减补助。

第二十一条 本细则由市财政局、市渔业主管部门负责解释。

第二十二条 本细则自公布之日起实施。

天津市财政局　天津市农村工作委员会
中国保险监督管理委员会　天津监管局关于调整完善
我市政策性农业农村保险保费财政补贴政策的通知

2010年5月20日　津财农〔2010〕22号

有农业的区县人民政府，农垦集团：

根据《中共中央　国务院关于加大统筹城乡发展力度　进一步夯实农业农村发展基础的若干意见》（中发〔2010〕1号）精神，为增强农业生产、农村生活保障，完善我市政策性农业农村保险制度，现通知如下：

一、政策性农业农村保险险种：

（一）种植业：小麦、玉米、水稻、棉花、温室、大棚。

（二）养殖业：能繁母猪、生猪、奶牛。

（三）农民房屋、农民家庭财产、农民人身意外伤害。

二、政策性农业保险责任：

（一）小麦、水稻、玉米、棉花保险责任包括：暴雨、洪水（政府行蓄洪除外）、内涝、风灾、雹灾、冻灾对保险农作物造成的损失。

（二）温室、大棚的保险责任包括：火灾、雪灾、爆炸、冰雹、风灾、暴雨对种植业设施造成的损失。

（三）能繁母猪、生猪、奶牛自然灾害和意外事故保险责任包括：火灾、爆炸、雷电、暴雨、洪水（政府行蓄洪除外）、风灾、冰雹、地震、冻灾、山体滑坡、泥石流、建筑物坍塌、空中运行物体坠落。

能繁母猪、生猪重大病害保险责任包括：猪丹毒、猪肺疫、猪水泡病、猪链球菌、猪乙型脑炎、附红细胞体病、伪狂犬病、猪细小病毒、猪传染性萎缩性鼻炎、猪支原体肺炎、旋毛虫病、猪囊尾蚴病、猪副伤寒、猪圆环病毒病、猪传染性胃肠炎、猪魏氏梭菌病，口蹄疫、猪瘟、高致病性蓝耳病及其强制免疫副反应。

奶牛重大病害保险责任包括：口蹄疫、布鲁式菌病、牛结核病、牛焦虫病、炭疽、伪狂犬病、副结核病、牛传染性鼻气管炎、牛出血性败血病、日本血吸虫病。

（四）农民房屋和农民家庭财产保险责任包括：因火灾、爆炸、暴风、暴雨、雷击、暴雪、洪水、滑坡、泥石流、空中运行物体坠落所造成房屋主体的直接损失和家庭财产的直接损失。

农民人身意外伤害保险责任包括：农民在生产、生活过程中，因意外事故、自然灾害所致死亡和伤残。

三、政策性农业保险金额、保费和保险期限，由保险公司按照政府引导、政策支持、市场运作、农民自愿的原则确定，并报送天津保监局、市农委、市财政局备案。

四、政策性农业保险保费补贴标准：

（一）小麦、玉米、水稻、棉花、温室、大棚、生猪、奶牛保险保费，由投保农户、企业、专业合作组织按保险保费的30%比例缴纳，市和区县财政共同承担70%。

（二）能繁母猪保险保费，由养殖户（场）按保险保费的20%比例缴纳，市和区县财政共同承担80%。

（三）农民房屋、农民家庭财产和农民人身意外伤害保险保费，由投保农民（农户）按保险保费的70%比例缴纳，市财政承担30%。

五、承保机构：

政策性农业保险工作应由具备中国保监会、财政部规定条件的保险公司组织实施。

经营政策性农民房屋、农民家庭财产和农民人身意外伤害保险的保险机构应具备以下条件：

（一）已开展经营政策性农业生产保险，并具有经保险监管部门备案的保险条款；

（二）在我市农村地区具有完备的分支机构或网点，拥有充足的保险专业人员；

（三）具备完善的服务水平、雄厚的技术实力、良好的风险管理能力和充足的偿付能力。

六、请各区县人民政府积极协助保险公司做好政策性农业保险组织推动工作。区县财政部门做好保费财政补贴资金的年度预算，并及时向保险公司兑付补贴资金，确保我市政策性农业保险持续、健康、稳定发展。

七、市财政局、市农委、天津保监局《关于开展政策性农业保险保费财政补贴试点的通知》（津财农〔2008〕16号）和《关于开展农民房屋、农民家庭财产、农民人身意外伤害保险保费财政补贴试点工作的通知》（津财农〔2008〕55号），与本通知规定不一致的，以本通知为准。

天津市地方税务局关于部分残疾、孤老人员和烈属所得减征个人所得税问题的通知

2010 年 5 月 30 日　津地税个所〔2010〕7 号

各地税局：

为贯彻落实残疾、孤老人员和烈属减征个人所得税的政策，简化计算方法，根据《中华人民共和国个人所得税法》第五条“残疾、孤老人员和烈属的所得，经批准可以减征个人所得税”的规定，现将有关问题通知如下，请遵照执行。

一、对按“个体工商户生产经营所得”项目征收个人所得税的个体工商户和个人独资、合伙企业，采取查账和应税所得率征收方式的，由原来的从每月经营收入中减除一定经营额后计征个人所得税，改按应纳税额减征 30% 后计征个人所得税。

二、对个体工商户按综合负担率征收税款的，仍按《关于对残疾、孤老人员和烈属所得减征个人所得税问题的通知》（津地税个所〔2009〕2 号）规定执行。

三、本通知执行期限为 2010 年 1 月 1 日至 2011 年 12 月 31 日。

天津市地方税务局关于调整我市2010年住房公积金和补充住房公积金个人所得税扣除标准的通知

2010年6月24日　津地税个所〔2010〕8号

各地方税务局：

根据《关于转发〈财政部　国家税务总局关于基本养老保险费　基本医疗保险费　失业保险费　住房公积金有关个人所得税政策的通知〉的通知》（津财税政〔2006〕11号）、《关于公布2009年度全市职工平均工资等有关问题的通知》（津人社局发〔2010〕8号）、《关于调整2010年住房公积金缴存额的通知》（津公积金委〔2010）4号）有关规定，现将调整我市2010年住房公积金和补充住房公积金个人所得税扣除标准有关事项通知如下：

一、2009年我市在岗职工月平均工资为3731元，3倍为11193元。对单位和个人按照我市规定的比例和不超过11193元缴存基数实际缴存的住房公积金，允许在个人应纳税所得额中扣除；单位和个人超过上述规定比例和标准缴存的住房公积金，应将超过部分并入个人当期的工资、薪金收入，计征个人所得税。

二、对单位为个人在我市规定的比例和不超过11193元缴存基数内实际缴存的补充住房公积金，不计入个人收入；超过部分，并入个人当期的工资、薪金收入，计征个人所得税。

三、本通知自2010年7月1日起执行。

天津市地方税务局　天津市国家税务局关于企业所得税税前扣除有关问题的通知

2010 年 7 月 2 日　津地税企所〔2010〕5 号

各区县国家税务局、市国税局直属税务分局、海洋石油税务分局，各区县地方税务局、市地税局直属局、纳税服务局、第一、第二稽查局：

根据《中华人民共和国企业所得税法》及其实施条例的有关规定，经研究，现就企业所得税若干税务处理问题通知如下：

一、通讯费的税前扣除问题：

企业为职工提供的通讯待遇，已经实行货币化改革的，按月按标准发放或支付的通讯补贴，应纳入职工工资总额准予扣除，不再纳入职工福利费管理；尚未实行货币化改革的，企业发生的相关支出作为职工福利费管理。

二、取暖费、防暑降温费的税前扣除问题：

企业发放的冬季取暖补贴、集中供热采暖补助费、防暑降温费，在职工福利费中列支。按职务或职称发放的集中供热采暖补贴应纳入职工工资总额，准予扣除。

三、差旅费的税前扣除问题：

企业可以参照国家有关规定制定本单位差旅费管理办法，报主管税务机关备案。对能够提供证明差旅起止时间、地点等合法凭证的，按差旅费管理办法发放的差旅费，准予扣除。

四、职工住宿租金的税前扣除问题：

企业为职工提供住宿而发生的租金凭房屋租赁合同及合法凭证在职工福利费中列支。

五、工资薪金的税前扣除问题：

凡企业与职工签订劳动用工合同或协议的，其支付给在本企业任职或者受雇的员工的合理的工资薪金支出，准予扣除。

工资支出必须是实际发生，提取而未实际支付的，在当年纳税年度不得税前扣除。实行下发薪的企业提取的工资可保留一个月。

六、资金拆借利息的税前扣除问题：

企业向非金融企业、自然人借款的利息支出，暂按不超过金融企业同期同类贷款基准利率计算的数额的部分，凭借款合同及合法凭证，准予扣除。

实行统贷统还办法的企业，集团公司与所属子公司应签订资金使用协议，子公司按照协议实际占用资金支付给集团公司的利息与集团公司向金融机构贷款利率一致的部分，准予扣除。

七、职工交通补贴的税前扣除问题：

企业为职工提供的交通待遇，已经实行货币化改革的，按月按标准发放或支付的交通补贴或者车改补贴，应纳入职工工资总额，准予扣除，不再纳入职工福利费管理；尚未实行货币化改革的，企业发生的相关支出作为职工福利费管理。

八、租赁交通工具税前扣除问题：

（一）企业由于生产经营需要，租入其他企业或具有营运资质的个人的交通运输工具（含班车），发生的租赁费及与其相关的费用，按照合同（协议）约定，凭租赁合同（协议）及合法凭证，准予扣除。

（二）企业由于生产经营需要，向具有营运资质以外的个人租入交通运输工具（含班车），发生的租赁费，凭租赁合同（协议）及合法凭证，准予扣除，租赁费以外的其他各项费用不得税前扣除。

九、装修费税前扣除问题：

企业对房屋、建筑物进行装修发生的支出，应作为长期待摊费用，自支出发生月份的次月起，分期摊销，摊销年限不得低于 3 年。若实际使用年限少于 3 年的，凭相关合法凭证按照实际使用年限摊销。

十、职工食堂经费的税前扣除问题：

企业自办职工食堂经费补贴或未办职工食堂统一供应午餐支出，在职工福利费中列支。未统一供餐而按月发放的午餐费补贴，应纳入职工工资总额，准予扣除。

十一、成本费用的税前扣除问题：

对于纳税人按照权责发生制原则进行核算的成本费用项目，由于各种原因，企业当年没有取得发票，而在次年企业所得税汇算清缴前取得发票的，企业该项成本费用可以在其发生年度税前扣除。

十二、投资者在规定期限内未缴足其应缴资本额的税前扣除问题：

凡企业投资者，按照公司章程或投资者约定的出资时间，在不超过《中华人民共和国公司法》规定的认缴出资期限内（自公司成立之日起两年，投资公司为五年），未缴足其应缴资本额的，该企业对外借款所发生的利息，相当于投资者实缴资本额与在规定期限内应缴资本额的差额应计付的利息，其不属于企业合理的支出，应由企业投资者负担，不得在计算企业应纳税所得额时扣除。

十三、股权转让损失的税前扣除问题：

企业在经营活动中正常转让投资而产生的损失，须经主管税务机关审批后税前扣除。

企业符合条件的股权转让损失，应依据下列相关证据认定损失：

（一）企业法定代表人、主要负责人和财务负责人签章证实有关股权转让损失的书面声明；

（二）有关股东大会或董事会转让股权的决议；

（三）在工商行政管理等有关部门办理股权变更的证明材料；

（四）股权转让方案、转让合同（或协议）、成交或入账证明、股权账面价值清单。

十四、关于纳税人发生相关费用分摊问题：

一些企业由于没有独立的计量系统，所发生的与生产经营有关的费用如：水、电、煤气等，无法单独取得发票，或与其他用户共同取得一张发票。其实际发生的费用，可凭发票复印件、分摊金额证明及相关支出凭证，据实在税前扣除。

十五、本通知自 2010 年 1 月 1 日起执行。

十六、天津市国家税务局、天津市地税局《关于企业所得税若干业务问题的通知》（津地税企所〔2009〕15 号）同时作废。

天津市地方税务局　天津市国家税务局关于劳务派遣业务有关税务处理问题的通知

2010年7月2日　津地税企所〔2010〕6号

各区县国家税务局、市国税局直属税务分局、海洋石油税务分局，各区县地方税务局、市地税局直属局、纳税服务局、第一、第二稽查局：

根据《中华人民共和国企业所得税法》（以下简称《企业所得税法》）及其实施条例、《中华人民共和国营业税暂行条例》及其实施细则的有关规定，经研究，现就劳务派遣单位有关税务处理问题通知如下：

一、劳务派遣企业应符合以下条件：

（一）劳务派遣企业应依法与被派遣劳动者签订劳动合同。

（二）劳务派遣企业依法与接受被派遣劳动者的用工单位签订劳务派遣协议，用工单位和被派遣劳动者之间没有劳动雇用关系。

（三）劳务派遣企业按规定为被派遣劳动者支付工资、福利、上缴社会保险费（包括养老保险费、医疗保险费、失业保险费、工伤保险费、生育保险费等，下同）和住房公积金。

二、收入的确认：

劳务派遣企业应以向用工单位收取的全部价款（包括代收转付给被派遣劳动者的工资、社会保险费和住房公积金等，下同）确认收入。

三、关于营业税的扣除范围和扣除凭证：

劳务派遣企业在计算营业税时允许扣除的范围包括：支付给被派遣劳动者的工资和为被派遣劳动者上交的社会保险费和住房公积金。

劳务派遣企业应以为被派遣劳动者通过银行等金融机构实际支付工资凭证、社会保险费和住房公积金缴纳凭证及其他合法有效凭证作为扣除凭证。

四、工资、保险和三项经费的企业所得税税前扣除问题：

（一）劳务派遣企业支付给被派遣劳动者合理的工资和依照天津市人民政府规定的范围和标准为被派遣劳动者缴纳的社会保险费和住房公积金等，可以税前扣除。用工单位不得税前扣除被派遣劳动者工资、社会保险费和住房公积金等各项费用。

（二）劳务派遣企业应为每个被派遣劳动者独立开设银行账户，支付给被派遣劳动者货币形式的报酬，通过银行等金融机构转账方式支付的方可税前扣除。

（三）劳务派遣企业以被派遣劳动者的工资为基数，按照《企业所得税法》及其实施条例规定的比例和标准据实列支的职工福利费、职工教育经费和实际拨缴的工会经费，可以税前扣除。

五、发票开具问题：

劳务派遣企业向用工单位收取全部价款应全额开具发票，支付给被派遣劳动者的工资、社会保险费和住房公积金应在同一张发票中注明。

六、本通知自 2010 年 1 月 1 日起执行。

天津市地方税务局关于加强公墓单位税收征管问题的通知

2010 年 7 月 14 日　津地税地〔2010〕47 号

地税系统各单位：

为了加强我市公墓单位的税收征管，现就有关问题通知如下：

一、关于营业税征收问题：

《财政部、国家税务总局关于经营性公墓营业税问题的通知》（财税〔2001〕117 号）于 2009 年 5 月 18 日公布废止。根据《中华人民共和国营业税暂行条例》及其实施细则的相关规定，自 2010 年 1 月 1 日起对公墓单位以转让、租赁墓地使用权等形式取得的全部价款及价外费用，按照服务业 5% 税率征收营业税。

二、关于经营性公墓单位房产税、城镇土地使用税征免问题：

根据《中华人民共和国房产税暂行条例》、《中华人民共和国城镇土地使用税暂行条例》及其实施细则的有关规定，对经营性公墓单位房产税、城镇土地使用税的征免问题明确如下：

1. 自 2010 年 1 月 1 日起，对经营性公墓单位的房产，应按有关规定征收房产税。对经营性公墓单位已整理开发的土地，如办公区、墓穴、绿化、景观、道路等占地，应按有关规定征收土地使用税。对尚未整理开发的土地，暂免征收土地使用税。

2. 对不在征收范围内的公墓单位的房产及土地，不征收房产税、土地使用税。

3. 对由财政部门拨付事业经费的公墓单位自用的房产及土地，免征房产税、土地使用税。

三、本通知所称公墓是指为城乡居民提供安葬骨灰和遗体的公共设施。公墓包括公益性公墓和经营性公墓。公益性公墓是指为农村村民提供遗体或骨灰安葬服务的公共墓地。经营性公墓是指在我市民政部门备案，为城镇居民提供骨灰或遗体安葬实行有偿服务的公共墓地。

天津市地方税务局关于印发《天津市房地产开发企业土地增值税清算管理办法》的通知

2010 年 7 月 15 日　津地税地〔2010〕49 号

地税系统各单位：

为了进一步做好土地增值税清算工作，根据《中华人民共和国土地增值税暂行条例》、《中华人民共和国土地增值税暂行条例实施细则》及有关文件规定，结合我市实际情况，制定《天津市房地产开发企业土地增值税清算管理办法》，现印发给你们，请遵照执行。

附件：

天津市房地产开发企业土地增值税清算管理办法

第一章　总　　则

第一条　为了加强房地产开发企业土地增值税征收管理，规范土地增值税清算工作，根据《中华人民共和国税收征收管理法》（以下简称《征管法》）、《中华人民共和国土地增值税暂行条例》及《中华人民共和国土地增值税暂行条例实施细则》等有关文件的规定，结合我市实际情况，制定本办法。

第二条　应办理土地增值税清算手续的房地产开发项目，是指按照土地增值税有关政策规定，符合清算条件的房地产开发项目，其中包括未预征土地增值税的房地产开发项目。

第三条　土地增值税以区县级以上政府有关部门审批的房地产开发项目为单位进行清算，对于分期开发的项目，以分期项目为单位清算。开发项目中同时包含普通住宅和非普通住宅的，应分别进行清算。

第四条　房地产开发项目在 2005 年 10 月 1 日以前立项且销售房地产建筑面积占整个项目可售建筑面积 15%（含 15%）以上的，对其销售剩余部分房地产建筑面积的收入，暂按规定的预征率征收土地增值税；销售房地产建筑面积占整个项目可售建筑面积不足15%的，既要按现行的预征率征收土地增值税，还应按本办法进行清算。

第五条 在土地增值税清算时未转让的房地产，清算后销售或有偿转让的，纳税人应按规定进行土地增值税的纳税申报，扣除项目金额按清算时的单位建筑面积成本费用（单位建筑面积成本费用=清算时的扣除项目总金额÷清算的总建筑面积）乘以销售或转让面积计算。

第二章 清算条件

第六条 符合下列情形之一的，纳税人应到主管税务机关办理土地增值税清算手续：

（一）房地产开发项目全部竣工、完成销售的；

（二）整体转让未竣工决算房地产开发项目的；

（三）直接转让土地使用权的。

第七条 符合下列情形之一的，主管税务机关可要求纳税人进行土地增值税清算：

（一）已通过竣工验收的房地产开发项目，已转让的房地产建筑面积占整个项目可销售建筑面积的比例在85%以上，或该比例虽未超过85%，但剩余的可售建筑面积已经出租或自用的；

（二）取得开发项目销售（预售）许可证满三年仍未销售完毕的；

（三）纳税人申请注销税务登记但未办理土地增值税清算手续的；

（四）纳税人涉嫌重大税收违法行为的；

（五）其他需要清算的情况。

第三章 清算受理

第八条 土地增值税清算的方式。

（一）纳税人自行清算

纳税人自行整理项目清算的相关数据，归集收入、扣除项目等内容，并按照税务机关要求报送资料；

（二）纳税人可以委托税务中介机构进行房地产开发项目土地增值税清算鉴证工作。

税务中介机构受托对清算项目审核鉴证的，应按规定的标准格式出具《土地增值税清算鉴证报告》（附件一，以下简称《鉴证报告》），对符合要求的鉴证报告，税务机关可以采信。

第九条 对符合本办法第四条规定的土地增值税清算项目，纳税人应当在满足条件之日起90日内到主管税务机关办理清算手续。

对于符合本办法第五条规定的土地增值税清算项目，主管税务机关确定是否进行清算，对于确需进行清算的项目，由主管税务机关下达《土地增值税清算通知书》（附件二，以下简称《清算通知书》），纳税人应当在收到《清算通知书》之日起90日内办理清算手续。

符合以上两种情形进行清算的纳税人，在上述规定的期限内拒不清算或不提供清算资料的，主管税务机关可依据《中华人民共和国税收征收管理法》有关规定处理。

第十条 纳税人在办理土地增值税清算申报手续时，须填写《土地增值税清算材料清单》（附件三）。应提交的有关资料如下：

（一）《土地增值税清算申请表》（附件四）；

（二）房地产开发项目清算说明，主要内容应包括房地产开发项目立项、用地、开发、销售、关联方交易、融资、税款缴纳等基本情况及主管税务机关需要了解的其他情况；

（三）项目竣工决算报表、取得土地使用权所支付的地价款凭证、国有土地使用权出让合同、银行贷款利息结算通知单、项目工程合同结算单、商品房购销合同统计表、销售明细表、销售（预售）许可证等与房地产的收入、成本和费用有关的证明资料。主管税务机关需要相应项目记账凭证的，纳税人还应提供记账凭证复印件；

（四）纳税人委托税务中介机构审核鉴证的清算项目，还应报送《鉴证报告》。

第十一条　清算受理的流程。

（一）纳税人委托税务中介机构出具《鉴证报告》进行清算，且缴纳税款的项目，由主管税务机关管理部门对提交资料核准后，直接办理纳税手续；

（二）纳税人自行进行清算，或涉及清算退税的项目，主管税务机关收到纳税人清算资料后，对符合清算条件且报送的清算资料齐备的，予以受理，并出具《土地增值税清算受理通知书》（附件五）；对纳税人符合清算条件、但报送的清算资料不全的，应要求纳税人在 30 日内补齐，并出具《土地增值税清算补充材料通知书》（附件六），纳税人在规定期限内补齐资料后，予以受理；

主管税务机关已受理的清算申请，纳税人无正当理由不得撤销。

主管税务机关受理纳税人清算资料后，应在 90 日内组织清算审核，并出具《土地增值税清算核准通知书》（附件七）。

第四章　清 算 审 核

第十二条　清算审核包括书面审核、实地调查。

书面审核是指对纳税人报送的清算资料进行数据、逻辑审核，重点审核项目归集的一致性、数据计算的准确性等。

实地调查是指在书面审核的基础上，通过对房地产开发项目实地查验等方式，对纳税申报的客观性、真实性、合理性进行审核。

第十三条　直接销售房地产的收入确认。

房地产开发企业将开发产品直接销售的，应以双方签订已在房管部门备案的《房地产销售合同》、《房地产预售合同》和具有销售合同性质的协议书等所载的销售金额及其他经济利益确认收入。

销售合同所载商品房面积与有关部门实际测量面积不一致，在清算前已发生补、退房款的，应在计算土地增值税时予以调整；在清算后发生补、退房款的，比照本办法第五条规定计算补、退税款。

第十四条　非直接销售和自用房地产的收入确认。

（一）房地产开发企业将开发产品用于职工福利、奖励、对外投资、分配给股东或投资人、抵偿债务、换取其他单位和个人的非货币性资产等，发生所有权转移时应视同销售房地产，其收入按下列方法和顺序确认：

1. 按本企业在同一地区、同一年度销售的同类房地产的平均价格确定；

2. 由主管税务机关参照当地当年、同类房地产的市场价格或评估价值确定。

（二）房地产开发企业将开发的部分房地产转为企业自用或用于出租等商业用途时，如果产权未发生转移，不征收土地增值税，在税款清算时不列入收入，不扣除相应的成本和费用。

第十五条 土地增值税扣除项目确定的原则。

（一）扣除项目金额中所归集的各项成本和费用必须是在清算项目开发中直接发生的或应当分摊的。

纳税人分期开发项目或者同时开发多个项目、同一项目中建造不同类型房地产的，其扣除项目金额的确定，按转让房地产的面积占总面积的比例计算分摊。

（二）在土地增值税清算中，计算扣除项目金额时，其实际发生的支出应当取得但未取得合法凭据的不得扣除。

第十六条 取得土地使用权支付金额和土地征用及拆迁补偿费的确认。

（一）房地产开发费用不得记入取得土地使用权支付金额和土地征用及拆迁补偿费；

（二）拆迁补偿费应实际发生，尤其是支付给个人的拆迁补偿款、拆迁（回迁）合同和签收花名册或签收凭证应一一对应。

第十七条 前期工程费、基础设施费、公共配套设施费的确认。

（一）前期工程费、基础设施费、公共配套设施费应真实发生，不得存在虚列情形，预提的公共配套设施费不得扣除；

（二）房地产开发费用不得记入前期工程费、基础设施费、公共配套设施费。

第十八条 房地产开发企业开发建造的与清算项目配套的居委会和派出所用房、会所、停车场（库）、物业管理场所、变电站、热力站、水厂、文体场馆、学校、幼儿园、托儿所、医院、邮电通讯等公共设施的确认：

（一）建成后产权属于全体业主所有的，其成本、费用可以扣除；

（二）建成后无偿移交给政府、公用事业单位用于非营利性社会公共事业的，其成本、费用可以扣除；

（三）建成后有偿转让的，应计算收入，并准予扣除成本、费用。

第十九条 建筑安装工程费确认。

（一）发生的费用应与决算报告、审计报告、工程结算报告、工程施工合同记载的内容相符；

（二）房地产开发企业自购建筑材料时，自购建材费用不得重复计算扣除项目；

（三）参照当地当期同类开发项目单位平均建安成本或当地建设部门公布的单位定额成本，验证建筑安装工程费支出是否存在异常；

（四）房地产开发企业采用自营方式自行施工建设的，不得虚列、多列施工人工费、材料费、机械使用费等。

第二十条 开发间接费用的确认。

开发间接费用应真实发生，预提的开发间接费用不得扣除。

第二十一条 开发费用的确认。

（一）财务费用中的利息支出，凡能够按转让房地产项目计算分摊并提供金融机构证明的，允许据实扣除，但最高不能超过按商业银行同类同期贷款利率计算的金额。其他房地产开发费用，在按照“取得土地使用权所支付的金额”与“房地产开发成本”金额之和的

5%以内计算扣除；

（二）凡不能按转让房地产项目计算分摊利息支出或不能提供金融机构证明的，房地产开发费用在按“取得土地使用权所支付的金额”与“房地产开发成本”金额之和的10%以内计算扣除；

（三）全部使用自有资金，没有利息支出的，按照“取得土地使用权所支付的金额”与“房地产开发成本”金额之和的5%以内计算扣除；

（四）房地产开发企业既向金融机构借款，又有其他借款的，其房地产开发费用计算扣除时不能同时适用本条（一）、（二）项所述两种办法；

（五）土地增值税清算时，已经计入房地产开发成本的利息支出，应调整至财务费用中计算扣除。

第二十二条　拆迁安置有关问题的确认。

（一）房地产企业用建造的本项目房地产安置回迁户的，安置用房视同销售处理，按国税发〔2006〕187号第三条第（一）款规定确认收入，同时将此确认为房地产开发项目的拆迁补偿费。房地产开发企业支付给回迁户的补差价款，计入拆迁补偿费；回迁户支付给房地产开发企业的补差价款，应抵减本项目拆迁补偿费；

（二）开发企业采取异地安置，异地安置的房屋属于自行开发建造的，房屋价值按国税发〔2006〕187号第三条第（一）款的规定计算，计入本项目的拆迁补偿费；异地安置的房屋属于购入的，以实际支付的购房支出计入拆迁补偿费；

（三）货币安置拆迁的，房地产开发企业凭合法有效凭据计入拆迁补偿费。

第二十三条　质量保证金扣除问题的确认。

房地产开发企业在工程竣工验收后，根据合同约定，扣留一定比例的工程款作为开发项目的质量保证金，该质量保证金应在一定时间内支付。因此，在计算土地增值税时，对竣工结算后，开发企业扣款，但施工方对该部分扣款已开具合法有效凭证的，按扣留的质保金全额扣除；未开具合法有效凭证的，扣留的质保金不得计算扣除。

第二十四条　房地产开发企业逾期开发缴纳的土地闲置费不得扣除。

第二十五条　房地产开发企业为取得土地使用权所支付的契税及签订《土地出让合同》所缴纳的印花税，应视同“按国家统一规定交纳的有关费用”，计入“取得土地使用权所支付的金额”中扣除。

第二十六条　纳税人按规定预缴土地增值税后，清算缴纳的土地增值税，不加收滞纳金。

第二十七条　纳税人报送的项目清算资料、《鉴证报告》，经税务机关审核、纳税评估，发现税收负担率明显偏低或有疑点的，税务机关可以会同财政部门委托税务中介机构进行清算审核，原则上同一项目不得委托同一税务中介机构进行清算审核和鉴证业务。

第五章　清算管理

第二十八条　在土地增值税清算中符合以下条件之一的，可实行核定征收（具体核定征收办法另行规定），并对纳税人下达《土地增值税清算核定征收通知书》（附件八）。

（一）依照法律、行政法规的规定应当设置但未设置账簿的；

（二）擅自销毁账簿或者拒不提供纳税资料的；

（三）虽设置账簿，但账目混乱或者成本资料、收入凭证、费用凭证残缺不全，难以确定转让收入或扣除项目金额的；

（四）符合土地增值税清算条件，企业未按照规定的期限办理清算手续，经税务机关责令限期清算，逾期仍不清算的；

（五）申报的计税依据明显偏低，又无正当理由的。

第二十九条 对于分期开发的房地产项目，各期清算的方式应保持一致。

第三十条 纳税人扣除项目凭证和税务中介机构的工作底稿应按照规定的统一格式制作电子文件，随同清算资料报送主管税务机关。

第三十一条 经主管税务机关清算审核后，需办理退土地增值税的，依照有关规定办理退税手续。

第三十二条 土地增值税清算资料应按照档案化管理的要求，妥善保存。

第三十三条 对纳税人委托税务中介机构出具《鉴证报告》的清算项目，税务机关保留审核权、稽查权。每年税务机关要对受理的《鉴证报告》内容进行抽查，并将此项工作列为常态化管理内容。

第六章 对税务中介机构的管理

第三十四条 税务中介机构从事房地产开发企业土地增值税清算专项鉴证业务时，应对不同用途的房地产开发清算项目所涉及的收入、成本、费用等情况加以区分并说明情况。

第三十五条 税务中介机构对清算项目的总体基本情况、不同用途的面积划分情况、销售收入、成本及费用等情况进行鉴证。应按税务机关规定的《鉴证报告》范本和内容对鉴证情况出具《鉴证报告》，并接受税务机关要求提供清算项目鉴证工作底稿的查验核实工作。

第三十六条 注册税务师和税务师事务所出具虚假涉税文书，但尚未造成委托人未缴或者少缴税款的，由天津市地方税务局予以警告并处一千元以上三万元以下的罚款，并向社会公告。

第三十七条 注册税务师和税务师事务所违反税收法律、行政法规，造成委托人未缴或者少缴税款的，由天津市地方税务局按照《中华人民共和国税收征收管理法实施细则》第九十八条的规定处以罚款；情节严重的，撤销执业备案或者收回执业证，并提请工商行政管理部门吊销税务师事务所的营业执照。

第七章 附　　则

第三十八条 此前规定与本办法不一致的，按本办法执行。原《天津市地方税务局关于印发〈天津市房地产开发企业土地增值税清算管理办法（试行）〉的通知》（津地税地〔2007〕25 号）废止。

第三十九条 本办法自下发之日起执行。

附件一～附件七（略）

天津市财政局　天津市商务委员会　天津市环境保护局关于延长实施汽车以旧换新政策的通知

2010 年 7 月 26 日　津财建二〔2010〕17 号

有关区县财政局、商务主管部门、环保局、报废汽车回收拆解企业：

为加快淘汰老旧汽车、“黄标车”，促进节能减排和资源利用，发展循环经济，根据《财政部　商务部　环境保护部关于延长实施汽车以旧换新政策的通知》（财建〔2010〕304 号），现将有关事项通知如下：

一、汽车以旧换新政策实施期限由 2010 年 5 月 31 日延长至 2010 年 12 月 31 日。

二、汽车以旧换新补贴申请受理期限由 2010 年 6 月 30 日延长至 2011 年 1 月 31 日。

三、汽车以旧换新具体政策、操作办法仍按市政府办公厅《转发市商务委等九部门拟定的天津市汽车以旧换新实施方案的通知》（津政办发〔2009〕140 号）、市财政局　市商务委《关于调整汽车以旧换新补贴标准有关事项的通知》（津财建二〔2010〕4 号）执行。

四、各有关部门要高度重视，加强协调配合，按照有关文件要求进一步作好我市汽车以旧换新政策的宣传落实工作。

天津市财政局　天津市商务委员会关于印发《天津市中小企业国际市场开拓资金管理实施办法》的通知

2010 年 8 月 11 日　津财建二〔2010〕18 号

各区县财政局、商务委：

根据《财政部、商务部关于印发〈中小企业国际市场开拓资金管理办法〉的通知》（财企〔2010〕87 号），我们制定了《天津市中小企业国际市场开拓资金管理实施办法》，现印发给你们，请照此执行。

附件：

天津市中小企业国际市场开拓资金管理实施办法

第一条　为进一步加强中小企业国际市场开拓资金（以下简称“开拓资金”）管理，支持中小企业开拓国际市场，提高资金使用效益，根据财政部、商务部《中小企业国际市场开拓资金管理办法》（财企〔2010〕87 号），制定本实施办法。

第二条　本实施办法所称开拓资金是指中央财政设立的用于支持中小企业开拓国际市场各项业务的专项资金。

第三条　开拓资金由财政部门和商务部门共同管理。

商务部门负责开拓资金的业务管理，提出开拓资金的支持重点、年度预算及资金安排建议，会同财政部门组织项目的申报和评审。

财政部门负责开拓资金的预算管理，审核资金的支持重点和年度预算建议，确定资金安排方案，办理资金拨付，会同商务部门对开拓资金的使用情况进行监督检查。

第四条　开拓资金支持的对象，包括企业项目和企业、事业单位及社会团体（以下简称“项目组织单位”）组织中小企业开拓国际市场的团体项目。

第五条　申请项目资金应符合下列基本条件：

（一）申请企业项目的条件：

1. 在天津市行政辖区内注册，依法取得进出口经营资格或依法办理对外贸易经营者备案登记的企业法人，上年度海关进出口额在4500万美元（含4500万美元）以下；

2. 近三年在外经贸业务管理、财务管理、税收管理、外汇管理、海关管理等方面无违法、违规行为；

3. 具有从事国际市场开拓的专业人员，对开拓国际市场有明确的工作安排和市场开拓计划；

4. 未拖欠应缴还的财政性资金。

（二）申请团体项目的条件：

1. 在天津市行政辖区内注册，依法设立的与外经、外贸、外资行业有密切关联的企业协会、学会等行业社团法人，经市商务主管部门批准的开拓国际市场团体项目组织单位；

2. 具有组织企业赴境外参加或举办经济贸易展览会资格；

3. 通过各级商务主管部门审核具有组织中小企业培训资格；

4. 申请的团体项目应以支持中小企业开拓国际市场和提高中小企业国际竞争力为目的；

5. 未拖欠应缴还的财政性资金。

第六条　参加已批准支持的团体项目的中小企业不得以企业项目名义重复申请同一项目或内容的开拓资金。

第七条　开拓资金支持的内容包括：境外展览会；企业管理体系认证；各类产品认证；境外专利申请；电子商务；境外商标注册；国际市场考察；境外投（议）标；企业培训；境外收购技术和品牌等10类。

第八条　开拓资金优先支持下列活动：

（一）面向拉美、非洲、中东、东欧、东南亚、中亚等新兴国际市场的拓展；

（二）取得质量管理体系认证、环境管理体系认证和产品认证等国际认证；

（三）企业开展电子商务、境外专利申请、境外收购技术与品牌以及服务外包企业开展的国际市场开拓活动。

第九条　符合本实施办法第七条规定且项目支出金额不低于1万元的项目可获得开拓资金支持，支持资金原则上不超过支持内容所需资金总额的50%，面向拉美、非洲、中东、东欧、东南亚、中亚等新兴国际市场的资金支持比例可提高到70%。

（一）境外展览会。对企业参加境外展览会发生的展位费用予以支持，每个标准展位（面积为9平方米）的最高支持金额为1.5万元，对同一企业的支持资金最多不超过3个标准展位。对单个展位面积超过9平方米的非标准展位，按照9平方米标准展位的整数予以计算，不足标准展位整数的部分不予计算。

（二）企业管理体系认证。对企业管理体系认证过程中发生的认证费予以支持，最高支持金额为1.5万元，须在管理体系认证结束，取得相应资质的当年申请支持资金支持。对企业管理体系认证过程中发生的咨询、培训等费用不予支持。

（三）各类产品认证。对产品认证过程中产生的产品检验检测费用予以支持，最高支持金额为1.5万元；对软件生产能力成熟度模型（CMM）认证过程中发生的认证费用予以支持，最高支持金额为7万元。对上述两类认证过程中发生的咨询、培训等费用不予支持。

（四）境外专利申请。境外专利申请是指企业通过巴黎公约或PCT专利合作条约（PATEN COOPERATION TREATY）成员国提出的发明专利申请、实用新型专利申请或外观设计专利申请。对企业在境外申请专利的申请费用予以支持，最高支持金额为5万元。每个境外专利申请项目只支持一种专利申请内容。

（五）电子商务。对企业创建电子商务网站发生的网站设计费、软件开发费予以一次性支持，最高支持金额为0.5万元。企业加入市商务主管部门认定的第三方电子商务平台开拓国际市场的，对其入网费予以一次性支持，最高支持金额为0.5万元。对以前年度发生的入网费曾获得中央或地方财政资金支持的，不再予以支持。

（六）境外商标注册。对企业在境外进行产品商标注册发生的商标注册费用予以支持，每个项目注册费最高支持金额为1.5万元。对在进行产品商标注册过程中发生的咨询服务、续展费等费用不予支持。

（七）国际市场考察。对企业到境外进行市场考察发生的考察人员的交通费和生活补贴费用予以支持。每个考察项目出访国家（地区）不超过3个，出访一个国家（地区）的支持天数不超过6天，出访两个国家（地区）的支持天数不超过10天，出访三个国家（地区）的支持天数不超过12天。每个企业最多支持不超过2人。

团体境外考察项目，参加的企业不得少于10家，且具备享受开拓资金支持资格的企业不得低于70%，每个企业最多不超过2人，生活补贴费用最多支持12天。对团组承办单位的出国工作人员，按具备享受开拓资金支持资格的人员对待，且最多不超过2人。

交通费用是指考察人员所乘飞机经济舱费用，包括不同国家（地区）间的往返费用，不包括中国国内交通费用及临时发生的访问国城市间交通费用。生活补贴按照国家财政规定的访问国补助标准计算。考察所涉国家中既有新兴市场又有非新兴市场的，统一按照不超过补助标准50%的比例予以支持。

（八）境外投（议）标。对境外投（议）标项目支持的内容包括：标书购置费、项目设计费和考察交通费。标书购置费是指从项目发标方直接购买标书所支出的费用；项目设计费是指按照发标方要求委托省级以上专门研究机构进行设计所支出的费用。标书购置费和项目设计费按照不超过总费用70%的比例予以支持，最高支持金额各为2万元。考察交通费，同一项目最多支持两人（次），交通费用系考察人员所乘飞机经济舱费用，包括不同国家（地区）间的往返费用，不包括中国国内交通费用及临时发生的访问国城市间交通费用。

（九）企业培训。企业培训项目是指各级商务主管部门委托项目组织单位，在本市辖区内统一对中小企业进行外经贸政策、开拓国际市场方法等内容的培训，不包括各类研讨会、论坛等。企业培训项目由项目组织单位进行申报，对发生的会务费予以支持，不包括差旅、交通等费用。每次培训活动的参加单位应不少于30家企业且时间在一天以上，最高支持金额为2万元。

（十）境外收购技术和品牌。境外收购技术和品牌是指经国家主管部门批准，企业到境外开展并购等投资业务，收购技术和品牌的业务经营活动。对收购的受让费用予以支持，最高支持金额为10万元。对品牌使用费用不予支持。

第十条 申请开拓资金支持的项目单位，需登陆中文“中小企业国际市场开拓资金”网站（以下简称“网站”）查询登记注册相关事宜，按照有关规定进行注册登记，并向天津市中小企业国际市场开拓资金管理办公室（以下简称“市中小办”）提交相关申报注册资料。经批准获得开拓资金支持资格的项目单位，即可在网上申报列入项目资金计划。经“市中小办”审核批准列入当年度项目资金计划的项目，在“网站”上进行公示。

第十一条 项目执行完毕后，项目单位应在项目完成一个月内通过“网站”提交资金拨付申请，并按照有关要求提供相关材料到“市中小办”办理资金拨付申报手续。资金拨付申请的具体手续可在“网站”查询，也可向“市中小办”或所辖区域商务主管部门进行咨询。企业项目由企业自行申报；团体项目由项目组织单位统一组织申报。

第十二条 开拓资金的拨付按照事后拨付原则办理，即项目完成并经“市中小办”审核通过后，由市财政局直接将资金拨付到项目单位。项目单位对获得的支持资金应当按照有关规定进行财务处理。

第十三条 任何单位和个人不得以任何方式骗取开拓资金，对有违反《财政违法行为处罚处分条例》（国务院令第427号）法律法规规定的，依法予以处理。

第十四条 项目单位申报的书面材料，保存期限不少于三年。超过三年的书面材料由“市中小办”负责销毁，并报市商务委、市财政局备案。

第十五条 本实施办法由市中小企业国际市场开拓资金管理办公室负责具体实施。

第十六条 本实施办法由市财政局会同市商务委负责解释。

第十七条 本实施办法自2010年7月1日起实行。财政部、原外经贸部《关于印发〈中小企业国际市场开拓资金管理（试行）办法〉的通知》（财企〔2000〕467号），原外经贸部、财政部《关于印发〈中小企业国际市场开拓资金管理办法实施细则（暂行）〉的通知》（外经贸计财发〔2001〕270号）同时废止。

天津市财政局　天津市发展和改革委员会天津市教育委员会关于印发《天津市落实中小学校舍安全工程建设免征有关行政事业性收费和政府性基金的操作程序》的通知

2010 年 8 月 25 日　津财综〔2010〕53 号

市各有关委、办、局、各区县财政局、发展改革委、物价局、教育局：

为落实我市中小学校舍安全工程免征有关行政事业性收费和政府性基金工作，按照市财政局、市发展改革委《关于转发〈财政部　国家发展改革委关于免收全国中小学校舍安全工程建设有关收费的通知〉的通知》（津财综〔2010〕46 号）和市财政局《关于转发〈财政部关于免征全国中小学校舍安全工程建设有关政府性基金的通知〉的通知》（津财综〔2010〕37 号）有关规定，现制订《天津市落实中小学校舍安全工程建设免征有关行政事业性收费和政府性基金的操作程序》并印发给你们，请遵照执行。

附件：

天津市落实中小学校舍安全工程建设免征有关行政事业性收费和政府性基金的操作程序

按照市财政局、市发展改革委《关于转发〈财政部　国家发展改革委关于免收全国中小学校舍安全工程建设有关收费的通知〉的通知》（津财综〔2010〕46 号）和市财政局《关于转发〈财政部关于免征全国中小学校舍安全工程建设有关政府性基金的通知〉的通知》（津财综〔2010〕37 号）规定，为保证我市中小学校舍安全工程免征有关行政事业性收费和政府性基金工作顺利实施，制定本操作程序。

一、免征范围：凡列入我市中小学校舍安全工程规划的建设项目。

二、按照中小学校座落的行政区域，到所属区县学校校舍抗震安全排查及加固工作领导小组办公室（以下简称校安办，设在区县教育部门），领取并填写《天津市免征中小学校舍安全工程建设行政事业性收费和政府性基金申报表》（以下简称“申报表”，从市校安办领取或天津教育网下载），由市校安办审核。

三、区县教育部门或中小学携带市校安办审核同意的“申报表”，到执收部门办理免征行政事业性收费和政府性基金手续。

四、执收部门按津财综〔2010〕37号和津财综〔2010〕46号规定，凭“申报表”办理免征行政事业性收费和政府性基金手续，同时，出具相关证明文件。

五、对国家有关部门发文后已经缴纳的行政事业性收费和政府性基金，由缴费单位提出退库申请并附缴费凭证复印件，到同级财政部门办理退库手续。

六、由同级教育部门按季将免征项目和金额汇总报市级教育部门。

七、市财政局、市发展改革委、市教委按照有关规定对免征情况进行监督检查。

八、本操作程序由市财政局、市发展改革委、市教委按各自职责分工负责解释。

天津市财政局　天津市委宣传部关于印发《天津市文化产业发展专项资金管理暂行办法》的通知

2010 年 9 月 10 日　津财教〔2010〕46 号

市级各有关单位、各区（县）财政局、各区（县）委宣传部：

为规范和加强我市文化产业发展专项资金的管理，提高资金的使用效益，市财政局、市委宣传部制定了《天津市文化产业发展专项资金管理暂行办法》，现印发给你们，请遵照执行。

附件：

天津市文化产业发展专项资金管理暂行办法

第一章　总　　则

第一条　为规范文化产业发展专项资金（以下简称“专项资金”）管理，提高资金使用效益，根据《财政部关于印发〈文化产业发展专项资金管理暂行办法〉的通知》精神，制定本办法。

第二条　专项资金由市财政和有关单位共同筹措，专项用于支持文化产业发展。

第三条　专项资金的管理和使用应当符合国家文化产业发展相关政策，坚持“诚实申报、科学管理、公开透明、择优支持”的原则。

第四条　专项资金以支持市级文化产业项目和企业为重点，按照有偿和无偿相结合的原则，专款专用，讲求实效。

第二章　支持范围与方式

第五条　专项资金支持对象是政府鼓励投资且能够引导社会资本进入文化产业领域，明显提升天津文化产业自主创新能力和市场竞争力，具有显著社会效益和经济效益的文化产业项目。

（一）文化产业园区、基地。主要包括经国家或我市批准设立的文化创意产业园区、动漫产业基地、文化产业孵化基地等。

（二）具有自主知识产权、良好市场开发前景和市场竞争力的文化产业项目。

（三）文化体制改革转制企业的重点产业项目。

（四）动漫、数字内容等市场潜力大的新兴文化产业项目。

（五）具有天津地方特色和较强优势的文化资源产业化开发利用项目。

（六）其他文化产业项目。

第六条　专项资金支持方式主要采取项目补助、贷款贴息、奖励、配套资助的方式进行支持。

（一）项目补助。对符合支持条件的文化企业以自有资金为主投资的重点发展项目给予补助，对具有良好市场前景和体现我市特色的文化产业项目，可予以重点支持。

（二）贷款贴息。对符合支持条件的文化企业通过银行贷款实施重点发展项目所实际发生的利息给予补贴，每个项目的贴息年限一般不超过 3 年，年贴息率最高不超过当年国家规定的银行贷款基准利率，补贴额最高不超过实际利息发生额的 80%。

（三）奖励。对获得国家级相关奖项的企业和项目，拥有自主知识产权的文化产品和服务出口，原创动漫影视作品在市级和中央电视台播出的文化企业予以奖励。

（四）配套资助。对获得国家相关资金资助的项目给予配套资助，原则上不超过国家资助金额。

项目补贴和贷款贴息原则上不重复支持同一个项目。对具有良好社会效益和经济效益的重点项目，可视情况分年度给予支持。

第七条　每年市财政局将根据专项资金支持范围和文化产业发展规划，会同市委宣传部确定年度专项资金支持重点、支持条件和标准、资金管理模式及有关要求等。

第三章　申报条件和审批程序

第八条　申请专项资金的项目必须具备下列资格条件：

（一）项目申报单位为在天津市行政区域内依法登记注册、具有独立企业法人资格和健全的财务管理制度、会计信用和纳税信用良好、会计核算规范、产权关系明晰、资产及经营状况良好，从事文化产业开发、生产经营、中介活动的企业。

（二）项目符合国家产业政策、天津市国民经济和社会发展规划、文化发展规划，具有较好的市场潜力和发展前景。

（三）项目建设的外部条件、自有资金和银行贷款已经落实，项目已实施或具备实施条件。

（四）项目建成后，具有自我发展能力，能取得较好的经济效益和社会效益。

第九条　申请专项资金的企业除需报送专项资金申请文件，并提供企业法人营业执照、税务登记证复印件外，还应提供下列资料：

（一）申请项目补助的，需提供项目可行性研究报告，以及相关合同等复印件。

（二）申请贷款贴息的，需提供相关银行贷款合同、贷款承诺书等复印件。

（三）申请奖励的，需提供相关奖励证书；原创动漫影视作品在电视台播出的需提供播出合同复印件。

（四）申请配套资助的，需提供国家资助相关文件复印件。

第十条 企业存在下列情况之一的，不予补助：

（一）申报项目存在重大法律纠纷的。

（二）因违法行为被执法部门处罚未满2年的。

（三）违反本办法规定，正在接受有关部门调查的。

第十一条 专项资金申报程序：

符合申报条件的项目，由项目承担单位按隶属关系报行政主管部门，由行政主管部门对所报材料提出初步审核意见后，于每年1月31日前向市财政局和市委宣传部申报。

第十二条 市财政局会同市委宣传部，组织专项资金评审委员会，负责审核企业申请资格、申请文件及相关材料，重点评审申报项目的可行性、市场前景、风险性、投资概算等，提出评审意见及扶持项目预算安排建议。

第十三条 根据专项资金评审委员会建议，市财政局会同市委宣传部研究确定扶持项目和扶持金额。立项资助项目要按照预算编制要求，将预算报市财政局审核批复，由市财政局按预算级次逐级拨付项目资金。

第十四条 专项资金预算一经批复，应严格执行。因特殊因素确需调整的，应按照本办法规定的程序报市委宣传部、市财政局审批。

第四章　监督检查

第十五条 市财政局会同市委宣传部对专项资金使用情况和项目执行情况进行监督检查。

第十六条 资金使用单位应遵守国家财政、财务规章制度和财经纪律，项目完成后，应及时将报送项目决算报告，自觉接受财政、审计等部门的监督检查。

第十七条 市财政局会同市委宣传部定期对资助项目的执行情况及资金使用情况进行检查，并适时选择重点项目开展绩效评价，检查和评价结果作为以后年度安排资金的重要依据。

第十八条 任何单位和个人不得滞留、截留、挤占、挪用专项资金。对以虚假、冒领等手段骗取专项资金的，一经查实，市财政将收回专项资金，并按照《财政违法行为处罚处分条例》（国务院令第427号）的相关规定进行处理。

第五章　附　　则

第十九条 本办法由市财政局、市委宣传部负责解释。

第二十条 本办法自2010年10月1日起施行，至2015年9月30日废止。

天津市地方税务局普通发票换版公告

2010 年 9 月 21 日　天津市地方税务局公告 2010 年第 1 号

根据《国家税务总局关于印发〈全国普通发票简并票种统一式样工作实施方案〉的通知》(国税发〔2009〕142 号)，天津市地方税务局决定于 2010 年 11 月 1 日开展普通发票换版工作，启用国家税务总局统一式样的通用机打发票和通用定额发票，暂时保留我市 26 种行业发票，取消 46 种行业发票，现将有关事项公告如下：

一、新版通用普通发票适用范围及规格：

《天津市地方税务局通用机打发票》适用于除建筑业、公路内河运输业、销售不动产以外其他应税行为，发票规格分为 241mm × 177. 8mm 和 210mm × 139. 7mm。

《天津市地方税务局通用定额（有奖）发票》适用于饮食业，发票规格 213mm × 77mm，发票面额按人民币等值划分为壹元、伍元、拾元、伍拾元、壹佰元，共 5 种面额。

《天津市地方税务局通用定额发票》按适用行业划分为两大类，一类适用于邮电通信业和文化体育业，另一类适用于服务业、娱乐业和金融保险业，发票规格均为 175mm × 77mm，发票面额按人民币等值划分为壹角、伍角、壹元、贰元、伍元、拾元、贰拾元、伍拾元、壹佰元，共 9 种面额。

二、保留的普通发票：

根据国家税务总局有关要求和我市特定行业管理的需要，以下票种暂时予以保留，包括：《公路内河货物运输业统一发票》、《建筑业统一发票》、《销售不动产统一发票》、《出售公有住房发票》、《个人销售房屋专用发票》、《天津市服务行业专用发票》（千元版和百元版）、《天津市医疗收费发票》、《天津市路、桥、船、渡发票》、《客运出租发票》。公园、景区、文化体育门票等继续纳入冠名发票管理予以保留。

三、新旧版普通发票过渡：

2010 年 11 月 1 日至 2010 年 12 月 31 日为普通发票换版过渡阶段，新旧版普通发票可同时使用；2011 年 1 月 1 日起，除保留的普通发票外，旧版发票一律停止使用。请广大纳税人在满足使用的前提下合理计划发票领购，避免因换版造成损失和浪费。

2011 年 1 月 1 日起至 2011 年 3 月 31 日止，纳税人应对已领购未使用旧版普通发票到主管地税局办理缴销手续。

四、新版普通发票防伪措施：

（一）通用机打发票全联次、通用定额发票发票联增设了一维条码，用票单位和个人可登录天津财政地税政务网或拨打12366纳税服务热线，输入条码下端的24位数字查询发票真伪。

（二）发票联均印有灰色防伪图标，通过发票解锁片变换角度后可看到“津”、“税”字样。

（三）发票联采用防伪水印纸印制，透过阳光可看到“SW”字母。

五、注意事项：

按照国家税务总局“简并发票种类，强化机打票使用，压缩手工发票，合理使用定额发票，解决信息采集”的要求，结合我市特点，启用新版普通发票后将以机打发票为主，小面额手工发票和定额发票为辅，取消大面额手工发票，逐步淘汰小面额手工发票。使用通用机打发票的纳税人应自备计算机及针式打印机，请提前做好相关准备工作。开票软件由市地税局统一开发，纳税人可登录天津财政地税政务网免费下载使用。纳税人使用开票软件需到主管地税局下载相关核定信息，发票开具后应按月申报上传开票数据。

六、新版发票式样、取消票种名称等其它未尽事宜，请登录天津财政地税政务网（http：//www.tjcs.gov.cn）具体了解，也可拨打12366纳税服务热线或向主管地税局咨询。

特此公告。

天津市财政局关于印发《天津市2011年政府集中采购目录和采购限额标准》的通知

2010年9月25日　津财采〔2010〕24号

各区县人民政府，各市级预算单位，各采购代理机构：

经市人民政府同意，现将《天津市2011年政府集中采购目录和采购限额标准》印发给你们，请遵照执行。

附件：

天津市2011年政府集中采购目录和采购限额标准

一、政府集中采购目录

（一）货物类

1. 办公自动化设备（协议供货）：计算机（包括日常办公和教学用台式计算机、便携式计算机）、显示器、打印机（包括喷墨打印机、激光打印机、针式打印机、票据打印机）、传真机、复印机、多功能一体机、投影设备（包括投影仪、投影幕、电子白板）、扫描仪。

2. 电器设备（协议供货）：空调（包括分体壁挂式空调、分体柜式空调、机房空调）、电视机、电冰箱、冰柜、微波炉、饮水机、电热水器、照相摄像器材。

3. 办公消耗用品（定点采购）：复印纸、打印纸、硒鼓、墨盒、墨粉。

4. 网络设备（协议供货）：服务器、路由器、交换机、磁盘阵列、防火墙、KVM设备、UPS。

5. 正版软件（协议供货）：操作系统软件、防病毒软件、数据库软件。

6. 家具（定点采购）。

7. 电梯。

8. 锅炉。

9. 中央空调。

10. 中小学免费教科书。

11. 交通工具：轿车、越野车、中型客车、大客车、公共汽车。

12. 专用车：警车、囚车、救护车、消防专用车、洒水车、清扫（洗）车、垃圾车。

13. 公务制服。

14. 专用设备：监控设备、炊事设备、医疗设备（其中部分通用医疗设备实行协议供货）、警用设备和用品、消防设备（其中灭火器实行协议供货）、广播电视影像设备、教学设备、实验室设备、防雷设备。

15. 专用物资：救灾物资、防汛物资、抗旱物资、农用物资、燃煤。

16. 节水产品（定点采购）：便器、水嘴。

17. 节能照明产品（定点采购）：双端荧光灯、自镇流荧光灯、高压钠灯、单端荧光灯、高压钠灯镇流器、管型荧光灯镇流器、LED 灯。

18. 环保建材产品（定点采购）：水性涂料及腻子膏、溶剂型木器涂料、人造木制板材。

19. 经国家或我市有关部门认证，并经财政部门会同有关部门颁布的其他自主创新、节能环保产品。

（二）工程类

小规模室内装修（定点采购）。

（三）服务类

1. 印刷（定点采购）。

2. 车辆保险（定点采购）。

3. 车辆维修（定点采购）。

4. 机票代理（定点采购）。

5. 出差和会议（定点采购）。

6. 物业服务。

7. 软件开发。

8. 系统集成、网络工程服务。

二、政府采购限额标准

采购金额在 10 万元以上的货物、工程和服务。

三、政府采购公开招标数额标准

采购金额 100 万元以上的货物；采购金额 50 万元以上的服务；工程公开招标数额标准依据建设行政主管部门管理规定执行。

四、有关要求

（一）市级预算单位 2011 年度协议供货和定点采购管理的具体事项，由市财政局另行发文规定。区县级预算单位应当共享市级协议供货和定点采购结果，但是如市级协议供货和定点采购结果不能满足区县特别要求的，经报市财政部门同意，也可由区县财政部门另行组织实施。车辆维修项目在市级预算单位中试行定点采购。

（二）政府集中采购目录内协议供货和定点采购项目，无论采购金额大小，采购人均应当委托集中采购代理机构实施采购。政府集中采购目录内除协议供货和定点采购项目，采购金额在 5 万元以上的，采购人应当委托集中采购机构实施采购；采购金额在 5 万元以下的，采购人可以自行采购。政府集中采购目录以外采购限额标准以上的项目，采购人应当委托集中采购机构或者经省级以上人民政府财政部门认定政府采购代理资格的机构实施采购。

（三）对按上述规定应当委托采购代理机构实施的采购项目，采购人因特殊原因需要自行采购的，应当在采购活动开始前获得同级财政部门批准。

（四）采购人采购政府集中采购目录内或者采购限额标准以上的项目，凡达到公开招标数额标准的，应当采用公开招标方式实施政府采购。因特殊情况需要采用公开招标以外采购方式的，采购人应当在采购活动开始前获得同级财政部门的批准。

（五）政府集中采购目录以外的政府采购工程项目，采购人应当委托具有政府采购资格的机构代理采购，其招标投标活动适用招标投标法。

（六）市教委系统部门集中采购依照市财政局《关于市教委教学仪器设备供应中心开展部门集中采购代理工作有关问题的通知》（津财采〔2007〕14 号）规定执行。

（七）政府采购项目中对进口机电产品进行招标投标的，按照国家有关规定执行，并按规定办理进口产品审核事宜。

（八）各区县可以根据实际情况适当下调政府采购限额标准和公开招标数额标准，报市财政部门备案并予以公布。

五、有关说明

（一）以上目录和标准如因政策原因需要调整的，市人民政府授权市财政局执行。

（二）上述数额标准中“以上”均包括所列数额，且为预算金额。

天津市财政局关于印发《天津市停车设施专项引导资金管理办法》的通知

2010 年 10 月 19 日　津财综〔2010〕69 号

各有关单位：

为改善我市交通环境，尽快解决“停车难”问题，推进停车设施市场化经营，根据《天津市机动车停车场管理办法》（津政令第 25 号）和《关于推进我市停车设施规范有序发展的意见》（津政办发〔2010〕66 号），我局制定了《天津市停车设施专项引导资金管理办法》，现印发给你们，请遵照执行。

附件：

天津市停车设施专项引导资金管理办法

第一章　总　　则

第一条　为改善我市交通环境，尽快解决“停车难”问题，推进停车设施市场化经营，根据《天津市机动车停车场管理办法》（津政令第 25 号）和《关于推进我市停车设施规范有序发展的意见》（津政办发〔2010〕66 号），制定本办法。

第二条　本办法适用于我市停车设施专项引导资金（以下简称“专项引导资金”）的征收、缴库、预算、支出、票据管理和监督检查。

第三条　专项引导资金指经市政府批准设立，用于促进停车设施规范有序发展的专项资金，包括停车场易地建设费、停车设施特许经营权拍卖收入等。

第四条　专项引导资金统筹用于我市停车设施建设、增建停车泊位补助和停车管理设施投入等方面。

第五条　专项引导资金属于政府非税收入，全额纳入财政预算，实行“收支两条线”管理，使用市财政局监制的政府非税收入票据，其征收和使用管理应当接受财政部门监督。

第二章 征收管理

第六条 停车场易地建设费是指，对改建、扩建的公共建筑、商业街区、居住区、大（中）型建筑等，确因场地等条件所限，难以配建、增建机动车停车场、停车泊位的，经规划行政管理部门同意，建设单位根据所缺停车泊位的数量情况缴纳的费用。

停车设施特许经营权拍卖收入是指，对道路停车泊位、政府投资建设的公共停车场、临时停车场，通过经营权招标或者拍卖所取得的收入。

第七条 停车场易地建设费属于行政事业性收费，由市建设交通委负责收取，收入全额上缴市财政，纳入专项引导资金。停车场易地建设费收费标准由市发展改革委（市物价局）会同市财政局和市国土房管局制定。

停车设施特许经营权招标或拍卖收入由市公安局收取，扣除拍卖前期组织实施费用和拍卖佣金后，收入全额上缴市财政，纳入专项引导资金。拍卖前期组织实施费用由市财政局根据市政府批准的具体实施方案核定。

第八条 各执收部门应按政府非税收入管理规定，及时足额将收取的专项引导资金缴入国库，不得隐瞒、截留、挤占、坐支和挪用。

第三章 资金使用

第九条 专项引导资金的使用范围：

（一）公共停车设施建设及日常维护、修缮；

（二）增建停车泊位补助；

（三）停车管理设施投入；

（四）经市财政局审核同意的其他费用。

第十条 停车设施主管部门履行职能所必需的经费，由财政部门通过部门预算予以核拨，不得从专项引导资金中列支。

第十一条 专项引导资金的使用程序：

（一）对专项引导资金投资建设停车设施的，由停车设施建设主管部门根据停车设施需求情况提出年度建设计划，报市财政局审批。市财政局根据建设项目资金需求和专项资金规模批复年度建设计划。停车设施建设主管部门按规定履行停车设施建设项目立项审批手续，通过招标等方式确定项目单位，负责项目的建设实施。

（二）对专项引导资金补贴增建停车泊位的，由停车设施主管部门核定情况后，提出资金使用预算，经市财政局批复后拨付，资金补贴主要用于路外停车场（楼、库）建设，对占路停车场原则上不予补助。

第十二条 财政部门按照市政府确定的停车设施建设规划，在年度预算中统筹安排使用，并逐步完善专项引导资金年度预决算管理体制。

第四章 绩效评价和监督检查

第十三条 建立专项引导资金绩效评价制度。市机动车停车管理机构应定期组织对专项引导资金预算执行情况、财务管理状况、经济社会效益和投资补助情况等进行全面评估，并将绩效评价结果及时报告市政府。

第十四条 市机动车停车管理机构应根据项目绩效评价结果，调整和优化专项引导资金的使用方向和结构，合理配置资源，提高资金使用效益。对绩效评价中发现的问题，要及时提出整改措施。绩效评价结果要作为以后年度专项引导资金立项审批和预算安排的重要参考依据。

第十五条 建立专项引导资金监督检查制度。市财政局依法加强对专项引导资金分配使用情况的监督检查，对专项引导资金进行适时跟踪检查。

第十六条 对于监督检查过程中发现的违规行为和问题，市财政局有权提出撤销或终止项目建议，经市机动车停车管理领导小组审定后，可采取相应的处理措施，并追究有关单位和人员责任。对隐瞒、截留、挤占、坐支和挪用专项引导资金的，按照《财政违法行为处罚处分条例》（国务院令第427号）有关规定进行处理。

第五章 附 则

第十七条 各区县可参照制定相应的管理办法。

第十八条 本办法由市财政局负责解释。

第十九条 本办法自2010年11月1日起执行，至2015年10月31日废止。

天津市财政局　天津市科学技术委员会 天津市科学技术协会关于印发《天津市科普专项资金管理办法（暂行）》的通知

2010 年 11 月 4 日　津财教〔2010〕52 号

市级各有关单位、各区（县）财政局、各区（县）科委、各区（县）科协：

为规范和加强我市科普专项资金的管理，提高资金的使用效益，市财政局、市科委、市科协制定了《天津市科普专项资金管理办法（暂行）》，现印发给你们，请遵照执行。

附件：

天津市科普专项资金管理办法（暂行）

第一章　总　　则

第一条　为了规范和加强天津市科普专项资金的使用和管理，提高科普专项资金使用效益，促进我市科普事业发展，根据《中华人民共和国科学技术普及法》、《天津市科学技术普及条例》以及有关财政科技资金管理规定，结合我市科普工作的实际情况，制定本办法。

第二条　科普专项资金（以下简称：专项资金）是指我市每年财政预算安排的，用于全市开展科普工作的专项经费。

第二章　使用原则和范围

第三条　专项资金使用原则：

（一）科学配置原则。专项资金在安排上，要根据我市科普工作年度目标和任务，统筹考虑，科学配置，合理安排，防止专项资金分散使用和重复安排。

（二）择优支持原则。专项资金使用体现择优支持原则，申请资助的科普活动和科普项目要经过评审或评估，对方案科学可行、目标明确、绩效明显的科普活动和科普项目，予以择优支持。

（三）集中使用原则。专项资金使用，要突出重点。对涉及面广、效率高、示范作用大的科普活动和科普项目，集中财力，给予重点支持。

（四）专款专用原则。专项资金必须按规定的用途专款专用，不得挪作它用。科普活动和科普项目的承担单位，应当将专项资金纳入单位财务统一管理，单独核算，确保专款专用。

第四条 专项资金使用范围：

（一）科普活动。主要指：

1. 科普交流与宣传。包括与科普工作密切相关的学术交流与合作、科技周、科普日、社区主题科普月、科普展览、科普讲座、报告会、科普出版物和大众媒体宣传等。

2. 科普教育。指为提高公民的科学文化素质而进行的科普教育活动，主要包括对青少年、农民、城镇劳动人口、居民和国家机关公务人员科技素质培养、创新能力培养、科学决策能力和科学管理能力的提高等科普教育活动和科技竞赛活动。

3. 科普表彰奖励。

4. 科普服务。包括与科普工作直接相关的专家咨询及评审工作等。

5. 其他与科普事业有关的活动。包括市级或国家级科普培训、青少年科技活动、“科技下乡”和科技扶贫以及上级领导部门交办的专项科普活动等。

（二）科普项目。主要指：

1. 科普展教具研发项目。

2. 科普原创作品创作项目。

3. 科普基础设施建设项目，包括科普教育基地、科普示范基地、科普传播平台、基层科普设施等建设与能力提升项目。

4. 科普研究项目。包括科普政策法规制定和贯彻落实方案的研究、科普理论研究、公民科学素养调查分析、科普工作统计评价等。

5. 解决我市科普工作中重大瓶颈问题的能力建设和示范工程项目等。

第三章 开支范围和支持方式

第五条 专项资金的开支范围主要是科普活动、科普项目发生的费用以及组织管理费用。

（一）科普活动、科普项目费用是指开展科普活动和进行科普项目研发（建设）过程中发生的直接费用。包括人员费、设备费、能源材料费、试验外协费、租赁费、信息费、奖励费、管理费以及其他费用等。

1. 人员费：指直接参加科普项目研发活动的研究人员的工资性费用。列入的人员要与科普项目合同中确定的参加人员一致。科普项目组成员所在单位有事业费拨款的，由所在单位按照国家规定的标准从事业费中及时足额支付给科普项目组成员，并按规定在科普项目资金预算的相关科目中列示，不得在专项资金中重复列支。国家另有规定的，按照有关规定执行。

专项资金不得用于支付承担科普工作单位内部个人奖励或福利。

2. 设备费：指开展科普工作所需设备及专用仪器、展品、模型、标本的购置费用（包括展板、展品、科普模型等的制作费用)，以及为此发生的运输、安装、制作等费用。其中由国外引进的展品、仪器、设备的购置费，包括海关关税和运输保险费。

3. 能源材料费：指开展科普工作所需水、电、燃料、原材料、辅助材料、低值易耗品、零配件以及宣传品的购置费用。

4. 试验外协费：指承担科普工作的单位为完成工作任务所需委托外单位进行试验、加工、测试以及其他协作发生的的费用。发生试验外协费超过资金预算的 20% 或单项外协费超过 1 万元（含 1 万元）时，须与协作单位签订相关的协议书。

5. 租赁费：指为开展科普工作租赁场地、设备、展品、模型、标本、影视片、车辆的费用。

6. 信息费：指开展科普工作所发生的书刊、资料、计算机软件、科普资料（胶片、音像带、光盘等）购置，复制及印刷的费用。

7. 奖励费：指进行科普竞赛、表彰等活动而发放给单位和个人的奖金、奖杯、奖牌、奖品及为鼓励社会参与而发生的纪念品的费用。

8. 其他费用：除上述费用外，开展科普工作而发生的其他支出。

（二）组织管理费用是指专项资金的业务主管部门为组织管理科普活动和科普项目而发生的费用，包括评审费、专家咨询费、科普活动和项目跟踪检查费等。组织管理费按照专项资金总额的一定比例核定。评审费、专家咨询费不得支付给参与科普工作及管理的相关工作人员。

第六条 专项资金的支持方式。对科普活动采取无偿补贴方式；对科普项目采取无偿资助方式。

第四章 预 算 管 理

第七条 市财政局负责核批专项资金年度预算；会同科普工作组织管理部门（指市科委、科协，下同）制定专项资金年度使用计划，监督检查专项资金管理和使用情况。

第八条 科普工作组织管理部门，负责提出本部门专项资金年度预算建议，并负责编制专项资金年度部门预算和决算；负责科普活动和科普项目经费申报和评审；商市财政局安排本部门科普活动和科普项目经费预算；会同市财政局监督检查专项资金管理和使用情况。

第九条 科普工作承担单位，负责编制科普活动和科普项目实施方案及经费预算；负责落实匹配资金和配套条件；负责本单位专项资金财务管理和会计核算；负责编制专项资金决算；接受上级部门监督检查、专项审计及绩效考核。

第十条 科普工作组织管理部门于每年 2 月底以前，根据批复后的部门预算，商市财政局提出科普工作年度安排计划。

第十一条 科普活动，由科普工作组织管理部门根据科普工作年度安排计划，按照有关程序确定资助事项，安排预算，开展工作。

第十二条 科普项目，实行专家评审制度。根据有关程序，由科普工作组织管理部门发布通知，征集项目，并依据有关单位填报的《天津市科普项目建议书》组织专家进行遴选。通过遴选的项目正式填报《天津市科普专项资金项目申报书》，交由科普工作组织管理部门组织中介机构进行专家评审。

第十三条 《天津市科普专项资金项目申报书》应包含项目总预算及项目支出明细预算。

（一）项目申报单位的预算编制，应坚持目标相关性、政策相符性和经济合理性的原则。

（二）预算来源除申请专项资金外，有自筹经费来源的，应当提供出资证明及其他相关财务资料。支出预算应当按照经费开支范围确定的支出科目和不同经费来源编列，同一支出科目一般不得同时列支专项资金和自筹经费。支出预算应当对各项支出的主要用途和测算依据等进行详细说明。

（三）由多个单位共同承担一项工作的，应当同时编列各单位承担的主要任务、经费预算等。

（四）预算应当由承担单位负责人协助承担单位财务部门共同编制。

第十四条 科普工作组织管理部门根据论证结果，按有关程序确定资助项目。同时，将资助项目经费预算报市财政局，并办理相关资金拨款事宜。

第十五条 科普活动和科普项目承担单位根据预算批复，与科普工作组织管理部门签订科普资金使用预算书。专项资金使用预算书是预算执行、监督检查和财务验收的重要依据。

第十六条 科普活动和科普项目承担单位应当加强对科普经费的监督和管理，制定内部管理办法，建立健全内部控制制度，严格按照本办法的规定办理支出，对专项资金进行单独核算，严禁用专项资金支付各种罚款、捐款、赞助、投资等，严禁以任何方式变相谋取私利，保证专款专用。

第十七条 专项资金预算执行过程中实行重大事项报告制度。在工作实施过程中出现计划任务调整、负责人变更等影响资金预算执行的重大事项，承担单位及负责人应当及时按程序报科普工作组织管理部门批准。

第十八条 科普活动和科普项目承担单位应当按照规定，编制专项资金使用年度财务决算报告。科普工作和科普项目的决算报告由承担单位财务部门会同承担单位负责人编制，按程序经审核、汇总后，报送科普工作组织管理部门。

第五章　监督检查和绩效考核

第十九条 专项资金的使用和管理接受财政、审计部门的检查和社会监督。

第二十条 科普工作组织管理部门于每年 11 月底以前将本部门本年度科普经费预算执行情况总结及下年度科普工作思路和科普经费需求报市财政局。

第二十一条 科普活动完成后，承担单位应提交工作总结及资金决算报告；科普项目完成后，承担单位应按要求向科普工作组织管理部门提出项目验收申请，填写验收报告，同时提交研究报告、工作报告以及科普展品、作品、产品实物展示等相关附件材料。科普工作组织管理部门负责组织项目验收。

第二十二条 对违反本办法使用和管理科普专项资金的行为，将依照《财政违法行为处罚处分条例》（国务院令第 427 号）等规定对有关单位和责任人员进行处罚。

第二十三条 市财政局会同科普工作组织管理部门对科普经费进行绩效考核。

第六章　附　　则

第二十四条 本办法由市财政局、市科委、市科协负责解释。

第二十五条 本办法自 2011 年 1 月 1 日起施行，至 2015 年 12 月 31 日废止。

天津市地方税务局关于印发《天津市地方税务局涉税举报须知》的通知

2010 年 11 月 29 日　津地税稽〔2010〕16 号

地税系统各单位：

为进一步做好对涉税举报人的服务工作，使其明确在涉税举报工作中享有的权利、义务及有关规定，结合《税务稽查工作规程》及《税务违法案件举报管理办法》，市局对原《天津市地方税务局涉税举报须知》（以下简称《举报须知》）进行了重新修订。现印发给你们，自 2010 年 12 月正式对外使用，原《举报须知》同时废止。

《举报须知》是税务机关做好纳税服务的一项措施，是税务机关政务公开的一项主要内容。希望各单位结合实际，在受理涉税举报时，主动向举报人出示《举报须知》，并采取多种形式做好宣传工作。

附件：

天津市地方税务局涉税举报须知

一、天津市地方税务局依法受理地税部门管辖业务范围内的各类税收违法行为举报，包括偷税、逃避追缴欠税、骗税、抗税和虚开、伪造、非法取得发票，以及其他税收违法行为。涉及国税部门管辖的业务问题，应向天津市国家税务局进行举报。

二、涉税举报方式可采用电话、直接上门、信函、电子邮箱等方式。举报人可自愿采取实名或匿名举报。

三、举报人应正确行使权利，实事求是，对举报涉税问题的真实性负责。举报中涉及税务机关受理范围以外的事项，应向有处理权的单位反映。

四、为使税务机关有针对性开展检查，举报人在举报时，应尽量提供被举报人的准确名称、详细地址、违法行为发生的时间、地点、方式、方法、手段等有关线索或证据。

五、举报人应遵守举报管理规定，不得影响税务机关工作秩序，不得损害接待场所的公私财物，不得纠缠、侮辱、殴打、威胁接待人员。

六、联名举报案件，应确定2名举报人代表与税务机关办理举报事宜。

七、举报后，举报人如有新的证据或线索，可继续向税务机关提供。举报人对案件查处结果不满意的，可向税务机关提出意见，发现税务人员有违法违纪行为的，可向纪检监察部门反映。

八、举报案件通常自受理之日起60日内查结，案情复杂的，查办时限可适当延长。

九、案件查结后，符合规定条件的实名举报人可按照《检举纳税人税收违法行为奖励暂行办法》的规定，在一个月内提出奖励申请。

十、天津市地方税务局涉税举报受理部门：

单　　位	电话	地　　址	邮编
天津市地方税务局纳税服务局	12366	和平区拉萨道6号	300300
天津市地方税务局税务稽查处	23116743	和平区曲阜道4号	300042
天津市和平区地方税务局稽查局	23045821	和平区新兴路52号	300070
天津市河东区地方税务局稽查局	24146224－0461	河东区七纬路99号	300171
天津市河西区地方税务局稽查局	23246007	河西区广东路65号	300203
天津市南开区地方税务局稽查局	27025000－0305	南开区白堤路96号	300193
天津市河北区地方税务局稽查局	24460159	河北区自由道68号	300010
天津市红桥区地方税务局稽查局	87728289	红桥区芥园道8号	300121
天津市东丽区地方税务局稽查局	58186025	东丽区跃进路73号	300330
天津市西青区地方税务局稽查局	27923116	西青区杨柳青镇柳口路43号	300380
天津市津南区地方税务局稽查局	25811654	咸水沽镇南环路31号	300350
天津市北辰区地方税务局稽查局	58833567－9612	北辰区北辰大厦1号楼	300400
天津市塘沽区地方税务局稽查局	25861533	塘沽区大连道1698号	300450
天津市汉沽区地方税务局稽查局	25668265	汉沽区铁狮坨街2号	300480
天津市大港区地方税务局稽查局	63211445	大港区振兴路6号	300270
天津市武清区地方税务局稽查局	82120045	武清开发区禄源道7号	301700
天津市宝坻区地方税务局稽查局	29262247	宝坻区建设路130号	301800
天津市蓟县地方税务局稽查局	29135573	蓟县中昌北路西七园西侧	301900
天津市宁河县地方税务局稽查局	69119023	宁河县芦台镇光明路68号	301500
天津市静海县地方税务局稽查局	28947024	静海县迎宾大道99号	301600
天津经济技术开发区地方税务局稽查局	25201095	经济技术开发区宏达街19号	300457
天津市保税区地方税务局稽查局	84906574	东丽区空港加工区西三道166号	300380
天津滨海高新技术产业开发区地方税务局稽查局	83716309－704	华苑产业区梅苑路6号	300384
天津市地方税务局直属局稽查局	23277928	河西区绍兴道127号景隆大厦	300204
天津市地方税务局第一稽查局	27114696－207	和平区吉林路38号余2号	300041
天津市地方税务局第二稽查局	23398240	和平区河北路310号	300050

天津市地方税务局关于加强建筑安装企业所得税征收管理有关问题的公告

2010 年 11 月 29 日　天津市地方税务局公告 2010 年第 2 号

为加强我市建筑安装企业所得税征收管理，堵塞征管漏洞，现就建筑安装企业有关企业所得税征管问题公告如下：

对从 2008 年起连续经营、领购发票或在地税部门代开发票并连续 3 年亏损（或微利）的建筑安装企业，凡不符合查账征收条件的纳税人，应严格按照《国家税务总局关于印发〈企业所得税核定征收办法〉（试行）的通知》（国税发〔2008〕30 号）的规定，自 2011 年 1 月 1 日起一律按照应税所得率办法核定征收企业所得税，应税所得率暂定为 8%。

天津市财政局　天津市教育委员会关于印发《天津市普通高中国家助学金管理办法（暂行）》的通知

2010 年 12 月 10 日　津财教〔2010〕55 号

各区（县）财政局、教育局：

为贯彻落实《国家中长期教育改革和发展规划纲要（2010—2020）》（中发〔2010〕12 号）精神，完善国家资助政策体系，加快普及高中阶段教育，切实解决普通高中家庭经济困难学生的就学问题，根据财政部、教育部《关于建立普通高中家庭经济困难学生国家资助制度的意见》（财教〔2010〕356 号）和《关于印发普通高中国家助学金管理暂行办法的通知》（财教〔2010〕461 号），结合我市具体情况，制定本办法。现印发给你们，请遵照执行。

附件：

天津市普通高中国家助学金管理办法（暂行）

第一章　总　　则

第一条　为贯彻落实《国家中长期教育改革和发展规划纲要（2010—2020）》（中发〔2010〕12 号）精神，完善国家资助政策体系，加快普及高中阶段教育，切实解决普通高中家庭经济困难学生的就学问题，根据财政部、教育部《关于建立普通高中家庭经济困难学生国家资助制度的意见》（财教〔2010〕356 号）和《关于印发普通高中国家助学金管理暂行办法的通知》（财教〔2010〕461 号），制定本办法。

第二条　从 2010 年秋季学期起，建立普通高中国家助学金制度。

第三条　本办法适用于根据国家有关规定批准设立、实施普通高中学历教育的全日制普通高中学校和完全中学的高中部。

第四条　普通高中国家助学金的资助对象为具有正式注册学籍的普通高中在校生中的家

庭经济困难学生。

第五条　普通高中国家助学金资助面占全市普通高中在校生总数的10%。各区县可结合实际，在确定资助面时适当向农村地区、贫困地区和民族地区倾斜。

第六条　国家助学金由市和区县财政共同出资设立。市属学校由市财政全部负担；区县属学校由市财政和区县财政共同负担，市财政对财力困难区县给予50%的专项转移支付补助。

第二章　资助标准和申请条件

第七条　普通高中国家助学金用于资助家庭经济困难学生的学习和生活费用开支，资助标准分为三等，一等国家助学金每生每年2000元，资助面占资助总人数的1/3；二等国家助学金每生每年1500元，资助面占资助总人数的1/3；三等国家助学金每生每年1000元，资助面占资助总人数的1/3。

第八条　国家助学金的基本申请条件：

1. 热爱祖国，拥护中国共产党的领导；
2. 遵守宪法和法律，遵守学校规章制度；
3. 诚实守信，道德品质优良；
4. 勤奋学习，积极上进；
5. 家庭经济困难，生活俭朴。

第三章　名额分配与资金安排

第九条　每年6月底，市财政局、市教委、天津市学生资助管理中心将我市普通高中国家助学金分配计划，下达到各区县财政局、教育局。

第十条　每年9月初，各区县财政局、教育局根据本办法第四条、第五条和第六条的规定，确定本区县各普通高中国家助学金的分配方案。

第十一条　各区县财政局、教育局负责统筹安排国家助学金发放所需资金，确保及时发放到受助学生手中。

第四章　申请与评审

第十二条　国家助学金按学年申请和评审，按学期发放。

第十三条　国家助学金的评定工作坚持公开、公平、公正的原则。

第十四条　每年9月30日前，学生根据本办法规定的国家助学金的基本申请条件及其他有关规定，向学校提出申请，并递交《天津市普通高中国家助学金申请表》（附表1）及相关材料。

第十五条　各普通高中要根据本办法制定具体的实施细则，结合家庭经济困难学生等级认定情况，受理学生申请，组织由学校领导、班主任和学生代表组成的评审小组进行认真评审，并将评审结果在学校内进行不少于5个工作日的公示。公示无异议后，即可发放国家助学金。每年10月底前，各普通高中将本学校当年国家助学金政策的落实情况、《天津市普通高中国家助学金受助学生汇总表》（附表2）和《天津市普通高中国家助学金统计表（学校填报）》（附表3），报区县教育局学生资助管理机构。11月15日前，各区县将本区县普通高中当年国家助学金政策的落实情况及《天津市普通高中国家助学金统计表（区县填报）》（附表4）报天津市学生资助管理中心备案。

第十六条　各普通高中要把资助家庭经济困难学生作为一项重要的工作任务，实行校长负责制，指定专门机构，确定专职人员，具体负责此项工作。

各普通高中要建立专门档案，将学生申请表、受理结果、资金发放等有关凭证和工作情况分年度建档备查。

第五章　助学金发放、管理与监督

第十七条　各普通高中要为每位受助学生分别办理银行储蓄卡，直接将国家助学金按学期发放到受助学生手中，一律不得以实物或服务等形式，抵顶或扣减国家助学金。为学生办理银行储蓄卡，不得向学生收取卡费或押金等费用，也不得从学生享受的国家助学金中抵扣。

第十八条　各区县教育局和普通高中要加强学生学籍管理，统筹利用现有中小学电子学籍信息系统，建立完善普通高中学生电子学籍及学生资助信息系统，确保资助信息真实、可靠。

第十九条　各区县财政局、教育局和普通高中要切实加强国家助学金的管理，严格执行国家财经法规和相关管理办法的规定，对国家助学金实行分账核算，专款专用，不得截留、挤占、挪用，同时应接受财政、教育、审计、纪检监察等部门的检查和监督。对于挤占挪用资金、弄虚作假套取资金等行为，将按照《财政违法行为处罚处分条例》（国务院令427号）有关规定严肃处理。

第六章　附　　则

第二十条　各普通高中要从事业收入中足额提取3%—5%的经费，用于减免学费、设立校内奖助学金和特殊困难补助等支出。

第二十一条　民办普通高中学校按照国家和我市有关规定规范办学、举办者按照本办法第二十条规定资助家庭经济困难学生的，其招收的符合本办法规定申请条件的普通高中学生，也可以申请国家助学金，具体办法由各区县制定。

第二十二条　各区县财政局、教育局要进一步落实、完善鼓励捐资助学的相关优惠政策措施，积极引导和鼓励企业、社会团体及个人等面向普通高中设立奖学金、助学金。

第二十三条　各区县财政局、教育局应依据本办法，结合本地区实际，制定实施细则，并报市财政局、市教委备案。

第二十四条　本办法由市财政局、市教委负责解释。

第二十五条　本办法自发布之日起施行。

天津市财政局　天津市发展和改革委员会
天津市教育委员会　天津市人力资源和社会保障局
关于印发《天津市中等职业学校家庭经济困难
学生和涉农专业学生免学费工作
实施办法（试行）》的通知

2010 年 12 月 10 日　津财教〔2010〕56 号

各区（县）财政局、发展和改革委员会、教育局、人力资源和社会保障局，各办学主管部门：

为贯彻落实《国家中长期教育改革和发规划纲要（2010—2020 年）》精神，大力发展职业教育，逐步实施中等职业教育免费政策，进一步增强中等职业教育吸引力，促进教育公平，落实科教兴国和人才强国战略，全面提高国民素质，根据财政部、国家发展改革委、教育部、人力资源和社会保障部《关于中等职业学校农村家庭经济困难学生和涉农专业学生免学费工作的意见》（财教〔2009〕442 号）和《关于扩大中等职业学校免学费政策覆盖范围的通知》（财教〔2010〕345 号），结合我市具体情况，制定本办法。现印发给你们，请遵照执行。

附件：

天津市中等职业学校家庭经济困难学生和涉农专业学生免学费工作实施办法（试行）

第一章　总　　则

第一条　为大力发展职业教育，逐步实施中等职业教育免费政策，进一步增强中等职业教育吸引力，根据财政部、国家发展改革委、教育部、人力资源和社会保障部《关于中等职业学校农村家庭经济困难学生和涉农专业学生免学费工作的意见》（财教〔2009〕442号）和《关于扩大中等职业学校免学费政策覆盖范围的通知》（财教〔2010〕345号），结合我市具体情况，制定本办法。

第二条 本办法所称中等职业学校是指经市政府或政府有关部门根据国家有关规定批准设立并备案，实施中等学历教育的各类职业学校，包括普通中专、职业中专（高中）、技工学校、职业技术学院附属的中职部和中等职业学校等。

第三条 免学费资助对象是公办中等职业学校全日制正式学籍一、二、三年级在校生中家庭经济困难学生和涉农专业学生（含“五年一贯制”前三年学生）。艺术类相关表演专业学生和未在我市中等职业学校就读的联合办学学生不在免学费范围。

农村学生免学费人数按在校生的5%确定，按各学校农村学生人数进行同比例分配。城市学生免学费人数按在校城市学生的5%确定和分配。涉农专业学生以及西藏自治区和新疆维吾尔自治区喀什、和田、克孜勒苏柯尔克孜三地州农村户籍的学生全部享受免学费政策。

第四条 涉农专业为2000年教育部发布的《中等职业学校专业目录》（教职成〔2000〕8号）中的农林类所有专业，具体包括：种植、农艺、园艺、蚕桑、养殖、畜牧兽医、水产养殖、野生动物保护、农副产品加工、棉花检验加工与经营、林业、园林、木材加工、林产品加工、森林资源与林政管理、森林采运工程、农村经济管理、农业机械化、航海捕捞，以及能源类的农村能源开发与利用专业和土木水利工程类的农业水利技术专业等21类专业。

第二章　免学费标准和补助方式

第五条 公办中等职业学校免学费标准按照我市价格主管部门批准的学费标准确定。

第六条 学校因免除学费减少的收入部分，通过财政给予的补助和学校开展校企合作及顶岗实习获取的收入来解决。其中，因免除一、二年级学费导致的运转经费缺口，由财政按免除的学费标准给予补助；因免除三年级学费导致的运转经费缺口，原则上由学校通过校企合作和顶岗实习等方式获取的收入予以弥补，对涉农专业和经认定顶岗实习有困难的其他专业，由财政按一定标准给予学校顶岗实习补助，具体办法另行制定。

第七条 免学费所需资金由中央和我市按比例负担。我市应负担的资金，市属公办学校由市财政全部负担；区县属公办学校由市财政和区县财政共同负担，市财政按照市对区县财政转移支付办法规定，对区县给予一定专项转移支付补助。

对在政府职业教育行政管理部门依法批准的民办中等职业学校就读的一、二年级符合免学费政策条件的学生，财政部门按照我市同类型同专业公办中等职业学校免除学费标准，给予补助。学费标准高出公办学校免学费标准部分由学生家庭负担；低于公办学校免学费标准的，按民办学校实际学费标准予以补助。

第三章　申请与评定

第八条 中等职业学校免学费申请和评定工作按学年进行。学校应将《天津市中等职业学校家庭经济困难学生和涉农专业学生免学费申请表》（附表1）随同入学通知书一并寄发给录取的新生。新生和其他年级学生在新学年开学三天内向就读学校提出申请，并递交街道或乡镇有关部门出具的家庭经济困难证明或家庭遭遇突发事件等特殊情况的相关材料。孤儿或残疾学生要提交相关证明。西藏自治区和新疆维吾尔自治区喀什、和田、克孜勒苏柯尔克孜三地州农村户籍的学生向就读学校递交户口簿复印件。

第九条　中等职业学校根据本办法和各学校制定的实施细则受理学生申请和组织初审。对家庭经济困难学生的认定要坚持公开、公平、公正的原则，在每学期开学一个月内将家庭经济困难学生名单及其相关信息在校内进行不少于5个工作日的公示。公示无异议后，学校填写《天津市中等职业学校家庭经济困难学生和涉农专业学生免学费学生汇总表》（附表2），经办学主管部门、区县财政局同意后，分别报市教委和市人力社保局的学生资助管理机构进行审核、汇总，由市财政局、市教委、市人力社保局审核批准实施。

第四章　相关措施和工作要求

第十条　在实行免学费政策的同时，中等职业教育要坚持以服务为宗旨，以就业为导向，坚持多元化办学，大力推进改革和创新，要坚持“工学结合、校企合作、顶岗实习”的办学模式，规范办学行为，严格教学管理，提高教育质量，加强师资队伍建设，完善技能课教师补充机制，全面提高办学质量，提升中等职业教育的吸引力。

第十一条　要积极调整布局结构，优化中等职业教育资源配置。根据中等职业学校办学规模、教学质量、投入渠道、办学效益等方面的差别，从实际出发，因校制宜，采取合并、重组等形式积极推进布局调整工作，改变中等职业学校布局散、规模小、条件差、效益低的状况，进一步提高我市中等职业教育的办学水平。

第十二条　中等职业学校要高度重视，加强领导。中等职业学校免学费工作实行校长负责制，校长对上报学生信息的真实性和补助资金的使用管理负主要责任。学校要严格执行《中等职业学校管理规程》（教职成〔2010〕6号）、《中等职业学校学生学籍管理办法》（教职成〔2010〕7号）以及技工学校相关规定，加强免学费工作管理，保证学生基本信息的准确和免学费资金的规范使用。要制定本学校免学费具体实施细则，设立专门机构和配备专职人员具体负责免学费工作。要建立专门档案，将学生申请表、受理结果、资金发放等有关凭证和工作情况分年度建档备查。

第十三条　职业教育行政管理部门要对中等职业学校办学资质进行全面清查，尤其要加强对民办中等职业学校办学资质的核查，并定期公布不合格中等职业学校名单。同时，按照国家建立中等职业学校学生信息管理系统的要求，进一步完善学生信息管理工作，实行电子注册，做好免学费对象的认定工作，保证学生基本信息的完整和准确。

第十四条　各级财政、价格、教育、人力资源和社会保障部门要与审计、监察等有关部门密切合作，加强对免学费政策落实情况的监督检查。对弄虚作假套取财政补助资金或挤占、挪用免学费资金等违规行为，按照《财政违法行为处罚处分条例》（国务院令第427号）等有关规定严肃处理，并追究直接责任人和相关学校领导的责任。

第十五条　中等职业学校要依法办学，规范管理，要按照国家有关规定收取学费，提高资金使用效率。公办中等职业学校不得因免学费而提高其他收费标准，或擅自设立收费项目乱收费。各区县要按照《民办教育促进法》及其实施条例的要求，进一步规范民办中等职业学校各项收费的管理。

第五章　附　　则

第十六条　本办法由市财政局、市发展改革委、市教委、市人力社保局负责解释。

第十七条　本办法自发布之日起施行。市财政局、市发展改革委、市教委、市人力社保局《关于印发〈天津市中等职业学校农村家庭经济困难学生和涉农专业学生免学费工作实施办法（试行）〉的通知》（津财教〔2010〕2号）同时废止。

天津市地方税务局关于房地产开发经营业务有关企业所得税问题的公告

2010 年 12 月 13 日　天津市地方税务局公告 2010 年第 3 号

根据《中华人民共和国税收征收管理法》及其实施细则、《中华人民共和国企业所得税法》及其实施条例、《国家税务总局关于印发〈房地产开发经营业务企业所得税处理办法〉的通知》（国税发〔2009〕31 号）等规定，现就我市从事房地产开发经营业务有关企业所得税问题公告如下：

一、我市地税系统负责征管的从事房地产开发经营业务的纳税人，从 2011 年 1 月 1 日起，企业所得税实行查账征收方式。

二、实行查账征收方式的纳税人出现《中华人民共和国税收征收管理法》第三十五条规定情形的，税务机关对纳税人以往应缴的企业所得税按核定征收方式进行征收管理，并逐步规范。核定应税所得率暂定为 25%。

三、本公告自 2011 年 1 月 1 日起施行，2015 年 12 月 31 日废止。天津市地方税务局《关于对我市房地产开发企业有关所得税问题的通知》（津地税所〔2001〕7 号）、《关于调整我市房地产开发企业应税所得率的通知》（津地税所〔2003〕5 号）、《关于房地产开发企业有关所得税问题的补充通知》（津地税所〔2004〕5 号）、《关于调整房地产开发企业应税所得率等若干问题的通知》（津地税所〔2004〕16 号）、《关于房地产开发企业所得税有关问题的通知》（津地税所〔2007〕8 号）、《关于调整经济适用房开发项目应税所得率问题的通知》（津地税所〔2008〕33 号）同时废止。

特此公告。

天津市财政局关于印发《天津市财政性基本建设资金管理办法》的通知

2010 年 12 月 16 日　津财基〔2010〕57 号

各有关单位：

按照市政府印发的《天津市工程建设领域突出问题专项治理工作实施方案》要求，市财政局研究制定了《天津市财政性基本建设资金管理办法》，现印发给你们，请认真贯彻执行。

附件：

天津市财政性基本建设资金管理办法

第一章　总　　则

第一条　为了加强财政性基本建设资金的管理，规范财政性基本建设资金的使用，提高资金的投资效益，推进财政性基本建设项目科学化精细化管理，根据《中华人民共和国预算法》和财政部《基本建设财务管理规定》（财建〔2002〕394 号）及有关法律法规，结合本市实际，制定本办法。

第二条　本办法中的财政性基本建设资金是指，用于各类基本建设项目的中央财政性资金、地方财政性资金和由财政担保取得的融资资金。具体内容包括：

（一）中央财政性资金：

1. 中央预算内基本建设资金；

2. 国债专项资金；

3. 中央财政专项资金。

（二）地方财政性资金：

1. 财政一般预算和政府性基金预算安排的基本建设项目资金；

2. 纳入财政专户管理的资金安排的基本建设项目资金；

3. 地方政府债务、国债转贷安排的基本建设项目资金；

4. 根据《天津市政府债务管理暂行办法》规定，经市政府授权举借和担保的基本建设项目融资资金；

5. 其他财政性资金安排的基本建设项目资金。

属于统借统还的世界银行、亚洲开发银行等国际金融组织和外国政府贷款的基本建设项目资金，其国内配套的财政性资金管理，银行贷款财政贴息项目，适用本办法。

第三条　财政性资金安排的基本建设项目的勘察、设计、监理、施工等，必须严格执行基本建设程序，委托具有建设招标资格和政府采购资格的代理机构组织招投标活动。

第四条　对于财政全额投资项目、财政担保融资项目、国债项目以及建设项目总投资中财政性资金（或以资本金注入等形式投入）超过 200 万元或所占比例超过总投资 30% 的基本建设项目，财政部门负有以下管理职责：

（一）会同市发展改革委、市建设交通委等主管部门研究制定财政性基本建设投资支出预算、编制预算定额等有关政策、制度和办法。

（二）负责财政性投资基本建设项目财务管理，参与基本建设项目前期安排及概算审核，对财政性投资项目进行全过程管理。审核基本建设项目支出预算，负责财政投资基本建设项目工程的预、结算评审工作。

（三）负责监督财政性基本建设项目实施中资金的使用，根据配套资金到位情况，保证财政性资金及时到位。审定财政性基本建设项目预算，审核财政性基本建设项目用款计划，监督管理支付各类财政性基本建设专项资金。

（四）负责在规定权限范围内对财政性投资基本建设项目工程竣工财务决算进行审核批复工作。

（五）严格落实天津市项目支出预算管理办法，对财政专项资金在规定时间内编制预算，对项目进行追踪问效和绩效评价。

第二章　项目管理与投资评审

第五条　财政部门会同有关管理部门从项目建议书、可行性研究、初步设计等阶段直至项目竣工，实行全过程财务管理与监督，严格控制基本建设投资和规模，确保工程不超概算。

第六条　财政部门参与项目建议书、可行性研究及初步设计等前期工作，参与计划、建设主管部门对工程项目概算审查工作。

第七条　计划主管部门下达投资计划，财政部门根据投资计划下达预算并及时拨付资金。

第八条　财政部门负责审查施工图预算及各类工程招标文件，对招标项目造价的合理性实施监督并负责与建设单位共同审定招标项目控制价。

第九条　财政部门委托财政投资评审机构或通过政府采购确定符合资格的社会中介机构，负责财政性基本建设项目投资评审工作。

第十条　建设单位要做好基本建设财务管理的基础工作，按规定设置独立的财务管理机构或指定专人负责基本建设财务工作；严格按照批准的概预算建设内容，做好账务设置和账务管理，建立健全内部财务管理制度；对基本建设活动中的材料、设备采购、存货、各项财产物资及时做好原始记录；及时掌握工程进度，定期进行财产物资清查；按规定向财政部门报送基建财务报表。

主管部门应指导和督促所属的建设单位做好基本建设财务管理的基础工作。

第十一条 财政性基本建设项目实施过程中，若发生重大设计变更，必须报原审批部门审核批准后方可进行施工。工程各项合同在甲乙双方正式签订前，必须经财政部门进行审查、盖章。

第十二条 施工企业应按规定编制工程竣工结算，经财政部门审核后，作为确定施工单位工程结算的依据。

第十三条 建设单位应当严格执行工程价款结算的制度规定，坚持按照规范的工程结算程序支付资金。建设单位与施工单位签订的施工合同中确定的工程价款结算方式要符合财政支出预算管理的有关规定。工程建设期间，建设单位与施工单位进行工程价款结算，建设单位必须按工程价款结算总额的5%预留工程质量保证金，待工程竣工验收一年后再清算。

第十四条 基本建设项目竣工时，应当编制基本建设项目竣工财务决算。对于建设周期长、建设内容多的项目，单项工程竣工具备交付使用条件的，可编制单项工程竣工财务决算。建设项目全部竣工后编制竣工财务总决算。

第十五条 项目竣工结算完成后，建设单位根据财政部门审定的竣工结算和设备采购、二类费用等支出情况编报项目竣工财务决算，填报竣工决算报表。经财政部门对竣工财务决算进行审核无误后，对其竣工财务决算进行批复，同时抄送有关部门，并以此作为项目划转固定资产的依据。

第十六条 建设单位及其主管部门应加强对基本建设项目竣工财务决算的组织领导，组织专门人员，及时编制竣工财务决算。设计、施工、监理等单位应积极配合建设单位做好竣工财务决算编制工作。建设单位应在项目竣工后三个月内完成竣工财务决算的编制工作。在竣工财务决算未经批复前，原机构不得撤销。项目负责人及财务主管人员不得调离。

第三章 政 府 采 购

第十七条 基本建设项目所需锅炉、电梯、中央空调等专用设备及所需的工具、器具、家具及材料的购置，必须依法实施政府采购。

第十八条 建设单位需根据设计方案、图纸及概算编制政府采购申请单，经设计及有关单位确认后报财政部门审批。财政部门接到建设单位提交的政府采购申请单后，负责审查申请采购的设备材料是否符合项目设计及概算内容，并负责组织建设单位审定采购预算和落实采购资金。

第十九条 建设单位根据核准的政府采购申请，在采购活动开始前按照同级政府采购管理部门有关要求编制政府采购计划，并依据经审核同意的政府采购计划，按照政府采购有关规定委托相关代理机构组织政府采购活动。

政府采购活动原则上以公开招标方式为主，属于特殊情况需采用公开招标以外采购方式的项目，经建设单位申请并由同级政府采购管理部门批准后，可采取邀请招标、竞争性谈判、询价、单一来源方式实施采购。

第二十条 财政部门在政府采购过程中参与审查招标文件并参与招标过程监督。

第四章 资金管理

第二十一条 财政性基本建设资金实行专户管理、集中支付的办法。财政部门在代理银行开立资金集中支付专户，专门用于核算和反映财政性资金投资基本建设项目的收缴与拨付情况。

第二十二条 部分使用财政性资金属于拼盘项目的，建设单位需将自筹配套资金及时存入财政部门集中支付专户，同财政性资金匹配支付。配套资金不能及时到位的，财政部门有权停拨资金。

第二十三条 本办法第二条中央及地方各类财政性资金和拼盘项目中的建设单位自有配套资金等，实行国库集中支付或经财政部门确认的资金支付方式。其中：所有纳入市级财政预算管理的行政事业单位，其财政性基本建设资金统一实行国库集中支付；拼盘项目中建设单位配套基本建设资金，非预算管理、企业或实行企业化管理单位的财政性基本建设资金，及由财政担保取得的各类基本建设融资资金等，实行经财政部门确认的资金支付方式。

第二十四条 国库集中支付方式按照财政国库集中支付有关规定执行。资金支付由财政部门根据签订的合同条款（或工程进度），直接将资金拨付给施工企业、中标供应商、劳务提供商或最终用款单位。不属于财政部门直接管理的财政补助性项目，由建设单位根据签订的合同条款，通过零余额账户直接将资金拨付给施工企业、中标供应商、劳务提供商或最终用款单位。

第二十五条 经财政部门确认的资金支付方式是指，建设单位在财政部门指定代理银行开立专户，财政部门将建设资金拨付建设单位专户并实现事前监控，代理银行定期向财政部门报送有关报表。即建设单位根据用款需求向财政部门报送工程价款审批单，财政部门在五个工作日内完成审批手续，并在支款凭证进行确认后，由建设单位自行将资金拨付给施工企业、供应商和劳务提供商。凡未经财政审批确认的，代理银行可以拒绝建设单位的任何资金支付要求。

第二十六条 财政部门应当及时拨付资金以确保工程进度，并加强对财政专项资金监督管理。发现预算单位和建设单位有违法行为的，依照《财政违法行为处罚条例》和相关法律法规处理。

第五章 附则

第二十七条 区县级财政性基本建设资金管理，可参照本办法执行。

第二十八条 本办法自 2011 年 1 月 1 日起正式施行，2016 年 1 月 1 日废止。

天津市财政局关于印发《天津市财政性资金建设项目政府采购管理程序》的通知

2010年12月28日　津财采〔2010〕52号

各有关单位：

为进一步加强政府采购管理，规范财政性资金建设项目政府采购行为，按照市委办公厅《关于印发〈天津市工程建设领域突出问题专项治理工作实施方案〉的通知》（津党办发〔2009〕26号）的要求，结合我市政府采购工作实际，市财政局研究制定了《天津市财政性资金建设项目政府采购管理程序》，现印发给你们，请遵照执行。

附件：

天津市财政性资金建设项目政府采购管理程序

第一章　总　　则

第一条　为了加强政府采购管理，规范财政性资金建设项目政府采购行为，按照《天津市工程建设领域突出问题专项治理工作实施方案》的要求，根据《中华人民共和国政府采购法》、《中华人民共和国招标投标法》和《天津市预算单位政府采购管理暂行办法》等法规制度，结合本市实际，制定本管理程序。

第二条　本程序所称财政性资金建设项目，是指国家机关、事业单位和团体组织（以下统称采购人）全部或部分使用财政性资金采购政府集中采购目录以内或采购限额标准以上的建设项目及与建设项目有关的货物和服务。

建设项目，包括建筑物和构筑物的新建、改建、扩建、装修、拆除、修缮等，适用本管理程序。

与建设项目有关的货物，包括建设项目所必需的锅炉、电梯、中央空调、灯具、家具等设备和材料，适用政府采购有关货物管理程序。

第三条　本程序所称财政性资金，是指财政预算资金和纳入财政管理的其他资金。

第四条　财政性资金建设项目涉及项目立项、可行性研究、扩初设计等管理程序的，按照国家法律法规及我市有关规定履行审批手续；属财政投资评审管理范围的，应当由财政部门委托财政投资评审机构依法实施财政投资评审。

第二章　预算和计划管理

第五条　财政性资金建设项目实行政府采购预算和采购计划管理制度。

第六条　采购人在编制政府采购预算时，应依据有关部门批复的工程概算编制财政性资金建设项目政府采购预算，并按程序逐级上报，由主管部门审核同意后报同级财政部门。各级财政部门负责对本级政府采购预算进行审定。

第七条　采购人应当依据批复的政府采购预算，在项目实施招标活动前按照财政部门有关要求编制政府采购计划，并依据经财政部门审核同意的政府采购计划实施政府采购活动。

第八条　财政性资金建设项目不得进行无预算、无计划或超预算、超计划采购。无计划的财政性资金建设项目，各采购代理机构不得受理。因特殊原因需调整采购预算和采购计划的，须由采购人按规定程序履行相关手续，经批准后方可继续执行。

第三章　采购程序管理

第九条　采购人应当按照国家法律法规和我市有关规定实施财政性资金建设项目的招标投标活动。

属于政府集中采购目录以内的，应当委托集中采购机构组织实施；属于政府集中采购目录以外的，应当委托具有政府采购资格的代理机构组织实施。

具有政府采购资格的代理机构是指经财政部或天津市财政局认定的具有甲级或乙级政府采购资格的招标代理机构。

第十条　财政性资金建设项目委托采购代理机构组织招标采购的，采购人应当按照规定与采购代理机构签订政府采购委托代理协议，明确双方的权利义务。

采购人和采购代理机构签署政府采购委托代理协议后，要严格按照协议约定的事项实施政府采购，不得随意中止或终止采购活动。

第十一条　财政性资金建设项目除按照相关主管部门规定发布信息公告外，还应当同时按照规定在天津市政府采购信息公告指定发布媒体《天津市政府采购网》上予以发布，且信息公告内容应当一致。

第十二条　财政性资金建设项目达到我市必须招标项目范围和规模标准以上的，应当采用招标方式实施采购，其具体招投标程序适用《中华人民共和国招标投标法》及其相关规定；在必须招标项目范围以外或规模标准以下、但属政府采购限额标准以上的财政性资金建设项目，应当按照政府采购程序实施采购，其具体采购程序适用《中华人民共和国政府采购法》及其相关规定。

第十三条　财政性资金建设项目的采购人与中标供应商在中标通知书发出30日内，按照采购文件确定的事项签订书面合同。自书面合同签订之日起7个工作日之内，采购人应当将合同副本报同级财政部门和有关部门备案。

第十四条　财政性资金建设项目涉及相关费用的支付程序和方法按照国库集中支付或经

财政部门确认的资金支付方式执行。

第十五条 财政性资金建设项目纳入政府采购信息统计管理范围。采购人应当依据财政性资金建设项目合同，按照我市政府采购信息统计工作有关规定向同级财政部门报送政府采购信息统计数据。

第四章 监督检查

第十六条 政府投资主管部门、行业主管部门、财政部门、监察部门、审计部门和其他有关部门依照法律、行政法规的规定，在各自职责范围内，对财政性资金建设项目进行监督检查。

第十七条 采购人和采购代理机构在组织实施财政性资金建设项目采购活动中，应主动接受财政、监察和审计等相关部门的监督检查。

第十八条 任何组织和个人发现财政性资金建设项目采购过程中存在违背本程序行为的，可以向财政部门反映问题，提供线索，财政部门应当认真调查核实并依法处理。

第五章 附则

第十九条 本管理程序由市财政局负责解释。

第二十条 本管理程序自 2011 年 1 月 1 日起施行，2015 年 12 月 31 日废止。

天津市财政局　天津市人力资源和社会保障局关于印发《天津市公益性岗位补贴办法》的通知

2010 年 12 月 28 日　津财社〔2010〕46 号

各区县财政局、人力资源和社会保障局，各有关局、集团（总公司）及有关单位：

为贯彻落实市政府《关于全面做好生活困难群众帮扶解困工作的意见》（津政发〔2010〕30 号），规范公益性岗位管理，我们制定了《天津市公益性岗位补贴办法》，现印发给你们，请遵照执行。

为确保公益性岗位补贴新老政策平稳衔接，现就有关问题通知如下：

一、各区县应区分岗位的性质，符合协管员岗位条件的，应于 2011 年 1 月 1 日前，按照属地化管理的原则和本办法规定，认定为协管员岗位。

对已认定的未纳入公益性再就业公司管理的社区公益性岗位，应于 2011 年 1 月 1 日前，按照属地化管理的原则，全部整合纳入公益性公司管理。

二、各区县财政部门应足额安排预算，确保公益性岗位工资补贴按时足额发放。从 2011 年 1 月 1 日以后，市财政不再对未认定为协管员岗位或未纳入公益性公司管理的公益性岗位支付工资补贴和社会保险补贴。

三、各区县人力资源和社会保障局、财政局要依照本办法规定，对本办法下发前成立的公益性公司进行检查，对不符合本办法规定的公益性公司，要限期整改，对弄虚作假骗取国家政策补贴的，要予以查处，并将检查结果于 2011 年 6 月 30 日前分别上报市人力资源和社会保障局、市财政局。

特此通知。

附件：

天津市公益性岗位补贴办法

第一条　为规范公益性岗位管理，对就业困难对象实施就业援助，根据《关于全面做好生活困难群众帮扶解困工作的意见》（津政发〔2010〕30号），制定本办法。

第二条 本办法所称的公益性岗位是指，在各级政府指导下开发的，优先安置就业困难对象，由各级就业专项资金给予社会保险和工资补贴的就业岗位。

公益性岗位分为协管员岗位、公益性再就业公司（以下简称“公益性公司”）岗位和非全日制公益性岗位三类。协管员岗位是指由各级政府及其职能部门投资开发的，安置就业困难对象，协助政府有关部门和职能机构从事公共事务管理的非营利性服务岗位。公益性公司岗位是指从事公共环境绿化、公共环境卫生保洁、公共停车场管理、公用设施维护、旧楼区物业管理、机关事业单位后勤服务、邮政进社区、报刊投递、社区服务（包括文化、教育、体育、保健、托幼等）、养老服务等行业（有行业限制的从其行业规定），依法设立的有限责任公司中的岗位。非全日制公益性岗位是指公益性公司根据工作需要，聘用就业困难对象从事非全日制工作的岗位。

第三条 本办法所称的就业困难对象是指，零就业家庭人员、4050失业人员、低保家庭人员、单亲家庭人员、需赡养患重大疾病直系亲属的人员、残疾人、长期失业者、复转军人中的就业困难人员、刑释解教人员、失去双亲的人员等十类就业困难人员。

第四条 市人力资源和社会保障部门、市财政部门要会同有关部门，根据我市经济发展规模、就失业状况、财政承受能力、需安置就业困难群体人员数量，于每年年底前制定下一年度公益性岗位开发计划，明确公益性岗位开发的方向、数量，指导各区县开发公益性岗位。各区县人力资源和社会保障部门和财政部门，要严格按照确定的公益性岗位开发计划执行，严禁超范围、超数量开发公益性岗位，严禁在未落实工资来源的情况下盲目开发公益性岗位。

第五条 各级人力资源和社会保障部门和财政部门，应按照“分级认定、分级出资、分级管理”的原则进行公益性岗位的认定工作。

第六条 市政府及其职能部门开发的协管员岗位由市人力资源和社会保障局、财政局负责岗位认定。

协管员岗位开发单位为市级职能部门的，向市人力资源和社会保障局、市财政局提出书面申请，同时提供以下材料：计划招用人数、协管员岗位职责、人事管理制度等资料，以及人力资源和社会保障部门和财政部门要求的其他材料。市人力资源和社会保障部门和财政部门审核同意后，报市政府批准。

协管员岗位开发单位要严格控制协管员岗位数量，原则上不得超过本单位从事该项工作的公职人员数量，开发单位要安排专人进行协管员的管理工作。

协管员的工资待遇不低于我市最低工资标准，劳动保障协管员（含小额贷款协管员）工资补贴标准为每人每月1600元，并建立与社区居委会工作人员待遇随调机制，交通协管员等其他协管员待遇，在最低工资基础上再给予15%的特殊岗位津贴（考核办法另行制定），所需资金由市就业资金全额补贴，由市就业资金支出账户通过经办银行进行工资统发。市人力资源和社会保障部门及市财政部门按年人均1500元标准从市就业专项资金安排工作经费综合补助，用于除发放协管员工资以外的必要开支，协管员岗位开发单位根据协管员的岗位特点确定工作经费综合补助的开支范围。

对转移社会保险关系的协管员，由市就业专项资金给予养老、失业、医疗、工伤和生育等社会保险补贴，补贴的标准按照我市社会保险补贴有关规定执行；对未转移社会保险关系的协管员，岗位开发单位可在商业保险公司为其购买意外人身伤害保险，由市就业专项资金按照当年社会保险最低缴费基数的0.5%给予补贴。

第七条　区县政府及其职能部门开发的协管员岗位由区县人力资源和社会保障局、财政局负责岗位认定。公益性公司岗位按照公司注册地点，由当地区县人力资源和社会保障局、财政局负责岗位认定。

1. 区县协管员岗位

协管员岗位开发单位为区级职能部门的，向所在区县人力资源和社会保障局、财政局提出书面申请，同时提供以下材料：计划招用人数、协管员岗位职责、人事管理制度等资料，以及人力资源和社会保障部门和财政部门要求的其他材料。区县人力资源和社会保障部门和财政部门审核同意后，报区县人民政府批准，同时报市人力资源和社会保障部门及财政部门备案。

协管员岗位开发单位要严格控制协管员岗位数量，原则上不得超过本单位从事该项工作的公职人员数量，开发单位要安排专人进行协管员的管理工作。

治安协勤、综合治理等协管员的工资待遇不低于我市最低工资标准，在此基础上再给予15%的特殊岗位津贴（考核办法由各区县制定），所需资金由区县就业资金全额补贴，通过经办银行进行工资统发。市就业专项资金按照区县实际支付协管员岗位工资补贴的50%，给予转移支付补助。

区县人力资源和社会保障部门和财政部门按年人均1000元标准从区县就业专项资金安排工作经费综合补助，用于除发放协管员工资以外的必要开支，协管员岗位开发单位根据协管员的岗位特点确定工作经费综合补助的开支范围。

对转移社会保险关系的协管员，由市就业专项资金给予养老、失业、医疗、工伤和生育等社会保险补贴，补贴的标准按照我市社会保险补贴有关规定执行；对未转移社会保险关系的协管员，岗位开发单位可在商业保险公司为其购买意外人身伤害保险，由市就业专项资金按照当年社会保险最低缴费基数的0.5%给予补贴。

2. 公益性公司岗位

公益性公司是指，在工商行政部门注册的，从业人员达到50人以上，安置就业困难对象（不含非全日制公益性岗位从业人员）达到全部从业人员60%以上的有限责任公司，不包括个人独资企业、合伙制企业和国有独资公司。劳务派遣组织和人事代理机构不能认定为公益性公司，公益性公司不得从事与政府职能相关的公共管理工作。公益性公司按照属地化原则管理，由公司注册地所在区县人力资源和社会保障部门和财政部门进行认定。申请单位安置人员并运行三个月后可向区县人力资源和社会保障局、财政局提出书面申报，同时提供以下材料：申报单位填写的《申请建立公益性公司审批表》、公益性公司章程、公司营业执照、经营场地证明复印件、申请人代表身份证复印件以及其他特殊行业职业资格证书等文件。区县人力资源和社会保障局会同财政局，在受理申请后15个工作日内完成审核工作，审核同意的，指导申报单位填写《公益性就业服务承诺书》，颁发《公益性公司认定证书》，作为享受有关政策的凭证，同时报市人力资源和社会保障部门及财政部门备案。

公益性公司安置就业困难对象且工资水平不低于我市最低工资标准的，由所在区县就业专项资金给予我市最低工资标准40%的工资补贴。市就业专项资金按照区县就业专项资金实际支付工资补贴的75%，给予区县财政转移支付补助。由市级开发的邮政进社区、报刊投递等公益性岗位按照最低工资标准给予40%工资补贴，由市就业专项资金支出。新办公益性公司自认定日起6个月内新招用就业困难人员从事公益性岗位工作，除享受上述工资补贴外，由市就业专项资金按照我市最低工资标准20%，给予扶持性工资补贴，补贴期限为1年，扶持性工资补贴资金随正常工资补贴资金一并转移支付区县财政。

对转移社会保险关系的就业困难对象，由市就业专项资金给予养老、失业、医疗、工伤和生育等社会保险补贴，补贴的标准按照我市社会保险补贴有关规定执行。

公益性公司实行年检制度。公益性公司在《公益性公司认定证书》有效期终止前15日内，持《公益性公司认定证书》、《公益性公司岗位协议书》、公益性岗位从业人员工资单、工商营业执照（副本）、公司上年度的财务报告和就业困难对象身份证明资料，向同级人力资源和社会保障部门申报年检，同级人力资源和社会保障部门对年检材料审核后，报市人力资源和社会保障部门审批。市人力资源和社会保障部门对年检材料审核后，出具年检意见。年检合格的标准为：上年度盈利或年度亏损额小于注册资本的20%；连续亏损不得超过三年；从业人员达到50人以上，安置就业困难对象达到全部从业人员（不含非全日制公益性岗位从业人员）的60%以上，工资水平不低于我市最低工资标准；年度内无信访举报或经核实举报不实的；符合本办法的各项规定。对年检不合格的单位，收回《公益性公司认定证书》。

因公益性公司被取消资格而导致从业人员再次失业的，各区县人力资源和社会要通过各种渠道妥善安置。

3. 非全日制公益性岗位

按照属地化原则管理，由公司注册地所在区县人力资源和社会保障部门和财政部门进行认定。申请单位向区县人力资源和社会保障局、财政局提出书面申报，区县人力资源和社会保障局会同财政局，在受理申请后15个工作日内完成审核工作，审核同意的，报市人力资源和社会保障部门和财政部门备案。

非全日制公益性岗位安置就业困难对象且工资水平不低于我市非全日制最低工资标准的，由所在区县就业专项资金给予我市最低工资标准30%的工资补贴。非全日制公益性岗位从业人员可按照有关规定申请享受灵活就业社会保险补贴。

第八条 协管员岗位开发单位和公益性公司，应每月向同级人力资源和社会保障部门报告岗位变动情况，于每月10日前，向同级人力资源和社会保障部门提交以下资料：《天津市公益性岗位认定申请表》一式三份、下岗失业人员《再就业优惠证》或《天津市“十类就业困难群体”公益性岗位安置认定表》《身份证》复印件、《就业、劳动合同登记名册》、《企业法人营业执照》原件和复印件（首次增岗的）、《岗位协议》，以及其他人力资源和社会保障部门所需的资料。各级人力资源和社会保障部门审查合格后，在《天津市公益性岗位认定表》上加盖公章，同时记录就业情况。各级人力资源和社会保障部门应于认定岗位后，在每季度末，将加盖公章的《天津市公益性岗位认定表》、《公益性公司岗位协议书》、《再就业优惠证》或《天津市“十类就业困难群体”公益性岗位安置认定表》扫描成电子档案，报市人力资源和社会保障部门备案。

第九条 公益性岗位工资补贴实行下发薪制，协管员岗位开发单位和公益性公司必须通过银行转账方式按月支付劳动报酬，不得以现金形式支付劳动报酬，也不得由其他单位代发劳动报酬。各区县人力资源和社会保障部门和岗位开发单位分别与工资代发银行签订《公益性岗位人员代发业务委托协议书》。在实行公益性工资补贴卡式发放首月，各区县人力资源和社会保障部门将本区县享受公益性工资补贴的人员按照公司分类（发放清单电子版）报至各区县工资代发银行，工资代发银行将制作完毕的银行卡交至各区县人力资源和社会保障部门，在区县人力资源和社会保障部门的监督下，将工资卡发放到就业困难对象手中，区县人力资源和社会保障部门将领取人的《身份证》复印件和发卡明细表复印件存入公益性公司档案备查。

公益性工资补贴发放程序（以下申报时间遇节假日提前，保障就业困难人员按时收到补贴资金）：

1. 区县人力资源和社会保障部门在季度最后一个月将下季度所需公益性岗位补贴资金预算报区县财政局。区县财政局每季度末将本区县下季度所需公益性岗位补贴资金拨付至区县人力资源和社会保障部门的就业资金专户。

2. 每月1至5日区县人力资源和社会保障部门将上月应享受公益性岗位工资补贴的发放明细（发放清单电子版）报至本区县工资代发银行，并将所需资金划入工资代发银行指定账户。同时各岗位开发单位将自筹部分发放明细（发放清单电子版）报至工资代发银行，将自筹资金划转工资代发银行。

3. 工资代发银行在接到资金后应及时将代发款项发放至公益性岗位从业人员的银行卡上。

4. 每月20至25日，区县人力资源和社会保障部门将本月新增公益性岗位人员（未曾持有公益性岗位工资银行卡）明细表（发放清单电子版），报至工资代发银行制作新增人员银行卡。同时工资代发银行将加盖业务章的一式两份本月的代发工资情况明细表交于区县人力资源和社会保障部门。

5. 每月10日前，市级协管员管理部门和区县人力资源和社会保障部门将上月公益性岗位工资发放情况、工资补贴申报情况、协管员考评情况报送市人力资源和社会保障部门。市人力资源和社会保障部门核准工资补贴后于15日前报送市财政部门。市财政部门依照市人力资源和社会保障部门核准的工资补贴数核拨补贴资金。

第十条 协管员岗位开发单位和公益性公司未能按时发放工资或发放工资未达到我市最低工资标准的，要在月份终了5日内向各级人力资源和社会保障部门说明情况，对无故拖欠工资的，责令其在15日内将工资补发到位。拒不补发的，取消享受工资补贴资格，收回《公益性公司认定证书》。

第十一条 公益性公司要加强财务管理，按规定聘用专业财务人员，建立规范的财务会计制度，实行独立核算。收到的各项工资性补贴、扶持性工资补贴和社会保险补贴均应记入“补贴收入”科目，要自觉接受审计、监察、人力社保、财政等部门的监督检查。确保公益性岗位从业人员的各项待遇。

第十二条 各级人力资源和社会保障部门要做好公益性岗位的认定、管理、年检和监督检查工作，确保岗位落实，定期进行检查，并根据检查结果及时做出处理决定，对骗取国家补贴资金的单位和个人，要追回补贴资金，情节严重的要移交司法机关处理。

第十三条 各级财政部门要足额安排预算资金，确保公益性岗位工资补贴按时足额拨付，不得因财政资金不到位造成工资拖欠。

第十四条 市人力资源和社会保障部门要建立健全的公益性岗位管理监督、效绩评价制度，将公益性岗位的开发的责任落实到基层人力资源和社会保障部门，将公益性岗位安置就业困难群体工作纳入基层人力资源和社会保障部门效绩考核体系。

第十五条 各区县人力资源和社会保障部门要加强对享受公益性岗位补贴的监督与管理，建立公益性岗位信息报告制度，对公益性岗位人员安置情况、空岗情况、工资发放情况定期统计，对运行情况进行监测分析。在安置困难群体就业方面，打破区域界线，统一调剂岗位，实现对困难就业群体的托底安置。

第十六条 本办法由市财政局、市人力资源和社会保障局负责解释。

第十七条 本办法自 2011 年 1 月 1 日起执行，至 2015 年 12 月 31 日废止。原公益性岗位补贴政策与本办法不一致之处，以本办法为准。

第七部分

财经统计资料

一、天津市财政收支

（一）2010 年财政收支

2010 年财政一般预算收支总表

（单位：万元）

预算科目	决算数	预算科目	决算数
一、税收收入	7766475	一、一般公共服务	980718
增值税	1191975	二、外交	0
营业税	2838717	三、国防	8826
企业所得税	1258896	四、公共安全	849197
企业所得税退税	0	五、教育	2295648
个人所得税	429620	六、科学技术	432530
资源税	5635	七、文化体育与传媒	242788
固定资产投资方向调节税	0	八、社会保障和就业	1377424
城市维护建设税	374003	九、医疗卫生	700719
房产税	252760	十、环境保护	270990
印花税	178002	十一、城乡社区事务	3552871
城镇土地使用税	117115	十二、农林水事务	671405
土地增值税	243857	十三、交通运输	469525
车船税	43854	十四、资源勘探电力信息等事务	791301
耕地占用税	123307	十五、商业服务业等事务	177712
契税	708734	十六、金融监管等事务支出	15007

《2010年财政一般预算收支总表》续表

预　算　科　目	决算数	预　算　科　目	决算数
烟叶税		十七、地震灾后恢复重建支出	81354
其他税收收入		十八、国土资源气象等事务	243892
二、非税收入	2921618	十九、住房保障支出	63218
专项收入	207301	二十、粮油物资储备管理事务	45868
行政事业性收费收入	1412891	二十一、预备费	
罚没收入	87995	二十二、国债还本付息支出	
国有资本经营收入	70829	二十三、其他支出	497402
国有资源（资产）有偿使用收入	833662		
其他收入	308940		
本年收入小计	**10688093**	**本年支出小计**	**13768395**
返还性收入	1374040	一般性转移支付支出	361881
增值税和消费税税收返还收入	869310	专项转移支付支出	62536
所得税基数返还收入	269330	增设预算周转金	
一般性转移支付收入	920413	拨付国债转贷资金数	1800
专项转移支付收入	1119733	国债转贷资金结余	1954
财政部代理发行地方政府债券	250000	安排预算稳定调节基金	57138
国债转贷资金上年结余	3754	调出资金	
上年结余	1368474	年终结余	1668222
调入资金	197419	其中：本级	889025
		减：结转下年的支出	1561855
		其中：本级	882829
		净结余	106367
		其中：本级	6196
总　　计	**15921926**	**总　　计**	**15921926**

注：此表收入数据为财政部决算口径，其他各表收入数据为收入快报口径。

2010年财政基金预算收支总表

（单位：万元）

收入		支出	
预算科目	决算数	预算科目	决算数
地方教育附加收入		地方教育附加支出	
新增建设用地土地有偿使用费收入	239449	新增建设用地土地有偿使用费支出	280842
地方水利建设基金收入	291	地方水利建设基金支出	1700
残疾人就业保障金收入	37461	残疾人就业保障金支出	28463
政府住房基金收入	65915	政府住房基金支出	71010
城市公用事业附加收入	22887	城市公用事业附加支出	15904
国有土地使用权出让金收入	8371847	国有土地使用权出让金支出	7261672
国有土地收益基金收入	26594	国有土地收益基金支出	20198
农业土地开发资金收入	156055	农业土地开发资金支出	137019
彩票公益金收入	42098	彩票事务	46192
城市基础设施配套费收入		城市基础设施配套费支出	
车辆通行费收入		车辆通行费支出	
其他各项政府性基金收入	133836	其他各项政府性基金支出	62827
本年基金收入合计	**9096433**	**本年基金支出合计**	**7925827**
上级补助收入	28499	调出资金	152358
上年结余	798898	年终结余	1846955
调入资金	1310		
基金收入总计	**9925140**	**基金支出总计**	**9925140**

注：此表数据为财政部决算口径。

2010年中央级财政收入

（单位：万元）

项　　目	2008年	2009年	2010年	比2009年增长%
总　　计	**17745568**	**15880848**	**23754419**	**49.6**
一般收入小计	**17663245**	**15699565**	**23606798**	**50.4**
消费税	1467432	2183366	3344218	53.2
一般消费税	552868	987220	1438785	45.7
进口产品消费税	914940	1197139	1906868	59.3
外贸企业出口退消费税	-376	-993	-1435	44.5
增值税	7566175	7609929	10537955	38.5
一般增值税（75%）	3290520	3026884	3678136	21.5
进口产品增值税	6178179	6242741	8658709	38.7
外贸企业出口退增值税	-1009824	-988007	-1293565	30.9
免抵调减增值税	-892700	-671689	-505325	-24.8
关　税	3429103	2368495	3679118	55.3
企业所得税	1554502	2333849	3601256	54.3
个人所得税	482516	534867	644432	20.5
城市维护建设税		34983	54304	
船舶吨税	17223	21325	20611	-3.3
车辆购置税	186559	195214	297366	52.3
国有企业计划亏损补贴	2639	345		-100.0
行政性收费类	1913	1599	1685	5.4
罚没收入类	8044	10782	12077	12.0
国有资源有偿使用收入	83180	156452	365681	133.7
专项收入	8530	22388	30362	35.6
其他收入	1017563	225971	1017734	350.4
基金收入小计	**82323**	**181283**	**147621**	**-18.6**
新增建设用地土地有偿使用收入	82323	112633	102621	-8.9
其他部门基金收入		68650	45000	

2010年财政分级收入

（单位：万元）

项　　目	全　市	市　级	区县级	三　区
一、地方一般预算收入	**10688092**	**4214888**	**4475983**	**1997222**
（一）税收收入	7766476	2730150	3659424	1376902
增值税	1191977	449696	451593	290687
营业税	2838716	1417335	1046659	374721
企业所得税	1258896	421154	486185	351557
个人所得税	429621	221431	108144	100046
资源税	5634		5634	
固定资产投资方向调节税				
城市维护建设税	374004	57508	274963	41533
房产税	252761	1704	183249	67808
印花税	178002	14459	108937	54606
城镇土地使用税	117116	4079	88772	24264
土地增值税	243855	126381	95184	22291
车船使用和牌照税	43854	1551	40789	1513
耕地占用税	123306		123306	
契税	708734	14851	646008	47875
（二）非税收入	2921616	1484737	816559	620320
1. 专项收入	207301	57020	132290	17992
2. 行政性收费收入	1412889	760483	490562	161843
3. 罚没收入	87995	31006	56352	638
4. 国企计划亏损补贴	70830	－25000	14830	81000
5. 国有资产有偿使用	833662	620094	23556	190011
6. 其他收入	308938	41134	98969	168835
二、基金预算收入合计	**5416918**	**1756173**	**2945214.0**	**715531**
养路费收入				
散装水泥专项资金收入	4300	3652	648	
新型墙体材料基金收入	13025	11051	1974	
文化事业建设费收入	6516	6516		
地方水利建设基金收入	291	291		
国有土地使用权使用收入	4717153	1288037	2848085	581031
新增建设用土地使用收入	239449	239449		
残疾人就业保障金收入	37460	37460		
城镇公用事业附加收入	22887		22887	
其他基金收入	375837	169716	71620	134500

注：此表数字为地方财政口径，不包括土地出让整理成本。

2010 年全市财政收入完成情况

（单位：万元）

项　　目	年度预算	实际收入	完成预算（%）	增减（%）
一、地方一般预算收入	**9199000**	**10688092**	**116.2**	**30.1**
（一）税收收入	7120600	7766476	109.1	26.6
增值税	1144600	1191977	104.1	20.3
营业税	2599500	2838716	109.2	26.9
企业所得税	1130200	1258896	111.4	32.6
个人所得税	414400	429621	103.7	20.5
资源税	7700	5634	73.2	-18.1
固定资产投资方向调节税				-100.0
城市维护建设税	330000	374004	113.3	30.3
房产税	261200	252761	96.8	13.0
印花税	180000	178002	98.9	17.3
城镇土地使用税	120000	117116	97.6	4.9
土地增值税	177600	243855	137.3	55.7
车船使用和牌照税	34700	43854	126.4	28.7
耕地占用税	109000	123306	113.1	-3.5
契税	611700	708734	115.9	40.6
（二）非税收入	2078400	2921616	140.6	40.7
1. 专项收入	179200	207301	115.7	26.1
2. 行政性收费收入	831900	1412889	169.8	40.3
3. 罚没收入	76400	87995	115.2	7.9
4. 国企计划亏损补贴	237500	70830	29.8	-70.2
5. 国有资产有偿使用	588200	833662	141.7	94.9
6. 其他收入	165200	308938	187.0	94.1
二、基金预算收入合计	**4116000**	**5416918**	**131.6**	**39.4**
养路费收入				
散装水泥专项资金收入	2100	4300	204.8	113.4
新型墙体材料基金收入	7400	13025	176.0	88.0
文化事业建设费收入	500	6516	1303.2	46.3
地方水利建设基金收入		291		-29.4
国有土地使用权使用收入	3511200	4717153	134.3	47.5
新增建设用土地使用收入	200000	239449	119.7	-8.9
残疾人就业保障金收入	36000	37460	104.1	16.6
城镇公用事业附加收入	17000	22887	134.6	37.3
其他基金收入	341800	375837	110.0	4.0

2010 年市级财政收入完成情况

（单位：万元）

项　　目	年度预算	实际收入	完成预算（%）	增减（%）
一、地方一般预算收入	**3580000**	**4214888**	**117.7**	**29.5**
（一）税收收入	2393000	2730150	114.1	32.3
增值税	357900	449696	125.6	46.2
营业税	1257800	1417335	112.7	30.9
企业所得税	382400	421154	110.1	32.0
个人所得税	219800	221431	100.7	14.2
资源税				
固定资产投资方向调节税				
城市维护建设税	37200	57508	154.6	79.1
房产税	4200	1704	40.6	-57.1
印花税	22500	14459	64.3	-34.3
城镇土地使用税	500	4079	815.9	44.6
土地增值税	88800	126381	142.3	60.9
车船使用和牌照税		1551		61.0
耕地占用税				
契税	21900	14851	67.8	-22.0
（二）非税收入	1187000	1484737	125.1	24.5
1. 专项收入	41200	57020	138.4	36.8
2. 行政性收费收入	545600	760483	139.4	4.5
3. 罚没收入	20000	31006	155.0	20.6
4. 国企计划亏损补贴	-25000	-25000	100.0	0.0
5. 国有资产有偿使用	578200	620094	107.2	56.8
6. 其他收入	27000	41134	152.3	55.4
二、基金预算收入合计	**1719000**	**1756173**	**102.2**	**3.0**
养路费收入				
散装水泥专项资金收入	1800	3652	202.9	109.1
新型墙体材料基金收入	6000	11051	184.2	96.7
文化事业建设费收入	5000	6516	130.3	46.3
地方水利建设基金收入		291		-29.4
国有土地使用权使用收入	1295000	1288037	99.5	2.6
新增建设用土地使用收入	200000	239449	119.7	-8.9
残疾人就业保障金收入	36000	37460	104.1	16.6
城镇公用事业附加收入				
其他基金收入	175200	169716	96.9	19.9

2010年区县财政收入完成情况

（单位：万元）

项　　目	年度预算	实际收入	完成预算（%）	增减（%）
一、地方一般预算收入	**3838100**	**4475983**	**116.6**	**31.2**
（一）税收收入	3311000	3659424	110.5	27.7
增值税	457200	451593	98.8	13.1
营业税	948900	1046659	110.3	27.5
企业所得税	410400	486185	118.5	39.9
个人所得税	101600	108144	106.4	27.6
资源税	7700	5634	73.2	-18.1
固定资产投资方向调节税				
城市维护建设税	251800	274963	109.2	25.7
房产税	187000	183249	98.0	16.2
印花税	105000	108937	103.7	28.2
城镇土地使用税	89000	88772	99.7	8.2
土地增值税	73000	95184	130.4	48.7
车船使用和牌照税	33400	40789	122.1	28.1
耕地占用税	109000	123306	113.1	-3.5
契税	537000	646008	120.3	47.3
（二）非税收入	527100	816559	154.9	49.3
1. 专项收入	120300	132290	110.0	23.6
2. 行政性收费收入	235800	490562	208.0	113.1
3. 罚没收入	56000	56352	100.6	1.7
4. 国企计划亏损补贴	20000	14830	74.1	-67.0
5. 国有资产有偿使用	10000	23556	235.6	-14.8
6. 其他收入	85000	98969	116.4	21.2
二、基金预算收入合计	**1864300**	**2945214**	**158.0**	**79.2**
养路费收入				
散装水泥专项资金收入	300	648	216.0	141.0
新型墙体材料基金收入	1400	1974	141.0	50.7
文化事业建设费收入				
地方水利建设基金收入				
国有土地使用权使用收入	1797300	2848085	158.5	80.4
新增建设用土地使用收入				
残疾人就业保障金收入				-100.0
城镇公用事业附加收入	17000	22887	134.6	37.3
其他基金收入	48300	71620	148.3	54.4

2010 年三区财政收入完成情况

（单位：万元）

项　　目	年度预算	实际收入	完成预算（%）	增减（%）
一、地方一般预算收入	**1780900**	**1997222**	**112.1**	**29.2**
（一）税收收入	1416600	1376902	97.2	13.9
增值税	329500	290687	88.2	2.4
营业税	392800	374721	95.4	12.8
企业所得税	337400	351557	104.2	24.3
个人所得税	93000	100046	107.6	28.3
资源税				
固定资产投资方向调节税				-100.0
城市维护建设税	41000	41533	101.3	15.1
房产税	70000	67808	96.9	9.4
印花税	52500	54606	104.0	21.8
城镇土地使用税	30500	24264	79.6	-9.4
土地增值税	15800	22291	141.1	58.1
车船使用和牌照税	1300	1513	116.4	19.0
耕地占用税				
契税	52800	47875	90.7	3.1
（二）非税收入	364300	620320	170.3	83.6
1. 专项收入	17700	17992	101.6	14.8
2. 行政性收费收入	50500	161843	320.5	232.6
3. 罚没收入	400	638	159.4	45.4
4. 国企计划亏损补贴	242500	81000	33.4	-62.8
5. 国有资产有偿使用		190011		4169.0
6. 其他收入	53200	168835	317.4	230.7
二、基金预算收入合计	**532700**	**715531**	**134.3**	**32.9**
养路费收入				
散装水泥专项资金收入				
新型墙体材料基金收入				
文化事业建设费收入				
地方水利建设基金收入				
国有土地使用权使用收入	418900	581031	138.7	59.3
新增建设用土地使用收入				
残疾人就业保障金收入				
城镇公用事业附加收入				
其他基金收入	113800	134500	118.2	-22.5

全市一般预算收入比重分析

（单位：万元）

项目	2008年		2009年		2010年	
	收入	比重	收入	比重	收入	比重
地方财政收入小计	**6756165**	**100.0**	**8213807**	**100.0**	**10688092**	**100.0**
增值税	1096840	16.2	990816	12.1	1191977	11.2
营业税	1798511	26.6	2236209	27.2	2838716	26.6
企业所得税	1037026	15.3	949487	11.6	1258896	11.8
个人所得税	321678	4.8	356578	4.3	429621	4.0
资源税	7553	0.1	6877	0.1	5634	0.1
投资方向调节税			15	0.0		
城市维护建设税	260574	3.9	287018	3.5	374004	3.5
房产税	192059	2.8	223618	2.7	252761	2.4
印花税	119725	1.8	151807	1.8	178002	1.7
城镇土地使用税	104237	1.5	111642	1.4	117116	1.1
土地增值税	66075	1.0	156658	1.9	243855	2.3
车船使用和牌照税	37249	0.6	34087	0.4	43854	0.4
耕地占用税	17953	0.3	127788	1.6	123306	1.2
契税	403116	6.0	504010	6.1	708734	6.6
行政性收费收入	785735	11.6	1006929	12.3	1412889	13.2
罚没收入	69360	1.0	81567	1.0	87995	0.8
国有资本经营收入	-20700	-0.3	237500	2.9	70830	0.7
国有资源（资产）有偿使用收入	**222498**	**3.3**	**427669**	**5.2**	**833662**	**7.8**
专项收入	149369	2.2	164354	2.0	207301	1.9
其他收入	87306	1.3	159178	1.9	308938	2.9

市级一般预算收入比重分析

（单位：万元）

项　　目	2008年		2009年		2010年	
	收入	比重	收入	比重	收入	比重
地方财政收入小计	**2903742**	**100.0**	**3255529**	**100.0**	**4214888**	**100.0**
增值税	387456	13.3	307578	9.4	449696	10.7
营业税	880171	30.3	1083094	33.3	1417335	33.6
企业所得税	416733	14.4	319039	9.8	421154	10.0
个人所得税	183060	6.3	193857	6.0	221431	5.3
资源税						
投资方向调节税						
城市维护建设税	39990	1.4	32115	1.0	57508	1.4
房产税	1983	0.1	3970	0.1	1704	0.04
印花税	8784	0.3	22015	0.7	14459	0.3
城镇土地使用税	298.0034	0.0	2822	0.1	4079	0.097
土地增值税	33047	1.1	78529	2.4	126381	3.0
车船使用税	157.5709	0.0	963	0.0	1551	0.037
耕地占用税						
契税	5948	0.2	19032.6121	0.6	14851	0.4
行政性收费收入	631333	21.7	728081	22.4	760483	18.0
罚没收入	24136	0.8	25711	0.8	31006	0.7
国有资本经营收入	-25000	-0.9	-25000	-0.8	-25000	-0.6
国有资源（资产）有偿使用收入	**206010**	**7.1**	**395558**	**12.2**	**620094**	**14.7**
专项收入	42381	1.5	41693	1.3	57020	1.4
其他收入	67253	2.3	26472	0.8	41134	1.0

区县一般预算收入比重分析

（单位：万元）

项　　目	2008 年		2009 年		2010 年	
	收入	比重	收入	比重	收入	比重
地方财政收入小计	**2732392**	**100.0**	**3411979**	**100.0**	**4475983**	**100.0**
增值税	387868	14.2	399391	11.7	451593	10.1
营业税	661014	24.2	820799	24.1	1046659	23.4
企业所得税	357993	13.1	347628	10.2	486185	10.9
个人所得税	69837	2.6	84738	2.5	108144	2.4
资源税	7553	0.3	6877	0.2	5634	0.1
投资方向调节税				0.0	0	
城市维护建设税	192481	7.0	218813	6.4	274963	6.1
房产税	138201	5.1	157639	4.6	183249	4.1
印花税	73979	2.7	84965	2.5	108937	2.4
城镇土地使用税	78660	2.9	82029	2.4	88772	2.0
土地增值税	27577	1.0	64029	1.9	95184	2.1
车船使用税	35690	1.3	31852	0.9	40789	0.9
耕地占用税	17953	0.7	127788	3.7	123306	2.8
契税	375341	13.7	438541	12.9	646008	14.4
行政性收费收入	132424	4.8	230189	6.7	490562	11.0
罚没收入	44587	1.6	55417	1.6	56352	1.3
国有资本经营收入	4300	0.2	44975	1.3	14830	0.3
国有资源（资产）有偿使用收入	**12861**	**0.5**	**27660**	**0.8**	**23556**	**0.5**
专项收入	94843	3.5	106991	3.1	132290	3.0
其他收入	19230	0.7	81658	2.4	98969	2.2

三区一般预算收入比重分析

（单位：万元）

项　　目	2008 年		2009 年		2010 年	
	收入	比重	收入	比重	收入	比重
地方财政收入小计	**1120031**	**100.0**	**1546299**	**100.0**	**1997222**	**100.0**
增值税	321516	28.7	283847	18.4	290687	14.6
营业税	257325	23.0	332316	21.5	374721	18.8
企业所得税	262300	23.4	282821	18.3	351557	17.6
个人所得税	68781	6.1	77984	5.0	100046	5.0
资源税		0.0		0.0	0	0.0
投资方向调节税			15.1226	0.0	0	
城市维护建设税	28103	2.5	36090	2.3	41533	2.1
房产税	51875	4.6	62008	4.0	67808	3.4
印花税	36962	3.3	44827	2.9	54606	2.7
城镇土地使用税	25279	2.3	26792	1.7	24264	1.2
土地增值税	5451	0.5	14100	0.9	22291	1.1
车船使用税	1402.0738	0.1	1272	0.1	1513	0.1
耕地占用税		0.0		0.0	0	0.0
契税	21827	1.9	46436	3.0	47875	2.4
行政性收费收入	21978	2.0	48659	3.1	161843	8.1
罚没收入	637	0.1	439	0.0	638	0.0
国有资本经营收入		0.0	217525	14.1	81000	4.1
国有资源（资产）有偿使用收入	**3627.136**	**0.3**	**4451**	**0.3**	**190011**	**9.5**
专项收入	12146	1.1	15670	1.0	17992	0.9
其他收入	822	0.1	51048	3.3	168835	8.5

2010年区县财政收入明细表

（单位：万元）

项　目	合计	十八区县小计	和平	河北	河东	河西
一、地方一般预算收入小计	**6473184**	**4475967**	**300658**	**185676**	**210588**	**306475**
税收收入	5036314	3659415	245748	138057	180384	287745
增值税（18.75%）	742279	451592	16584	8372	13825	17935
营业税（50%）	1421380	1046659	89542	43392	60552	123063
企业所得税（30%）	837737	486181	36630	14331	24279	26080
个人所得税（20%）	208189	108143	10611	4835	7496	12395
资源税	5634	5634				
城市维护建设税	316496	274964	16910	8592	13676	22083
房产税	251058	183249	18981	6270	8218	20926
印花税	163541	108935	5433	3939	3794	9024
城镇土地使用税	113036	88772	2464	2744	2615	3534
土地增值税	117475	95185	6224	4545	5367	5047
车船税	42301	40788	1960	4391	2801	4342
耕地占用税	123306	123306				
契税	693882	646007	40409	36646	37761	43316
非税收入	1436870	816552	54910	47619	30204	18730
专项收入	150278	132286	7322	3801	6288	9884
行政性收费收入	652407	490564	2136	5082	17995	5050
罚没收入	56987	56350	5372	1553	826	604
国有资本经营收入	95829	14829			977	3000
国有资产有偿使用	213565	23554	517	8437	3604	192
其他收入	267804	98969	39563	28746	514	
二、基金预算收入	**5810492**	**5094961**				

《2010 年区县财政收入明细表》续表 1 （单位：万元）

项　　目	南开	红桥	塘沽	汉沽	大港	东丽
一、地方一般预算收入小计	**270036**	**100040**	**600147**	**95946**	**163568**	**401922**
税收收入	251939	81206	390301	82628	138919	308359
增值税（18.75%）	20011	5129	20594	5279	20896	51655
营业税（50%）	80509	27454	129238	25783	41420	71162
企业所得税（30%）	27039	6432	52436	5456	12820	48052
个人所得税（20%）	9046	2556	8346	1178	5269	6654
资源税			1241	704	3689	
城市维护建设税	14963	6565	23141	5354	12879	31422
房产税	19032	5897	15797	2748	8297	13670
印花税	5493	1941	10631	1851	6094	10518
城镇土地使用税	5608	2049	10204	3559	8552	7218
土地增值税	16514	1417	16344	1400	1151	2473
车船税	4234	2139	3695	420	1689	2723
耕地占用税			37			7739
契税	49491	19627	98597	28895	16164	55074
非税收入	18097	18834	209846	13318	24649	93563
专项收入	6496	2896	11383	3249	7099	14443
行政性收费收入	3629	2734	179252	8011	16653	77283
罚没收入	208	799	6115	1936	558	1165
国有资本经营收入		10300				
国有资产有偿使用	114	1082	2036	122	109	304
其他收入	7650	1023	11060		230	368
二、基金预算收入			**1194189**	**110773**	**23044**	**1312443**

《2010 年区县财政收入明细表》续表 2　　（单位：万元）

项　　目	西青	津南	北辰	武清	宝坻	蓟县
一、地方一般预算收入小计	**376565**	**361842**	**266911**	**328367**	**168365**	**109007**
税收收入	336643	287721	246980	291827	137116	78931
增值税（18.75%）	57770	31571	63561	53187	21669	8258
营业税（50%）	88824	76697	49622	54442	28819	22175
企业所得税（30%）	55191	41176	40331	57998	10216	10930
个人所得税（20%）	9382	5009	8301	8223	2781	2261
资源税						
城市维护建设税	22169	18730	21250	18317	19819	4702
房产税	15093	8474	14918	12278	4887	2389
印花税	10267	5977	9700	7467	6746	1913
城镇土地使用税	6790	4924	6393	8467	7901	1753
土地增值税	10643	9494	4597	4356	1601	2399
车船税	2258	2180	2034	1636	942	1162
耕地占用税	17195	9873	9456	33566	14105	6167
契税	41061	73616	16817	31891	17630	14822
非税收入	39922	74121	19931	36540	31249	30076
专项收入	9999	8409	9627	8438	9380	4101
行政性收费收入	27352	54569	8842	19187	12429	18438
罚没收入	1224	621	1241	8716	8713	6648
国有资本经营收入						
国有资产有偿使用	377	1958	221	199	725	889
其他收入	970	8564			2	
二、基金预算收入	**195727**	**796589**	**170253**	**145686**	**225642**	**270445**

《2010 年区县财政收入明细表》续表 3

（单位：万元）

项　目	宁河	静海	三区小计	开发	保税	园区
一、地方一般预算收入小计	**80188**	**149667**	**1997217**	**1290483**	**488019**	**218715**
税收收入	49079	125833	1376899	846700	351035	179164
增值税（18.75%）	6042	29254	290687	192550	59126	39011
营业税（50%）	12933	21032	374721	224649	105740	44332
企业所得税（30%）	5963	10821	351556	211849	93226	46481
个人所得税（20%）	1159	2641	100046	63048	21724	15274
资源税						
城市维护建设税	3179	11213	41532	20934	12673	7925
房产税	1634	3740	67809	41278	18440	8091
印花税	1504	6643	54606	32197	17578	4831
城镇土地使用税	1063	2935	24264	16891	5479	1894
土地增值税	688	925	22290	14502	4806	2982
车船税	741	1441	1513	799	518	196
耕地占用税	5835	19334				
契税	8338	15853	47874	28003	11725	8147
非税收入	31109	23834	620318	443783	136984	39551
专项收入	2275	7196	17992	9132	5465	3395
行政性收费收入	21575	10347	161843	98165	45805	17873
罚没收入	3966	6085	637	523	85	29
国有资本经营收入	552		81000		63000	18000
国有资产有偿使用	2462	206	190011	189438	319	254
其他收入	279		168835	146525	22310	
二、基金预算收入	**191409**	**458761**	**715531**	**397947**	**134500**	**183084**

2010年全市财政一般预算支出分级情况表

（单位：万元）

预 算 科 目	决算数合计	市级	区级	县级	乡镇级
一般预算支出合计	**13768395**	**6314336**	**6837609**	**502641**	**113809**
一般公共服务	980718	386834	522312	44543	27029
外交					
国防	8826	5535	3291		
公共安全	849197	430414	378835	39668	280
教育	2295648	745431	1336066	175586	38565
科学技术	432530	272344	153056	7130	
文化体育与传媒	242788	149421	87185	5760	422
社会保障和就业	1377424	988869	332543	48881	7131
医疗卫生	700719	334708	328355	35572	2084
环境保护	270990	230320	38459	2211	
城乡社区事务	3552871	1114303	2350218	73168	15182
农林水事务	671405	472150	152194	26594	20467
交通运输	469525	435380	13578	20567	
资源勘探电力信息等事务	791301	142078	647410	1813	
商业服务业等事务	177712	83541	88630	5541	
金融监管等事务支出	15007	9328	5679		
地震灾后恢复重建支出	81354	81154	200		
国土资源气象等事务	243892	223975	17247	2670	
住房保障支出	63218	25676	37364	178	
粮油物资储备管理事务	45868	33109	11465	1294	
预备费					
国债还本付息支出					
其他支出	497402	149766	333522	11465	2649

2010年全市财政支出完成情况

（单位：万元）

项　目	年初预算	调整预算	实际支出	占调整预算%
总　计	**20332820**	**25209399**	**21694222**	**0.9**
一般预算支出合计	**12815786**	**15436617**	**13768395**	**0.9**
一般公共服务	930860	1013761	980718	1.0
外交				
国防	7855	9803	8826	0.9
公共安全	775870	862010	849197	1.0
教育	2030600	2439708	2295648	0.9
科学技术	401130	498067	432530	0.9
文化体育与传媒	223220	337353	242788	0.7
社会保障和就业	1297430	1415684	1377424	1.0
医疗卫生	650170	741648	700719	0.9
环境保护	167350	314826	270990	0.9
城乡社区事务	3701850	4025154	3552871	0.9
农林水事务	617690	705946	671405	1.0
交通运输	359880	597695	469525	0.8
资源勘探电力信息等事务	774920	900380	791301	0.9
商业服务业等事务	101510	252488	177712	0.7
金融监管等事务支出	36280	17929	15007	0.8
地震灾后恢复重建支出	82138	81354	81354	1.0
国土资源气象等事务	175400	270017	243892	0.9
住房保障支出	35501	63227	63218	1.0
粮油物资储备管理事务	26100	46870	45868	1.0
预备费	129600			
国债还本付息支出				
其他支出	290432	842697	497402	0.6
基金预算支出合计	**7517034**	**9772782**	**7925827**	**0.8**
一般公共服务				
教育				
文化体育与传媒	13274	14793	7617	0.5
社会保障和就业	66731	74424	32494	0.4
城乡社区事务	7161521	9508657	7786645	0.8
农林水事务	3360	3699	1919	0.5
交通运输		31430	31430	1.0
资源勘探电力信息等事务	16736	26014	11025	0.4
商业服务业等事务	2431	400	400	1.0
其他支出	252981	113365	54297	0.5

2010 年市级财政支出完成情况

（单位：万元）

项　　目	年初预算	调整预算	实际支出	占调整预算%
总　　计	**8460857**	**10692605**	**9540144**	**0.9**
一般预算支出合计	**5747466**	**7203361**	**6314336**	**0.9**
一般公共服务	388840	401053	386834	1.0
外交	0	0	0	
国防	4637	6512	5535	0.8
公共安全	397190	435000	430414	1.0
教育	608200	794714	745431	0.9
科学技术	263720	333864	272344	0.8
文化体育与传媒	146300	174268	149421	0.9
社会保障和就业	984370	997889	988869	1.0
医疗卫生	272420	352527	334708	0.9
环境保护	113890	256809	230320	0.9
城乡社区事务	1046740	1490157	1114303	0.7
农林水事务	416070	502445	472150	0.9
交通运输	347970	530163	435380	0.8
资源勘探电力信息等事务	83930	159543	142078	0.9
商业服务业等事务	75000	150672	83541	0.6
金融监管等事务支出	34280	12101	9328	0.8
地震灾后恢复重建支出	82138	81154	81154	1.0
国土资源气象等事务	158140	247464	223975	0.9
住房保障支出	2000	25676	25676	1.0
粮油物资储备管理事务	15740	33400	33109	1.0
预备费	58000			
国债还本付息支出				
其他支出	247891	217950	149766	0.7
基金预算支出合计	**2713391**	**3489244**	**3225808**	**0.9**
一般公共服务				
教育				
文化体育与传媒	13274	14790	7617	0.5
社会保障和就业	40475	41959	19238	0.5
城乡社区事务	2520295	3297528	3115375	0.9
农林水事务	2959	3281	1700	0.5
交通运输	0	31430	31430	1.0
资源勘探电力信息等事务	13588	20490	9702	0.5
商业服务业等事务	2431	400	400	1.0
其他支出	120369	79366	40346	0.5

2010 年一般预算支出功能分类

（单位：万元）

预算科目	决算数	预算科目	决算数
一般预算支出	**13768395**	其他国防支出	1007
一般公共服务	**980718**	**公共安全**	**849197**
人大事务	20469	武装警察	31002
政协事务	15717	公安	501472
政府办公厅（室）及相关机构事务	367416	国家安全	30669
发展与改革事务	21906	检察	59482
统计信息事务	21387	法院	100621
财政事务	44469	司法	24802
税收事务	116432	监狱	66611
审计事务	15104	劳教	26375
海关事务	770	国家保密	31
人力资源事务	18780	其他公共安全支出	8132
纪检监察事务	13169	**教育**	**2295648**
人口与计划生育事务	38506	教育管理事务	22572
商贸事务	43060	普通教育	1656908
知识产权事务	2118	职业教育	325817
工商行政管理事务	57727	成人教育	10391
质量技术监督与检验检疫事务	26018	广播电视教育	5371
民族事务	1654	特殊教育	12531
宗教事务	1671	教师进修及干部继续教育	40867
港澳台侨事务	2098	教育费附加支出	148905
档案事务	9139	其他教育支出	72286
共产党事务	83122	**科学技术**	**432530**
民主党派及工商联事务	8658	科学技术管理事务	10487
群众团体事务	21586	基础研究	2000
其他一般公共服务支出	29742	应用研究	21808
外交		技术研究与开发	132784
国防	**8826**	科技条件与服务	5743
预备役部队	1451	社会科学	4215
民兵	3753	科学技术普及	6092
国防动员	2615	科技交流与合作	370

《2010 年一般预算支出功能分类》续表 1　　　（单位：万元）

预 算 科 目	决 算 数	预 算 科 目	决 算 数
其他科学技术支出	249031	公立医院	211818
文化体育与传媒	**242788**	基层医疗卫生机构	65056
文化	101846	公共卫生	75543
文物	13400	医疗保障	265359
体育	61625	中医药	8841
广播影视	40012	食品和药品监督管理事务	27414
新闻出版	5966	其他医疗卫生支出	23549
文化事业建设费支出		**环境保护**	**270990**
其他文化体育与传媒支出	19939	环境保护管理事务	11221
社会保障和就业	**1377424**	环境监测与监察	1640
人力资源和社会保障管理事务	66947	污染防治	108874
民政管理事务	59748	自然生态保护	3238
财政对社会保险基金的补助	826385	退耕还林	1156
行政事业单位离退休	20326	能源节约利用	42121
企业改革补助	671	污染减排	54754
就业补助	128799	可再生能源	12628
抚恤	37265	资源综合利用	30690
退役安置	50711	其他环境保护支出	4668
社会福利	**31250**	**城乡社区事务**	**3552871**
残疾人事业	6097	城乡社区管理事务	164368
城市居民最低生活保障	93682	城乡社区规划与管理	5832
其他城镇社会救济	5068	城乡社区公共设施	2572913
自然灾害生活救助	558	城乡社区环境卫生	379360
红十字事业	1458	**建设市场管理与监督**	**1464**
农村最低生活保障	16364	政府住房基金支出	
其他农村社会救济	7805	国有土地使用权出让金支出	
大中型水库移民后期扶持基金支出		城市公用事业附加支出	
小型水库移民扶助基金支出		农业土地开发资金支出	
其他社会保障和就业支出		新增建设用地有偿使用费支出	
医疗卫生	**700719**	其他城乡社区事务支出	428934
医疗卫生管理事务	23139	**农林水事务**	**671405**

《2010年一般预算支出功能分类》续表2　（单位：万元）

预算科目	决算数	预算科目	决算数
农业	263695	农村金融发展支出	765
林业	46419	其他金融监管等事务支出	11357
水利	270835	**地震灾后恢复重建支出**	**81354**
南水北调	422	其他地震灾后恢复重建支出	81354
扶贫	4550	**国土资源气象等事务**	**243892**
农业综合开发	24110	国土资源事务	76805
农村综合改革	15990	海洋管理事务	162341
其他农林水事务支出	45384	地震事务	3211
交通运输	**469525**	气象事务	1535
公路水路运输	294828	**住房保障支出**	**63218**
铁路运输	430	保障性住房支出	25676
民用航空运输	2750	住房改革支出	35438
石油价格改革对交通运输的补贴	57695	城乡社区住宅	2104
其他交通运输支出	113812	**粮油物资储备管理事务**	**45868**
资源勘探电力信息等事务	**791301**	粮油事务	45851
制造业	93656	物资储备	17
建筑业	5849	其他支出	497402
电力监管支出	6327	**汶川地震捐赠支出**	**807**
工业和信息产业监管支出	16492	彩票事务	
安全生产监管	7222	其他支出	496595
国有资产监管	7528		
支持中小企业发展和管理支出	253522		
其他资源勘探电力信息等事务支出	400705		
商业服务业等事务	**177712**		
商业流通事务	65860		
旅游业管理与服务支出	10767		
涉外发展服务支出	68605		
其他商业服务业等事务支出	32480		
金融监管等事务支出	**15007**		
金融部门行政支出			
金融发展支出	2088		

2010年一般预算支出功能分类（分级次、分区县）

（单位：万元）

地区	支出合计	一般公共服务	外交	国防	公共安全	教育	科学技术	文化体育与传媒
全市总计	**13768395**	**980718**		**8826**	**849197**	**2295648**	**432530**	**242788**
市级支出	6314336	386834		5535	430414	745431	272344	149421
区县级支出	7454059	593884		3291	418783	1550217	160186	93367
区县小计	5403669	529964		3291	397032	1507804	80793	79260
和平区	300447	32078			28059	93146	3908	5388
河北区	252786	24811			21399	84946	3786	1713
河东区	242094	25126			23951	77756	3232	2526
河西区	256994	34428		163	24925	83122	3569	2844
南开区	271973	30977			33377	83414	3491	2756
红桥区	171198	19935			18024	71004	2333	2002
塘沽区	598212	46842			39868	142048	7632	5917
汉沽区	142742	16562			10567	36087	2704	2558
大港区	223528	24810		188	18339	101712	1331	9807
东丽区	402198	30808			33897	75518	5899	19186
西青区	426752	32747		1153	29563	71694	9703	6461
津南区	455988	33881		140	18713	83840	10507	3073
北辰区	280974	30523			20707	60228	6237	3291
武清区	467714	28676			19439	130912	6951	2829
宝坻区	293619	46188		1647	16256	98226	2380	2727
蓟县	209336	23265			16595	97057	2448	1738
宁河县	160272	16709			8839	47069	2387	1505
静海县	246842	31598			14514	70025	2295	2939
三区小计	2050390	63920			21751	42413	79393	14107
开发区	1292586	35895			13898	32328	21925	13905
保税区	571378	17086			5731	6576	10676	
园区	186426	10939			2122	3509	46792	202

《2010年一般预算支出功能分类（分级次、分区县）》续表1

（单位：万元）

地　　区	社会保障和就业	医疗卫生	环境保护	城乡社区事务	农林水事务	交通运输	资源勘探电力信息等事务	商业服务业等事务
全市总计	**1377424**	**700719**	**270990**	**3552871**	**671405**	**469525**	**791301**	**177712**
市级支出	988869	334708	230320	1114303	472150	435380	142078	83541
区县级支出	388555	366011	40670	2438568	199255	34145	649223	94171
区县小计	384082	359255	26836	1070525	199255	33251	309303	44612
和平区	22766	18128	928	43905			6650	14838
河北区	25632	23724	737	26477			36716	964
河东区	32860	17357	633	23340			14405	847
河西区	23665	20380	736	38723			218	748
南开区	27475	23957	573	26134			8018	1370
红桥区	16849	13836	380	13848			9743	931
塘沽区	21711	40681	1406	175773	8192	2651	52649	2112
汉沽区	12969	11916	962	19840	7988	1959	11050	686
大港区	9663	16701	1662	12046	15438	1721	1426	1222
东丽区	28637	22155	2100	56396	9809	1809	49323	2138
西青区	23394	46181	8631	159018	16632	1047	11010	4617
津南区	13132	13760	2053	161280	12924	462	43558	2805
北辰区	15080	17413	1584	29483	17127	772	55053	1964
武清区	32623	23147	841	168888	34139	814	899	2209
宝坻区	21614	12263	1399	27024	29945	1449	6772	1620
蓟　县	24253	13024	820	3864	17036	3743	569	1452
宁河县	11930	8457	395	24452	9700	16004	902	697
静海县	19829	16175	996	60034	20325	820	342	3392
三区小计	4473	6756	13834	1368043		894	339920	49559
开发区	3785	6570	13511	1016566		894	43847	49559
保税区	523		120	300455			227964	
园　区	165	186	203	51022			68109	

《2010年一般预算支出功能分类（分级次、分区县）》续表2 （单位：万元）

地　区	金融监管等事务支出	地震灾后恢复重建支出	国土资源气象等事务	住房保障支出	粮油物资储备管理事务	国债还本付息支出	其他支出
全市总计	**15007**	**81354**	**243892**	**63218**	**45868**		**497402**
市级支出	9328	81154	223975	25676	33109		149766
区县级支出	5679	200	19917	37542	12759		347636
区县小计	5679	200	19519	34997	12759		305252
和平区	291		412		295		29655
河北区	44		457		739		641
河东区			782	439	382		18458
河西区			796	15708	505		6464
南开区			825		848		28758
红桥区			413		532		1368
塘沽区			1020		985		48725
汉沽区			3567	2699	304		324
大港区			1032	30	222		6178
东丽区			1086		404		63033
西青区	3123		694	401	133		550
津南区	133		869		545		54313
北辰区	2088	200	1096	15087	2585		456
武清区			750		381		14216
宝坻区			3050	455	2605		17999
蓟　县			87	178	548		2659
宁河县			352		371		10503
静海县			2231		375		952
三区小计			398	2545			42384
开发区			199	67			39637
保税区							2247
园　区			199	2478			500

（二）2010 年其他数字

2010 年度天津市基本数字表

（单位：人）

科　　目	年末机构（个）	年　末　人　数					年末学生人数
		合计	在职人员	离休人员	退休人员	其他人员	
合计行	**5809**	**598726**	**376480**	**6601**	**204875**	**10770**	**1481896**
一般公共服务	**1159**	**63566**	**42341**	**1294**	**18788**	**1143**	
人大事务	22	1309	698	106	479	26	
政协事务	19	1071	592	55	402	22	
政府办公厅（室）及相关机构事务	399	25751	15985	610	8360	796	
发展与改革事务	46	2192	1319	31	835	7	
统计信息事务	69	1435	1058	12	290	75	
财政事务	94	3304	2626	30	640	8	
税收事务	28	4283	3805	8	468	2	
审计事务	21	1371	934	12	424	1	
人力资源事务	18	354	334		20		
纪检监察事务	20	1060	733	32	294	1	
人口与计划生育事务	88	2116	1674	16	401	25	
商贸事务	37	1818	995	56	736	31	
知识产权事务	3	71	45		26		
工商行政管理事务	27	5629	3969	68	1592		
质量技术监督与检验检疫事务	75	2602	1808	27	697	70	
民族事务	1	100	53	7	40		
宗教事务	4	24	18		6		
港澳台侨事务	5	141	94	5	42		
档案事务	22	703	488	6	209		
共产党事务	57	5006	3712	112	1124	58	
民主党派及工商联事务	27	767	437	8	318	4	
群众团体事务	70	2340	909	87	1330	14	
其他一般公共服务支出	7	119	55	6	55	3	
国防	**3**	**55**	**44**		**11**		
民兵	1	7	7				
国防动员	1	34	23		11		
其他国防支出	1	14	14				
公共安全	**170**	**55234**	**43336**	**674**	**9646**	**1578**	
公安	74	32843	27795	250	4537	261	
国家安全	3	2823	2067	96	655	5	
检察	22	3733	2792	80	841	20	
法院	23	5519	4106	71	1067	275	
司法	26	2245	1587	44	614		

《2010年度天津市基本数字表》续表1 （单位：人）

科目	年末机构（个）	年末人数					年末学生人数
		合计	在职人员	离休人员	退休人员	其他人员	
监狱	11	5804	3478	79	1230	1017	
劳教	9	2267	1511	54	702		
其他公共安全支出	2						
教育	**2020**	**240560**	**146931**	**1652**	**90442**	**1535**	**1473952**
教育管理事务	43	2612	1380	70	1162		
普通教育	1640	196051	122090	1118	72174	669	1189562
职业教育	112	29033	16150	298	11852	733	238467
成人教育	59	1693	1016	15	662		28389
广播电视教育	4	637	408	11	218		7027
特殊教育	20	1407	755	6	639	7	1510
教师进修及干部继续教育	60	5684	2957	123	2510	94	8997
其他教育支出	82	3443	2175	11	1225	32	
科学技术	**107**	**6995**	**3020**	**193**	**3734**	**48**	
科学技术管理事务	27	944	508	44	356	36	
应用研究	33	3122	1807	43	1263	9	
技术研究与开发	4	499	210	4	285		
科技条件与服务	3	16	16				
社会科学	1	407	236	37	134		
科学技术普及	13	297	240		54	3	
其他科学技术支出	26	1710	3	65	1642		
文化体育与传媒	**294**	**17504**	**10900**	**295**	**5088**	**1221**	
文化	140	7776	4557	193	2811	215	
文物	20	1066	727	18	251	70	
体育	75	4019	2731	46	1082	160	
广播影视	52	4449	2776	22	897	754	
新闻出版	6	194	109	16	47	22	
其他文化体育与传媒支出	1						
社会保障和就业	**288**	**19701**	**8079**	**1002**	**10446**	**174**	**21**
人力资源和社会保障管理事务	90	4983	3847	60	960	116	
民政管理事务	34	1388	860	41	479	8	
行政事业单位离退休	22	3770	16	314	3440		
就业补助	1	85	78		7		
抚恤	18	754	517	12	215	10	
退役安置	19	4747	273	543	3928	3	
社会福利	42	2909	1762	16	1119	12	

《2010 年度天津市基本数字表》续表 2

（单位：人）

科　目	年末机构（个）	年末人数					年末学生人数
		合计	在职人员	离休人员	退休人员	其他人员	
残疾人事业	36	630	431	3	172	24	21
其他城镇社会救济	10	322	209	11	102		
红十字事业	14	107	80	2	24	1	
其他社会保障和就业支出	2	6	6				
医疗卫生	**516**	**100826**	**65167**	**677**	**32378**	**2604**	**1337**
医疗卫生管理事务	34	2691	1497	74	1103	17	1337
公立医院	100	72186	47513	429	21932	2312	
基层医疗卫生机构	257	17955	10418	108	7249	180	
公共卫生	73	5880	4163	55	1639	23	
医疗保障	3	4	3			1	
食品和药品监督管理事务	36	1107	912	6	177	12	
其他医疗卫生支出	13	1003	661	5	278	59	
环境保护	**45**	**2174**	**1624**	**16**	**514**	**20**	
环境保护管理事务	21	1194	883	16	295		
环境监测与监察	6	261	223		38		
污染防治	1	8	8				
自然生态保护	1	20	15		5		
污染减排	16	691	495		176	20	
城乡社区事务	**463**	**53081**	**30263**	**242**	**20657**	**1919**	**6586**
城乡社区管理事务	175	11799	8265	138	2707	689	6586
城乡社区规划与管理	8	166	140		23	3	
城乡社区公共设施	101	20225	11213	78	8789	145	
城乡社区环境卫生	158	19970	9750	25	9117	1078	
建设市场管理与监督	14	185	163		18	4	
政府住房基金支出	1	635	635				
城市公用事业附加支出	1	11	7	1	3		
其他城乡社区事务支出	5	90	90				
农林水事务	**456**	**18732**	**12945**	**237**	**5425**	**125**	
农业	278	10491	6932	142	3326	91	
林业	62	1420	1116	6	296	2	
水利	114	6780	4857	89	1802	32	
南水北调	1	19	18		1		
其他农林水事务支出	1	22	22				
交通运输	**30**	**4156**	**2662**	**45**	**1414**	**35**	
公路水路运输	28	4132	2647	45	1410	30	

《2010 年度天津市基本数字表》续表 3 （单位：人）

科目	年末机构（个）	年末人数					年末学生人数
		合计	在职人员	离休人员	退休人员	其他人员	
其他交通运输支出	2	24	15		4	5	
资源勘探电力信息等事务	**82**	**2490**	**1810**	**30**	**588**	**62**	
制造业	5	359	117	9	232	1	
建筑业	4	54	42		12		
工业和信息产业监管支出	32	484	364	11	100	9	
安全生产监管	23	438	397		28	13	
国有资产监管	8	206	195		9	2	
支持中小企业发展和管理支出	9	937	695	10	195	37	
其他资源勘探电力信息等事务支出	1	12			12		
商业服务业等事务	**24**	**1344**	**659**	**52**	**629**	**4**	
商业流通事务	11	810	313	35	458	4	
旅游业管理与服务支出	10	258	180	4	74		
其他商业服务业等事务支出	3	276	166	13	97		
金融监管等事务支出	**5**	**39**	**39**				
金融部门行政支出	5	39	39				
国土资源气象等事务	**100**	**10152**	**5600**	**103**	**4419**	**30**	
国土资源事务	87	9830	5319	101	4380	30	
海洋管理事务	4	93	88		5		
地震事务	2	159	135	2	22		
气象事务	7	70	58		12		
住房保障支出	3	512	433	5	74		
城乡社区住宅	3	512	433	5	74		
粮油物资储备管理事务	**12**	**839**	**239**	**70**	**525**	**5**	
粮油事务	11	838	238	70	525	5	
物资储备	1	1	1				
其他支出	**32**	**766**	**388**	**14**	**97**	**267**	
彩票事务	2	174	20		8	146	
其他支出	30	592	368	14	89	121	

2010 年度市本级基本数字表

（单位：人）

科　　目	年末机构个数（个）	年　末　人　数					年末学生人数
		合计	在职人员	离休人员	退休人员	其他人员	
合计行	**1111**	**222798**	**138353**	**3285**	**75247**	**5913**	**462889**
一般公共服务	**288**	**23729**	**16390**	**457**	**6797**	**85**	
人大事务	1	269	165	23	81		
政协事务	1	234	141	9	84		
政府办公厅（室）及相关机构事务	32	3005	1887	80	1033	5	
发展与改革事务	13	771	489	13	269		
统计信息事务	7	602	422	9	171		
财政事务	11	783	585	14	181	3	
税收事务	28	4283	3805	8	468	2	
审计事务	3	436	280	4	152		
人力资源事务	8	92	86		6		
纪检监察事务	2	287	201	17	69		
人口与计划生育事务	8	338	203	8	127		
商贸事务	4	605	311	33	261		
知识产权事务	3	71	45		26		
工商行政管理事务	24	5562	3904	68	1590		
质量技术监督与检验检疫事务	75	2602	1808	27	697	70	
民族事务	1	100	53	7	40		
宗教事务	4	22	16		6		
港澳台侨事务	4	126	82	4	40		
档案事务	2	280	190	5	85		
共产党事务	16	1370	1039	56	273	2	
民主党派及工商联事务	9	467	273	7	187		
群众团体事务	26	1305	350	59	896		
其他一般公共服务支出	6	119	55	6	55	3	
公共安全	**86**	**24963**	**18635**	**458**	**4848**	**1022**	
公安	51	11154	9528	123	1498	5	
国家安全	1	2668	1955	96	617		
检察	3	905	646	44	215		
法院	4	1542	1157	37	348		
司法	5	623	360	25	238		

《2010年度市本级基本数字表》续表1　（单位：人）

科目	年末机构个数（个）	年末人数					年末学生人数
		合计	在职人员	离休人员	退休人员	其他人员	
监狱	11	5804	3478	79	1230	1017	
劳教	9	2267	1511	54	702		
其他公共安全支出	2						
教育	**156**	**57449**	**34336**	**859**	**20903**	**1351**	**456282**
教育管理事务	1	367	152	24	191		
普通教育	47	33795	20953	512	11835	495	276917
职业教育	71	18841	10643	220	7245	733	167866
成人教育							2885
广播电视教育	2	547	329	11	207		835
特殊教育	4	617	328	4	284	1	496
教师进修及干部继续教育	25	2815	1602	88	1035	90	7283
其他教育支出	6	467	329		106	32	
科学技术	**71**	**6210**	**2532**	**183**	**3486**	**9**	
科学技术管理事务	3	317	140	34	143		
应用研究	33	3122	1807	43	1263	9	
技术研究与开发	4	499	210	4	285		
社会科学	1	407	236	37	134		
科学技术普及	4	159	139		20		
其他科学技术支出	26	1706		65	1641		
文化体育与传媒	**70**	**11303**	**6821**	**213**	**3128**	**1141**	
文化	28	4475	2577	139	1605	154	
文物	8	828	544	15	201	68	
体育	28	2631	1861	27	584	159	
广播影视	5	3245	1785	16	694	750	
新闻出版	1	124	54	16	44	10	
社会保障和就业	**65**	**8440**	**4153**	**371**	**3820**	**96**	**21**
人力资源和社会保障管理事务	10	2492	1919	29	448	96	
民政管理事务	4	295	177	14	104		
行政事业单位离退休	14	2252		299	1953		
抚恤	4	396	274	4	118		
退役安置	1	18	9		9		
社会福利	18	2401	1406	11	984		

《2010 年度市本级基本数字表》续表 2

（单位：人）

科　　目	年末机构个数（个）	年　末　人　数					年末学生人数
		合计	在职人员	离休人员	退休人员	其他人员	
残疾人事业	10	305	199	3	103		21
其他城镇社会救济	2	229	139	9	81		
红十字事业	2	52	30	2	20		
医疗卫生	**86**	**49691**	**32318**	**319**	**15554**	**1500**	
医疗卫生管理事务	11	1241	703	16	522		
公立医院	32	45635	29669	281	14256	1429	
公共卫生	5	1082	638	11	433		
食品和药品监督管理事务	36	1107	912	6	177	12	
其他医疗卫生支出	2	626	396	5	166	59	
环境保护	**9**	**666**	**438**	**8**	**220**		
环境保护管理事务	4	300	187	8	105		
环境监测与监察	1	35	28		7		
污染防治	1	8	8				
自然生态保护	1	17	12		5		
污染减排	2	306	203		103		
城乡社区事务	**149**	**23638**	**13762**	**133**	**9339**	**404**	**6586**
城乡社区管理事务	57	3814	2565	57	988	204	6586
城乡社区公共设施	89	19019	10479	76	8344	120	
城乡社区环境卫生	1	146	59		7	80	
建设市场管理与监督	1	24	24				
政府住房基金支出	1	635	635				
农林水事务	**53**	**3927**	**2407**	**104**	**1404**	**12**	
农业	32	2054	1154	66	822	12	
林业	6	130	87	2	41		
水利	14	1724	1148	36	540		
南水北调	1	19	18		1		
交通运输	**10**	**2199**	**1147**	**22**	**1018**	**12**	
公路水路运输	9	2199	1147	22	1018	12	
其他交通运输支出	1						
资源勘探电力信息等事务	**11**	**699**	**471**	**5**	**210**	**13**	
制造业	2	236	65	5	165	1	
建筑业	1	42	30		12		
工业和信息产业监管支出	4	132	119		13		

《2010 年度市本级基本数字表》续表 3

（单位：人）

科目	年末机构个数（个）	年末人数					年末学生人数
		合计	在职人员	离休人员	退休人员	其他人员	
安全生产监管	1	94	92		2		
国有资产监管	1	131	125		6		
支持中小企业发展和管理支出	1	52	40			12	
其他资源勘探电力信息等事务支出	1	12			12		
商业服务业等事务	**9**	**613**	**272**	**32**	**309**		
商业流通事务	3	321	139	15	167		
旅游业管理与服务支出	4	142	77	4	61		
其他商业服务业等事务支出	2	150	56	13	81		
金融监管等事务支出	2	28	28				
金融部门行政支出	2	28	28				
国土资源气象等事务	**31**	**8592**	**4376**	**100**	**4104**	**12**	
国土资源事务	27	8374	4179	98	4085	12	
海洋管理事务	3	85	80		5		
地震事务	1	133	117	2	14		
粮油物资储备管理事务	**1**	**180**	**62**	**21**	**97**		
粮油事务	1	180	62	21	97		
其他支出	**14**	**471**	**205**		**10**	**256**	
彩票事务	2	174	20		8	146	
其他支出	12	297	185		2	110	

二、天津市综合经济指标

2010年户籍人口情况表

（单位：万人）

地　　区	总人口		非农业人口		农业人口	
	2009	2010	2009	2010	2009	2010
全市常住人口	**1228.16**	**1299.29**				
全市户籍人口	**979.84**	**984.85**	**598.53**	**604.42**	**381.31**	**380.43**
和平区	39.51	39.93	39.51	39.93		
河东区	71.27	71.18	71.21	71.12	0.06	0.06
河西区	77.97	79.06	77.70	78.79	0.27	0.27
南开区	84.41	85.34	83.28	84.21	1.13	1.13
河北区	63.40	63.12	63.38	63.10	0.02	0.02
红桥区	54.98	54.24	54.72	53.99	0.25	0.25
东丽区	34.50	35.10	14.28	14.85	20.22	20.25
西青区	35.35	35.99	11.68	12.26	23.67	23.73
津南区	41.17	41.29	12.18	12.39	28.99	28.90
北辰区	36.37	36.51	16.44	16.79	19.93	19.72
武清区	84.42	84.70	15.23	15.73	69.19	68.97
宝坻区	67.05	67.20	12.68	13.06	54.36	54.14
滨海新区	109.94	110.79	88.80	89.78	21.14	21.01
天津铁厂	2.58	2.59	2.58	2.59		
宁河县	37.91	38.32	9.84	10.15	28.07	28.17
静海县	55.48	56.16	10.78	11.07	44.70	45.09
蓟　县	83.55	83.36	14.24	14.64	69.31	68.72

2010 年社会从业人员情况

项　　目	绝对数（万人）			构成（%）	
	2009 年	2010 年	2010 年比 2009 年	2009 年	2010 年
从业人员合计	**677.13**	**728.70**	**7.6**	**100**	**100**
一、按登记注册类型分					
内资经济：	594.97	642.28	8.0	87.8	88.1
1. 国有经济	96.96	96.98	0.0	14.3	13.3
2. 集体经济	101.65	101.54	-0.1	15.0	13.9
3. 联营经济	3.14	4.34	38.2	0.5	0.6
4. 股份有限公司	23.80	23.41	-1.6	3.5	3.2
5. 有限责任公司	75.74	92.05	21.5	11.2	12.6
6. 股份合作单位	6.30	4.19	-33.5	0.9	0.6
7. 私营单位	143.91	171.96	19.5	21.2	23.6
8. 个体	114.22	123.67	8.3	16.9	17.0
9. 其他单位	29.25	24.14	-17.5	4.3	3.3
港澳台商投资单位	20.08	26.34	31.2	3.0	3.6
外商投资单位	62.08	60.08	-3.2	9.2	8.3
二、按国民经济行业分					
农、林、牧、渔业	75.70	73.85	-2.4	11.2	10.1
采矿业	9.32	10.64	14.2	1.4	1.5
制造业	209.84	218.34	4.1	31.0	30.0
电力、燃气业、自来水	5.95	5.89	-1.0	0.9	0.8
建筑业	55.90	67.46	20.7	8.3	9.3
交通、仓储、邮电业	34.97	26.23	-25.0	5.1	3.6
信息传输、计算机业	4.73	5.11	8.0	0.7	0.7
批发和零售业	97.61	102.84	5.4	14.4	14.1
住宿和餐饮业	27.68	32.89	18.8	4.1	4.5
金融业	9.84	11.82	20.1	1.4	1.6
房地产业	10.36	14.58	40.7	1.5	2.0
租赁和商务服务业	19.13	24.97	30.5	2.8	3.4
科研、科技和地质勘探	13.91	20.27	45.7	2.1	2.8
水利、环境和公共管理	5.22	6.37	22.0	0.8	0.9
居民服务和其他服务	30.12	39.41	30.8	4.4	5.4
教育	28.26	28.75	1.7	4.2	3.9
卫生、社会保障、社会福利	14.04	14.27	1.6	2.1	2.0
文化、体育和娱乐业	4.04	4.38	8.4	0.6	0.6
社会管理和社会组织	20.51	20.63	0.6	3.0	2.8

2010 年城镇单位从业人员及构成

项　　目	绝对数（万人）		构　　成（%）	
	2009 年	2010 年	2009 年	2010 年
总　　计	**201.65**	**205.65**	**100**	**100**
一、按登记注册类型分				
国有单位	81.21	80.79	40.3	39.3
集体单位	4.76	4.30	2.3	2.1
其他单位	115.68	120.56	57.4	58.6
其中：外商及港澳台商投资单位	55.32	59.50	27.4	28.9
股份有限公司	12.26	12.56	6.1	6.1
二、按国民经济行业分				
农、林、牧、渔业	0.74	0.71	0.4	0.3
采矿业	9.27	8.96	4.6	4.4
制造业	72.90	75.29	36.2	36.6
电力、燃气业、自来水	3.34	3.28	1.7	1.6
建筑业	10.67	10.21	5.3	5.0
交通、仓储、邮电业	12.29	12.50	6.1	6.1
信息传输、计算机业	2.48	2.24	1.2	1.1
批发和零售业	11.85	12.39	5.9	6.0
住宿和餐饮业	4.08	4.83	2.0	2.3
金融业	6.68	6.95	3.3	3.4
房地产业	3.12	3.61	1.5	1.8
租赁和商务服务业	7.34	6.95	3.6	3.4
科研、科技和地质勘探	5.91	6.47	2.9	3.1
水利、环境和公共管理	3.60	3.55	1.8	1.7
居民服务和其他服务	7.01	6.86	3.5	3.3
教　　育	16.56	16.43	8.2	8.0
卫生、社会保障、社会福利	8.49	8.98	4.2	4.4
文化、体育和娱乐业	1.75	1.75	0.9	1.8
社会管理和社会组织	13.57	13.69	6.7	6.7
三、按企业、事业、机关分				
企　业	154.57	158.09	76.6	76.9
中　央	27.76	26.87	13.7	13.1
地　方	126.81	131.22	62.9	63.8
事　业	34.63	34.78	17.2	16.9
中　央	1.78	1.80	0.9	0.9
地　方	32.85	32.97	16.3	16.0
机　关	12.45	12.78	6.2	6.2
中　央	1.01	1.06	0.5	0.5
地　方	11.44	11.73	5.7	5.7

2010年城镇单位从业人员劳动报酬

项目	劳动报酬总额（亿元）		人均劳动报酬（元）	
	2009年	2010年	2009年	2010年
总计	**886.51**	**1051.19**	**43937**	**51489**
一、按经济类型分				
国有经济	389.47	456.02	47895	56635
集体经济	14.81	17.98	29018	37686
其他经济	482.23	577.19	41806	48557
其中：外商及港澳台商投资	218.69	268.84	39663	45898
股份有限公司	73.60	87.44	61089	70733
二、按国民经济行业分				
农、林、牧、渔业	2.36	2.90	31834	40221
采矿业	53.61	53.51	57508	59897
制造业	268.29	319.22	36495	42482
电力、燃气业、自来水	23.59	26.82	71632	82607
建筑业	48.00	56.95	44374	53686
交通、仓储、邮电业	59.99	69.80	48453	55912
信息传输、计算机业	14.37	15.92	59022	73276
批发和零售业	38.81	54.55	32671	44710
住宿和餐饮业	7.78	10.26	21067	22742
金融业	48.67	59.94	74068	89166
房地产业	12.52	16.34	40945	47385
租赁和商务服务业	19.28	19.96	26377	28880
科研、科技和地质勘探	39.81	50.69	67825	80485
水利、环境和公共管理	13.24	15.64	36742	44067
居民服务和其他服务	14.82	15.81	20992	23529
教育	93.76	109.09	56700	66285
卫生、社会保障、社会福利	41.49	52.02	49175	60149
文化、体育和娱乐业	8.72	9.55	49221	54182
公共管理和社会组织	77.40	92.22	57443	67714
三、按企业、事业、机关分				
企业	635.21	751.14	41023	47845
中央	167.20	184.15	60545	69320
地方	468.01	566.99	36785	43471
事业	179.38	213.47	51931	61946
中央	10.19	11.21	57064	63106
地方	169.19	202.26	51651	61883
机关	71.92	86.58	58074	68146
中央	5.57	6.05	55808	58430
地方	66.35	80.53	58273	69008

2010年主要农作物播种面积

（单位：公顷）

地　区	粮食作物	其中：			油料作物	棉　花	蔬　菜
		小　麦	稻　谷	玉　米			
东丽区	3116.9		54.5	2441.3		2004.7	2674.1
西青区	6531.4	1187.9	276.6	4673.6	166.7	3328.3	10945.3
津南区	3782.2	12.9	72.7	2940.5		3255.5	1524.7
北辰区	9113.3	745.3	30.8	7071.9	188.9	2999.6	5833.4
武清区	98029.5	39051.5	24.4	58121.9	466.3	4268.0	22944.6
宝坻区	92172.7	36216.5	7504.6	46795.7	292.6	6409.5	10923.3
滨海新区							
塘沽区	924.6	4.5		623.7		1430.8	818.6
汉沽区	1124.2		99.1	915.0		309.3	486.3
大港区	13588.3	2134.3		9352.5	57.1	1045.7	388.2
宁河县	18858.3	410.3	4033.5	12714.5	1.8	13485.5	9290.5
静海县	53889.0	6183.9		40828.6	317.4	13052.8	5905.8
蓟　县	77091.5	29889.6	1163.5	45113.4	673.7	182.4	6701.1

2010年主要农作物产品产量

（单位：吨）

地　区	粮食作物	其中：			油料作物	棉　花	蔬　菜
		小　麦	稻　谷	玉　米			
东丽区	17620		409	14362		1884	145676
西青区	40730	5556	2000	31904	410	3836	550002
津南区	22420	48	465	18466		3888	73896
北辰区	50676	3979	208	43227	429	2938	269512
武清区	650118	221916	183	425389	1377	4981	1314858
宝坻区	632500	208469	62856	352575	561	10493	536597
滨海新区							
塘沽区	3920	20		2785		1087	32096
汉沽区	7987		703	6808		475	26662
大港区	65290	4105		54502	53	796	23423
宁河县	156369	2182	39243	107606	5	15639	475320
静海县	320207	27703		273622	784	16353	323498
蓟　县	486998	160830	9351	313499	2818	340	421578

2010年工业总产值情况

项　　目	企业单位数（个）		工业总产值（亿元）		工业总产值增长%
	2009年	2010年	2009年	2010年	
全部国有及规模以上工业	**8326**	**7947**	**13083.63**	**16751.82**	**31.7**
按登记注册类型分组					
内资企业	5878	5611	7633.96	9703.34	34.7
国有企业	390	272	1470.72	2093.38	53.8
集体企业	315	257	159.98	125.74	-13.9
股份合作企业	137	117	85.53	90.12	32.9
私营企业	3756	3676	1871.05	2458.44	31.2
股份有限公司	126	126	1103.06	1784.68	59.5
有限责任公司	1067	1068	2910.51	3106.49	19.8
联营企业	24	22	5.58	8.66	69.8
其他内资企业	63	73	27.50	35.83	25.1
港澳台商投资企业	480	453	895.97	1455.47	39.4
外商投资企业	1968	1883	4553.70	5593.01	25.4
按隶属关系分组					
市管工业	2235	968	7279.03	5239.11	19.9
区县管工业	1675	1424	2262.14	1861.31	26.6
街管工业	163	128	54.60	84.44	54.6
乡镇管工业	4456	5113	2938.41	6272.51	31.2
按轻重分组					
轻工业	2740	2551	2238.93	2731.22	23.6
重工业	5586	5396	10844.70	14020.60	33.4
按规模分组					
大　型	58	74	4930.15	7197.54	46.0
中　型	625	721	4484.17	5316.08	30.1
小　型	7643	7152	3669.31	4238.20	45.3

2010 年主要工业产品产量

产品名称	单　位	2010 年	产品名称	单　位	2010 年
原油	万吨	3332.73	轮胎外胎	万条	3401.63
原油加工量	万吨	1534.56	农用塑料薄膜	吨	28656.96
发电量	亿千瓦小时	589.08	合成洗涤剂	万吨	0.58
天然气	亿立方米	17.19	化学原料药	吨	11744.54
原盐	万吨	207.60	中成药	吨	4750.77
食用植物油	万吨	277.02	水泥	万吨	809.71
饮料酒	万千升	43.57	平板玻璃	万重量箱	686.83
方便主食品	万吨	30.47	生铁	万吨	1926.36
软饮料	万吨	448.57	粗钢	万吨	2162.11
卷烟	亿支	2205000.00	钢材	万吨	4483.71
家具	万件	676.23	黄金	千克	69.00
化学纤维	万吨	12.80	焦碳	万吨	222.69
纱	万吨	3.81	发动机	万千瓦	3348.51
布	万米	26352.23	金属切削机床	台	1738.00
毛线	吨	1286.00	汽车	辆	73.81
呢绒	万米	451.49	其中：轿车	辆	63.52
服装	万件	17672.19	摩托车	万辆	34.19
人造板	万立方米	5.46	自行车	万辆	2240.92
机制纸及纸板	万吨	91.82	家用电冰箱	万台	62.84
硫酸	万吨	32.34	空调	万台	405.13
纯碱	万吨	46.82	微波炉	万台	833.96
烧碱	万吨	123.30	移动电话	万部	9107.90
合成氨	万吨	2.59	微型计算机	万部	1.02
农用化肥	万吨	1.49	半导体集成电路	亿块	8.90
化学农药	吨	7973.02	彩色电视机	万台	212.67
乙烯	万吨	109.26	照相机	万台	1227.07
涂料	吨	250608.85	吸尘器	万台	267.28
染料	吨	48917.24			

2010年城市居民消费价格分类指数

（以上年为100）

项　　目	2010年	项　　目	2010年
居民消费价格总指数	**103.5**	其他食品	102.9
1. 食品	108.0	2. 烟酒及用品	104.3
粮食	117.5	烟草	103.9
淀粉	108.6	酒	106.1
干豆类及豆制品	113.6	吸烟饮酒用品	101.9
油脂类	105.2	3. 衣着	102.8
肉禽及其制品	103.9	服装	102.9
蛋类	108.0	鞋袜帽	102.4
水产品	110.9	衣着加工服务	117.6
菜类	114.7	4. 家庭设备及维修服务	99.5
调味品	105.2	5. 医疗保健和个人用品	103.7
糖	105.9	6. 交通和通讯	98.1
茶及饮料	100.7	交通	101.9
干鲜瓜果	111.5	通信	92.6
糕点饼干面包	102.4	7. 娱乐教育文化及服务	98.8
液体乳及乳制品	104.8	教育	101.8
在外用膳食品	106.6	8. 居住	102.3

2010年城市商品零售价格分类指数

（以上年为100）

项　　目	2010年	项　　目	2010年
商品零售价格总指数	**103.4**	3. 服装鞋帽	102.7
1. 食品	108.3	4. 纺织品	108.6
粮食	117.5	5. 家用电器及音像器材	93.8
油脂类	105.2	6. 文化办公用品	90.8
肉禽及其制品	103.9	7. 日用品	100.5
水产品	110.9	8. 体育娱乐用品	94.9
鲜菜	114.7	9. 交通通讯用品	96.1
调味品	105.2	10. 家具	93.4
干鲜瓜果品	111.5	11. 化妆品	102.5
糕点饼干面包	102.4	12. 金银珠宝	125.4
液体乳及乳制品	104.8	13. 中西药品及保健用品	106.4
在外用膳食品	106.6	14. 书报杂志及电子出版物	100.0
其他食品	102.9	15. 燃料	106.8
2. 饮料烟酒	103.8	16. 建筑材料及五金电料	101.4

2010年城乡居民物质文化生活水平提高情况

指　　标	单位	2009年	2010年	指　　标	单位	2009年	2010年
居民收入支出				每百户城市居民家庭拥有			
从业人员年均收入	元	43937	51489	电视机	台	127.3	130.8
城市居民人均支配收入	元	21402	24293	家用电脑	台	80.3	91.2
城市居民人均消费支出	元	14801	16562	每百户农民家庭拥有			
农村居民人均年纯收入	元	10675	11801	电视机	台	129.0	131.0
农村居民人均消费支出	元	4926	5606	家用电脑	台	23.0	29.0
储蓄				平均每人每年拥有图书	册	3.5	3.0
城乡居民人均储蓄余额	万元	4.05	4.34	平均每百人每天拥有报纸	份	21.8	20.4
住房				教育			
城市人均住宅建筑面积	平方米	29.89	31.28	每万人有各类学校学生	人	1285.0	1210.0
农村人均住房面积	平方米	28.48	28.75	其中：大学生	人	338.0	340.0
交通和通讯				卫生			
城市每万人公共汽车拥有量	标台	14.6	14.9	每万人拥有医院床位	张	32.1	32.0
城市每万人铺装道路长度	公里	9.03	8.84	每万人拥有医生	人	22.7	22.5
每人每年函件交寄	件	9.36	8.35	赡养人口			
全市每百人拥有电话	部	112.2	112.1	城市每一就业者赡养人口	人	1.92	1.88
人均用煤、水、电				农村每一劳动力负担人口	人	1.42	1.41
全市人均生活用电	千瓦小时	537	533	城市绿化			
城市用气普及率	%	100.00	100	城市绿化覆盖率	%	30.3	32.1
城市人均生活用水	吨	48.6	48.2	环境卫生与保护			
城市住宅集中供热面积	万平方米	15651	18186	拥有公共厕所	座	1411.0	1237.0
文化				空气质量优良率	%	84.1	84.4

2010年全市固定资产投资额及新增固定资产

（单位：万元）

项　　目	2009年	2010年	2010比2009年增长%
固定资产投资额	**47002844**	**61143467**	**30.1**
一、按三次产业分			
第一产业	469861	457380	-2.7
第二产业	20354805	27040385	32.8
第三产业	26178178	33645702	28.5
二、按隶属关系分			
中　央	9599888	7492913	-21.9
地　方	37402956	53650554	43.4
三、按建设性质分			
新　建	22971025	33983582	47.9
改、扩建及其他	16679983	18493461	10.9
四、按构成分			
建筑工程	24348716	33480562	37.5
安装工程	2779222	2711960	-2.4
设备工器具购置	9345425	11438708	22.4
其他费用	10529481	13512237	28.3
四、按登记注册类型分			
1. 内资企业	43278790	56549388	30.7
其中：国有企业	19192813	25235509	31.5
集体企业	1694942	2147116	26.7
股份合作企业	111856	244778	118.8
私营	3346663	4809252	43.7
股份有限公司	4520704	4709421	4.2
有限责任公司	13884738	18640595	34.3
联营经济	223802	185125	-17.3
其他内资企业	303272	577592	90.5
2. 港澳台商投资企业	1086093	1647917	51.7
3. 外商投资企业	2637961	2946162	11.7
新增固定资产	**23505371**	**29941264**	**27.4**
第一产业	345436	244404	-29.2
第二产业	12517269	14190165	13.4
第三产业	10642666	15506695	45.7
固定资产交付使用率（%）	**50.0**	**49.0**	

2010 年固定资产施工项目和建成投产项目个数

（单位：个）

项　　目	施工项目		全部建成投产项目		项目投产率（%）	
	2009 年	2010 年	2009 年	2010 年	2009 年	2010 年
总　　计	**4362**	**4628**	**2744**	**2948**	**62.9**	**63.7**
农、林、牧、渔业	201	123	147	84	73.1	68.3
采矿业	12	17	7	9	58.3	52.9
制造业	2136	2245	1434	1514	67.1	67.4
电力、燃气业、自来水	243	229	108	137	44.4	59.8
建筑业	40	66	26	53	65.0	80.3
交通、仓储、邮电业	191	226	97	129	50.8	57.1
信息传输、计算机业	45	56	24	37	53.3	66.1
批发和零售业	193	200	140	141	72.5	70.5
住宿和餐饮业	123	102	109	80	88.6	78.4
金融业	21	6	19	4	90.5	66.7
房地产业	38	90	11	20	28.9	22.2
租赁和商务服务业	113	178	57	117	50.4	65.7
科研、科技和地质勘探	21	36	7	18	33.3	50.0
水利、环境和公共管理	573	667	303	381	52.9	57.1
居民服务和其他服务	49	58	35	34	71.4	58.6
教　　育	108	112	65	65	60.2	58.0
卫生、社会保障、社会福利	44	45	20	26	45.5	57.8
文化、体育和娱乐业	60	53	31	24	51.7	45.3
社会管理和社会组织	151	119	104	75	68.9	63.0

2010年建筑业企业主要财务指标

（单位：万元）

指　　标	全市合计	国有经济	集体经济	私有经济	港澳台投资经济	外商投资经济
1. 资本金						
资本金合计	4250174	750793	149878	900262	46443	19762
2. 年末资产负债						
流动资产合计	18321388	4881267	1011335	2118037	122211	70685
固定资产合计	3521831	575404	47421	506462	34450	10171
固定资产原值	4348691	883950	73608	563801	46544	14061
其中：生产经营用	3693356	764396	45109	335886	27400	3196
累计折旧	1612843	387018	28091	185312	17385	5934
资产总计	24037945	5942229	1097994	2871236	165181	87866
3. 损益及分配						
工程结算收入	26486317	7863915	1180798	2674969	144221	74882
工程结算成本	24090197	7243249	1060152	2377079	133229	64519
工程结算税金及附加	755947	234118	41059	73479	1952	1225
工程结算利润	1553009	368318	74878	188860	6657	5087
其他业务收入	521104	165931	8969	60026	12172	27372
其他业务利润	82753	17948	4533	10957	1993	6513
管理费用	892915	242829	40418	117115	6776	5459
其中：税金	24882	6975	1766	4455	928	172
利润总额	664071	138630	40038	61614	1483	11414
应交所得税	169618	28557	16237	23066	470	2947
应付利润	319053	63582	22140	36515	1513	1928
利税总额	1444900	379723	82862	139549	4362	12812
4. 工资及福利费						
应付工资总额	1149598	360160	55997	161485	5086	4940
应付福利费总额	47279	15273	3483	5072	123	22

2010 年运输邮电业基本情况

项　　目	单位	2009 年	2010 年	2010 年比 2009 年（+.－%）
公路通车里程	公里	14315	14832	3.6
内河航道里程	公里	412	412	
民航航线里程	公里	40341	68488	69.8
客运量	万人	25299	24873	-1.7
其中：铁路		2384	2654	11.3
公路		22566	21822	3.3
水运		1.2	1.0	-16.7
民航		334	396	18.6
货运量	万吨	43554	41611	-4.5
其中：铁路		11284	7597	-32.7
公路		19800	20855	5.3
水运		11656	11911	2.2
民航		4	4	
旅客周转量	百万人公里	29766	32312	8.6
其中：铁路		12482	14066	12.7
公路		13122	13196	0.6
水运		19	18	-5.3
民航		4142	5031	21.5
货物周转量	亿吨公里	10102	9859	-2.4
其中：铁路		297	298	0.3
公路		206	231	12.1
水运		9595	9324	-2.8
民航		0.5	0.6	20.0
民用汽车拥有量	辆	1305504	1585982	21.5
邮电业务总量（不变价）	万元	3866682	4351563	12.5
邮电局所	处	823	833	1.2
局用交换机容量	万门	424.26	425.32	0.2
电话机（含移动、小灵通）	万户	1377.75	1456.39	5.7
百人拥有电话	部/百人	112.2	112.1	-0.1

2010 年中资金融机构人民币各项存贷款余额

（单位：亿元）

项　　目	2009 年	2010 年	2008 年比 2007 年（+、-%）
一、各项存款总计	**13390.21**	**15912.21**	**18.83**
1. 企业存款	5879.48	6695.81	13.88
2. 财政性存款	664.82	1072.78	61.36
3. 储蓄存款	4860.12	5525.28	13.69
4. 农业存款	425.77	558.47	31.17
5. 信托及其他存款	1560.02	2059.86	32.04
二、各项贷款总计	**10513.44**	**12864.75**	**22.36**
其中：中长期贷款	6950.44	8856.51	27.42

2010 年银行机构人民币存贷款余额

（单位：亿元）

项　　目	2009 年	2010 年	2010 年比 2009 年（+、-%）
一、各项存款总计	**12999.61**	**15774.35**	**21.34**
1. 企业存款	5809.04	6606.59	13.73
2. 财政性存款	664.11	1072.78	61.54
3. 储蓄存款	4621.53	5525.28	19.56
4. 农业存款	367.87	558.47	51.81
5. 信托及其他存款	1440.07	2011.21	39.66
二、各项贷款总计	**9830.72**	**11968.88**	**21.75**
其中：中长期贷款	6912.26	8818.14	27.57

2010 年借用国外资金情况

（单位：万美元）

项　　目	上年结转资　金	本年新增借　款	偿还本金	外汇汇率差　额	期末借款余　额	偿还利息
国外贷款合计	**35076**	**20983**	**18596**	**-120**	**37344**	**601**
1. 按债务期限分						
中长期	30300	2537	4707	-154	27976	600
短期	4776	18446	13889	33	9367	1
2. 按借款方式分						
外国政府贷款	25211	2537	1866	53	25936	360
国际金融组织贷款						
出口信贷	5089		2841	-207	2040	240
外国银行商业贷款	4776	18446	13889	33	9367	1

2010 年天津口岸进出口商品总值

年　份	按美元计算（亿美元）			按人民币计算（亿元）		
	进出口总值	出口总值	进口总值	进出口总值	出口总值	进口总值
1992	104.61	54.60	50.01	572.23	298.68	273.55
1993	125.04	66.03	59.01	726.48	383.63	342.85
1994	161.67	86.81	74.86	1397.90	750.65	647.31
1995	217.46	127.81	89.65	1821.20	1070.41	750.82
1996	216.85	122.89	93.96	1804.10	1022.44	781.75
1997	215.62	131.24	84.38	1787.50	1088.02	699.53
1998	223.19	134.84	88.35	1852.40	1119.17	733.31
1999	248.29	139.18	109.11	2055.30	1152.13	903.21
2000	298.03	165.29	132.74	2479.60	1375.20	1104.40
2001	323.71	178.13	145.58	2679.30	1474.40	1204.90
2002	365.35	190.55	174.8	3025.46	1577.94	1447.52
2003	461.67	259.57	202.1	3831.86	2154.43	1677.43
2004	677.66	384.80	292.86	5608.66	3184.80	2423.86
2005	819.29	446.83	372.46	6711.38	3660.30	3051.08
2006	1018.85	571.24	447.61	8122.07	4553.81	3568.26
2007	1290.00	752.87	537.13	9616.05	5612.12	4003.93
2008	1631.02	940.98	690.04	11137.09	6425.29	4711.80
2009	1242.24	612.04	630.2	8484.50	4180.23	4304.27
2010	1641.10	794.41	846.69	10935.57	5293.60	5641.97

2010年利用外资情况

项　目	单　位	2009年	2010年	2010年比2009年（+、-%）
合同数	**个**	**596**	**592**	**-0.7**
合资企业		154	162	5.2
合作企业		6	8	33.3
独资企业		436	422	-3.2
合同投资总额	**万美元**	**1742803**		
合资企业		497469		
合作企业		22570		
独资企业		1222764		
合同外资金额	**万美元**	**1383817**	**1529569**	**10.5**
合资企业		207366	336780	62.4
合作企业		17036	25159	47.7
独资企业		1159415	1167630	0.7
实际利用外资额	**万美元**	**908918**	**1105855**	**21.7**
1. 借用国外资金		6933	20983	202.7
外国政府贷款			2537	
国际金融组织贷款				
外国银行商业贷款		6933	18446	166.1
2. 直接利用外资		901985	1084872	20.3
合资企业		220837	386970	75.2
合作企业		15541	18255	17.5
独资企业		665606	679647	2.1

三、全国各省、自治区、直辖市有关经济指标*

2010年各省、自治区、直辖市一般预算收入分类情况表

（单位：万元）

地　　区	一般预算收入总计	税收收入小计	增值税	营业税	企业所得税	企业所得税退税
地方合计	**406130447**	**327014868**	**51962683**	**110045730**	**50498124**	**-14422**
北京市	23539301	2255896	2100089	8554046	5136210	-5269
天津市	10688093	7766475	1191975	2838717	1258896	
河北省	13318547	10740428	2038448	3626471	1459251	
山西省	9696652	6927060	1982571	1919052	1177458	
内蒙古自治区	10699776	7528129	1359517	2345705	1016492	-3832
辽宁省	20048352	15166530	1888415	4537483	1742368	-1818
其中：大连市	5008322	3985638	461391	1357601	560250	
吉林省	6024092	4393099	781492	1459685	608217	
黑龙江省	7555788	5569664	1235226	1657993	615951	
上海市	28735840	27078020	3886232	9339137	6060540	-23
江苏省	40798595	33126060	5625970	10239168	5544269	
浙江省	26084655	24649571	3988233	8166778	3741279	
其中：宁波市	5309278	5079743	913414	1540186	805667	
安徽省	11493952	8665517	1294839	2919300	1065948	
福建省	11514923	9660899	1411033	3197000	1569118	
其中：厦门市	2891748	2397049	393912	732081	415309	
江西省	7780922	5851073	847892	2043822	637192	
山东省	27493842	21498997	3782348	6315107	2933058	-835
其中：青岛市	4526138	3770552	547221	1200221	534562	
河南省	13813178	10165461	1557872	3193403	1366303	-52
湖北省	10112314	7779599	1255729	2494944	1069515	-405
湖南省	10816901	7308356	1125699	2567985	602929	-166
广东省	45170445	38034715	6578232	12442647	6787468	-6
其中：深圳市	11068166	9919813	1610781	3505966	2144834	
广西壮族自治区	7719918	5338656	774782	2074387	589533	-334
海南省	2709915	2370999	185304	1123538	280377	-8
重庆市	9520745	6215564	777167	2424493	742484	
四川省	15616727	11805792	1496452	4758048	1415043	-189
贵州省	5337309	3955742	659990	1367339	511354	-1108
云南省	8711875	7021636	1127820	2372617	822828	-20
西藏自治区	366473	252770	35005	119554	45273	
陕西省	9582065	7105654	1402708	2659418	848112	-301
甘肃省	3535833	2202883	440902	868425	199868	-52
青海省	1102153	889426	175153	344433	109833	-4
宁夏回族自治区	1535507	1267854	202475	562367	140805	
新疆维吾尔自治区	5005759	4162343	753113	1512668	400152	

* 本部分的各表内均未包括我国台湾省和香港、澳门特别行政区的有关统计资料。

《2010年各省、自治区、直辖市一般预算收入分类情况表》续表1 （单位：万元）

地　　区	税收收入						
	个人所得税	资源税	固定资产投资方向调节税	城市维护建设税	房产税	印花税	城镇土地使用税
地方合计	**19343041**	**4175745**	**870**	**17362733**	**8940655**	**5125205**	**10040112**
北京市	2153282	3665	563	800033	838257	321352	161283
天津市	429620	5635		374003	252760	178002	117115
河北省	470497	257652	11	642974	212681	188088	344883
山西省	319518	326522	30	473853	135038	111996	219663
内蒙古自治区	393408	368174		445859	184674	108206	445815
辽宁省	642029	464538	2	716236	459056	228110	1080455
其中：大连市	212417	25938		162863	148323	76126	141522
吉林省	233947	48042		263029	136026	69379	194491
黑龙江省	250728	153364	0	438912	180292	71927	289131
上海市	2612028		31	876568	623008	481746	272759
江苏省	1809428	100586	226	1648118	921117	492779	1045653
浙江省	1510831	63554	3	1430569	719652	403732	675433
其中：宁波市	344034	5224	0	304222	150873	81602	209006
安徽省	319746	126488		543983	176182	111528	325215
福建省	563374	64550		431149	317362	171193	263343
其中：厦门市	145084	146	0	106426	99750	51366	41843
江西省	202683	129069		307547	91334	62339	156654
山东省	810098	332924		1307440	646535	337443	1376902
其中：青岛市	186870	3895	0	191818	119888	56494	175742
河南省	402944	260792		613481	227720	142275	497989
湖北省	344083	84037		504920	188259	122803	213773
湖南省	376162	61440		620123	179236	94846	171392
广东省	2872581	93538		1359685	1224427	699277	877763
其中：深圳市	1116847			101131	269198	207579	94593
广西壮族自治区	258422	69713	－2	296697	116542	70265	95713
海南省	80474	12417		94247	53915	28261	79506
重庆市	262412	50244		349435	140200	96268	185005
四川省	577626	128307	6	666095	260522	165191	340793
贵州省	274210	110092		291776	84111	43374	108292
云南省	322304	129242		676572	171833	90046	139931
西藏自治区	19797	6630		18651		3099	
陕西省	355408	222972		502231	153521	100111	157314
甘肃省	111253	61833		212182	83574	44211	44208
青海省	34577	95821		56920	15807	10888	18294
宁夏回族自治区	55737	19226		81039	23508	20983	44028
新疆维吾尔自治区	273834	324678		318406	123506	55487	97316

《2010年各省、自治区、直辖市一般预算收入分类情况表》续表2

（单位：万元）

地　　区	土地增值税	车船税	耕地占用税	契税	烟叶税	其他税收收入
地方合计	**12782920**	**2416184**	**8886412**	**24648508**	**783559**	**16809**
北京市	858569	149217	101853	1342746		
天津市	243857	43854	123307	708734		
河北省	324740	159322	214380	796475	792	3763
山西省	46543	69561	38690	105046	1519	
内蒙古自治区	205577	62079	315298	279069	2088	
辽宁省	775859	122818	964313	1529403	5266	11997
其中：大连市	248488	26835	104044	459840		
吉林省	112454	47241	115824	315341	7449	482
黑龙江省	86428	65992	157595	344562	21563	
上海市	969603	99258	121372	1735761		
江苏省	1703563	158210	589821	3247152		
浙江省	1066951	161983	440533	2279372	668	
其中：宁波市	152655	26619	83879	462362		
安徽省	302222	59462	455748	959149	5707	
福建省	628057	59863	181050	770908	32896	3
其中：厦门市	160570	11210	25052	214300		
江西省	257207	41498	357445	705911	10480	
山东省	661943	232684	813079	1935120	15120	31
其中：青岛市	125457	28213	210669	389290	181	31
河南省	379583	97882	489629	889800	45441	399
湖北省	305354	54988	562463	546113	33009	14
湖南省	195400	51815	532073	674670	54752	
广东省	1897893	273769	560337	2355100	11983	21
其中：深圳市	498592	60189		310103		
广西壮族自治区	222740	43253	309510	411765	5670	
海南省	212291	10409	42487	167781		
重庆市	297956	17054	303116	546488	23239	3
四川省	477759	107345	361706	979374	71714	
贵州省	119835	28358	107214	139845	111060	
云南省	143630	56622	337253	325250	305708	
西藏自治区	1302	2309	1150			
陕西省	154285	69318	223211	241337	15913	96
甘肃省	30227	25753	19457	59847	1195	
青海省	4454	4030	4808	14412		
宁夏回族自治区	16704	9093	2383	89394	112	
新疆维吾尔自治区	79934	31144	39307	152583	215	

《2010 年各省、自治区、直辖市一般预算收入分类情况表》续表 3　　（单位：万元）

地　区	非税收入						
	非税收入小计	专项收入	行政事业性收费收入	罚没收入	国有资本经营收入	国有资源（资产）有偿使用收入	其他收入
地方合计	**79115579**	**17427143**	**26003724**	**10428540**	**10127386**	**10739603**	**4389183**
北京市	1023405	481625	398351	229282	-277941	143935	48153
天津市	2921618	207301	1412891	87995	70829	833662	308940
河北省	2578119	759799	660860	616147	290718	176024	74571
山西省	2769592	1535959	545366	432318	33646	103460	118843
内蒙古自治区	3171647	1244984	620887	258629	589245	336153	121749
辽宁省	4881822	550217	1319202	601039	1311902	978430	121032
其中：大连市	1022684	93205	286658	71772	296532	221949	52568
吉林省	1630993	201059	547048	287626	244810	265659	84791
黑龙江省	1986124	364937	688415	257068	384247	248146	43311
上海市	1657820	499390	970444	173391	-112457	87616	39436
江苏省	7672535	1073683	2245746	893053	2575340	797537	87176
浙江省	1435084	837489	445931	706026	-729092	167681	7049
其中：宁波市	229535	163350	81316	113140	-165665	36603	791
安徽省	2828435	737869	944613	267660	200537	598012	79744
福建省	1854024	352274	481761	292226	219530	414662	93571
其中：厦门市	494699	95403	66820	17209	95211	206229	13827
江西省	1929849	354497	709133	304785	240752	200901	119781
山东省	5994845	1039024	2030192	776210	798181	930552	420686
其中：青岛市	755586	107035	280539	59896	104439	166483	37194
河南省	3647717	890406	1224204	508317	603594	239819	181377
湖北省	2332715	344489	936301	395355	293880	221689	141001
湖南省	3508545	524814	1270496	455363	85806	741008	431058
广东省	7135730	973462	2934324	956180	900029	818835	552900
其中：深圳市	1148353	192867	394492	160667	174547	134762	91018
广西壮族自治区	2381262	226704	650728	312924	661566	358740	170600
海南省	338916	79312	85802	47431	77329	39475	9567
重庆市	3305181	384998	2140124	214145	-136	425284	140766
四川省	3810935	611645	1188184	352457	416675	906697	335277
贵州省	1381567	590662	300564	166595	48758	162291	112697
云南省	1690239	527961	334922	339233	109408	142824	235891
西藏自治区	113703	11806	15879	8295	-4273	30864	51132
陕西省	2476411	883976	390206	220604	763473	149700	68452
甘肃省	1332950	590249	190170	81211	233807	90957	146556
青海省	212727	132977	30471	21588	5646	16892	5153
宁夏回族自治区	267653	89225	94403	41597	5722	27066	9640
新疆维吾尔自治区	843416	324350	196106	123790	85855	85032	28283

2010年各省、自治区、直辖市一般预算支出分类情况表

（单位：万元）

地　　区	一般预算支出总计	一般公共服务	外　交	国　防	公共安全
地方合计	**738844320**	**84997437**	**11677**	**1570156**	**46424967**
北京市	27173174	2395705	256	46961	1809424
天津市	13768395	980718		8826	849197
河北省	28202439	3581314		70751	1760782
山西省	19313641	2158294		33014	1218388
内蒙古自治区	22735046	2545346	385	38804	1204482
辽宁省	31958156	3523998		75845	1912861
其中：大连市	6114743	632517		12467	276618
吉林省	17872484	1980449		37011	1092998
黑龙江省	22532694	2225718	551	49205	1348488
上海市	33028862	2260181		72478	1872481
江苏省	49140598	6312430		129347	3267986
浙江省	32078830	4342936	534	64276	2606680
其中：宁波市	6006639	832951		10239	445571
安徽省	25876135	2737167		46340	1194768
福建省	16950906	2119124		32680	1206017
其中：厦门市	3069468	443693		6557	191019
江西省	19232633	2187548		40877	1074864
山东省	41450320	5443095		104054	2440277
其中：青岛市	5323888	806747		16955	340169
河南省	34161426	4786949		41567	1897196
湖北省	25014027	3149339		19969	1668748
湖南省	27024752	3672048	463	74867	1591408
广东省	54215432	6853900	473	110860	4958014
其中：深圳市	12660668	1164839		13948	931252
广西壮族自治区	20075907	2687583		72561	1251395
海南省	5813379	624432	3721	19098	439381
重庆市	17090353	1684896		61777	918399
四川省	42579806	4073096		85290	2183754
贵州省	16314792	2126928		36646	1014634
云南省	22857234	2464983	735	65341	1454196
西藏自治区	5510362	723458	644	30554	413341
陕西省	22188283	2872897		28960	1115019
甘肃省	14685810	1457540		17739	704526
青海省	7434033	552025	36	7864	354814
宁夏回族自治区	5575285	517664		6262	314890
新疆维吾尔自治区	16989126	1955676	3879	40332	1285559

《2010年各省、自治区、直辖市一般预算支出分类情况表》续表1　（单位：万元）

地　区	教　育	科学技术	文化体育与传媒	社会保障和就业	医疗卫生	环境保护
地方合计	**118290644**	**15888842**	**13925728**	**86803227**	**47306242**	**23724968**
北京市	4502155	1789154	793630	2758992	1868247	608541
天津市	2295648	432530	242788	1377424	700719	270990
河北省	5142968	296492	370940	3587752	2354805	1151556
山西省	3285846	201190	312405	2744625	1138608	823735
内蒙古自治区	3221072	213949	529560	2924350	1207166	1079897
辽宁省	4053855	689037	567604	5798358	1513593	774426
其中：大连市	753455	266033	87975	923147	268487	111680
吉林省	2502028	191233	329349	2533641	1109132	715473
黑龙江省	2991445	276916	394962	3060615	1351796	889983
上海市	4172775	2020323	549497	3625577	1600707	473051
江苏省	8653615	1503531	886747	3644800	2496903	1398948
浙江省	6065431	1214005	771484	2063942	2245289	820725
其中：宁波市	892737	221456	110983	344275	365933	193880
安徽省	3863071	579817	516833	3341539	1842232	647203
福建省	3277681	323057	271014	1482366	1175835	397865
其中：厦门市	433820	95969	58342	231755	144850	101767
江西省	2974961	182628	283833	2330159	1500167	491411
山东省	7704472	843643	740270	4167672	2507742	1129334
其中：青岛市	860663	98748	100576	360658	197834	128837
河南省	6093697	446734	549922	4612240	2702070	963782
湖北省	3665671	300878	366692	3684209	1791296	963058
湖南省	4030980	350354	396593	3963970	1804364	908200
广东省	9214848	2144417	1661632	4695773	3040419	2391606
其中：深圳市	1524955	1166617	567668	478158	619987	708248
广西壮族自治区	3668362	216554	327718	2170733	1654911	639887
海南省	983344	74674	116126	738033	348205	148874
重庆市	2404608	178968	240367	2369806	948682	690101
四川省	5406546	347083	593653	5136524	2633417	1129947
贵州省	2920567	166555	239797	1407622	1276778	543197
云南省	3747944	214291	355304	3046932	1837015	864060
西藏自治区	607959	27112	124770	319119	320406	117746
陕西省	3777877	252498	478599	3156139	1566560	828806
甘肃省	2282329	108879	297753	2150927	1004018	683070
青海省	824664	40805	115731	1895035	389381	361484
宁夏回族自治区	815869	59666	160933	350312	340180	307857
新疆维吾尔自治区	3138356	201869	339222	1664041	1035599	510155

《2010年各省、自治区、直辖市一般预算支出分类情况表》续表2　（单位：万元）

地　　区	城乡社区事务	农林水事务	交通运输	资源勘探电力信息等事务	商业服务业等事务
地方合计	**59772909**	**77416901**	**39988875**	**29966541**	**12733469**
北京市	2943014	1586398	1549851	1389480	266491
天津市	3552871	671405	469525	791301	177712
河北省	1787468	3126581	1557204	586971	448376
山西省	1115697	2017076	1316480	360692	269798
内蒙古自治区	2377497	2810032	1210510	573714	214477
辽宁省	3603085	2889953	1402906	2089355	432256
其中：大连市	781190	349591	187054	663838	93056
吉林省	1088968	2389361	897826	531506	247451
黑龙江省	1411336	3380638	1477156	733386	356961
上海市	4754655	1519291	804322	3578515	468512
江苏省	6245290	4891608	2760005	2629582	1061760
浙江省	2723020	2903745	2333680	1256681	855818
其中：宁波市	724354	430142	351702	369077	245770
安徽省	2361782	2925244	1248616	1249406	458382
福建省	1076788	1603355	1252071	640702	402843
其中：厦门市	248720	95989	291499	256192	102579
江西省	1024679	2323354	1073072	1175299	354348
山东省	3884029	4659775	2304993	1611206	994885
其中：青岛市	886456	320911	234324	366826	131850
河南省	1652980	3991854	1738405	898132	738843
湖北省	1196311	3054363	1240323	1098419	602519
湖南省	1869770	3226504	1530329	969923	465207
广东省	4076410	3250231	3181688	1639809	993349
其中：深圳市	1565759	141550	726532	342921	204823
广西壮族自治区	1038717	2602616	937145	698578	294841
海南省	368053	876807	262315	145976	78168
重庆市	2512632	1591834	818523	832804	306609
四川省	1791933	4017606	1929832	1537299	692852
贵州省	530036	2467576	1096138	483416	215216
云南省	866556	3272128	1398794	462154	352999
西藏自治区	205059	891065	640583	172449	58396
陕西省	1268445	2671563	1290573	716302	349628
甘肃省	568208	1962667	665767	278850	176575
青海省	305952	695047	466819	232704	78490
宁夏回族自治区	618913	942262	218039	216629	103342
新疆维吾尔自治区	952755	2204962	915385	385301	216365

《2010年各省、自治区、直辖市一般预算支出分类情况表》续表3　（单位：万元）

地　区	金融监管支出	地震灾后恢复重建支出	国土资源气象等事务	住房保障支出
地方合计	**1488806**	**10946351**	**11539892**	**19903965**
北京市	20106	142174	96627	458080
天津市	15007	81354	243892	63218
河北省	9723	7	564758	520030
山西省	88004	56114	1144855	533003
内蒙古自治区	24395		726393	837205
辽宁省	41816	466	542642	837908
其中：大连市	55039	43315	205171	868402
吉林省	55039	43315	205171	868402
黑龙江省	126453	5802	305961	1089425
上海市	168127	221000	141616	524478
江苏省	97437	212329	333758	727694
浙江省	42249	186809	209599	295972
其中：宁波市	6967	35359	36272	131941
安徽省	51665		616884	933614
福建省	1371	40608	275002	281252
其中：厦门市		11167	40115	5706
江西省	10633	1825	254275	680839
山东省	29572	261393	659020	352486
其中：青岛市	795	3012	43233	92882
河南省	119909	30995	753649	772542
湖北省	34124	49258	365170	565880
湖南省	89590		403853	817499
广东省	127080	249888	458852	885748
其中：深圳市	108603	86927	52965	125274
广西壮族自治区	10742		389008	589336
海南省	93		91034	238264
重庆市	46199	45217	319918	799099
四川省	47941	8088241	483660	1070319
贵州省	647		245105	876170
云南省	77887	398	319289	1121210
西藏自治区	3529		69181	104559
陕西省	22159	177839	321156	687234
甘肃省	72439	941459	367685	580978
青海省	5527	1249	223935	610881
宁夏回族自治区	9315		71484	280463
新疆维吾尔自治区	40028	108611	336460	900177

《2010 年各省、自治区、直辖市一般预算支出分类情况表》续表 4　　（单位：万元）

地　　区	粮油物资储备管理事务	国债还本付息支出	其他支出
地方合计	**6768355**	**3353556**	**26020812**
北京市	61447		2086441
天津市	45868		497402
河北省	237132	30585	1016244
山西省	121536	29849	344432
内蒙古自治区	604074	41422	350316
辽宁省	254240	220130	733822
其中：大连市	16404	191415	175758
吉林省	605201	318841	130089
黑龙江省	639311	12825	403761
上海市	135252	265099	3800925
江苏省	276989	30411	1579428
浙江省	117526	26518	931911
其中：宁波市	17841	7658	231531
安徽省	307059	76237	878276
福建省	138617	9257	943401
其中：厦门市	5990		303739
江西省	452079	66273	749509
山东省	308089	315769	988544
其中：青岛市	13679	193496	125237
河南省	453529	106683	809748
湖北省	245784	94538	857478
湖南省	281975	93259	483596
广东省	393190	571814	3315431
其中：深圳市	20553	514890	1594199
广西壮族自治区	119839	64665	640716
海南省	16398	25279	215104
重庆市	99119	11757	209038
四川省	268017	118306	944490
贵州省	57224	94862	515678
云南省	63457	342261	529300
西藏自治区	18911	50	661471
陕西省	159172	139870	306987
甘肃省	98063	55321	211017
青海省	44344	53432	173814
宁夏回族自治区	22881	82100	136224
新疆维吾尔自治区	122032	56143	576219

2010年各省、自治区、直辖市基金收入支出情况表

（单位：万元）

地区	基金收入合计	基金分类支出										
		基金支出合计	一般公共服务	教育	文化体育与传媒	社会保障和就业	城乡社区事务	农林水事务	交通运输	资源勘探电力信息等事务	商业服务业等事务	其他支出
地方合计	**336092689**	**316671112**	**10708**	**1881146**	**453060**	**2679345**	**290531904**	**3813723**	**10375953**	**2433679**	**42098**	**4449496**
北京市	14569755	13476537		193	86468	156211	12885054	198455	15100	18678	100	116278
天津市	9096433	7925827			7617	32494	7786645	1919	31430	11025	400	54297
河北省	11915156	11449530	73	154436	3810	46441	10039435	56476	1027187	13620	1205	106847
山西省	6308775	5897034		2	3607	23771	3073371	192061	763421	1649926	1860	189015
内蒙古自治区	6072457	5115887	205	41133	5969	14989	4579634	142001	155145	1304	1680	173827
辽宁省	25487418	23839700		54034	13034	63749	22453328	116475	890523	29203	1870	217484
其中：大连市	10376518	10213714		7533	3571	18302	10093332	19108	11220	2445		58203
吉林省	4561805	4464930	21		8481	37273	3967770	154881	162446	13746	1000	119312
黑龙江省	4677019	4374743	12	18283	8819	26377	3924020	87529	215773	16475	1100	76355
上海市	22555951	18711561	1082		50420	83217	18012336	979	503261	474		59792
江苏省	35643025	34546406	323	321800	29441	100881	33247745	180063	426373	29544	644	209592
浙江省	44237329	41866777	1112	557796	31054	195872	39783839	713124	120344	19331	535	443770
其中：宁波市	7459105	7005473		142338	5406	33956	6628580	130310	10152	3788		50943
安徽省	11983448	11663643		81531	5161	73645	11222364	98211	72549	25631	1363	83188
福建省	13140942	11411379	894	75377	16285	101074	10894747	136979	72468	8298	1085	104172
其中：厦门市	3127547	3200033		20067	4565	9476	3133497	2393	25501	780		3754
江西省	6604851	6381173	1684	24812	6042	149397	5693414	152807	281906	14346	1816	54949
山东省	26089782	24955198	812	182017	17829	209550	22989020	57534	1171964	28585	1120	296767
其中：青岛市	5773124	5438569	268	35708	3404	18977	5195115	2772	157847	2881		21597
河南省	8669969	8273980	160	80	11047	159939	7184947	95617	685638	17310	2962	116280
湖北省	8312407	8316230	73	65044	3972	178227	7413232	38271	390117	70965	1350	154979
湖南省	4451594	4378658	78	39406	9020	207224	3168827	175847	519750	20833	3114	234559
广东省	21228091	20479528	1369		66027	227800	18866152	250010	643546	22311	1351	400962
其中：深圳市	2375173	2327722	982	0	17265	24036	1992380	16246	61485			215328
广西壮族自治区	5259954	4751160	37	72009	4038	138995	3999418	273680	158323	57159	920	46581
海南省	2806239	2373501			5329	9127	2222931	10033	110544	315	1190	14032
重庆市	9722944	9776826		62	10826	65416	9149202	86578	206637	193454	1685	62966
四川省	16192910	16581768	40	106933	12081	115631	15359720	130257	292754	88010	1550	474792
贵州省	3025456	2681859	10	37268	4813	48390	2388187	93297	37525	1194	1160	70015
云南省	4250684	4157328			9668	54020	3598144	114082	234754	22350	2106	122204
西藏自治区	58206	115472	2720		4171	93	22243	61276			1320	23649
陕西省	3354436	3244602		275	4092	79673	2695461	127679	76225	50268	1140	209789
甘肃省	1773688	1604462	3	19999	2687	32073	1067675	18675	404162	2124	1174	55890
青海省	500768	558550		5904	1219	8698	408099	10982	92280	692	1120	29556
宁夏回族自治区	1614273	1430367		3499	1857	11709	1113091	23108	247410	2028	1998	25667
新疆维吾尔自治区	1926924	1866496		19253	8176	27389	1321853	14837	366398	4480	2180	101930